"神话学文库"编委会

主 编

叶舒宪

编 委

（以姓氏笔画为序）

马昌仪	王孝廉	王明珂	王宪昭
户晓辉	邓 微	田兆元	冯晓立
吕 微	刘东风	齐 红	纪 盛
苏永前	李永平	李继凯	杨庆存
杨利慧	陈岗龙	陈建宪	顾 锋
徐新建	高有鹏	高莉芬	唐启翠
萧 兵	彭兆荣	朝戈金	谭 佳

"神话学文库" 学术支持

上海交通大学文学人类学研究中心

上海交通大学神话学研究院

中国社会科学院比较文学研究中心

陕西师范大学人文社会科学高等研究院

上海市社会科学创新研究基地——中华创世神话研究

"十二五""十三五"国家重点图书出版规划项目
第五届、第八届中华优秀出版物奖获奖作品

神话学文库

叶舒宪主编

田兆元◎著

神话叙事与社会发展研究

RESEARCH ON MYTH NARRATIVE AND SOCIAL DEVELOPMENT

陕西师范大学出版总社

图书代号　SK23N1156

图书在版编目（CIP）数据

神话叙事与社会发展研究／田兆元著. —西安：陕西师范大学出版总社有限公司, 2023.8
（神话学文库／叶舒宪主编）
ISBN 978-7-5695-3666-9

Ⅰ．①神…　Ⅱ．①田…　Ⅲ．①神话—研究　Ⅳ．①B932

中国国家版本馆 CIP 数据核字（2023）第 110368 号

神话叙事与社会发展研究
SHENHUA XUSHI YU SHEHUI FAZHAN YANJIU

田兆元　著

责任编辑	张　姣
责任校对	谢勇蝶
出版发行	陕西师范大学出版总社
	（西安市长安南路 199 号　邮编 710062）
网　　址	http://www.snupg.com
印　　刷	中煤地西安地图制印有限公司
开　　本	720 mm×1020 mm　1/16
印　　张	35.75
插　　页	4
字　　数	550 千
版　　次	2023 年 8 月第 1 版
印　　次	2023 年 8 月第 1 次印刷
书　　号	ISBN 978-7-5695-3666-9
定　　价	178.00 元

"神话学文库" 总序

叶舒宪

　　神话是文学和文化的源头，也是人类群体的梦。

　　神话学是研究神话的新兴边缘学科，近一个世纪以来，获得了长足发展，并与哲学、文学、美学、民俗学、文化人类学、宗教学、心理学、精神分析、文化创意产业等领域形成了密切的互动关系。当代思想家中精研神话学知识的学者，如詹姆斯·乔治·弗雷泽、爱德华·泰勒、西格蒙德·弗洛伊德、卡尔·古斯塔夫·荣格、恩斯特·卡西尔、克劳德·列维－斯特劳斯、罗兰·巴特、约瑟夫·坎贝尔等，都对 20 世纪以来的世界人文学术产生了巨大影响，其研究著述给现代读者带来了深刻的启迪。

　　进入 21 世纪，自然资源逐渐枯竭，环境危机日益加剧，人类生活和思想正面临前所未有的大转型。在全球知识精英寻求转变发展方式的探索中，对文化资本的认识和开发正在形成一种国际新潮流。作为文化资本的神话思维和神话题材，成为当今的学术研究和文化产业共同关注的热点。经过《指环王》《哈利·波特》《达·芬奇密码》《纳尼亚传奇》《阿凡达》等一系列新神话作品的"洗礼"，越来越多的当代作家、编剧和导演意识到神话原型的巨大文化号召力和影响力。我们从学术上给这一方兴未艾的创作潮流起名叫"新神话主义"，将其思想背景概括为全球"文化寻根运动"。目前，"新神话主义"和"文化寻根运动"已经成为当代生活中不可缺少的内容，影响到文学艺术、影视、动漫、网络游戏、主题公园、品牌策划、物语营销等各个方面。现代人终于重新发现：在前现代乃至原始时代所产生的神话，原来就是人类生存不可或缺的文化之根和精神本源，是人之所以为人的独特遗产。

可以预期的是，神话在未来社会中还将发挥日益明显的积极作用。大体上讲，在学术价值之外，神话有两大方面的社会作用：

一是让精神紧张、心灵困顿的现代人重新体验灵性的召唤和幻想飞扬的奇妙乐趣；二是为符号经济时代的到来提供深层的文化资本矿藏。

前一方面的作用，可由约瑟夫·坎贝尔一部书的名字精辟概括——"我们赖以生存的神话"（Myths to live by）；后一方面的作用，可以套用布迪厄的一个书名，称为"文化炼金术"。

在 21 世纪迎接神话复兴大潮，首先需要了解世界范围神话学的发展及优秀成果，参悟神话资源在新的知识经济浪潮中所起到的重要符号催化剂作用。在这方面，现行的教育体制和教学内容并没有提供及时的系统知识。本着建设和发展中国神话学的初衷，以及引进神话学著述，拓展中国神话研究视野和领域，传承学术精品，积累丰富的文化成果之目标，上海交通大学文学人类学研究中心、中国社会科学院比较文学研究中心、中国民间文艺家协会神话学专业委员会（简称"中国神话学会"）、中国比较文学学会，与陕西师范大学出版总社达成合作意向，共同编辑出版"神话学文库"。

本文库内容包括：译介国际著名神话学研究成果（包括修订再版者）；推出中国神话学研究的新成果。尤其注重具有跨学科视角的前沿性神话学探索，希望给过去一个世纪中大体局限在民间文学范畴的中国神话研究带来变革和拓展，鼓励将神话作为思想资源和文化的原型编码，促进研究格局的转变，即从寻找和界定"中国神话"，到重新认识和解读"神话中国"的学术范式转变。同时让文献记载之外的材料，如考古文物的图像叙事和民间活态神话传承等，发挥重要作用。

本文库的编辑出版得到编委会同人的鼎力协助，也得到上述机构的大力支持，谨在此鸣谢。

是为序。

目　录

绪 论

第一章 学界对于中国百年神话研究的综述

从 1900 年前后神话的概念在中国出现，中国神话学在中国已走过了百年的历程。对中国神话发生以来的百年历史的回顾，中国神话学界已有较为广泛的讨论。

马昌仪先生《中国神话学发展的一个轮廓——〈中国神话学文论选萃〉序言》一文在 20 世纪 90 年代初就开始了对中国神话学研究的回顾。该文认为：中国神话学经历了萌芽期，即 1903 年后的第一个十年，西方神话学开始传入我国，为中国神话学的建立和建设做了思想上和理论上的准备。从 20 世纪 20 年代初到 1937 年，是中国神话学的奠基阶段，鲁迅、周作人和茅盾等文学家，顾颉刚、杨宽等史学家，做出了突出贡献，而梁启超等开创的文化史研究方法，以及一批研究者的努力，使中国神话学研究进入了新的阶段。1938 年到 20 世纪 40 年代末是拓展期，一批民族学家、社会学家在西南少数民族地区进行了少数民族神话田野调查和多学科的综合研究，拓展了神话学研究的空间。20 世纪 50—70 年代，由于极左思想造成的影响，除少数民族地区的调查与考古发现提供了许多的新材料外，很少学者有成就；而 70 年代以后，除顾颉刚、钟敬文等老一辈学者继续有所成就外，袁珂、萧兵等神话学研究者不断成长，神话学研究进入了一个发展的新时期。港台地区在 20 世纪 50 年代初到 90 年代初的四十年里也有很多的神话学研究成就。^① 马昌仪先生在进行神话学学术史研究的基础上，还编选了一部《中国神话学文论选萃》，为认识中国神话学百年发展的历程提供了参考资料。

潜明兹老师在《百年神话研究略论》一文中，认为鲁迅是晚清至现代神话学的承前启后者，孕育了科学神话学的胚胎，茅盾则是中国神话学的奠基者，闻一多对神话学研究也有贡献，而古史辨派编著的七大卷《古史辨》值得神话学研究者参考。中华人民共和国成立后神话研究一度被冷落，但对于龙的研究，

---

① 马昌仪：《中国神话学发展的一个轮廓——〈中国神话学文论选萃〉序言》，载《民间文学论坛》1992 年第 6 期。

对于盘古的研究，对于苗族、满族等少数民族的神话研究还是很有成就的。这篇论文较短，论述也很简略。①

陈建宪先生的《精神还乡的引魂之幡——20世纪中国神话学回眸》一文从资料发掘、理论研究和文学创作三个方面来讨论20世纪的神话学发展。资料发掘部分从历史文献、考古资料和田野调查三个方面进行总结；理论研究部分提出中国神话学有人类学的神话学、历史学的神话学、民族学的神话学和文艺学的神话学四个流派；文学创作则从鲁迅的《故事新编》一直说到当代作家创作中的神话母题。② 陈建宪先生对于20世纪神话学发展的总结，视野空间更开阔一些。尤其是把创作也纳入20世纪神话学发展的范畴，是一个突破。因为我们过去总是研究已有的神话，不会认同新时代的创作。其实，我们的神话研究本身也是在创造神话，研究者的资料收集和整理，本身在很大程度上也是在按照自己的想法重建神话叙事体系。这也就是为什么"神话学"一词既有神话研究的意思，同时又有神话作品的意思。因为研究本身也是一种新的神话创作。美国学者戴维·怀特曾经写过《作为神话编撰者的学者——比较的印欧神话和后现代关怀》一文，认为"学者的努力正是对神话编撰者工作的延续"③。因此，我们认为陈建宪先生回顾神话学的研究史而特别关注创作史，对神话学研究是有价值的。总的来看，陈建宪先生的研究是以神话研究的过程为中心的一种总结。

高有鹏先生的《中国神话研究的世纪回眸》一文，认为中国的神话研究具有启迪民智的社会功能，而国外神话学理论的传入，使得中国神话学改变了传统的人文学科附庸的地位，获得一定的学科独立性，通过一批学者的努力，中国神话学形成了自己的特色，但是，中国神话学有很大的不足，一是学科意识不强，二是专业人才不足，三是研究水平不是很高。④

到了21世纪，这种回顾中国神话研究的文章越来越多，这些新时期的研究往往也重视外国学者对中国神话的研究，而不仅仅局限在中国学者对中国神话的研究上。如贺学君的《中日中国神话研究世纪回眸》一文，对日本的中国

---

① 潜明兹：《百年神话研究略论》，载《铁道师院学报》1997年第6期。

② 陈建宪：《精神还乡的引魂之幡——20世纪中国神话学回眸》，载《河北师范大学学报》（哲学社会科学版）1998年第3期。

③ ［美］戴维·怀特：《作为神话编撰者的学者——比较的印欧神话和后现代关怀》，见［美］金白莉·帕顿、本杰明·雷依主编：《巫术的踪影——后现代时期的比较宗教研究》，戴远方、钱雪松、李林等译，中国人民大学出版社，2005年，第57页。

④ 高有鹏：《中国神话研究的世纪回眸》，载《中国文化研究》1998年第4期。

神话研究进行了很好的总结。文章认为日本最早的研究中国神话的论文是井上圆了1882年发表于《东方文学艺术》上的《孔孟之偶像尧舜形成原因探源》，此后，他又有《妖怪学讲义录》（共六册）出版。论文提到日本学者很关心中国神话历史化的问题，虽然这是泰勒早就讨论过的神话发展的普遍现象，但是这个观点对于中国神话研究的影响还是很大。白鸟库吉于1909年发表《中国古代传说研究》一文，大胆提出尧舜禹并非历史人物，而是神话传说中的英雄。此后他进而论证中国上古史记载都具有神话性。这些观点应该说对于中国神话研究是有很大启发的，国内很多学者与此相同的观点要比日本学者晚很多。贺学君先生的论文对于中日中国神话研究的梳理以平行叙述为主，兼及影响研究，采用的是比较神话学术史研究形式。早期注重日本的中国神话研究对中国学者中国神话研究的影响，后期则是一种并行叙述的方式。该文还提到王孝廉先生向中国学界翻译介绍日本的中国神话学研究的贡献。[①] 总之，这既是对中国神话学学术史的比较研究，也带有对中国神话学的发展的溯源的研究。贺学君还与日本学者樱井龙彦合作编辑整理了中日中国神话研究的论著目录，中国与日本的中国神话研究因此更得到学界的高度关注。

关于日本的"尧舜禹抹杀论"和顾颉刚先生的"疑古说"的关系，至今也是一个热点问题。胡秋原《一百三十年来中国思想史纲》[②] 中提到，古史辨的学说来源于日本学者白鸟库吉的"尧舜禹抹杀论"。这一观点得到了廖名春先生的赞同，他认为，钱玄同在日本留学时间很长，不可能不了解日本知名的东洋史学家白鸟库吉。北京大学图书馆有载有转述白鸟库吉观点的论文的杂志，顾颉刚先生具备见到的条件。他说："其实，顾颉刚'层累地造成的中国古史'说与白鸟说更象。白鸟库吉认为'据史，三皇五帝早于尧、舜、禹，然传说成立之顺序决非如是，道教在反对儒教后始整备其形态，表现道教派理想之传说发生于儒教之后'"[③]。白鸟氏虽然没有如顾氏说"时代越后，知道的古史越前"，但实际上是以具体事例说明中国古代传说时代愈早愈靠不住，隐含了传说的时代愈早，传说成立的时代愈晚的认识。"比较这'大致相同'的两者之说，'白鸟氏之说比顾氏之说早十四年提出'，顾氏确实有'后出转精'、'青胜于蓝'之

① 贺学君：《中日中国神话研究世纪回眸》，中国民俗学网，https：//www. chinesefolklore. org. cn/web/index. php？NewsID＝3026。

② 胡秋原：《一百三十年来中国思想史纲》，学林出版社，1973年。

③ 廖名春：《试论古史辨运动兴起的思想来源》，见陈明主编：《原道——文化建设论集》，学林出版社，1998年，第126页。

嫌。"① 当然，廖名春先生也不认同胡秋原的古史辨的观念完全脱胎于白鸟库吉的说法。华东师范大学硕士生倪平英撰写了题为《相似外表下的不同内核——白鸟库吉与顾颉刚就"尧、舜、禹"问题研究比较》的硕士学位论文，以较大篇幅梳理了这桩学术公案。作者认为，白鸟库吉和顾颉刚的学术渊源都是清代的考据学派，渊源相同，但是方法立场不同，所以不是抄袭。这是关于该问题的一般看法，其中有科学的成分，也有自我维护的意识。② 因此很多学者不承认抄袭说。白鸟库吉时代，日本急于扩张，尽管白鸟库吉的史学研究具有实证特色，但是白鸟的学术还是被指认为与侵略和殖民主义有关，也确实存在关系。因此，古史辨派也有招致政治化批评的经历，有学者认为这是附和日本人否认中国文化传统，动摇民族自信心。可见，中国与日本两国的神话学及其关系的研究，具有十分深广的文化内涵。

叶舒宪先生也参与了百年神话回眸的学术研究，他认为神话学在中国的发展是西学东渐的一个个案，他重点讨论了女性主义与中国神话研究的问题。文章提到，1992 年英国伦敦的潘多拉出版社出版《女性主义的神话指南》一书，其中关于中国神话的部分由华裔学者刘涛涛（Taotao Liu）执笔，在介绍"神话与民俗中的女性"时，作者共举出女娲、嫦娥、织女、孟姜女、观音和白娘子六个流传最广的故事。在"神话与民俗中的小人物"部分，女性数量增加了，但是她们的面目和在男性社会中的功用却复杂化了：排在前三位的依次是褒姒、妲己、狐狸精，她们成了男权社会的反面角色。该书的出版引起人们对女性主义神话学的兴趣。叶舒宪先生还介绍了《中国宗教中的女神》一文，作者是陈阿蓝（音译 Alan k. l. Chan），该作者认为女性在中国宗教生活中的地位很重要，并努力勾勒了一幅中国女神崇拜的全景图。女性主义神话学与民俗学的一个倾向是批判男权社会对女性的歧视，日本学者谷口义介《褒姒传说的形成》可作为这一类研究的代表。谷口义介详细分析了上古关于褒姒的三种传说，试图追索出产生此类传说的社会心理背景方面的原因，批判了美女亡国说。叶舒宪同时提到这种女性主义的神话研究对于中国本土的影响。叶舒宪先生的文章还介绍了比较宗教学派的神话研究，如海外学者对道教神话的研究等。叶舒宪先生

① 廖名春：《试论古史辨运动兴起的思想来源》，见陈明主编：《原道——文化建设论集》，学林出版社，1998 年，第 126 页。

② 倪平英：《相似外表下的不同内核——白鸟库吉与顾颉刚就"尧、舜、禹"问题研究比较》，中国优秀硕士学位论文全文数据库，http：//www.cnki.net/kcms/detail/detail.aspx? dbname = CMFD2006&filename = 2006124028.nh。

的论文的明显特点是在中外文化交流的背景下反思中国神话研究。①

此外，黄震云、杨胜明的《20 世纪神话研究综述》（上、下）②，黄泽的《20 世纪中国神话学研究述评》③，也都以较大的篇幅回顾了 20 世纪百年神话学的研究历程。乌丙安先生对中国神话学中的几个重要问题提出了讨论，一是关于零散的不系统的中国神话，二是关于中国上古神话系统的复原，三是关于袁珂先生的"广义神话论"。④ 从一般问题的综述变为对于专题研究的思考。对于洪水神话研究、鲧禹神话研究、《山海经》的专门研究等，学界都有不同程度的总结。

除了这些专门的研究论文，一些相关的文学与文化史研究综述中，也有对百年中国神话研究的综述，如陈平原主编的《现代学术史上的俗文学》一书的第一篇就是陈连山教授的《20 世纪中国神话学简史》，该文按照时间先后，叙述了几个专题问题，共有神话价值的发现、中国神话学的建立、闻一多的神话研究、新中国前三十年的神话学、袁珂的神话学研究、中国神话学新潮涌动和中国神话学的学术反思七个部分。⑤ 对 20 世纪中国神话研究讨论最多的还是刘锡诚先生的《20 世纪中国民间文学学术史》一书，该书虽然不是神话研究的专题史著作，但是对于神话研究讨论得最系统、最全面，从最初的概念发生，到较为全面的文学类神话研究资料，都有论述。该书可以说是迄今为止最重要的神话学学术史著作。⑥

台湾学者钟宗宪的《中国神话的基础研究》一书，其绪论即是"中国神话学的历程与回顾"，除整体上梳理了中国神话学的发展历程外，还对我国台湾地区的神话学研究做了分类。书中认为台湾的神话学研究有两个学术系统，一是以李亦园等为代表的人类学的神话研究，二是以王孝廉为代表的文学的神话研究，前者注重台湾少数民族的神话研究，后者则分为传统典籍的神话研究和民间文学的神话研究两类。⑦

---

① 叶舒宪：《中国神话学百年回眸》，载《学术交流》2005 年第 1 期。

② 黄震云、杨胜明：《20 世纪神话研究综述》（上、下），载《徐州师范大学学报》（哲学社会科学版）2003 年第 1、2 期。

③ 黄泽：《20 世纪中国神话学研究述评》，载《思想战线》2007 年第 5 期。

④ 关于这些内容，期刊网和其他纸质资料没有查到，此处据豆瓣网资料，乌丙安：《中国神话学百年反思》之一、二、三，http://www.douban.com/group/topic/26789190/。

⑤ 陈连山：《20 世纪中国神话学简史》，见陈平原主编：《现代学术史上的俗文学》，湖北教育出版社，2004 年。

⑥ 刘锡诚：《20 世纪中国民间文学学术史》，河南大学出版社，2006 年。

⑦ 钟宗宪：《中国神话的基础研究》，洪叶文化事业有限公司，2006 年。

神话学在中国现代学术之林中应该说是一个较小的学科，但是对于神话学这一百年来的发展历史，有这么多人关注，则是很突出的一个现象。

以上是关于中国神话学一百年来的一般总结和分析的情况。那么，与本书最直接相关的有关中国神话史的研究回顾又是怎样的呢？也就是说，这一百年来，有哪些人从事了与神话史相关的研究，神话史的研究在这一百年走过了怎样的历程呢？

很遗憾，很少有人总结这一时期关于中国神话发展历史的研究，除笔者外，几乎没有人单独写过反思 20 世纪神话史研究的文章，只有一些相关问题的零星讨论。这些问题，本书将在后文中具体讨论。

第二章　中国神话研究百年的几个基本问题

第一节　从概念的发生到学科的建构

我们必须在了解中国神话概念发生的基础上来讨论中国的神话研究与中国的神话历史。这里从中国神话概念的提出、神话内涵的初步诠释、神话对象的指认与神话学概论的出版，以及神话的学科归属来讨论中国神话概念的发生与学科建构问题。中国神话学在 20 世纪的前三十年初步完成了神话概念的提出和初步成形这一过程。

一、　神话概念的提出

要想弄清中国神话学中神话的概念，我们首先要从"神话"这个名词的发生说起。神话这个概念，在 20 世纪以前的中国文化中很少见，甚至"神话"两个字就是碰巧挨在一起的情况都罕见。"神话"究竟是什么时候才在中国的文化视野里出现的呢？致力于中国神话学术史和文化史研究的学者对此有一个认识不断深化的过程。

潜明兹先生在 1989 年就出版了一本叫《神话学的历程》[①] 的书，后来又出版了《中国神话学》[②] 一书。在《中国神话学》一书的"前言"里，潜明兹先生认为，中国神话学形成于 20 世纪的 20—40 年代，具体是哪一篇文章，哪个人提出了神话和神话学的概念，潜明兹先生没有说得很明确。她举例说到鲁迅："鲁迅从 1907 年写《人之历史》，到 1935 年创作小说《理水》，中经 28 年，他的神话观有质的变化。他作为晚清至现代神话学的承前启后者，已孕育出科学神话学的胚胎。"[③] 按照她的说法，神话这个概念大致就是 1907 年左右开始出现的，而鲁迅乃是奠基者的角色。说鲁迅是神话学奠基者可以，但说神话概念发

---

① 潜明兹：《神话学的历程》，北方文艺出版社，1989 年。
② 潜明兹：《中国神话学》，宁夏人民出版社，1994 年。
③ 潜明兹：《百年神话研究略论》，载《铁道师院学报》1997 年第 6 期。

生在 1907 年左右则晚了一点，不是很符合历史的实际。

另外一位对中国神话学学术史有深入研究的学者马昌仪先生则指出：

"神话"和"比较神话学"这两个词，最早于 1903 年出现在几部从日文翻译过来的文明史著作（如高山林次郎的《西洋文明史》，上海文明书局版；白河次郎、国府种德的《支那文明史》，竞化书局版；高山林次郎的《世界文明史》，作新社版）中。同年，留日学生蒋观云在《新民丛报》（梁启超于 1902 年在日本创办的杂志）上，发表了《神话历史养成之人物》一文。①

中国神话概念发生于 1900 年前后的说法大致被认可。据有关学者研究，认为中国此前也有"神话"的概念，但是即便是有，影响力也是很小的。中国神话概念的提出是 20 世纪中国文化的产物，它是受日本文化的影响而发生的。

日本的神话学研究早于中国，日本在 19 世纪后期即将英文的 Mythology、法文和德文的 Mythologie 译成汉字日文的"神话"一词，而中国的"神话"一词就直接借用了日本的"神话"两字的现成概念。1892 年，日本东京帝国大学教授久米邦武发表了《神道是祭天的古俗》一文，论文认为日本神道是中国和朝鲜的祭天遗俗，这一观点本来是一种学术见解，但因触犯了日本神道与皇统的威严而遭到攻伐，在日本引起了轩然大波，也使得日本的神话学产生广泛的影响。当然，因为这篇文章，神话学在日本一度受挫。1899 年 3 月，高山林次郎的《古事记神代卷的神话及历史》，提出以神话学的视角研究《古事记》，对日本的历史和文化才会有更加深入的理解，该文获得日本学界的广泛响应，日本神话学再度兴起。这时，中国的文化界和学术界大体上还不知晓神话学是怎么回事。作为日本神话学奠基人的高木敏雄，在 20 世纪初期，不仅发表了日本和中国的神话研究的论文，还有《日本神话学的建设》《日本神话学的历史概观》这样一些学科建设的论文。在神话研究方面日本确实要比中国先走一步。② 1904 年，高木敏雄出版了日本第一部系统的神话学概论性著作《比较神话学》，而在中国，类似的著作直到 1928 年左右才出现，并且这些著作的很多内容是根据高

---

① 马昌仪：《中国神话学发展的一个轮廓》，见马昌仪编：《中国神话学文论选萃》，中国广播电视出版社，1994 年，第 9 页。马昌仪最初认为"神话"一词在中国最早出现于 1903 年的日文著作的中译本，后来修正为 1902 年。刘锡诚《20 世纪中国民间文学学术史》（河南大学出版社，2006 年）特列"梁启超：第一个使用'神话'一词的学人"专节，论述梁启超为中国使用神话概念的第一人。刘锡诚的这一观点曾经在《今晚报》2002 年 7 月 9 日第 18 版专文叙述过。

② 参见乌丙安：《日本神话学三个里程碑的主要代表人物》，载《日本研究》1988 年第 3 期；〔日〕大林太良：《神话学入门》序言，林相泰、贾福水译，中国民间文艺出版社，1989 年。

木敏雄的著作编译的，如谢六逸的《神话学 ABC》一书，后半部分就是根据《比较神话学》编成的，由此可见中国神话学受到日本的影响。

日本的神话学对于中国神话研究的影响，除直接输入了神话这个新的概念外，还向中国转述了西方的神话学观念，如谢六逸据高木敏雄的著作所编纂的《神话学 ABC》就起了这样的作用。后来我们从日本翻译过来的一些神话学理论的书籍，大都也是转述的西方的神话学理论。中国直接从西方翻译介绍神话学的理论以后，日本的神话学对于中国的影响才有所减弱，但是，从日本传入的神话这一概念，则是中国神话学发展的基础。

同时，日本学界对于中国神话的研究，更是直接开启了中国学人对自己的神话进行研究的先河。据刘锡诚先生研究，世界上最早研究中国神话的并不是日本学者，而是俄国圣彼得堡大学的教授 C. M. 格奥尔吉耶夫斯基（1851—1893），他的一篇《中国人的神话观与神话》第一次提出"中国神话"和"中国人的神话观"的概念，并对中国神话予以分类，对欧洲中心主义进行批评，认为中国历史、中国文化是世界文化的一部分，与其他的西方国家历史享有同等的地位。作者对中国的五行观念、道教和儒家的观念很熟悉，因此对于中国神话有实在的认识，可惜我们很久以来并不知道俄国学者对于中国神话的开拓性研究。① 由于当时人们并不清楚俄国学者对中国神话的开拓性研究，因此，中国神话的研究最初是借鉴了日本学者的研究成果。日本学者对于中国神话的研究，在 20 世纪初，我们已经有了很多的了解。

1903 年，日本学者白河次郎、国府种德合著的《支那文明史》一书被译成中文，由上海竞化书局出版。该书首先将中国历史的一部分划为"神话之历史"，第一章为"世界文明之源泉与支那民族"，第二章即是"原始时代之神话及古代史之开展"，是当时一篇最大的关于中国神话的研究文献，书中说：

> 书契以前，地球万国，无不以神话为其太古创基之历史者。如支那国与大陆，其民族太古之思想，多产一种大陆之神话者，固不足怪。虽其所有之神话历史，彼邦之历史家，称为系于后世之作，然也不可谓无研究之价值。何则？所谓神话历史者，确以代表其国民之思想焉故也少，亦足知一国民自对于其古代有如何之思想焉故也。②

① 刘锡诚：《20 世纪中国民间文学学术史》，河南大学出版社，2006 年，第 22—23 页。
② ［日］白河次郎、国府种德：《支那文明史》，上海竞化书局译，上海竞化书局，1903 年，第 6—7 页。

这是最早在中国出现的神话历史观，对于中国历史的研究无疑是全新的思维。作者指出，中国无一统之教主，故最古神话失传，流传为多元神之信仰。中国的神话时代开始于盘古，终于燧人氏，或者神话历史结束于伏羲氏。[①] 这是中国远古历史的一项开拓性研究，更是中国神话学最重要的成果：中国神话的对象指认，我们通过实际的对象来认识什么是中国的神话。该书同时指出了中国神话的特性：中国神话淆杂，不系统，也没有华彩。这些观点长期影响着中国神话的研究，体现出日本学者的中国神话观对中国学者的深刻影响。至于后来白鸟库吉对中国神话传说中尧舜禹的研究，其影响则更加复杂。

无论是梁启超、蒋观云的著作，还是日本学者的译著，中国的神话概念的提出都与日本有着直接的关系。后来很长的一段时间，中国学者才较多地直接从英文吸取神话学的理论。无论是来自日文还是英文，中国的神话学是受外界的触动而发生的，这是一个事实。但是，中国神话一经发生，便逐渐开启了自我的历程，逐渐形成了神话研究的中国话语。

二、 神话内涵的初步诠释

有了神话这样一个从日本过来的名词概念，那么神话的内涵究竟是什么呢？这是中国神话学者必须阐发的问题。中国的神话概念一开始是梁启超这样的历史学家引进的，又通过翻译的日本的历史学著作使部分人初步知晓这样一个概念。但是，他们没有对神话做出具体的解释。我们现在都把留日学生蒋观云在梁启超创办的《新民丛报》上发表的《神话历史养成之人物》视为中国第一篇以"神话"为题的文章，这也是中国神话学发生的标志性事件，但是，他对于神话的概念并不是很清楚，至少他的理解不符合当时的日本和欧美的神话观念，有很多的自我见解。文章里并列了两个概念：神话、历史。原文写道："一国之神话与一国之历史，皆于人心上有莫大之影响。"这就是说，神话与历史是影响人心最大的文化门类。他又说：

> 神话、历史者，能造成一国之人才。然神话、历史之所由成，即其一国人天才所发显之处。其神话、历史不足以增长人之兴味，鼓动人之志气，则其国人天才之短可知也。……盖人心者，不能无一物以

---

① [日] 白河次郎、国府种德：《支那文明史》，上海竞化书局译，上海竞化书局，1903 年。作者有两处不同的叙述，开始说神话时代从盘古开始，到伏羲时代结束，后来又说神话时代从盘古时代开始，到燧人氏结束。参见该书第二章。

鼓荡之。鼓荡之有力者，恃乎文学，而历史与神话，（以近世言之，可易为小说。）其重要之首端矣。[1]

这里高度评价了神话的社会作用，即增长兴味，鼓荡志气。神话是什么呢？我们从这段文字中读出来的信息是：第一是人的天才表现，第二就是小说。作为小说来说，它是在文学之下与历史并列的一种文化形态。显然，那时的文学概念，还是中国传统的大文学概念，即整体上包含文学与学术文化总和的一个概念，而神话在一定程度上就是后来的现代的文学概念的萌芽和前身。应该说，这个关于神话的解释大体上是一个文学范畴的解读。

把神话视为小说，这最初的中国人自己的解释，确实对后来产生了很大的影响。但随后各种关于神话的阐述，逐步丰富了人们对于神话的理解。1903年的时候，现代神话学在中国刚刚开始起步，而现代意义上的文学还没有展开。蒋观云的文学概念，包含了历史和神话等内容，这个文学的概念与传统的文章学术概念更接近一些，而神话学的概念与现代的文学概念倒是关系很大，因此，有人把蒋观云的神话学论文视为现代的文学概念的最初萌动。

最早还是翻译过来的日本学者的文明史著作较为具体地解释了神话的概念。高山林次郎的《世界文明史》汉译本于1903年出版，该书中提出的比较神话学概念第一次在中国出现，同时，书中对于神话有明确的科学意义上的解释："（希腊）神话者，实希腊宗教之本，其大致殆与印度波斯同。皆由人从自然现象而造成者也，然其神之意义颇异。"[2] 这里将神话与宗教关联，即神话为宗教之本，这显然是蒋观云文章中没有提到的，也就是我们后来"宗教神话"连称的源头，解释中也比较明确地将神话与神联系起来。作者的神话解释放在多个国家的神话的比较之中，因此，比较神话学不仅仅是一个概念，在书中还有着具体的实践。

把神话与神联系起来，夏曾佑在1905年以后陆续出版的《中国历史教科书》中，比较明确地提出："中国自黄帝以上，包牺、女娲、神农诸帝，其人之形貌、事业、年寿，皆在半人半神之间，皆神话也。"[3] 这是对日本学者的神话学概念的一种响应，把神话与神联系起来。这种对于神话概念的诠释，强调神

① 观云：《神话历史养成之人物》，见马昌仪编：《中国神话学文论选萃》上编，中国广播电视出版社，1994年，第18—19页。

② 引自刘锡诚：《20世纪中国民间文学学术史》，河南大学出版社，2006年，第28页。

③ 夏曾佑编：《中国历史教科书》第1册第一篇"上古史"，商务印书馆，1909年，第14页。该书封面标"最新中学教科书　中国历史"，内页则标"中国历史教科书"。

话是叙述神的故事，或者半神半人的故事，总之，神话是离不开神的事迹的一种叙事。通过夏曾佑先生编写的教科书，这个概念广泛传播，影响深远。后来，茅盾先生（玄珠）著名的《中国神话研究 ABC》一书对神话也下了一个类似的定义："神话所述者，是'神们的行事，'但是这些'神们'不是凭空跳出来的，而是原始人民的生活状况和心理状况之必然的产物。"① 后来大家较为广泛接受的将神话定义为神圣叙事的观点，在 20 世纪的头十个年头就基本上被接受了。茅盾不仅仅把神话视为原始人民的创作，还将神话视为现代文明民族的美丽的文化。

鲁迅先生是最早开拓神话研究的学者，早在 1908 年，他发表的一篇叫《破恶声论》的论文，就这样给神话下定义：

夫神话之作，本于古民，睹天物之奇觚，则逞神思而施以人化，想出古异，诚诡可观，虽信之失当，而嘲之则大惑也。②

这是鲁迅先生针对那些对神话存在误解的现象而提出来的观点，当时有人觉得神话不过是解颐的小玩意而已，鲁迅先生觉得不是这样的，神话很重要，"不知神话，即莫由解其艺文"。鲁迅强调神话在文艺中的重要性，因而把神话解释为古民的想象，是奇异自然现象的拟人化。这完全是一种文学的解释，这种把神话视为原始人的想象的看法也被同样是文学家的茅盾先生所接受。那时的鲁迅，并没有像后来那样充满对中国传统的批判，在这篇《破恶声论》里面，竟然是对于反迷信和科学的反思。比如，有人借口科学，认为中国的神龙是没有的，因为按照生物学的观点，龙肯定是不存在的。鲁迅先生斥之为"愚"，为"轻薄"，是"拾外人之余唾"。"夫龙之为物，本吾古民神思所创造，例以动物学，则既自白其愚矣，而华土同人，贩此又何为者？"针对外人对中国龙文化的攻击，出于民族情感，鲁迅先生认为国民不仅不应该因为虚幻的龙而惭愧，反倒应该为其神思美富而自豪并弘扬之。鲁迅先生认为龙为国徽，如要加以诽谤的话，旧物将不存于世了。这里，我们看到了青年鲁迅对于传统沦落的忧思，与后来激烈反传统的主张不一样。

鲁迅的神话观念，在后来不断地延续发展着，其中既有自己的创见，也有对外来的或者之前的神话观念的吸取。鲁迅的神话观，在他研究中国小说史的

---

① 玄珠：《中国神话研究 ABC》（上），世界书局，1929 年，第 5 页。

② 该文最初发表于 1908 年 12 月 5 日在日本东京出版的《河南》月刊第 8 号，这里引自《鲁迅全集》第 8 卷《集外集拾遗补编》，人民文学出版社，2005 年。

过程中得到了充分的体现。他对神话的发生发展、神话与传说的分野都有自己的见解。如把神话视为神的故事，传说视为人的故事。周作人也有同样的看法，如他在文集《自己的园地》里面有一篇《神话与传说》的文章，其中说道："神话中所讲者是神的事情，传说是人的事情；其性质一是宗教的，一是历史的。"① 这种观点几乎是同时提出的，都是 1923 年的时候。传说概念的出现丰富了神话学的内涵，"神话"与"传说"二词并列，长期成为中国神话学的概念的表述形式。中国较早就对神话与传说的概念进行了分辨，但是，没有谁能够在进行神话研究的时候，把传说跟神话分得很明白。单独的中国传说学至今还没有诞生，所以传说只是附属于神话而成为神话的一个扩展的概念。

对于神话与传说的分野问题，西方的学术界似乎一直在关注。1963 年在底特律召开的美国民俗学学会会议上，美国教授威廉·巴斯科姆提交的一篇论文，还在讨论神话、传说和民间故事的分野的老问题。他说：神话和传说都被认为是叙述事实，只是神话叙述的故事是遥远的过去，传说叙述的是不久的过去；地点上神话叙述的是不同的世界，传说叙述的是今天的世界；而在取态上，神话是神圣的，传说是世俗或神圣的；主要角色，神话是非人类，传说是人类。② 这样的区分似乎没有比鲁迅和周作人清楚多少，相反还更加复杂。所以中国神话研究将二者基本合并，似乎是更加明智的选择。

在中国神话学发生的初期，早期的神话研究的开拓者将神话定义为：小说，宗教之本，神们行事，半神半人的历史，初民想象和创作，美术与文章（文学）的起源，现代文明民族的文化，带有历史性质的传说。有了这么多的解释，我们可以说，神话学的内涵已经十分丰富；有了这样的解读，神话学就可以开启自己在中国的历程了。

后来，中国的神话学家将神话与历史、宗教、艺术、民俗、社会等广泛地联系起来，但都是在最初的艰难探索的基础上拓展开去的。

三、 神话对象指认与神话学概论的出版

神话有了名称，有了内涵的理论说明，那到底哪些东西是神话呢？这就有一个对象指认的工作要做，只有有了具体的神话文本，这些概念和内涵才有附

---

① 周作人：《神话与传说》，见周作人：《自己的园地》，晨报社，1923 年，第 36 页。
② ［美］威廉·巴斯科姆：《民间文学形式：散文叙事》，见［美］阿兰·邓迪斯编：《西方神话学论文选》，朝戈金、尹伊、金泽等译，上海文艺出版社，1994 年，第 11 页。

丽，人们对于神话的概念才会有具体的感受。

我们从蒋观云的那篇《神话历史养成之人物》的文章中，看到了一个神话：盘古开天地。这是一个古老的故事，人们过去一直不知道该怎么称呼它，因为蒋观云，才知道这就是神话。蒋观云觉得后来神话越来越差，历史也越来越缺少兴象趣味，于是有代替神话的《封神传》和《西游记》出世。但是这两部书是不是神话呢？他没有说。因此，指认神话是什么并不是一件容易的事情，蒋观云的一篇文章只告诉人们有一个盘古开天地的故事是神话。

后来，夏曾佑的《中国历史教科书》又告诉了人们几个神话，即原先以为是古代帝王的包牺、女娲和神农，关于他们的故事都是神话，因为他们半神半人，不能算作真的帝王。但是黄帝及其以下的帝王，那是真正的历史。夏曾佑把神话的阵营扩大了，尽管按照后来的看法还很保守，但是，在古代历史中截取一部分内容当作神话来分析，夏曾佑开了先河。他说的这些神话，曾经是庄严的历史上的三皇，一下子把三皇当了神话，这真是石破天惊的事情。

1908年在《破恶声论》一文中，鲁迅再举出一个神话，那就是中国的龙。他把龙视为中国的"国徽"，对当时打着科学的旗号，打着反迷信的旗号否定龙的行为进行了批判。出于维护中华文化传统尊严的目的，鲁迅对于龙作为民族精神和象征的呵护，具有浓厚的民族情感色彩。到了1923年，鲁迅出版《中国小说史略》的时候，他虽然已经是一个文化传统的激烈的批判者，但是对于神话的研究，却充满了学术理性，并没有去批判那些神话。鲁迅不仅对中国神话在文化中的地位有较高的评价，还极大地开拓了神话的空间。在该书的《神话与传说》篇，鲁迅提到的神话，古老的有：盘古开天地，女娲补天，羿射十日，嫦娥奔月，鲧化黄熊，舜之历险，昆仑帝都，西王母，文王太公之梦，其中对西王母的资料钩稽和论述最多。鲁迅提到的新神和旧神转换的有：蒋子文，厕神紫姑，以及神荼和郁垒、胡敬德和秦叔宝等门神。这样一来，神话的空间就大大拓展了，尤其是那些古神话，都成为神话研究的经典的文本对象。鲁迅虽然只是把神话传说放在小说史的开头，但他并不认为神话就是原始时代的产物，新神"日出而不已"，"随时可生"，这样的见解显然与后来那些认为神话只是原始时代的产物的看法大相径庭。1925年，鲁迅致梁绳祎的信中说道："中国人至今未脱原始思想，的确尚有新神话发生，譬如'日'之神话，《山海经》中有之，但吾乡（绍兴）皆谓太阳之生日为三月十九日，此非小说，非童话，实亦神话，因众皆信之也，而起源则必甚迟。故自唐以迄现在之神话恐亦尚可结集"①。鲁迅不是认为古神话就是他的书里面提到的那几个，而是认为工程浩大，不是数人之力能够完成的。加上鲁迅有更加繁重的文学创作，以及文学论战的工作，他的神话研究工作没有做完，我们不能据鲁迅的《中国小说史略》提到的神话来画地为牢，束缚拓展神话空间的脚步，以为神话就是所谓原始社会的产物。鲁迅将民间神话纳入神话的范畴，可见他已经认同了民俗神话是神话研究的对象。神话不仅是他在《中国小说史略》里面提到的那样几个神话，其范围也更为宽广。我们不能拿鲁迅的部分神话见解来替代鲁迅对于神话的整体理解。

不同于前面的两位只是提到几个简单的神话故事，鲁迅还列出了记载神话的典籍，神话散见于各种典籍，"而《山海经》中特多"。《山海经》过去被视为禹、益这些圣人所著，是经典之书，鲁迅将其指认为神话传说集，这也是一件大事。鲁迅认为与神话相关的文献还有《穆天子传》、《逸周书》四篇、《燕丹子》、《蜀王本纪》、《吴越春秋》、《越绝书》和《天问》，这样一来，神话学作为一门学问，文化内涵已经很丰富，可以列入人文社会学科之林了。

在鲁迅《中国小说史略》出版后的几年里，人们对神话学的认识有很大的进步，其标志性的成果是一批概论性质的神话学著作问世。1927 年，黄石出版了一部《神话研究》，这实际上是一本介绍一般神话知识的概论性读物，其中详于国外神话，而对本土神话涉及较少。这部《神话研究》的上编，名叫"神话概论"，介绍了什么是神话，所据皆欧美的观念，如认为神话是解释性的、唯美的、民族集体创作的、具有与万物有灵论相关的宗教特质等。概论中对于神话的分类、神话的解释和神话的价值都有视野开阔的阐述。下编在介绍埃及神话、巴比伦神话、希腊神话和北欧神话的过程中，把太阳神话、创世神话、洪水神话、事物的起源神话、巨人神话和世界末日的神话介绍到国内，开拓了人们的眼界。② 下编的这些介绍，使得中国神话研究有了可资借鉴的认识对象，我们可以在中国的叙事文化中，找到类似的神话文本。这样，神话对象的指认便有了更加明确的目标。

1928 年，谢六逸的《神话学 ABC》出版，这是根据日本的西村真次教授的《神话学概论》和高木敏雄教授的《比较神话学》两本著作编著的一本神话学基

① 鲁迅：《致梁绳祎》，见《鲁迅全集》第 11 卷，人民文学出版社，2005 年，第 464 页。
② 黄石：《神话研究》，开明书店，1927 年，本书据 1988 年上海文艺出版社影印本。

础读物，但作者不是简单地编译，而是有很多自己的观点，并有丰富的中国神话分析。书中介绍了丰富的中外神话，有自然神话、人文神话、洪水神话和英雄神话四个类型。关于自然神话，作者分析了太阳神话，首先举出来的就是黄帝和蚩尤大战的神话，作者认为，蚩尤是暴风雨之神，而黄帝是太阳神。这不仅改变了夏曾佑把黄帝当作信史开端的观念，还将自然神话观应用到了中国神话的研究之中。该书还提出了神话学即民俗学的著名观点。综上所述，《神话学ABC》是中国现代神话学具有开拓性、奠基性的重要著作。①

1928 年汪倜然《希腊神话 ABC》一书的出版，以及郑振铎对希腊罗马神话中爱情故事的介绍，也使大量的国外神话进入中国读者的视野，人们进一步确立了神话这一文化样式的概念。

中国神话的概论性著作，当属茅盾的《中国神话研究 ABC》一书。该书分上下两册，于 1929 年在世界书局出版。上册除了一部分基本问题的阐述外，所讨论的神话对象基本上是鲁迅在《中国小说史略》中提到的那些，以《山海经》中的神话，以及与西王母和盘古等神有关的神话为主，问题讨论当然更加深入。下册以巨人族与幽冥世界、自然界的神话为章目，部分以西方的神话分类模式套用中国神话，如黄帝、蚩尤在茅盾笔下成了巨人之族，但更多的是作者自己的创造性的开拓。比如，自然神增加了《楚辞·九歌》中的河伯、湘君、湘夫人和山鬼，第七章对帝俊、羿和禹的阐述也是大胆的神话视野的拓展。②

1933 年，林惠祥出版了《神话论》一书，进一步丰富了神话的表现世界。其中提到的神话有八大类，即开辟神话、自然神话、神怪神话、死亡灵魂及冥界神话、动植物神话、风俗神话、历史神话和英雄或传奇神话。林惠祥还介绍了世界上十四个国家的神话，以及几个神话实例。神话的对象指认工作，至此已经完成了重要的使命，人们通过实例已经建立了基本的神话的对象世界，在这些概论性的著作里，神话学开始在中国学术界有了明确的地位。

古史辨派，把神话的时代下延到夏商时代，力主大禹故事为神话，并对汉代的神话制造予以反思，神话的范围和对象更加丰富了。一批民俗学家和人类学家把民间神话也纳入研究范畴，给神话世界开拓出更加宽阔的道路。

中国神话学经过一段时间的发展，已经有了丰富的神话文本世界。学者们从传统的经史子集，以及其他文化样式里面遴选出一批文本，命名为神话，逐

---

① 谢六逸：《神话学 ABC》，世界书局，1928 年。
② 玄珠：《中国神话研究 ABC》（上、下），世界书局，1929 年。

渐得到人们的认同。在历史文献中，即经典的古史中截取神话，是中国神话学获得自己的文本的重要途径，从最初的盘古开天地，到三皇之包牺、女娲和神农，再到鲧禹，并下延到秦汉的部分史传，甚至更加晚近的史书中的少数民族早期历史，以及政治神话都被纳入神话学的视野。学者们将早期社会定位为传疑时代，或者传说时代，从历史上一下截取了一大段作为自己的领地，是成功的探索。

文学家把早期的文学起源的那一部分截为神话，又把一批文学的典籍如小说集、诗歌集归入神话的范畴，也为神话争得了空间。民俗学家把口传文学和民间抄本的一部分归入神话范畴，也收获多多。此外，神话学家将考古图像的一部分，以及地下发掘文献的一部分也归入神话的阵营。中国神话就这样颇有些杂乱地被指认圈地，规模越来越大了。

神话学的对象指认不仅仅使神话学本身得到益处，历史学、文学、民俗学等学科因为神话学的观点开始了对自己学科的反思，同时开启了文化观念的反思。因此，神话学的发展最终是给中国学术界带来了重新认识自己的学科，重新定位中国文化特性的思路，对于中国学术文化的思想解放具有重要的意义。

有关神话学概念的著作的出版，则为学科的初步成熟奠定了基础，也为学科性质的讨论奠定了基础。

四、 神话的学科属性讨论

一门学问是否成熟，在现代学术体制下，要看它的学科归属。神话是在传统的经史子集之外生长出来的，它是一门什么样的学科呢？

由于中国神话研究者的队伍不是由一个单一的学科组成的，因此，从一开始，人们对于神话的学科属性就会有不同的解释。同时，也因为神话作为一种文明源头上的文化形态，它所蕴含的多方面的文化信息，也是某一单一学科难以涵盖的，所以，多元的学科认识的形成也就很正常了。我们从学科理论上来讨论和认识神话的学科属性，同时从参与神话研究的学者队伍以及他们明显的学科取向来看神话的学科属性，以见出神话学在这一百年里，大致有哪些学科的参与。

首先，我们知道，神话的概念是梁启超这样的按照我们今天的说法是跨学科的学者提出来的，梁启超于文史哲都有涉猎，是近代的一位学术大师。

我们从学者的身份看，20世纪前期主要是文学、历史学、民俗学和人类学学者参与神话研究。其中有些人在讨论神话学的学科属性的时候超越了自己的学术身份，他们认为哲学和宗教也是神话的重要属性。

梁启超在讨论新史学问题的文章中提出神话这个概念。1902 年，他的《新史学》这部文集问世，其中有一篇《历史与人种之关系》的文章，提到希腊神话，这是迄今为止我们所知道的中国人的文章中第一次出现神话这个概念。梁启超是在讨论历史的时候提到神话的，所以我们将其归到历史学的范畴是没有问题的。当时传入中国的国外的译著提到神话概念的，也主要是史学著作和文化史著作，所以是史学家最初使用了神话的概念，并将其植入学科之中。

梁启超后来在《中国历史研究法补编》一书里提到专史研究，其中的"文化专史及其做法"一章中，语言史、文字史后，即列了"神话史"这一门类。梁启超是最明确无误地把神话纳入历史的研究范畴之中的学者。语言、文字和神话的顺序，大体上被认为是文化发展的顺序。所以梁启超说："语言文字之后，发表思想的工具，最重要的是神话。"又说："和神话相连的是礼俗。神话和礼俗合起来讲，系统的思想可以看得出来。"① 这样的见解，确实体现出一位大师不凡的识见。把神话视为历史的一部分，在梁启超的著作里，是一以贯之的。

在研究实践中，从夏曾佑开始，便将神话、神话时代列入中国古代史的体系之中，以较大的篇幅展开叙述，可见，作为史学家的夏曾佑对于中国神话研究的推进是起了重大作用的。夏曾佑指认神话对象的研究实践，使神话的概念更加清晰。

后来以顾颉刚为首的古史辨派把古史神话化，从日本传过来的神话历史化被中国历史学和文学领域的神话研究者同时认同。顾颉刚依照神话历史化的观点，开始了把古史还原为神话的学术研究。郭沫若、吕振羽等马克思主义史学家也十分重视神话研究，神话研究一时成为历史研究的显学。以顾颉刚为首的古史辨派与马克思主义史学流派虽然都关注神话，但是价值取向完全不同。前者是在颠覆历史，将历史还原为神话，后者则是借助神话资料，重新建立起古代历史的框架。虽然他们对神话的态度差异明显，但都是历史学界的神话研究。20 世纪后期，除了徐旭生（徐炳昶）先生，以及张光直等部分海外学者，历史学界的神话研究队伍有所萎缩，历史学界很少有人坚持神话研究，多数人认为神话研究是文学的事业。

---

① 梁启超：《中国历史研究法补编》，《饮冰室合集》专集之九十九，上海中华书局，1936 年，第135 页。

第一次使用神话这个概念的是史学家，而第一个将神话列为标题的则是文学家。前述蒋观云于1903年便发表了中国第一篇以神话为标题的论文《神话历史养成之人物》，后来鲁迅、茅盾、闻一多等一批文学家加入中国神话研究的阵营，神话研究的文学家队伍吸引了一流学者的加入，其社会影响也更大。这样，在人们的眼中，历史、文学领域的研究者成为神话研究的两支最大的队伍。后来，文学方面的神话学研究者通过自己的研究实践，扩展了他们在神话研究中的空间，以至于人们看到神话研究，首先便想到这是文学的研究天地。

　　文史研究是中国固有的学术领域，在此基础上，扩展出来了神话研究。人类学和民俗学本来就是外来的，它们宣称，神话学本来就是它们研究的对象。

　　周作人通过对英文资料的解读，对神话的学科属性有了更多的了解。他说：“神话在民俗学研究上的价值大家多已知道，就是在文艺方面也是很有关系”①。这里举出了民俗学和文艺学两个学科，今天看，它们分别属于法学和文学两个大类，在当时，就周作人的叙述看，人们对神话与民俗学的关系比与文艺学的关系更加认同。但神话不仅仅与民俗学和文艺学相关，他说：“对于神话等中间的怪诞分子，古来便很有人注意，加以种种解说，但都不很确切，直至十九世纪末英人安特路朗（Andrew Lang）以人类学法解释，才能豁然贯通，为现代民俗学家所采用。”② 这里又牵出了人类学，与民俗学交织在一起。

　　在20世纪20年代，世界神话学已经形成很多派系，中国神话研究也已经起步发展，对于国际上的神话学发展的学术动态，周作人非常了解，并介绍了历史学派、譬喻派、神学派、言语学派和人类学派五大派系的研究，对人类学派尤其看重，并以此作为神话研究和童话研究的理论。周作人的介绍说明，当时的神话研究，已经初步具有了多学科的意识。

　　但对于周作人来说，文学的神话研究还是他的最爱。他说：

　　　　中国凡事多是两极端的，一部分的人现在还抱着神话里的信仰，一部分的人便以神话为不合科学的诬话，非排斥不可。我想如把神话等提出在崇信与攻击之外，还他一个中立的位置，加以学术的考订，归入文化史里去，一方面当作古代文学看，用历史批评或艺术赏鉴去对待他，可以收获相当的好结果：这个办法，庶几得中，也是世界通行的对于神话的办法。好广大肥沃的田地摊放在那里，只等人去耕种。

　　① 周作人：《神话与传说》，见周作人：《自己的园地》，晨报社，1923年，第36页。
　　② 周作人：《神话与传说》，见周作人：《自己的园地》，晨报社，1923年，第37页。

国内有能耐劳苦与寂寞的这样的农夫么？[1]

那时科学主义盛行，像神话这样充满信仰与想象色彩的东西往往遭到排斥。周作人将神话的信仰派与科学派排斥在外，提出将其"当作古代文学看"的主张，得到了后来的文学研究者的广泛响应。这也就是神话虽然是多学科参与研究的，但是在中国学界主流的看法还是把神话视为文学的原因所在。人们可以对神话做历史的研究、哲学的研究、民俗学人类学的研究，神话这个文化类型在整体上是属于文学学科的。在近百年的中国神话研究历史中，神话明显地保持着这一学科特征。

稍后的谢六逸的《神话学 ABC》、茅盾的《中国神话研究 ABC》，都强调了人类学、民俗学与神话学的学科关系，但是都归结到一种文学的研究。中国神话研究的这种以历史研究、文学研究为主，以人类学研究、民俗学研究为辅的情形，构成了中国神话研究的独特之处。神话学进入特定的学科领域，便进入一个相对规范的发展过程中来了。

中国神话学在 20 世纪 20 年代涉及四大学科，综合性特色明显，但人们对于神话学的认识，在国外理论的基础上，还有更多的体会。如，中国第一部神话学概论黄石先生的《神话研究》一书里，把神话分为哲学的、科学的、宗教的、社会的、历史的五个大类，显然不是前述四个学科可以概括的。而在讨论神话的解释的时候，又列出隐喻派、神学派、历史派、言语学派和人类学派五派来，这样看来，神话的研究，至少应该还有哲学和宗教学两个学科与之有密切的关系。[2] 这两派也确实在后来的中国神话研究中，表现出自己的特色。因此，中国神话的学科属性很难定位在哪一个单一学科，或者哪几个学科，它是一门综合性很强的学科。

由于中国的学科强调分类，并没有综合性这样一个学科，大学不存在一个叫综合研究的系科，也不存在一个叫综合性研究的学科点，所以中国神话还是必须依附某一学科求得生存。在后来的发展过程中，神话从整体上看是属于文学学科，尤其是文学的民间文学，如今所有的民间文学概论都会把神话作为第一章列出来叙述讲解。这就是中国神话学研究的学科归属的基本特点。或许这并不适合神话学的学科属性，但是这里我们不去讨论神话学本来应该属于哪个学科或者什么样的学科的问题，而是尊重中国神话学发展的历史形态和现实状

---

① 周作人：《神话与传说》，见周作人：《自己的园地》，晨报社，1923 年，第 41 页。
② 黄石：《神话研究》上编"神话概论"，上海文艺出版社，1988 年。

态。在目前的情况下，它是大体上属于民间文学研究的范畴，而又有多种研究视野的综合性学科。

经过神话概念的提出、神话内涵的阐发、神话对象的指认，以及神话学学科属性的讨论这样四个阶段，中国神话学初步在中国学术界和中国文化视野中站稳了脚步，完成了中国神话概念的发生过程。

中国神话学的第一阶段，从20世纪初到20世纪30年代，致力于学科的建构，取得了突破性的成就。神话学这一学科已经在学科之林中有了自己的一席之地。

但是，无论是当时的神话研究者，还是神话学的理论研究者，他们致力于神话学的学科建构，似乎始终是将神话置于其他学科的附庸地位，没有一个学者是独立的神话学研究者，神话研究对于他们来说，只是一个附带的研究行为，不是他们学术研究的中心论题，他们要么是文学家，要么是历史学家，或者是人类学家、民俗学家，没有谁真正能够担当起一个专门的神话学家的称号。同时，无论是讨论神话学科的论文，还是神话概论性质的著作，都要找一个或者多个高于神话学的学科来为自己撑台面。神话研究的附带性，神话理论的附庸特性，使得中国神话研究在其发生初期就缺少独立性，还有不确定性。这给神话学的拓展留下了空间，但是对神话学的学科认同却颇为不利。神话的真正认同并不是这样孤立地进行学术筹划，而是要在文化的建构中凸显自己的地位，这样神话的独特性才会被真实地发掘出来。

神话是一种叙事，一种神圣叙事，这就彰显出不同寻常的特性。由于神话具有理想主义色彩，具有引导民众向前奋进的特点，具有引导社会认同的特点，具有推进社会发展的特点，神话学的意义非同寻常，未来是否成为独立学科，有待各方努力。

第二节　从文化的解构到文化的建构

中国神话学自20世纪30年代以后，呈现出很大的变化。最突出的地方就是：神话学从学科的建构转为了文化的建构，人们不再把主要精力放在神话是什么、怎么分类这样一些学科的基本问题上，而是将神话材料用在当时社会最重要、最迫切的需求上，即社会与文化的建构与认同上。

此前，由于要建构神话的初步体系，中国古史的一部分被颠覆，历史的材料被拆下来搭建了神话的架子。问题的严重性在于，这一部分历史，对于中国人来说十分神圣，它是中国文化赖以生存的基础。特别是尧舜禹，他们是儒家文化的圣人，是理想人格的典范。尽管顾颉刚先生有追求科学的态度，但是他对于尧舜禹的态度，一般人难以接受。比如，说尧舜禹的故事乃是伪书中编撰出来的，而伪书中"藏污纳垢"。又说要打破中国历史上的黄金时代，而这个黄金时代乃是儒家的理想时代。所以，对于古史辨派的学者们来说，他们是在做双重工作，一方面是在解构古史，另一方面则在建构神话。同样解构历史建构神话的茅盾，却较少被人诟病，因为他说到大禹的时候，虽然说他是神，但是茅盾称他为民族英雄，为民除害的英雄。从态度上看，茅盾与顾颉刚先生有很大的不同。他认为神话是"中国古代文学中色彩艳丽的部分"，认为神话很有价值，所以茅盾对于神话的评价，其积极的、正面的一面比较突出，当然他也没有认为神话有多了不起。后来他在叙述自己年轻的时候做神话研究的经历时，还说自己年轻时"好不急之务"，是"嗜痂之癖"。可见那时的神话研究者并没有给神话很高的地位。

而顾颉刚先生更甚，整体上对于古史中的那一部分神话充满揶揄之语，并多批判。他从夏禹爬虫说开始，否定夏王朝历史的真实性，起到一个带头的作用。后来杨宽先生作《中国上古史导论》，更是列出所有的上古帝王，指出其"无不出于神话"，三皇是神话，五帝也是神话。既然是神话，为什么还要叫上古史呢？作者说："本书所论，仅将古史传说还原为神话，特初步之研究耳，故命名为《导论》。"①

于是，中国神话发生之初，对于历史的解构，对于神话的建构行为，便成为后来人们强烈回应的问题。

神话是否有价值，这是一开始人们就很关注的问题。文学方面的学者一开始就认为神话价值很高，蒋观云认为神话是鼓荡民心的重要的文化类型，周作人不断写文章强调神话的价值，并写了《神话的辩护》《续神话的辩护》两篇文章②，主要强调神话的历史价值、宗教价值和审美价值，当时有人批评神话是迷信，不能给儿童阅读，所以周作人出来为神话辩护。鲁迅则是从文化起源的意义上肯定神话在宗教、美术和文学起源上的意义。历史方面的学者，夏曾佑开始提出中国历史上的传疑时代，但并没有否定神话的价值。梁启超更是将神话

① 杨宽：《中国上古史导论》，见吕思勉、童书业编著：《古史辨》第 7 册（上），上海古籍出版社，1982 年，第 401 页。
② 两文分别刊于《晨报副镌》1924 年 1 月 29 日、4 月 10 日。

作为文化专门史的范畴，提出神话史的概念来，在《中国历史研究法补编》中，对于神话的价值十分肯定。顾颉刚先生对民俗神话，如孟姜女故事投入了很大的精力，对其历史价值是肯定的，因为这些传说体现了不同时代人们的精神状态，也是特定社会文化的反映。但顾先生对古史中的神话就没有很高的评价，因为他认为那些都是作假，是伪造的。

这就是 20 世纪 30 年代之前的中国神话学的一个状态，神话以宗教的、艺术的、文学的、历史的价值，在学术界占有一席之地。同时，神话又作为一种迷信，被认为具有负面作用，尤其是神话混在历史材料中，混淆了是非，在历史上也有消极影响，这种看法在社会上，在神话学研究中也具有一定的影响。

从 30 年代到 40 年代末，中国神话学较此前有了很大的变化。一方面，研究者回应了神话学发生过程中，以毁坏历史和文学的结构进行神话学科建构的行为，因为这些行为对于当时内忧外患、灾难深重的中国来说，不是最迫切需要的。而现实中，由于日本的侵略以及国共矛盾，社会动乱。国家处于生死存亡的关键时期，民族文化也陷入离散的危机之中。因此，一种文化的自觉，拯救民族危亡的使命便落到了学者的身上。国家内部分裂，需要求得认同，外部侵略、民族危亡，更需要建构文化的认同，因此，神话研究走向了一个以神话进行文化历史建构的新时代。

与此前以文献研究为主不同，这一时期在依旧重视文献的基础上，要么到田野中调查神话传说的口述资料，要么到考古现场获取资料。如果不是亲临搜集，也至少大量应用田野口述神话资料或者田野考古报告，因此，这一时期的神话资料要比以前更加丰富。

这一时期的学者对于神话研究具有独特而又突出的贡献。闻一多先生是这一时期最有影响的学者和文学家，也是迄今为止最具创造性的神话学家之一。

闻一多先生面对很多的学术资源：有西方的神话文本译本，有西方神话学的译著，有对中国神话的研究尝试，有考古资料，还有民俗学和人类学的田野报告。20 世纪 40 年代，神话学研究的基础与二十年前相比有了很大的改善。文学的、历史学考古学的和民俗学人类学的神话研究已经提供了综合研究的可能，有深度的本土话语的叙述语境已经形成，神话学诞生的条件已经成熟。在这样的时机下，闻一多先生以其特有的睿智和深厚的学养，铸就了他在中国神话研究史上的杰出地位。

闻一多先生最具代表性的神话学研究著作是《伏羲考》。伏羲是中华民族的祖先，因此，这是一篇对民族根本神话的研究杰作。在此之前，关于此课题已经有较多的研究，闻一多搜集到两种：芮逸夫1938年在当时的中央研究院历史语言所的《人类学集刊》上发表的《苗族的洪水故事与伏羲女娲的传说》一文，引洪水故事凡二十余则，另外有常任侠对伏羲女娲造型形象的论述，二者一为人类学的研究，一为考古学的研究。这是闻一多先生面对的除古代文献以外的伏羲神话的新文本。

闻一多先生借鉴吸收了图腾学说，以作为对伏羲文化的主要研究视点。图腾学说，在19世纪与20世纪之交，中国学界通过介绍摩尔根的著作、介绍西方的社会学说就开始知晓了，如严复所译的《社会通诠》就有图腾学说的介绍。后来涂尔干的图腾学说也被引入。尤其是法国人倍松的《图腾主义》一书的中文版于1932年出版，则带来了系统的图腾学说的理论和丰富的世界各地的图腾信仰的知识，该书被闻一多先生反复引证，涂尔干也是闻一多先生引证的对象。另外，在《伏羲考》中我们也看到许多关于"沓布"（taboo）的知识，闻一多先生指出："图腾与'沓布'是不能分离的。"这些新的理论资源，都是当时的学术前沿。

闻一多对中国神话文献的综合分析能力，对神话文献间的联系的洞察能力，都达到了当时神话学研究的最高境界。他独创的中国神话研究的意象的系统联想与论证的方法，是中国神话研究的重要突破。[1]

芮逸夫、常任侠分别是人类学、美术学领域里的出色学者，他们关于伏羲女娲的论文都有很高的学术水准。芮逸夫的论文有许多田野的资料，弥足珍贵，他展开的比较空间很广阔，但是，他所构拟的"东南亚洲文化区"的想象，只是人类学文化区论述的模式。虽然这也是一种文化模式的建构，但是局限在他人的视野里，而对古代文献中的伏羲女娲资料只是做了一般叙述，对于华夏传统、苗蛮文化及其相互关系没有找到满意的答案。常任侠的论文指出重庆出土的石棺画像人物乃是伏羲女娲，也将其与日月神话和苗瑶神话的伏羲女娲的故事相联系，对石棺画像的解读应该比较周全了，但还只是表明画像内容为何而已，视野较芮文更为狭窄。

在伏羲研究者的视野里，有这样一些共同的关键词：伏羲女娲、人首蛇身、苗瑶、洪水。闻一多先生由出土文物之伏羲女娲人首蛇身相交像入手，直指蛇躯即龙身，伏羲女娲相交与文献之二龙传说——交龙、腾蛇、两头蛇有着内在

---

[1] 详拙作《〈伏羲考〉导读——中国神话意象的系统联想与论证》，见闻一多：《伏羲考》，田兆元导读，上海古籍出版社，2006年。

联系，又将大量的两龙神话揭出，于是，田野报告、出土图画和明显的伏羲女娲资料与大量的奇怪的二龙二蛇相交记载奇妙地联系起来，原来它们都是伏羲女娲交尾图的不同形式，本质上是一样的，都是两龙交配之像。一系列散漫的文化事象一下子变成了一个系列。在闻一多先生的研究中，系统性整体性原则成为第一原则，于是，所谓图腾学说、文化区学说就变得只是大的文化框架下的一个小的研究要素。这时，他的研究摆脱了外来理论的束缚，由理论的奴隶变成主人，但又把外来理论的功能充分实现了。他在系统性整体性前提下对资料进行整理、联想，然后论证之。

当他将二龙二蛇的文献资料与伏羲女娲的田野报告、考古图像和文献结合起来后，视野骤然开阔。于是，伏羲女娲不再是孤立的图像，而是华夏族的图腾——龙的变相，于是，引譬连类，将龙的演变以图腾学说为基础做了深入分析。其中，对中国历史上的众多图腾的分化演变与部落的兼并的论述尤为经典，他说："龙图腾，不拘它局部的像马也好，像狗也好，或像鱼，像鸟，像鹿都好，它的主干部分和基本形态却是蛇。这表明在当初那众图腾单位林立的时代，内中以蛇图腾为最强大，众图腾的合并与融化，便是这蛇图腾兼并与同化了许多弱小单位的结果。"[1] 他由华夏族的象征联系到整个中国人的象征，这是中国文化研究中深刻地对民族的形象做出的分析，其影响十分深远。而苗蛮地区的伏羲女娲传说，便只是华夏民族和苗蛮族文化交流和发展的结果。华夏、龙、汉、苗蛮，都在伏羲女娲的身上得到统一，成为一个整体。这样一幅中国文化交流的景观的展现使得《伏羲考》成为一篇重要的中华民族历史文化研究的经典文献，已经远远超出了神话学本身的意义，从这一层面看，神话在文化中的根本地位也得到了最为清楚的呈现。

《伏羲考》的意义在于文化认同上的意义。闻一多先生说，龙是诸夏与戎狄构成的中华民族的图腾，"龙是我们立国的象征"，民国以后，"从前作为帝王象征的龙，现在变为每个中国人的象征了"。[2] 在 20 世纪 40 年代抗战期间，民族的认同，在传统的神话世界中找到了最明确的符号。[3]

通过民俗习惯来研究神话，闻一多先生在龙的研究方面进行了探索。他把

---

①《闻一多全集》（1），生活·读书·新知三联书店，1982 年，第 26 页。

②《闻一多全集》（1），生活·读书·新知三联书店，1982 年，第 33 页。

③ 对于龙凤，当时社会有广泛的认同，有一个叫《龙凤》的刊物，曾向闻一多先生约稿。很奇怪，闻先生却写了一篇叫《龙凤》的文章，把龙凤文化猛批了一通，这大约是他作为经历了"五四"的人对于传统的矛盾态度的流露。

吴越地区的端午习俗，解释为"吴越民族举行图腾祭的节日，而赛龙舟便是这祭仪中半宗教、半社会性的娱乐节目"，并称"端午是个龙的节日"，可以干脆叫"龙子节"。①《端午考》表明龙神话研究由文献、考古资料研究转向民俗的研究，是通过民俗事象来研究神话的开拓。对于神话研究的民俗学路径，或者说神话的民俗学研究，闻一多先生做出了辛勤的探索。他强调，吴越、匈奴本是夏后氏的后裔，都是同族，突出文化共性。文中甚至有些牵强地把端午与五行结合起来，总之是要把一个共同的神话、共同的习俗与更加广泛的民族文化整合起来，所以我们说，闻一多先生的以龙为中心的神话研究，是民族文化的整体性研究，这种整体性是为了整合民心，为民族的认同服务的。这就是20世纪40年代前后神话研究的突出特点。

闻一多先生将神话学引入诗学，主要在求其本事，以揭开古诗千年之谜。同时，他开拓诗歌意象的空间，增强阐释的力度。如《姜嫄履大人迹考》，于"履帝武敏歆"这一诗句详加考辨，让我们看到了综合的整体的系统观念，以及意象的系统联想与论证方法。

闻一多先生的诗学与神话学相统一的代表作无疑是《高唐神女传说之分析》，它是对诗歌意象的前所未有的神话学解读。文章的开头是从《候人》诗里的"季女"说起的，先是以大量的材料说明：在《诗经》中，鱼、鸟与男女性追求有关，接着再从《候人》的季女之"饥"，说到《诗经》里的饥饿和饱餐都与性饥渴和性满足有关，此论由《诗经》联想到《楚辞》，再由《楚辞》联系到其他历史文献，证据十分有力，成为《诗经》阐释中的一大创获。闻一多先生再次表现出他的系统综合分析能力：将《候人》的"朝隮"与《高唐赋》的"朝云"联系起来，将高唐神女与涂山氏再联系起来，一幅文化的全息图景便展现在人们的面前。

闻一多先生不仅是民族文化的建构者，也是神话研究方法的探索者和建构者，为中国神话的发展做出了重要的贡献。

20世纪的30年代、40年代，历史学家的神话研究的主要特点是重新建构中国的古代历史，尤其是上古史。

马克思主义史学家在这方面付出了辛苦的劳动。早在30年代初，郭沫若出版了《中国古代社会研究》一书，该书以摩尔根的《古代社会》和恩格斯的《家庭、私有制和国家的起源》为建构古代社会的基本思路，开始使用中国古代

---

① 《闻一多全集》（1），生活·读书·新知三联书店，1982年，第240、241页。

的神话传说资料建构中国的古代社会结构。该书从原始时代写到殷周时期，时间跨度大。其中，殷周时代都是有文献和考古资料可以佐证的，因此没有多少使用神话资料的必要，但是对于原始公社制度，尤其是母系氏族社会、父系氏族社会，其间的婚姻制度、帝位禅让制度，都是一些传说资料。郭沫若对此有了新的见解，如，尧舜时代的婚姻状况说明那时是一个"实行亚血族群婚的社会"，唐虞时代的禅让评议会是氏族评议制度，而中国古代氏族社会的崩溃在虞夏之际。[①] 这些解读，没有把这些神话传说看成荒谬不经的东西，而是认同其历史价值，因为有了国外的见解，所以看出来这些史料体现的不同的社会生活场景。

郭沫若在神话研究中影响最大的还是《释祖妣》（1929 年）和《先秦天道观之进展》（1935 年）两篇重要的论文。前者依据文献与甲骨文资料，先从尧舜及其二女的婚姻讨论开始，继而从生殖崇拜角度讨论殷商祭祀制度和信仰，是中国生殖崇拜及其神话研究的经典之作。而《先秦天道观之进展》则是一部断代的神话史，其中关于帝与上帝、天信仰及其演变的讨论都是很精彩的。关于该文，我们将在神话史研究综述中进一步探讨。

郭沫若的研究同样有对古史辨派的回应。郭沫若是建构论者，他的《中国古代社会研究》建构起中国古代社会的形态，其中对于殷周社会的分析比较肯定，但对于夏代，则很谨慎地坚持自己的观点。对于古史辨，郭沫若说有朋友给他《古史辨》第一册，他也没有细看，但随便检视，就发现很多新的见解，故对顾颉刚先生颇多赞语。但是对于夏禹，他的态度是：其一，殷周之前中国当得有先住民族存在；其二，此先住民族当得是夏民族；其三，禹当得是夏民族传说中的神人；其四，此夏民族当即是通古斯人种，即现今蒙古人满洲人的祖先。[②] 其间除把禹称为神人以外，基本上是肯定了夏民族的存在的，基本上肯定了古籍中对于大禹的记载。

吕振羽先生则较为纯粹地讨论史前社会，即讨论从原始社会到传说中的夏禹时代的历史，殷周时代另有著述讨论。吕振羽先生的名著《史前期中国社会研究》一书，使用了较多的神话和考古资料。李达先生在该书的序言中说："根据中国古籍中神话传说式的记载和仰韶各期古物，探求中国史前期社会的一般

① 郭沫若：《中国古代社会研究》，见郭沫若著作编辑出版委员会编：《郭沫若全集·历史编》第 1 卷，人民出版社，1982 年，第 98—99 页。

② 郭沫若：《中国古代社会研究》，见郭沫若著作编辑出版委员会编：《郭沫若全集·历史编》第 1 卷，人民出版社，1982 年，第 305 页。

特征，对这一历史时期，整理出一个整然的系统。"① 这也是他自己在自序里面讲的两个资料来源。与郭沫若以史料为主不同，吕振羽采用的材料主要是神话传说，虽然他自己宣称是以考古为"正料"，以神话为"副料"，但在他的叙述中，神话是不折不扣的正料，在其著作中占有大部分的篇幅。该书最初有十章，其中标题有"神话""传说"字样或主要使用神话资料的有七章，分别是：

四、神话传说所暗示之野蛮时代的中国社会形态；

五、传说中之"尧舜禹"的时代——母系氏族社会；

六、传说中的夏代——男系本位的氏族社会；

七、神话传说所暗示由氏族到市区之转变的形迹；

八、仰韶各期出土物与传说时代；

九、中国古代各民族系别的探讨；

十、洪水的传说和其时代。②

前三章分别是：一、序幕；二、中国社会形势发展的阶段；三、古代社会特征的一般。显然，这都是概论性质的东西，交代一般问题，故该书是一部以神话为主题建构的史前社会的历史。我们从章节标题中可以看出，氏族社会由母系向父系的转变、氏族社会向早期国家的转变是书中讨论的核心内容。这样的社会结构模式，来源于摩尔根的《古代社会》和恩格斯的《家庭、私有制和国家的起源》二书。

而对于材料，吕振羽则强调神话传说具有史料价值。他认为司马迁等记载的殷商历史与甲骨记载每多相合，所以当时一定是有科学的记载的，不完全是杜撰。他说："在各种古籍中所保留着的神话传说式的记载，不仅能正确的暗示着一个时代的历史意义，并且还相当丰富""那些散见于各种记载中的神话传说的来源，我们虽不敢完全确定，但它们能代表历史上一个时代的真际（实）意义，是我们敢于确定的"③。这样肯定地确认神话传说在历史学上的意义，是前所未有的。吕振羽这样判断的原因，主要是这些神话传说本身与按照摩尔根和恩格斯所阐述的古代社会的情形，两者间是暗合的，这是依据人类历史的共同属性的一种判断。也许从科学的意义上看，这种判断的合法性还可以讨论，但是在那个时代，建构中国的历史，涉及民族尊严。当时的中外史学界，有马扎

---

① 吕振羽：《史前期中国社会研究》，北平人文书店，1934年，李序第3页。
② 吕振羽：《史前期中国社会研究》，北平人文书店，1934年，目次。
③ 吕振羽：《史前期中国社会研究》，北平人文书店，1934年，第81—82、82页。

亚尔关于中国的亚细亚生产方式说、陶希圣商业资本说等，由于这些看法强调中国社会的独特性，与马克思主义的社会形态史不符，因此被视为伪唯物论。马克思主义的史学家强调人类社会的共同属性，强调人类社会必须经过原始社会、奴隶社会、封建社会、资本主义社会和共产主义社会五个阶段。这不仅是一种历史观，还涉及马克思主义的社会理想，以及革命的目标。因此，建立起中国的原始社会的形态就显得十分必要了。吕振羽先生在该书的自序中说，之所以要给无人过问的史前期整理出一个粗略的系统，主要是这个问题很重要，"已迫切的需要解决"，以此来回击那些"对历史事实的混淆颠倒"。① 因此吕振羽先生撰写出一部当时篇幅最大的以神话建构起来的史前史著作。无论其动机和目的有怎样值得讨论的地方，这种神话研究的工作都是前所未有的，是具有开创性的。

吴泽先生的《中国原始社会史》直接用原始社会命名了自己的著作，这同样是一部以神话为主体材料来建构一种中国社会历史形态的著作。与吕振羽先生主要分析史前期社会结构不同，吴泽先生的著作从中国原始社会的经济构造、社会组织与家庭形态、原始社会的意识形态这三个方面来建构一个立体的原始社会图景。这种学术视野在当时的原始社会研究中是很突出的。

该书一开始就讨论史料问题。和吕振羽先生一样，出土材料在该书中依然被列在第一位，但是在实际应用过程中，出土材料只是占很小比重，神话传说占了绝对主要的地位。对此，吴泽先生指出，由于出土材料不够，因此要依赖神话学、土俗学的材料来补充，这种使用有如下原则：其一，神话传说要与出土文物结合起来研究，如周口店北京人遗址中众多的劳动工具，说明了那时的原始人是集团生活，这可以和"舜无三夫之分，尧无咫尺之土"的传说记载结合起来看；其二，既然是神话，就不要把它记载的问题的真伪当作问题；其三，并不同意古史辨派的实验主义考据观点，如把禹说成爬虫，一笔勾销其意义，神话人物可以体现历史的分期。② 在具体的论述中，作者把有巢氏当作巢居生活的历史时代看，把燧人氏当作用火捕鱼的历史时期看，把伏羲氏当作狩猎的时代看，把神农氏当作种植制陶的历史时期看，并将这些时期与摩尔根记述的历史时期加以对照。这是有关经济构造方面的论述，在社会结构和意识形态方面，作者同样使用了很多神话材料。这是继吕振羽先生的著作后，又一部重要的以

---

① 吕振羽：《史前期中国社会研究》，北平人文书店，1934年，自序第2页。
② 吴泽：《中国原始社会史》，文化供应社，1943年，第3—5页。

神话建构历史形态的著作。

徐旭生也是一位史前社会的建构者，他的著作直接把那一段时期称为"传说时代"。吕振羽先生对于神话传说只是用而少辨，吴泽先生公开表示古史辨的思路不可取，徐旭生先生则明确反对疑古，并在著作的开头赫然列出一章："论信古"。这一章的内容是中国神话研究的两大派系——解构历史与文化和建构历史与文化之间冲突论辩的集中表现。徐旭生先生有一些对于古史辨的肯定，但觉得他们走得太远，失去了科学性。如大量使用"默证"，即历史没有记载遂断定其无，这很不科学，还有就是以自我为中心，凡是对自己有利的材料就使用，不利的材料不能审慎处理。此外，古史辨对于尧舜禹人格的打击，徐旭生先生表示更是难以接受。打倒了尧舜禹的人格，打倒了孔子的学说，其他中国文化的问题就都倒了，商中叶以前的历史变成了白地，这都很荒谬，于史料上也说不通。作者列出来很多古史辨派的论述的矛盾和失误，指出他们的结论不可靠。后来，作者称极端的疑古派是有意无意沾上了帝国主义御用学者的毒，语气比较重，但是作者还是声称，接受他们的成绩，批评他们不正确的方法，所以这些论辩还是没有完全政治化，是带有科学性，以追求真理为目的的。作者指出："很古时代的传说总有它历史方面的质素，绝不是完全向壁虚造的"①。

徐旭生先生最有名的对于传说时代的解释是中国传说时代部族三集团考，即华夏、东夷和苗蛮三大集团，这三大集团是传说时代的一个时期的主体。这是继三皇五帝结构、华夏与蛮夷戎狄结构后对早期中国社会的又一次结构阐述。是否科学还有待证实，但是却是一种社会历史的建构，神话传说资料再次承担了重要的文化功能。由于徐旭生先生对于考古资料有更多的深切感受，人们对于徐旭生先生的结论颇多信服。在他的心中，虽然传说时代是指夏代及其以前的历史，但是夏代，包括夏禹等传说资料的历史属性是不可否认的。

于是，我们看到了通过神话建立起来的历史：史前期社会，原始社会，传说时代。三个不同的名称，指的几乎是一个相近的历史时期，都是以神话传说材料为主体建立起来的中国文化的历史形态。所以，我们说，20 世纪 30 年代、40 年代的神话研究，主要是一个社会历史建构的时期，其目的是为了民族的认同，为了遭受内忧外患的中华民族的文化建构。

以上是我们对 20 世纪前期中国神话研究的一个粗略回顾，即前三十年大体上是神话学的学科建构时期，从神话的概念引入，到对象指认，到概论性著作

---

① 徐炳昶：《中国古史的传说时代》，中国文化服务社，1946 年，第 1 页。

的推出，并提出所属学科的设想。后二十年主要是通过神话进行文化历史的建构，一方面是对神话学科建构的过渡行为的拨正，更重要的是，在那样一个动乱的时代，民族与民众需要建立认同，社会需要团结巩固。闻一多先生通过民族图腾梳理，以龙为核心，通过伏羲的神话与传说，以及端午的习俗，从华夏到苗蛮，到匈奴，形成了一个统一的民族符号，这是为了建构民众心理认同的可贵的努力。吕振羽先生和吴泽先生对于史前期社会和原始社会的研究，开拓性地用神话传说作为史料，并强调其历史价值，是为了一个民族的完整的历史，也是依照人类的共同目标，建立起一个民族的早期历史与社会形态，以构建完整的历史文化景观，使中华民族文化立于世界民族之林。而徐旭生先生则明确表达对疑古派的批评，维护传说时代的历史价值和文化价值，以及文化的整体性。这是这一时期神话研究的鲜明的特点。

20 世纪前期，中国神话的学科建构研究和文化建构研究在 20 世纪后期依然在延续。在神话学科本身的发展方面，神话在民间文学领域占据一定的地位，并于神话母题研究、神话原型研究、神话的叙事研究、神话的心理研究、神话结构的研究、神话哲学的研究、神话历史的研究、神话与社会的研究、神话与仪式的研究等方面多有拓展，丰富了神话学科的内涵。民间文学、文艺学、文学人类学、民俗学和人类学也都在努力通过拓展，把神话纳入自己的研究领地。与 20 世纪前期相比，神话学科研究的内容更加丰富，但是，着眼于学科建设的目的却是一致的。

20 世纪后期，海外神话学理论翻译著作不断涌现，译介了《西方神话学论文选》[1]，弗洛伊德和荣格的心理分析方面的神话学论集，以卡西尔为主的符号学神话论著[2]，弗莱为主的神话原型学派的相关著作，列维－斯特劳斯的《神话学：裸人》[3]，麦克斯·缪勒和乔治·杜梅齐尔的比较神话学著作，以及口头诗学等与口述神话相关的著作，等等。人们对于神话学的研究不再局限于某一家观点，有了更多可资借鉴的理论资源。

与 20 世纪前期历史学家广泛参与进行文化建构不同，20 世纪后期到 21 世

①［美］阿兰·邓迪斯编：《西方神话学论文选》，朝戈金、尹伊、金泽等译，上海文艺出版社，1994 年。

②恩斯特·卡西尔：《语言与神话》，于晓等译，生活·读书·新知三联书店，1988 年；［德］恩斯特·卡西尔：《神话思维》，黄龙保、周振选译，中国社会科学出版社，1992 年；［德］恩斯特·卡西尔：《国家的神话》，范进、杨君游译，华夏出版社，1990 年。

③［法］克洛德·列维－斯特劳斯：《神话学：裸人》，周昌忠译，中国人民大学出版社，2007 年。

纪的一段时间，作为文化认同的神话研究主要是地方推动的，由民俗学和地方学者一起，将地方的神话国家化，在国家据此实现民族国家认同的基础上，实现地方的文化认同，以及实现其他的文化与社会功能。如河南的中原神话研究、青海新疆的西王母研究、湖北等地的关公研究等，地方政府和学者合作，都有不俗的研究成绩。重要的神话主角，如伏羲、女娲、炎帝、黄帝、尧、舜、禹、西王母、妈祖、关公、黄大仙等等，以及诸多的地方神话和传说，通过研究挖掘，被申报批准为国家级非物质文化遗产，得到了前所未有的重视。这些成果是我们的课题研究的重要资源。

同时，关于中国神话典籍的研究成果也十分突出，如《山海经》，无论是图像文献的搜集还是版本的整理校勘，以及神话事象的研究，都取得了前所未有的成绩。湖北人民出版社出版了一套解读《山海经》《诗经》《楚辞》《史记》《说文解字》和《老子》等典籍的神话学解读著作，后来叶舒宪教授又开始组织人马启动对《左传》等典籍的研究，通过古代典籍进行神话学研究，已经成为中国神话学自我建构的一项基础性工作。

此外，到了 20 世纪后期，很多人积极投入中国神话的学术史研究之中，如前面提到的很多的论文和论著，以及中国神话学的论文选本、目录索引等。

由于此前提到的多家学者已经对这一阶段的神话研究进行了很好的分析，这里我们不再赘述。我们将重点关注那些神话史研究的话题。

第三节　中国神话历史研究的初步探索

一个学科是由基本理论、学科历史和学科对象分析评论构成的。学科对象的历史与学科建设本来是互为表里的，没有历史的学科是不成熟的学科，或者说是没有目标的学科。一个学科要通过这个学科研究对象的历史建构起来，这是学科建设的基本规律。如中国文学，它的理论是在中国古代文学史和中国现当代文学史的支撑下建立起来的。哲学原理是需要哲学史建构的，伦理学也是需要中外伦理史来参与建构的，所有学科建设无不如此。也许有人会说，先有学科理论才能根据理论建构历史。是通过学科历史来建构学科的理论，还是通过理论来建构学科的历史，这是一个类似鸡生蛋还是蛋生鸡的问题，没有办法得出谁先谁后的结论，但能够说明二者的相互依存，关系密切。即便是先有了一套理论说法，没有历史的建构，这套说法还会是空中楼阁，没有办法把自我的形态展示出来。从这个角度看，神话历史的研究是十分重要的。

神话学学科的研究对象是神话，神话发展的历史即神话史，神话史是神话学的基础。20世纪，对于神话理论的译介和探讨，对于具体神话对象的研究，很多的学者都做出了很好的综述评议。但是，神话史研究的历史，却没有得到很好的梳理。因此，已有的与神话史研究相关的考察，与本书的关系将更加直接。

哪些神话研究属于神话史研究的范畴呢？并不是所有的对于某一历史上的神话的研究都可以视为神话史的研究的，我们将如下的研究定位为神话史的研究：

（1）关于神话的起源的研究；

（2）关于神话的发展过程的研究；

（3）关于神话发展演变的规律的研究；

（4）关于神话发展与社会文化的关系的研究；

（5）关于神话史的理论和方法的研究；

（6）关于神话对于后世的影响的研究。

这样，我们就能够找到那些在这一百年的时间里研究神话历史的专家和著作论文。我们根据这些标准先把这些研究的现象列出来，然后加以总结。

一、 鲁迅的关于神话起源发生和演变问题的研究

鲁迅研究中国小说史，首先讨论神话，这种把神话与小说关联的做法，大概是承接蒋观云的话头。但是，鲁迅对小说和神话有所区别，他只是把神话当作小说发展的一个阶段，即神话与传说阶段。从1923年到1935年，鲁迅对于中国小说的开拓性研究，将他的神话观也充分体现了出来。他接受了蒋观云将神话与小说联系在一起的主张，因此，在小说史的开头便有一章分析神话与传说。他说：

> 昔者初民，见天地万物，变异不常，其诸现象，又出于人力所能以上，则自造众说以解释之：凡所解释，今谓之神话。神话大抵以一"神格"为中枢，又推演为叙说，而于所叙说之神，之事，又从而信仰敬畏之，于是歌颂其威灵，致美于坛庙，久而愈进，文物遂繁。故神话不特为宗教之萌芽，美术所由起，且实为文章之渊源。①

这里的解释，基本奠定了中国神话概念的最基本的一些要素：一是神话为原始人（初民）敬畏自然的创造，是对自然的解释，这是属于哲学范畴的神话

---

① 鲁迅：《中国小说史略》，见《鲁迅全集》第9卷，人民文学出版社，2005年，第19页。

观，也是神话发生的解释；二是神话是以神为中心的叙述，即神圣叙事，这里涉及神话的根本属性；三是这种叙述引发信仰、美术与文学的发生，神话是这些文化形式的源头，这是关于神话的影响研究。这些观点，毫无疑问是关于神话发展历史的见解，因此，鲁迅是中国神话历史的开创者。

鲁迅还讨论了与神话相关的另外一个概念：传说。鲁迅说："迨神话演进，则为中枢者渐近于人性，凡所叙述，今谓之传说。传说之所道，或为神性之人，或为古英雄，其奇才异能神勇为凡人所不及，而由于天授，或有天相者，简狄吞燕卵而生商，刘媪得交龙而孕季，皆其例也。"① 传说的问题又是一个关于神话演变的论述，无论如何都是一个关于神话历史的问题。

鲁迅还提到神话与诗歌的问题，他说，神话虽然产生文章，但是诗人却是神话的仇敌，因为诗人在记述神话的时候，会有所粉饰，神话虽然依赖诗歌得以保存，"然亦因之而改易，而销歇也"。这也是对于神话演变的一种见解。

同时，鲁迅还有关于神话零碎化问题的思考，都是具有历史感的阐述。这里的零碎化是指相对希腊史诗那样的长篇说唱文本。对此，鲁迅先是引用了日本学者盐谷温的两种见解：一是黄河流域之民，颇乏天惠，重实际而黜玄想，不能集古传为大文；二是孔子出，重修身齐家，不重鬼神，故古传不特不会光大，而又散失。但是，鲁迅似乎不太认可这种说法，他认为最重要的问题是："然详案之，其故殆尤在神鬼之不别。天神地祇人鬼，古者虽若有辨，而人鬼亦得为神祇。人神淆杂，则原始信仰无由蜕尽；原始信仰存则类于传说之言日出而不已，而旧有者于是僵死，新出者亦更无光焰也。"② 这一见解，不是很受人们重视，但是确实是发现了中国神话历史演进的一个重要特点——新神不断创造出来，旧神则无新的发展，以至于新神变为旧神，重蹈覆辙，因此造成神话的零碎化。他举了蒋子文和紫姑神两个神话为例以见出新神的不断创生，又举了三个门神的神话，说明老的神话也没有扩大扩展。这是很重要的见解，但是并不能用来说明所谓中国神话零碎化的一切原因，更加重要的是：中国神话是否零碎化，这还是一个值得讨论的问题。

但是，鲁迅留下的很丰富的神话史的见解，是值得我们重视的。他提出神话的发生问题，也对中国神话的演变问题，如从神话到传说，诗人粉饰，零碎化和人神不辨造成新神日出旧神黯淡等，进行了富有创造性的讨论，贡献了他

---

① 鲁迅：《中国小说史略》，见《鲁迅全集》第9卷，人民文学出版社，2005年，第20页。
② 鲁迅：《中国小说史略》，见《鲁迅全集》第9卷，人民文学出版社，2005年，第24页。

的宝贵意见。

二、 谢六逸论神话发展

1928 年，大夏大学文学院院长谢六逸先生出版了神话学著作《神话学ABC》，明确提出了他的神话学主张，并系统地介绍了西方的神话学观念，同时也对中国神话进行了解读。他对于神话学与民俗学关系的论述十分经典，虽然这些讨论发生在介绍西方学说的过程中，叙述和议论是一体的，但也代表他的观点："就广义的解释说，神话学与民俗学的领域殆难分别。……将神话学与民俗学合并，称之为神话学；或称之为民俗学。就名称说，无论用那一种都可以的"①。这样，神话就是与生活联系在一起的。当然在当时，都有将神话视为文化遗留物的倾向。关于神话的起源，他在引用了"语言疾病说""泛灵论"等学说后，认为其发生是原始人的多神信仰的结果。而发生地是自发地产生在各民族之间。但是，很多民族有相似的神话，如洪水神话。神话可能是从中心传到末梢。但是这些相似也可能是人心相同。神话可能是空想，但是也有事实的反映，有时更可能是史实本身。

神话的发展是通过口传、继承，尤其还有文字记载、传播，从原始人到文明人，神话变得复杂起来。从甲地到乙地，以时、人、地三者维系神话的传承。神话的变化，分为地方化、风土化、统一化和道德化多种路径。仅从这种演变的路径看，谢六逸先生对于神话发展都有宏阔的阐述。

三、 茅盾论中国神话演变

茅盾的《中国神话研究 ABC》一书，完全可以视为一部中国神话史问题的研究著作。如他首先谈论中国神话僵死的原因，这就是一个神话发展的问题。第二章"保存与修改"，第三章"演化与解释"，都是神话史的根本问题。而在末尾结论讲到的需要解决的三个问题，第一个问题就是把一部分古代历史还原为神话，建立一个"中国神话的系统"，这实际上就是神话历史原点的建构，第二个问题是伴随中华民族的发展，各民族的神话加入的问题，这都是神话历史发展的问题。茅盾的著作进一步完成夏曾佑开始的神话的指认工作，即将古籍中记载的叙述材料一点一点剥离出来，建成一个可资分析的神话资料丛集，即神话研究的文本对象。茅盾的神话观颇受人们关注，但是很少有人将《中国神

---

① 谢六逸：《神话学 ABC》，世界书局，1928 年，第 27 页。

话研究 ABC》视为神话历史方面的著作，从神话历史的理论方面来解读《中国神话研究 ABC》，我们能够找到一些研究神话历史的有价值的观念。

对于中国神话零碎化这个由日本学者率先提出来，很多中国学者都响应的问题，茅盾同样也要回答。他在提到鲁迅的神鬼不别造成新神日出导致碎片，胡适的中国人辛苦劳动，不能在棕榈树下做白日梦，所以只有简陋的神话的观点之后，提出中国神话北、中、南三大体系，第一次整体讨论中国的神话分布。这三种神话，虽然中部和南部保存得丰富一些，但是与希腊罗马的神话相比，还是零碎的。这是什么原因呢？

茅盾先生把"神话历史化"这个观点比较鲜明地提出来讨论：他们保存了神话，也修改了神话，消灭了神话。① 这个观点，也一直为神话研究者所乐于采用。茅盾先生关于神话的演化，还有这样的表述：

> 他们一代一代的把神话传下来，就一代一代的加以修改。他们都照着自己的意思去修改。他们又照着自己的意思增加些枝叶上去。于是本来朴野的简短的故事，变成美丽曲折了；道德的教训，肤浅的哲理，也加进去了。原始人的神话经过了这样的"演化"，就成为一民族文学的泉源——当然只是最早的泉源。

> 在中国神话中，"演化"的段落是很明显的。例如西王母的神话……②

前面的一段话，似乎是在做想象性描述，描述一个演变的、想象性的过程。但是，西王母从"豹尾虎齿"到"丽人"的演变过程的阐述，成为神话演变的经典案例。作为中国神话的经典文献，从《山海经》《穆天子传》和《汉武故事》到《汉武内传》，西王母的故事从朴野到文雅的演变，非常富有说服力地展现在人们的面前，因此，从朴野到文雅，似乎成了神话发展演变的一条定律。当然，如果仔细考察神话史，就会发现，朴野到文雅是演变发生的一种情况，有的故事，则始终保持着朴野的情态，如民间的一些神怪故事，像五通神的故事，从形象到叙事，都是不雅致的，故事本身也没有展开多少。所以，有从简约到丰富的神话故事，也有始终朴野的故事，甚至有的故事可能开始很丰富，后来还被遗忘了。比如帝俊，在《山海经》里是那样显赫的大神，后来怎么就没有搞得更加华丽呢？

其实，这个西王母神话的案例也告诉人们，中国神话何尝零碎呢？到了汉

① 玄珠：《中国神话研究 ABC》（上），世界书局，1929 年，第 36 页。
② 玄珠：《中国神话研究 ABC》（上），世界书局，1929 年，第 57—58 页。

代，西王母的神话故事是那样的丰富和完整，情节曲折复杂，摇曳多姿，与任何一个民族的神话相比都毫不逊色。

茅盾提出了许多与神话历史相关的问题，主要是神话历史化，神话从朴野到文雅两大演变问题，这两个问题，一直为人们所乐于谈及。

四、 顾颉刚关于神话历史的观念

顾颉刚先生的古史观，既有神话发生论的问题：层累地创造古史，也就是一层一层地制造神话，神话史的脉络就会很清晰，也有演变的动力讨论：社会生活是神话演变的动力。前者讨论五帝与三皇，后者则讨论如孟姜女神话故事的专题历史，是典型的中国神话专题史的研究。顾颉刚先生的神话观毫无疑问是从对神话历史的分析中得来的。[1]

我们熟知的层累地造成古史的学说，是神话发生的学说。在他看来，原来的神话并不丰富，后来人们一点一点累积上去，反倒丰富了。这种神话的发生论，是基于现实的发生论，而不是强调远古时代原始人如何如何的解释。这就为从现实社会与政治出发寻找神话发生的依据提供了依据。顾颉刚先生对于战国秦汉时期的神话传说的发生进行过深入解剖，其中有依照自己的观点解读过度的地方，但是从现实社会政治生活中寻找神话的发生机制，是一个值得关注的思路。

顾颉刚先生的孟姜女研究，是一个专题神话历史的研究，一个个案神话历史的研究。他从 1924 年在北京大学《歌谣周刊》第 69 号发表《孟姜女故事的转变》开始，不断收集材料，到 1927 年于《现代评论》二周年增刊发表《孟姜女故事研究》，其专题神话史的观念基本形成。《孟姜女故事研究》一文，先是对孟姜女故事的历史发展的梳理，从春秋之杞梁妻故事开始，到唐代转为孟姜女故事，再到现代的孟姜女故事，在历史的系统中共计整理出二十三种不同的文本，体现出历史学家史料把握的能力，初步画出了孟姜女故事演进的历史脉络。接着顾先生再以地方的系统，对于流布在中国各地的孟姜女故事进行了排布分析，在当时可谓用力甚勤。最后得出一些结论，体现出他对专题神话历史演变的看法。[2]

---

① 顾颉刚先生的学说参见上海古籍出版社影印本《古史辨》1933—1941 年陆续刊印的版本。关于层累地造成古史的观念主要集中在《古史辨》第 1 册中。

② 顾颉刚先生的有关孟姜女研究的资料，参见《孟姜女故事研究集》一书。《孟姜女故事研究集》为顾颉刚先生编著，国立中山大学语言历史学研究所 1928 年出版，为中山大学"民俗学会丛书"之一。

第一，他认为应从历史上的文化中心去看孟姜女故事的地域流布。比如：春秋时齐鲁文化水平高，故故事发生在齐都；西汉后文化中心到长安，因此孟姜女故事西进；北宋建都于今河南之地，故孟姜女故事进入中原；明清以来江浙社会文化水平高，故这一带的孟姜女故事也发达，并影响全国。这种观点值得参考，但是推敲起来也是有问题的，比如，楚国当时的文化水准、经济能力也不低，为什么春秋时期就没有楚国的杞梁妻之类的故事呢？齐桓称霸的时候，经济文化与国力更强，为什么要到齐国实力有所衰退的时候才出现这样的故事呢？从文化中心的角度看故事的发生和流布是一种思路，但是不能机械地理解。第二，从历代的时事和风俗可以考察演变中加入的内容，这也是与社会密切关联的一种研究方式。第三，民众的感情形成故事的酝酿力。这些都可以看出，顾颉刚先生研究神话故事的演变，注重文化背景、现实与风俗的背景、民众情感的背景。

顾颉刚先生特别关注特定的社会历史背景，并以此为基础去解读神话演变的发生。这种演变动力的讨论，是顾颉刚先生神话历史研究过程中较为突出的特点。

五、 梁启超的神话史研究的主张

真正主张把神话史当作一个学科来研究的人是梁启超。从 1921 年到 1926 年，梁启超先后在南开大学和清华大学演讲，演讲的内容汇集成《中国历史研究法》和《中国历史研究法补编》，表达了新的史学观。早在 1902 年的《新史学》系列文章之一《历史与人种之关系》一文中，梁启超就第一次使用了神话的概念，二十年过去了，他在著作《中国历史研究法》及《中国历史研究法补编》中，第一次提出神话史的研究范畴，并有很长很系统的分析。这些都可以见出梁启超对于神话学的关注。《中国历史研究法补编》论述神话史如下：

第四章　文化专史及其做法

狭义的文化譬如人体的精神，可依精神系发展的次第以求分类的方法。文化是人类思想的结晶。思想的发表，最初靠语言，次靠神话，又次才靠文字。思想的表现有宗教、哲学、史学、科学、文学、美术等。我们可一件一件的讲下去。

…………

丙　神话史

语言文字之后，发表思想的工具，最重要的是神话。由民间无意识中渐渐发生某神话，到某时代断绝了。到某时代，新的神话又发生，和神话相连的是礼俗。神话和礼俗合起来讲，系统的思想可以看得出来。欧洲方面，研究神话的很多。中国人对于神话有二种态度：一种把神话与历史合在一起，以致历史很不正确；一种因为神话扰乱历史真相，便加以排斥。前者不足责；后者若从历史着眼是对的，但不能完全排斥，应另换一方面，专门研究。最近北京大学研究所研究孟姜女的故事，成绩很好，但范围很窄，应该大规模的去研究一切神话。其在古代，可以年代分；在近代，可以地方分，或以性质分。有种神话竟变成一种地方风俗，我们可以看出此时此地的社会心理。

有许多神话夹在纪真事的书里。如《山海经》，若拿来作地理研究，固然很危险；若拿来作神话研究，追求出所以发生的原因来，亦可以得心理表现的资料。如纬书，从盘古、伏羲、神农、轩辕以来的事情很多，又包含许多古代对于宇宙的起源和人类社会的发生的解释。我们研究古人的宇宙观、人生观和古代社会心理，与其靠《易经》，还不如靠纬书和古代说部如《山海经》之类，或者可以得到真相。又如《金縢》夹在二十八篇真《尚书》中，所述的事非常离奇。那些反风起禾的故事，当时人当然相信；如不相信，必不记下来。我们虽不必相信历史上真有这类事，但当时社会心理确是如此。又如《左传》里有许多灾怪离奇的话，当然不能相信，但春秋时代的社会心理大概如此。

又如《佚周书》在历史上的价值如何，各人看法不同。其中纪载杀多少人，虏多少人，捕兽多少，我们不能相信。孟子说："仁者之师无敌于天下……如之何其血流漂杵也？……吾于《武成》，取其二三策而已。"事实固然未必全属真相，但战争的结果，当然很残忍，这点可认为事实。又看当时所得猛兽之多，参以《孟子》别篇所谓"周公兼夷狄，驱猛兽，而天下宁"，可知当时猛兽充斥于天下。这种近于神话的夸大语，也自有他的历史背景。我们因他夸大某事，可相信当时实有某事，但不必相信他的数目和情形。

神话不止一个民族有，各族各有其相传的神话。那些神话互相征服同化，有些很难分别谁是谁族的。我们应当推定那一种神话属于那一种民族或那一个地方。如苗族古代和中原民族竞争很烈，苗族神话古代也特别多，我们若求出几个原则，把苗族神话归纳出来，倒很可知道苗族曾经有过的事项、风俗和社会心理。苗族史虽不好研究，而苗族神话史却很可以研究出来。

后代一地方有一地方的神话。《荆楚岁时记》和这类文集、笔记、方志所讲的各地风俗和过节时所有的娱乐，若全部搜出来做一种研究，资料实在多。如苏东坡记四川的过节，范石湖记吴郡的过节，若分别研究，可以了解各地方心理和当时风俗，实在有趣。

中国的过节实在别有风味，若考究他的来源，尤其有趣味。常常有一种本来不过一地方的风俗，后来竟风行全国。如寒食是春秋晋人追悼介之推的纪念日，最初只在山西，后来全国都通行了，乃至南洋、美洲，华人所至之地都通行。可是现在十几年来，我们又不大实行。又如端午，初起只在湖南竞渡，最多也不过湖北，后来竟推行到全国。又如七夕，《诗经》有"宛彼牵牛"之句，牵牛与织女无涉。古诗十九首有"迢迢牵牛星，皎皎河汉女。盈盈一水间，脉脉不得语"，成为男女相悦了。后来竟因此生出七夕乞巧的节来。最初不过一地的风俗，现在全国都普遍了。这类的节，虽然不是科学的，却自然而然表示他十分的美。本来清明踏青、重阳登高已恰合自然界的美，再加上些神话，尤其格外美。又如唐、宋两代，正月十五晚，皇帝亲身出来凑热闹，与民同乐。又如端午竞渡，万人空巷。所以，最少，中国的节都含有充分的美术性。中国人过节，带有娱乐性。如灯节、三月三、端午、七夕、中秋、重阳、过年，都是公共娱乐的时候。我们都拿来研究，既看他的来源如何，又看他如何传播各地，某地对于某节特别有趣，某时代对于某节尤其热闹，何地通行最久，各地人民对于各节的意想如何，为甚么能通行、能永久。这样极端的求得其真相，又推得其所以然，整理很易得的资料，参用很科学的分类，做出一部神话同风俗史来，可以有很大的价值。[①]

这是最明确的系统的关于神话史研究的阐述，最突出的特点是，摆脱历史与神话的关于真实虚假二分的做法，把神话与风俗结合起来，做成"一部神话同风俗史来"。文中提到要开展少数民族的神话史研究，特别肯定北京大学《歌谣周刊》上的孟姜女的神话研究，对于节日，强调其与神话的密切关系，强调其审美娱乐属性，这都是具有前瞻性的学术见解。

---

① 梁启超：《中国历史研究法补编》，《饮冰室合集》专集之九十九，上海中华书局，1936 年，第134—138 页。

同时，梁启超也是明确地将神话史作为文化史研究的学者，为文化史的研究拓展了空间，也为神话史研究找到了自己的归宿。在文化史的空间里，神话研究有更加宽阔的舞台。

我们对于第一位系统阐述神话史的专家应该予以特别的关注。他是在历史研究的视野里谈论神话史研究，但涉及风俗史、审美娱乐史、民族史和心理史，由此可见文化史的学术空间是何等开阔。

六、 袁珂的 "广义神话论" 与 《中国神话史》

谈到中国神话史的研究，最不能忽视的学者是袁珂先生。他是20世纪后期70—80年代最有影响的一位学者。从50年代开始，袁珂先生开始编纂《中国古代神话》一书，起初只有七八万字，1950年由上海商务印书馆出版，在开始的几年里，每年都要重印，到1955年底，就印刷了六次，可见当时人们对于神话的热情。到"文革"前，增补重印了许多版。"文革"后，又增补了夏以后的神话，曰"夏殷篇""周秦篇"，并易名《中国神话传说》①，字数也由最初的七八万扩展到六十余万。

该书有两大特点，其一是引入了马克思主义的神话起源于劳动的神话观。

本来，马克思主义的神话观在20世纪前期的学者们的原始社会建构中就已经体现出来了，如恩格斯强调希腊史诗体现的社会关系，给中国历史学界巨大的启示，但那时候马克思主义神话观的主要接受者是历史学界的学者，而中华人民共和国成立后文学界的神话研究者才逐渐接受了马克思主义的神话观点。起初是高尔基的关于神话的学说，大家认为高尔基的文学观似乎就是马克思主义的文学观。20世纪后期，受马克思主义影响的神话学说，起源论成为本质论，如大家喜欢引用马克思的"任何神话都是用想象和借助想象以征服自然力，支配自然力，把自然力加以形象化""通过人民的幻想用一种不自觉的艺术方式加工过的自然和社会形式本身"② 这两句话，这是发生论角度的神话本质论。由于马克思接受了进化论的神话学说，故而神话的表述就是历时性的，从起源到消亡，都有一套完整的过程表达。因此，马克思主义的神话观是可以成立的一个神话研究的派系。中国许多的文学概论和文学史在讲述神话的时候，几乎都要

---

① 袁珂：《中国神话传说》（上、下），中国民间文艺出版社，1984年。这是一部最大的中国古典神话的文本整理著作，全书六十余万字，展现了中国神话的多彩与丰富。

② 马克思：《〈政治经济学批判〉导言》，见中共中央马克思恩格斯列宁斯大林著作编译局编：《马克思恩格斯选集》第2卷，人民出版社，1972年，第113页。

引用以上马克思的《〈政治经济学批判〉导言》中的这两句话。应该说，袁珂先生在神话的发生学方面是承袭并传播了马克思主义的神话观的。但是，袁珂先生并没有完全机械地接受马克思主义的神话观，尤其是关于神话的时代，袁珂先生将其大大拓展了。

马克思及其追随者的神话观有一个鲜明的特点：他们认为神话的发展是与社会的进步和科学的进步密切相关的，科学发展了，社会进步了，神话就消失了。所以，信奉马克思学说的神话研究大都强调神话的原始性，像袁珂先生那样强调民间神话、少数民族神话在中国神话历史中的地位的学者，其精神是难能可贵的。

其二是通过搜集整理中国传世的文献资料，将零散的神话资料汇集在一起，构建了一个宏大的中国神话传说的文本结构。作者通过一定的加工，把片段的神话故事变成了完整的神话故事，把短小的神话故事变成了长篇的神话故事，但是，这所有的叙述都是有来历的，每个情节都可以大致找到相关的古籍材料。因此，这是一部科学的有关中国神话的资料和文本。其实这样的文本应该广泛传播，但是我们对自己的神话过于苛刻，很少人引用这个文本作为中国神话的材料，而是都要从原文出发，对于严格的科学研究来说是应该这样的，但是对于大众阅读来说，这样的版本就不太好了。我们对于希腊的神话，大都是引用的 19 世纪德国作家古斯塔夫·施瓦布（Gustav Schwab，1792—1850）所重述的《希腊神话故事》一书，这本书的写作时间其实离希腊罗马神话发生的时代有两千多年。希腊的神话故事有施瓦布述说的那么完整吗？显然不是的，施瓦布的加工远超过了袁珂先生这样秉持科学作风、重视资料来历的学者对原始资料的加工。《希腊神话故事》是一部现代的神话编纂，那当然是容许的，我们因此也应该认可袁珂先生这样的现代重述和整理。

袁珂先生的"广义神话论"，主要是针对所谓的狭义的神话提出来的。什么是狭义的神话呢？谁给出了这个定义呢？如前所述，鲁迅认为他们老家绍兴太阳的生日的故事都是神话，他也没有说神话就是原始社会的神话，根本没有狭义神话一说，尤其是他的"新神话日出"的见解，都可以看出鲁迅的神话观，并没有局限在原始社会。茅盾在其《中国神话研究 ABC》中，先是说了句："据最近的神话研究的结论，各民族的神话是各民族在上古时代（或原始时代）的生活和思想的产物。"[①] 可是他又接着说："现代的文明民族和野蛮民族一样的有

---

① 玄珠：《中国神话研究 ABC》（上），世界书局，1929 年，第 4—5 页。

它们各自的神话。"① 但是，他是一位受进化论派影响的学者，神话观相对保守。梁启超把风俗和神话结合起来，闻一多引用了当时的调查材料，而那些材料都不是所谓的原始社会的神话故事。那么这个狭义的神话观是哪里来的呢？

其实，所谓狭义的神话观来自马克思的论述，也就是我们前面引述的很多人、很多地方都视为经典的《〈政治经济学批判〉导言》中的那句话："任何神话都是用想象和借助想象以征服自然力，支配自然力，把自然力加以形象化；因而，随着这些自然力之实际上被支配，神话也就消失了。"很有意思的是，这些自然力到现在也没有被我们实际上所支配，如地震、洪水、天寒地冻、旱灾，我们怎么能说神话就消失了呢？这就是狭义神话观的由来，它是我们错误地理解马克思学说的一种见解。作为神话之一派，也无不可，但不能因此否定其他的神话研究学派。

袁珂先生于 1982 年 4 月，在《社会科学战线》第 4 期发表了《从狭义的神话到广义的神话——〈中国神话传说词典〉序（节选）》一文，正式提出了广义神话的概念。这是一位研究神话历史的学者的真切感受，是要回答神话历史的核心问题。在该文中，作者提到，神话应该包括如下一些内容：

（1）一望而知是神话的神话，如精卫填海、夸父逐日等（这大概就是狭义神话）；

（2）传说，应该理直气壮地把传说放到神话领域；

（3）历史，包括两部分，一是神话化了的历史，如武王伐纣，二是历史化了的神话，如颛顼绝地天通；

（4）仙话，如嫦娥奔月、八仙过海；

（5）怪异，如江郎神、太岁、狐鬼变人；

（6）带有童话意味的民间传说，如吴洞金履、中山狼；

（7）来自佛经的神话故事，如天女散花、哪吒闹海；

（8）关于节日、法术、宝物和地方风物等的神话传说，如七夕、摇钱树，数不清的地方传说；

（9）少数民族的神话传说。

以上内容便包括了广义神话的内容，因此，神话便是"非科学但却联系着科学的幻想的虚构，它通过幻想的三棱镜反映现实生活并对现实生活采取革命

---

① 玄珠：《中国神话研究 ABC》（上），世界书局，1929 年，第 6 页。

的态度"①。这个总的神话概念没有多少新意，没有办法和小说戏曲等文学的叙事作品区别，加了一个"对现实生活采取革命的态度"更是束缚了神话的空间。但是那九个类型，现在已经被很多学者所认同了。袁珂先生的论文发表后，得到很多的好评，也受到很多的批评。但是，这种大胆的拓展确实给神话学带来了宽阔的空间，今天看来，这九类神话，其中（1）、（2）、（3）、（8）、（9）这五种类型已经被广泛认同了，谁说少数民族神话、节日神话不是神话呢？谁说传说不是神话呢？而历史与神话的交织也是被历史学和文学领域的神话研究者在 20 世纪前期都认同了的。我们再看仙话，如果不是神话，它是什么呢？按照神话是一种神圣叙事的最基本的定义，神仙故事一定是神圣叙事的一种，而怪异，涉及神圣叙事的不在少数。而佛教的神话，也被中外很多学人所认同，如俄罗斯学者李福清就坚定地认为："中国神话是中国远古神话、道教神话、佛教神话与近世民间神话这些神话体系的总称。"② 所以，广义神话学说是国内外影响甚广的神话学主张。它对于神话历史研究的意义不言自明，依赖该观念，就能够找到相应的神话以纳入研究范畴。

后来，袁珂先生进一步申论广义神话学说，其想法日渐成熟，这就为他的中国神话史的研究打下了坚实的基础。袁珂先生是写出第一部以神话史命名的学术著作的人。袁珂先生对于神话史研究最为重要的见解是神话演进的路径。他认为从原始神话以后，神话顺着两个方向演进：一是文学化，成为神话小说和有神话意味的说唱文学；二是和宗教、历史、地方风物和民情风俗等结合，成为仙话中的神话，历史人物的神话和附会地方风物、民风民情的神话等。③

袁珂先生进一步修正了"广义神话论"最初的九种类型神话的观点，在《中国神话史》一书中，提出了神话的七大要素，第一是万物有灵论，其他几条也大致与此有关，可以见出他对于神话本位的追求。《中国神话史》一书的价值主要有四点：一是这是一部有理论主张的书，有创新性的神话的概念，有演进的路径的认识，富有历史感；二是神话视野的拓展，将文献中含有神话的典籍扩展，包括笔记、志怪小说、神话小说等，把其中的故事搜罗出来加以分析，这是典籍的扩展；三是注重民间神话的阐述，这一承先启后的开拓，在今天更显意义非凡；四是对少数民族神话的重视，也为今天方兴未艾的少数民族神话

① 袁珂：《从狭义的神话到广义的神话——〈中国神话传说词典〉序（节选）》，载《社会科学战线》1982 年第 4 期。

② ［苏］李福清：《中国神话故事论集》，马昌仪编，中国民间文艺出版社，1988 年，第 84 页。

③ 袁珂：《中国神话通论》，巴蜀书社，1993 年，第 32 页。

研究做了铺垫。这些都是空前的神话历史研究的成就。① 该书的不足可能是叙述中神话间的联系不足，虽有时间的分别，但是历史演进的线索体现得不够充分。

七、 其他神话史的研究

近年叶舒宪先生倡导的神话历史的研究，是关于神话和历史之间的关系的研究，或者说是神话体现人类历史进程的研究，不是神话本身的发展历史研究，所以这是一个需要区别开来的同词异义的概念。

对于中国神话历史的研究，还有一些值得关注的地方。

首先是神话的断代研究。关于先秦神话的研究，刘城淮先生的《中国上古神话》② 是一部内容较为丰富的资料集，该书着眼于文献整理，篇幅很大，对于上古神话研究具有参考意义。作者后来又在此基础上出版了《中国上古神话通论》一书，该书主要是对上古神话的类型分析，但有"上古神话的起源"和"神话的发展"两章，阐述相关历史问题。③ 就起源说，作者认为，上古人们的生产、生活和社会行为是神话起源的客观根源，而生理和心理的主观方面的原因，导致了"神化万物"的神话。而对于发展，作者将汉族神话的发展分为三个时期：第一，不自觉神话时期，即上古至殷商时期，这个时期社会生产力低，相信鬼神，所以颇多神话；第二，半自觉神话时期，即周代到隋代时期，这时人们还有迷信，但似乎增加了审美和社会批判的内容；第三，自觉神话时期，以汉族而言，时间是从唐代到永远的未来，这时生产力进一步发展，神话也更加艺术化。同时，作者反对把神话局限在原始社会的做法，并提出许多批评意见。作者说这个大的分期是以汉族神话为基础，然后与少数民族神话相关联。但是，汉族应该是汉代以后才有的概念，因此将整个中国历史上历代王朝的神话都称为汉族神话不是很恰当。对于上古神话的发展分期，作者认为第一阶段是自然性神话，第二阶段是自然社会性神话，第三阶段是社会性神话，如夏商的神话。这是一部上古神话的断代史，对上古神话的发展做了探讨。

关于先秦神话，赵沛霖有一部《先秦神话思想史论》④。该书分三编，其中第一编是论述中国神话的历史命运，作者讲到神话的历史化、实用化和文学化

① 袁珂：《中国神话史》，上海文艺出版社，1988 年。
② 刘城淮：《中国上古神话》，上海文艺出版社，1988 年。这是一部很大篇幅的上古神话资料集，对于这些资料，作者付出了很多的努力去整理，并有一些有价值的评说意见。
③ 参见刘城淮：《中国上古神话通论》第三、四章，云南人民出版社，1992 年。
④ 赵沛霖：《先秦神话思想史论》，学苑出版社，2006 年。

等问题，认为神话到文学化而定型，时间在汉代。第三编是对相关个案的分析，如孔子、观射父、墨子和庄子的神话思想分析，《诗经》《楚辞》和《山海经》的神话学价值的分析。第三编有一个显著的特点，是关注当时的哲学和文化思想，即神话思想，几乎在对每部文献或者每个思想家进行分析的时候，都与其哲学观联系起来，如孔子的天命观、墨子的帝王天命论、庄子"无待"的神话思想，这些都可以看出作者对先秦神话的可贵探索。

笔者的博士论文名曰《中国上古神话史论》，论述先秦时期的神话发展，强调夏、商、周三代神话的联系性，把春秋战国时期的神话划分为齐鲁三晋、楚和秦三大派系。笔者把神话视为社会生活的一部分，而不仅仅是一个记录体系，神话实际上是具有社会功能的一个文化体系。

关于汉代的神话，李立出版了《文化嬗变与汉代自然神话演变》① 一书，该书较多采集汉画像的神话、汉代的民俗神话，把自然神话的演变置于汉代文化变迁的背景下，是对古代神话研究的开拓。至少，在神话研究以先秦神话为正宗的背景下，大胆开拓出汉代神话研究的领地，这是十分可贵的。海外汉学家鲁惟一的《汉代的信仰、神话和理性》② 在较为开阔的文化背景下，围绕自然、人、国家和理性的主题，分析了四百年间汉代神话的发生轨迹。

关于魏晋南北朝时期的神话，王青的著作《魏晋南北朝时期的佛教信仰与神话》③，分析了这一时期独特的神话类型，如弥勒神话和观世音神话，表现出中国神话在中外文化交流的背景下的发展。这是对佛教神话或者世俗化的佛教神话的开拓性研究，大胆打破了旧有的神话规范。

中国神话的断代研究，还没有组合成一部完整的中国神话史，主要集中在先秦、秦汉和魏晋南北朝时期，这可以看出人们在研究中国神话过程中的谨慎推进的状态。但是，那种认为神话仅仅局限在先秦或者是原始社会的看法被人们逐渐打破了，神话历史的研究开始形成整体研究和断代研究相结合的局面。

神话的断代研究外，专题的神话史也值得关注，如顾颉刚先生的孟姜女神话演变史、闻一多先生的伏羲神话的传播发展史，20 世纪前期学者们都在这一方面做出了开拓。日本学者小南一郎的《中国的神话传说与古小说》④ 一书中有对西王母与七夕文化传承、神仙故事方面的专题研究，以神仙信仰为中心，通

① 李立：《文化嬗变与汉代自然神话演变》，汕头大学出版社，2000 年。
② ［英］鲁惟一：《汉代的信仰、神话和理性》，王浩译，北京大学出版社，2009 年。
③ 王青：《魏晋南北朝时期的佛教信仰与神话》，中国社会科学出版社，2001 年。
④ ［日］小南一郎：《中国的神话传说与古小说》，孙昌武译，中华书局，1993 年。

过图像传述、小说传述、民俗节日的传承，深刻展现了西王母以及牛郎织女等神话的演变过程。近年的妈祖神话的演变、关公神话的演变、炎帝神话的演变等专题神话的流变研究，也都呈现出活跃的局面。

一些相关文学史著作中，也有神话史的叙述。如马学良、梁庭望、张公瑾主编的《中国少数民族文学史》（上、中、下）① 中，各民族的神话历史也得到了阐述，只是这些阐述大多数是依照自然神话和社会神话的分类叙述，并没有都从发展的角度分析。祁连休、程蔷、吕微主编的《中国民间文学史》② 也列有"神话编"，不同于其他的文学史著作对于神话只做分类阐述，该书既有分类的阐述，也有一种历史脉络的分析。其中"东周时期的神话理性化浪潮"和"秦汉神话体系的重新组合与汉语古典神话的终结"两章，是从发展的视角进行分析。前者主要讲神话历史化和伦理化问题，后者则讲述民间神话如洪水神话、官方神话和三皇五帝神话以及有外来因素的神话盘古神话在大传统与小传统的作用下的发展。这种具有历史感的书写体现了较好的理论素质，但是对为什么古典神话在秦汉时期终结了，甚至什么是古典神话，作者并没有给出答案。或许，我们可以把这种情形理解为作者面对着没有完全走出马克思主义神话学的影响的民间文学界的部分学者的压力，然而又不得不越过原始社会的局限而将神话推展到秦汉，由此呈现的一种妥协。

其他学术史的著作，如陈连山的《〈山海经〉学术史考论》，就是一部专题的神话学的学术研究著作，从古代说到现代。刘捷的《驯服怪异——〈山海经〉接受史研究》也甚有特色。诸如此类的专题神话研究的综述，为进一步深入研究提供了帮助。

百年来中国神话史的研究取得了较多的成绩，但也有很大的不足。首先是关于神话史研究的明确的学术类型尚未建立起来，这一百年真正以神话史命名的著作只有袁珂先生的《中国神话史》这样一部，这是罕见的。像"中国文学史""中国法制史""中国宗教史"，有多少著作和教材啊！我们再举一个小一些的学科，如中国戏曲史，有多少著作，又有多少人在开这门课程啊！就是一个玩具史，都可以找到十来种不同类型的历史著述和论文。中国神话史这样重要的学科，却几乎没有高校开设这样的课程。所以，中国神话史的问题首先是

---

① 马学良、梁庭望、张公瑾主编：《中国少数民族文学史》（上、中、下），中央民族大学出版社，2001 年。

② 祁连休、程蔷、吕微主编：《中国民间文学史》，河北教育出版社，2008 年。

研究者稀少，论著太少，与神话学学科受到很多人的追捧不成比例。由于神话历史的研究没有突破，因此神话学理论也很难取得突破，这是因为一个没有学科研究对象的历史的学科是很难获得长足发展的。

与此同时，关于神话历史研究的理论也严重不足。我们从一些神话研究的著作中整理出来一些神话历史的观念，但是除了梁启超和袁珂，都不是自觉的神话史研究，没有明确的神话史的意识。以神话史作为论文标题的，似乎只有笔者一家发表过一篇以神话史为题名的论文。① 所以，该以怎样的视角去研究神话史，还是一个严重的研究不足的问题。

因此，开展对中国神话史的研究，是中国神话学发展的前提。如果我们认为神话是各种文化发展的基础，那么，研究神话史无疑对各学科的发展也有推进。

---

① 田兆元：《论主流神话与神话史的要素》，载《文艺理论研究》1995 年第 5 期。

第三章　神话史研究的基本概念

第一节　神话

　　神话的概念，如今有数不清的解释，但是我们还是不得不提出自己的观点，否则把什么东西纳入神话历史的范畴中去呢？因此，一种神话史首先要有自己的神话选录标准。加拿大著名文学批评家和神话学家弗莱指出："神话一词被人们用于多种多样令人困惑的语境之中，以致人们谈到它时都得首先说明他选择了什么语境。"[①] 有的人是选择的文学批评的语境，有的则是人类学的语境，还有人是心理学的语境，或者民族学的语境，不同的语境下，神话的定义肯定不同。我们的语境很明确，即神话历史的语境，我们的神话观是与神话的历史发展联系在一起的。

　　袁珂先生研究神话史时确定的七大标准（主导思想：物我混同与万物有灵；表现形式：变化、神力和法术；人神同台演出，含传说；意义深远的解释作用；对现实采取革命的态度；时空开阔；流传广影响大如牛郎织女）[②]，完成了他的"广义神话论"，事实上，也是神话史进一步完善了他的神话观。因此，基于神话历史的神话观，往往会是一般的具有广泛适应性的神话观念，因为神话观依赖神话历史来建构实现。虽然是神话史的语境，但是与一般的神话观念有着更为密切的关联，并不是神话史的语境中，神话观就是另外一套完全不同的东西。

　　然而，神话史语境下的神话观毕竟不同。首先，它应与作者所选择的神话历史材料保持一致，以确保在历史的叙述中不越出边界，出现逻辑混乱。它一定是对于具体材料本身的界定，即材料结构性的界定。我们会提出一个所谓的本质性的属性，以确认神话与其他文化事象的区别。

　　但是，神话史的运动不是孤立的，它要体现自身在历史运动中的功能。因此，神话历史语境中的神话概念一定与其功能有关。我们不可能仅仅叙述一种

---

　　① 吴持哲编：《诺思洛普·弗莱文论选集》，中国社会科学出版社，1997 年，第 189 页。
　　② 参见袁珂：《中国神话史》，上海文艺出版社，1988 年，前言第 17—18 页。

形式主义的神话，仅仅是形式的流动，与其他文化样式无关，与社会发展无关，显然不是神话的真实历史。如果我们不叙述神话的表现形式，神话如何体现呢？所以神话史语境下，神话的表现形式必须在概念中得到体现。更为重要的是，神话历史是一种流动的存在，神话史语境中的神话概念必须体现神话的变迁特点，而这一点应该是神话史语境中最突出的特点。

这样，神话史语境下的神话概念就必须包括本质属性、功能特性、形式结构和发展流变四个方面的要素，这四个要素一起构成神话史语境下的神话概念。

对于这样的理论思路，我们将进一步丰富其理论来源，视神话为"以故事为核心的叙述超越现实的事件而影响现实生活的象征体系"，大体不错。根据这些年来我们的思考的深入，我们将把神话的概念更加清晰、更加系统地予以表述。

面对纷繁的神话学定义，劳里·杭柯总结人们的神话概念的定义时，提出了十二种关于神话的解释：

（1）作为认识范畴来源的神话；

（2）作为象征性表述形式的神话；

（3）作为潜意识的投射的神话；

（4）作为人类改编生活的整合因素的神话；

（5）作为行为特许状的神话；

（6）作为社会制度的合法化证明的神话；

（7）作为契合社会的标牌的神话；

（8）作为文化的镜子和社会的结构等的神话；

（9）作为历史状况的结果的神话；

（10）作为传播宗教的神话；

（11）作为宗教形式的神话；

（12）作为结构媒介的神话。①

这其中有一些可以合并的项目，但是所涉及的哲学－解释性表述、历史关系表述、社会建构的表述、宗教关系表述、人类心理表述，以及思维结构表述等，可以见出在神话学发生以来，神话在人文社会科学中的重要地位。但是这些分析都是依据神话的共时形态的分析，其中一部分可以借用，然而依赖这些

---

① 劳里·杭柯：《神话界定问题》，见〔美〕阿兰·邓迪斯编：《西方神话学论文选》，朝戈金、尹伊、金泽等译，上海文艺出版社，1994年，第56—71页。

概念还是不能达到对神话历史的理解。

笔者在《神话与中国社会》一书中曾经这样定义神话：

> 神话是树立权威或者毁灭权威的一种充满矛盾的神秘舆论，它依赖一个群体的传扬而存在。神话既制造矛盾，又调和矛盾，是社会历史的一部分，同时又是社会历史的载体。①

显然这是关于神话的运动过程的表述，又是社会功能的表述，具有与神话史语境相关的神话概念的特性。由于《神话与中国社会》一书主要分析神话视角下的中国社会的矛盾运动，因此对其政治方面的功能予以特别的关注，突出描述和分析民族集团、国家统治者通过神话进行的权威建构。同时，这种权威也面临挑战，因此，神话还有一个功能就是解构，即破坏、毁灭权威。族群间的冲突表现为神话冲突，政治势力的消长总是伴随着神话的作用力。这种力量表现出两面性，一方面是破坏性的，一方面则是建构性的。典型的政治神话是汉王朝建立过程及其维护过程中的刘邦斩白蛇的神话。该神话既是摧毁秦王朝的神话和宣言，也是汉王朝权威建立的舆论。

由于对神话的政治特性的关注，当时将神话定位为"神秘舆论"。说它神秘，一方面是对神话的神圣叙事的共识的认同，但将神圣改为神秘是不恰当的，因为神圣是当事者自身及其对对象进行神话表达的一种态度，对于炮制者来说大都无神圣可言，他们不过是在表达一种神秘的东西，他们只是在宣扬一种神秘的舆论，让接受者信服，对于很多的神话炮制者来说，他们可能根本就没有神圣感，所以当时使用了"神秘"一词。另一方面，这些神话表述的内容，充满神秘感，这样导致接收对象的迷信，神秘是其内容的特性。更加重要的是，神话叙述的是"神们的行事"，也就是说，神话所述，其对象一定是神，或者类神物，可能有一些人成了神话叙述的对象，但是这些人的身上一定是神性颇重的。《易传》云："阴阳不测之谓神。"神本身因其神秘而成为神，所以神话的叙事一定是富有神秘感的，这种神秘也是其神圣感产生的条件。

同时，由于这些神秘的叙事是为了政治目的，因此称为"舆论"。"舆论"本是一个中国固有的词。《三国志·魏志·王朗传》："（孙权）设其傲狠，殊无入志，惧彼舆论之未畅者，并怀伊邑。"《旧唐书》卷十八下《宣宗本纪》："有时微行人间，采听舆论，以观选士之得失。"宋苏舜钦《诣匦疏》："朝廷已然之失，则听舆论而有闻焉。"这几处"舆论"是指公众的意见，在传统社会里，舆

---

① 田兆元：《神话与中国社会》，上海人民出版社，1998年，第453页。

论即指民众的意见表述。

"舆论"一词在当代社会应用很广泛，成为新闻学的一个重要的词。美国学者沃尔特·李普曼（Walter Lippmann，1889—1974）著有 *Public Opinion* 一书，被译为《舆论学》，这两个名词存在奇妙的统一。该书中的"固定的成见""创造一种共同的意愿""领袖与普通群众"等章节，让人感到真是讨论了很多与神话非常相关的问题。他说：

> 有成就的领袖，由于他们超乎寻常的实际重要性，从来都不会不树立一些信念，用来组织其追随者。统治集团内部的特权有什么作用，信念就对普通群众起什么作用。这些信念维护了统一。从图腾柱到国旗，从木质的偶象到无形的帝王——上帝，从有魔力的词到亚当·斯密或边沁的某种普及版本，一些信念受到领袖们的珍爱，他们中的许多人本身是怀疑论者，只是因为它们是一些分歧结合的焦点。超然的观察家或许藐视"星条旗"的仪式，认为这种仪式妨碍了信念，而那位国王对自己说，得到了巴黎，做几次弥撒也是值得的。①

这些阐述，让我们联想到古代神话的作用形式。因此，"舆论"一词一方面是大众的意愿，另一方面则是统治者通过对民众信念的引导和控制，以形成共识。这两个方面的特性，都是神话所具有的禀赋，因此，我当时使用"神秘舆论"一词以界定神话的本质属性。

同时，我的理解也放弃了神话是社会生活的反映的镜子式的认识观念，认为神话本身就是社会生活的有机组成部分，它是一个记录体系，更是一个运转社会的功能体系。"社会是一个既存秩序和一个维持这个秩序运转的文化系统构成的，神话是这一系统的核心"②，这种社会结构论的视角，便与功能论一起，形成了对于神话的基本理解。

本书的神话观是在此基础上发展而来的。首先，对于神话的本质属性，我们还是使用"神圣叙事"这个取得广泛共识的概念，但是在理解上倾向于将这种叙事理解为舆论，一种制造认同的控制和引导大众的神秘的但一定要体现神圣感的话语体系。

其次，对于神话的功能，我们把建立权威和摧毁权威的表述改为特定群体社会的建构性和认同性。建立权威实际上就是一种权威的建构，具有发生意义，

---

① ［美］沃尔特·李普曼：《舆论学》，林珊译，华夏出版社，1989 年，第 156 页。
② 田兆元：《神话与中国社会》，上海人民出版社，1998 年，第 454 页。

可以描述神话的产生过程。认同性则是指特定群体对新产生的神话或者既有的神话传统的一种认可，并在此基础上形成对于这个群体的认同。其间既有社会主导者对于大众的控制性行为，也有大众对于主导者的认同、大众对于主导者的不认同，以及民众群体的自我认同行为。所以，神话是一种以建构性和认同性为主要功能的神圣叙事。

对于神话的认同性研究，我在 1998 年出版的《神话与中国社会》一书中有过探讨。该书有两章明确地以"认同"作为标题，即第十五章"魏晋南北朝神话的内向认同与民族大融合"、第十六章"隋唐神话的外向认同与民族大融合"，对于这两个时期中华民族的发展从神话认同这一视角加以考察。在魏晋南北朝时期，所谓五胡与北方各族，占据中华民族的文化中心地域，在实施社会管理的过程中，自觉使用传统的帝王神话模式，选择采用共同的神灵祭典，并皈依同一祖先，实现了北方各族对于中国传统文化的认同。我们将其视为内向认同，是指认同原有的神话传统。而在隋唐时期，民族发展进入了一个新的阶段，各民族共同开创中华民族的盛世，其中神话的认同，则是在传统神话的基础上，认同新的文化内容，如认同狼神话、佛教的神话和天地水的神话等。这一时期，突出的特点是认同新的文化，因此称为外向认同，这是中国神话的重要发展时期，也是中华民族的重要发展时期。这种神话认同与民族融合这一中国文化的特性联系在一起，神话的认同性特征在这一时期得到生动的体现。这些研究实践是我们继续坚持神话的认同性与建构性的理由。

历史上的神话是这样发展着的，到了当代，神话假如还是活态的话，似乎还是依照这样的规则存在着的。中华民族的认同还在发生过程中，民族国家的认同本来就是一项国家管理的永恒的义务，任何一个国家都不能例外。族群建构、地域建构还在仰赖神话进行。我们看到古老的神话依然在发生着强大的功能。举例说，大陆的黄帝祭祀，是实现民族建构与认同的重要行为，祭祀行为本身也具有合法化建构的因素。我们也看到我国台湾地区有祭祀黄帝的仪式，但是动机可能存在一定的差异，似乎更在意一种华人的建构，当族群自我迷茫的时候，建构一种基本的认同是非常重要的。我们把神话理解为一种合法化叙述，一种认同标识的叙述，是在历史与现实的基础上得出来的。

作为一种以认同性与建构性为特征的神圣叙事，是以何种形式存在的呢？

近年来，笔者提出神话叙事的综合形态说，即语言的叙事、物象的叙事和民俗行为的叙事的统一体。我在一篇论文中这样说：

　　我们一般认为口头传承是神话重要的传承方式。这一点它跟民间故事没有区别。与此同时，书面的记载也是其重要的传承形式。书面的神话与口头神话的区别在于：书面的神话是凝固不变的，而口头神话的变异性相对较大；书面的神话记载可能会成为失去生命力的神话，而口头神话则是活态的，充满魅力。

神话是一个多层面构成的神圣的叙事体系。如前所述，它首先是一个语言形式的叙事存在，口头的叙事只是语言叙事的一种，书面语言的叙事是语言叙事的另一种形式。

除此之外，图像、雕塑在一定程度上可以传承神话。只是那些图像神话的解读大多要凭借口头的神话和书面的神话，必须二者相互结合才能读懂那些图像神话。有时，一般的语言叙事可能还解释不了那种图像的叙事，还必须借助民俗的叙事形态来解读图像。①

这里提到了三种叙事形态，在论文的摘要里提得更加鲜明："神话是口头表述、书面表述、物态呈现及其民俗仪式展演的综合整体"②，因此，我们就不是仅仅在分析故事完整的神话，而是对于神话的各种表现形式予以综合的分析，在语言、物象和仪式行为结合的基础上进行综合研究。可能有的神话没有仪式留下来，那就只能根据语言及其物象进行研究，而有的神话可能语言形式没有留下来，但是却有一些人们不太清楚意义何在的仪式表演，或者留下一些难以知晓的神像，或者有庙宇残存，这样的情况，要么我们永远也没有办法理解，要么还可以考索，重新建立起神话的形态。所以，仪式的行为和传世的民俗文物，都可以成为神话研究的资料。而这一切都源于我们对于神话的构成的理解。

古代传到今天的神话，有的可能是三者都很完整的存在，有的只有两个部分，有的只有一种形式较为完整，更有可能有的神话完全成为一些残片了。据此，我们可以对传世神话的完整性予以评估，可以找到最有价值的神话形态。

近年叶舒宪先生倡导神话研究的四重证据或者五重证据，也提到将语言的叙事、出土文献的叙事、图像叙事、物的叙事等作为神话研究的证据。③ 我们认

---

① 田兆元：《神话的构成系统与民俗行为叙事》，载《湖北民族学院学报》（哲学社会科学版）2011年第6期。

② 田兆元：《神话的构成系统与民俗行为叙事》，载《湖北民族学院学报》（哲学社会科学版）2011年第6期。

③ 参见叶舒宪：《物的叙事：中华文明探源的四重证据法》，载《兰州大学学报》（社会科学版）2010年第6期。

为，神话不是证据，而是研究对象，所以我们采用叙事结构形态的说法。

最后，神话史语境下的神话概念，最重要的是要关注神话的传承流变性。有的神话历经千年，其内核和形式都比较稳定，这就是神话最重要的特点：传承性。有的神话，可能一百年不到就消失得无影无踪了。也有的神话，虽然形式和内核都传下来了，可是在民众中已经失去了神圣感，这样的神话，本质上它的功能也已经消失，不再是完整意义上的神话了。所以，传承性有一个最重要的衡量标准，就是有无信奉者，有无对其存有情感和敬畏者，也就是说，神话对于传说它的人来说，是把它当作一种神圣的叙事，还是把它当作一个笑话来讲。因此，神话的传承实际上是传承感情。如果是政治神话，尽管那些制作者并未将其视为神圣，但对于那些信奉者来说，这些神话总是神圣的故事，这种感情是不会变的。

传承与流变，一方面是人们情感的自然流露，另一方面，也是主宰社会的人操纵的结果，社会互动影响的结果。而最终是否流传和变异，有赖于民众的情感选择。

因此，我们认为，神话是一种以认同性与建构性为主要功能的神圣叙事，这种叙事表现为语言形态、物象形态和仪式行为形态等多种形式，神话的流传是民众情感选择的结果，是其与社会发展互动后留下的精神印迹。

第二节　神话矛盾

神话矛盾是指神话本身存在的矛盾因素，即正负功能的同时显现，神话因对立而存在。这一现象对于我们认识神话在历史演进过程中的不同功能具有重要意义。

一、神话的矛盾构成

在神话研究中，有一个现象是耐人寻味的：不同的神话学派往往可以以对立的观点立论，但在一定程度上都能自圆其说。比较神话学的祖师麦克斯·缪勒是太阳神话的创始者，他认为神话虽然不过是语言犯的一场病，但其最初的源头还是太阳。"日出是自然的启示，它在人类精神中唤起依赖、无助、希望与欢乐的情感，唤起对更高力量的信仰。这是一切智慧的源泉，也是所有宗教的发源地。"[①] 缪勒本人在提出这个结论时是经过了细心的论证的，但在一些太阳

---

① 麦克斯·缪勒：《比较神话学》，金泽译，上海文艺出版社，1989年，第100页。

神话的追随者手中，太阳神话被推向了极端，即一切神灵均源于对太阳的崇拜。这种简单化、绝对化的做法把太阳神话的理论弄得声名狼藉，但坚持者仍不乏其人。近年我国神话学界持太阳神话论者不少，他们借鉴"语言疾病说"的理论进行了一些训诂考证，认为自黄帝、伏羲以至尧、舜、后羿，无一不是太阳神大家族的成员。虽然从总体上看，这种理论与方法颇为陈旧落后，结论也不甚可靠，但这种阐发研究还是给人启示颇多的。无论如何，太阳神话论是一种影响很大的神话观念。

与"太阳神话中心说"不同，继自然神话学派后的星辰神话学又抛出"泛月神话论"，认为月亮是一切神话的源泉。[1] M.艾瑟·哈婷女士主张"月亮神话说"，她给她的专著《月亮神话》取了个副标题，叫作"女性的神话"。如同中国神话一样，其他国家也将月亮比作女人，除了极少数例外，月亮在这个世界上几乎是女性的象征，在论述月亮作为生育与丰产的象征时，哈婷女士指出："首先被当丰产的感应物，后来则成为神的月亮，从古至今都被认为与女人有特殊的联系。它是她们怀胎的力量渊源，是保护她们和与她们极为相关的一切的女神。这种信仰非常广泛，几乎遍及全世界；并从遥远的时代一直存在到今天。""月亮是具有非常广泛效能的丰产能源，它使种子萌芽、植物成长，而其能量绝非仅限于此。没有它的惠助，动物不可能生产，女人们则不可能有子。在气候温和的地区，太阳被认为是促使生长的动力；但在热带国家，太阳似乎专与生命作对，它曝晒幼苗使其枯死。对于居住在南部气候带的原始人来说，太阳似乎是与植被和再生产相敌对的力量。"[2] 作者还举例说明这种月亮信仰并不仅限于热带地区，格陵兰的居民也有同样的信仰。月亮神话跟太阳神话唱起了反调，似乎原始人根本不能体会到太阳在万物生长中的地位，月亮才是神话的源泉。月亮神话之响应者也不少，同是研究中国神话，用月亮神话的观点来看中国神话，跟按太阳神话论得出的结论完全两样。台湾的杜而未先生研究《山海经》时把《山海经》看作是月亮神话的演绎，帝俊、后羿这些太阳神话中的主将都归入了月亮神话的系统。

也许，我们可以指责这些神话学派研究方法的片面性，但仔细阅读他们的著作，便发现他们的结论在一定的程度上都是能成立的。如果说是因为神话的

---

① 参见 W·施密特：《原始宗教与神话》，萧师毅、陈祥春译，上海文艺出版社，1987 年。

② M·艾瑟·哈婷：《月亮神话——女性的神话》，蒙子、龙天、芝子译，上海文艺出版社，1992 年，第 18、20 页。

无限丰富性，这样对立的观点是因为选取了不同的对象，那还说得过去。但是他们往往是面对同一类型的材料，却得出完全相反的结论。这说明，相互对立的因素本身就存在于神话之中，神话是一个充满着矛盾对立的统一体。

对此，结构主义神话学家列维－斯特劳斯有过明确阐述。他说："神话学使大学生们面临这样一个情况，即人们第一瞥就能把这种情况看成为矛盾的。"① 就一个神话而言，似乎任何事情都可能发生，没有逻辑，没有连续性，充满着偶然。但是，这种偶然性呈现出的武断可以在广大的不同地区采集到惊人相似的材料，这是不是说明神话中表现的偶然因素就是必然的呢？这是在表现形式及表达本质间呈现出的一种矛盾。在列维－斯特劳斯看来，神话跟艺术不一样，艺术通过对一个数个对象和事件的组合，揭示其共同的结构以表现整体性，而神话则是运用一个结构产生由一组事件组成的一个绝对对象。② 这也就是说，神话是将必然（本质结构）以偶然（事件）来体现的。正是因为神话是从必然出发，所以在不同的地域会出现类似的神话。必然与偶然，当然是矛盾，这就是神话的特性。

斯特劳斯通过对具体材料的结构分析，得出神话是矛盾对立的统一的结论。就希腊俄狄浦斯神话看，其中有着两种明显的对立成分，即过多地估计血缘关系与过低地估计血缘关系，神话的实质则是调和二者以获得统一。他还分析了楚涅人（Zuni）的起源神话，发现其"基本的问题就在于发现生与死之间的和解"。这种矛盾在神话里表现为："农业提供食物，所以生；但是，打猎也提供食物，也同意味着死的交战相似。"③ 在神话里，就是这样一些成对的东西的组合，如生/死、雄/雌、妻住夫家/夫住妻家、生食/熟食等等。列维－斯特劳斯认为，"神话的目的是提供一个能够克服某种矛盾（一种不可能的成就，正如发生的那样，如果这种矛盾是真实的）的逻辑模型"④，神话思想"总是由对立的知识朝向溶解的一种累进过程"⑤。为什么神话存在这样的矛盾呢？在列维－斯

---

① 列维－斯特劳斯：《对神话的结构研究》，见蒋孔阳主编：《二十世纪西方美学名著选》（下），复旦大学出版社，1988 年，第 373 页。

②［法］列维－斯特劳斯：《野性的思维》第一章，李幼蒸译，商务印书馆，1987 年。

③ 列维－斯特劳斯：《对神话的结构研究》，见蒋孔阳主编：《二十世纪西方美学名著选》（下），复旦大学出版社，1988 年，第 388 页。

④ 列维－斯特劳斯：《对神话的结构研究》，见蒋孔阳主编：《二十世纪西方美学名著选》（下），复旦大学出版社，1988 年，第 396 页。

⑤ 转引自朱狄：《原始文化研究——对审美发生问题的思考》，生活·读书·新知三联书店，1988 年，第 709 页。

特劳斯看来，因为神本来就是一个矛盾的存在，"同一个神可以具有相反的属性；例如，他可以同时是善的，也是恶的"。① 这是神的属性，他没有恒定的善恶，决定其善恶的重要标准就是：民众是否信仰该神，如果信仰，神就是善的，反之则相反。神如此，神话也就因此具有复杂的两面性。

神话之两面特性使得它的含义复杂。列维－斯特劳斯说："神话分析不存在真正的结局，就是在这种分解工作结束时也不可能把握到隐藏的统一性。主题可以不断地一分为二，以至无穷。"② 这样的困惑真实地反映出一位神话学家面对充满矛盾的神话的真实感受。

尽管列维－斯特劳斯的分析，如将历时性的神话放在共时性的情况下进行分析，颇使人有些不以为然，但他从这一角度得出的结论抓住了神话的本质特征。至少，他让人们对绝对的太阳神话说和月亮神话说的观点产生了怀疑，他超越了二者，找到了一条克服神话内在矛盾的途径，因为其结构特性，其功能也就显现出来：克服现实的矛盾。当然这种克服的方式是十分多样的。

初看起来，列维－斯特劳斯的结构分析完全是共时性的，但是，在具体的分析过程中，他却坚持历史的原则。他叙述的神话结构也不是一个完全抽象的框架，而是具体的神话的结构呈现。他曾经分析了印第安人的阿斯第瓦尔的神话故事的结构，给人颇多启示。该故事由著名的美国人类学家博阿斯采录，具体情节如下：

一对饥饿的母女都死去了丈夫，想着母女团聚。母亲住在河流的上游，女儿住在下游。于是母亲向东走，女儿向西走，两人半路上相逢，并停下来搭建了帐篷。一个陌生的男人夜里来找那女儿，并给她们母女食物，这个男人后来做了女儿的丈夫。女儿生下来一个孩子，取名阿斯第瓦尔。他在父亲的神力的帮助下成长，并得到父亲百发百中的弓箭和其他宝物。其父最后不知去向，女儿的母亲后来也死了。一天，阿斯第瓦尔猎熊上了天，与太阳之女晚星结婚。阿斯第瓦尔思念母亲，得到太阳神的同意，携带妻子晚星回到大地。由于阿斯第瓦尔与村里一个女子来往，晚星愤然离去。阿斯第瓦尔追回天空，然后在天上过了一段日子，又乡愁满怀，与妻子诀别回到大地。阿斯第瓦尔回来后，其母已死。后来，他爱上一个酋长的女儿，与姻兄弟就捕鱼好还是打猎好展开激

① 列维－斯特劳斯：《对神话的结构研究》，见蒋孔阳主编：《二十世纪西方美学名著选》（下），复旦大学出版社，1988 年，第 394 页。
② ［法］克洛德·列维－斯特劳斯：《神话学：生食和熟食》，周昌忠译，中国人民大学出版社，2007 年，第 12 页。

烈的争论。由于阿斯第瓦尔打猎获胜，姻兄弟带着妹妹一走了之。阿斯第瓦尔又碰到四个兄弟和一个妹妹，阿斯第瓦尔娶了那位女子为妻并生育一子。姻兄弟也想害他，因父亲显灵帮助而脱险。其妻甚爱阿斯第瓦尔，设计淹死了邪恶的兄弟。阿斯第瓦尔怀念故土，又离开妻子回到故乡。不久，儿子也来了，他把弓箭给了儿子，儿子送了一只狗给他。后来，阿斯第瓦尔和那只狗一起化为石头。

对于这样一个故事，列维－斯特劳斯从地理、经济生活、社会和家庭组织与宇宙论四个方面进行了结构分析，处处可见难以克服的对立面，进行总结后便得出如下图式：

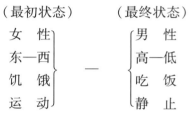

这样的图式出来，问题就一目了然了。从最初的母女相会，到最终的父子相会，可以见出父系居住对于母系居住的胜利。其中男女间总是处于对立状态，阿斯第瓦尔总是要从女方那里离开，姻兄弟（舅权——象征女权）总是在想法谋害阿斯第瓦尔，其间矛盾尖锐。主人公生活的每个变化总是带来新的矛盾，直到他最后化为石头。[1] 矛盾是神话存在的方式，而这种矛盾乃是现实矛盾的缩影，既是生活的逻辑，也是世界宇宙的逻辑。从这里的分析看，列维－斯特劳斯就不仅仅是一个重视形式结构的神话学家，更是一个重视社会发展的神话历史学家。

神话中对立因素的存在，并不是列维－斯特劳斯的创见，很多神话学家很早就发现了这一特征。就连比较神话学的创始人，太阳神话的祖师麦克斯·缪勒也承认这种对立的力量。他在《宗教学导论》中直指中国神话有这一特征：

中国总是要求有秩序和规定，他们之所以建立这种体系是因为他们承认两种力量在相辅相成；一正一负，一阳一阴，这两个力量在统治万物，在明智者的心目中，它们超过那许许多多的神灵。在每个事物的中间、下面、后面都存在这两个力量，所以每个事物都有双重性

---

① 克劳德·列维－斯特劳斯：《阿斯第瓦尔的故事》，见［美］阿兰·邓迪斯编：《西方神话学论文选》，朝戈金、尹伊、金泽等译，上海文艺出版社，1994 年。

质，常把这两个力量比作天和地。①

　　我们很佩服缪勒对中国文化的精确理解，正是这种科学的态度使他区别于后来的极端的太阳神话论。如果说缪勒只是偶尔提及，那么泰勒则对这一问题从语言学和哲学等方面展开了细致分析。

　　在泰勒的巨著《原始文化》里有三章专论神话。泰勒不同意缪勒的语言学派的一些结论，认为物质性神话是第一期形成的，而语言性神话的形成是在第二期，神话产生于语言之先。泰勒也没有否认语言在神话形成中的重要性。他认为，在语言的发展过程中，"区分语法上的性，这是跟神话形成有密切联系的一个过程"②。在拉丁语中，不仅 homo（男子）和 femina（女子）自然地属于阳性和阴性，而且像 pes（足）和 gladius（剑）这样一些词属于阳性，而像 honor（荣誉）和 fides（信仰）这类抽象概念之间也有同样的区别。因此，无性别的物品和观念也分成阳性和阴性。"语言在强和弱、刚和柔、粗和细之间总是有明显精确的区别，于是就把它们对立起来分为阳性和阴性。"在波斯人那里，"甚至在像食物和衣服、空气和水这些东西中都分出了男性和女性，亦即刚强性和柔弱性，并给这些东西规定了某种相应的性别"③。泰勒对语言中性别探索的目的很明显，他是要将语法中应用广泛的性别论跟"万物有灵论"结合起来。泰勒举了北美印第安人中的阿尔衮琴语族中的例子，在那里，不只一切动物都属于生灵性，甚至连太阳、月亮、星星、雷电等作为生命化的物体也都属于生灵性。此外，不只是树木和果实被列入生灵性中，而且明显地完全缺乏生命现象的物体也被列入生灵性中了，当然，这些物体必须具有神圣性或力量，如祭神用的祭坛的石头、弓、鹰的羽毛、锅、烟斗、鼓和珠串，还有如老鹰和狗熊的爪、人的指甲、海狸的皮，以及其他被认为具有一种特殊的或神秘的力量的物体。

　　语言中的这些性别区分正是神话的遗留，它告诉人们在过去的时代里，诸多无生命的自然物曾被当作有生命灵性的生物看待，简单地说就是万物有灵。当语言体现出这种特征，神话便获得了巨大发展。"把个体生命一般地妄加到全部自然身上的这种幼稚的、原始的哲学的观点，和语言对人类智力的早期统治，也许是神话发展的最伟大的两个推动者"④。语言的性别区分是一种对万物有灵

　　①〔英〕麦克斯·缪勒：《宗教学导论》，陈观胜、李培茱译，上海人民出版社，1989年，第86页。
　　②〔英〕爱德华·泰勒：《原始文化》，连树声译，上海文艺出版社，1992年，第302页。
　　③〔英〕爱德华·泰勒：《原始文化》，连树声译，上海文艺出版社，1992年，第303页。
　　④〔英〕爱德华·泰勒：《原始文化》，连树声译，上海文艺出版社，1992年，第305页。

观的强化，它把神话意识渗透到人们的意识深处，说它是神话的动力是不过分的。

语言中的性别区分一般表现为阴性和阳性，于是万物自然划分为阴阳二类，这是男女二性向世界延伸、人化自然的一种结果。这是一种对立，也是一种和谐，神话世界将二者天然地融合在一处。神话是人们对世界矛盾的一种融解，又是矛盾的寄寓，它成为一条解决现实困境的途径。

自然世界日夜交替与四季更替是一种自然流程，表现出征服与团圆。泰勒指出："日每天都被夜吞噬掉，后来又在黎明时获得解放；有时还被'蚀'口和雷雨之云吞没，虽然是较为短暂的。'夏'被惨淡的'冬'战胜而且幽禁，要重新再得解放。伟大自然戏剧中的这些场面——光明和黑暗之间的冲突，一般地说，提供了一些简单的事实。在许多国家，多少世代以来，这些事实采取神话的方式而成为关于'英雄'或'少女'的传奇：他们被恶魔吞掉，后来又被它吐出，或从它的腹中被解救出来。"[1] 这里能明显看出泰勒受到自然神话学派的影响，却明白无误地揭示了神话世界里的冲突，冲突是神话的灵魂，但冲突会随着矛盾的展开而逐渐消解，犹如少女被恶魔吞噬，这一紧张随着少女被吐出而松弛下来，故神话之功能还在于融化对立。

神话是世界矛盾对立的一种融解方式，这是神话学研究的基本立足点。它可以从多角度得到论证而成立。就自然学派的神话理论看，"神话和宗教中的神，都是自然物的人格化"[2]，尤其是太阳的出没这一自然现象，几乎是神话的唯一源泉，任何神话都源于太阳神话。太阳又集中体现为光明与黑暗的冲突的拟人化，其表现为善良者与恶徒的冲突。太阳日复一日地出没，世界由光明而趋黑暗，又由黑暗走向光明，周而复始。尽管冲突无时不在，但却始终没有占据压倒性优势的一方，所以，神话中总是存在着妥协因素。从自然神话学派的理论中可以得出神话中的矛盾对立统一现象来源于宇宙法则的结论。

究竟是少女与恶魔的冲突投射到太阳神话中的光明与黑暗的战斗，还是因为先有光明与黑暗的冲突再拟人化为少女与恶魔的争斗？自然神话的理论显然值得商榷，因为神话间的冲突总是人间的冲突的反映，并非先是自然界冲突，然后便拿人间的冲突去比附。但是，无论是自然界的冲突还是人间的冲突，都在神话中得到了反映，于是形成了神话中的矛盾。

---

① [英] 爱德华·泰勒：《原始文化》，连树声译，上海文艺出版社，1992年，第332页。
② W·施密特：《原始宗教与神话》，萧师毅、陈祥春译，上海文艺出版社，1987年，第49页。

在中国传统文化中，自然与人世间的对立统一法则也被认为来自自然界。《易·系辞》说："《易》与天地准，故能弥纶天地之道。仰以观于天文，俯以察于地理，是故知幽明之故。原始反终，故知死生之说。"幽明之故即光明与黑暗之理，这也是跟太阳密切相关的，所谓"原始反终"不过是指太阳的出没而已。日之出没而有幽明，由幽明即可了悟死生。这些都是相互对立的范畴，它们却完好和谐相处于《周易》的系统里。《周易》是在神话掩盖下的一部古代哲学著作。《易·系辞》对于矛盾对立的产生的理解，犹如自然神话学派对神话的看法一样，都是他们的主观见解。

我们知道，最初的神有一来源是男女两性生殖崇拜所导致的两性象征物，它们似乎一开始就是成对出现的，鸟与蛙代表男性与女性，它们进而演变为日神与月神，如青海乐都柳湾马厂类型墓葬墓 564 中的彩陶纹饰就是十分生动的说明。陶纹不仅十字纹与蛙纹数量相等，而且有一部分陶器上还有十字纹与蛙纹交杂的场面。十字纹代表太阳，蛙纹代表月亮，日月交会，阴阳协调的观念在我国新石器时期就在美术中留下了痕迹。（后文有详说，此不赘述）从鸟蛙到日月，似乎都是自然物，但都是两性崇拜所致，是人自我的神化。所以，神话里的对立因素源于人类自身，而不都是首先源于自然。

中国的文字大约在母权制时代已经完成，故女性在文字上有鲜明的标记。在《说文解字》里，有带"女"旁的字组，却很难说哪一部首专指男性。然中国语言有许多成对的语言明显地分为阴阳二性。抽象名词和带形容词性质的词汇中之阳性如刚、尊、动、方等，而柔、卑、静、圆等则属阴性。名词之划分则更细，天、君、父、玉、舍、寒、马等为阳，地、臣、母、布、釜、牛等为阴。① 阴阳对立而又统一是一种宇宙法则，它是在神话中表现出来的。这种对立与统一在神话里表现得最集中的是汉武梁祠的伏羲女娲交尾图。男女、阴阳、规矩、方圆、日月种种对立都获得一种统一，自然与人在神的世界里也统一到一起。伏羲与女娲的交尾，不仅带来人类的繁衍，由于他们抽象为阴阳的代表，所以又是自然产生的本原。在中国神话中，自然主义与人本主义是交织在一起的。

二、 神话功能的矛盾性

我们从神话的构成探讨，得出它的本质特征是世界的矛盾的对立统一。同样，我们从神话的功能看，这种对立也是它存在的基础。

---

① 参见《易传》。

神话的功能呈现的对立表现为神话同时以一种肯定的力量和一种否定的力量存在，它在承认一种强大力量的同时又标志着对另外一种力量的否定。

神话之所以成为神话，有一个基本的前提，即神与现实人相比有着超然的力量，他们施加于自然和人类的影响强大无比，他们从出生到死亡都与常人有异。正因这一特征，神才登上庄严的殿堂。神的这种力量称为"超然力量"，它是与日常生活、惯常过程、自然与人相对立的存在。

在这种强大的力量背后，是一种禁忌，即一种与正面力量相当的否定力量。著名神话学家恩斯特·卡西尔曾指出："超然力量和紧密相关的、否定的'禁忌'（taboo）概念相连接；由于这两个对立的概念，神话－宗教意识的最初层面似乎已经暴露无遗。超然－禁忌公式被视为一个'宗教的最低限度的定义'（minimum definition of religion），视为其最初构成条件的条件之一。"① 超然－禁忌即是一种正面与负面的力量。这一公式既能从功能的角度表达神话与宗教的最低限度的定义，也是我们分析神话对立统一因素的本质构成的基础。卡西尔还在分析神话功能时有详细论述：

> 假如我们按希腊人对神话命名那样把它看作纯粹"叙述性"的东西——即看作英雄或神祇行为中难以忘怀的业绩加以回顾或追述，我们就并没有理解神话的真正价值和全部意义。神话的这个史诗方面并非其唯一方面或决定性方面，神话总是具有一种戏剧性特点。它把世界描绘为一部伟大的戏剧——看作是神圣与恶魔力量之间、光明与黑暗之间、善良与邪恶之间的斗争。在神话思维和想象中，总是存在着一种肯定的作用和否定的作用。②

在神话内部，存在着对立与冲突，而神话的存在，又具有肯定与否定的力量。无论是内部结构与外部功能，神话都是一个矛盾的统一体，这就是我们理解神话的基本立足点。

我们试看一则《史记》中的神话，便会对神话的这种内在冲突与外在的双重功能有十分清楚的了解。《高祖本纪》有这样一段记载：

> 高祖以亭长为县送徒郦山，徒多道亡。自度比至皆亡之，到丰西泽中，止饮，夜乃解纵所送徒。曰："公等皆去，吾亦从此逝矣！"徒中壮士愿从者十余人。高祖被酒，夜径泽中，令一人行前。行前者还

---

① ［德］恩斯特·卡西尔：《神话思维》，黄龙保、周振选译，中国社会科学出版社，1992年，第87页。
② ［德］恩斯特·卡西尔：《符号·神话·文化》，李小兵译，东方出版社，1988年，第186页。

报曰："前有大蛇当径，愿还。"高祖醉，曰："壮士行，何畏！"乃前，拔剑击斩蛇。蛇遂分为两，径开。行数里，醉，因卧。后人来至蛇所，有一老妪夜哭。人问何哭，妪曰："人杀吾子，故哭之。"人曰："妪子何为见杀？"妪曰："吾子，白帝子也，化为蛇，当道，今为赤帝子斩之，故哭。"人乃以妪为不诚，欲告之，妪因忽不见。后人至，高祖觉。后人告高祖，高祖乃心独喜，自负。诸从者日益畏之。

这就是著名的高祖斩蛇起义的神话。从这个故事的表面看，它是一场人蛇之斗，蛇欲挡道，高祖击杀之。神话的后部分是对这一行为的意义的诠释，这一故事本身已将意义展露得十分充分，这一切都是在冲突中进行的。斩蛇在神话里的意义即是杀子，本质是刘邦于秦末企图夺取江山而发出"大丈夫当如此"的慨叹后抛出的取而代之的舆论。这里的否定因素和肯定因素是密切联系在一起的，一方面是斩白蛇，推翻秦王朝，一方面则是赤帝出世，新一代的天子降临。

神话的功能实现了，它从正面树立起刘邦做帝王的神学依据。刘邦的神话是一个系列，从出生、奇象、望气、观相到斩蛇，刘邦浑身闪耀着龙的灵光，神话的一切描述都围绕两个主题：他是一个真龙天子，他要替代秦王朝！

在神话描述的时间范围里，刘邦还不是天子，天下还不姓刘，而是嬴姓的秦王朝在统治着。如果刘邦要做皇帝，则势必推翻秦的统治，神话便实实在在地产生了这种否定的功能。所谓斩白蛇就是灭秦的象征。《史记集解》引应劭曰："秦襄公自以居西戎，主少昊之神，作西畤，祠白帝。至献公时栎阳雨金，以为瑞，又作畦畤，祠白帝。少昊，金德也。赤帝尧后，谓汉也。杀之者，明汉当灭秦也。"白帝是秦人所祠之神，这在《史记·封禅书》里多次提到，所斩之蛇为白帝之子，这就意味着秦的灭亡，老妪又明明白白地说杀白帝之子的是赤帝之子，则是说刘邦就是赤帝子。白蛇之断与老妪哭泣则是宣告秦的悲剧性命运的到来。故而，神话在为刘邦称帝做神学论证时是以对秦王朝的否定为前提的。作为功能性的神话，它的肯定性与否定性是统一在一起的。

中国神话的根本问题不在于天地日月神本身，而在于人与神的关系，在人神关系中，国王与最高天神及诸有影响的大神间的关系占据主导地位。若说天是神界的最高主宰，国王则是天子；若说龙是尊神，国王就是龙的化身。五帝是轮流执政的，新一王朝的国王必须攀结新的一帝以取代前朝旧帝，中国社会几千年的政治神话就是循着这样的基本线索发展的。

如果说一代之神话主要是表现对往昔神话的抗击，那还是不完备的。刘邦的神话以赤帝取代白帝为中心内容，但它还有巩固自己的地位、防范新的敌对力量袭击的功能。"非刘氏而王，天下共击之"。当秦王朝倒台，神话的功能主要地转到对自身政权的巩固方面。在汉朝，凤同龙一样是具有王权象征的神物，史有载黄龙现世之事，也不断出现有凤凰临世的神话。西汉时期，见于《汉书》的凤凰下世计十二次，见于其他史书记载的东汉时期的凤凰出现的事件也达七次之多。[①] 这些故事，不外是说汉王朝得天正统，不可侵犯。

这种神化帝王所导致的直接结果就是一种帝王的禁忌。从原始社会、奴隶社会到封建社会的漫长历史时期里，这种禁忌是一直存在的。这种禁忌的第一功用是对统治者安全的保护，以捍卫他的自由。另一方面人们也为国王制定禁忌，以限制其过分自由。对此，弗洛伊德在其名作《图腾与禁忌》中指出："原始民族对领袖、国王和僧侣所保有的态度常常是由二种互补而非冲突的观念来加以控制。一位统治者'不仅要受保护，同时，也必须受监视'。这种保护和监视都是由一连串的禁忌来执行。"[②] 禁忌是对一种神秘力量的恐惧造成的，一般说来，它都跟宗教崇拜有关。既然承认了事物与对象中的神秘力量，必然有神话对这一对象进行过渲染，否则就无从产生神秘力量。由神秘力量产生禁忌，这就是卡西尔所说的超然－禁忌公式。国王因其神圣性而产生常人不得接触的禁忌。弗洛伊德举过许多例证，其中之一为：在新西兰，有一次，一位僧王在吃完饭后将残肴留置在路旁，他刚走不久，一个饥饿的奴隶发现了那些剩菜，于是，他没问清楚即囫囵吞下，就在这一瞬间，一位惊恐的旁观者告诉他那些食物是属于一位僧王的。本来，他是一个强壮且勇敢的青年，可是，当他得知这致命的消息后，全身开始抽筋且胃部发生剧烈的绞痛，这种症状一直持续到当天傍晚，他终于不治死亡了。这个奴隶的死看起来并不是僧王本身的神秘力量，而是因无法克制内心的恐惧而自我折磨死的，他死于心理因素。要是没有僧王之物动不得、动必有灾的神话，他的内心不至于产生如此强大的压力，这神话无疑是统治者的护符。在这种禁忌的实施中，族民的配合起了很大作用。"为了保护统治者对族民所具有的特殊重要性，他的族民，严格地说，实扮演了一个重要的角色。'人们必须感谢他（统治者赐给他们雨水和阳光以使地上的水果生长，赐给他们风使帆船驰抵海岸，甚至于赐给他们能够安置双脚的大

---

① 何新：《诸神的起源——中国远古神话与历史》，生活·读书·新知三联书店，1986 年，第 78 页。
② 佛洛伊德：《图腾与禁忌》，杨庸一译，中国民间文艺出版社，1986 年，第 59 页。

地）.'"① "非刘氏而王，天下共击之"，这是刘邦与群臣共立的禁忌，刘氏是真龙天子，别人是取代不得的。后吕氏篡权，而最后维护这一禁忌的还是陈平等一班臣子及一批民众，君臣一体维护着保护国王的禁忌。

　　国王被认为是族民的神一样的守护者，他的无上权力使他变得不可侵犯，然而民众对国王的自由也设了种种限制的禁忌，以遏制其自由的滥用。这种力量首先来源于神，只有神的力量才能阻止国王的越轨行为。在有的民族，有的国王受僧侣的控制，必须接受神权的制约。"在几内亚的沿海地区，国王在登位前必须经受规定的圣礼，否则臣民就不承认他的政权。其礼如下：国王就地躺着，祭司一只脚踩在他腹上，一只脚压他的喉咙，迫使他宣誓永远听从僧侣。"② 在中世纪的欧洲，神权高于王权，故神职人员高于政权执行者，国王受制于教皇。因此，霍尔巴赫这样说："在世界上没有谁高过圣仆，修道士，卡普勤；最高的神职人员在所有凡人之上。乡村的教士永远是其领区的第一号人物，而教皇毫无疑问是全世界的第一号人物。"③ 这种神力的无限膨胀是政权与神权分离的结果。

　　在中国，即使是神权、政权合为一体，神的力量在一定程度上对国王也有约束力。国王就是天之子，但不完全是天神，天子做了坏事，他人可以到天那里告状，并打着天的旗号推倒国王，自己登上王位。如汤欲灭夏，即召来众人说："格尔众庶，悉听朕言。非台小子敢行称乱。有夏多罪，天命殛之。今尔有众，汝曰：'我后不恤我众，舍我穑事而割正夏。'予惟闻汝众言，夏氏有罪。予畏上帝，不敢不正。"④（"来吧，百姓们，听我说。不是我小子胆大作乱，夏王犯了许多罪，上天命令我诛灭他。现在你们常说：'国王不体恤我们，为什么荒废我们的农事，去征伐夏朝呢？'我也听到了你们的这些话，但夏王确实有罪。我害怕上帝说我不执行命令，不敢不带兵征讨。"）古代人同国王的斗争，所打的旗号都是替天行道。国王有无限的权力，也有同样的义务，正如《尚书·召诰》里所说："惟王受命，无疆惟休，亦无疆惟恤。"（国王接受了天命，有无限的美好与幸福，也有无尽的忧虑）这是一个矛盾，与其说是神赐给国王权力而又给他限制，不如说是民众对国王的真正期望。对国王权威的树立以及限制，正是通过神话传达的，因而，神话是用以调节社会组织功能的一个工具。

---

① 佛洛伊德：《图腾与禁忌》，杨庸一译，中国民间文艺出版社，1986年，第61页。
② ［法］保尔·霍尔巴赫：《袖珍神学》，单志澄、周以宁译，商务印书馆，1991年，第9页。
③ ［法］保尔·霍尔巴赫：《袖珍神学》，单志澄、周以宁译，商务印书馆，1991年，第9页。
④《尚书·汤誓》。

弗洛伊德指出："统治者享有最高的荣耀，这可由人民对他的禁忌表现出来。他们是可从事或享有一般人列为禁忌事物的尊贵一群，然而，针对着他们的自由，我们将发现他们同样的为一般人能幸免的禁忌所束缚。到目前为止，我们可以得到第一个强烈的对比——几乎是一种矛盾——在一个人身上同时享有较大的自由和较严厉的禁制。人们认为他们拥有神秘的力量而使人民不敢接触他的身体或财物，可是，另一方面，所有的利益都又是经由类似的接触而来。"① 这种矛盾在人民心理上的表现为在偶像化的过程之中夹杂着一种强烈的敌视。对于这种敌视的原因，弗洛伊德引用弗雷泽的学说做出一种假说：早期的国王大多是由异族担任，在经过短暂的统治后，旋即被当作祭神的神圣礼仪上的牺牲品，正是这种王位的演变方式影响着对国王的既崇敬又敌视的心态。

在中国，我们可以看到，如果国王肆无忌惮，即被视为犯天条，夏商的统治者正是因为违背带有民众愿望的神的禁忌，最终落得王朝覆灭的命运。汉王朝建立后大造汉家天下第一统的神话，随着最高统治的昏庸与军阀的横行，这种神话即将破灭，于是有黄巾军的"苍天已死，黄天当立，岁在甲子，天下大吉"的新的神话出现，它将维护汉统治的既存神话一拳打倒，为建立一个新的政权制造出新的神话，"黄天"因诈诺"天下大吉"而获得天下三十六方成千上万民众的响应，推动了推翻汉统治的斗争。一个新的神话在破坏旧神话的同时为巩固自身的地位大造舆论。

神话之超然–禁忌公式对研究中国神话史是十分有用的视角。神话的这种特殊性显示了它的无限活力，它始终处于新陈代谢之中，是社会变革的晴雨表。恩格斯说过："每一种新的进步都必然表现为对某一神圣事物的亵渎，表现为对陈旧的、日渐衰亡的，但为习惯所崇奉的秩序的叛逆"②。这也就是说，新的进步即意味着旧有的神话的破产，同时，这也是一个新的神话成长的过程。由对立获得一种暂时的平衡和统一，对立是永恒的，平衡是相对的，这就是神话的矛盾法则。弗朗兹·博厄斯在为詹姆斯·泰特《不列颠哥伦比亚的汤普森河印第安人的传统》一书所写的序言中这样说："种种神话世界被建立起来似乎只是为了被再度粉碎，而各种新世界就从这些碎片中建成。"③ 所有这些现象，其变化的根本动因即是神话的矛盾法则在起作用。神话的这种活力是人类创造精神

---

① 佛洛伊德：《图腾与禁忌》，杨庸一译，中国民间文艺出版社，1986 年，第 66 页。

② 恩格斯：《路德维希·费尔巴哈和德国古典哲学的终结》，见中共中央马克思恩格斯列宁斯大林著作编译局编：《马克思恩格斯选集》第 4 卷，人民出版社，1972 年，第 233 页。

③ 转引自蒋孔阳主编：《二十世纪西方美学名著选》（下），复旦大学出版社，1988 年，第 371 页。

的体现，人类在不断创造神话的过程中不断地完善自身，因而神话是推动社会变革的重要力量。

矛盾对立是神话的本质特征，也是其功能性所在，神话的力量就是在这种矛盾中爆发出来的。①

三、 矛盾与消解

人们因神立禁而又犯禁，禁忌的这种双重性使得人们敢于与神对抗，以缓解人神间的矛盾及其他社会矛盾。神因其崇高地位不得侵犯，然而人又常常冒犯神的无上权威。人神间常处于矛盾状态，也因之消解矛盾。

希腊神话里，人们对最高主神宙斯并不是那么忠诚。希腊人的牺牲典礼原来非常隆重，把作为牺牲的动物全部用火烧掉，穷人们也不能反对这种浪费。普罗米修斯于是向天神宙斯央求，天神才准许人们只用动物的一部分供祭，其余留给自己食用。普罗米修斯于是宰了两头牛，把两副肝全烧作祭品，然后把两头牛的骨头包在一张牛皮里，把肉包在另外一张牛皮里，让天神挑选。天神选了体积大的一堆，结果上当了，那里面正是骨头，肉留给了人类。天神为了惩罚人类，将火从人类那里夺走，普罗米修斯又从天神那里把火偷回，于是遭到了残酷的报复。这是一个人们很熟悉的希腊神话故事，在这一过程里，神的至高无上的权威是毋庸置疑的。然而，神却屡遭捉弄。神在侵害了人类的利益后，纵然有无上权威，也遭到人们的反对，这样神与人之间形成一种张力，并力求保持平衡。立禁是为了让神给人带来保障，从而给神一种保障。而当神不能给人以保障时，人便同样不能给神以保障，所以神有人不可侵犯的禁忌，而人同样有神不可侵犯的禁忌，可见禁忌是双重的。

神人间的双重禁忌，实际上是由一种人神间权利和义务的分配所致。如神要保证风调雨顺，人则要用牺牲献祭。在有些求雨的仪式里，这种权利和义务表现得十分明白。如在潮州求雨，过去多是找一位叫雨迁爷的神，求雨的方法分恳求、贿赂、强迫三种。恳求的方法是乞请，由老绅士代表民众的公意，请求神于某一时间满足他们的愿望。如过期而雨不至，就改用贿赂的方法。贿赂之法有二：一是以纸钱、纸银锭或演戏为实现要求的报酬；一是以修桥、造路、祭孤等事为赎罪的方法。如恳求、贿赂等法不灵，则采用强迫的方式：抬着神的塑像到日光下曝晒，让他尝尝烈日的味道，或者采用三步一打的方式，拖他到

---

① 田兆元：《论神话的矛盾法则》，载《文艺理论研究》1994年第2期。

堤岸上去受刑。可见神遭此厄运，是因为他没有给民众以保障。神有不可冒犯的禁忌，当人们毫不顾忌时，是因为神先犯禁了。但这是不是说神不会给人报复呢？不是的，神还是冒犯不得，据说潮州人把雨迁爷打了一顿后，潮州九县几乎被洪水淹没，人们再也不敢对神不敬了。人对神的敬畏和怨恨之心并存。[①]

然而，尽管潮州出了件惩罚神灵而遭报复的事，但人们求雨时对神还是会采取强制手段。过去广东翁源地区求雨，起初还是给神许诺，若赐雨，则酬报猪羊若干，或打水醮，举行隆重的求雨礼仪，这些是文的。若这些不灵，强制手段来了，可谓先礼后兵。强制手段有打龙潭。龙潭地处翁源李村铺东面的山中，四周石壁奇峭，下为深潭，传有龙潜居，故名龙潭。龙畏污浊，若投以污浊有毒之物，龙不堪其苦，必当引水洗涤。天降雨，人的目的便达到了。故每当酷旱时，人们便捐钱买些石灰及其他刺激性颇强的有毒物倒入潭中，是时，鱼鳖乱跳，人声鼎沸。据说龙受不了药物刺激和喧扰，只得去弄场大雨，洗净污秽，旱情也因之缓解。石灰等本可毒害鱼龙等物，对龙这样的神物敢施以如此手段，足见神人间的禁忌是双向的，神应有福佑于人的责任。

《翁源新志》载求雨事，既有虔诚而致灵验的记载，也有强制而达到目的的例子。翁源求雨多是求詹神，有一次不验，乃威胁之：

康熙十九年，秋七月，旱。知县戴聘迎詹神于城隍庙，虔祷七日，不雨。怒曰："聘理阴阳，为百姓忧，寝食俱废，神报赛已久，何寂然无以应？应限三日内雨！否则，殴祠！"还署，甘雨如澍，岁乃登。

在这个故事里，神在人的威胁下不得不依从人意。可见，在正常情况下，人实际上主宰着神的命运，因而也主宰了自己的命运。神的驯服显示出神人矛盾获得一种平衡，紧张于是消失。人陷于困境之中，于是乞求神灵；施威于神，以泄其愤，以调节矛盾，获取一种精神胜利。

神话于此便成为一种实实在在的精神制胜术，而人们把它当作一种确实有用并且真实发生的客观来对待，所以神话只有当人们认为它确实是真的时才能发挥效用，否则神话便破碎，变成了无稽之谈。

神话的胜利既可以是真实的胜利，也可能是虚假的胜利。作为前者，它跟现实的趋向一致，充当摧坚攻锐之用，并一同奏凯；而作为后者，它流为一种精神补偿，从心理上获得一种平衡。

雷蒙德·弗茨曾饶有兴趣地谈起一个提科皮亚人的神话，那是提科皮亚人

---

① 程云祥：《潮州求雨的风俗》，载《民俗周刊》1928 年第 13、14 期合刊。

关于神石的故事。那块神石是章鱼神的象征，它躺在田里（一座寺庙的遗址），周围点缀着苏铁树叶。据说，很好地侍奉它，它就会保佑五谷丰登，尤其能保佑外出捕鱼人的好运。这样，酋长便要完成每年一度的祭神石的仪式：把神石冲刷干净，重新铺垫好苏铁树叶，向与这座寺庙联系在一起的神祇和祖先之灵祭献供品和奠酒。后来这种仪式取消了，其根本原因是基督教已在那里取得了地位，于是出于政治原因来遏制这种异教徒的礼神仪式。然而，关于神石的神话却没有结束。据说，传教士们曾把那块神石从原来的地方移走，藏到灌木丛里，可没有多久，神石又回到自己原来的位置。接着，传教士们又用独木舟把它载到海上，扔进海底。结果，神石又一次回到原地。后来，传教士们把神石弄来充作地炉上煮西米的炉石，以此贬损异教徒的神物，可神石显灵，西米饭根本煮不熟，而传教士的儿子也死了。

这当然是子虚乌有的事，在基督徒口里只是笑话，然而它却维护着提科皮亚人的传统信仰与价值，使遭到基督文化侵犯的提科皮亚人获得一种胜利感。雷蒙德·弗茨指出："神石的归来和对冒犯神威者的惩罚的神话，对非基督教信仰者是某种满足和安慰。他们明显地为神战胜了他的反对者而欢欣鼓舞。说到底，这些故事是对整个事件的一种虚饰，狂热的基督教徒的进攻使那些礼仪化活动被取消……。但是通过这些故事，那些异教徒的实质性损失至少是获得了非实质性的补偿。"[①] 这样，提科皮亚人的神石神话流传，与传教士的文化形成一种对抗，它体现着基督教文化与提科皮亚传统宗教间的矛盾，同时又缓解着这种矛盾，使这场文化冲突于对峙中获得基本平衡。

中国神话中胜利者与被征服者间也常处于这样一种矛盾对立又相对平衡的状态之中。我们知道，姬姓的黄帝和姜姓的炎帝间曾发生过大战，炎帝部的一支蚩尤部也曾遭到黄帝的讨伐，黄帝战蚩尤是中国神话中特别激动人心的篇章。作为胜利的一方，姬姓黄帝的战功和德行在神话中都得到了夸张，而姜姓蚩尤则遭贬损。姬姜二姓有矛盾也有和平，且有长期通婚的历史，但姜姓对蚩尤之败还是耿耿于怀。同时，姬姓王朝建立，封姜姓于齐地，姜姓不忘远祖蚩尤，所祭八神中，天主、地主后便是蚩尤兵主，祭祀这位曾遭惨败的远祖，以与姬姓神话做精神对抗。[②] 姜齐作为周之异姓诸侯通过敬奉蚩尤获得心理平衡，是祖

---

① ［美］阿兰·邓迪斯编：《西方神话学论文选》，朝戈金、尹伊、金泽等译，上海文艺出版社，1994 年，第 286 页。

② 参见《史记·封禅书》。

先遭败后的一种补偿，因而在与姬周相处时能心平气和一些。

禹杀防风氏本是夏势力自西东渐，征服东方集团后留下的胜利者的神话。在《国语·鲁语》里孔子说："丘闻之，昔禹致群神于会稽之山，防风后至，禹杀而戮之，其骨节专车。"防风氏对禹的号令有些怠慢，故遭杀身之祸。此一诛杀对夏族来说是铲除地方势力、统一文化的举动，而对东部防风部族来说即是灭顶之灾。他们被夏族征服了，没有武装抵抗的能力，便只好以隆重纪念防风氏表达他们对传统的依恋，获得心理补偿以消除内心矛盾，故古吴越之地防风氏统治区域里，有多座防风氏的庙宇，有些至今尚存。在民间神话里，大禹的形象反不如防风氏。如浙江德清的民间有这样的传说：大禹治水治到南方，南方洪水滔天，禹不能分辨东南西北，在烂泥地里走来走去，脚都坏了还不知从何治起。他急坏了，听说防风氏能治水，就去找防风氏，防风氏帮禹找到伏羲，伏羲画了八卦，禹才得以辨清方向，跑到会稽山开始治水。伏羲又是华胥女踏了防风氏的巨大脚印后才出生的。这样一来，伏羲、禹的地位都不及防风氏。然而在绍兴、东阳等地的民间传说里，防风氏却是个反面人物。民间传说中的这种差异与夏文化的影响程度有关。绍兴一带，是禹活动的中心区域，因而关于禹杀防风氏的正义性就比较突出，而德清作为防风氏的故土，防风氏后代的反抗情绪流露于神话之中则是很自然的。[①] 英雄的防风氏与英雄的大禹神话形成对峙，这种神话中的矛盾冲突恰恰缓解了现实的矛盾冲突，解决了现实困境。就两种防风神话的冲突看，被征服者以英雄的防风氏获得了心理补偿，而胜利者大禹的英雄神话足以抵抗被征服者的神话扩张。恰恰是因为神话的发泄，减少了军事冲突的可能，神话所体现的矛盾在一定程度上解决了现实的矛盾。

对此，叶舒宪先生在他所编选的《结构主义神话学》的前言中说："神话是一种理性调解，它的基本功能便是化解这些永恒对立的矛盾，超越由此而造成的精神困惑和焦虑，恢复心理的和谐与平衡。"[②] 可见这是抓住了结构主义神话学的精髓的，而结构主义的神话观，除了有些牵强附会的东西，在整体上看，是有卓见的。

当我们认识了神话矛盾的特性，就会从神话史的研究中找到许多有效的解读方式。

---

① 参见张爱萍：《浙江防风神话述论》，见上海民间文艺家协会、上海民俗学会编：《中国民间文化——吴越地区民间艺术》（总第13集），学林出版社，1994年。

② 叶舒宪编选：《结构主义神话学》，陕西师范大学出版总社有限公司，2011年，编选者原序第4页。

第三节　神话史

什么是神话史呢？人们没有很好地回答这个问题。第一个论述神话史的学者梁启超把神话史列为文化专史研究的范畴，没有对神话史加以解释。第一部中国神话史的作者袁珂先生也没有给神话史下一个定义，大约是认为，神话史顾名思义就是关于神话的历史。

但是，很多学科都会有自己的研究对象的历史和学科历史课程及其著作，如文学史、法制史、哲学史、经济史，这些课程都地位显赫，有的还是二级学科，可以单独形成一个学科，一些大学还建立有教研室，甚至和其他学科一起建立研究所。但是，神话史的地位就差很多。如，现有的很多神话学的概论性著作几乎都没有提到神话史的问题，因此，也就很少有人开设神话史的课程。这一现象是神话学本身尚不成熟的体现。

我们以文学为例，一般的文学概论将文学分为文学理论、文学批评和文学史三个大的部类，现在有人以共时性和历时性为类加以区分，认为文学的共时性研究包括文学理论和文学批评，文学的历时性研究包括文学史和文学批评史。无论如何，文学史都是其中的重要内容。美国著名的文学理论家雷·韦勒克等所著的《文学理论》① 面对着文学史的强势状态，强调三者的统一性，但是依然不否认文学史的地位。一般文学研究者在接触文学史、研究文学史的时候，都会给文学史下一个定义，我们列举现有的网络的定义，以见文学学科历史研究的普遍性和重要性，如百度百科：

> 研究文学的历史现象及其发展规律的科学。根据不同国别、地域、民族及不同时期、不同体裁等分类标准，可分为国别史（如中国文学史）、世界或地区史（如世界文学史、欧洲文学史）、通史或断代史（如中国现代文学史）、民族史（如蒙古族文学史）、分体史（如中国戏曲史）等。②

而维基百科同样有这样的词条，认为文学史是研究文学各形式历史发展的学科，并列出丰富的子学科，如中国文学史的各种分支、外国文学史的各种分支。就是那些分支也都有明确的界定。这说明，文学史是一个高度发达的学科，

---

① ［美］雷·韦勒克、奥·沃伦：《文学理论》第 1 辑第四章，刘象愚、邢培明、陈圣生等译，生活·读书·新知三联书店，1984 年。

② https://baike.baidu.com/item/文学史/2170680? fr = aladdin。

学科成熟度很高。

神话是关于合法与认同的叙述体系。神话可以在不同的学科里得到阐述，但是需要有一个属于自己的话语系统，而不是被文学、历史和哲学所左右，它需要自己的概论，更需要自己的历史，这就是神话的概论、神话的历史，它有自己的独立的属性。我们现在很多的神话学的书，讲到神话的时候会提到神话与各学科的关系，往往列出神话与哲学、神话与历史、神话与文学、神话与宗教、神话与民俗等标题，但是对于神话本身是什么都不是很清楚。这一问题，在神话史的研究中也有反映，人们一般还没有把神话的独特性表现出来。

近年重述神话非常流行。其中，英国作家凯伦·阿姆斯特朗的《神话简史》一书，已被译为中文。这是一本关于神话历史的重述的著作，其实，我们的神话史也是神话的一种重述。我们的重述都有自己的立场，但是这种立场总是说自己的重述是合于古人的观念的。凯伦在书的第一章"何谓神话"用一篇短论，阐述其神话观和对神话历史的看法。她说："凡有人类的地方，必有神话。"人类富有想象力，而"想象力是一种创造宗教和神话的能力"。神话是改变我们的心智的，它的内容是虚构的，非真实的。但是，"如果一个神话行之有效，也就是说，能迫使我们改变心智，赋予我们新的希望，并强行把我们带向一种更为充实的生活，那么这个神话就可称为'真实神话'。如果我们遵循其指示，神话将改变我们的生活。"那么当下的神话讲述是为了什么呢？按照凯伦的说法，就是"凸显它们超越时间性的'真实'"。① 这本书没有明确地给神话史下定义，但是我们可以清楚地看到，作者的主旨是挖掘历代神话的"真实"，即那种影响我们生活的力量。每一种神话史展示的世界是不同的，但是，每一种神话的历史都必须有一个主旨，而这个主旨是与神话的定义联系在一起的。按照凯伦的叙述，神话叙述的是虚构的故事，但是这些虚构的故事是可以改变人们的现实生活的，而这些虚构的东西，一旦你相信，它就是真实的。神话的历史，就是把这种真实揭示出来，让人们看到改变生活的希望。

重述神话是在启蒙主义宣告神话已死，人们面临精神困境的时候出现的一个重大的文化行动，是由英国坎农格特出版公司发起的，包括英、美、中、法、德、日、韩等三十多个国家和地区的知名出版社参与的跨国出版合作。诺贝尔文学奖获得者大江健三郎、中国作家苏童参与了神话重述的写作。重述至少有两重意义，一是认识自我，二是寻找解决现代性焦虑的途径。神话是过去时态

① ［英］凯伦·阿姆斯特朗：《神话简史》，胡亚豳译，重庆出版社，2005年，第1—11页。

的文化产物，今天的重述我们都可以视为对神话史的描述。叶舒宪在评价这次行动的意义时这样指出："2005 年出现的这一次有意识地跨越国族和语言界限的集体性重述神话，与其被看成文学上的一次'准联合国'式行动或'小诺贝尔丛书'，不如看成自上帝变乱人类语言而使巴别塔无以为继以来，一次重建巴别塔的智力和想象力的大探险⋯⋯21 世纪的人要对马克思和尼采说：神又复活了。"①

这里提出了神话史的一个问题：重述是为了现实问题，为了拯救失落的精神。这是基于人文关怀视角的神话史的重述。于是我们找到了神话重述与历史重构的第一个维度。这也是笔者过去的神话史研究的实践的价值取向，偏重于人文的社会的关怀。比如，我的神话研究强调神话对于民族凝聚、国家统治和民众精神均有特殊价值，这是基于建构论的思路。同时，笔者过去的神话史写作还有一个价值取向，就是批评黑幕政治，认为政治神话从来都是黑幕政治的后台，"要点燃理性之光，我们不需要任何政治神话与迷信，本书中展现的荒唐的政治神话不能在现代社会中重演"②。

但是，神话史的建构还有一个目的，那就是神话学科的建构。于是，我们找到了神话史写作的两个维度：人文的神话史，学术的神话史。这两个维度在一定程度上要达到统一。我认为袁珂先生的《中国神话史》，基本上可以视为学术维度的神话史，尽管还有一部分学者不同意他的"广义神话论"的学说，但是，该书比较有效地实现了他的"广义神话论"的主张，神话历史的书写成为"广义神话论"的一个历史支撑，所以该书是有其鲜明的特点的。当然，袁珂先生对于神话的革命的态度，以及神话对于自然方面的积极态度，也是有鲜明的人文关怀的。因此神话史的书写总是离不开人文和学术相结合的维度。

笔者的《神话与中国社会》一书在讨论神话历史的时候，具有明确的建构性与认同性的价值取向，同时也是具有学术取向的，即对于神话的结构功能的理解，将神话视为社会结构的组成部分，以及强调神话在建立权威、破坏权威中的意义，这都是对神话的一种理解。全书描述分析的神话，也都体现了这一特征。

本书的神话历史书写，将如何选择自己的目标呢？整体上讲，我们不能超越学术性和人文性相结合的书写维度，我们将在此基础上有所深化。

---

① 叶舒宪：《神话意象》，北京大学出版社，2007 年，第 89 页。
② 田兆元：《神话与中国社会》，上海人民出版社，1998 年，第 454 页。

首先，我们把学术性放在第一位，继续坚持功能性的神话概念，在结构上，除了整体将神话视为社会生活的组成部分，还要加强对神话叙事文本的结构分析，如将神话叙事视为语言形式、物象形式和民俗仪式形式三位一体的综合形式，这一观点将贯彻到整个神话历史的书写之中。其中民俗的叙事，作为方法论上的神话研究的民俗学路径将在神话史的书写中得到实践。

同时，本书坚持传统的神话为神圣叙事的基本观念，神话的叙述对象要么是神，要么是带有厚重的神奇色彩的其他对象，即神圣主体，或者神奇事件、神圣时间与神圣空间等。

神圣叙事，一是关于神本身的故事，叙事中的主体本来就是神灵。另外，本来是现实的东西，但是叙述的发展超越了事实本身，具备了楷模（正负两面）功能，成为建构与认同的对象，这样的模范性质的东西，被凸显供奉出来的东西，具备了信仰色彩，也是神圣叙事。如政治神话和商业神话借鉴了神话的叙述形式，把一个普通的东西神圣化，把一个小亭长说成是真命天子，都是典型的神话。

神话史首先将成为神话观念的一种呈现。从这个层面讲，神话历史的著作就是一部神话理论著作，它是神话理论支撑下的著作，也是神话理论据以发生的基础，将其中的观念提炼出来，它就是一部神话理论的书。它应该成为神话学的重要的基础性的研究之作。

同时，神话史的书写也是为了一种人文的关怀。本书的书写是中华民族文化认同的实践行为，力图通过神话历史的撰写，增强民众对文化共同体的认同，与其他的学术历史和文化史一道建构起宏大的民族文化的大厦。神话历史的撰写，必须体现多元一体的中华民族的发展历程，因为神话是与中华民族一同发展成长的。神话是各民族的精神家园，神话史的撰写不能忽略多民族的中国神话发展的事实，本书不是各民族神话的集成之作，在对民族神话的撰写过程中重点关注的是历史上民族神话的交流、借鉴，以及对于共同神话的认同问题。因此，本书没有办法做到对每一个民族神话历史详尽分析，事实上，对任何一个单一民族的神话做全面的描述本书都是做不到的。本书重点是共同神话、主流神话的认同性，所以，各民族的神话需要每个民族通过一部神话史来书写。

研究中国神话史，我们必须讨论神话的主体。这是关系到书写谁的神话的问题。神话主体，即神话叙述者和持有者，一定是一个特定的具有认同感的族群，当然它是一种复合的、复杂的存在。神话主体的确认，将直接决定谁的神话进入中国神话历史的叙述体系之中。

在中国传统社会中，这个主体十分复杂。我们既要考虑中国历史上的主导的一统的政权及其属下族群，又要兼顾分治状态下的不同族群同样是中国神话的主体。中国大陆及其周边地域空间的居住者是衡量主体的一个标准，无论其政治状态如何。除国家主体及其所属族群主体外，主流的宗主国主体所属下更为丰富的族群，是不是也要纳入中国神话历史的叙述范畴，如册封体制下的族群是不是要纳入传统的中国神话历史的叙述之中呢？这个问题还要深入研究和综合考虑。

历史在发展，神话也在发展，中华民族也在不断发展。中华民族的种族主体不是恒定的，而是不断改变和发展着的。中国的历史，不断地由不同种族族群来主导。中国传统社会后期，多民族的文化集团统治中国社会是常态，而所谓的汉族统治时期并不是很长，如从宋代到清代，女真族、蒙古族和满族等都不同程度地统治过整个中国。神话作为文化形态的核心内容之一，有其根本的主流传统体系，也有不断增益耗损的情形。中华民族的发展，往往出现农耕文明被一支强大的游牧族群所征服，或者二者密切接触的情形。这就是复合的、复杂的而又具有认同感的族群，因此，中国神话的主体显得异常复杂。故多元一体的中华民族作为神话主体是一个大的概略的确认。

中国文化有中心，也有副中心。以云南地区为例来说，那里的诸葛亮传说，对于西南各族，以及东南亚地区都会有很大的影响。因此，西南各地的传统神话，不是直接从中原传过去的，而是从云南传过去的。副中心及其辐射下的族群，也是我们研究神话历史必须关注的。

我们说，中国神话的主体，有一个大的概念，即民族整体的概念，也有区域性的概念，即地方族群的概念。中国神话的主体，除了族群的历时性变迁，还呈现出共时性的复杂交织。历史上的中华民族即在中国大地及其周边活动的相关族群，他们都是中国神话的主体。

如今，随着非物质文化遗产保护工作的展开，大量的神话进入了国家级和省级的非物质文化遗产名录，让人们进一步看到神话在当下的意义。神话在地方认同、地方文化建设中发挥了不可替代的作用。本书在一定程度上将叙述地方神话，但是，这种叙述着眼于地方神话与公共神话的关系，兼顾地方性与文化的多元性。

因此，就人文目的而言，本书即是为了中华民族文化认同的书写，为了中国各族群关系和谐的书写，当然也就是为了中华民族文化发展的历史书写。中国神话历史的书写就是一项关于中华文化建设的实践。

什么是神话史呢？现在我们可以回答：神话史是神话观念和叙事同民族文化认同建构与社会发展进程相适应的历时性实践，它是学术性与人文性的统一体。我们或许可以参照其他学科史的模式——某某史是描写某某历史现象及其规律的科学，把神话史说成是描写神话历史现象及其规律的科学，但是，什么是神话历史现象？什么是神话的历史规律？这样空泛的表述我们不能采用。我们宁愿如上述那样对中国神话历史做出具体的阐述。

这就是我们对于本书的核心概念的理解。

神话史是神话发展问题，即关于神话发展中表现为何种状态与何种途径的问题。神话的发展就是神话历史运行的轨迹。

这些，前人曾有研究，如茅盾提出的历史化问题、文雅化问题，几乎成为人们认识神话的演变发展的规律性问题了。在一定程度上，历史化、文雅化是有道理的，但是神话并不是沿着这两条道路一直这样走的。神话成为历史，历史也会成为神话，它们是相互作用的。而文雅化也只是个案，一部分向雅致化的方向走，还有一部分也会走向朴野。如后世创造出来的牛头马面，也绝对不会很文雅，它们都是在文明已经高度发展的情况下出现的。所以，历史化和文雅化只是神话发展中的诸多现象之一，不是神话发展的趋向。袁珂先生提出的神话向文学演变，神话向民俗演变，似乎与神话发展的趋向更加合拍一些。神话的民俗化，本来就是神话的结构形态，而文学化，在古代表现得更充分，如古代出现《三国演义》《西游记》这样重要的神话文本。中国古代神话的发展，还包括地域神话国家化或者公共化，公共神话地域化，这样的双向互动。这就是我们的神话概念相一致的问题：神话的认同问题和共同体的建构问题。在国家与地方、公共与个性之间，神话的冲突融合，最终促成社会的构成形态。

我们研究神话史，一般来说要面对这样四个问题：第一个问题是发生；第二个问题是传播演变，包括继承和扩展；第三个问题是消歇；第四个问题是复兴。

神话历史的研究首先面对的是神话的发生问题。神话的发生很多要追溯到原始社会，但发生问题并不是研究原始社会神话的专利，比如，中国雪神，关于他的信仰和神话，至少到唐代才比较明朗化，而先秦、秦汉则较少传说，他的发生就是在文明社会发达的时代，是在当时世界上文化经济最为繁盛的帝国唐朝发生的。一部神话史是一些骨干的神话一直传述，一批新的神话不断生长，而一些神话不断消歇和复兴的过程。

关于神话的消歇，文献中有丰富的记载，有些神话传播着，突然就没有了。我们都很熟悉的帝俊，这位上古时代曾经的大神，后来在官方、在民间都近乎被遗忘，只是在文献里留下一点痕迹，在口头传说和风俗仪式中很难找到。还有如西夏的神话，出土文献有一些记载，我们今天已经很难理解了，几乎可以当作消歇的神话看待。时下的非物质文化遗产保护，将那些将要消亡的神话传说列入保护名录保护起来，这样可能保护一些神话，但是还是有很多的神话消歇了，这就是历史的必然。古代一般来说没有这样明确的意识，按照"人间正道是沧桑"的规则，任其发展演变。今天我们的文化遗产保护，实际上包含了对即将消歇的文化的关注。如国家选择一批影响大的、显在的神话列入保护名录加以保护，但是，一些不著名的、小范围传播的神话在世界上还是会逐渐消歇。

关于神话复兴，这个问题在中国的 20 世纪表现得十分充分。一些看起来就要消失的神话与信仰、各地丰富的地方神灵都复兴起来了。像城隍神，前些年有人说他将退出历史的舞台，但是现在显然是复兴了。如在上海，城隍庙几乎成为上海城市文化的象征了，城隍的故事和信仰也十分火爆，不仅黄浦区的城隍庙香火依旧，在上海其他各区，很多的城隍庙也建立起来了，如嘉定区、青浦区，都有城隍庙建立起来，城隍神话的复兴可见一斑。还有雪神故事，应该说是一个将要消歇的神话，当我们把它提出来以后，有的地方说雪神的家乡在他们那里，这就存在着复兴的契机，加上这几年暴雪肆虐，是否可以复兴其信仰与传说，可以观察。神话的复兴是神话发展过程中，那些具有生命力的神话，在适宜其流传的社会背景下重新焕发出活力，它是神话内涵本身和社会需求相互契合的一种文化现象。

以上四个方面，是神话发展的某种现象，而不是本质问题。因此我们的重点不是叙述这些过程，而是探讨神话运行的规律——民众通过神话是否形成认同，能否参与社会建构，是神话能否发展的根本因素。

这样我们又回到了神话观念的起点：神话史表现了神话观念——神话是基于建构性与认同性的神圣叙事，神话史既揭示古代神话的文化认同问题，也为当下的社会建构与文化认同提供文化资源与知识资本。

所以神话叙事与社会发展问题，是本书关注的核心问题。本书的理论问题也是围绕这一根本问题展开的。

第四节　主流神话

本书所关注的神话，并不是历史上的一切神话，而是与本书的神话观念与人文观念相关的那些重要的神话，也就是主流神话。

关于主流文化，列宁曾经有过经典的论述。在《关于民族问题的批评意见》一文中，列宁指出："每一个民族文化中都有两种文化"。这一观点，是中国文学界长期以来用以证明古代文学价值的理论基础。这两种文化是指过去时代的文化，一是统治者的文化，是占统治地位的文化，一是不太发达的民主主义和社会主义的文化。后者当然是精华，那就是我们的文化遗产需要继承的东西。

在传统社会里，确实存在着统治者和民间社会完全不同的两种文化形态，但是我们还应该看到，在同一民族文化的背景下，统治阶级和民众也有共同的文化，他们有各自的文化，但也有相互认同的东西。这种认同，一方面有统治者灌输的因素，也有民间文化影响深远，统治者主动选择的因素。一个民族的文化，也不是统治者的文化和民间文化可以包容的。比如地域文化，可能就不全是民间文化，有时是特定地域的统治者所主宰的文化，但是作为统一的多民族国家，可能有的地域文化并没有上升为整个统治者的文化。所以，我们对于一个民族的文化不做统治者的文化和民间文化这样的区分，而宁愿选择共同文化和个性文化这样的区分。共同文化是指一个国家以及这个国家的各民族所共同认同使用的公共的文化资源，个性文化则是一部分人所使用的独特的文化资源。共同文化是国家和社会的主流文化，在社会和文化生活中占据主导地位。共同文化与个性文化一起构成文化的整体。如果没有个性文化，这样的文化就是单一的、缺乏活力的文化，而没有共同文化，这样的文化群就是一盘散沙，文化处于相互隔膜甚至冲突的状态。共同文化是一个国家与民族存在的基础，民族与国家因为认同而成为一个整体。主流神话是国家和民族的共同文化的组成部分，它与其他文化样式一起，构建这个民族与国家的认同。主流神话是民族与国家不断发展的结果。

首先，这种主流的神话应该是统治阶级的神话的一部分，这样才能实现其在社会中的统治地位。神话在一定程度上是一种意识形态，它反映着一定时代特有的精神风貌。在阶级社会里，统治阶级的思想是占主导地位的思想。神话也是如此，统治阶级的神话在古代神话中处于支配地位，这是不可改变的事实。袁珂先生在其神话史著作《中国神话史》中提出的七条神话标准之一，要求神话"对现实采取革命的态度"，这便大大地限制了神话的空间，把统治阶级的神话即在阶级社会中占主导地位的神话摒于中国神话史之外，使得袁珂先生那部具有开创意义的神话史著作一开始就留下了重大遗憾。研究统治阶级的神话，是神话史研究的重大课题，因为神话很难用革命与非革命来区分，革命不是衡量是否是神话的标准。当然，作为一种人文关怀的体现，袁珂先生崇尚神话中的革命与浪漫主义，也是其特色所在。这种观念的差异，导致写出来的神话史就是完全不同的面貌。其实，在袁珂先生看来，革命的以及浪漫主义的神话就是主流神话。我们尊重袁先生的价值选择，但是我们还是认为这样一来，神话的空间就小了，他的广义神话说就一下子变得不够广了。一般说，统治者的神话是不大"革命"的，因为他们即使革命，也与我们所说的革命意义不一样。我们一般把造反视为革命，民众对于统治者的反抗就是革命。所以，在袁珂先生那里，是没有叙述统治者的神话的。

为什么统治者的神话要纳入主流神话的论述范围呢？这是因为他们的神话首先是社会中占统治地位的神话，如君权神授论，奉天承运，皇帝为上天之子。这都是社会的主导神话，虽然有愚弄民众的成分，可是在当时的背景下，这种统治及其神话是强势话语形态，是他们的统治行为合法化的体现，也是当时社会文化的真实写照，并且也是被当时的统治者所认同的，尽管这种认同的制造可能会存在问题，但统治者的神话被认同从整体上看应该是事实。

其次，还有一些神话虽然由统治者把持，但是其是从原始时代就传下来的神话与信仰，具有全民共同文化的特性。如自然崇拜之山岳崇拜、日月星辰崇拜等等，其中虽然有一些被统治者据为己有，如太阳神话，但是对于风云雷电，老百姓也有共同的情感与叙事话语。还有龙凤神话，虽然在传统社会的大多数时间里，它们是皇帝和皇后的象征，但是皇帝并不能占尽这一资源，龙凤的超越政治神话的内涵，也是得到天下人的共同信仰的，如龙凤呈祥，就不一定指皇帝、皇后，而统治者也不能完全禁止这种信仰行为的发生。

再次，统治者和民众共同塑造了一些神话般的文化英雄。如孔子的神话、妈祖的神话、黄大仙的神话、关公的神话等，这其中有些是统治者提供给民众的，有些是民众信仰，被统治者所认可，变成了官民共同信仰的神灵，因而也就造成了庞大的神话群。

以上这些都是统治者参与的神话，当然是社会的主流神话。

此外，主流神话就是民族的传统神话。比如图腾神话、自然神话、灵魂的神话等。尽管这些重要的民族神话在某些情况下被统治者所占有，但是其全民族所共有的特性是很难改变的。比如土地神，统治者起初是想专有其祭祀权的，但是最终他们只能和民众一起分享土地神的祭祀与神话，他们祭祀的是国家的社稷之神，民众信仰的是土地神，这都是影响深远的，至今在很多地方依然富有活力，如中国的南部、港澳台地区，土地神信仰及其神话还很盛行。这样一种自然兼社会之神，当然就是主流神话了。

在一个特定的时代，必定只有一种神话是主旋律，其他的神话不得不处于从属地位。重大的社会变革在神话中留下了的印记才是神话的主旋律。母系氏族社会时代的神话与代表父权力量神话，最高神，图腾神话、祖先神话和政治神话，以及王朝更迭时，新旧王朝间借以斗争的神话，尖锐对立的统治者的神话与民众的神话等，民间信仰中具有悠久影响的神话传说，这些都是主流神话，是神话史研究首先需要关注的对象。同时，人与自然关系的神话，对于自然现象的解释，与自然世界的抗争和妥协，也都是主流神话。

本来任何一种神话都有其价值。按照相对主义的文化观点，任何文化形态都是平等的，没有高下之分。我们认同这一观点，无论是主流神话还是一般神话，它们的文化价值都是没有高低之分的。但是，不同神话的影响力有大小，这也是一个事实，不能说每个神话都具有同等的影响力。比如某个村子里的一个乡贤被奉为神灵立庙祭祀，并在当地传述他的神话，但这种信仰和神话就在附近几个村子里流行，尽管价值独特，但是没有办法和关公这样的神灵的影响力相提并论，这是毫无疑义的。因此，我们必须把主流神话放到优先考虑的位置。我们没有办法在一部中国神话历史中把所有的中国神话都放进去叙述，这不可能办到，也不符合神话史的学术规范，因为神话史是特定的神话观、特定的价值观引导下的历史梳理，它不是一个杂烩。我们将在一般神话与主流神话的关系中来分析神话史的流变，同时在中国神话的结构体系中来分析主流神话和一般神话。我们不会因对主流神话的关注而否认一般神话的价值，在与主流神话的比照中，一般神话的价值将得到凸显。

本来我们计划提出核心母题的概念来分析中国的神话史，抓住主流，以使中国神话纲举目张。但我们最终还是在主流神话的概念下分析中国神话发展的轨迹，兼用核心母题的概念。其主要原因是，母题是一个较小并且不确定的概念，在划分中难以把握其大小尺度，而主流神话是一个完整的概念，容易把握，不易产生误解和含混。因此，主流神话将是我们神话史书写的主要对象。我们认为，主流神话是一个最基本的概念，核心要素可以与核心母题并列使用。我们只有在十分有把握的情况下才使用核心母题的概念，比如某一情节母题，某一符号母题。我们在分析某一主流神话的具体内涵时，多使用要素概念，慎重使用母题概念，以免因为概念问题引起歧义和误解，影响对神话历史的深入理解。

第五节　神话史的要素

这里的神话史的要素，不是指神话历史的内容的构成要素，而是指神话历史的运行要素。因为神话史是运动着的文化形态，是历时性的文化形态，所以这种要素主要是指它的运行的核心存在。

一、神话冲突与融合

我们讲神话的矛盾，是就其共时性的状态而言的，神话矛盾的历时性体现，便是神话冲突。冲突是神话史的基本要素。神话世界充满着丰富的矛盾与斗争。文化哲学家卡西尔指出："神话发展的各个阶段不是简单地前后相承，而是经常处于相互间鲜明的对立。神话的进步并不仅仅意味着较早阶段某些基本特性、某些精神确定性的发展和完成，而且也是它们的否定和全部祛除。"[①] 在极其复杂的神话对立世界里，哪些是矛盾斗争的主导面呢？

神话是共同体集体精神的结晶，它代表着一个群体的情感意愿。当不同的群体因不同的利益与不同的文化信仰接触，便会发生冲突。随着社会组织的不断分化联合，不断扩大，形成了具有共同地域、共同语言、共同经济生活与共同心理结构的民族群体。民族形成的历史就是一场冲突和融合的历史，民族内部整合后又面临着与异族的冲突，因而冲突是神话生活的永恒的主题。在民族的发展过程中，神话的认同是在冲突中实现的，冲突是融合的必然过程。

民族形成的标志之一在于它的神话走向成熟。德国哲学家谢林曾经说过："一个民族，只有当它能从自己的神话上判断自身为民族时，才能成其为民族。民族神话产生的时期，当然不可能是在民族已经出现之后，也不可能是在民族尚未形成，还是人类大集体之中不为人所知的成分的时候；民族神话的产生必须是在民族形成之前的过渡阶段，也就是快要独立和形成之际。"[②] 民族神话的诞生几乎是与民族形成同步的，民族在冲突中走向融合，神话也是在强烈的冲突中走向一体化而为大众所认同。秦汉时期，汉民族才形成一个统一的群体，

---

① ［德］恩斯特·卡西尔：《神话思维》，黄龙保、周振选译，中国社会科学出版社，1992 年，第257—258 页。

② 转引自 ［英］麦克斯·缪勒：《宗教学导论》，陈观胜、李培茱译，上海人民出版社，1989 年，第62 页。

古神话树立起了它的第一个里程碑。神话冲突集中反映了民族冲突的概貌，因而，民族文化的冲突与认同是神话冲突的重要内容。

大规模的民族融合与国家力量有关。当国家形成后，民族间的冲突往往带有阶级压迫意味。国家是阶级矛盾不可调和的产物，它代表统治阶级的利益，对民众实行强制管理。国家机器"造成了一种已不再直截了当同武装起来的全体人民相符合的公共权力"，于是，国家同民众形成对立。受到压迫的民众显然都是受苦人，就像列宁所说，乌克兰的工人和俄罗斯的工人有什么区别呢？他们都受资本家的压迫。国民对于统治者，不过都是臣民而已。

统治者为防止民众反抗，除依靠权力机构进行压制外，还要从精神上征服大众，于是垄断神话的制造权。在国家的神话里，犯上作乱者都遭到严厉制裁，如共工辈的下场很惨。统治者制造国王至高无上的神话，使之凛然不可侵犯。国王是真龙天子，是天上的太阳，民众则说："时日曷丧，予及女皆亡！"希望这个太阳快点死掉，民众与国王的冲突展开。天下诸侯都来讨伐夏桀，其中不存在种族问题。武王伐纣，会孟津者诸侯八百，并有各族各地的讨伐队伍，他们都在武王的神话旗帜下，宣誓效忠，所以这都是面对统治者的不道不德的地方民众反抗的军事与文化相统一的革命之举。

统治者的神话是阶级社会中占统治地位的神话，它们部分攫取了民族神话的核心内容，将统治者的意志渗透其中，将民族的神话转化为统治者的神话，以便对民众实施统治。这些神话不因社会主宰者的垮台而灭亡，它们的生命力更强。龙与凤曾经被国王专有，但王朝灭亡了，龙凤依然存在，或者被新一代的统治者袭用，更因为龙凤作为一种吉祥的象征已渗透到民众的心灵深处，在民间社会长期发生影响。这里，一场对神话资源的争夺战打响了。如，中国古代对天神祭祀的限制，对龙袍等龙文化符号的管制，都显示出社会的主宰者力图控制神话资源。民众以"淫祀"回应，营造自己的神话天地，但是这也是屡遭打压的。因此，我们说神话中体现的冲突，实际上是社会冲突在神话世界的反映。

民族的神话与国家的神话交织着呈现出复杂的局面，往往王朝的替代与民族的兴废相伴随。如商灭夏，周灭商，这是一种王权的更替，也是一种民族的征服。它们的冲突既是民族冲突，也是统治者与被统治者的冲突，是革命。毛泽东曾经指出，民族斗争说到底是阶级斗争问题，可谓论断精辟。周灭商是一场社会变革，此时的神话也体现了王朝的更替。周人抓住上天这一法宝制造神话，宣称："天既遐终大邦殷之命，兹殷多先哲王在天，越厥后王后民，兹服厥命。"① 当年保佑殷王朝的先公先王的在天之灵，现在都要听老天的号令，殷王的王运已经被上天结束掉了，还活着的殷王与殷民要服从这一决定，做周的臣民。武装的征服仅是表面现象，神话的改变才意味着殷王朝残存统治者的真正绝望，他们是一群失去了神佑的孤儿，神话真正体现了这种征服的完成。

民族间的冲突，统治集团间的冲突，统治者与被统治者之间的冲突，不同文化势力间的冲突，包括影响甚大的不同地域间的神话冲突，是神话冲突的重要内容，它决定着神话的发展方向。神话的冲突并不意味着社会的分裂，相反，这种冲突是走向认同的途径。在冲突与认同的神话演进过程中，深刻体现了神话的特性。

这种认同的结果便是神话的融合，因此，融合也是神话史的要素，它说明神话冲突尽管是永恒的，但毕竟是有限度的。由于民族主体的确立，民族神话的主干基本不变；国家制度不变，则所祀神主大体一样。民族冲突造成的震荡，丰富了民族神话；统治集团间的冲突，不外是争取神话的垄断权，一般不改变神话的总体结构；民众的神话部分改变统治者的神话，但具相对独立性。承袭融合是神话生命力冲突中的较量，我们可以从中找到中国神话的主流形态，以融合流传体现神话的生命力。

对炎帝、黄帝的情感，对龙凤的尊崇，几千年来未曾改变，而昊天上帝、社神稷神也总是占据神坛。这说明，无论社会怎样变迁，主流神话总是不会有大的改变。这种不变体现了神话史的凝固性，而其凝固性的背后是神话史的要素——融合在发生作用。

神话之融合表现为对不同来路的流行神话的认同。王朝灭亡了，神话并未一同殉葬，它以强大的生命力继续存活着。新的王朝不得贸然改变民众的习俗，否则将产生变乱，这在中外历史上都有教训。

中国古代的君王不是没有改变前朝神话与信仰的想法，但往往都在传统的神灵面前屈服了。

夏王朝崇拜社神，社神是禹的化身。当殷人推翻了夏王朝，便想把夏代的社祀废除，然而没有成功。《史记·殷本纪》："汤既胜夏，欲迁其社，不可，作《夏社》。"汤作《夏社》是"言夏社不可迁之义"。为什么不可迁呢？孔安国解

---

① 《尚书·召诰》。

释说是"欲变置社稷，而后世无及句龙者，故不可而止"，句龙即禹，因没有像禹这样有影响的神灵而不改变社神，这恐不是问题的根本所在。宗教传统不可能在一夕之间全部改变，政权垮台了，神权依然有强大的生命力，夏代的神话还在流传，夏人会更加怀念他们的祖神社神大禹。面对这一形势，殷商王朝做出了明智的选择，他们的社庙一仍其旧，他们像夏人一样崇拜大禹，果然换来了社会的安定。殷人甚至违心地把自己也说成是禹的后代，禹也是殷人的先祖，这种作风一直延续到他们的后人春秋时的宋国君民那里，宋人祭祀祖先首先提到的是禹，而不是契或汤。《诗经·商颂·长发》是殷遗民的诗，诗里这样写道：

> 濬哲维商，长发其祥。洪水芒芒，禹敷下土方。外大国是疆，幅
>
> 陨既长。有娀方将，帝立子生商。

商人颂扬禹治水的伟大功业，故祭祀先祖时首先提到禹，让禹做了保护神。这里的"帝"是禹，则商是禹之子，禹是商人之祖。顾颉刚先生当年曾以此为证说明禹是殷人之神而夏朝不存在，禹被殷人奉为神是事实，但不等于夏王朝不存在。也有学者据此认为夏商是一个王朝。这些看法主要是忽略了神话史上的一个重要问题：后代完全可以兼容前代的神话。夏代的主神在商代活下来，并且在周代也甚有影响，周初武王以成功告天地是在殷王的王社里举行的，那里的社主还是禹。社神因其强大的传统惯性被人们所认同。

商人承夏制祀社神，同时祭祀自己的天神——帝喾。《史记·殷本纪》："殷契，母曰简狄，有娀氏之女，为帝喾次妃。"殷人实为帝喾之后。殷神话因之充实起来。周胜商后，发生了如同商胜夏后一样的故事，殷人认了夏祖。周人得天下后，宣称自己的祖先也是帝喾，因而祭祀时"禘喾而郊稷"。《史记·周本纪》："周后稷，名弃。其母有邰氏女，曰姜原。姜原为帝喾元妃。"周人也无法改变殷人崇拜帝喾的习俗，不得不顺从之。但为了提高自己的地位，颇为滑稽地把自己的祖先说成是元妃之后，而把殷祖契说成是次妃之后，可谓用心良苦。经过商、周两代的信仰，五帝系统中的第二号人物帝喾就这样在中华民族的神话体系中扎下了根。

主流的神话一旦形成，也就不会解体，甚至一个族群衰败，新的主导者可能最初不是来自一个相同的文化传统的集体，但是也会自觉扛起主流神话的旗帜。如龙凤，在成为民族的统一标志前相互间曾发生过冲突，而它们于汉代稳定下来后，不仅没被外来神话所瓦解，相反，各兄弟民族都认同了它们，并融

化在它们的怀抱里。① 神话史并不仅仅表现为前后的更替，融合叠加反倒更为突出。神话有整合文化的功能，正是这一功能使神话史融合众流以统一的面目出现，它使一个民族的文化有轨可循。

至于民间的神话，它更是一个自足的天地，外界的政治变迁很难引起民间神话内部结构的改变。

我们在分析神话史之冲突与融合的要素时，发现神话史的运动正是主流神话与其他各种神话互动时的运动，于是，我们便确立了研究神话史的基本立足点：把握主流神话，分析神话史的要素，认识其特性，神话史的面貌将展现在我们面前。

二、 神话史之凝固性与开放性

前面我们说到神话的冲突，似乎神话总在变化，没有稳定性，但是这只是外相，神话史表现最突出的地方恰恰在于它的稳定性，我们称之为凝固性。

神话的发展史也如同任何一种文化形态一样，有一个新陈代谢的过程，但神话却独具特色，它的新陈代谢过程，远不像文学艺术及哲学思想表现得那样明显，它给人的表面印象是具有凝固性。文学上《诗经》《楚辞》之后便被汉赋、汉乐府取而代之，后者尽管与前者有这样那样的联系，然不复当年形态。神话则不同，一个神话可以在后世不断重述，一个神出现后难以轻易被打倒或者废止，如在皇家祀典里，昊天上帝从他诞生之日起，几千年来就没有突出变化，总是一个颇具抽象色彩的世界主宰。五帝也一样，从春秋战国时期至秦汉这一时期发展成熟，以后就变化较少了。神话代有新变，但总体成分中，新的时代总有前朝旧曲在演奏。有时，一个时代的主流神话往往和前代的神话存在千丝万缕的联系，有时甚至重述前代的神话。

古史辨派的学者所称"层累"的神话化的古史是这样的：前代的旧神话尚在，新的神话叠加上去，神话便显得更加丰富，后出的比前面的更加精致，仿佛几代人在同心协力地构筑神话化的古史大厦。孔子说古帝王止于尧舜，后逐渐丰富而又益之以五帝三皇，神话在旧有的枝干下更加根深叶茂。《淮南子·缪称训》："三代之善，千岁之积誉也；桀纣之谤，千岁之积毁也。"这大概是"层累造成"说的先声。清人崔述大倡其说，至顾颉刚则将其说推向极致，这是中国神话的一大特性。根据列维－斯特劳斯的学说，神话乃是为了克服矛盾冲突

---

① 田兆元：《从龙凤的相斥相容看中国古代民族的冲突融合》，载《学术月刊》1993 年第 4 期。

而产生的一种妥协，所以新的神话在一定程度上兼容旧有神话，则是必然选择。古史辨派的学者的立论也是基于神话由冲突走向平衡这一基本观点的。在他们看来，民族间的相互吞并造成了旧神话的融汇。顾颉刚于《古史辨》第四册的序中说：

> 《左传》上说："任，宿，须句，颛臾，风姓也，实司太皞与有济之祀。"则太皞与有济是任宿诸国的祖先。又说："陈，颛顼之族也。"则颛顼是陈国的祖先。至于奉祀的神，各民族亦各有其特殊的。如《左传》上说鲧为夏郊。又如《史记·封禅书》上说秦灵公于吴阳作上畤，祭黄帝，作下畤，祭炎帝。这原是各说各的，不是一条线上的人物。到了战国时，许多小国并吞的结果，成了几个极大的国，后来秦始皇又成了统一的事业。但各民族间的种族观念是向来极深的……于是有几个聪明人起来，把祖先和神灵的"横的系统"改成了"纵的系统"……①

太昊、颛顼、黄帝与炎帝后来进入三皇五帝系统，由原先各民族的神成长为全民族的共同神，这正是神话层累发展的结果。层累有陈陈相因的因素，这是神话平衡矛盾的特性造成的。由此看，神话史首先面对的就是神话这种因循守旧的史实，神话史较其他文化形态的独特之处就在这里。它当然有时代的创造，但是却要面对这些既有的资源，不像汉赋，完全可以和《诗经》不是一回事。但是，神话不行，汉代的神话没有办法摆脱东周时代留下来的遗产，如天神，如五帝，等。前面提到，秦末刘邦的起义，同时伴随着一个"赤帝子斩白蛇"的神话，看起来是要彻底颠覆秦的神话，可是，他们最终还是承接了秦王朝的神话模式，并续写整理了春秋战国以来的神话体系以为国家神话。汉代的主流神话似乎大都是前代留下来的神话，他们所做的主要只是组合而已。所以神话史就是这样，表面上冲突激烈，但其妥协调和特性注定了它对前代神话的继承，最终留给我们的是神话史凝固稳定的形象。

神话的稳定传承还与人们对神的态度有关。人们对神话遗产有两种态度，一种是对抗，尽可能去改变原有神话及其神灵信仰。但是，由于人们对神灵的敬畏，哪怕是敌方的神灵与神话，他们都会小心翼翼。与其破坏斗争，不如祈求归顺之，带着自己的神话和神灵信仰，接受前代的神话遗产。如商代对于夏代的神话，似乎没有太多的变革，感觉是全盘接受，甚至加以发展。如对于夏

---

① 罗根泽编著：《古史辨》第4册，上海古籍出版社，1982年，《顾序》第5—6页。

禹的崇拜，他们甚至将禹也作为王朝的大神来信仰。所以，神话的神圣叙事特性，造成人们的敬畏，也就造成神话的稳定传述。神话的传承与内聚，就是神话史的稳定性的体现，它是对传统的一种皈依。

但是，神话不是铁板一块往下传，它一定是开放的。所以这就是神话史呈现的另一面：神话史的开放性。尽管神话具有保守凝固的特性，但是，神话史却始终处于冲突变化中。即使是同一神灵，在每一个时代，它的面貌也不一样，神话总是处于新变之中。一个不同的时代，会产生一些不同的新神，加入神话的队伍，同时，旧神也经过一番洗礼，以求在新的环境里焕发活力以获得生存。旧神与新神的斗争，是神话史最动人的篇章，而新神与旧神的交融，更是神话史呈现的奇观。神话史是开放性的，它敞开门户接纳有能力闯进来的新神。这实际上是神话的认同建构的结果。其实，这种开放性也一定程度上是神话的凝固性的变化形式。这是一个看起来十分矛盾的问题，但却是实实在在的事实。开放性实际上是对于另外一种神话遗产的认同，这也就是另外一种神话以貌似稳定凝固的形式存留，只是这种存留要经过对话，只是它们生活在一个新的文化环境里。这就是凝固性与开放性的辩证关系。

神话史的封闭保守性与新变开放性是相互统一的，神话总是因冲突而产生，但是，神话的冲突却是为了新旧矛盾的调和，新旧神话最终处于并存状态。神话史仿佛设定一个圈子，将冲突双方置于其中，并在这个圈子里化干戈为玉帛。神话的存在本身就具有这样一种矛盾：既冲突又要妥协，二者要兼得，神话的这种自身的矛盾运动构成了神话史的复杂场面。[①]

以顾颉刚《古史辨》第四册序所述材料为例，炎帝、黄帝是华夏与秦人所祀之神，颛顼是陈国之祖，太昊伏羲为任、宿诸国之祖，当天下统一时，原是不同的民族，本祀不同的祖神，怎么能认同异族之神呢？这里面必定有冲突存在。顾先生说："于是有几个聪明人起来，把祖先和神灵的'横的系统'改成了'纵的系统'"。其实这种改变并不轻松，它是经过激烈的较量后的结果。我们知道，炎帝和黄帝被尊为中华民族的共祖，可这并不是从来就如此的。在夏商王朝统治的时代，炎帝和黄帝神话的影响力十分有限，他们不仅与至上神无缘，在流传至今的夏商神话里，神坛里似乎没有他们的位置。炎帝、黄帝地位的确立有个过程，他们在春秋战国时不断发展，而于汉代建

---

① 田兆元：《论神话的矛盾法则》，载《文艺理论研究》1994 年第 2 期。

立起稳定的地位。春秋战国时，齐鲁三晋认黄帝为正宗，楚则祀太一，秦虽也偶祀炎帝、黄帝，但他们却认为自己的上帝为白帝少昊，黄帝显然没有成为全国的共祖。秦统一后又祀黑帝，炎帝、黄帝也未独尊。秦实际上把主神定位于白帝与黑帝之间，因春秋战国时期秦处于西方，于五行为金，故祀白帝，统一后又因代周之火必以水，五行之水于五色为黑，故又崇黑帝。汉刘邦起事，灭秦之神话舆论先起，遂行赤帝子斩白帝子的神话，主要的进攻对象为白帝，赤帝即炎帝。汉得天下，又因代秦之水必以土，土之色黄，故立黄帝为正宗。炎帝、黄帝遂逐渐成为汉人之两大神祖，但不废白帝、黑帝、青帝等，把五帝的世系以一个整体稳定下来，鲜明地体现了神话史之兼容与冲突的特性。五帝在春秋战国时期在不同的诸侯国有不同的命运，但他们都是整体的或者局部的尊神，各派势力的较量也体现在这些神话的较量中，但是，最终这些神话不还是成为一个整体了吗？这些看起来就是《国语·鲁语》中的五帝、《大戴礼·帝系》中的五帝原封不动地搬到汉代来了，似乎就是春秋时代的神话稳定地以凝固状传承到了汉代。但是，我们在考察这种变化时就会发现，这种看似原封不动的神系传下来是何等的不容易啊！这是在开放中获得的稳定性，但是，这时肯定不再是原来的那么一块在独得天下，另外的传统资源也加进来了，对于另外的传统，那也是一种稳定性的传承，但是整体看，丰富了，博大了。当然其间还有时代的新神，还有丢失的旧神。神话的拓展与外摄是神话史的开放性的基本特征，纳入原先不属于本系统的神话，重新建构起新的神话。

正如博厄斯所指出的那样，神话的世界好像建立起来就是为了被打碎，以便在原有的废墟上重建新的神殿。[1] 神话史的全部活动就是在建立与打破之间进行的，建立离不开原有的部件，所以意味着妥协，这样才能获得暂时的平衡。神话作为一种意识形态文化不像上层建筑中的国家政权那样被外在力量迅速征服，一个新的神话要战胜旧神话需要一个长期的过程，离开了妥协，新的模式就无法建立。神话史的研究就是揭示神话从冲突到建立模式，又再经冲突，再建模式的这样一种循环不已的过程中的规律。

这一发展过程，实际上是中国神话传承与内聚、拓展与外摄的两种演进方式的不断循环，这两种演进的过程中不断表现出冲突和融合的形式。神话史的

---

① 参见［法］米盖尔·杜夫海纳主编：《美学文艺学方法论》，朱立元、程介未编译，中国文联出版公司，1992年。

过程永远是冲突—融合—冲突—再融合的过程，这是一种永无止息的发展动力。这个循环过程也永远只有冲突与融合两个要素。冲突与融合，即矛盾与妥协，是我们揭开神话史全貌的两个关节，它是传承与拓新的基本表现，也是神话历史发展的基本路径。它们的矛盾运动，便造成了神话史的凝固性与开放性的特征。

第四章　神话史研究的方法

采用什么样的方法研究神话史呢？我们往往会说有文献分析法、田野调查法等，这都是材料获取的方法，也是几乎所有的人文社会科学的课题都宣称的研究方法，其实，谁不使用文献，谁不采集田野资料呢？我们提出一些关于神话研究的视角，以期表现本书的某些特色。

第一节　神话文本的要素分析

前文讲到，神话叙事呈现出语言文本形态、物象文本形态和仪式文本形态三种文本形态。我们这里主要就语言形态的神话文本分析提出一些看法。其主要表现为对于文献的"细读"，在对神话文本所含要素的分析基础上剖析各色要素，找出主流话语以解读之。

语言类神话文本，尤其是中国早期神话文本，很多都是较为简短的，内容虽然丰富复杂，但对于每一要素而言，它本身只是一个文化本体的入口，就像露在外部的茎叶，地下的果实是要顺着茎叶往下挖掘才能得其所有的。于是，对于要素必须扩展开去。这就是我们所说的神话文本的要素扩展分析。下面，我们试举一例以探析之：

> 发鸠之山，其上多柘木，有鸟焉，其状如乌，文首，白喙，赤足，名曰"精卫"，其鸣自詨。是炎帝之少女，名曰女娃。女娃游于东海，溺而不返，故为精卫。常衔西山之木石，以堙于东海。（《山海经·北山经》）

这就是人们最为熟悉的神话"精卫填海"的经典文本。我们先看看以往的分析。朱东润先生主编的《中国历代文学作品选》将其选为古代神话的第一篇，其解题这样写道："这个故事可能产生在沿海的部落。由于那里大海经常吞没人的生命，女娃化鸟、口衔木石以填平大海的斗争，反映了远古人民征服自然的愿望。"[1] 这种解释，显然与马克思对于神话的解释有关，马克思在《〈政治经

---

① 朱东润主编：《中国历代文学作品选》上编第 1 册，上海古籍出版社，1979 年，第 281 页。

济学批判〉导言》中指出："任何神话都是用想象和借助想象以征服自然力，支配自然力，把自然力加以形象化"。这一论断，曾经长期影响中国的神话研究，主要把神话看作人与自然的抗争。如该书选录四篇神话文本，分别是《精卫填海》《夸父逐日》《鲧禹治水》和《黄帝擒蚩尤》，前三篇都被视为人类与自然搏斗的崇高精神的体现。该书还有附录三篇：《女娲补天》《后羿射日》《共工怒触不周山》，同样都被解释为改造自然的英雄业绩。与此相同的诸多文学史也大体是这样的解释模式。当然这些神话也属于中国主流神话，但是我们这样去解释，还是把这些神话简单化了。更为重要的是，这种解释是一种共时性的分析，着眼于其普遍意义，不具备神话史的意义。

这样的解释，我们可以视为选取中国神话片段要素诠释外来理论的普通做法。首先，人们只是取用了神话文本的部分要素，其余就作为残骸不予解释，抛弃了，如对精卫填海，实际上只是解释了后面"女娃游于东海，溺而不返，故为精卫。常衔西山之木石，以堙于东海"的部分内容，前面部分在这个解释系统里没有意义，后面部分也只是女娃溺死于海，化为鸟，衔木石堙海有意义，神话中的"东海"与"西山"的方位也没有太大的意义。显然，神话文本资源在这样的解释中被浪费了。尽管我们的解释不可能也没有必要穷尽其意蕴，但是在纯粹的文本阅读的导读中只是掘出这样一点点单一解释，实在很可惜。

袁珂先生也认为，精卫填海"表现了遭受自然灾害的原始人类征服自然的渴望"，在肯定征服自然的同时，袁珂先生认为"这个神话带着母权制氏族社会的痕迹"。[①] 这个增益的解释源于恩格斯和摩尔根的关于古代社会的学说，解释了"是炎帝之少女，名曰女娃"这一要素的部分内容：少女，女娃。这当然是精卫填海神话研究的一种推进，但是还有开拓的空间。因为在这种解释中，其主人公是炎帝的少女还是黄帝的少女，都是没有关系的，神话中一个重大的文化要素：炎帝，几乎处在被忽视的状态。

对于这个古神话，古人也十分重视。著名的就是陶渊明的《读山海经》中的诗句："精卫衔微木，将以填沧海。"这让这个神话故事产生了很大的影响。我国现代神话学的先驱茅盾先生在《中国神话研究 ABC》一书中也引述了这则神话，将其视为鸟兽虫鱼草木的神话，同时认为精卫鸟的壮志很可佩服，在进一步列举了刑天神话后，茅盾先生说："精卫与刑天，属于同型的神话，都是描

---

① 袁珂：《中国神话史》，上海文艺出版社，1988 年，第 26 页。

写象征那百折不回的毅力和意志的。这是属于道德意识的鸟兽的神话。"① 茅盾先生的解释，部分来自陶渊明的影响，主要崇尚一种道德精神，比与自然抗争的解释更为抽象，不仅不必顾及时间空间，具体是什么鸟都没有关系，只要是弱小者身份的反抗形象都可以是一样的。他关心的是这个鸟是自然神话的一个类属的例证。至于炎帝少女的身份，也未予重视。至于这个神话在神话史中的意义，尤其是在发生时期的意义，很少有人深入思考过。

于是，我们发现，对于这样一则重要的神话，拘于有限的理论工具和思路，几乎没有办法写成一篇论文，甚至写成一段稍长的文字也很难办到。是不是神话本身的意蕴不深，文化含量不够？应该说不是的，我们要反思的，是方法问题。前辈的开拓工作甚为不易，我们对于他们的成果抱着尊重的态度，也力图有所探索。

过去神话研究的问题之一在于：必须依傍已有的某种学说，对神话进行有限的局部的表面阐述，缺少独立的发现能力，神话文本的要素没有被读透；此外，解释过程仅仅局限在文本本身，没有对神话的要素进行扩展性思考。这样，神话研究的意义变得很有限。这种作风一直影响着中国神话的研究，如果说我们有什么发现，不是从神话本身发现出来的，而是拿另外一种已经形成的思路和学说，往神话文本上面套一下"发现"出来的，如果说有什么意义的话，那就是另外一种理论学说的注脚，另外一种方法的实验工具。吸收外来神话学的理论成果毫无疑问是重要的，我们还要学习吸收其他各种理论学说及其知识，掌握更多的解释工具，但我们要做的是：不要所有的工具都是他人的，于是我们要讨论神话要素的扩展分析方法。

神话要素是一个大于母题（motif）的概念，母题是神话要素的一种。母题是一个外来的概念，一般指神话中最小的意义单位和叙事单位，它是可以拆分出来，并复制再生到其他的神话中去的一种东西，母题主要关注的是在神话内部流动的要素。神话要素，除那些母题之类可以在神话内部流动的要素之外，我们更关心与外界交流的要素，它们是可以和外界交流的文化触须，是扎在文化土壤里面的根，是神话的文化内涵的营养导管。因此，神话要素是可以在内部，也可以从神话内部延伸到外部的文化成分。这些神话要素可能没有在其他的神话中复制，但是在神话外的文化形态里却生长着，它连接着一个广大的世界。各种神话要素的水乳交融构造了神话的整体系统，神话的这种整体构造并

---

① 玄珠：《中国神话研究 ABC》（下），世界书局，1929 年，第57 页。

不是每一个都是结构紧密的，它也可能是松散的，或者就是碎片的。我们既可以通过要素从整体上考察一个神话的文化内涵，也可以就一个视角或者多个视角，从神话的完整结构或者碎片中窥见文化的某些方面的奥秘。

所谓扩展性研究，既要关注母题性质的要素在神话内部的流动（当然母题同样与外界交流），更要关注神话要素向外联系而引发的事件。这是关于神话历史自身运动的考察，更是神话与社会水乳交融的一种社会文化探析。

我们可以把精卫的形象要素加以解析："其状如乌，文首，白喙，赤足，名曰'精卫'，其鸣自詨。"

我们可以通过这种描述去做寻找精卫鸟的生物依据的努力，因为这种外形的描述很具体，借助生物学史的知识，我们可以努力找到这种鸟的原型。而精卫自己呼唤名字的叫声——精卫，也是寻找该鸟的原型的依据之一。只是有趣的是，这种鸟是用何种方言的拟音叫出"精卫"的声音来的？如果我们通过辛勤的努力，找到了这样一种鸟的原型，通过对鸟的习性的分析，就可以找到判断这则神话的价值观念的一个方面的途径。或许这是很难的课题，但是我们为什么没有努力就简单推断说这行不通？尽管精卫填海是一个神话，但我们有没有足够的理由说这些描述就是完全虚构的呢？

假如我们没有办法找到这种鸟，假如我们认为这是虚构的，那么虚构是随意的吗？它有什么文化意义？比如为什么要将其说成是"如乌"？这就肯定是一个文化命题，这当然可以从文化上得到解释。"乌"这一要素是母题类的要素，在神话中有广泛的再生性，是一个具有很深厚的内涵的神话母题。乌是太阳鸟，这是常识。而本文的主人是炎帝的少女，而炎帝则是太阳神。《白虎通义·五行》："炎帝者，太阳也。"联系到精卫化鸟，这个太阳族系列的鸟崇拜，在这个如乌的形象中就得到认知了。再联系到那个山叫发鸠山，鸟的崇拜的性质就更加清楚了。

我们再看她的"赤足"。这个赤乃炎帝之色，炎帝又叫赤帝，"赤"的要素与"乌"相伴，它既是一个母题性质的要素，也是向外延伸的一个文化要素。小小的颜色要素可以成为族群识别的标志，我们怎么可以忽视这些基本的文化要素呢？

或许，她的文首、白喙与赤足构成的灿烂的形象，是当时人们的审美观念的表达，表达对这位逝者的怀念，对这位不屈不挠的英雄的敬仰。这个诸要素构成的整体形象是否有特别的象征，是我们需要解答的问题。

总之，我们是不应该忽视哪怕是外貌描写的诸要素的，它们构成了一套我们识别精卫文化身份的外衣。应该说，我们对于这一段外貌描写的要素分析还是不够完备的，还有更多的开拓空间。因为文化是通过外观呈现的，就像世界上每个民族都会以自己的服装、装饰来彰显自己的文化个性。

我们再解析精卫的死："是炎帝之少女，名曰女娃。女娃游于东海，溺而不返"。

这里的描述，文化含量很丰富，第一是精卫的身份的明确记述——她是炎帝的少女，第二是她不幸溺死了。对此的解释，已经有多种说法。一是说这是自然灾害的表现，水、大海对于生命的危害；二是按照寓言学派的观念，这里可以挖掘出两个要素：一个是火，一个是水，这是不是水火不容的自然规律的一种寓言性表达？神话是一种哲学的表达，这个中国的神话与中国的五行学说如此关联密切，是偶然的吗？无论如何，这都是人与自然关系的大事，也是自然规律的大事。我们担心，这是不是过度分析。但是，又如何知道真的不是这样呢？

我们接着就其死后所变及其行为加以分析："故为精卫。常衔西山之木石，以堙于东海。"

这当然是一个人与自然的关系的表述，体现人的抗争，但在我们将其解释为英雄行为之外，还发现了几组对立的因素：西山，东海；木石（土），东海（水）；火，水。我们可以在此继续寓言学的解释：东西矛盾，土水矛盾，水火矛盾。至于化鸟的要素，则是神话母题的一个大宗内容，与其结合起来研究，自有一片天地。我们似乎是在搞结构主义的一些教条，但我们可能应该从更深的社会背景上去解释，找到其中的核心要素。

当我们初步将该神话文本析为数段，从其外貌组合、牺牲组合以及复仇组合来看，内涵显然比过去要宽要深一些。这样做不是为了更加支离破碎地去理解神话，而是在分析中搁置我们暂时不需要的成分，去把握神话的核心要素。

精卫填海神话的核心要素在哪里？或者说关乎神话历史的要素在哪里？

炎帝少女怎么会到东海来？她为什么要衔西山之木石，而不就地取用南方的木石呢？炎帝本来在哪里？这是历史的命题，当然也是神话的命题。

炎帝起自西部，神农氏为最初领袖，这几乎是一个共识了。当他们向东迁移，与东部的蚩尤氏相接触时，蚩尤氏夺取了炎帝的地位，自己号称炎帝。《路史·后记四·蚩尤传》称，蚩尤是炎帝后裔，"兴封禅，号炎帝"。于是炎帝有神农氏、蚩尤氏两大部族。蚩尤取得联盟的主导权，也就让东部的一大片区域加入了炎帝文化圈。那么，这个游于东海被溺死的是神农氏的少女，还是蚩尤氏的少女？

这需要判断。如果说是蚩尤氏的少女，比较符合实际，我们就要认同该神话具有写实成分，因为东海一带，神农氏似乎没有到达，而蚩尤氏活跃在海滨于史有载。

如果说是神农氏少女，则具有象征成分，那么这个故事也就是一个寓言，它是神农氏东进遭到失败后，对东部的一种心理对抗。东西的矛盾就不一定是哲学范畴，而是一个实际的社会文化范畴，甚至我们可以把这种东西的文化冲突说成是两个炎帝的冲突。

这需要很大篇幅来阐述，笔者发表在《华东师范大学学报》上的一篇论文[1]，谈论了东西两个炎帝的冲突。在汉代，这种冲突为"衔西山之木石以堙东海"的情绪性表达提供了很好的注脚。

炎帝蚩尤氏后来为黄帝和炎帝神农氏的联军击败，但是，东部的人们及其部众都很怀念他，一直祭祀着他，如齐地八神，蚩尤居天地之后，为第三位大神，地位不可谓不显要。当我们看到那个斩白蛇的赤帝子刘邦的神话故事时，感到那个赤帝还是蚩尤氏，因为刘邦起义时在沛县祭祀了黄帝和蚩尤，这也就是当地人认可的黄帝、炎帝。这批东方的人最后跑到西部长安去统治天下了，所以汉初尚赤，刘邦还把蚩尤祠立到长安，这是公然带去自己的保护神，明显置老炎帝神农氏于不顾。在强大的政治权威之下，汉初炎帝是蚩尤氏为文化主流。

这种情况到了汉武帝时期发生了改变，汉武帝要凸显自我，要改掉汉代的文化形象，要以黄帝为宗，文人们开始打压蚩尤氏，于是蚩尤氏的形象变坏并遭到打击。而神农氏回复到炎帝的身份。但为了适应人们攻击炎帝而造成的炎帝的坏影响，神农氏有时作为独立的好人形象出现。蚩尤氏的废弃实际上是一部分东部文化的被废弃，应该看作是西部文化持续坚持，最后恢复自我的一种努力。这个故事是不是这个文化背景下的一种情绪写照呢？炎帝神农氏的东进失败是败在蚩尤氏手下，就相当于一次溺水，化为精卫鸟表达炎帝部落失败后还保持自己的精神理想，填海表达一种复仇对抗的情绪。

是耶非耶？那么有别的解释吗？说它跟这个文化背景无关，有充分的理由吗？

---

① 田兆元、明亮：《论炎帝称谓的诸种模式与两汉文化逻辑》，载《华东师范大学学报》（哲学社会科学版）2007 年第 3 期。

这便是我们把“东”与“西”这两个要素展开，进行一番清理后得出的假说。这时，我们发现，神话本身只是文化滋养生长出来的枝叶，它只是某些文化体征。只有深入文化背景的深处，这些症候的奥秘才可得到揭示。

但是，神话的解读不能提供一个绝对的标准答案，就像列维－斯特劳斯所说，神话分析不存在根本的结局，结论可以不断地一分为二，以至于无穷。我们把精卫填海说成是神农氏炎帝东进受挫后的情绪表达，是将其中的一些要素与战国秦汉时期的东西文化关系的历史要素加以结合得出的结论，将神话解读为象征意象。

但我们如果把精卫填海中的这位炎帝少女理解为蚩尤少女，是不是也可以呢？齐国将蚩尤奉为兵主，是八神中的第三位，列为天主、地主之后，地位很崇高。蚩尤本身就是东部滨海区域的统治者，只是蚩尤文化后来西进了，还有那些崇拜蚩尤的群体也西进了。但是在东部的人们却并不为他们的神灵蚩尤西进而欢欣鼓舞，反倒在东部存有异心，并不与西部的政权中心保持一致，如西汉早期齐地的田氏，坚持到最后，田横也不臣汉。后来的吴楚七国之乱，都是东部诸侯封国引发的。代表蚩尤文化的汉代主流集团，对于东部的乱局存有忧虑，时时谋划收复之，这是史书明确记载的，确实有常衔西山之木以堙东海的感觉。联系蚩尤文化最后在东部被放逐，如武梁祠汉画所刻的古代帝王中竟然没有蚩尤，这种堙东海的举动便也就可以解读为撤离东部的蚩尤群体对于故土的怀念。

无论如何，我们都会发现，精卫填海的神话是蕴含着很深的地域文化信息的。

把神话文本的要素剖开，进行扩展性分析解读，我们就会发现，精卫填海既可以进行抽象的解读，也可以结合具体的历史解读。我们通过这样一个故事的解析，主要是想说明，尽管一个神话会有很多的意象可以讨论，但是，我们一定要抓住主流要素，要看它在神话的历史发展中产生了何种影响。我们不能以后代的解读去揣摩发生之初的意义，反过来，也不能以为最初的意义就是神话恒定不变的意象。

从主流的强调人与自然关系的论述，到笔者偏重发生时期的文化冲突的解读，这看起来是两种不同的视点，这从神话史的角度看很有意义。假如笔者的讨论是有价值的，或者是有一定的发生学意义的，那为什么后来这些意象被遗忘了呢？茅盾先生、朱东润先生，他们强调的人与自然的关系，即人与自然的抗争的意义，不是空穴来风，而是具有历史传统的，至少在魏晋时期，即陶渊明生活的时代，人们就开始赞赏精卫填海的抗争精神了，茅盾先生、朱东润先生的结论没有错。既然他们都对，为什么我们又要别出心裁来这样解读精卫填海呢？

这就是神话史研究的意义所在了：两个炎帝的冲突问题，或者黄帝与炎帝的冲突问题，已经被淡忘了，因为我们已经认同了炎帝、黄帝是我们的祖先，江山的大一统，逐渐让人们淡忘了衔西山木石填东海的原始意蕴。这个过程我们在历史上也能够找到清晰的线索：汉初人们崇拜的是炎帝，但是可能存在着西部神农氏炎帝和东部蚩尤氏炎帝这两个炎帝曾经冲突的心理不适，但那时的炎帝是从东部带过去的蚩尤氏炎帝。汉武帝时期，随着黄帝替代炎帝成为王朝的文化代表，显赫的蚩尤氏炎帝崇拜势力有所减弱，而神农氏炎帝再次得到尊崇。但随着东汉王朝的建立，他们重新尊崇炎帝，同时黄帝的地位也不可改变。炎黄实际上成为民族的共同祖先，这样的认同已经建立，谁还会计较那些过往之事呢？于是，这些社会性的事象逐渐被遗忘，而自然关系的表述凸显出来。这样，精卫填海的发生与解读过程不就是中国神话史上的一个时期的发展缩影吗？同时，我们讨论的神话之消弭矛盾、弥合冲突的特性，在这样一个神话的演变中也就生动地体现出来了。

这时，我们就会发现，神话的要素分析是神话史研究的一个不能回避的基本的研究方法。而我们找寻核心的神话要素，既要关注其发生之初的那些重要的叙事题材，更要关注随着时间的流逝、社会文化的变迁，这些要素的地位发生的变化。曾经的核心要素变得无足轻重甚至被遗忘，而曾经可以忽视的要素却上升为根本主题。

第二节　神话学研究的民俗学方法

神话学在很多学科都得到响应。一方面，这是因为神话作为文化之源，是很多研究对象的发生之本，所以很多学科都要涉及它；另一方面，神话学研究的多视角理论也可为多学科借鉴。因此，没有哪个学科会像神话学一样有那么多的学科争相将其纳入研究范畴。民间文学的概论性教程，总是在民间文学具体门类的第一章就列出神话来，以表明自己是神话学的主人。人类学也不示弱，尤其是近年兴起的文学人类学特别强调神话的崇高地位，其研究者似乎不满意将神话放置在民间文学之下，而要给它一个更高的位置。这两种研究其实都是文学的研究，属于一个大学科，只是方法略有不同而已。历史学的神话研究则主要是建构史前史、传说史，近年兴起的社会史研究中，神话资源也日益得到重视。宗教学研究往往把宗教与神话连称，仿佛二者是孪生兄弟。于心理学一派，尤其是心理分析学派，神话乃是其理论建立起来的重要凭据。哲学在国外是神话研究的重要派系，如符号学、结构主义等现代西方哲学流派，没有不重视神话研究的，如今国内也开始重视神话哲学的研究。神话学受到如此的重视，是神话作为文化之源、文化之根的看法逐渐得到人们的认同的结果。

但是，这些学科都只是认为神话学是他们要研究的内容之一，很少有学科宣称，神话学就是某某学，只有民俗学曾经这样说过：神话学就是民俗学，二者是一回事！这说明，尽管各学科都是这样那样地重视神话研究，但都没有做到像民俗学这样曾经把神话学跟自己的学科画等号的程度。而这样一种历史，我们现在似乎开始忘却，实际上，神话学研究与民俗学研究之间曾经有过的具有学术价值的经历，是值得我们追忆和反思的。有的学者回顾 20 世纪的中国神话学研究，竟然不曾提到民俗学与神话学的关系，如陈建宪先生的《精神还乡的引魂之幡——20 世纪中国神话学回眸》一文，说起中国神话的研究学派，只提到人类学的神话学、历史学的神话学、民族学的神话学、文艺学的神话学四个流派，连"民俗学"这个词都不曾提到。同样，叶舒宪先生的百年神话学回顾[1]，也没有提及神话学的民俗学研究问题。如此看来，该论题已经很有必要提起讨论。本书将对神话学的民俗学研究进行一番历史考察，并对其在未来研究中的路径进行一些讨论，以期拓展神话学的研究空间。

讨论神话学的民俗学研究方法，并不是做民俗学研究，也不是改变本书的神话学作为文学学科的性质，相反，这是作为文学的神话学的叙事研究的一种拓展。我们把民俗视为一种行为叙事，它是和语言表述互为表里的神话传达方式。对于神话研究的民俗学路径的讨论，会加深对文学视角的神话的多样性的呈现方式的理解。

一、 神话学的民俗学研究的理论表述

在中国神话学诞生之初，神话学与民俗学的关系就被明确地表述过。周作人在 1923 年 9 月北京晨报社出版的《自己的园地》里的《神话与传说》一文中就说过"神话在民俗学研究上的价值大家多已知道"，文章中叙述了民俗学研究神话的多种方法。从那时起，我们知道了神话学的研究是和民俗学研究联系在

---

① 叶舒宪:《中国神话学百年回眸》，载《学术交流》2005 年第 1 期。

一起的。

谢六逸先生将日本与欧洲大陆的神话学观念结合起来，加上自己的理解，把神话学的理论系统地介绍给中国的学术界。谢六逸先生出版于 1928 年的《神话学 ABC》一书在介绍神话学与各学科的关系中，重点介绍了施彭斯（Lewis Spence）的神话观。施彭斯认为神话学有广狭二义，狭义的神话学研究神话、民谭（Folk-tale）和古谈（Legend），广义的神话学"与民俗学的领域殆难分别"。他说：

> 本来神话学是说话的学问，而民俗学则为行为的学问，二者本为同元，可以由两方面下观察。将神话学与民俗学合并，称之为神话学；或称之为民俗学。就名称说，无论用那一种都可以的，都可以看为研究原始人的思想及行为的科学。①

谢六逸是中国神话学发生时期系统介绍神话学基本知识的学者。他的《神话学 ABC》一书把民俗学与神话学这样紧密地联系起来，可谓前无古人。他虽然广泛介绍当时各派学人的神话学观点，但是，他在书中反复强调：神话学与民俗学虽有区别，"以二者合而为一也无有不可"②。后来他在讲神话学与土俗学（Ethnography，今译民族志）的区别时，画了一个表，然后解释道："右表中的神话学与民俗学合并，可以成为一个传说学"③。神话学和民俗学合并到传说学的说法，可能很难被人认同，而他把民俗学和神话学合在一起的想法，可能也会有人不认同，但是，他在中国神话学诞生之初的这些见解，如果我们不带偏见，是会感受到他对神话的深刻理解的。神话与民俗难以区分，而按照我们现在的理解，传说是包含一部分神话的，也是与民俗相关的，在那个时候这样表达是可以理解的。但是今天人们不会把传说学看成可以涵盖神话与民俗的学科了，因此，他的说法就难以产生较大的影响了。我们不认同这种关于传说学的看法，却又对神话与民俗合并的看法感兴趣，原因何在呢？首先是像他这样的传说学的解释很少，而关于民俗学与神话学关系密切的观念却有相当的市场，影响大者如梁启超、袁珂都持有这样的主张；更重要的是，这种主张还有很多的研究实践。所以我们要重提谢六逸的著作及其主张。

谢六逸的神话学著作《神话学 ABC》比茅盾的《中国神话研究 ABC》要早

---

① 谢六逸：《神话学 ABC》，世界书局，1928 年，第 27 页。
② 谢六逸：《神话学 ABC》，世界书局，1928 年，第 29 页。
③ 谢六逸：《神话学 ABC》，世界书局，1928 年，第 31 页。

一年出版，作为基础读物，对于神话学学科有更为系统的阐述。但是，很长时间以来，人们对于茅盾的著作评价很高，而对于谢六逸先生的著作相对忽视。茅盾对于中国神话研究的贡献当然很大，其特点是根据西方人类学派系的神话观，主要是安德鲁·朗（Andrew Lang）的观点，对中国神话进行了一番系统构建，初步建立起一个西方神话学体系下的中国神话形态。他有一段话很经典："据最近的神话研究的结论，各民族的神话是各民族在上古时代（或原始时代）的生活和思想的产物。神话所述者，是'神们的行事'，但是这些'神们'不是凭空跳出来的，而是原始人民的生活状况和心理状况之必然的产物。"[①] 神话是原始时代的产物，是原始人的生活和心理的反映，这是茅盾神话观的基本立足点，也是我们后来很多人尊奉的神话学的解释。茅盾虽然承认现代的民族也有神话，但是强调在研究中要防止把地方传说掺进去，这就明显地排除了民俗的要素。茅盾对于英国人所写的《中国神话与传说》一书的评价极低，因为该书写了关羽是战神，所以"此书之无价值自不待言"。这种观点在今天的神话学界看来已经不是很合适了，现在人们大都认为关羽的事迹是神话。由于茅盾的"神话即是原始社会产物"的观点与马克思的讲法一致，茅盾的排除民俗的原始神话观，便对中国的神话研究产生了很大的影响。即使是一些民俗研究者，往往也将神话置于原始社会的文化形态加以对待。如钟敬文先生主编的《民俗学概论》就这样写道："神话是一种古老的故事体裁，主要产生于原始社会和阶级社会初期。"[②] 该书的表述比茅盾还要极端，书中说："随着社会文化的发展和人类思维的进步，一些古代神话在流传过程中往往发生种种变化，新的神话的产生也渐渐减少，以致消失。"[③] 已经消失的文体和文化现象，与现代民俗应该完全没有关系了，为什么还要在民俗学的教材里面提到呢？这是一本过去影响很大的民俗学教材，对于神话这样的表达，在不同程度上影响了民俗学研究者的神话观念。这种情况的发生固然有后来介绍的马克思的神话观念的影响，但茅盾早早地强调神话的原始文化观的影响不可忽视。

但是，这种神话观只是神话研究的一种表达、一种观念，不能认为中国现代神话研究整体如此，不能认为 20 世纪的神话学研究者都是这样认为的，更不能认为民俗学研究者也都是这样认为的。

① 玄珠：《中国神话研究 ABC》（上），世界书局，1929 年，第 4—5 页。
② 钟敬文主编：《民俗学概论》，上海文艺出版社，1998 年，第 241 页。
③ 钟敬文主编：《民俗学概论》，上海文艺出版社，1998 年，第 244—245 页。

由于茅盾先生在文学创作和其他方面的重大影响,《中国神话研究 ABC》也随着茅盾的影响在学术界产生超过其学术含量本身的影响,而谢先生的著作反倒很少有人提及。加上后来谢六逸先生在新闻学方面有更多的开拓,他在文学方面的成就反而被其新闻学的名声掩盖,而神话学在过去主要的研究者是文学研究者,新闻学研究者参与神话学研究的人数有限,因此,谢六逸先生的神话学观念基本上没有得到重视。

台湾学子邓贤瑛对于中国民俗学的神话研究进行了广泛的讨论,这是少见的大幅度的对于该问题的研究。她把谢六逸的神话观称为广义的神话观,把茅盾的神话观称为狭义的神话观,并指出:"中国神话学的建构与民俗学的兴起,有着密不可分的关系。"① 论文对于民俗学者参与神话研究的历史梳理细致深入。但是作者在分析民俗学的神话研究时,只是提到民俗学者如何研究神话,至于民俗学与神话学学科间究竟存在何种关系,文章没有明确表达出来。

对于神话的民俗研究的论述,当数鲁迅和梁启超的表述最为有力。如前文所述,鲁迅早在 1925 年给一个叫梁绳祎的学生的信中,就批评了茅盾所指责的那位英国民俗学家的《中国神话与传说》没有价值的说法,认为神话不掺入当今杂说的说法是有问题的。同时鲁迅指出,他的家乡绍兴有关于太阳的生日是三月十九的说法,就是神话,自唐代到现在的神话还没有结集。显然,鲁迅的神话观是要关注当下民俗传说并将其视为神话的民俗神话观,并有明确表述,只是没有得到人们的重视。

梁启超在《中国历史研究法补编》里面的关于神话学与民俗学的论述在前面有引述,其突出的观点是:有些神话演变成地方民俗了,神话和风俗结合在一起,很美,如他列举了牛郎织女的故事和习俗来讨论,而关于神话史的研究,要"做出一部神话同风俗史来,可以有很大的价值"。这里明确讲,神话史要与风俗史结合起来研究,这是最为突出的神话学要与民俗学研究合起来研究的主张。只是很可惜,我们做神话研究的,很少重视他的见解。

在一些民族学、民俗学的研究者看来,把神话学与民俗学结合在一起,是民俗学学科一段抹不去的历史。20 世纪 40 年代,也就是谢六逸先生的著作出版十多年后,著名汉学家和神话学家葛兰言(Marcel Granet)的弟子杨堃先生在留学法国归来介绍民俗学的发展历史时,这样表述:把民俗学与"民族学""神话

---

① 邓贤瑛:《现代中国神话学研究(1918—1937)》第三章,台湾政治大学中国文学研究所硕士论文,2006 年。

学"或"民间文学"混为一谈，属于民俗学幼年时期出现的情况，但是在如今的民俗学的学派里，仍旧有神话学、民间文学和民族学三大流派。杨先生还举了德国和英国学者的例子，说明民俗学开始的时候都叫神话学。① 这样从学理上讨论神话学与民俗学的密切关系，中外学者都有明确的阐述。神话学与民俗学的这种密切关系在 20 世纪前期的时候人们是很清楚的，它们的关系不仅仅是称谓上的联系，而且是实质上的联系。神话学、民俗学一体，还不是少数人的看法。

但是，20 世纪中期以来，民俗学研究似乎与神话学的研究渐行渐远，成为不同的学科，神话学似乎渐渐靠近文学，民俗学则进入了社会学的学科之中。神话学虽然还是民俗学研究者关注的对象，但要说神话学与民俗学的关系，相对来说重视的人不多。

在谢六逸先生的神话学著作发表几十年以后，著名的神话学家袁珂先生在研究中国神话发展历史的过程中，再次指出了神话的演变与民俗存在关系：

中国神话从狭义到广义的具体的发展途径，我看是有两个大端。一是从混沌状态综合体中脱离出来，沿着文学化的方向一直发展下去，成为后来的神话小说和具有神话意味的说唱文学等等。另一是有了文学化的倾向以后，又和后来的宗教、历史和地方风物、民情风俗等相结合，成为仙话中的神话、历史人物的神话和附会地方风物、民情风俗的神话等等。②

显然，袁珂先生的这些论述，就是第一个演变的"神话意味的说唱文学"，我们也要将其视为民俗，或者民俗仪式行为。至于第二种演变中与宗教、历史、地方风物和民情风俗等结合起来的神话形态，那就是一个纯粹的民俗问题了，可以直接称为民俗神话。

但是，一部分学者将神话缩小为所谓纯粹的原始神话范畴，袁珂先生的创造性拓展，所提出的广义神话的见解，往往不被人们理解，质疑之声不断。认为袁珂先生的见解打破了茅盾提出的神话观，似乎把神话研究引向了邪路。似乎研究原始神话是正统，研究民俗神话是非正统，这样的想法当时有很大的市场。随着民俗学学科的发展，现在研究民俗神话的人越来越多，主张民俗神话研究的人也越来越多。

---

① 杨堃：《社会学与民俗学》，四川民族出版社，1997 年，第 192 页。
② 袁珂：《中国神话通论》，巴蜀书社，1993 年，第 32 页。

笔者明确提出"神话学研究的民俗学路径",论文发表在台湾政治大学的《政大中文学报》,是第一次明确地对该问题进行较为全面论述的文章。[①]

二、 神话学的民俗学视角的研究实践

从20世纪以来,不仅有一些主张或者表述民俗学与神话学存在关系的理论表述者,在实际的研究过程中,把神话与民俗结合起来研究的也是大有人在。人们对于袁珂先生的理论表述多有批评,但是对于研究实践者却不置可否,这是一个很有意思的问题。

历史学家顾颉刚先生在20世纪前期的学术研究,人们以不同的学科视角加以评价,把他当作神话学家,也把他作为民俗学家。一身兼有民俗学和神话学两种身份不等于就是把民俗学和神话学当作一回事,也不等于他的神话学研究就是采用民俗学的方法。但是,顾颉刚先生确实是这样做了。最初他的孟姜女研究可能还只是采用一些民俗学的视角,其根本研究方法还是历史的、文献的、考证的方法。但是,他的《东岳庙的七十二司》一文就是一次较为典型的神话学的民俗学研究的实践。东岳庙里的七十二司本来是一个关于道教神话的论题,但是顾先生没有主要去描述关于这个神话的单纯的故事内容,而是就民俗行为做了一定程度的研究。更可贵的是顾先生还采用了田野采风的方式收集数据。顾先生这样写道:

> 本年阴历元旦,我和潘介泉先生同游朝阳门外东岳庙。那天进庙烧香的人真不少,而烧香最多的地方只有两处,一是广嗣神殿,一是阜财神殿。这也奇怪:到广嗣神殿去烧香的大都是贫苦的妇人,而阜财神殿则衣饰豪华的特多。我见了很痛心,觉得有钱的还要有钱,无钱的偏要多子,未免太苦了。这两个神殿立在两庑的中间,两庑是七十二司所在,我很疑心这原是两个司——1,子孙司;2,财帛司,——因为向来烧香的人特多,很小的一间屋子里容不下,故特建两个殿供养着,而这两个地方也就不称"司"而称"神殿"了。[②]

这是中国早期的神话学研究的民俗学实践。先是看他们的调查,有点像旅游逛街,但又不全是这样。他们似乎没有带笔记本,回来后通过回忆再记下所见到的东西。他们两人回来以后,回忆那七十二司的名目,才想起一半多一点,

---

① 田兆元:《论神话研究的民俗学路径》,载《政大中文学报》第15期,2011年6月,第95—112页。
② 顾颉刚:《东岳庙的七十二司》,载《歌谣周刊》第50号,1924年4月13日。

还有二十几个司就是记不起来了。东岳庙也就在北京,他想再去把这些名目记下来,但是还是没有这样做。还有,对于东岳庙的子孙司和财帛司的存在,靠的是推想,虽然没有从老百姓那里获取解释,但却是观察得来的结论,因为目睹了广嗣和阜财两个神殿香火鼎盛的情形。这种推断,在家里读文献是怎么也想不出来的。那时候,我们的民俗学家和神话学家开始注意到田野调查问题,但调查活动还处于幼稚阶段。

但是,顾颉刚先生的民俗学调查的意识是很强烈的。他后来回到苏州,把苏州东岳庙中的神名都记了下来,与北京的做了比较。并希望把各地的东岳庙都调查一番做更加详细的研究。可以看出,顾颉刚先生对于田野调查是很重视的,更为特别的是,顾颉刚先生不是专门探讨东岳庙各神的故事,而是通过民众的信仰崇拜行为来考察道教神灵。东岳庙诸神的故事如何固然重要,但老百姓怎么看待,这些神灵在他们心中居于何种地位,是更重要的问题。还有,现场的神像不是写在书本上的,而是雕塑作品,也就是我们前面提到的物象的叙事,这些神话故事化为一尊尊雕像,雕像自身在静静叙述他们的神话。从这些角度去研究神话,即是神话学的民俗研究方式,而不是那种文献考据的方式。

后来,顾颉刚先生等倡导并进行的妙峰山进香的调查,其田野采集的水平明显改进,获得的数据更加系统。在关于妙峰山的调查与研究活动中,碧霞元君一神得到了较为充分的研究。顾颉刚等开创了从民俗学角度研究神话学的新路数,从文献记载到田野调查,他们获得的调查资料日渐丰富,碧霞元君的研究可谓神话学之民俗学研究的一个较为突出的案例。

到 1928 年,《妙峰山》结集出版,容肇祖在序言里提出,北方的山神、南方的水神,以及各类神灵,神灵的性质、神的由来,及其神的效能,是可研究的,而山神与地方绅士的关系,也是可研究的事实。他还举了很多例子。顾颉刚、容肇祖等人的研究,显然拓展了神话研究的空间,神话所具有的更加深广的内容将被揭示出来。在序言的末尾,容肇祖还呼吁抢救民间信仰资源,这项民间文化抢救活动的动议在隔了七十年以后才重新开始,可见容肇祖先生的远见。

20 世纪 30、40 年代,人类学家芮逸夫、吴泽霖先生在湖南、贵州等地进行的苗族神话调查研究,把田野调查作业提高到一个新的水平,获取的资料更加丰富,这种研究,把口头传说与民俗行为结合起来,是神话学的民俗学研究的高水平成就。芮逸夫的调查材料成为闻一多先生《伏羲考》一文的重要的数据源。《伏羲考》的最大特色是以图腾崇拜、祖先崇拜来讨论龙神话体现的民族关系,这与一般意义上的故事文本分析有很大的不同。闻一多先生虽然没有去做田野调查，但是通过风俗信仰去研究神话，已经成为他神话学研究的一大特色。历史民俗的研究与神话学研究的相辅相成，在闻一多先生的神话研究中得到了较为完美的体现。后来的《端午考》分析的端午节有丰富的、现实的、活态的民俗表现，虽然闻一多没有去采集这些资料，但通过丰富的历史文献资料分析端午这一习俗，以实现关于龙的神话研究。把龙神话置于端午习俗中研究，这在今天看来也是很好的途径。通过节日习俗研究神话，闻一多先生在神话学之民俗学研究的路上又开拓了一条新的道路，尽管他没有去做田野调查，但这不影响他对神话学的民俗学研究所做的开拓性贡献。

在 20 世纪前期，神话学的民俗学研究，无论是理论上的阐述，还是研究的实践，都为中国神话学的研究拓展了宽阔的路径。

20 世纪后期开始的很长一段时间里，中国神话学不仅学术进步有限，在很多方面反而停顿甚至倒退。神话学前辈开拓的神话研究之路，尤其是神话学的民俗学研究的方法反倒多致诟病。神话研究一时局限在原始文化研究的范围里。直到 20 世纪末到 21 世纪以来的十余年里，神话学的民俗学研究才重新开始探索。

三、 神话学的民俗学研究的基本问题

神话学的民俗学研究，是一种方法论的探索，也是神话观念的变革。通常我们还是把神话理解为一种故事或者语言表述。这样，神话无论是书面文本还是口头表达，总是一种语言文本的存在，是一种语言文本的形式。这确实是神话的存在形式，但是这只是神话的存在形式的一种，即语言叙述文本形式。今天，人们对于神话的理解已经丰富而多元，哲学的、历史的、文学的、人类学的、宗教学的、民俗学的，各种理解和表达，皆有其合理性。因此，我们进行神话学研究时，必须明确表明自己的语境。

本书探讨的是神话学的民俗学研究这样一种研究方式和观念，不排斥其他神话学研究的表述形式和观点。神话学的民俗学研究是一种重要的研究方式和观念，但民俗学路径不是神话学研究的唯一方式。本书的研究，重视通过民俗学路径的研究，但民俗学路径不是本书唯一的研究方式。

我们把具有故事形式的神话视为神话的基本形式，或者最简单明了的形式。但是，神话的存在是一个复合的形式。神话是以认同性和建构性为目的的神圣性叙述，是一个集叙述与行为为一体的综合的文化体系。有完整故事的神话叙述是神话，同样，不完整的神话，如一个片段、一个不明确的叙述，甚至只有一个神的名称也是神话。对于神话研究者来说，不完整的神话或许更值得关注。

另外，完整叙述的衍生形式，如象征符号（神像、建筑、甚至神圣地域空间等）、禁忌行为、信仰仪式、风俗习惯等，都是神话的组成部分。不是说所有的民俗都是神话的一部分，但是很多的风俗都是神话叙事的延伸。

神话与民俗一体的论述，在西方经典的表述中，为神话－仪式学派（myth-ritual school）所乐道。在人类学、民俗学的前辈弗雷泽的《金枝》中，一系列的仪式行为的解释与神话学的解释相互关联启迪了后来的学者。神话－仪式学派一般认为，仪式是神话的浓缩表达，神话传说是仪式的依据。[①] 田野的实践证明：在很多的仪式中，巫术是神话的重演。在北美洲、非洲和亚洲，很多的仪式多少是传统故事的扮演。巫术仪式中的咒语，常常重述神话中的事迹，用以引起神迹的重演。[②]

目前的中国神话学研究者，不少已经认识到，相当一部分民俗与神话传说是互为表里的。在节日习俗方面，更是如此。近年中国对于传统节日的研究十分重视，有很多有关节日文化的历史研究，更有与节日相关的民俗研究，也有学者根据神话－仪式学派的观点对节日民俗与神话的关系做了这样的表达：

> 根据神话－仪式学派关于神话与仪式同源的说法，如果我们视节日为仪式，那么节日仪式也就是神话的表演，仪式是戏剧，而神话则是表演的剧本。就此而言，我们可将神话称之为"节日叙事"，而将神话学称之为"节日叙事学"。[③]

这样采用神话－仪式学派的观点进行研究的做法在汉语学术界很普遍。如著名的人类学家李亦园先生在《宗教与神话》一书里，对于寒食节与介子推传说、端午节与屈原传说，从仪式的视角进行了有趣的分析。李先生认为，仪式对于神话存在着选择，在文化的发展过程中，选择一定的神话传说以与仪式结合。这是一种二者关系的表达，有仪式在前神话在后的意思。但是究竟神话与仪式谁在前谁在后，可能很难判断。李先生有两个小的标题很有意思："仪式成为民俗""神话支持仪式"[④]。显然，李先生没有将仪式直接视为民俗，这是人类学家依顺人类学话语传统的表现。民俗学研究者坚信这样一个简单的事实：

① 参见彭兆荣：《文学与仪式：文学人类学的一个文化视野——酒神及其祭祀仪式的发生学原理》第一、二章，北京大学出版社，2004 年。
② ［英］马凌诺斯基：《文化论》，费孝通译，华夏出版社，2002 年，第 68 页。
③ 吕微：《神话的时间性立义形式——节日叙事学的讨论》，见中国民俗学会、北京民俗博物馆编：《节日文化论文集》，学苑出版社，2006 年，第 194 页。
④ 李亦园：《宗教与神话》，广西师范大学出版社，2004 年，第 216、217 页。

具有历史传统的仪式，一定就是民俗本身，它在形成仪式为后人追崇的那一刻起，就是民俗了。也就是说，仪式就是民俗的形式之一。民俗有一些活动可能仪式色彩不明显，但是，具有传统的仪式行为一定就是民俗。

我们回到神话学属性本身来看神话的结构，就会发现，最富有活力的神话往往是与特定的民俗联系在一起的。神话学的民俗学研究是研究语言叙述与仪式行为表达密切关联的那一类神话的，也就是说，有这样一种神话叙事，它带动了一系列的民俗行为，我们就有必要对它进行神话的民俗学视角的研究。

不是所有的神话都会带动民俗行为，因为有些神话实际上的功能已经死亡了，就只剩下一些语言文字；也有一些民俗本来有神话的支撑，但是与这些民俗行为相关的神话传说已经被忘却，我们没有办法追根溯源。于是，我们的文化中便有没有民俗行为的不完整的神话，也有没有神话解说的不完整的民俗行为。对于这样的神话与民俗，同样有必要进行民俗学视角的神话研究。我们要考察出那些民俗背后的神话，也要探讨神话延伸出来的民俗。从这样的视角看，我们依然会相信当年的民俗学前辈的观念是完全正确的：神话学与民俗学真的难分彼此。

神话学的民俗学研究主要进行哪些方面的研究工作呢？

首先是田野采集神话传说文本，以其作为研究对象进行研究。20世纪80年代，张振犁先生在河南大学组织的中原神话调查，采集了大量的与女娲、伏羲、黄帝、夸父和盘古等一大批神灵相关的神话，建立了中原神话群的概念，改变了茅盾断言的北方和中原神话片段且保存有限的看法。当然这都需要承认这样一个前提：现存的民俗传说也是神话，它与古典神话具有同等价值。显然，这个研究群体对这个观点是坚信不疑的。他们的成果从最初的《中原古典神话流变论考》① 到《中原神话研究》②，采集发表了很多的民间神话文本。这种采集民间神话的行为本身我们可以视为一种神话学的民俗学研究的基础形式，但是，看其是不是对神话进行了民俗学视角的研究，还要看作者的学术价值取向。有的研究者主要考察其收集的神话文本的流变，或者考察神话的口述形态，那并不是完整意义上的神话学的民俗学研究，我们只能称其为一般的神话学的资源采集。

完整意义上的民俗学视角的神话资源采集，必须连同与叙述相关的民俗行为一起采集。如炎帝神话，如果我们不考察陕西宝鸡、湖北随州、湖南炎陵和

---

① 张振犁：《中原古典神话流变论考》，上海文艺出版社，1991年。
② 张振犁：《中原神话研究》，上海社会科学院出版社，2009年。

山西高平等地的炎帝信仰行为，包括港台地区甚至海外的炎帝神农信仰，我们就不能得出炎帝神话的完整形态。关于炎帝的形象，有的举着谷穗，有的执着耒耜，这些形象都在叙述着不同的炎帝的神话故事。还有如上海的"老祖宗"传说，故事很有限，但是人们的信仰十分虔诚，祭神如神在，如祭祀的时候一定要打开窗子，不能碰座椅，以便让老祖宗进来享用供奉。这本身就是一个神话故事的展演，因此，神话学的田野搜集必须采集民俗行为，以形成完整的神话学文本。

完整意义上的神话学的民俗学研究，是研究神话与民俗关系密切合一的那种文本对象，并且从民俗活动中解剖神话的结构形态与功能形态，从神话中分析民俗的发生机制及其流变动力，以及二者的相互作用。

研究民俗与神话的发生演变是一项基本任务。一般认为，是神话首先发生，然后发展出相关习俗，但是不排除先有习俗，然后选择神话与之配伍。这种发生及其结合能够剖析文化的特质。如端午节，一般说是先有五月五的时间禁忌，然后或选择屈原，或选择伍子胥，逐渐形成影响深远的端午习俗的。在演变过程中，屈原传说逐渐胜出，成为主要的端午节的神话解释。这显然主要是文化选择的结果：屈原是爱国者，而伍子胥是叛国者。尽管伍子胥叛国情有可原，但是不能为主流的价值观所接受。因此，国族之忠诚意识在民俗与神话间相互作用，培育着一种国家的认同。有一些信仰行为显然是先有传说然后才有民俗的，如各地的一些地方传说和信仰。浙江金华地区和香港地区的黄大仙的信仰，应该在东晋葛洪的《神仙传》问世的时候就开始流行，其中叱石成羊、羽化登仙的传说，显然不是在黄大仙庙建立起来以后才有的。因此，神话传说与民俗行为谁先谁后，要做具体分析。民俗与神话的发生是一个具有学术意义的话题，是有特殊的文化背景的。

研究神话的结构，无论是文本结构（口传、书本、神像、雕塑、建筑、自然物等），还是民俗行为结构（禁忌、仪式、表演、认同等），确认其神话的复合结构，才能够达到对于神话的整体理解。我们必须全面理解神话的结构形式，才能真实地解剖神话。同样以端午节习俗为例，龙舟竞渡、插艾叶菖蒲、缠避兵缯、吃粽子，实际上就是行为中的神话叙事与口头的叙事相表里。所以，关注神话的语言文字叙事、仪式行为叙事和物象景观叙事，是神话研究的民俗学方法的显著特点。

我们除关注语言叙事、物象叙事和民俗行为叙事这样的三位一体的神话自身结构外，更要关注在社会生活中，神话的结构位置。我们一直把神话视为一个历史和文化的记录体系，认为文化反映了社会生活，是研究历史文化的史料。这当然是有道理的。但是，神话作为一个功能体系，是嵌入社会实体中去的。神话不仅记录社会，更是社会建构的要素。"社会是一个既存秩序和一个维持这个秩序运转的文化系统构成的，神话是这一系统的核心，在传统社会尤其如此。这样，我们从神话中透视社会是完全可能的。一方面，神话直接参与社会运转，它本身就是历史；另一方面，它又记载着历史，或直观、或折光、或逆向，它是一个复杂的历史记录系统。"① 我过去是这样主张的：神话就是社会生活本身，是历史本身。这样来看神话的结构，就不仅要关心神话自身的结构，还要考察它在社会历史中的结构，在大的人类社会生活中的结构。神话是和民俗结合起来，构建社会认同的工具，是社会凝聚起来的文化元素，是叙事语言形成的具有制度性、文化认同性的社会文化资源。我们把神话与民俗在一定程度上结合起来，已经拓展了神话的语言叙事形态了，但是还要具有社会结构中的视角，因为民俗不是抽象出来的存在，它是与社会机体联系在一起的。故此，神话的民俗学研究也是神话与社会关系的研究。

其实在中国古代的民俗学著作里，这样将神话传说与民俗一体化叙述和分析者早有范例。《荆楚岁时记》就是一部典型的神话的民俗表述的著作，其中关于元日、元宵、寒食、端午、七夕、冬至、腊八、除夕等节庆的记载，都是故事的叙述与习俗合为一体的表述，不会有单一的所谓的神话故事的叙述，也不会是单纯的没有神话解释的习俗记载。因此，现代的神话的民俗学研究，实际上是一个中国文化传统的自然延续。

神话的功能，从其延伸出来的民俗中能够得到最为直观的体现。神话的功能是多样的。我们可以通过禁忌理解神话对社会的规范作用，通过仪式理解神话整合社会的作用，通过表演和故事叙述理解神话的审美作用，通过认同理解神话的文化建构作用。这些功能可能是复合发生的，因此，只分析单一的神话的语言文本，是不能全面认识神话的功能和作用的。

于是，我们发现，无论是从学术视野还是应用的视角，神话学的民俗学研究都能够充分达到揭示文化内涵的目的。神话学的民俗学研究，无论是田野数据采集、结构研究、发生演变研究，还是功能研究，都是神话学研究拓展空间所必要的途径。今天，我们应该重新回到前辈开辟的路上，把神话的民俗学研究的方法发扬光大。

---

① 田兆元：《神话与中国社会》，上海人民出版社，1998年，第454页。

民俗学研究者在划分民俗研究的派系时，提出有民俗研究的神话学派，并且将其排在民俗学研究第一位的派系。如钟敬文先生主编的《民俗学概论》就是这样认为的。该书认为，格林兄弟是民俗学的神话学派的代表，而神话学派的主要观点是：一切民间文化源出于神话，由于神话的演化，民间故事、叙事诗和传说等才相继诞生。加上神话学派的研究往往很重视语言，所以那些研究神话又重视语言研究的人也被视为民俗研究的神话学派。从书中我们可以看出，所谓民俗学研究的神话学派，主要是指那些与民间文学相关的研究、与民间语言相关的研究，部分包括本文提出的神话的民俗学研究。一般民俗学者所认同的神话学派是研究民俗中的一部分内容，即神话影响下的一些民间文学与语言形式。而神话学者所认同的民俗学视角的神话研究，是把神话与民俗视为一个整体的研究，将民俗行为视为一种叙事形态的研究，强调其仪式性、表演性及其与语言形态的神话叙事的联系。

关于神话的民俗学研究，我们已经通过教材明确提出。如笔者参与主编的《民间文学概论》[①] 的"神话"一章在讨论神话学的派系时即提出神话学的民俗学理论的专题，该章的编写者戴云红先生描述了民俗学研究者研究神话时提到两个主要的方法，一是类型研究，母题分析，二是结构分析，要素分拆与综合，揭示神话中的社会与文化的内涵。虽然书中已经站在神话学的立场上去看民俗学的神话研究，但是，离真正的将民俗视为神话的展演的神话学观念还有差距，这些不足将在教材修订的时候予以解决。

神话学的民俗学研究路径，带来了一种综合的文化视野。它主要不是关心神话如何产生出民俗来，而是在研究语言类神话的同时，同样关注民俗行为本身所蕴含的神话叙事，在民俗行为中解读神话的结构与功能。在语言的神话文本之外，把民俗行为作为神话文本加以解读，将是神话学的民俗学研究的最为显著的特点。我们相信，神话学的民俗学研究的深入发展，将为神话学的发展带来更为开阔的空间。

第三节　中国神话发展史的基本线索

中国神话可以分期如下：

（1）中国神话的早期发生和基本成形（远古—西周）。早在新石器时期，我

---

① 田兆元、敖其主编：《民间文学概论》，华东师范大学出版社，2009 年。

们从原始艺术中能够看到神话发生的痕迹。许多后期广泛传说的神话，如日月神话，在新石器时期的绘画中清晰地表现出来。关于龙凤，关于天地祖先，关于昊天上帝，许多根本的神话母题在这一时期都已诞生。西周时期建立起来的天神、地祇和人鬼的神灵体系，是中国古神话的第一次系统整理，也是一次大的文化统一。

（2）中国神话的扩展与再聚合（东周—秦汉）。东周时期，区域文化大发展，形成了齐鲁三晋系列、楚系列和秦系列三大主要的神话体系。在秦汉统一后此消彼长。最终，齐鲁三晋之五帝传说成为国家历史的法典，秦楚的神话主要演变为民间信仰。这一时期是整个民族祖先选择和确认的时代，也是国家最高宗教确认的时代，五帝成为祖先，龙图腾成为国家权力和民族整体形象的代表，西周的天神地祇人鬼体系再次强化，形成民族神话的核心母题。也有新的神话的生长，那就是仙道与佛教神话开始露面。

（3）中国神话的新发展与新元素的加入（三国—隋唐）。这一时期，除三位一体的神系和五帝神系成为各民族内聚加入文化大家庭的标志以外，佛教和道教的神话的外摄性成长是这一时期的显著特点。原三位一体的神系与五帝神系成为儒家神系的骨干，佛、道神系新元素作为两翼成为新的民族认同的对象。同时，正统与异端的冲突，也是神话世界里引人注目的话题。

（4）新神话体系的形成与新主神的诞生（宋元—明清）。这一时期，一个朝野皆认同的新神产生了，这就是玉皇大帝，他是中国后期神话一统的核心神灵，整个神话被重新整合。皇家祀典与佛道叙事依旧传承，民间神话和神信仰也空前繁荣，新神话和新的族群一起成长，各民族的神话在不同的空间传播。民间的大型传说在这一时期蓬勃发展起来。这一时期的中国神话是最富有创造力的，这一时期也是中国神话全面形成中华民族特色的时期。

这个中国神话的发展纲要，将中国神话发展与中华民族的发展密切结合起来，这也是中华民族文化认同最直观的呈现，我们可以找到中国主流神话的轨迹，找到神话的突出功能。这里的四个时期的划分，也是本书所认为的神话从冲突发展走向融合的四个时期，体现了神话史的运动规律。凝固性与开放性、传承与内聚、拓展与外摄，都是中国神话发展中的生动体现。

我们在其中找到神话的核心要素及可以辨识的核心母题，在丰富的神话叙事形态中去把握中国神话的走向，力图按前述分期勾画出一幅中国神话历史的图景。

这里简略地把我们的研究与袁珂先生的《中国神话史》的分期做一个简单的对比。袁珂先生的著作章标题如下：

第一章　原始社会前期的神话

第二章　《山海经》的神话（上）

第三章　《山海经》的神话（下）

第四章　先秦及汉初文献中的神话

第五章　汉代的感生神话及其他

第六章　仙话及佛典中的神话

第七章　历史人物的神话

第八章　魏晋六朝的神话（上）

第九章　魏晋六朝的神话（下）

第十章　唐五代的神话

第十一章　宋元的神话

第十二章　明清的神话

第十三章　民间流传的神话

第十四章　中国神话研究史（上）

第十五章　中国神话研究史（下）

第十六章　少数民族的神话（上）

第十七章　少数民族的神话（下）

第十八章　中国神话对文学的影响①

袁珂先生的神话历史陈述，也是按照历史王朝区分的，没有划分阶段。从章标题中即可以看出，袁先生是十分看重神话典籍的，对神话典籍的研究是袁先生的神话史研究的重点。当然这种典籍的研究不是完整的典籍研究，而是对典籍中记载的神话的研究。从最后一章带有总结性质的标题"中国神话对文学的影响"，显然可以看出，袁珂先生是在坚持文学本位。这都显示出作者不是杂乱的广义神话研究，而是非常明确的文学神话研究。相对于现代神话学的研究，文学的神话研究不足百分之二十的情形，这种文学本位的坚持还是十分突出的特点。叶舒宪先生指出："以国际神话学理论权威学者罗伯特·西格尔（Robert A. Segal）在 1996 年主编出版的六大卷《神话理论》（*Theories of Myth*）来看，文学方面的神话学研究只占六卷书中的一卷而已，即不到神话学研究全貌的百

---

① 袁珂：《中国神话史》，上海文艺出版社，1988 年，目录。

分之二十，占据百分之八十以上的内容是哲学、历史学、考古学、宗教学、心理学、人类学等学科视角的神话研究。"①

我们没有必要批评中国神话研究的文学本位，因为如果没有文学本位，中国神话连现有的一点空间都不会有，而本书也是在中国文学大类中立项的，所以要感谢文学这个大的学科对神话的接纳。当然文学的神话学研究有很大的缺陷。但本书作为文学类的课题，同样要坚持文学本位，在文学本位的基础上向社会历史方向拓展，并突出民俗学特色。这种拓展不是说涉及更多的学科，相反，是神话学的内向拓展，是在建立神话学本位基础上的一种研究。

本书虽然没有列出典籍作为目录，但是，依照我们对神话形态的分类，语言类的神话（口头的、文献的）含有文献，文献依然是我们研究古代神话的基本材料。而本书将神话发展与民族发展结合起来的思路，不是民族学的研究，而是作为神话叙事的功能研究，以及神话在社会生活中的结构位置的研究，把握神话本位，使神话的文化独特性得到揭示。

对于民族神话，袁珂先生单列两章进行描述，这样多少有些把少数民族的神话放到主流神话之外的嫌疑，当然这也可以理解为一种重视。本书的民族神话则是将其放置到整个民族发展的框架下来分析。中国民族神话十分丰富，这样一部普通的神话史是很难完成对所有的少数民族神话的覆盖的。由于本书原计划下限截至近代以前的中国神话的发展历史，因此，不能够像袁先生那样单列少数民族神话的章节，而是将其放在所有的叙述中，放在各民族神话的交流与认同过程中来讨论。

---

① 叶舒宪：《神话：中国文化的原型编码》，见叶舒宪、唐启翠编：《儒家神话》，南方日报出版社，2011年，《神话历史丛书》总序第1页。

第一编

中国神话的早期发生和基本成形

（远古—西周）

我们将中国神话的第一阶段定在远古—西周时期，并认为这一时期是中国神话的早期发生与基本成形时期。中国神话的早期发生于远古，这是没有疑问的。为什么我们要将基本成形定在西周呢？难道更早的时期中国神话就没有成形过吗？显然，谁都不敢，也不能肯定地说没有。炎黄时代是不是有过成形？尧舜时代是不是有过成形？夏王朝是不是有过成形？我们说，这些时代肯定有过相对成形的神话，只是时代久远，文献和材料有限，我们难以描绘出这些时代的神话的全貌。而西周时期，即西历纪元前 11 世纪至前 8 世纪的这段历史，制礼作乐，建立了我们知道的相对规范的礼乐制度，神话世界也形成了相对一统的文化格局。孔子说："周监于二代，郁郁乎文哉！吾从周。"① 我们认为，中国的多元文化是其博大精深的地方，而文化的统一性则更是这种多元文化的保障，离开了文化的统一性，那就是一个分裂的存在，博大无从谈起。西周王朝建立起来的制度，较好地实现了一统与多元的统一。所以我们将第一阶段的神话成形定在西周时期。孔子的赞叹，从一个侧面体现出中国文化的巨人对于理想制度的认同。对于此前的夏商王朝，孔子说："夏礼，吾能言之，杞不足征也。殷礼，吾能言之，宋不足征也。文献不足故也，足，则吾能征之矣。"② 那个时代，文献就不够了，而他们的文化传承人，如夏人的后代杞人、殷人的后代宋人，都不足以代表他们祖先的文化，因此，那时的夏商文化就带有传说性质了，且就是传说本身在当时也是资料不足。

现代考古发掘对于夏商文化有了更多的认识，但是当今的新的发现不能改变古人曾经的文化认知。就像人们对待所谓的伪《古文尚书》一样，书是有伪造的可能，但是自该书出现以后，它对于文化的影响却是真实的。新发现的很有价值的东西，可能很早就被遗忘了，许多只有学术价值，它们对于历史的影响，就如它们在历史上的状态——沉睡在千年的古墓里。我们可以借助考古资料来认识先周的神话，但是还是不能改变西周的文化制度的历史传承和文化创新对于中华民族的巨大影响。这就是我们选择西周作为第一个阶段的理由。我们将在后面的有关论述中进一步讨论该问题。

---

① 《论语·八佾》。
② 《论语·八佾》。

第一章　史前中国神话及物象叙事

研究中国早期神话，找不到语言叙事的神话材料，我们便不能不借助考古与传世的图像和文物来讨论那一时期的神话。这就是我们前面说到的神话的物象叙事，这里的物象包括图像和一般器物两个部分。

关于图像叙事，是近年来文化研究的热点问题。有关图像叙事理论的翻译著作出版很多，如贡布里希的图像理论、阿莱斯·艾尔雅维茨的《图像时代》①、德波的《景观社会》② 等等。贡布里希的图像学理论重视秩序和象征等设计要素分析，阿莱斯与德波则是后现代的批判者，着力批评资本主义将景观商品化、社会景观化，图像成为控制手段。图像叙事的学说在电影和美术的研究中得到广泛的运用。

神话学对图像的兴趣由来已久，如闻一多先生的《伏羲考》一开始就是对伏羲女娲图像的考释，并由此及彼，引出了与民族文化密切相关的话题。近年，叶舒宪先生倡导神话研究的四重证据，特别将图像文物从地下文物中突显出来，叫"物的叙事"，作为中华文明探源工程研究的第四重证据。③ 当然对于文物的研究，考古学和历史学一直在做这样的工作。他的第四重证据的说法有一个过程，起初叫图像证据，后来才叫物的叙事。什么是第四重证据呢？叶先生曾经说："所谓'第四重证据'，是指考古发掘或者传世的古代文物及其图像，包括今人所称'美术考古'的各种对象和资料。"④ 这是对图像的一个解释，可以视为在文物中拆分出来的一块，以为研究的证据。

本书倾向于将物象叙事、语言叙事和民俗行为叙事视为神话的结构形态。

---

① ［斯洛文尼亚］阿莱斯·艾尔雅维茨：《图像时代》，胡菊兰、张云鹏译，吉林人民出版社，2003 年。

② ［法］居伊·德波：《景观社会》，王昭风译，南京大学出版社，2006 年。

③ 叶舒宪：《物的叙事：中华文明探源的四重证据法》，载《兰州大学学报》（社会科学版）2010 年第 6 期。

④ 叶舒宪：《"轩辕"和"有熊"——兼论人类学的中国话语及四重证据阐释》，载《广西民族大学学报》（哲学社会科学版）2008 年第 5 期。

物象含图像（画像、雕塑）、器物（各种生产生活用具、建筑以及神器等）与自然物（日月山川）。它们是被研究的对象，不是我们拿来证明别人的证据。这些物象在叙述着特定的神话故事，有些我们能够知晓其意蕴，有些则很难理解。

这些物象并不是都在传达神话，只有那些与神话相关的物象才可以称为神话物象叙事。所以这首先存在着一个物象的选择问题。一般说，只有那些被称为神，或者与神密切相关的物象才会与神话相关，也才是神话的叙事。

这些与神话相关的物象，是以自然物、人工制品、抽象形式等方式存在。物象叙事也是一个系统，不是杂乱的存在。下面我们分别举例叙述之。

第一节　自然物——石的神话叙事

日月山川土石草木等，日月星辰丽天，永恒运转，我们没有办法考证这些至今光彩不减的对象在古代什么时候被古人崇拜过，因为在日月星辰上没有留下任何痕迹，但是，有些对象，如石头，被特殊安置，则可以见出其神秘的地方。

这些自然物本身没有精神存在，更没有神话的叙事，所谓关于自然物的信仰，关于自然物的神话传说，都是人类精神的投射，是人类精神发展的结果。按照马克思的说法，这就是对象化，马克思在《1844年经济学—哲学手稿》中指出：

> 人是类的存在物。这不仅是说，人无论在实践上还是在理论上都把类——既把自己本身的类，也把其他物的类——当作自己的对象；而且是说（这只是同一件事情的另一种说法），人把自己本身当作现有的、活生生的类来对待，当作普遍的因而也是自由的存在物来对待。
>
> 无论在人那里还是在动物那里，类的生活从物质方面来说都表现于：人（和动物一样）赖无机自然界来生活，而人较之动物越是万能，那么，人赖以生活的那个无机自然界的范围也就越广阔。从理论方面来说，植物、动物、石头、空气、光等等，部分地作为自然科学的对象，部分地作为艺术的对象，都是人的意识的一部分，都是人的精神的无机自然界，是人为了能够宴乐和消化而必须事先准备好的精神食粮；同样地，从实践方面来说，这些东西也是人的生活和人的活动的一部分。人在物质上只有依靠这些自然物——不管是表现为食物、燃料、衣着还是居室等等——才能生活。实际上，人的万能正是表现在

他把整个自然界——首先就它是人的直接的生活资料而言，其次就它是人的生命活动的材料、对象和工具而言——变成人的无机的身体。自然界就它本身不是人的身体而言，是人的无机的身体。人靠自然界来生活。这就是说，自然界是人为了不致死亡而必须与之形影不离的身体。说人的物质生活和精神生活同自然界不可分离，这就等于说，自然界同自己本身不可分离，因为人是自然界的一部分。①

这一段经典的对于人与自然关系的表述，对人在物质上和精神上与自然的联系进行了深刻的分析。人和自然世界实际上是不可须臾分离的，不仅是物质，更重要的是精神。自然世界是人的无机的身体。

自然界不是先验地存在着精神资源，这种精神都是人开发出来的。这种原始的思维模式，泰勒叫作"万物有灵论"，说是人把自然万物看得都跟人一样具有灵性生命。布留尔则称之为"互渗"，即自然的精神与人的精神相互作用。美学家更提出了移情论，认为对象是主题赋予的生命和情感，对象于是性灵化，具有人的情感。在人与自然关系的论述方面，信仰和审美的看法有共性，也有差异。共同者都是人与自然对象建立起关系，万物有灵说是强调对象本身的灵性，而移情说则是强调主体的作用，对象的意义是主体赋予的。这是论述者的说法，但对于信仰者和审美者本身来说，肯定是认为对象本身存在力量，存在灵性和情感，人对自然的信仰是对象属性真实呈现后人的反应。那么，我们在没有制造能力的情况下，就可以生产出代表精神的物质——直接在对象世界中选择。

如前所述，这些对象有自然物，如日月星辰、山川木石等，还有动物，如豺狼虎豹、猪狗牛羊等。这些非人工制作物的对象，关于它们的信仰，关于它们的神话，应该是最本色的神话。问题是，当年可能崇拜过豺狼虎豹，可是它们现在连影子都没有了，日月星辰是崇拜过，但上面没有痕迹，我们可能只能在人们具有绘画的能力后才可以考察，此前没有任何根据表明，我们的祖先有过日月星辰的神话。我们看见古来的自然物很多，但能够确认是原生的自然崇拜的东西很少。

我们以石与山为例来阐述那一时期人们对于自然物的崇拜。

---

① 马克思：《1844 年经济学—哲学手稿》，刘丕坤译，人民出版社，1979 年，第48—49 页。

我们能够确认的神话信仰物象有石头，它们作为自然物是人们最初依赖的工具。由于石头对于人类来说是如此重要，人类对石头的使用便成为历史分期的依据，这就是所谓的旧石器时代和新石器时代。旧石器时代是所谓的打制石器的时代，对石头是就地取材，或者简单加工便加使用，而新石器时代是所谓的磨制石器的时代，能够对石头做精加工。旧石器时代当然比新石器时代落后很多，但是那时石头对人类却更加重要。我们可以说，人类的文明就是在石头上生长起来的。王孝廉先生说："当第一个猿人从大地上捡起第一块石头做为工具或武器抛掷出去的时候，人类就和其他动物正式地划分了界限。石头，是打破人类的原始动物性的茫昧而进入文明的第一个符号。"① 或许，还有一些动物在用石头作为工具，但是，石头对于人类的意义不仅仅是它的实用工具的意义，它在人与动物之间划出一道横沟，这是石头的精神属性带来的。有些石头，在于它是一种"灵石"。这样石头便不同凡响。

在中国，旧石器时代在距今一百多万年前就开始了。大约距今一百七十万年前的元谋猿人就开始使用打制石器，许多古老的中国祖先都是用石器，这一过程大约持续了百万年以后才开始改变。1920 年，法国神父在中国发现了三件旧石器，打破了国外地质学家认为中国北方没有旧石器的看法。② 后来，随着周口店北京猿人的发现，石器也广泛地被发掘出来。如，在北京人生活的洞穴和场地里，有三千多片石英石被认为是打制的石器，加上用火的发现，北京人在人类进化史上的地位得到人们的重视。后来的丁村人的发现，也伴随着大量石器。可是，这些石器跟神话有关吗？我们没有办法回答，但是，这些石器，一定是后来的石文化崇拜的基础，或者那时就已经存在着对石头的崇拜，只是我们没有办法确认而已。

对于作为自然物的石头的崇拜，不在于它是否被打制或是被磨制，我们想要知道的是石头作为自然物本身，它具有的文化内涵是怎样被发掘出来的。

我们来看红山文化的一处积石冢。积石冢本是红山文化墓葬的显著特点，在辽河流域有广泛的分布，考古发现数量很大。2002 年 9 月 16 至 22 日，辽宁省文物考古研究所牛河梁考古工作站在第十六地点红山文化积石冢的发掘中，

---

① 王孝廉：《中国的神话与传说》，联经出版事业公司，1977 年，第 41 页。
② 张森水：《中国旧石器文化》，天津科学技术出版社，1987 年，第 7 页。

发现一处积石冢大墓（M4），石棺及积石是该墓最突出的现象。（图1-1-1）除了石棺，其中还有石头垒成的水井（图1-1-2）。M4是牛河梁地区红山文化晚期众多的积石冢中规模最大的墓葬之一，距今五千多年。墓圹圹口长3.9米，宽3.1米，面积为12平方米，墓圹深5米，岩石开掘量达30多立方米。墓葬埋在花岗岩上，极费工时，工程艰巨，难度大。墓葬中还有很多的精美玉器，说明这位墓主人不同寻常的地位，或许，他是这一方民众的首领。除了石棺安放在下掘的墓圹里，墓本身也是石头堆积而成的。石头是墓葬的核心材料，也就应该是墓葬文化的核心问题。考古人员认为，积石冢既是死者的安葬之地，也是祭祀亡者的场所，这里的墓葬体现了石头在红山文化的祭祀文化中的重要地位。[①]

北

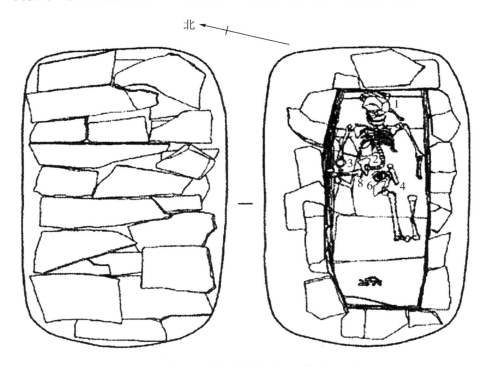

1. 玉鸮　2. 玉斜口筒形器　3. 玉镯　4. 玉人

5、6. 玉环　7、8. 绿松石坠饰

图1-1-1　石棺平面图

① 辽宁省文物考古研究所：《牛河梁第十六地点红山文化积石冢中心大墓发掘简报》，载《文物》2008年第10期。

图 1-1-2　石井

这样的积石冢葬式，人们后来将其与辽东半岛的巨石文化之石棚联系起来，认为辽东地区，包括朝鲜半岛的石棚，应该是这种积石冢文化的延续。[①] 石棚是一种葬式，在俄罗斯、日本也有表现，是巨石文化的一种表现。

巨石文化在世界各地多有表现，是新石器时代到铜器时代早期的一种文化形式。在中国，除了辽河流域，在山东、福建、四川和西藏等地都有表现。由此看，中国早期文化中的石文化具有普遍性。研究者认为，这些巨石文化与葬式有关，更与太阳崇拜和生殖崇拜有关。

这些石头，不全是自然状态，在积石冢中的石头，也有所加工，但总体上还是应该称为自然物。在积石冢里，这些石头具有实用功能，如要稳固冢墓，还要作为堆砌石棺的材料，但是其他的石头堆积，都被解读为为了祭祀，显然具备了超越石头本身的实用功能。当石头的这种祭祀亡者、埋葬亡者的功能成为传统，经过时间的积累，石头的灵性便呈现出来，从史前时代一直传达到文明时代，并延续到今天。

石头最初或许是因为其坚韧而被视为重要的资产。有些石器加工场所或同时作为交换场所。因此，石器在生产和生活中的地位十分重要。有些地区没有石头，于是拥有石头便是生存能力的大幅提升。

---

① 王禹浪：《辽河流域与辽东半岛新石器遗迹及其稻作、贝丘、积石冢、大石棚文化》，载《哈尔滨学院学报》2012 年第 5 期。

但是作为精神生活凭依的石头，却与其本身的属性有些不相干。如，后世比较普遍的关于石头与生殖的关系，这与石头的物质属性实在相差很远。石头上是不能生长植物的，况且石头是动物的克星，在一定程度上，石头是武器，是杀生用的，这怎么和生殖挂钩呢？依照弗雷泽在其名著《金枝》里的说法，古人的巫术是依据相似性、类比性以产生模拟的巫术，或者通过接触对象相关部分实体，以达到对对象的影响力，从而产生对自我的利益。石头怎么会生产呢？这真是很难理解的事情。

　　但我们从这些古老的墓葬里，还是可以找到僵硬的石头与生命的关联。中国人有对不朽的追求，有对生命永恒的追求，因此对尸体的埋葬十分重视。积石冢将死者放在那样坚硬的石板砌成的棺材里，显然是为了永恒的生命。从这些积石冢里普遍有玉器随葬这一点看，人们相信他们会在另外一个世界生活。坚固的石头的世界，是亡者不朽的世界。因此，人们要在其中摆放很多的生活用品，包括水井这样的日用设施。人死了，成为鬼魂，在另外一个世界生活，他们的灵魂凭附在哪里呢？显然是在埋葬他们的坚硬的石头上，因此，石头上便会有祖先的灵气。对于祖先的崇拜也是为了生殖，这样，人们在对祖先的象征物石头的崇拜中便寄寓了生殖的愿望，石头于是便替代祖先成为接受膜拜的对象。这样一个弯子看上去绕了一圈，其实还是和巫术的一般规律相关的。石头的祖先象征从自然物到制作物，我们会看到很多这样的石祖的制作，均富有生殖崇拜的意味。郭沫若的《释祖妣》一文中，认为"祖"字最初作"且"，是男根的象征。而这些"且"很多都是石头做的，用石头制作祖先象征物，一方面取其坚硬之质，更因为石头有祖灵凭附，石头于是开始叙述生殖的神话。

　　祖先崇拜与社神崇拜是两个有着密切关系的信仰行为。古人立石为社，既有其祖灵的基础，又因为石头乃土地之魂，它是土地的代表，更兼石头可以成为祭台，便于祭祀活动，立石为社就进一步走向土地权利、公共权利的话语叙述之域了。

　　这样的自然物，我们在中国考古文化中会见到很多例子。如江苏连云港的将军崖岩画，岩画的内容与意义是我们另外要叙述的问题，这里只讨论岩画场地的性质。专家表示，这里是一个社祀的场景。"将军崖岩画中心的大石遗迹，可认做是东夷社祭的遗物。立大石为社神，三小石为之足，崇祀以为社。反映了当时、当地的氏族依靠土地农植生产和生活的原始经济及对地母的崇拜。"①
（图1－1－3）联系到文献记载的东夷对于社祀的狂热，这种推断也有一定的道理。

图1－1－3　将军崖石山社神祭祀场所

以上是我们举出来的两个以石头这样的自然物作为崇拜物的例子，可以见出，石头确实是在叙述非同凡响的非日常故事，即神话。它在保佑着祖先的灵魂，而祖先的灵魂的凭附，又使石头成为祖先的象征，人们对其崇拜，坚硬的石头成为可以生育的象征。既因为祖先与社神的某种关系，更因为土地信仰与生存相关，石头便成为土地之神，承担了更加广泛的文化职能。

这种自然物的石头在后代的神话里反复叙说，主要是祖先生于石头的神话。许多学者花费了很多精力来讨论该问题。如王孝廉，如孙作云，等等。王孝廉有一篇文章《石头的古代信仰与神话传说》，收录在他的《中国的神话与传说》一书中。文章先是说石头是人类文明的原点，接着说圣地圣石与社主，举了很多中外的例子，尤其是中国古代文献都明确提出社是石的观点，如《吕氏春秋》说："殷人社用石"。王孝廉还讲了农耕和祈雨与石头崇拜的关系，讲了很多通过对石头的作用造成降雨的神话故事来说明该问题。然后是生育与石头崇拜的问题，还有药、发誓、鬼神与石头的信仰问题。最后转到石头与神话传说，如女娲、大禹与石头的故事，石敢当的神话故事，望夫石与石尤风的神话故事，《红楼梦》中的石头传说，鞭石的传说，等等，可谓

① 李洪甫、武可荣：《海州石刻——将军崖岩画与孔望山摩崖造像》，文物出版社，1990年，第21页。

是对中国石头信仰与传说的全面叙说。通过该文，可以看出石头在古代信仰与神话传说中的影响。

孙作云先生的《中国古代的灵石崇拜》一文，论述比较集中在灵石的生殖功能方面，如高禖石、先妣化石、图腾石，一直到民间的祈子于石。在对灵石崇拜的分析中，他还得出这样的结论："礼俗与神话乃表里为用，用礼俗可以解释神话，用神话可以证明礼俗。"① 孙先生在讨论该问题时，真正把礼俗和神话结合起来，是我们所说的神话学的民俗学研究的一个较好的例证。

对于巨石，孙作云先生也有很好的阐述。他用很丰富的材料说明，巨石崇拜可能与封禅文化有关。如他引用了《泰安府志》中关于"尧观台"的材料："尧观台在岳顶东北十里玉女山顶，有石平坦如台；相传尧封禅登此。"这应该是一块自然的巨石，有关巨石的封禅神话在明清时期还在流传。该石的封禅神话或许是后代附会上去的，但是信仰巨石的传统应该来自久远。孙先生甚至断言："泰山可以说是中国新石器时代最大的桌石群的所在地了。"② 他把泰山立石都作为古代巨石崇拜的遗物，而封禅是桌石坟（dolmen）礼祀之遗制。桌石坟是指以三块以上的石头为支石，上覆巨石，构造似桌形的坟墓。上面覆盖的一块石头犹如桌面，即为桌石（stone table），这是国外的名称，中国则称为石棚，都是与墓葬有关的建筑。③ 孙先生对崇拜自然巨石在中国神话中的重大影响做了富有启发意义的阐述。

我们不想再具体引证那些关于灵石崇拜及其神话传说的材料来证明这一问题，我们只是想表达这样一个问题：纯粹的自然物，在史前时期，充当了神话叙事的职能。唯因如此，它才在后世具有如此深远的影响。

巨石注入从其丧葬概念引发的生命意象，便有了生殖信仰的功能、图腾信仰的功能。而坚固的大石，不仅是生命力强大的象征，也是政治权力强大的象征，因此也成为国家权力强大的象征。它带着丰富的文化内涵进入文明时代，形成了博大的石神话系统，影响深远。

有些物象曾经具有叙事功能，但是后来被遗忘了，即便是这些文物还存在，

① 孙作云：《中国古代的灵石崇拜》，见孙作云：《孙作云文集》第3卷《中国古代神话研究》（下），河南大学出版社，2003年，第681页。

② 孙作云：《泰山礼俗研究》，见孙作云：《孙作云文集》第3卷《中国古代神话研究》（下），河南大学出版社，2003年，第708页。

③ 孙作云：《泰山礼俗研究》，见孙作云：《孙作云文集》第3卷《中国古代神话研究》（下），河南大学出版社，2003年，第695页。

我们都不能理解其神话意蕴。因此，所谓的物象叙事，必须有一个前提，即它和后世的神话或者其他我们知晓的神话具有相关性，否则，历史上的物象叙事便没有意义了。对于自然物来说，尤其如此。这样，我们就会发现，史前的自然物，在人们生活中确有地位，但其相关神话叙事如何，以我们现在的能力，必须找到相关性的叙述才能理解。因此，这些自然状态的物象，在我们的神话研究中，其作用还是有限的。

第二节 模拟自然——岩画图像的神迹

人们开始模拟自然进行图像制作，才是人类的一次最大的飞跃。因为使用工具，现代的研究表明，许多动物都会，当然它们没有达到人类能动使用的程度。而模仿，一般的行为模仿，有些动物也是会的，如猴子，所以笼统地说模仿是人类的本性是不恰当的。图像的模仿，一定是人类智力的提升、思维的提升。

我们见不到史前的语言文字，因为我们以文字的发明来确定史前的界限，有文字记载的人类生活时期叫文明时代。史前的自然物如石头，在一定的场景下具有记载的意义，比如在葬式中，我们知道石头与生命存在一定的关系，但其信息量不够，也不明确。图像就不一样了，它以较为明晰的叙事语言，展现更加广阔的生活画面，表达更加丰富的情感。我们可以在一定程度上借助图像去理解史前社会的生活状况。

图像是自我的表现，也是对象的模拟。前文提到的对于自然的崇拜行为，因为图像的呈现而得到确认，而其自我的表达，在图像中也可以被观察到。图像对于世界的模拟，有一个从具象到抽象的过程，无论是具象还是抽象，图像的表达都将人类的心智水平呈现得淋漓尽致。太阳日日起落，即使原始人很早就对它膜拜，我们也根本无从知晓。这虽然不能构成一个默证，说很早的时期，人们不存在太阳崇拜，但是我们也找不出证据说真的存在太阳崇拜。但如果有了关于太阳的图像，并有膜拜太阳的图像存在，那太阳崇拜就真的可以确认了。所以图像提供给我们直观的神灵信仰的信息。

不是所有的图像都和神话与信仰有关，只有看到那些看起来与崇拜行为相关的自然图像，我们才能够确认神灵信仰真的发生了。我们从具象的图画与抽象的图画两个方面来分析这些图像语言表达的神话意蕴。这些图像一方面是绘画类型的，一方面是器物构图类型的，绘画与制作共同构成了图像的表达形式。

岩画是古老的绘画语言，在世界上分布十分丰富，目前有一百五十多个国家存在着不同形式的岩画。国外最早的岩画距今约四万年，可见岩画是人类文化最早的印记。在法国、西班牙，有著名的动物岩画、狩猎岩画，但我们还是很难将其与神话和信仰准确地联系起来。我国岩画也很丰富，郦道元在《水经注》里面就记载了很多的岩画，如该书卷二十有这样的记载："悬崖之侧，列壁之上，有神象，若图指状妇人之容，其形上赤下白，世名之曰圣女神，至于福应愆违，方俗是祈。"这里明确地记载了这幅岩画的细节，它是绘在石壁之上的，其画为妇人之容，并且是彩画，上半身是红色的，下半身是白色的，对比鲜明。这是一幅神像，神名圣女神。人们还向她祈福，成为习俗。这段史料很有价值，它告诉我们，这里的岩画是一种信仰的产物，是神像。就其色彩的选择看，其神是有来由的，也就是说有神话故事的。该书记载了大量的岩画的线索，以至于现代的岩画考察，也是根据郦道元的记载才大有斩获的。直到1984年的时候，在一份世界岩画的报告中，中国竟然还是空白，可见中国的岩画在世界上的影响力的扩展还是近些年来的事情。①

岩画的断代是一个非常复杂的学术和技术问题，有些岩画绘制的年代可能已经是文明时代了，但是很多的岩画作于史前时代，这是显著的事实。

我们在岩画中看到一些明显的神灵信仰的图案，那些日月星辰的信仰可以在某种程度上得到证实。如内蒙古阴山岩画的一些图案，被认为是太阳神，或者星辰之神。（图1-1-4）

星神拓本　　　　星神　　　　　太阳　　　　　太阳

图1-1-4　星神、太阳图案

（摘自盖山林：《阴山岩画》，文物出版社，1986年）

———————————

① 参见陈兆复：《中国岩画发现史》，上海人民出版社，1991年，第2页。

这是不是所谓的太阳神呢？我们不是很清楚，但是很像太阳，而膜拜的形象则是太阳崇拜的最有力的证明。宁夏贺兰山下有一幅画，人们就直接称画中的图案为太阳神。（图1-1-5）

这可能与太阳神有关系，但是证据不充分。要把这些图案说成是神，需要有民众崇拜的现场表现行为来证明。广西崇左等地的岩画，则将这些图画的性质表露无遗，那盛大的祭祀场面，表明图画中一定有被祭祀的神灵对象。关于这些祭祀的内容，有祭祀日神、祭祀铜鼓、祭祀河流、祭祀鬼神、祭祀田地神、祈求战争胜利、祭祀图腾等多种说法，① 总之，这些画面的祭祀主题大家是认同的。笔者考察拍摄的一张照片中，一群人在舞蹈，中间或为铜鼓，但是即使是铜鼓，铜鼓本身也是蛙崇拜与太阳崇拜的产物，所以这些祭祀的自然崇拜性质是实实在在存在的。（图1-1-6）岩画告诉了我们信仰行为的存在，当然也就有神话的存在，虽然没有语言叙事的具体内容呈现给我们，但从这些动作中可以看到那种狂热的崇拜。学者们揭示了绘制这些图像的主体的身份：他们是南方的骆越人，他们在祭祀自己的神灵。一者这些岩画的所在地正是秦汉以来的古籍记载的骆越人的生活区域，二者这些画面中的人物和器物具有明显的越人及其生活的特征。由于可以确定人物的身份，因此这些岩画的可解性和解释的确定性就大大增强了。②

这些岩画体现出中华文明早期发展中呈现的多元性和一致性。内蒙古地区的岩画中与动物有关的盛大场面在南方的岩画中就没有那样突出，尤其是羊、马等动物，这是北方游牧生活的体现，而南方岩画中的水上生活，如乘船的岩画，则在北方岩画中难以见到。这些都充分体现出中国岩画中体现的文化多元性。但是，我们看到，在这些多元的形态中，还是有文化的共性存在，太阳神崇拜就是共性之一。或许，各地太阳崇拜的内涵并不完全一致，但是，这种崇拜太阳的普遍特性也为后来的文化统一性奠定了基础。太阳崇拜的现象，不仅在阴山岩画、花山岩画中表现明显，在沧源岩画、连云港岩画，以及各地很多的岩画中也都有表现。因此，自然崇拜，当我们没有办法从自然物本身观察到的时候，在古人的绘画中就可以直接予以解读。

岩画表现的内容十分丰富，举凡生活、生产、自然世界、信仰，均有充分的表现。我们没有办法在本书中去全面分析岩画所涵盖的神话的全部内容，我

---

① 参见王克荣、邱钟仑、陈远璋：《广西左江岩画》，文物出版社，1988年。
② 参见王克荣、邱钟仑、陈远璋：《广西左江岩画》，文物出版社，1988年。

图 1-1-5 贺兰山岩画(作者摄自贺兰山现场)

图 1-1-6 左江岩画(作者摄自左江岩画现场)

们只能列举最具代表性的太阳神崇拜予以简析，而选择太阳神是因为它能够和后来的神话发生联系，具有神话历史的关联性。它们都是后来影响深远的中国主流神话。何新应该说是通过岩画图案来研究古代神话的较早实践者，他在《诸神的起源》①中较早地系统使用了上古图像。他应该是继闻一多先生之后，图像神话研究方面又一有影响的研究者。现代的图像神话研究，一方面是图像研究传统的延续，一方面也是由图像的后现代研究的影响所致。

具象的图像很直观，但是也有局限性，它只是片段性呈现，我们不能读出连续性情节，也不能确切指出其功能。所以解读研究岩画中的神话，还任重而道远。

第三节　具象与抽象之间——鸟图腾的神话叙事

岩画是以色彩线条勾画出来的对于自然与自身的模拟，而器物则是实在地或者艺术地展现人与自然的关系，它也是一种叙事形态。祖先在使用具象图案的同时，发展出一定的抽象图案，其叙事能力将进一步提升。

自新石器时代开始，我们的祖先描摹自然与人自身的艺术水准有了很大的提高。这些器物，有的是生活日用品，有的则是礼器，有的本身就是神像。由于这些器物做工精细，有些形象在后代还有传承，因此，其叙事内涵的可解读性进一步增强。

我们常以图腾来解释早期人类的图像制作。图腾学说是我们解读早期神话的重要理论视角。图腾学说，是从18世纪后期到19世纪在西方形成的一种关于土著居民生活认知的一个视角，也是解读原始人的一个制度方面的理论根据。

关于该问题的学术史，涂尔干在其名著《宗教生活的初级形式》（一译作《宗教生活的基本形式》）中有一个系统的阐述。他说，首先将图腾学说介绍给学术界的是18世纪末的英国的一个印第安翻译员约翰·朗（John Long），他于1791年在伦敦出版了他的一部游记，提到图腾这个概念，在近半个世纪中，人们都以为这种制度只是美洲土著的原始制度。直到1841年，一个叫格雷（Grey）的人指出，澳大利亚土著同样存在这种制度，当然格雷也只是写了一部游记。但这时，图腾却从一种知识的传播转为学术研究。J. F. 麦克伦南是第一个将图腾崇拜与人类历史联系起来的人，他的文章《论动物和植物崇拜》指出图腾崇拜是人类历史上的

---

① 何新：《诸神的起源——中国远古神话与历史》，生活·读书·新知三联书店，1986年。

一个重要阶段。嗣后摩尔根的《古代社会》一书，在讨论氏族社会的时候，大量使用了图腾材料，他的研究给我们提供了较为丰富的有关图腾文化的直观知识。[①] 弗雷泽把图腾制度与外婚制结合起来，其名著《图腾制度与外婚制》产生了广泛的影响。

1912 年涂尔干出版的《宗教生活的初级形式》，被认为是研究图腾制度最具理论色彩的著作。该书提供的丰富的资料也是很有价值的。如，书中说，氏族有图腾，但在氏族之上的胞族也有图腾，氏族的图腾与胞族的图腾之间存在着从属关系。图腾是宗教的最初级的形式，是氏族社会的象征。理解图腾要从社会组织中找答案。在美洲，胞族组织保存较好，因此胞族图腾也可以被观察，而在澳大利亚，胞族衰弱，胞族的图腾也就只有模糊的印象。世界上有神圣之物与世俗之物，图腾属于神圣之物，它是集体的标志，具有宗教性质。

弗洛伊德的《图腾与禁忌》一书出版后产生了广泛的影响。弗氏认为，图腾外婚，是为了防止乱伦，解释这一切的都是他的精神分析理论，弑父情结、俄狄浦斯情结都是这种禁忌发生的内在原因。禁忌与欲望形成矛盾，屠杀与祈求宽慰，使得很多的仪式都呈现矛盾。他的禁忌学说其实超越了男女之间的性禁忌，涉及更加广泛的社会生活。

图腾学说的广泛流行，也引起了对于该学说泛滥的担忧。有人撰文批评，说图腾学说简直就是浪费时间，如列维－斯特劳斯，说图腾学说就是伪科学，要终结图腾主义。[②] 但是他还是使用图腾制度的有关原则来建立自己的结构模式，可见，图腾学说还是很有生命力的，在分析原始文化的时候，在一定的程度上不可替代。

图腾学说在 20 世纪初就传到中国。严复翻译的英国人甄克思（E. Jenks）的著作《社会通诠》就用较大的篇幅介绍了图腾学说。该书在蛮夷社会的标目下，以图腾群制作更细的题目，分析的就是我们今天所说的原始社会的情形。该书介绍图腾颇详，篇幅很大，把图腾学说的基本理论都讲述了。何谓图腾？书中说是"蛮夷之所以自别也"，图腾不婚，异图腾婚嫁，而本质特性是"宗教刑法之所萌蘖者也"。[③] 1931 年，商务印书馆以"严译名著丛刊"再度发行该

---

① ［法］E. 杜尔干：《宗教生活的初级形式》，林宗锦、彭守义译，中央民族大学出版社，1999 年，第 92—93 页。

② ［法］列维·斯特劳斯：《图腾制度》，渠东译，上海人民出版社，2005 年。

③ 甄克思：《社会通诠》，严复译，商务印书馆，1903 年，第 10—13 页。据大学数字图书馆国际合作计划，民国图书电子本。

书，对于图腾学说和其他社会学观念的传播起到重要作用。

1932 年，胡愈之翻译的法国人倍松的《图腾主义》一书出版。该书更加详细地介绍了图腾的基本概念，并介绍了美洲、澳大利亚、亚洲、非洲和古代世界的图腾，及图腾问题和解释理论，从图腾学说的发生，到涂尔干的学说，在这本书里都有介绍，可见这是一部处于当时图腾学术前沿的通俗性著作，对于国内学术界的影响是不言而喻的。而摩尔根的《古代社会》一书也是在 20 世纪之初就已传入中国，书中的图腾观念也对中国学界具有广泛影响。

闻一多先生著名的《伏羲考》就是深受图腾主义学说的影响而产生的名著。近年来，图腾神话的概念已经成为神话研究的一个新话题。关于图腾神话的论文有很多，查询中国期刊网，以"图腾神话""神话图腾"及"某某图腾神话"为标题的论文，现有七十五篇，还有诸如《图腾神话与中国传统人生》[1]、《熊图腾：中华祖先神话探源》[2] 这样一些以图腾神话标目的图书。图腾神话已经成为神话研究的一个专有名词。图腾神话的概念是 20 世纪 80 年代较大规模出现的，笔者在 1995 年发表了《图腾神话与祖先神话的传承流变》一文，介入了对于图腾神话的研究，认为图腾神话是母系氏族社会的产物，它的立足点是对男子生育权的否定，祖先神话则产生于父系氏族社会，它的出现是男权确立的标志。这两类神话交织着发展。图腾神话在氏族的分化聚合与民族的冲突融合过程中，成为民族群体的象征，祖先神话则演为民族的历史。[3] 何星亮是对图腾文化研究较多的中国学者，他的《图腾文化与人类诸文化的起源》[4] 以及《图腾与中国文化》[5] 提供了图腾文化的概略性知识以及某些专门研究的成果，其中也有"图腾神话"的专节。

中国古代遗留下来的文物很多，到底哪些器物是图腾物呢？

据弗洛伊德《图腾与禁忌》的总结，图腾物大多数是一种动物，较少的情况下也可能是一种植物，或者一种自然物（如雨和水）。图腾是一个氏族的共同祖先，同时也是氏族的守护神，图腾保护氏族成员，反过来氏族成员也要维护图腾的尊严。图腾是一个类别，而不是个体，比如鸟图腾，就不是指哪一只单独的鸟。图腾有一条根本的禁忌，就是内婚禁忌，实行族外婚。关于图腾的解

① 刘毓庆：《图腾神话与中国传统人生》，人民出版社，2002 年。
② 叶舒宪：《熊图腾：中华祖先神话探源》，上海锦绣文章出版社，2007 年。
③ 田兆元：《图腾神话与祖先神话的传承流变》，载《上海社会科学院学术季刊》1995 年第 3 期。
④ 何星亮：《图腾文化与人类诸文化的起源》，中国文联出版公司，1991 年。
⑤ 何星亮：《图腾与中国文化》，江苏人民出版社，2008 年。

释众说纷纭，这只是举其大要而已。

我们在前面讨论的石信仰，本来就是夏民族的图腾之一。如《淮南子·修务训》称："禹生于石。"还有启，他是其母涂山氏化为石头以后，从石头里面生出来的。大禹的出生地称为石纽，扬雄《蜀王本纪》称："禹本汶川广柔县人，生于石纽。"石纽在今四川绵阳北川羌族自治县境内。这些神话都有力地说明这个王朝的祖先乃是石图腾的崇拜者。由于石头是自然物，我们把它放到前面一节讨论，又因为石头的信仰远不是图腾信仰所能够涵盖的，所以在图腾神话的叙述中不再放入关于石图腾的讨论。

一般来说，图腾分为氏族图腾、胞族图腾、部落图腾和民族图腾，其他还有性别图腾、家族图腾和个人图腾等。氏族图腾是指一个血缘共同体所拥有的图腾，中国古代的诸多氏族，有以熊、玄鸟、长蛇等作为氏族的图腾者。胞族图腾，人们认为少昊氏的鸟图腾乃是一个胞族图腾，这个胞族是各种鸟氏族的集合。部落图腾，黄帝与炎帝交战时候的那支联军，即是一个部落，包括熊、罴、貔、貅、䝙、虎，而部落的图腾则是云。《左传·昭公十七年》有载：

> 昔者黄帝氏以云纪，故为云师而云名。炎帝氏以火纪，故为火师
> 而火名。共工氏以水纪，故为水师而水名。大皞氏以龙纪，故为龙师
> 而龙名。我高祖少皞挚之立也，凤鸟适至，故纪于鸟，为鸟师而鸟
> 名。凤鸟氏，历正也；玄鸟氏，司分者也；伯赵氏，司至者也；青鸟
> 氏，司启者也；丹鸟氏，司闭者也。祝鸠氏，司徒也；鸤鸠氏，司马
> 也；鸬鸠氏，司空也；爽鸠氏，司寇也；鹘鸠氏，司事也。五鸠，鸠
> 民者也。五雉为五工正，利器用，正度量，夷民者也。九扈为九农
> 正，扈民无淫者也。自颛顼以来，不能纪远，乃纪于近。为民师而命
> 以民事，则不能故也。

这是春秋战国时期人们对于古代图腾的记忆。为什么我们要说少昊是胞族，而黄帝是部落呢？我们只能这样说，少昊氏内部应该是一个鸟氏族图腾的分化，成员都是鸟，所以选出玄鸟作为代表，胞族血缘性特征明显，而黄帝集团，每一个氏族都是不同的图腾，都是动物，而集体的图腾则是云，超越了氏族的图腾界限，是不同的氏族集合体，因此是部落，而云就是部落的图腾，熊则是黄帝的氏族图腾。近年叶舒宪先生提出熊龙说[1]，认为古代中国的起源与熊关系甚大，这是有一定道理的。但是熊可能主要还是包括黄帝在内的一些氏族的图腾。

---

[1] 叶舒宪：《熊图腾：中华祖先神话探源》，上海锦绣文章出版社，2007年。

它有没有上升为部落的图腾呢？这就是需要研究的问题。我们从这段春秋末年的记载中知道，至少两千多年前，熊图腾已经失去了主流的记忆，它们在部落图腾中已经没有地位。因此，在构建民族图腾的时候，熊图腾失落了。

具象的图腾，是不是都是图腾，这也是颇费思量的事情。我们不能把所有的动物造型都当作图腾神来看待。我们一方面是选择影响深远的中国图腾对象来讨论，另一方面，对于这些造型所处的位置也要加以考虑，比如在特别的场合，特别的出众，并且在现实的动物基础上有所超越改变，是非现实的存在。图腾的兴废与族群的交流密切相关，我们在这段文字中读出这样的信息：二昊，即太昊和少昊是龙图腾的拥有者，龙是神圣动物，而黄帝和炎帝，他们的图腾一个是云，一个是火，则是自然物。前者是一对联盟，后者也是一对联盟，即二昊联盟、炎黄联盟。他们的图腾与文化对中国文化的影响是十分巨大的，也是根本性的。炎黄一系与二昊一系有深刻的融合，炎黄系主宰政治秩序，在这个大的文化共同体中，二昊系承担了文化职责，少昊氏掌管天文历法，太昊氏掌管八卦等宗教事务，而龙凤就被选为华夏族的图腾。各种图腾信仰在各部依然不同程度保存，体现出一体多元的文化格局。所以图腾文化的变迁与民族的变迁息息相关。

这部分主要讨论史前具象的图案，全面地讨论图像与图腾问题需要一部篇幅浩大的专著，我们这里还是从龙凤这样的主流图腾神话说起。

就考古的资料看，凤似乎更早出现在图腾崇拜的行列里。距今七千年前的河姆渡文化中的双凤朝阳，是富有图腾意味又超越图腾的具象文化符号。（图1－1－7）

图1－1－7　河姆渡的双凤朝阳雕刻造型

（摘自浙江省文物考古研究所：《河姆渡——新石器时代遗址考古发掘报告》，文物出版社，2003年）

中国著名的新石器时代的文化遗址河姆渡遗址，坐落在杭州湾南岸，宁绍平原的东部，是距今七千年前中国南方的一处以稻作文化和干栏式建筑为主要物质文化特征的遗址。它是中国早期稻作文明的代表，也是干栏式建筑的最初源头，可谓极富文化创造性。而其精神文化的显著特征即是这里的鸟崇拜和太阳崇拜。

由于鸟与太阳的关联在后世有文献记载，而这一双鸟与太阳的构图整合和几千年后的文献可以关联起来，因此，这件雕刻作品就具有不同寻常的意义。且这种双鸟与太阳构成的图案也不是孤例，在河姆渡文化中有不同的变体，即鸟头有向日型，又有背日型，鸟与太阳的这种关联是河姆渡鸟文化最突出的地方。（图1-1-8）

图1-1-8　河姆渡的鸟与太阳造型

在河姆渡的发掘文物中，还有其他的图案，很引人注目的就是猪。猪与鸟是不是这里的一对婚姻联盟呢？这是值得思考的问题。因为河姆渡地区，不可能只有一个血缘氏族集团单独存在，这样就会引起乱伦，造成种族的退化消亡，它必须和另外一个氏族并存。关于这个问题，我们在后面详细讨论。即便是有一个以猪为图腾的氏族和一个以鸟为图腾的氏族住在一起，以猪为图腾的氏族的影响力在当时可能也不小，但是我们还是不清楚它后来的情况，而鸟与太阳的神话叙事，则是中国神话的核心母题之一。

这已经不是纯粹的具象世界的图案，它们在一定程度上被抽象化，想象性增强，出现了现实世界不可能出现的形象，这也就是神话叙事的真正开始：这些图案已经不是现实之物，而是神秘之物、神圣之物。

鸟文化在东南地区有广泛的分布，石兴邦先生在一篇名曰《我国东方沿海和东南地区古代文化中鸟类图像与鸟祖崇拜的有关问题》的文章中对大汶口文化一直向南到河姆渡文化中的鸟的图像进行了系统分析，同时结合文献记载与少数民族的鸟崇拜风俗，提出鸟崇拜中的巫术、图腾崇拜、农业生产保佑等问题，特别是分析了鸟形象与稻作文化的关系，是一篇揭示该地区鸟图像意蕴的力作。① 陈勤建先生的《中国鸟信仰——关于鸟化宇宙观的思考》则是将古今打通，通过宁绍平原丰富的民间故事，陈勤建先生将古老的稻作文化与鸟文化的关联加以阐释：鸟帮助老百姓从上天偷来稻谷种子，使老百姓有了美味的粮食，但是上天很恼火，就把鸟的翅膀折断，于是鸟便只有短小的翅膀飞行，这就是麻雀。为了感念麻雀给人们带来稻谷种子的功劳，人们在稻谷成熟的时候，要让麻雀先吃。② 这些当代的故事传说带有古代的记忆，让鸟与稻作文化的关系呈现出立体的形象。该书甚至说中国人是龙的传人，更是鸟的子孙。这在一定程度上肯定是成立的。黄厚明博士的学位论文③以此为题，收集了丰富的材料，可以见出这种鸟文化在东南沿海地区的广泛影响。

在当今一般农民的眼里，鸟偷吃粮食，肯定不太受欢迎，只有因为特定的信仰，人们才会对鸟有这样的特殊情感。鸟与农业的关系是以何种方式联系上的呢？石兴邦先生甚至认为，鸟神还在保佑稻作行为。我们可以做这样一种理解，鸟吃稻谷吃得太厉害，人们没有办法消灭它们，只好转而祈祷崇信，奉之以为神。就像北方民族文化中的狼，狼太厉害，是人们崇拜的对象。加上鸟除了啄食稻谷，还有其他方面的优点，如吃虫，且鸟声美好，形态美好，所以人们崇拜鸟。但是这种解释不能说明它们为什么要与太阳联系在一起。

我们看到的鸟与太阳的关联，一方面太阳在天空运行，犹如长有翅膀一般，有很具象的行为的想象，所以把太阳的运行看成是鸟载着飞行。太阳是季节变化、寒来暑往的主宰，对于农业来说，天文十分重要，而鸟，尤其是候鸟，如我们后来特别关注的玄鸟——燕子，就是候鸟，随季节变化而迁徙，它们是季节变化的信号和使者，对于农耕文化具有十分重要的作用，候鸟的来去一定与物候和农耕历法有关。太阳的转动（实际上是地球转动）与候鸟的来去成为农业生产季节的依据，它们都是历法制作和日常观测物候的征兆，所以，鸟与太阳就这样联系在一起了。古人以树木荣枯观察季节变化，也以鸟兽孕乳区别四

---

① 石兴邦：《我国东方沿海和东南地区古代文化中鸟类图像与鸟祖崇拜的有关问题》，见田昌五、石兴邦主编：《中国原始文化论集——纪念尹达八十诞辰》，文物出版社，1989 年。

② 陈勤建：《中国鸟信仰——关于鸟化宇宙观的思考》，学苑出版社，2003 年，第4—10 页。

③ 黄厚明：《中国东南沿海地区史前文化中的鸟形象研究》，南京艺术学院 2004 年美术学博士论文。

季，这就是物候历①，人们在此基础上建立历法。竺可桢先生在其著名的论文《中国近五千年来气候变迁的初步研究》一文中，引用了《左传·昭公十七年》郯子论鸟官的话，分析道："这种说法表明，在三、四千年前，家燕正规地在春分时节来到郯国，郯国以此作为农业开始的先兆。"② 鸟作为物候之象有充分的依据。这样，假如我们把鸟作为河姆渡地区人民的图腾，那么这个图腾的意义就超越了美洲和澳大利亚的图腾的那些规程，成为时间的依据，或许，时间的告示才使鸟得到尊崇，也才使鸟得到图腾的地位。

　　鸟文化的意蕴很丰富，东南一带是鸟文化区，或以为是独特的岛夷文化区。在东南地区，继河姆渡文化之后的马家浜文化、良渚文化中，鸟文化得到了延续。良渚文化是距今五千多年到四千多年前的一种南方古代文化，主要分布在太湖流域的江苏、浙江和上海地区，也向长江以北地区辐射。在良渚文化中，鸟的形象的神圣性进一步彰显。（图1-1-9）玉琮是良渚文化的典型代表，而玉琮上面的神像则是人们关注的焦点。

图1-1-9　良渚玉琮神像与鸟造型玉器

　　关于良渚玉琮神像的性质，学界有七种观点，③ 但认为与鸟神有关的占了很大的比重，要么认为是鸟兽复合体，要么认为是人鸟复合体，或者是单纯的鸟神。就其形象看，其鸟爪形象说明它与鸟密切相关，应该是与鸟神有关。该像的最大特点就是它是非现实的神物，非人非兽也非鸟，是一个带有鸟特性的神像组合。

---

　　① 刘宗迪：《从节气到节日：从历法史的角度看中国节日系统的形成和变迁》，载《江西社会科学》2006年第2期。

　　② 竺可桢：《中国近五千年来气候变迁的初步研究》，载《考古学报》1972年第1期。

　　③ 参见黄厚明：《中国东南沿海地区史前文化中的鸟形象研究》，南京艺术学院2004年美术学博士论文。

良渚文化延续千年，是史前区域广大、影响深远的古代文明。其聚落呈现出等级性，用玉也表现出鲜明的等级性，而祭坛的出现，则表明对神灵祭祀活动的重视。有人将其称为良渚古国。不少研究者认为，中原地区的文明，尤其是青铜器上的图案，与良渚玉琮的神像图案具有明显的相关性。

良渚玉器鸟神的抽象性，体现出信仰的发展，但是这里的抽象是指抽象自然物的神性转换，它不再是原有的具体自然形象，而是以另外的具象表现出来的自然现象。故虽然还是具象，但却是另外一种具象的抽象。这样解读这幅图画，我们就会找到很流畅的路径：这还是河姆渡那个鸟日一体的图像的转换，只是在河姆渡，那是活生生的具象，而在这里，却转换成为一个日神、一个鸟神。图像是由两个神构成的，上面一个头上闪光的神灵，下面一个带鸟爪的神灵，这就是日载于鸟的神格形象。太阳骑在鸟上，或者鸟托着太阳，这是河姆渡的图像主题，而这里是完全一样的意思。黄厚明博士经过复杂的辨析讨论，在前人的基础上，得出这个图像是"一种人格化的鸟神和日神结合而成的鸟祖形象"，但在具体解释中，却复杂且费解：上半部分是鸟人图像的复合，下半部分是鸟日（月）图像的复合，鸟神高于鸟日（月）神，而神像有像阴部的存在，乃是祖先的象征，因此是鸟祖神。[①] 黄博士的双神复合的思路很好，但解释太复杂了。

良渚文化的农业同样发达，出现了犁耕的稻作文明，这时对于气候观测的需求就会更加迫切，因此，延续河姆渡文化的鸟日物候观测更加普遍。我们把良渚的这种图案视为河姆渡鸟日图案的延续，它是内涵一致而符号变化的鸟日一体的神像，可以说是日神，也可以说是鸟神。

我们也认同祖神说。图腾物的功能不是单一的，它孕育出氏族成员，保护氏族，是神，那当然要保障氏族成员的生活。稻作生活的物候告示，也就自然成为图腾的使命之一。

关于东南沿海史前的太阳神崇拜，人们还注意到跨越长江的山东大汶口文化。那里的太阳神与鸟神崇拜也是十分突出的，其中的火（山）鸟日组合，是大家必谈的对象。（图 1 - 1 - 10）

---

① 参见黄厚明：《中国东南沿海地区史前文化中的鸟形象研究》，南京艺术学院 2004 年美术学博士论文，第153—156 页。

图 1-1-10　大汶口的图像文字拓本

（摘自山东省文物管理处、济南市博物馆编：《大汶口——新石器时代墓葬发掘报告》，文物出版社，1974 年，第 118 页）

　　人们一般把这些符号称为图像文字，依照许慎的说法："画成其物，随体诘诎"[①]，那就是文字创造的象形法。这也真是文字了。但是，这到底是鸟，是日，还是火呢？有人说是"岛"，有人说是"炅"，还有人说是"灵山"两个字，[②]但是这样一个单字，没有见到其组成句子，我们还是应该将其理解为图像符号，理解为太阳主体，因为它有火，是鸟托着飞的。将它作为一个完整的神话的图像叙事，而不是解为一个字或者两个字。这是与东南地区的河姆渡文化和良渚文化具有高度一致性的文化符号。大汶口文化与良渚文化的关系问题，学界有热烈的讨论，它们前期并行发展，中后期则互动明显，到底是大汶口文化进入南方还是南方文化北上呢？日本学者林巳奈夫在考察这两种文化的符号后得出一些猜想，认为可能是大汶口文化掠夺南方良渚文化的玉器，将其据为己有，然后又刻上自己的族徽即祖先神，或者为两地联姻，出现交

---

　　① 许慎：《说文解字·序》。
　　② 参见石兴邦：《我国东方沿海和东南地区古代文化中鸟类图像与鸟祖崇拜的有关问题》，见田昌五、石兴邦主编：《中国原始文化论集——纪念尹达八十诞辰》，文物出版社，1989 年。李学勤主张是"岛"，林巳奈夫主张是"炅"，石兴邦认为是"灵山"。

流。① 美国弗利尔美术馆玉器上的图案（图1-1-11），也是人们研究大汶口文化图案和良渚文化图案的对比资料。这些图案对于理解大汶口和良渚文化的鸟图案提供了参照物。具象的鸟与太阳的关联，为太阳与鸟的神话提供了更加广泛的图像支持。

大汶口文化、良渚文化、河姆渡文化这样一片东南沿海的鸟文化区，得到了较为广泛的认同，石兴邦先生的那篇《我国东方沿海和东南地区古代文化中鸟类图像与鸟祖崇拜的有关问题》的文章对此论之甚详，他指出东南沿海不仅是鸟图腾的崇拜区，而且是环太平洋鸟图腾崇拜文化的一部分。② 有学者著文，认为少昊、帝舜与大汶口文化是密切关联的，③ 结合春秋时期的郯子所在的小国郯国大体在大汶口文化与良渚文化交织的区域，而它们的祖先是少昊，而少昊是鸟官，主管天文历法事务，那么大汶口的鸟图腾文化除了一般的祖先的功能，那就是对天文历法的崇拜，于是我们认为，中国东南沿海史前的鸟文化图像，一方面是鸟图腾的崇拜，一方面则是对天文历法的敬仰。中国的图腾崇拜，与时间有着深刻的联系。

图1-1-11　美国弗利尔美术馆藏玉璧上的鸟形刻纹

（摘自石兴邦：《我国东方沿海和东南地区古代文化中鸟类图像与鸟祖崇拜的有关问题》，见田昌五、石兴邦主编：《中国原始文化论集——纪念尹达八十诞辰》，文物出版社，1989年，第237页）

---

① ［日］林巳奈夫：《良渚文化和大汶口文化中的图像记号》，载《东南文化》1991年Z1期。
② 石兴邦：《我国东方沿海和东南地区古代文化中鸟类图像与鸟祖崇拜的有关问题》，见田昌五、石兴邦主编：《中国原始文化论集——纪念尹达八十诞辰》，文物出版社，1989年。
③ 常兴照：《少昊、帝舜与大汶口文化》（上、下），载《文物春秋》2003年第6期、2004年第1期。

当我们把目光转到西南，则会发现，这种鸟与太阳和时间的关系有更加清楚的表现。这个时代，在有的地方是新石器晚期，但三星堆已经是青铜文明的时代了。20世纪80年代以来，四川广汉三星堆出土了许多珍贵的文物，富有神奇色彩，但依然是图像的神话叙事，没有伴随文字的出土。这个距今五千年至三千年的古文明区域，依然传承着丰富的鸟神话。关于三星堆文明，要说的话太多，比如关于那里的城市文明，关于那些青铜立人，关于那根金杖，等等，我们这里还是围绕着鸟文化来讨论。

1990年，三星堆二号祭祀坑发现三棵青铜树，考古工作者将其中的一棵拼合复原，发现树干高达3.9米，树干分为三层，每层三个枝丫，每个枝丫上立有一只铜鸟，一层三只，三层九只。（图1-1-12）有人推测，树巅上应该还有一只，一共十鸟，也就隐喻十日。① 如此看，那就是后来文献记载的太阳栖息的扶木。《山海经·大荒东经》："汤谷上有扶木，一日方至，一日方出，皆载于鸟。"这段文字是大部分研究三星堆的人都要引用的。还有部分人认为这是古代的"建木"，是联通天地的，是众神上下的梯子。不过这些都不是我们所关心的。我们关心的是，这里的太阳与鸟依然关系密切，与我们前面论述的东南沿海的河姆渡文化、良渚文化、大汶口文化的鸟日文化是不是有联系呢？

三星堆的文明延续千年，过去一直不能清楚地知道它的来龙去脉。直到2001年，距三星堆遗址38公里的成都金沙遗址的发现，让人们找到了它的去处。其中的玉器、铜器、金器多与三星堆遗址相似，因此，考古工作者推测，这是"三星堆文明衰落之后，在成都平原上崛起的古蜀国的又一个政治、经济、文化中心，为古蜀王国的都邑所在地"②。其中最有说服力的是金沙青铜小立人的形制与三星堆大立人高度一致，包括手势，都与三星堆大立人高度近似。（图1-1-13）

三星堆遗址和金沙遗址的主人的联系已经很清楚，但是他们是土著还是外来的？这是我们最关心的问题。

在金沙遗址梅苑地点，出土了十二件玉琮，这是良渚以外比较少见的珍贵文物，其中一件长形玉琮引起了人们的兴趣。（图1-1-14）

---

① 屈小强、李殿元、段渝主编：《三星堆文化》，四川人民出版社，1993年，第178页。
② 成都市文物考古研究所：《成都金沙遗址Ⅰ区"梅苑"地点发掘一期简报》，载《文物》2004年第4期。

图1-1-12　九鸟栖息的青铜树（作者摄自三星堆博物馆）

图1-1-13　左为金沙小立人，右为三星堆大立人（作者摄自三星堆博物馆）
（左图摘自成都市文物考古研究所：《成都金沙遗址Ⅰ区"梅苑"地点发掘一期简报》，
载《文物》2004年第4期）

图 1-1-14　金沙遗址梅苑地点
出土的玉琮

李学勤先生见到此文物，立刻想到了良渚的玉琮。他在《论金沙长琮的符号》一文中指出，金沙的长琮与良渚玉琮高度相似，但是距离遥远，怎么发生联系，他觉得值得寻味。[①] 朱章义、王方的《成都金沙遗址出土玉琮初步研究》指出，金沙 A 型玉琮与良渚文化的玉琮高度相似，其中十节人面纹玉琮应该是辗转流传下来的良渚文化晚期的玉琮，与江苏、上海地区的良渚文化遗物完全是一脉相承的。金沙遗址既有良渚玉琮，也有仿良渚文化玉琮，"反映出良渚文化及其宗教思想对金沙遗址礼制系统的影响"[②]，作者对这种远距离的传播方式同样表示需要进一步探索。这时已经是商周时代，中原地区已经开始有了文字的记载，但是金沙一带却依然以图像叙说精彩的神话故事。

玉琮的相似性只是给我们探讨两地的鸟文化打下了一个基础，我们再来看金沙最著名的金箔造型：太阳神鸟的图像。（图 1-1-15）

该图像于 2005 年被国家文物局选定为中国文化遗产标志，产生了广泛的影响。四鸟绕日，四鸟明显是代表四季，太阳的十二道射线代表十二个月，我们再次感受到，鸟与日是祖先的符号，但同样是时间的符号。只有时间才是存在的真宰，而世界万物的本质存在就是时间。

太阳与鸟，作为图腾，是东南地区甚至更广大区域里的被崇拜对象，但是，作为时间的信仰与象征，作为对于永恒的期盼，更是人们膜拜的对象。

---

① 李学勤：《论金沙长琮的符号》，载《四川文物》2002 年第 5 期。
② 朱章义、王方：《成都金沙遗址出土玉琮初步研究》，载《文物》2004 年第 4 期。

1-1-15　左为金沙太阳神鸟金箔片（作者摄自金沙遗址博物馆），右为中国文化遗产标志

不立文字的图像叙事，数千年表达了一个相同的神话主题：图腾。祖先与时间，既是农业生产的依据，也是子孙对永恒的期望。在中国上古文化体系中，鸟是夷人的氏族图腾，也是夷人的部落图腾。鸟的图案，从东北、东南，到西南、西北，可以排成一个谱系，它们总是能够一脉相承，最终从夷人的图腾转为共同体的吉祥符号——共同体共同的图腾之一。

这些以具象为基础的图像，是最直观的叙事形式，较之自然物，图像可以叠加多项意蕴，一幅图像就是一个句子，而不是像自然物，仅仅是一个词，因此，图像在传达信息方面具有独特的优势，其包含的信息量大大增加。而一旦作为宗教的膜拜之物，它就会被广泛复制，形成惯例，这就是模式，也可以说是母题，可以自由地复制再生。这就是为什么从七千年前到三千年前，四千年的图像旅行，将这种信息最后转移到文字中，而图像自身还在继续其神话叙事的历程。

神话叙述的是非现实的存在，所以必须将现实之物予以加工，添加非现实之物，或者撮合不相干之物，以构成神奇特性，当太阳与鸟结合，神话便产生了：它们本来不相干。真的鸟也肯定不行，所以在这些图像里，它们要么三足，要么一足（如金沙金箔），所以鸟的形变也是神奇故事的起源。因此，人们把变化列为神话的一个要素，是对神话发生的深刻理解。

鸟图像的叙事只是上古众多的神话图像叙事的一个案例，不能涵盖所有的神话图像叙事内容，但是，鸟神话的图像也是绝对经典的，极具代表性，并具有可解读性，所以成为我们叙说中国神话的图像叙事的典型例证。

第四节　两合婚盟到神的符号的诞生

以上我们从纯粹的自然物、具象的图案，到抽象和具象结合的图案，见出这些不同类型的神话叙事的特点。下面我们来讨论史前时期的抽象的图像叙事。

一、 氏族的两合婚盟

中华民族的图腾是龙，这是大家一致认同的，但这并不代表一开始就是这样的，龙成为中华民族的图腾，并得到广泛认同是有一个过程的。尽管人们崇拜的鸟图腾是神，但是天上飞的鸟，总是自然物，所以在三足鸟和凤诞生出来前，神鸟容易与凡鸟相混，制约神性的影响力。与鸟崇拜不一样，龙崇拜较早地摆脱了具象的束缚，这可能是它得以踏步前进的因素之一。

不过迄今为止，对于龙图腾早期发展的了解，不能像对于鸟崇拜那样，排出清晰的演进路线。对于龙的发生还在探索中。我们此前对于鸟图像的讨论基本上是孤立进行的，这并不是说鸟图腾就是孤独的，没有与之婚盟的氏族，而是因为我们主要是讨论鸟图腾的一般意义，以及它在中国古代文化中与时间密切关联的意义。但对于龙图像，我们则把它放在氏族联盟的视角中来讨论，也就是说，放在与其他图腾相关联的地位来讨论。鸟与日的关联是一种一体化的对象，为一个氏族所有，而不同的图腾则是两个氏族分别拥有的图腾，因为婚姻联盟走到一起，所以两合氏族的图腾关联是与婚姻联盟相关的关联，与鸟日一体的单一氏族的图腾神话是不同的。

对于原始时代的组织，笔者过去是从两合氏族组织的角度来考察的。①氏族的发展与其婚姻制度密切相关。早先曾流行过氏族内部通婚的习俗，但由于血亲结合造成的种族退化使人类蒙受灾难，因而族外婚姻逐渐形成，并产生了广泛的内婚禁忌，这给氏族发展带来了活力。

摩尔根指出："当氏族观念日益发展时，很自然地就会出现成双配对的氏族，因为男性的子女既摈斥于本氏族之外，而对于下一代的子女又同样地需要加以组织。只有同时出现两个氏族才能充分达到这个目的；这样，一个氏族的男子和女子才能同另一个氏族的女子和男子通婚；而子女们则各随其母亲而分属于这两个氏族。"② 因族外婚而出现的成对氏族并立现象说明，一个区域不可能仅由一个氏族统治。恩格斯对此也有表示："因为在氏族内部禁止通婚的情况下，每个部落必须至少包括两个氏族才能独立存在。"③因此，人们认为某氏族

---

① 参见田兆元：《神话与中国社会》第六章，上海人民出版社，1998 年。
② ［美］摩尔根：《古代社会》上册，杨东莼、张栗原、冯汉骥译，商务印书馆，1992 年，第 67—68 页。
③ 恩格斯：《家庭、私有制和国家的起源》，见中共中央马克思恩格斯列宁斯大林著作编译局编：《马克思恩格斯选集》第 4 卷，人民出版社，1972 年，第 85 页。

集团单独活动于某一区域的说法都是错误的。这就是外婚的概念，也就是图腾学说的基本内容：同一图腾氏族内部禁止婚配。

这种氏族间的婚姻联盟称为两合婚姻联盟。这种形式必须是两个氏族或成对的氏族间的婚姻，而不是三个或者更多的氏族联盟，这是为什么呢？蔡俊生先生指出："这不是一个理论问题，而是事实问题，至今所知道的所有最古老的氏族之间的婚姻形式都是两合的，或者说对等的——甲氏族的全体女子是乙氏族全体男子的妻子，相应地乙氏族的全体女子是甲氏族全体男子的妻子"①。我们只能把它作为人类文明发展史上的一个既存事实来看待。

二、 龙族的联盟与神灵符号

中国古代的氏族结盟在考古发掘中有清晰的表现。龙族是中国历史上一个实实在在的强大群体，不仅在后世的文献中有明确记载，考古中也有丰富的图像和实物遗存。龙族曾经与多族结盟，并以多样的形式与他族结盟，最终造就了它在中华民族神话信仰历史上的核心地位。

龙族与鸟族（凤凰）的结盟是引人注目的，如凌家滩出土的玉璜，就是这一地区氏族结盟的物证。凌家滩新石器时代的遗址，距今五千年以上，起始时间略早于良渚文化。考古学家俞伟超在《凌家滩璜形玉器是结盟、联姻的信物》一文中指出，璜形玉器一头为虎，一头为鱼或者兽类，它们在这里不是代表军事结盟，"惟一妥当的解释是，两种动物就是两个氏族的图腾祖先的象征物。一件璜形器上出现两种图腾，自然意味着这件璜形器就是氏族—部落实行'联姻'的信物"②。这到底是一件什么样的信物呢？我们来看一看：这实际上就是一龙一凤的物象，左侧的一块是后来反复出现的玉龙头的造型，而右边的玉璜则是很清楚的鸟嘴。（图 1 - 1 - 16）应该说，这是最为珍贵的古代氏族生活的宝贵遗存。

这些图像，有力地支撑了我们对于上古神话与氏族生活关系的判断。与大汶口、良渚、三星堆这些东南地区与西南地区的鸟文化稍有不同，凌家滩文化是由长江中游向中原挺进的鸟文化，带着明显的鸟日一体的信仰传统，与良渚文化并行发展。比如，良渚文化以玉琮为显著特征，凌家滩文化则以玉璜、玉环等为显著特点。唯一相同的是，它们都有鸟日一体的图像。（图1 - 1 - 17）

① 蔡俊生：《人类社会的形成和原始社会形态》，中国社会科学出版社，1988 年，第 203 页。
② 俞伟超：《古史的考古学探索》，文物出版社，2002 年，第 99 页。

有人将图 1-1-17 中左边的玉器理解为鹰猪一体，但考虑到这里的玉器好打洞的特点，这个造型也可以理解为单独的鹰鸟的造型，两头是它的翅膀。老鹰身上的太阳光芒，还没有十二道的记时特点，但图右边的玉太阳，则应该具有四季或者东南西北方位的初步意向。我们继续鸟文化的叙事是想说明，河姆渡文化的鸟日一体造型应该对该地区是有实际影响的，或许是河姆渡的后人一支向西北迁移到此（江北地区）发展，一支向北方向发展，各自有所创造，但都是鸟文化的后裔。当然河姆渡文化的走向不是这样简单的描述就能够说清楚的，这只是说明了其中的部分走向。凌家滩的鸟文化遇到了南下的龙文化，它们在这里结成了联盟。

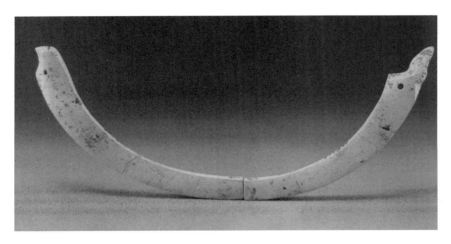

图 1-1-16　凌家滩龙凤玉璜

（摘自安徽省文物考古研究所编：《凌家滩玉器》，文物出版社，2000 年，第 56 页）

图 1-1-17　凌家滩玉鸟与玉太阳

我们就这样从了解了鸟日文化后开始说龙文化。这主要是因为这里的龙凤部落结盟可以与前面的论述衔接起来，既能看到鸟图腾的广泛影响，也能看到我们理解龙文化的一个基础，那就是从两合氏族婚姻联盟的角度来讨论图腾间的关系。

我们先来看濮阳"中华第一龙"的图像。1988年，在河南濮阳西水坡发现一处古文化遗址，堆积从唐宋开始计七层，最早之六、七层为仰韶文化早期，四、五层为仰韶文化晚期。其中有蚌壳摆塑的动物造型，计有三组。第一组在著名的45号墓中，摆塑于墓主人的两侧，有龙虎的造型；（图1-1-18）第二组蚌图摆塑有龙、虎、鹿等图案，龙虎蝉联为一体，有鹿、蜘蛛围绕；第三组蚌图摆塑有人骑龙虎的造型。[①] 总之，它们是以龙虎为主题的图案。这些图案大约距今六千年。

人们称45号墓中的蚌塑龙为"中华第一龙"，将其作为古代天文学的重要资料来看，因为后代的文献《礼记·曲礼》中记载有左青龙、右白虎的行军阵势，而天文二十八宿中，青龙、白虎也是重要的内容。由于此地为传说中的颛顼故国，因此引发人们对于墓主人的诸多猜想。很多人认为墓主人是懂天文的大巫师，或者是骑龙升天的首领。张光直先生甚至认为这是原始道教的龙虎鹿

图1-1-18　河南濮阳西水坡45号墓龙虎图像

---

① 濮阳西水坡遗址考古队：《1988年河南濮阳西水坡遗址发掘简报》，载《考古》1989年第12期。

三跷，即巫师骑行的通天工具。① 这是他关于古代器物上的动物主题的一贯论调，即动物是巫师升天、沟通天地的工具。可是，他拿出东晋葛洪《抱朴子》里的材料，实在是让人难以置信。而将其理解为青龙白虎之四灵，与二十八宿之东西十六宿，也是很难确信的。因为后来发现完整的二十八宿图像是在战国时期随国曾侯乙墓中，时间差距达三千年，把这两幅图像说成是天文图，似乎说服力也不是很强。

我们把它理解为联盟，即该地区的龙虎联盟，应该更符合历史的事实。这里没有鸟的符号，显然鸟文化主要是在周边产生，逐渐向中原渗透的，而龙则主要在中原和北方，逐渐南下和向四面辐射，与各部落相互交融。在当地，这里有与虎族的结盟，南下则有凌家滩的龙凤结盟，而向北方我们似乎也能够看到这种龙文化与其他文化结合的影子。

龙作为一个图腾神物，起初或许有相关动物为本，但是它与鸟不同，龙成为超越具体动物的抽象的神物，以各种艺术形式传承着。

红山文化遗址也曾经号称发现了"中华第一龙"，它的形象，是龙与兴隆洼文化的玉玦结合的形象。（图1-1-19）兴隆洼文化是北方新石器时代一种重要的文化形态，以聚落性居住和早期玉器使用为显著特征，尤其是古玉的使用，其中玉玦的数量最多。兴隆洼文化玉器距今八千年左右，是中国最早的成形玉器和真玉器，被认为是红山文化玉器群的直接源头。②

龙的抽象性与玉器的固有程式是密切关联的，它要受制于玉器形态的成规。

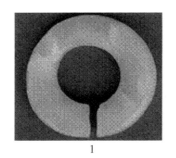 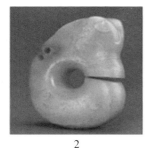 

1　　　　　　　　　2　　　　　　　　　3

1. 兴隆洼玉玦　2、3. 红山玉龙

图1-1-19　兴隆洼玉玦与红山玉龙

① 张光直：《中国青铜时代》（二集），生活·读书·新知三联书店，1990年，第95—101页。
② 中国社会科学院考古研究所内蒙古工作队：《内蒙古敖汉旗兴隆洼聚落遗址1992年发掘简报》，载《考古》1997年第1期。

因此，即便是曾经的具象动物，也在这种玉器之中被超越。而一旦龙的形象被玉器固化，龙就不再是那种原有的形貌了。被称为"中华第一龙"（后来被濮阳龙所替代，当然也可以说是第一玉龙）的三星他拉的玉龙，或谓猪龙，或谓熊龙，[1] 但都被玉器的成规所制约以至于抽象化。

　　我们感兴趣的还是这些龙与谁在一起。在辽宁凌源县（今凌源市）三官甸子城子山遗址出土了一些红山文化的文物。（图1－1－20）玉猪龙与玉鸟在一起，引发了我们对这个地区的氏族联盟的想象。这里的玉鸟是玉燕，燕子是后来的玄鸟。在北方，燕子是典型的候鸟，也是物候天象的传达者，它们就像夏威夷的罗诺（Lono）神，周期性到来。[2] 这既是季节性吉祥的预兆，也是保护神的降临。更重要的是，辽河流域有发达的农业文明，人们对于季节更替有依赖，这就是燕子这样的动物被神化、被奉为图腾的原因。而猪是居民生活所依赖的动物，也因此被奉为图腾。猪的艺术转化，逐渐成为今天的龙的来源之一。城子山的玉猪龙与玉鸟的遗物，也应该是那一地区氏族联盟的见证。俞伟超先生将辽宁喀左东山嘴遗址的性质判断为部落联盟的祭祀场地，因为这样大规模的祭坛，不是一个氏族能够拥有的，就是修建这样一个工程，也是单一氏族单一部落难以完成的，所以这是联盟的场所。[3] 这一带的联盟，可能不止我们提到的猪龙与燕子的联盟，还有很多的婚姻联盟，最后形成一个较大的区域共同体，而这个共同体的公共祭祀中心就在东山嘴。

　　如果我们回过头来看河姆渡文

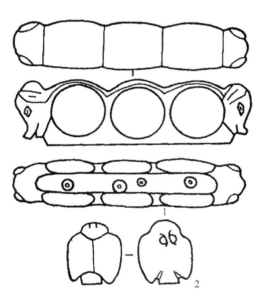

1. 玉猪龙　2. 玉鸟

图1－1－20　红山玉猪龙与玉鸟

---

　　① 张星德：《红山文化研究》，中国社会科学出版社，2005年；孙守道、郭大顺：《论辽河流域的原始文明与龙的起源》，载《文物》1984年第6期。

　　② 参见［美］马歇尔·萨林斯：《"土著"如何思考——以库克船长为例》，张宏明译，上海人民出版社，2003年。

　　③ 俞伟超：《古史的考古学探索》，文物出版社，2002年，第103—105页。

化的文物，就会对那里的猪的图像有新的看法。河姆渡人没有近亲结婚，这里的鸟氏族也是要与其他氏族婚配的。我们看到，河姆渡遗址除了鸟的图案，刻画最为精彩的就是猪了。猪与鸟的搭配，在南方与北方的这种相似性，不一定就是巧合，应该是农业社会中，对于天象、收成的共同关切。从红山玉与南方玉器之间的某些关系看，这种相似可能还不仅仅是共同的农业文化属性所致，南北间还应该存在着一定的交流。

以上河姆渡的猪鸟联盟，凌家滩的龙凤联盟，濮阳西水坡的龙虎联盟，红山文化的猪（龙）鸟联盟，都不是偶然的，都是龙图腾早期集团活动的一些影子。大体上说，在东部沿海到东北的红山文化这样的一个广阔区域里，鸟与猪龙的关联是一个突出的问题。

在河南、陕西一带的仰韶文化里，至少有蛙鸟联盟与鱼鸟联盟两大部落群体。蛙鸟集团向西扩散到甘青马家窑文化，而留在陕、豫故土的则是鱼鸟联盟，其证据是这一带出土的鱼鸟相衔图纹（图1-1-21）。陕西宝鸡出土陶器上的半坡型鱼鸟相衔纹是迄今为止所见最早的鱼鸟同现的图纹，由于时代尚早，S纹的定势尚未出现。即便是庙底沟型的两幅鱼鸟相衔图，依然为实相。陕西武功出土陶器上的鱼衔鸟头图虽有些抽象痕迹，但原质未褪。这些都实实在在地表现出氏族间的联盟关系。

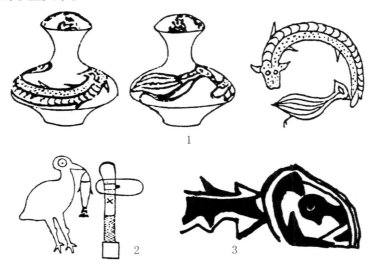

1. 陕西宝鸡出土陶器上的鱼鸟衔尾纹　2. 河南临汝出土陶器上的鸟衔鱼头纹

3. 陕西武功出土陶器上的鱼衔鸟头纹

图1-1-21　鱼鸟联盟

对于河南临汝出土陶器上的鹳、鱼与石斧组合的画面，有种种不同的解释。赵国华认为那是两性交媾的象征，鱼代表女性，鸟代表男性，鱼鸟相衔象征男女交媾，具有生殖崇拜意义。[①] 严文明先生则认为石斧表现的是酋长的权力，而鱼鸟之斗是氏族冲突的反映，表现的是白鹳氏族与鲢鱼氏族的殊死战斗，最后白鹳氏族取得了胜利。[②] 在这里，与其说是氏族搏斗，不如说是氏族联姻，它有生殖崇拜的成分在，但统摄于图腾崇拜之下。因为从画面看，鱼与鸟之间并不像是在做生死搏杀。陕西武功出土陶器上的花纹则是鸟头伸向鱼嘴，有如主动就范，似不能解释为鱼族大胜鸟族。鸟头轻触鱼嘴，其状似在亲吻，当释为两族的姻亲联盟为是。陶思炎也认为是两性文化的象征，又有图腾外婚的提法。[③] 笔者赞同图腾外婚说，但这里是两合婚姻联盟说的一个例证，并且，可以用鱼龙互化说将其解为龙凤结盟的又一种形态。

鱼就是龙的前身之一，后代鱼龙互化的神话就是从这最早的形象中演化出来的。《山海经·海外南经》有"虫为蛇，蛇号为鱼"之说，后世人们将龙蛇互混，则龙蛇鱼三者通约。陕西宝鸡出土陶器上的半坡型的鸟所衔之鱼，扁长之躯颇与蛇近，是最具龙形的西部图像。鲧生禹是一个著名神话，鲧为鱼类，大禹则为龙。《山海经·海内经》注引《开筮》："鲧死三岁不腐，剖之以吴刀，化为

人头鸟纹部分

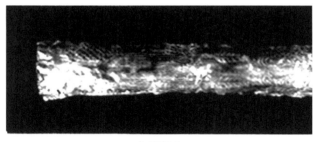

鱼纹部分

图 1-1-22A　三星堆金杖鱼鸟纹

（摘自四川省文化厅等编：《三星堆祭祀坑出土文物选》，巴蜀书社，1992 年，第 25 页）

---

① 赵国华：《生殖崇拜文化论》第六章，中国社会科学出版社，1996 年。
② 严文明：《仰韶文化研究》，文物出版社，1989 年，第 306—307 页。
③ 陶思炎：《鱼考》，载《民间文学论坛》1985 年第 6 期。

黄龙。"鲧由鱼类转为龙蛇，说明了二者实际存在的渊源关系。《左传·昭公二十九年》蔡墨语云："共工氏有子曰句龙，为后土"。后土即社神禹，名句龙，而共工则是鲧，它是鲧音读长后的变异，所以鱼类的鲧是变为龙类的禹了。这是神话里的一种说法，它反映出真实的部落图腾的演化及联盟关系。

鱼鸟联盟一方面向龙凤联盟演化，一方面还保持自我，我们还可以举出三星堆和金沙的鱼鸟联盟的例子。（图 1 - 1 - 22A、1 - 1 - 22B）

图 1 - 1 - 22B　金沙金箔鱼鸟纹饰

（摘自成都市文物考古研究所：《成都金沙遗址 I 区 "梅苑" 地点发掘一期简报》，载《文物》2004 年第 4 期）

这两种图案一脉相承，可以视为这种联盟的长期延续。笔者把这种现象解释为鱼凫的联盟，即鱼部落与凫部落的联盟，鱼凫是后来人们对于这个联盟的总称，最后误为鱼凫，变成了单一的氏族首领的名称。[①] 这里比较神秘的是鱼鸟之间有一支箭连起来，似乎从鸟射向鱼。按照隐喻论的说法，鸟是阳性的代表，鱼是阴性的代表，箭有性隐喻，如《礼记》中记载，春天，天子 "授以弓矢于高禖之前"，箭的性隐喻确实存在。

图 1 - 1 - 23　妇好墓玉龙

（摘自中国社会科学院考古研究所编著：《殷墟妇好墓》，文物出版社，1980 年，第 126 页）

这些符号既是神的符号，又是部落联盟的标志，只是这里还是以具象的形式出现的。这在古代应该是很普遍的现象。但是，只有抽象的神的符号出现，才是信仰发展的一个飞跃，神话也才会有一个更大的超越现实的空间。

---

① 参见田兆元：《神话与中国社会》第一章，上海人民出版社，1998 年。

这些鱼与猪一样，在成为玉器的形制后，都发生了变化。(图1－1－23)

如此看，我们把鱼理解为龙的前身之一，一方面是有语言神话的支撑，一方面也是受制于器物造型的结果。龙形在很大程度上受到玉块造型的影响，随后这种形状逐渐成为人们的共识，于是，我们便发现了典型的龙的造型，逐渐又演变成了"龙"字(图1－1－24)：

图1－1－24　甲骨文中的若干"龙"字

(摘自邢捷、张秉午：《古文物纹饰中龙的演变与断代初探》，载《文物》1984年第1期)

龙一定要弯曲成一个S的形状，这就是龙演变的图像形体的最终结果，即典型图示。

那我们再看看凤的演变是什么样的，以下是我们据甲骨文的描摹：

这不还是一个S纹核心吗？可见，头部、尾部都是可以变化省略的，S纹主干不能变，省去了S纹，不仅字体崩溃，还将使"凤"字丧失神性。所以，"凤"字是S纹先行，在神主体精神原则下，参以客观具象而成。

鸟转为S纹，在新石器时代的马家窑文化里就已完成。鸟类中脱颖而出的凤在商周秦汉都遵循着以S纹为核心再加些许具象的造型原则。这是一种巨大的传统惯性，挟带着新石器时代以来奔涌的宗教洪流，不由自主地在传统的推进下保持旧有的作风。商周时期对S纹的采用是十分自觉的，凤鸟也要弯成S

形，这实在不是偶然。就商周秦汉的一些纹饰看，凤的实相是在尽量S形化如图1-1-25的1、2、3图，尽管已有些刻意追求S化造成了变形，但凤形的实相性保存着，4图是龙凤荐享图，画面已经抽象化，其中象征文字被提炼后的装饰图案恰如其分地表现了画面主题。

〄和屮以及九都是牺牲之物，即羊，是甲骨文〄的描摹修饰，双龙与双凤正在痛快享受供奉。龙凤皆为神，龙以S形描画自不待言，凤或以S形上施一凤头，或从头至尾纯以S形稍加装饰而成。这种构图绝非无意识的纯审美性行为，而是对达成共识的神的符号的一种稍带创造性的描画。

龙与凤图腾的联盟在我们找到的这些图像中得到了具有一定说服力的呈现，其图像叙事语言告诉我们，龙凤两大氏族曾经是婚姻联盟，后世将龙凤密切关联，是具有上古时期的神话叙事的依据的。今天，这些依据就是这些图像。龙族与他族的联姻肯定不止我们前面提到的这些，但这些图像遗迹已能带给我们对于一个伟大的历史传统的记忆。

这些图像中，引人注目的是两个氏族图腾的抽象形态的靠近：它们逐渐离不开一个纹饰，那就是S纹。它们在交流着，寻找共同的神的符号。

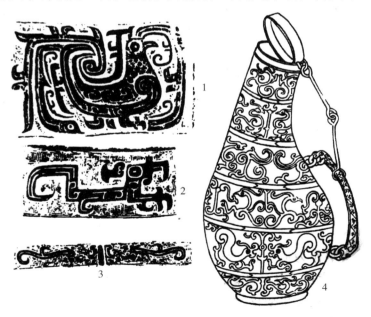

图1-1-25　青铜凤纹

（图1、2、3摘自马承源主编：《中国青铜器》，上海古籍出版社，2003年，第340页；图4摘自梁诗正、蒋溥等：《西清古鉴》，上海书店出版社，2012年，第399页）

157

三、 蛙鸟联盟的神话与符号

现在我们把眼光转到彩陶时代的图案，来讨论抽象的符号问题，来看这样一些现在看起来寻常，却可能意味深长的符号。（图1-1-26）

这两种纹饰的选择大体上呈现东西的不同，但是不宜视为地域差异。前面说到，那些鱼鸟图案、龙凤图案，它们都是神的具象符号，那么这些彩陶图案是不是也是神的符号呢？

中国彩陶时代从距今八千年左右的时候就开始了，到距今三千年以前消失，延续大约五千年，但辉煌的时期还是在仰韶文化与甘青地区的马家窑文化时期。彩陶主要在中原和西北地区流行，而在东南地区，彩陶少得可怜。

与东南地区具象图像较多不一样，彩陶的纹饰大都是抽象性的。有两种主要的纹饰，即以三角形连续形成的W形为基础的构图与半圆形连续形成的S形为基础的构图，分别加上一些点缀，甚至一些变体，但是核心主体不变。这两种符号我们都将其理解为抽象的神的符号。

之所以这样说，是因为这些符号和后来的文字"神"存在很大的相关性。如甲骨文的"神"字，最初是"申"（图1-1-27）：

很明显，这里的"神"字，都有三角形与半圆形的连续笔画，实际上就是W和S的符号主体在支撑着这个文字的结构。这就

图1-1-26 抽象的彩陶纹

（摘自田兆元：《神话与中国社会》，上海人民出版社，1998年，第3页）

是"神"字的两种类型。我们要把这些文字与彩陶纹饰联系起来。我们先讨论 W 彩陶纹饰的神性。

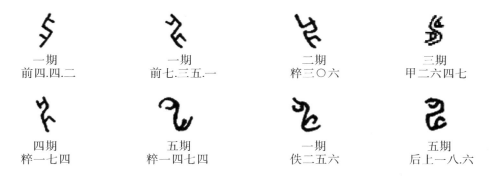

一期	一期	二期	三期
前四.四.二	前七.三五.一	粹三〇六	甲二六四七

四期	五期	一期	五期
粹一七四	粹一四七四	佚二五六	后上一八.六

图 1-1-27 "神"字的演变

（上排四字及下排前两字摘自高明编：《古文字类编》，中华书局，1980 年，第 428 页；下排后两字摘自徐中舒主编：《甲骨文字典》，四川辞书出版社，1989 年，第 1599 页）

陶纹之所以被视为与神有直接联系，首先因为陶器本身被用于祭神。《礼记·郊特牲》："器用陶匏，以象天地之性也。"在新石器时代，没有青铜器，陶器是祭神的首选礼器。1979 年，辽宁喀左县东山嘴文化遗址的发掘，向人们展示了中国新石器时代一座规模宏大的祭祀天地的祭坛。那里的方形基址和圆形台址是祭祀社神和天神的场所，是源远流长的天圆地方观念的体现，遗址中还有女神像及祭神法器双龙首璜形玉饰和鸮形绿松石饰。专家们确信这一遗址为曾经的祭天地场所的主要依据是女陶塑像及方型基址和圆形台址。然而，人们忽略了遗址中的遗物主体陶器。全部遗物的百分之九十是陶器，若不是用于祭祀，在一个祭神遗址里放上这么多陶器是不可思议的。值得注意的是，那些陶器上的纹饰是"以直线条组成的各种几何形图案为主，如三角形纹、菱形纹、平行宽带纹等；其次为一种多道同心圆条纹和三角勾连纹的组合"[1]。对那些碎陶片图纹进行观察，所谓的三角形纹实际上是连续的 S 和 W 的局部图案，跟马厂型和半坡型的连续纹样大致相同。这个祭神场所大量陶器及陶纹上类 S 纹饰的出现，进一步说明了陶纹同神的联系。

这种纹饰究竟跟哪些神灵有联系呢？大多数的彩陶纹饰都是动植物等具象物的抽象或实录，这种纹饰不是为了真正的美术欣赏的目的，具有很强的功利

---

[1] 郭大顺、张克举：《辽宁省喀左县东山嘴红山文化建筑群址发掘简报》，载《文物》1984 年第 11 期。

性。"彩陶纹饰是一定的人们共同体的标志，它在绝大多数场合下是作为氏族图腾或其他崇拜的标志而存在的。"[1] 在区分不同文化类型时，纹饰是居于核心地位的标志，一定的陶纹就是一种文化的代表。文物专家这样指出：

> 如果认为陶工在画彩陶图案时是没有制约的，则是一种错误的看法，相反，彩陶上的花纹的题材和样式不是由陶工任意选择和创作的。彩陶上主要花纹的母题多含有一定的意义，并且提炼成简明的纹样，而在一个时期内具有共同遵循的规范、格式，成为同一部族推崇的纹样，因此彩陶上的花纹往往是区别不同的类型文化的重要标志。[2]

所谓部族推崇的纹样主要为图腾纹饰。新石器时代，文化类型的区别主要体现在各集团崇拜不同的神灵与图腾上，因而陶纹主要跟图腾神发生联系。

图腾崇拜是生殖崇拜的延续和发展。图腾解释氏族的由来，即祖先是从哪里来的。图腾把两性的生殖活动转化为一个神，实际上是生殖活动的象征。图腾的一端接在性崇拜之上，它其实是在崇拜男女两性的人类自己，只是男女两性都蒙上了一层神的外衣。

彩陶是母系氏族社会的产物。郑为曾这样说过："在新石器时代中期盛行彩陶制作，氏族社会是处在母系阶段，只是在彩陶艺术衰微的后阶段，氏族社会开始向父系过渡。"[3] 彩陶的兴盛是母权制强大的一个标志，它记载着那一个时代女性的辉煌。母权制把彩陶艺术推向了一个高峰，衰败便紧跟而来了。试以邹县野店为例，那里的文化延续了一千五百年左右。据测定，存留于距今 6170 ±140 年至 4640 ±185 年间。野店大汶口文化可分为五期，第一期为母系氏族制尾声，第二期和第三期遗留有许多母系氏族制因素，第四期和第五期则明显进入了父系氏族社会。与此相应，陶器表面纹饰逐渐减少，由偏早阶段的 70% 降为后来的 50% 左右。[4] 青海柳湾的原始社会墓地的发掘情况也是如此。柳湾共发掘出一千五百座墓葬，其中包括马家窑文化的半山类型、马厂类型以及齐家文化与辛店文化类型。从葬式考察，半山类型是以母系为中心的氏族社会，马厂类型似乎处于母系氏族社会向父系氏族社会的过渡时期，齐家文化则已进入父权制时代。马厂型是过渡期，那正是母权制的鼎盛期，那时的彩陶艺术体现了母系氏族文化的繁荣及父系氏族文化的生长，是柳湾彩陶文化的高峰。但到了

---

[1] 石兴邦：《有关马家窑文化的一些问题》，载《考古》1962 年第 6 期。

[2] 张朋川：《中国彩陶图谱》，文物出版社，1990 年，第 149 页。

[3] 郑为：《中国彩陶艺术》，上海人民出版社，1985 年，第 68 页。

[4] 山东省博物馆、山东省文物考古研究所：《邹县野店》，文物出版社，1985 年。

柳湾齐家文化时期，彩绘花纹趋于简化，笔调显得疏朗，彩陶已明显出现衰弱之象。到了柳湾的辛店文化时期，已经完全属于父系氏族社会，彩陶便销声匿迹了①。在中原仰韶文化繁荣时期，半坡类型和庙底沟类型的彩陶大放异彩，后来出现了后冈类型的彩陶，纹饰则极为简单，主要用四至六条垂直平行短线，顺口沿而下成组间隔排列，或者以斜线画上一些粗糙的网状，这正是中原仰韶文化衰落，龙山文化形成时的一种过渡纹样。此时陶器的制作技术愈趋精工，而纹饰则愈趋简化草率。② 这一趋势也是跟父权制取代母权制相联系的。这一普遍现象有力地说明，彩陶纹是跟母权制相联系的符号，彩陶纹是我们研究母系氏族社会文化的重要材料。

这样，我们便可以从彩陶纹中首先求出女性崇拜与图腾崇拜的神的原型。

生与死是原始人类关注的两大主题，因而灵魂崇拜与生殖崇拜是早期宗教信仰并行的两个轮子。生是一种永恒的渴望，即便是死了，人们也希望再生。灵魂崇拜是为再生祈祷。无疑，是女性生育了人类，因而，生殖崇拜先是对女性的崇拜。在我国新石器时代，曾有过具有浓厚母权制特点的社会组织占统治地位的时期，女性备受尊崇。1983 至 1985 年间，辽宁牛河梁红山文化遗址中发现了一座"女神庙"，那是中国人在五千多年前的一项杰作。那里发现的女性头部泥塑，大小如真人，眼内嵌有圆形玉片为睛，炯炯有神，女人率先庄严地登上了神坛。③ 把女人推向神坛的是女人自己，当然也包括男人，但首先是女人，因为她们是彩陶生产的主人。

美国人类学家弗朗兹·博厄斯在《原始艺术》一书中指出，艺术的创造跟制造者有直接的联系。如加利福尼亚印第安人原始工艺品的制作，编筐的工匠都是妇女，故编织艺术的创造者主要是女人，男人制造的艺术品就显得微不足道。但在加利福尼亚北部的印第安人的主要生活用品是木制的，这里是男人从事木工行业，他们制作的木制品造型优美而又品种多样，装饰图案也华丽精致，木制品艺术的创造者都是男性，其中女人的艺术才能及创造性几乎看不到。在美国南部的普韦布洛印第安人那里，许多村庄的主要工艺是制陶业，最高超的艺术表现形式也是体现在陶制品上。这里的陶制品是妇女艺术的体现，因为制陶器的匠人多为女性。博厄斯因而得出结论："无论哪一种工艺，其技术和艺术

---

① 青海省文物管理处考古队、中国社会科学院考古研究所：《青海柳湾》上册，文物出版社，1984 年。
② 参见郑为：《中国彩陶艺术》，上海人民出版社，1985 年。
③ 辽宁省文物考古研究所：《辽宁牛河梁红山文化"女神庙"与积石冢群发掘简报》，载《文物》1986 年第 8 期。

的发展均存在着紧密的联系，技术达到一定的程度后，装饰艺术就随之而发展。……从事生产的是男性，艺术家则多为男性，若从事工艺制作的是女子，那么女性艺术家就较多。"①我国新石器时代的彩陶制作处于母系氏族社会阶段的，大多数是手制的。仰韶文化中的陶器制法以手制为主，有的是在制成后再放到慢轮上去修整口沿。② 在柳湾马厂型墓葬里，有陶器一万三千余件，这些陶器绝大多数也是手制的。③ 就像美国南部的印第安人手工制陶者多是女人一样，我国母系氏族社会的彩陶生产者即使不全是女人，女人也是重要的参与者。陶轮制陶是父系氏族社会的事，可那时彩陶已近消亡。是女人创造了灿烂的彩陶文化，她们在宗教与艺术中将自己列为主角崇拜、颂扬，成为那一个时期的文化主潮。

我们取一母系氏族社会繁荣时期的彩陶标本进行分析（图1-1-28），图中是柳湾墓564的殉葬品中彩陶的一部分。这里分为两排，上排六只陶器上可明显看出青蛙纹的痕迹。蛙纹是乐都柳湾陶器上的重要纹饰，由于蛙肢呈三角形，便形成了以三角形连续而成的W纹为主要特征的蛙纹图案，下排六只陶器上的纹饰是第一排的简化抽象的式样。这种演变的过程十分清楚。

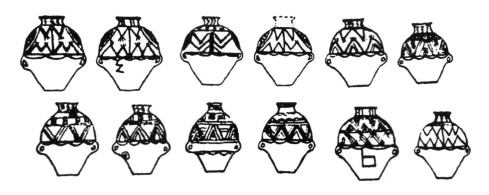

图 1 - 1 - 28　柳湾墓 564 彩陶

（摘自青海省文物管理处考古队、中国科学院考古研究所青海队：《青海乐都柳湾原始社会墓地反映出的主要问题》，载《考古》1976 年第 6 期）

这是 W 纹饰来源的直观体现，这里流行着蛙崇拜，在陶器上体现了出来。按照一般规律，这应该是一个蛙图腾的氏族的领地。

---

① ［美］弗朗兹·博厄斯：《原始艺术》，金辉译，上海文艺出版社，1989 年，第 12 页。
② 安志敏：《我国新石器时代的仰韶文化和龙山文化》，载《历史教学》1960 年第 8 期。
③ 青海省文物管理处考古队、中国社会科学院考古研究所：《青海柳湾》上册，文物出版社，1984 年。

在动物世界里，蛙是极富生殖能力的动物，蛙因此成为女神的象征。在姜寨与庙底沟的陶纹里，蛙腹被夸张得十分厉害，这是对青蛙生育能力的崇拜。蛙之与女人发生关系，在柳湾的一个人像彩陶壶上可以得到证实。（图1-1-29）这件彩陶，"彩绘一组对称两圈网纹。另一组为蛙身纹加塑绘裸体人像。塑绘人像是先捏塑出裸体人像，然后在人像各突出部位之周围黑彩勾勒。头面在壶之颈部。目、口、耳、鼻俱全，披发，眉作'八'字形，小眼，高鼻，硕耳，张口。器腹部即为身躯部位，乳房、脐、下部及四肢袒露。乳房丰满，用黑彩绘成乳头，上肢双手作捧腹状，下肢直立，双足外撇"①。根据这段描述，再仔细观察图像，可确认该人像为女性无疑。人像的背后是一幅典型的蛙纹，就在人像的下两侧，也各有一道蛙肢伴随。实际上，女人像是人形化了的蛙神，蛙纹则是女神的象征实体。蛙、女性在这里是统一在一起的。如果说蛙是神，这个女性也就一定是女神。

女性崇拜在经过了赤裸裸的对生殖器本身的崇拜阶段以后，开始走向对女性象征物的崇拜阶段。生殖文化研究的专家指出：鱼、蛙等生物，莲花、柳叶等植物，是女性生殖器的象征。继象征物后便是象征符号，一般来说，象征符号是女性生殖器的直接抽象物，其符号状如三角形、椭圆形、圆形、菱形、圆中加点等，象征女性的一些特征。但另一种符号则是从女性象征抽象而来，如来自鱼、蛙等。这种符号与女性实物日趋分离后强化了符号性，因此获得抽象的神性，并在摒弃了具象后使神开始抽象出来演变，在中国古代神的符号的形成过程中具有十分重要的意义。某种具象是神物，而符号是神物具象的抽象，则抽象符号本身成为神，这就是一个抽象的W纹就成

图1-1-29　柳湾女神彩陶

（摘自青海省文物管理处考古队、中国社会科学院考古研究所：《青海柳湾》下册，文物出版社，1984年）

---

① 青海省文物管理处考古队、中国社会科学院考古研究所：《青海柳湾》上册，文物出版社，1984年，第116页。

为"神"字核心结构的原因所在。

蛙成为女神的象征，并产生了相关的神话，更重要的是，蛙纹的抽象化成了神的符号的重要来源。

在我国的新石器时代，从中原的仰韶文化到西北马家窑文化辽阔的区域里，蛙崇拜都十分流行，证以这一地区绵绵不断的彩陶纹及后代流行神话，说明那时确实有一个面积辽阔且时间延续持久的蛙文化区。中华民族神话中最古老的先祖之一是女娲。《说文解字》："娲，古之神圣女，化万物者也。从女，呙声。"后人认为，女娲即蛙，女娲实为月神，因为嫦娥为女娲的变体，而月中有蟾蜍，蟾蜍也属蛙类，汉帛画即有月中蛙图案，可知女娲本为蛙神。[1] 由此看来，蛙纹转变为 W 符号进而成为神的代表是理所当然的。

过去人们一直认为女娲是中国南部苗蛮民族的创世神。此说由芮逸夫提出，经闻一多进一步阐发而影响极大。近年，民间文学工作者通过考察发现，中原一带有女娲文化的遗存，而陕西骊山一带至今还保留着有关女娲的民俗及蛙图腾崇拜的遗习，如农历正月二十要过"补天补地节"，也称"女王节""女皇节"，节日的主要内容是吃"补天饼"。《路史·后纪二》罗注："蓝田谷次北有女娲氏谷，三皇旧居之所，即骊山也。""骊山有女娲治处。"有的同志因而认为，临潼姜寨彩陶盆壁的蛙纹就是骊山女娲氏的蛙图腾的造像。[2] 女娲的纪念性建筑，如女娲陵、女娲阁、女娲墓、女娲庙在中原一带历历可数。[3] 女娲实为古中原一部落的首领，后被神化为创世神，她的部落以蛙为图腾，故号为女娲。性崇拜转为图腾物是件轻而易举的事，因为性象征物本身就因为性崇拜而具神性，氏族组织在推究先祖的来源时，很自然就跟生殖神挂上钩，这样便造就了蛙这一融女性崇拜与图腾崇拜为一体的神物，女娲又从图腾物中诞生出来，所以，蛙的符号成为神的符号的重要来源。

蛙纹的一般简化形式为蛙肢，其形为 ⋏⋏，就是后来的上帝符号也由此简化而来。卫聚贤先生于《古史研究》中有这样的论述："在新石器时代的彩陶（Painted Pottery）上多有三角形如'▽'的花纹，即是崇拜女子生殖器的象征。此三角形后演变为上帝的'帝'字。铜器的'▽巳且丁父癸'鼎，及'▽巳且

---

① 何新：《诸神的起源——中国远古神话与历史》第三章，生活·读书·新知三联书店，1986 年。

② 张自修：《骊山女娲风俗及其渊源》，见中国民间文艺研究会陕西分会编印：《陕西民俗学研究资料》第 1 集，1982 年。

③ 张振犁：《中原古典神话流变论考》，上海文艺出版社，1991 年，第 45 页。

丁父癸'卣，上一字'▽'为帝"①。卫先生仅把"▽"视为女性崇拜是不全面的，因为仅为性器象征不足以成为大神，唯有图腾才能获得崇高的地位，才无所不在地统治或影响着氏族群体的生活。

陶器纹饰之蛙纹由于上下各有一道边线，故常作▨▨状。这种纹饰看上去就是一个个倒三角形的并立，▽取其一也。帝也是神，所以可以从抽象化了的神的符号里选取作为代表，这时的抽象蛙纹也不再仅代表青蛙或者女性或者蛙图腾、女娲神，而是神的类代表。▽是蛙符号的部分截取，它的恒定式样为∧，既可改变为▽，又可删简为∨，乃是蛙之神纹的变种。汉画像石女娲手持之矩即如此，其形为⌐，像地，像月，也是神性的体现。

以上我们由蛙纹看到女性崇拜、图腾崇拜所产生的神，初步分析了第一类神的抽象符号的来源。

神不是孤立一元地生长出来的，鸟崇拜也是神的生长之道之一，它跟S纹的形成也密切相关。还在母系氏族社会的繁荣时期，男性崇拜就开始出现了。考古学的材料证明，男性崇拜略后于女性崇拜，它们之间存在着一个并行发展期，只是在进入父系氏族社会后，男性崇拜居于统治地位。

对男性的崇拜，既表现为对男性生殖器之仿制品如石祖、陶阴的崇拜，也再现为对男性的象征物的崇拜。鸟是原始男性崇拜的重要象征物之一。如同蛙崇拜一样，鸟崇拜也是性崇拜与图腾崇拜相结合的宗教行为。前文主要讨论了鸟崇拜在东南、西南与东北的部分表现，旨在说明具象的鸟图像与太阳的关联，以及作为图腾与天文记事相联系的强大功能和影响力。同时，鸟的图像在中原与西北地区也有表现，存在着一个由具象走向高度抽象的过程，其抽象化的过程与神的代表性符号"神"字的生成有着直接的关系。而这个关系的发生与鸟图腾与蛙图腾的结盟有关，这也是本节的主题之一——婚姻关系带来的神话信仰对于联盟共同体的认同。

仰韶文化中的庙底沟型的彩陶纹饰是以鸟纹为主体的，这里的鸟纹由具象转为抽象的过程，苏秉琦先生做过分析排比。（图1-1-30）这是公元前3900年左右的鸟文化信仰，于东南地区稍后一些时间发生，过去笔者曾认为这是东部向西发展的结果，现在看还要深入讨论。虽然河姆渡的太阳鸟图案比这里早

---

① 卫聚贤：《古史研究》，上海文艺出版社，1990年，第168—169页。

一千多年，但是不是这里的鸟文化传过去的，依然是一个谜。但是最有价值的是：东南地区与西北地区有着一样的鸟文化信仰，东南和西北是具有共同信仰、共同神话的文化体。

图 1 - 1 - 30　鸟文化在庙底沟的演进

（摘自苏秉琦：《苏秉琦考古学论述选集》，文物出版社，1984 年，第 166 页）

这种同一原型的鸟纹在马家窑文化里的变化有所不同，然而它们都是同一文化类型。马家窑文化是仰韶文化向西发展的结果，安特生曾经认为，甘肃的彩陶文化即是甘肃的仰韶文化，但是由于这两种文化存在着明显的时间差异，即中原、关中的仰韶文化在距今七千年至五千年之间，而甘青地区的彩陶文化则在距今五千年左右，因此单独将其命名为马家窑文化，但是这两种文化的渊源是明显的。苏秉琦先生仔细分析过两种彩陶文化的纹饰，认为甘肃东部静宁威戎镇的陶器形制和图案与庙底沟相似。对此，考古学家石兴邦有这样一段阐述："马家窑文化的彩陶纹饰有两类，即动物图象和几何图案花纹。这些纹饰均在不同程度上受了仰韶文化中庙底沟类型的影响。"[1] 马家窑文化的动物图像主要是鸟与蛙两类，其抽象图案均由鸟与蛙发展而来。兰州小坪子遗址的小口双耳彩陶瓶也与庙底沟文化相似。因此，马家窑文化是在仰韶文化影响下在西部发展的结果。[2] 这是苏先生 20 世纪 60 年代的论述，今天看也还是大家的共识。苏秉琦先生在那时就发现，仰韶文化早期向西向东都有发展，后期则是明显的东部文化对于中原的影响。那时河姆渡文化遗址还没有发掘出来，东北地区的红山文化的一些重要的东西还没有被发现，这些结论略有不够准确的地方，但是这种广泛的文化共同性和关联却是一个事实。现在看，仰韶文化与河姆渡文化确实是有联系的，尤其是鸟日的神话，庙底沟的神话与河姆渡神话竟然是高度一致的，这是耐人寻味的。我们不去说谁影响谁的问题，但是互相影响，

---

① 石兴邦：《有关马家窑文化的一些问题》，载《考古》1962 年第 6 期。

② 苏秉琦：《关于仰韶文化的若干问题》，见苏秉琦：《苏秉琦考古学论述选集》，文物出版社，1984 年。

具有共同的神话认同，这是没有问题的。

1、5—9. 采自 Bo Sommarström，"The Site of Ma-kia-yao"

2、3. 采自马承源：《仰韶文化的彩陶》，上海人民出版社，1957 年

4. 采自甘肃省博物馆：《甘肃古文化遗存》，《考古学报》1960 年 2 期

图 1 - 1 - 31　马家窑类型彩陶中鸟形纹饰的演变

（摘自石兴邦：《有关马家窑文化的一些问题》，载《考古》1962 年第 6 期）

关于马家窑文化中的鸟纹的发展，石兴邦先生也做过推演（图 1 - 1 - 31），这在当时就已经非常有说服力了，它是从相对具象向高度抽象的一个发展过程。这种西北陶纹式样，也同样出现在东南方的大汶口文化和屈家岭文化之中（见图 1 - 1 - 26）。石兴邦还饶有兴趣地将庙底沟类型的鸟纹与马家窑文化的鸟纹进行了对比。发现其抽象图式虽略有差异，但所据原型却完全一样，可见，鸟崇拜与蛙崇拜一样，也是上古的一种广泛的文化现象。

这样两种纹饰（蛙纹与鸟纹）抽象后留下的象征符号与神有了同样直接的

关联。我们来看蛙的由具象的蛙到抽象的蛙到类神的轨迹（图1-1-32），这里到了后面一排就是甲骨文的"神"字了，蛙图腾图像是不是神的符号的来源之一呢？

我们再看鸟的图像演进图（图1-1-33），可以发现，蛙鸟与龙凤一样，都是神的符号的来源之一。蛙鸟作为神，其意义更加广泛，首先是联盟标志。它们还分别与日月神话合流，成为中国古代传下来的影响最大的神话之一。

图1-1-32　从蛙纹到神的符号的演变

（摘自田兆元：《神话与中国社会》，上海人民出版社，1998年，第17页）

1. 半坡鸟纹　2—7. 马家窑鸟纹　8、9. 半山鸟纹　10. 大汶口S形鸟纹　11. 唐汪文化陶纹，是甲骨文的同龄纹　12. 甲骨文"申"字

图1-1-33　从鸟纹到神的符号的演变

（摘自田兆元：《神话与中国社会》，上海人民出版社，1998年，第19页）

四、 柳湾墓564的神话学解读

我们进一步来看蛙与鸟的联盟。当我们对蛙与鸟的抽象图案有了认识，就会发现从庙底沟文化到马家窑文化，有两种图形一直如影随形，这就是蛙与鸟的抽象图案，并且它们与日月神话合流了。考古学家严文明先生指出：

> 从半坡期、庙底沟期到马家窑期的鸟纹和蛙纹，以及从半山期、马厂期到齐家文化与四坝文化的拟蛙纹，半山期和马厂期的拟日纹，可能都是太阳神和月亮神的崇拜在彩陶花纹上的体现。这一对彩陶纹饰的母题之所以能够延续如此之久，本身就说明它不是偶然的现象，而是与一个民族的信仰和传统观念相联系的。[①]

当蛙鸟与日月合流的神话流行后，中国文化的统一之路也就展开了，天无二日，日月之光世上独有，日月崇拜便成为覆盖各类宗教的最高宗教活动，蛙鸟便由不同部落的神转为共同的神了。由中原仰韶文化发展到甘青的马家窑文化后，蛙鸟纹由性崇拜、图腾崇拜升为日月崇拜及高级神灵的档次，揭开了中国神的发展史的重要一页。

柳湾马厂型文化墓564的彩陶葬品向我们展露了这一重大信息。柳湾墓564是整个柳湾原始社会墓葬群中随葬品规模最大最多的一座。（图1-1-34）据推测，墓主人应是这一地区的部落首领。墓葬彩陶数量与纹饰的选择，生动地体现了马厂型文化的宗教观念。我们最初对于该墓的研究在十多年以前，所凭借的是考古的照片，后来我们到柳湾考察，发现墓564的彩陶已经离散，所摆放的乃是展览所用，不是原来的形态了，因此，当年的考古报告的图片便具有十分珍贵的价值。

柳湾遗址是迄今为止考古发现的最大的中国原始社会墓葬遗址，地处青海乐都湟水河谷，那里土地肥沃，有适合文明生长发育的好环境。

整个墓葬的陶器计九十五件，分有纹彩陶、无纹陶及工具三类，其中彩陶纹饰主要是三类：鸟纹、蛙纹、鸟蛙纹交织纹。下面重点分析这三类纹饰的数量及其含义。

三角连续状的蛙月纹计三十六件，它们是：1、2、3、5、6、8、10、12、13、16、17、18、21、22、23、25、26、34、38、41、50、51、56、62、66、67、68、70、74、76、80、83、85、91、92、93。

[①] 严文明：《仰韶文化研究》，文物出版社，1989年，第322页。

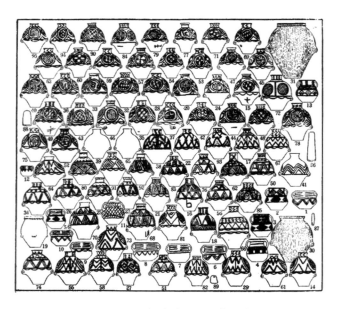

图 1-1-34　柳湾墓 564 器物组合图

（摘自青海省文物管理处考古队、中国社会科学院考古研究所：《青海柳湾》上册，文物出版社，1984 年，第 57 页）

圆圈十字状的鸟日纹也是三十六件，它们是：15、20、24、28、32、33、35、36、37、40、42、43、44、45、46、47、48、49、52、53、54、57、59、60、63、69、71、72、75、77、78、79、84、90、94、95。

三角连续状的蛙月纹与圆圈十字状的鸟日纹交织的有十件，它们是：14、27、29、55、58、61、64、73、81、82。

另外，大型无纹陶缸五件，其他类型陶器及工具八件。

这是我们对柳湾墓 564 随葬品的一个分类统计。经此统计后，我们在图腾学说、天文历法追求、氏族结盟等视角下，从神话学的角度，可以对这座墓葬的一些秘密予以揭示。

蛙纹成月纹，鸟纹成日纹，这是日月崇拜的象征性转换，大量的日中有鸟及月中有蟾蜍的神话是这一命题的坚实支持者。严文明等一批专家对马家窑文化的蛙鸟即是日月纹的论题做过较为深入的探讨，关于三角形蛙纹是月纹，圆圈十字纹鸟纹是日纹的问题已毋庸赘论。

那么这成对的三十六之数意味着什么呢？

首先，这是蛙、鸟两大部落结盟联姻的标志。氏族不可能孤立存在，族外婚制决定着氏族必须两两对存，否则它将因得不到婚配支持而毁灭。人类早期

170

氏族间的这种婚制称为两合婚制。两合婚制是蛙、鸟两大部落联盟的社会基础。经过了从庙底沟类型到马家窑文化间的漫长岁月，两部落已开始认同共同的文化，这就使得单方面的图腾有所弱化，而共同的信仰日益趋近，因而，这种联盟的标志逐渐成为共同神灵的标志。

当蛙、鸟演为日、月之神，就突破了氏族图腾的旧范，获得更加广泛的信仰。所以柳湾墓564中的蛙鸟纹组合，是柳湾这一地区两个部落共同信仰的标志。

日鸟纹三十六与月蛙纹三十六意味着什么呢？无论是三十六还是七十二，都是中国文化中的神秘之数。闻一多先生曾著《"七十二"》一文，列举古籍中所出现的数字"七十二"十五例，并约数七十若干，注文"七十二"十余条，论述这个中国文化中的神秘之数。而解释剖析这一谜底的主要标本则是《史记·高祖本纪》。

《史记·高祖本纪》载："高祖为人，隆准而龙颜，美须髯，左股有七十二黑子。"对于"七十二黑子"，《史记正义》这样解释："七十二黑子者，赤帝七十二日之数也。木火土金水各居一方，一岁三百六十日，四方分之，各得九十日，土居中央，并索四季，各十八日，俱成七十二日，故高祖七十二黑子者，应火德七十二日之征也。"闻一多先生据此认为《正义》已经给我们解答了此谜，并由此推断说，这"七十二""大概本与五行系统无关，或关系疏远，因受五行思想的影响，或有意的与五行思想拉拢，或无意的被五行思想吸收，才采用了这个数字"[1]。至于这"七十二"流行的年代，闻一多先生定为"发轫于六国时，至西汉而大盛"，"'七十二'这数字流行的年历，便是五行思想发展的年历"[2]。

这些论断，对于西汉时期的解说可能能够成立，但不能解说新石器时代的马家窑文化之中的三十六与七十二之数，因为这与战国秦汉的时间相差有近三千年，那时五行学说尚未露头。

近年彝族文化研究的成就，对我们破解柳湾墓564的三十六与七十二之数提供了很大帮助。刘尧汉先生研究出的彝族十月历的奥秘给人良多启示，即研究"七十二"必须立足"三十六"，而"三十六"又须跟远古十月历相结合。

彝族是中华民族最古老的民族之一，它的文化保存了许多远古文化的元素。它崇拜伏羲，认其为远祖。西南与西北地区和其他很多地区的居民都认为自己是伏羲女娲的后人，但是，西南地区、东南地区和西北地区虽皆有奉

① 闻一多：《"七十二"》，见《闻一多全集》第1卷，开明书店，1948年，第212页。
② 闻一多：《"七十二"》，见《闻一多全集》第1卷，开明书店，1948年，第217页。

伏羲女娲为远祖者，其图腾却不同，西南地区为虎，东南地区为龙，而西北地区为鸟。伏羲作为大神与祖神已超越了区域性的图腾的地位，伏羲崇拜扩散到每一个地区，即同当地原有的信仰结合，这就是上古伏羲崇拜所带来的中华民族既有统一性又有鲜明个性色彩的集体形象的原因所在。将彝族伏羲文化的遗韵与马家窑伏羲文化的遗存对比起来研究，才能揭开中国文化的许多谜底。

刘尧汉先生潜心探索，得出了彝族文化的三个要素：宇宙万物雌雄观、葫芦崇拜和十月历法。[①] 其中十月历法和宇宙万物雌雄观尤其具有特殊价值。

据刘尧汉先生调查，十月历的内容大致如此：一年十个月，一月三十六天，一年十个"时段"分为大年和小年两个岁首，过大年和小年共花去五到六天，不计在十月内，这样正好是三百六十五天。三十六天为一月，七十二天则为一季，五季为一年，这就是彝族十月历的基本内容。

彝族十月历以雌雄将十月划分开，一雌一雄为一季，是为五季，一季七十二天，每年五季均以雌为首，合伏羲先天八卦的特征，可称为"伏羲先天太阳历"。[②] 这些就是彝族万物雌雄观在十月太阳历中的反映。

现在我们就可以对柳湾墓 564 的陶器组合做出这样的解释了：日鸟纹与月蛙纹的组合除直接表现一种部落联盟的象征外，还象征阴阳和谐、日月长存，以表示这种联盟天经地义、万古永恒。三十六鸟纹代表雄月，三十六蛙纹代表雌月，七十二之数代表一季。十个圆圈十字纹与三角纹交织的陶器代表十月，五个无纹陶缸代表五个过年日。柳湾墓 564 的陶器组合实际上是一幅古代的天文历法图，是为了强调墓主人希望天道永恒、权柄长存的一种精心安排。是耶非耶？这是我们对这些陶器进行分类整理，提出的一种见解，不能说这是确定无疑的，但是这也是可以自圆其说的。对于这个柳湾地区的首领来说，有这样的精心安排是十分正常的。柳湾遗址处在肥沃的土地上，彩陶文化发展到了极致，因此，相关的天文历法也一定到了一个新的阶段。

公元前 3000 年左右的这套历法绵延数千年仍存于民间或藏于地府，可谓奇迹，但这并非孤证，据考察，夏历《夏小正》也是十月历。《夏小正》称"初昏参中，斗柄县在下"，六月"初昏斗柄正在上"，其间半年相隔为五月。又记

---

① 刘尧汉：《〈彝族文化研究丛书〉总序》，见刘尧汉主编《彝族文化研究丛书》各本之前，云南人民出版社，1985 年。

② 参见刘尧汉：《中国文明源头新探——道家与彝族虎宇宙观》，云南人民出版社，1985 年，第 76 页。

五月"时有养日"，十月"时有养夜"。养，长也。长日、长夜即今夏至、冬至，二者间也为五月。这充分说明夏历原是十月历，殷历出现后虽将其改为十二月历，但《夏小正》中的十月历痕迹还是没法抹去。夏人继伏羲的传统，采用了十月历，因为"姒与风本是一姓，禹与伏羲原是一家人"①，华夏诸侯多可谓伏羲传人。他们继承了华夏的天文历法，也继承了伏羲族的神话。反映在这历法中的神话结构是这样的：

蛙神—女娲—女神—月神—阴—W类神文字符号

鸟神—伏羲—男神—日神—阳—S类神文字符号

这是由部落图腾之神转为部落先祖之神，抽象为女神与男神，扩展到日月神，最后成为普遍阴阳学说的基础，并绵延不断，成为中国神话一个最基本的母题。我们发现，汉代的伏羲女娲合一的图像不是天上掉下来的，而是长期的文化积淀的结果。在一定程度上，我们可以说，柳湾墓564就是史前伏羲女娲两大部落结合的见证。这种结合五千年前即已经发生，留下的蛙鸟神话、日月神话和伏羲女娲神话一直在民间流传。它们的神话曾经通过彩陶图案传播，当彩陶时代结束，它们便以其他形式流传，到了汉代，它们以画像石、画像砖流传，成为最大的中国神话主题之一。（图1-1-35）

图1-1-35　河南汉画像：伏羲女娲日月蛙鸟图（作者摄自南阳汉画馆现场）

从蛙鸟到女娲伏羲，再到日月神，这级神话都以一个对立的命题而存在，相反而相存，两两而居。中国神话的成长遂奠定了一种基本格局：以二元对立而存在，静态观察，神以对立面和谐并存，动态考察，则发现这种存在始终处于矛盾运动之中，就像S纹的连绵不断。

柳湾墓564中的这一宏大的天文与图腾联盟的叙事，实际上启动了后世广泛流行伏羲女娲交合图的最初立意。只是这种高度抽象的图像该换为具象的神话叙事。具象到抽象，并不是一种进化论意义上的历程，实际上，具象和抽象

---

① 闻一多：《伏羲考》，见《闻一多全集》第1卷，开明书店，1948年，第36页。

与时代先后无关，可能与创造者的艺术趣味有关，可能与特定地域的文化传统有关。但是，抽象物及其符号是可以形成一种认同的，它可以从一个地域传达到另外一个地域，最终形成一个广大的文化共同体。

S 纹已经从具象中抽象出来获得了独立的神性，它的弯曲符号向两头伸展但又相互顾盼，正是这种对立而统一的神的存在方式决定的。人们最终选择 S 纹作为神的符号，正是因为它典型地代表了人们心中的神灵形象。

S 纹从神物中抽象出来后，又作为一种标志赋予其他具体神物，成为神的统一标志。黑格尔指出："只有在认识到神在本质上纯粹是精神性的，无形的和自然界对立的情况下，精神才能完全从感性事物和自然状态中解脱出来，也就是从有限存在中解脱出来。但是另一方面，这种绝对实体对现象世界仍然保持一种关系：它从现象世界看到它自己的反映。"① 这段论述能够帮助我们认识 S 纹从具象到抽象，然后又被赋予具体神像的发展历程，也可以帮助我们认识这样的一种事实：一个地区既有高度抽象的神纹，又有十分具象的神灵符号。S 纹（含 W 纹）是一种抽象的神灵存在，但是不会消除原有的具象神灵的崇拜。

龙与凤，蛙月与鸟日，前者是中华民族的共同的文化符号，后者是中国神话的核心神话，当然也是共同的文化符号。图像时代留下来的遗产，实际上是中国神话的基础，也是民族认同与发展的基础。

五、 其他的 S 类神性符号

既然以 S 纹为"神"字的核心主笔，则 S 纹必当有神性。《说文解字》释"神"为："天神，引出万物者也"，《易传》则曰："天地之大德曰生"，是以神为创生万物与人类之主。这在图腾生人的基础上有了进一步的推进。除我们前面提到的龙、凤、蛙、鸟外，还有其他对象也以 S 纹呈现，尤其是在后来的文字中，保留了这种神的符号。

（一）关于"雷"字

甲骨文"雷"作，人们或以闪电释之，或可通。但雷电一体，可以结合起来考察。雷字之形，中间为神 S 符号，两旁为二车轮，雷者乘车之神也，雷过有雨，故金文写作，其车轮之状更为清晰。故神话多言雷有车者。《楚辞》："驾龙辀兮乘雷"，注引《淮南》曰："雷以为车轮"。古诗文多有言雷车

---

① ［德］黑格尔：《美学》第 2 卷，朱光潜译，商务印书馆，1979 年，第 90 页。

者，就是雷神乘车的缘故。小篆则弃去S符，则"雷"字曾经的S形符号便失去了，但是这不能忽视，在自然世界的神秘现象中，S符号是描述神性的一个意符。商周文字时代的符号，是从更加古老的图像中传承下来的。

（二）关于"化"字

"匕"为 🦢 之省，为"化"本字。古"化"与"神"相通，其义往往近而为一，成语之"出神入化"保留着这一古义。《说文解字》："娲，古之神圣女，化万物者也。"如天神之引出万物，女娲亦大神，其功为化物，则化为神之用，而化为名则神。《楚辞》王逸注谓女娲"一日七十化"。《山海经·大荒西经》："有神十人，名曰女娲之肠，化为神"。化非等闲之事也，古人常将化与神对举。《易·系辞》："子曰：知变化之道者，其知神之所为乎？"化为神之事业，明矣。《易·系辞》又言："凡天地之数五十有五，此所以成变化而行鬼神也。""成变化"与"行鬼神"于词性混同，无有名动之别。至于《易·系辞》称"穷神知化，德之盛也"，则视二为一，神与化达到高度一致。所以化为神之用，单独的时候，化有时就是神，是名词。我们在称宇宙大化的时候，这个化就是自然界，称其为大，也就是尊其为神了。

由该符号组成的文字多为雌性，如牝，如雌，这种带有雌性的对象，即可以生育的对象，往往使用"匕"的符号，《说文解字》"匕"组有"眞"字，释为"仙人变形而登天"，仙为神属，可并称神仙，故从"匕"。"匕"为神字符，由此可知。

文字隶变后，S纹消失，我们只有在古老的器物图像和古老的文字中才能看到它的影子，古老的图像神话叙事，让我们对古代的神的发生有了较为清晰的理解。这就是创物与创生，而这种生化之功是神秘不可测的。我们还是从《易·系辞》中来感受古人对于神的深刻理解：

一阴一阳之谓道，继之者善也，成之者性也。仁者见之谓之仁，知者见之谓之知，百姓日用而不知，故君子之道鲜矣！显诸仁，藏诸用，鼓万物而不与圣人同忧，盛德大业至矣哉！富有之谓大业，日新之谓盛德。生生之谓易，成象之谓乾，效法之谓坤，极数知来之谓占，通变之谓事，阴阳不测之谓神。

天一地二，天三地四，天五地六，天七地八，天九地十。

天数五，地数五，五位相得而各有合。天数二十有五，地数三十，
凡天地之数五十有五，此所以成变化而行鬼神也。

这里提出了关于神的两个关键词："变化"（化生），"阴阳不测"（神秘）。
虽然变幻莫测，阴阳不测，如此神秘，但我们还是在图像中把握住了神的符号
形象：以 S 纹和 W 纹为基础创造出来的丰富的图像神话叙事。

第五节　史前图像神话叙事的至上性

我们讨论史前神话中的至上神问题，是要说明，至上的观念并不是信仰发
展到进化论学派所说的体系宗教的高级阶段才有的，在史前时代，中国神话和
信仰生活中就有至上神存在了。

原始神话同原始人的神崇拜活动是紧密结合在一起的，在宗教活动中，它
们互为表里，神话是神崇拜的根据，神崇拜因神而为之。神崇拜活动为宗教
之仪典，初始的崇拜活动，伴随着偶像的树立、神灵的刻画、神庙的建设、
拜神工具的制造等多项活动。神话乍生乍灭，如风流云散，唯于口头流传，
难以把握，然祭神场所一旦建立便有可视可触的实物形象存在于世，这就是
物象的叙事。大多数原始社会祀神之建设，其寿命较神话为短，因为神话播
扬于口头，辗转流布，历久不绝，而神坛或因兵荒马乱，或因山崩地裂，一
旦毁弃，即与世相隔。但是，有幸存者，于泥沙中掩埋多年，突然得以重见
天日，虽或神像的肢体有所损坏，或祀神画像的线条色彩已剥落，但总体上
没有根本改变，它是"原件"；而神话虽然外观更加华美，却有脱胎换骨的经
历。对于这些新发掘的原始社会的祀神遗迹来说，仿佛"洞中方七日，世上
几千年"的烂柯人，神话兄弟已不知传了多少代子孙，而他却风烛残年犹在，
成了真正的活化石。原始社会神话的真正面目，就在这些祀神遗迹上记录着，
这些记载，有一般神话事件，如自然崇拜、图腾崇拜，氏族婚盟的大事也可
以在这些物象与图像中展示，我们还可以据此了解中国远古神话的至上神崇
拜的发生。

考古材料提供了认识古代神话的丰富的内容，但我们还是很难像进化论的
神话学研究那样，把这些神崇拜活动排成线性的演进图。迄今为止，我们对最
早的鬼神崇拜形式究竟是自然崇拜还是灵魂崇拜不能得出结论，这是因为我们
不能确定现在已发掘出的东西就是最早的人类宗教崇拜的遗迹，地下的东西都
比我们已发现的晚。更重要的是，我们对早期原始人的思维能力和思维方式难

以有真正的了解，他们真的开始就是所谓的原始思维，低人一等吗？还有，文化是多元形态的，我们不能穷尽所有的对象。所以，鬼神崇拜循着一元发展的路径的解释是难以实现的，事实上其意义也是有限的。在原始人的宗教活动的诸形式中，它似乎是相互依存发展着的。如灵魂崇拜必定伴随生殖崇拜，生殖崇拜引发了图腾崇拜，继而有祖先崇拜，这是属于"种的繁衍"一类的生产而产生的，而与物质材料的生产相关的自然世界，也早早地成了人们崇拜的对象，日月山川与大地也被奉为神灵。但两者间并非泾渭分明，相反呈合流态势：自然有生殖之功，同样，图腾、祖先、女神也能促进生产，天与人难舍难分。而这一切似乎都为着一个"生"字，生出人类或者生出万物，这就是创生与创物，为了物质材料的生产与人本身的生产。

于是，我们发现，这些崇拜活动都跟一个至上神发生联系，殷人所崇拜的"上帝"，周人的"天"，似乎在宗教活动发生不久就出现了，至少，在新石器时代就已出现，它已统摄了诸项宗教崇拜的内容，在人们心中确立了地位。因此，我们发现，原始社会的人们已经有了至上神即上帝的观念。当我们确认原始社会已经确立了上天的高上地位时，就真正找到了文明时代神崇拜和神话的活水源头。

按照进化论的学说，最高神是低级民族发展到较高程度时宗教不断发展的结果。泰勒的《原始文化》、弗雷泽的《金枝》中都有这样的阐述，就连马克思也不例外。在过去的岁月里，它曾经是占主导地位的学说，随着田野调查结果和考古材料的不断出现，这一学说受到了事实的挑战。泰勒的学生朗格最早提出，至上神不是经过长期发展后的产物，很多原始的民族中都有最高神。他的学说不久就获得了许多的赞同。20世纪初，W. 施密特神父对原始民族，尤其是被称为"现在知道的最古的民族"——矮人的宗教进行调查后得出结论："当我们作一正确比较时，即会有一个吸引我们注意的事实。这事实就是那些矮人清楚地承认并崇拜一位至上神。他们处处都以至上神为造物者与全世界的至上主宰。由这事实看来，凡以为原始民族不能把宇宙间各式各样的现象，归纳为一个单一的整体，更不能把它归溯于一个单一的原因上的理论，已被驳倒了。"[1]今天所知的未开化民族的确存在着对至上神的崇拜。帕林德作《非洲传统宗教》一书，一反前人所谓非洲人的上帝是神化了的祖先的看法，指出在非洲对"至高体"的普遍信仰，远远超过了以往的想象。生物学角度完全适用的进化论观

① W·施密特：《原始宗教与神话》，萧师毅、陈祥春译，上海文艺出版社，1987年，第239页。

点，在宗教学这一极不相同的领域里就不十分适用了。帕德林指出："大部分不信仰基督教的非洲地区，几乎都是直接从信仰至高体过渡到信仰祖先亡灵的。"当时西方人之所以要称非洲人的宗教为未开化宗教，没有至上神，是因为他们把自己的基督教当作高级宗教，从而表露出一种种族优越感。事实已经证明了上帝可能在未开化的民族中已经存在。"信奉上帝，向上帝祈祷，上帝的名字和有关上帝的神话都清楚地表明，几乎所有的非洲人，虽然有些可能是'未开化的'，都有想像中的上帝。"① 关于未开化民族都存在的对上帝的信仰，心理学家也做了发生根源的探讨。美国心理学家拉巴的一系列宗教心理学研究的论文表达了这样的观点：甚至在最低等未开化的民族中，也有至上神的信仰，至上神的一个独立的来源是由"制造者"或是从制造者的观念演进出来的。所谓制造者即造物者与造人者，一个儿童就有这种观念，所以原始人有这种智慧不足为奇，由造物者发展成至上神便自然了。普拉斯则认为，原始人信仰至上神，不仅仅是满足追求原因的理智上的欲望，更有乞求救助的需要。② 以上这些理论与事实的阐述表明：人们对原始时代存在至上神的信仰早就有了认识，并做了积极的探索。

应当承认，古老的原始人与现代人之间存在智力差异是客观事实。这从人的脑容量发展过程中可以得到证实，北京人的脑容量与山顶洞人的脑容量是不可同日而语的，在这一点上，进化论是唯一有效的解释。但自新石器时代以来，尤其是新石器中晚期，距今一万年以内的人类祖先，他们的脑容量十分接近，在智力上很难说有多大区别，要在这一阶段确立至上神产生时以智力因素立论是很难站住脚的。一些人类学家认为，在所有民族中以及现代一切文化形式中，人们的思维过程是基本相同的。③ 距今六千年的我国新石器时代的人们与距今三千多年以内的商周时期的人们，在智力与思维方式上实在找不出根本区别来。人们断言商代才有上帝崇拜不外是那时才有文字记载，是不是因此就可以认为上帝观念只有到了殷商时才有呢？答案是否定的。

我国远古无天神，这是一个很有影响的传统说法。朱天顺于《中国古代宗教初探》一书中这样说："在我国古代原始宗教里，既没有崇拜天空这一自然属性的天神，也没有天象综合体的自然神。后来人们创造了诸神中的最高

---

① ［英］帕林德：《非洲传统宗教》，张治强译，商务印书馆，1992年，第40—41页。
② 参见 W·施密特：《原始宗教与神话》，萧师毅、陈祥春译，上海文艺出版社，1987年。
③ 博厄斯就持这种观点，参见他的《原始艺术》（金辉译，上海文艺出版社，1989年）一书。

神——天神（上帝），但这不是自然神，而是人为地综合各种神灵的属性而创造出来的人格神，和天空这一自然属性没有关系。我国古代宗教的这种情况，从人类认识的发展史和宗教的发展史来看，都是符合逻辑的。"① 作者是在"我国远古无天神"这一标题下说这番话的，似乎没有天空之神就是无天神，好像天神就是天空之神、自然神，这显然不是天神的定义。作者后来又承认有天神（上帝），是不是上帝就不算天神呢？应该指出的是，天神（上帝）纵然不是天空之神，但跟天空有着密不可分的关系，具有一定的自然属性。天空是天神（上帝）的住所，这是上帝称为"天"的原因所在。得出这样的看法，是那时的考古发掘尚未有突破性的发现，我们的认识还存在着对于最高神的一些不恰当的理解。

古代的天神崇拜即便不是直接崇拜天体，也是把天体跟天神融为一体的。原始社会时于高山祭天，秦汉时于泰山顶封土为坛祭天，就是高山离天近而已。古代巫师沟通天地，都是择高处作法，或居于山，如《山海经》所述之山不少是巫上天之梯，如《海内经》："肇山，有人名曰柏高，柏高上下于此，至于天。"巫也有登树以上天者，如《淮南子》中说的建木，是众帝上下之所。此外，还有托鸟以上天者，又有乘龙以上天者。巫的所为，直向神秘天空，可见通天祭天都是向着天空的。《国语·楚语》中观射父有"命南正重司天以属神"之语，清楚地表明我们对于自然属性的上天的崇拜，知天为神之大本营。中国古代的天神（上帝）与天空之密切关系，由此可见。

既然远古没有天神，那我国古代什么时候出现至上神的呢？郭沫若认为殷代有至上神的观念，起初称为"帝"，后来称为"上帝"，大约在殷周之际称为"天"。而殷代的上帝是帝喾，即上帝兼祖神。陈梦家于《殷墟卜辞综述》里也得出了相同的结论。从此，关于中国上帝崇拜的源头多从卜辞里去找了，并且把上帝的出现定在殷周时代，郭沫若、陈梦家以后的论文与论著罕有越出这一范式的。

确定殷商有至上神的存在，固然有卜辞中之"帝"与"上帝"的屡次出现作为根据，更因为占卜这项工作同至上神崇拜有着密切关系。郭沫若说："卜这项行为之成分是卜问者的人加卜问的工具龟甲兽骨加被卜问者的一位比帝王的力量更大的顾问。这位顾问如没有，则卜的行为便不能成立。这位顾问是谁呢？据《周书》的《大诰》上看来，我们知道是天。"郭沫若接着引用了《周书》

---

① 朱天顺：《中国古代宗教初探》，上海人民出版社，1982 年，第 7 页。

《大诰》上的这段话说明之："于天降威，用文王遗我大宝龟，绍天明。……天休于文王兴我小帮周，文王惟卜用，克绥受兹命。今天其相民，矧亦惟卜用。"最后得出结论："周代的文化都是由殷人传来的，据此我们知道殷人所卜问的对象也一定是天，便是在殷时代的汉民族中至上神的观念是已经有了。"① 占卜是跟至上神崇拜有直接联系的。占卜是上帝观念形成的一个重要标志，只有人们体会到上帝有意志，并在一定场合下能与人沟通，这项活动才会出现。占卜一方面祈求上帝的保佑，另一方面也体现出人们企图把握未来的愿望。在先殷时期的考古发掘中，占卜现象已经广泛存在了。龙山文化中出土有大量的卜骨。卜骨是龙山文化的特征，当时使用的材料有牛和鹿的肩胛骨及其他兽类的胛骨。各地的龙山文化所用材料略有差异，但都有卜骨出现。齐家文化中也有猪、牛、羊的肩胛骨所为的卜骨。卜骨的发现，说明至少在新石器时代晚期，人们就开始卜问上天以定吉凶了。上帝有意志是可确定的，但它是抽象的，"这样抽象的有意志而无人格的上帝观念，成了后来正统的宗教崇拜活动的一个中心问题"②。我们把占卜作为崇拜至上神的一个征兆，则知中国新石器时代就开始崇拜上帝了，那时的神话是认为天空中有一位神通广大的上帝的，这是殷商上帝崇拜的源头。

《礼记·祭法》载有祭天的礼仪，值得注意的是，中国的神崇拜大都不实行孤立的天神崇拜，它跟地神崇拜总是结合在一起的。《祭法》："燔柴于泰坛，祭天也。瘗埋于泰折，祭地也。"陈澔注曰："积柴于坛上，加牲玉于柴上，乃燎之，使气达于天，此祭天之礼也。"这泰坛为一圆丘，泰折为一方丘，是天圆地方的观念的体现。古代祭祀建筑中的圆形建筑和方形建筑分别是天神和土地神的祭拜场所。这种祭祀方式虽见于周代典籍，但它是经过长期发展的结果，也是从原始社会的祭天仪式中发展来的。在山东长岛县发掘的大口遗址里，共发现了十处用火痕迹，用火处呈椭圆形、圆形、圆角长方形几种形式，这大约就是古人"燔柴于泰坛"的祭天场所。③ 火燎于圆堆，使气达于天，这就是东夷古民在祭祀他们的至上天神。

20 世纪 80 年代初，文物考古工作者对辽宁省喀左县东山嘴红山文化建筑群

---

① 郭沫若：《先秦天道观之进展》，见郭沫若著作编辑出版委员会编：《郭沫若全集·历史编》第 1 卷，人民出版社，1982 年。

② 田兆元：《中国先秦鬼神崇拜的演进大势》，载《华东师范大学学报》（哲学社会科学版）1993 年第 5 期。

③ 中国社会科学院考古研究所山东队：《山东省长岛县砣矶岛大口遗址》，载《考古》1985 年第 12 期。

址的发掘向我们展示了先民祭祀天地神灵的宏大场面。①（图1－1－36）

图1－1－36　红山文化祭坛

　　东山嘴村位于喀左县城东南约4公里的大凌河西岸，在那里有一处原始社会的祭祀遗址。遗址坐落在一道山梁正中的一缓平突起的台地上，中心为一座大型方形基址，两翼为两道南北走向、相互对称的石墙基，前端部分可分为石圈形台址与多圆形石砌基址。石圈形台址直径2.5米，距地表深20到40厘米，周围以石片镶边，石圈内铺一层大小相近的小河卵石。圆形石基址有多个，在石圈形台址以南约4米处，发现有三个相连的圆形基址，其中两个尚有轮廓。这些圆形台基址的发现，说明祭祀遗址中的圆形祭坛曾先后多次建立，一个损坏，再建立一个，时间跨度较大，最后的圆形台基址同方形基址一起，构成了整个祭祀场所的总体结构。

　　那座大型的方形基址，人们比较一致地认为是祭祀土地神的，其依据一方面是在该遗址中出土了孕妇陶塑裸像，女裸塑像在世界文化史上具有共通特性，它是祈求生育与丰产的产物。土地神大都称为地母，这些女像是否是地母？这是一个引人深思的问题。古人立石为社，将石头视为土地神的象征，这些女塑像又与方形基址中的立石联系在一起，女塑像与地母间即便不是等同关系，也是千丝万缕难以分开，故据女裸塑像与立石可证方形基址为社祀遗址。另一方面，据周代的祀仪，祀社在一方丘之上，也就是源远流长的天圆地方观念，基址是方形的，必为祭地（即神社）遗址无疑。

---

　　① 以下据郭大顺、张克举：《辽宁省喀左县东山嘴红山文化建筑群址发掘简报》，载《文物》1984年第11期。

关于圆形台基址的用途，人们很少谈到。其实，它应该是祭天的场所，人们在这里祭祀他们崇拜的最高神天神。按《礼记·祭法》所称，祭天于泰坛，泰坛即圆丘，则圆形建筑之台面多为祭天场所，这是我们判断东山嘴遗址性质的重要依据。又，在东山嘴遗址中，出土有双龙首璜形玉饰和鸮形绿松石饰，这两件玉器均为神秘动物之形象，非寻常装饰娱乐之物，殆巫师祭神之法器。玉器为古代巫师作法常用法器之一种，而龙与鸟则被发现为通天的工具。张光直在论述新石器时代鸟形玉饰时指出，这些鸟的形象，不仅仅是为了装饰，至少有若干在商人通神仪式中起过作用。[1] 他举甲骨文与文献证之，甲骨文有称帝使风者，知风为上帝使者，凤鸟跟上帝发生了联系，那个鸮形绿松石饰不过是凤鸟的前身而已。商代的作风突如其来，据傅斯年所论，商代发迹于东北渤海与古兖州[2]，又近年来金景芳先生提出商族起源于辽水流域[3]。东北一带，至少是商族的源头之一，红山文化的巫术传统，不能不在商族的宗教思想中打上烙印，东山嘴遗址中的鸮形绿松石饰即是商人以鸟通天的传统渊源所在。《山海经·大荒东经》载商祖王亥"两手操鸟"，张光直认为他是在作法通天，实在是一种天才的创见。我们把鸮形绿松石饰的用途跟圆形台基址联系起来，犹如人们把女裸塑像同方形台基址联系起来，鸟是巫术用以通天的工具，圆形台丘本是天的象征，天为圆，则东山嘴遗址之圆形台丘为祭天场所可以确知。又，龙也是登天的重要工具，《山海经》中的乘龙天神非一二数，四方之神均乘龙，据传夏启也乘龙，《山海经·大荒西经》："西南海之外，赤水之南，流沙之西，有人珥两青蛇，乘两龙，名曰夏后开。开上三嫔于天，得《九辩》与《九歌》以下。"知乘龙可上天，这样，东山嘴遗址出现龙形璜状玉饰就不是偶然的。巫师以龙形、鸟形玉石为通天法器，在圆形台上祭天帝，说明在距今五千年左右的新石器时代，先民就在祭祀着他们的至上神天神。据此，我们可以断言，所谓我国远古无天神的说法是站不住脚的。

中国历史很早就进入农耕时代，今发现的新石器时代的重要遗址如河姆渡文化、仰韶文化遗址中，可以确知人们已经过上了以农耕为主的农业生活。农

① 参见张光直：《中国青铜时代》，生活·读书·新知三联书店，1983年。通天神器是张光直对许多文物的基本理解。

② 傅斯年：《夷夏东西说》，见历史语言研究所研究员外国通信编辑员助理员：《庆祝蔡元培先生六十五岁论文集》，国立中央研究院，1933年。

③ 金景芳：《商文化起源于我国北方说》，见朱东润主编：《中华文史论丛》第7辑（复刊号），上海古籍出版社，1978年。

业文明伴随着土地神的崇拜，故社祀是一项重要的宗教活动。在发展过程中，社神崇拜与天神崇拜融合起来了。社神的地位逐渐上升，并逐渐包容了天神崇拜。东山嘴遗址是一个具有一定历史跨度的祀神场所，起初是以圆形祭坛出现，并几经兴废，可知天神崇拜在前。方形祭台后出，凌压了圆形祭台，社祀变得更为重要了，这是农业在人们的生活中地位越来越重要导致的结果。人们在祭祀社神的同时祭天，社祀有如祭天的礼仪。天神后来是逐渐与土地神和祖先神合流的。因而，中国古代的最高神后来发展为天神地祇人鬼三位一体的综合样式。这种合流，在原始社会已见端倪。

图1-1-37　红山文化女神像

1987年，浙江余杭瑶山良渚文化遗址中也发现了一处祭坛。这座祭坛的平面呈方形，由里外三重组成，外围边长20米，面积约400平方米，气势十分磅礴。在祭台的南半部分，分列有十二座墓葬，据推断，这些墓葬的主人为觋，生前是该祭坛祭祀活动的主持者。[①] 建坛的地点选在山顶上，含有通向上天之意，而坛作方形，可视为祀社神以配天的作风，知天帝与社神的崇拜已融为一体了。

其实，从东山嘴的那处祭神场所，就能看出三位一体的神系的特征，圆台祭天，方坛礼地，女裸塑像一定程度上可视为女祖先。若这些女像是地母，即是社神。古代民族多有将其祖视为社神的，如句龙为社神，为夏祖先，知所谓地母有祖宗特性，她们后来得以配天，则是成为至上神的一个标志。（图1-1-37）

此外，安徽含山凌家滩祭坛、内蒙古大青山西段祭坛、甘青地区齐家文化祭坛、河南鹿台岗龙山文化祭坛、湖南城头山大溪文化祭坛，也都是新石器时代重要的祭坛。其中，圆形台址是祭坛中最值得关注的地方，依据后来圆丘祭

---

① 浙江省文物考古研究所：《余杭瑶山良渚文化祭坛遗址发掘简报》，载《文物》1988年第1期。

天之说，这些祭坛大都是祭天的场所。《周礼》一书记载了丰富的祭祀礼仪，其中，"圆丘祭天""因高以事天"等是注文反复申述的主题，而"以苍璧礼天，以黄琮礼地"① 的注文强调璧圆与天圆的关系，这种高与圆与天的关联，在史前的祭坛中清晰体现出来，可见天的观念不是周人才有的。

辽宁牛河梁红山文化的女神庙遗址的发掘，更使我们看到了祖先向天神的接近。这座女神庙位于牛河梁北山顶，也在高山之上，可知并非普通的祖先神，高山与天相接，所以与天神有直接关系。女神庙中发现有一个完整的比真人还大的女性头像，较东山嘴女裸塑像为大。在庙址里，还出土有至少分属六个个体的人像残件，这尊女头像相比则属中小型，且处主室偏西一侧，不能算是主神。在主室的中心部位，出土有比真人器官大三倍的大鼻、大耳。神像大小不一，且居中者形象如此庞大，说明神界已出现等次。② 主神已出现，女神像显然不再仅仅属于生殖崇拜的一般宗教崇拜了，它应是发达的祖先崇拜与天神崇拜的某种合流。但是我们不应该把所有的天的祭祀都看作是祖灵与天神的合一，不能看作除了祖先，我们在天上就看不到什么了。那些神都是祖神吗？至少在这些祭坛中并没有必然的答案。

事实说明，在我国的原始社会就已经出现了天神崇拜，从中原到长江流域，从东北地区到东南沿海，再到西北大地，新石器时代的考古材料都显示出先民们对至上神的崇拜。这个天神整体上是抽象的，即便是后来演为昊天上帝长期接受统治者崇拜，他也没有完全人格化。社神后来成为与天神相辅而行的搭档。商人曾将其祖与上帝叠合，但商代以后，天神依旧抽象，且恢复了自然属性。周人的礼制，天地祖三位一体，祖先低于天神，也就是说，天神是独立的。现在反过来看，整个一部中国神话与信仰的历史，我们只是猜测商人曾经把祖先帝喾与上帝合一，是不是合理？即便是商人曾经把祖神与上帝合流过，那也只是历史的一个时期，不能代表整个中国的信仰历史。新石器时代的祭坛，祭天同时祭祖，这也不能说他们就是把天神和祖神一体化了。

秦汉以后，天神更是与祖神高度分离，成为独立的主宰，它以社神与祖先神为两翼，左右着中国神话与神崇拜的发展，几千年来，没有根本的改变。作

---

① 《周礼注疏》卷十八《大宗伯》。
② 孙守道、郭大顺：《牛河梁红山文化女神头像的发现与研究》，载《文物》1986 年第 8 期。

为圆丘的图像形态，也一直就没有改变过，至今，北京的天坛还是圆丘。从史前开始，一直延续到清王朝，中国的天神都是王朝的最高信仰。天神的信仰也并没有因为清王朝的覆灭而消失，尤其是经过 20 世纪的风风雨雨，人们逐渐认识到天圆地方的神话叙事是中国人的精神符号。所以我们还在自觉地延续使用这一神话符号。

中华世纪坛就是这样的一种自觉的实践。这是一个时间纪念的建筑，即纪念新世纪到来的建筑，当然这个时间有些不是中华的时间了，而是西方的纪年，但是，2000 年正好是中国的龙年，也有对文化本位纪念的意义。1993 年 9 月，北京申办奥运会失败，也需要寻找另一种激励人心的活动，来弥补奥运申办失败后留下的遗憾。

具体的过程，先是 1993 年 9 月 23 日晚，《科技日报》邀请北京市政协副主席朱相远教授在当夜北京申办奥运结果公布后接受电话采访。朱先生说，古人云"留得绿水青山在，何愁无处下金钩"。我们中国人经得起任何挫折，唯有埋头苦干，把中国的现代化事业搞上去，各种机遇才会应运而生，不求自来。朱先生想到 90 年代起始于 1990 年，因而 2000 年应成为 21 世纪之首年，且该年为庚辰年，是龙年。又联想到 21 世纪将是中华民族全面复兴的百年，像龙一样腾飞的百年，意义更加重大。此后，朱先生构思了 1999 年几件大事的庆祝活动：中华人民共和国成立五十周年、12 月 20 日澳门回归等，加上迎接新世纪，可掀起迎千年的百日庆典高潮。后来朱先生提交《筹备跨世纪千年之交百日活动的建议》给北京市政府，得到高度重视。起初的建议中有建中华世纪墙，1998 年定名为中华世纪坛。[①]

我们不用再看什么设计理念了，只要看一看这个图像，就会发现该建筑外形的渊源所自。（图 1 - 1 - 38）

天神依然活着，这是一种文化的传承。

1999 年 12 月 31 日夜半，盛大的开坛仪式将举行，新闻报道记下了这些盛大的典礼：

点燃中华圣火，撞响世纪钟声。从 1999 年 12 月 31 日深夜到 2000 年 1 月 1 日凌晨，"首都各界迎接新世纪和新千年庆祝活动"在北京中华世纪坛隆重举行。数万名各界人士与全国人民一道，告别难以忘怀

[①] 百度百科"中华世纪坛"词条。

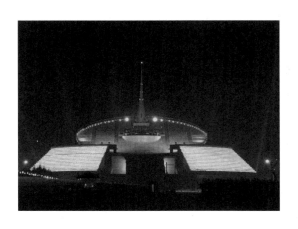

图 1-1-38 中华世纪坛

的 1999 年，迎接充满希望的 2000 年，为在新世纪和新千年中华民族实现伟大复兴，为全人类有一个更加美好的未来而祝福。

中共中央总书记、中华人民共和国主席、中央军委主席江泽民在庆祝活动上发表 2000 年贺词，向全国各族人民和海外侨胞，向世界各国的朋友们，祝贺新年快乐，并致以新世纪、新千年的最良好祝愿。

从 1999 年 12 月 31 日入夜开始，位于北京玉渊潭南侧的中华世纪坛如同欢乐的海洋，陆续赶来的 25000 多名首都各界人士在这里载歌载舞，等候着新旧交替时刻的到来。23 时 30 分，56 个身着民族服装的少先队员吹响礼仪号角，奏出了盛大庆祝活动的序曲。在亮如白昼的中华世纪坛上，在镌刻着五千年文明史的青铜甬道旁，狮舞龙腾，锣鼓喧天。一张张绽开的笑脸，一首首热情的颂歌，将那手中挥舞的红旗、翻飞的红扇，化作伟大祖国驶向新世纪新千年的风帆。激情下，歌舞中，人们注视着中华世纪坛上北京时间的倒计时牌，为昨天感怀，为今天喝彩，为明天祝福。

23 时 45 分，在迎宾曲中，江泽民、李鹏、朱镕基、李瑞环、胡锦涛、尉健行、李岚清等党和国家领导人登上中华世纪坛。随后，中共中央政治局委员、中共北京市委书记贾庆林宣布庆祝活动开始。在国旗班礼兵的护卫下，五星红旗冉冉升起，雄壮的国歌声响彻夜空。[1]

在这个圆坛上，民族复兴的仪典神话般开场，仪典内涵增加了时代气息，但是，文化认同，自信心树立，族群建构，这样一些基本的功能，可以说与五千年前一脉相承。

以天圆为中心的至上神认同，是中华民族认同的最大的神话资源。不仅在过去，而且在未来，它的影响力将是绵绵不绝，不可替代的。

至此，我们通过对史前神话图像的剖析，可以清楚看到，从七千年前开始，

---

① 人民网时政要闻：《首都举行迎接新世纪新千年庆祝活动》。

物象即记载那时的神话内容，很多的内容，我们可以据后世的相关材料和理论视角获得理解，并且这些物象的叙事一直延续下来，甚至在今天的生活中发挥着作用。中国的神话肯定在七千年前就有流传，但此前的内容相对来说我们难以理解。或许，我们对于七千年来的这些物象的神话叙事的理解还存在着误差，但是，中华民族早期祖先的神话认同在这些物象的叙事中得到清晰的体现却是一个基本的事实。中国文化多元生发，相互交流，在史前时代即奠定了初步的格局，在神话中即可见之。

考古学家对于这种多元生发迅即走向认同和大联盟的事实做了肯定的答复。

我们选择了作为自然物的石头的神话叙事、太阳神话图像的叙事、鸟日图腾神话的叙事，作为婚盟的龙凤联盟、蛙鸟联盟的图像叙事来做分析材料，它们是从史前一直影响至今的最为重大的神话题材，对于民族认同具有深远的意义和影响。石头的信仰，发展成为社神崇拜，成为国家信仰与神话的基石之一，后来又生发为民间普遍的关于石头的辟邪信仰和土地信仰，是至今富有活力的民间信仰，而与石头信仰相关的各类神话丰富多彩。史前的太阳神话如石头神话一样，有长期存在的对于自然的崇拜，有统治者的自我张扬与自我确认，政治神话与生活生存的神话融合为一体，在中国神话发展过程中，太阳神的神话是融入各种仪式行为中的神话，也是后来广泛流行的语言形态的太阳的基础。龙凤的神话是历史上真实的联盟留下来的文化遗产，它们逐渐成为中华民族的标志，史前的龙凤图像，留下来珍贵的历史遗迹，中华民族的认同过程，在这些龙凤图像里得到了清晰的展现。蛙鸟的联盟也是清晰的历史，蛙鸟联盟的神话最后与日月神话合流，并与伏羲女娲这两个祖先的神话结合，在民间长期流传，是最重要的中国神话题材之一。天的神话是中国的至上神神话，我们在红山文化遗址中看到的遗迹一直传到今天，圆的神话符号，是中国信仰的最高等级，也是最重要的神话载体。

这些神话，它们与图腾崇拜相关，与自然崇拜相关，与天文崇拜相关，因此也就自然与天的最高神神话联系在一起了。

石头的物象、日神的图像、鸟日神的图像、蛙月神的图像，以及圆形的图像，是传承了几千年的中国神话的图像符号。这些符号，不仅在历史上影响大，还会向未来传递。中国神话生生不息，不仅是因为有语言文本，还在于史前时代就给我们留下了珍贵的图像符号，图像符号承载着丰富的神话信息，其传播将更具优势。而符号的认同，也将成为神话认同的基本形式。

著名考古学家严文明指出："现代中国是一个以汉族为主体并结合着五十多

个少数民族的统一的多民族国家。这样一个既有主体，又有众多兄弟，既是统一的，又保持各民族特色的社会格局，乃是长期历史发展的结果，它的根基深植于遥远的史前时期。这一历史根基的探索和认识，是近年来中国史前考古学研究的一项重要成果。"① 我们仅仅以石头信仰与神话、日神信仰与神话、鸟神信仰与神话、蛙月神信仰与神话和圆形神话象征几个方面，就能够充分证明这种文化的统一性。史前考古物象的叙事，无声地传述了这种强大的神话信息，在过去与未来之间架起了一座桥梁。

---

① 严文明：《中国史前文化的统一性与多样性》，见严文明：《史前考古论集》，科学出版社，1998年，第1页。

第二章　传说时代的神话

史前的神话，我们不仅能够从传世的物象里感知，还可以找到语言形态的神话叙事。史前的神话通过口传和文字记载流传到后世，起初，在我国的文献记载里，它们是作为历史被记载下来的。神话学家提出的神话历史化，是符合早期中国神话发展的实际的。

长期以来，我们对古史作为民族的正史深信不疑，三皇五帝的历史，不是一般的史实叙事，而是作为民族的精神信仰传世的，它是民族的文化之根。我们简单地说神话历史化是一种表面的陈述，而其背后是古代中国各族人民民族认同的重大文化建构。这些传说具有一定的历史依据，是具有一定基础的历史，更重要的是，那些古代的帝王是祖先崇拜的对象，口头叙事加上仪式行为的叙事，传达的是一种神圣信仰的情感与情绪，可以感染民族的成员，形成在精神层面的民族文化的认同。

我们可以把传说时代的历史看作是一个神谱，是一部祀典。如《尚书》作为经典，是行为示范，是教谕之书，它本身在孔子时代也没有被当作历史，也是祀典。尧舜禹与商周诸王，都是祭祀对象。在孔子的"六经"系统中，《春秋》才是历史，而《尚书》不是历史。确如孔氏《尚书》序所言，孔子"讨论坟、典，断自唐虞以下，讫于周。芟夷烦乱，翦截浮辞，举其宏纲，撮其机要，足以垂世立教"，因此，这是一部教谕之书。至于《大戴礼》之"五帝德""帝系"等，是作为礼制的组成部分传世的。只是到了司马迁的时代，才将这些经典所载编为历史的叙事，于是有《史记·五帝本纪》的诞生。

司马迁记载的是传说时代的历史，过去，我们没有多少人怀疑过这些叙述的真实性。但自日本学者白河次郎、国府种德的《支那文明史》传入中国，以及后来的白鸟库吉的"尧舜禹抹杀论"逐渐被中国人知晓，人们开始知道，商周以前的历史多为神话。人们把这段历史称为神话时代或者传说时代。历史学的研究者利用传说来研究历史，有许多的成果，如徐旭生先生的《中国古史的传说时代》。

我们不是在研究传说时代的历史，是在研究传说时代的神话，力图恢复当时的神话与社会关系的一些可能的原貌。

第一节　传说时代神话研究的视点

研究传说时代的神话，有两个视点，即氏族社会的两合婚制与神话中神的代际关系。这两个视点，可以在一定程度上帮助我们认识那一时代的神话的真实状态，因此也就能对后代的历史化过程中发生了多少改变有更多的了解。

一、　氏族与两合婚制

这是我们在前面已经讨论过的问题，前一章我们主要是通过图像来考察氏族的两合婚盟，这里，我们则是依据口传下来形成文字的传说时代的神话故事来讨论。氏族发展与其婚姻制度密切相关。外婚制与两合婚制是我们揭开传说时代神话的一个基本的视点。

摩尔根指出："当氏族观念日益发展时，很自然地就会出现成双配对的氏族，因为男性的子女既摈斥于本氏族之外，而对于下一代的子女又同样地需要加以组织。只有同时出现两个氏族才能充分达到这个目的；这样，一个氏族的男子和女子才能同另一个氏族的女子和男子通婚；而子女们则各随其母亲而分属于这两个氏族。"后来恩格斯全盘接受了摩尔根的学说，这就是说，不可能有单一的氏族存在，那种单线传承的故事体系应该是不妥当的，他们是根据当时自己所处的时代对于神话的一种剪接。

在氏族时代，由于氏族发生分化，这种两合形式也会发生变化，但依然还是这种两合结构。试以甲、乙两氏族为例。当甲氏族分化为甲 1、甲 2、甲 3、甲 4 等几个女儿氏族，乙氏族发展成乙 1、乙 2、乙 3、乙 4 几个女儿氏族后，甲类氏族便构成一个胞族，乙类氏族亦如此。这些胞族一般以原来的图腾命名，而女儿氏族又分别确立了自己的图腾而具有独立性。这种胞族内部关系依然是一个血亲组织，所以胞族内部不得通婚，而是胞族与胞族间通婚。然而，这种分化还是没有破坏两合氏族婚姻的结构形式。[①]

氏族的分裂不是对等的，由于种种原因，甲氏族可能会分裂出四个甚至更多的氏族以形成胞族，而乙氏族则可能只分裂为两个氏族或者走向衰亡，这样，甲、乙两氏族的两合婚姻必须进行调整。假如甲氏族分裂为六个氏族而成为一

---

① 参见［美］摩尔根：《古代社会》上册，杨东莼、张栗原、冯汉骥译，商务印书馆，1992 年。

个胞族，乙氏族仅分裂成两个氏族形成一个胞族，这种数量的不对等使得甲氏族起码有四个氏族的男女的婚姻发生困难。于是，甲氏族的四个氏族便可能会结成一个新的胞族，去寻找另外的胞族组成婚姻联盟。这时，两合婚姻的基本形式还是没有破坏。

这种婚制是人类婚姻史上必经的阶段，在中华民族各族人民的神话传说及某些现存婚制中都能见到这种痕迹。严汝娴、宋兆麟在《永宁纳西族的母系制》一书中指出："相传纳西族的祖先是由北方迁来的，初到泸沽湖地区时，共有六个'尔'（氏族），也就是六个母系氏族。……后来他们分三组向南迁移；西尔和湖尔在一起，牙尔和峨尔在一起，布尔和搓尔在一起，各为一组，互相通婚。"这种两个氏族一组而婚配的形式是典型的两合婚制，这是人们难以忘却，也抹不掉的历史足迹，有些少数民族至今尚保留这种制度。如云南省西北独龙河谷的独龙族，他们严格实行族外婚制，形成一个个固定的克恩联姻集团，每个克恩的男子只能娶舅家克恩的女子。西双版纳的基诺族，在一个母系下分化出两对寨子，结为互婚的两合氏族集团，一对叫词通和曼锋，一对叫曼坡和曼飘，各自互为婚姻。[1] 两合婚制是人类发展史上重要的文化现象。中国学者蔡俊生先生对于这种两合氏族的制度有过较多的论述。同时，苏联学者谢苗诺夫的《婚姻和家庭的起源》一书对于该问题的阐述也很透彻。[2]

这说明，原始时代的氏族不会孤立存在，在一个区域里，必须有两个氏族并存，氏族才能存在和发展。假如以此来考察中国古代氏族社会的面貌，就会发现传统的帝王传承谱序都是不妥的，至少是不符合氏族时代的基本制度和规则的。制造这些体系的人们剪辑改造了传统的流行神话，把本是成对氏族活动的神话改变成单线的传承，结果掩盖了真实的历史面目。因此，我们将对那段时间的神话予以某种形式的复原，在这种复原的过程中，也对那一时期的社会进行初步的探索。

二、 神的代际关系

研究神话时研究神的代际关系十分重要，通过对神的代际关系的考察，可以找出神话的叙事层次，也就清楚地把握了神话背后的社会关系。

以国外神话为例，早期汇编希腊神话的《变形记》与《神谱》等书记载的

---

① 刘起釪：《古史续辨》，中国社会科学出版社，1991年。
② 参见谢苗诺夫：《婚姻和家庭的起源》，蔡俊生译，中国社会科学出版社，1983年。

希腊神话的第一代大神并不是宙斯，而是天父乌拉诺斯和地母该亚。尽管天父乌拉诺斯强悍无比，但还是遭到了其子克洛诺斯的迫害。强大的克洛诺斯在其统治期间，得到神示，尽管他很强大，但注定要被自己的一个儿子所推翻。因而克洛诺斯将他的每一个儿子都吞下肚去。其妻藏起了其中的一个儿子，那就是宙斯，而在襁褓里放上一块石头，让克洛诺斯受骗而将石头吞进腹中。宙斯长大后取代其父，并带领克洛诺斯的其他子女一道同提坦诸神（除克洛诺斯外的乌拉诺斯的其他子女）展开激战，打败了提坦诸神，取得了神界的统治权，于是，宙斯与赫拉确立了在神界的最高地位，乌拉诺斯和该亚则退居二线以致逐渐失去影响。在希腊神里，他们不过是宙斯表演的一个序曲和引子，已显得无足轻重。这就是希腊神话中的两个层次，老神和新神，新神最终取代了老神。神界存在着代际关系，通过代际关系，可以考察出神界的秩序。

中国神话中的神同样存在着这种新神与老神的替代关系。然而，由于中华民族历史悠久，地域辽阔，其内容之丰富远非迈锡尼所能比拟，因而，神的代际演化远比希腊神话复杂得多。我们的三皇五帝秩序也是一种代际关系，但是这种代际关系由于没有依照两合婚盟的历史事实，颇多误差。

就现有神话和考古材料分析，我们可把伏羲女娲视为第一代真正有影响的大神，他们是蛙鸟联盟集团，即蛙鸟婚盟集团的祖先。蛙鸟联盟是新石器时代影响巨大的氏族组织，活跃在新石器时代后期的部落可以视为这一联盟的分化而基本保持两合婚姻的社会组织，而在马家窑文化中表现尤其突出。新结成的各鸟胞族的氏族与蛙胞族的氏族的联盟势力日益壮大，他们开始崇拜晚近的祖先，而逐渐将原伏羲与女娲两大老神推向后台。尤其是到了新石器时代后期，部落文化日益壮大，加上这个联盟开始与其他文化交流结盟，龙文化渗透到伏羲女娲身上，古神的形象就逐渐被遮蔽了。

从神话图像中，我们发现新石器时代后期的各婚姻联盟都能找出蛙鸟联盟的痕迹，并发现他们跟伏羲女娲难以割断的亲缘联系。在前文所引河南南阳汉画伏羲女娲图像中，他们的蛙鸟本相还是被很好地保留了下来。他们是我们所知道的第一代老神，虽然他们在历史的谱系里没有显赫的位置（五帝没有他们，而三皇影响要小很多），但在民间却很有地位。在今天的甘肃天水、河南的淮阳，都有伏羲的纪念设施，或庙宇，或陵园，都在以物象和语言继续叙述古老的神话，同时还辅以盛大的庙会等形式来传颂他们的神话。第一代老神在过去的岁月里没有获得炎黄那样高的官方地位，但是民间并没有忘却他们的故事。老神旺盛地生长，在民间成为创生神话的主角，如伏羲女娲生育人类的故事，是后来民

图1-2-1　山东武氏祠伏羲女娲的图像

间神话的大宗故事。（图1-2-1）

我们必须打破以《史记》为代表的那种单线的帝王传承世系，而将其恢复为两两成对的氏族联盟形式。后于伏羲女娲的各主要联盟我们基本可以勾画出这样一幅图画：

马家窑文化的一支联盟为蟜氏和少典氏，他们的后代就是炎帝和黄帝，这就是著名的姬姜联合体，从他们中分裂出颛顼帝喾部，其势力不断壮大，并向东扩散，后演为尧舜联盟。

炎黄联盟除分裂出颛顼帝喾部外，又有几支新的联盟朝西南进发，在巴蜀一带演为蚕丛、柏灌（一作"柏濩"）部和鱼、凫部。三星堆的文明或与他们有关。

禹从西北迁出，与东方颛顼族的鲧部联盟，鲧、禹既是父子关系，也是婚姻联盟，为什么这样说呢？作为两合联盟，鲧部子女的父亲来自禹部，反过来，禹部子女的父亲也来自鲧部，所以他们互为父子关系。鲧、禹曾经是某一首领的称号，但更是氏族的称号。鲧、禹婚配虽然还不越二合婚制的规格，但由于血缘殊远，且地域差距大，这个联盟焕发出异常强劲的活力，后终执华夏之牛耳。

伏羲女娲后，先是西北的炎黄联盟，逐渐发展，初期由炎帝主宰，后来转为黄帝主宰。嗣后变为颛顼帝喾联盟，再变为尧舜联盟。尧舜支系重、黎结成联盟，他们为尧舜部所逼而南迁，楚人为其后也。

以上是我们从神话碎片中建立起来的中国远古氏族社会形貌的大体轮廓，提供一种新的认识远古社会的模式，加深对神话史上的冲突与融合性的认识。这对于认识中华民族这个文化共同体在远古时代的同源性是有所帮助的。在民众心目中，伏羲女娲这两位大神是不折不扣的民族祖先。

炎黄帝是伏羲女娲部的传人，东方的颛顼帝喾部和尧舜部是炎黄部的传人。

由于尧舜势力强大，作为新神，他们大得尊崇。而夏商时炎黄似乎不得尊崇，因为我们在甲骨文中不大能看到他们的影子。这是因为相对于尧舜和鲧禹，炎黄是老神了。周人统一天下，炎黄二帝的势力重新崛起，老神又焕发出新的活力。

与希腊神话新陈代谢不同，中国古代的新旧神灵曾几度反复，局面十分复杂，神的势力此消彼长，但有一点却是没有疑问的：氏族的神是成对出现的，它跟氏族两合婚姻密切相关。

我们对于那一时期的神话不能很准确地表达出来，神界的谱系，排列十分复杂。这里的排列，只是我们基于两合氏族联盟的一种探索性表达。我们不可能把这些神话视为信史，但确实可以对这些"历史"进行神话视角的解析。

第二节　炎帝黄帝联盟

《国语·晋语》曰："昔少典娶于有蟜氏，生黄帝、炎帝。黄帝以姬水成，炎帝以姜水成，成而异德，故黄帝为姬、炎帝为姜。二帝用师以相济也，异德之故也。异性则异德，异德则异类。异类虽近，男女相及以生民。同姓则同德，同德则同心，同心则同志。同志虽远，男女不相及，畏黩敬也。黩则生怨，怨乱毓灾，灾毓灭姓。是故娶妻避其同姓，畏乱灾也。"

这中间有几个问题值得注意，首先是少典氏与有蟜氏是一对婚姻联盟，因此生出来的黄帝和炎帝就不同姓，因为少典氏的子女姓少典，而有蟜氏的子女姓有蟜，他们不会同姓，所以不是兄弟。古代同姓不婚，在这里被解释为"畏黩敬""畏乱灾"，实际上就是氏族外婚，两合婚。异类即异姓，即使血缘较近，也是可以通婚的；而同姓即使血缘很远，也不可婚配。这其实是为了防范同姓氏族（胞族）内部因为婚姻问题形成冲突，影响内部的团结，因此形成了这样的禁忌性规定。

少典氏与有蟜氏者后来发生婚姻关系，以母系传承，生于少典氏者后来为黄帝族，生于有蟜氏者后来为炎帝族，二者的婚姻联盟是少典氏、有蟜氏联盟的继承。炎黄间发生矛盾，"用师相济"，济者，挤也，即军事冲突，但这并不是两族的全体对抗，而是两族分裂出去的部分氏族的对抗，是局部的冲突，没能影响二者婚姻联盟的继续。

首先我们看少典氏与有蟜氏的氏族属性。少典氏为古老的氏族，有蟜氏为古老的羌族；氏族为鸟族后，羌族为蛙族后，他们是伏羲女娲氏族婚姻的新的联盟形式。

从语音上看，少典与氐，有蟜与羌在古时是同音异写，"少典"为"氐"之音转，"有蟜"为"羌"之音转，这在刘起釪先生《古史续辨》中已见明确论述[1]。又，古氐羌族的活动范围大致与炎黄族的活动区域重合，均在渭河流域，北迄河西走廊，南至甘青川藏。今发掘之马家窑文化，专家们有定为氐羌文化遗迹者，这更能说明氐羌文化即蛙鸟文化，氐羌的联盟应该是蛙鸟联盟，他们是伏羲女娲的后人。氐羌联称，古文献多有称述，如"昔有成汤，自彼氐羌，莫敢不来享，莫敢不来王，曰商是常"[2]、"氐羌以鸾鸟"[3]。

卜辞中也多有氐、羌连称者，所以人们把氐羌视为一个整体，或者把氐视为羌之一个类属。如吕思勉《中国民族史》谓"盖羌其大名，氐其小别也"，所据为孔晁注《周书》之"氐羌"："氐地之羌不同，故谓之氐羌。今谓之氐矣。"这都是以羌统氐。其实，氐早就是独立的一"国"。如《山海经》里记载："氐人国，在建木西。"（《海内南经》）"后稷之葬，山水环之，在氐国西"（《海内西经》）。这说明不能把氐包在羌人中，不是氐地羌，而是氐羌联盟。

氐人国是鸟图腾的氏族，所以《逸周书·王会》称"氐羌以鸾鸟"。周时氐人尚将珍鸟贡奉给朝廷以示效忠。

有蟜氏羌人乃女娲氏之后。蟜、憍即娲，古书里常通写。《世本·帝系》："禹纳涂山氏女，曰娇。是为攸女。"《大戴礼·帝系》则曰："禹娶于涂山氏之子，谓之女憍氏"，可知涂山氏名憍，可《帝王世纪》则说："禹始纳涂山氏女，曰女娲，合婚于台桑"。可见有蟜氏就是有娲氏、女娲氏。氐是鸟部，羌为女娲部，也即蛙部，这就是少典氏与有蟜氏的氏族属性。[4]

炎帝族大都是娲氏女子生。《山海经·海内经》："炎帝之妻，赤水之子听訞生炎居，炎居生节并，节并生戏器，戏器生祝融。"这几代炎帝的老祖母是听訞，訞、娥、娲读音相通，听訞就是女娲系列的，炎帝一系为女娲氏的母系传承系统。有蟜氏是女娲氏后人，所以，有蟜氏生出来的是炎帝族。《帝王世纪》："神农氏，姜姓也。母曰任姒，有蟜氏女，登为少典妃，游华阳，有神龙首，感

① 刘起釪：《古史续辨》，中国社会科学出版社，1991 年，第 181 页。

②《诗经·商颂·殷武》。

③《逸周书·王会》。

④ 参见何新：《诸神的起源——中国远古神话与历史》第三章，生活·读书·新知三联书店，1986 年。何新于 20 世纪 80 年代较早地阐述女娲与有蟜氏的问题，可能人们因为他的著作有很多的臆断而忽视了其中有价值的表述。

生炎帝。"按照女性传承的制度，炎帝随母姓，属于有娇氏。黄帝并不是有娇氏子女所生，应是少典氏的子女，即伏羲族女子所生。《史记正义》称黄帝母曰附宝，实是伏羲，因为伏羲也作庖羲。附宝、伏羲古音也是相通的，此间透露出黄帝少典氏为伏羲传人的信息。

由此可见，黄帝、炎帝，他们首先是一个氏族的名称，其次是一个首领称号，而不是个人姓名。这样，黄帝、炎帝的足迹会踏遍四方，以黄帝和炎帝名义出现的记载各不相同，甚至相互矛盾，就不足为奇了。据《帝王世纪》记载，炎帝有八代。根据两合氏族原则，黄帝也应该有八代。依相关传说，黄帝后有帝鸿氏、归藏氏、帝轩、次律、定姓、纪钟、甄声，炎帝后则有帝临魁、帝承、帝明、帝直、帝来、帝衰、帝榆罔。传统史书叙述是炎黄先后传承，即炎帝统治数百年后黄帝承之，这是不符合两合婚姻联盟中联盟主导权的实际的。炎黄应是二头执政，由炎黄两族轮流掌握部落联盟的主导权。或者这八代黄帝和炎帝并不完全是纵向排列，其间有横向（氏族分裂扩张所致）系列排布的可能，有些可能是新一轮结盟。总之，炎帝和黄帝的联盟是一种复杂的结构，神话的复杂性后来被历史叙事的简洁性取代了。（图 1-2-2）

图 1-2-2 明代黄帝炎帝像

《史记》和《国语》都称"黄帝二十五子，其得姓者十四人"。这十四人计有十二姓，分别是姬、酉、祁、己、滕、葴、任、荀、僖、姞、儇、衣。这就是黄帝族的氏族发展与分裂的情形。炎帝族也发生分裂，据《帝王世纪》等书的记述，炎帝族起码分裂成神农氏、魁隗氏、连山氏、列山氏、蚩尤氏等。两族的氏族分化不是对等的，大部分还是在两胞族间继续保持着婚姻联盟，有一些则分裂出去寻找新的婚姻联盟。

两族间后来发生冲突，但这只是部族间的局部冲突，只是黄帝族中的部分氏族与炎帝族中的部分氏族的战斗，并非全面对抗，否则婚姻联盟将全线崩溃。从《史记·五帝本纪》等考察，炎黄之战的情形是：炎帝族中的老大神农氏已控制不住炎帝族的局面，蚩尤氏强大起来使得最后一代炎帝榆罔无可奈何，只好向亲家黄帝族求救，于是黄帝族出兵打败了占据炎帝之位的蚩尤，这就是所谓的炎黄之战。由于炎帝势力本已衰弱，其中较强的一支蚩尤又被黄帝所击溃，所以炎帝的势力日益衰落。据《路史·后纪四·蚩尤传》载，蚩尤好兵而喜乱，"逐帝而居于浊鹿，兴封禅，号炎帝"。据《逸周书·尝麦解》载，蚩尤继炎帝位后，"赤帝大慑，乃说于黄帝，执蚩尤，杀之于中冀"。可见，因蚩尤也号炎帝，故才称炎黄之战。司马迁在整理黄帝传说时，对各传说的表达使用了独特的语法，故人们在理解中生出许多新的矛盾来。在司马迁的《史记·五帝本纪》中，黄帝有战蚩尤、战炎帝两场大战，地点有涿鹿和阪泉两处。其间有的表述使人产生错误的理解，如开始说"神农氏世衰"，意思是没有实力，不行了，但是后来又说"炎帝欲侵凌诸侯"。这本来是不矛盾的，但是人们认为炎帝就是神农氏，于是认为这就很矛盾：既然衰败，怎么会有能力侵凌别人呢？

其实司马迁区分得很清楚，神农氏确实衰弱了，没有和黄帝打仗，是蚩尤和黄帝打的。而蚩尤那时叫炎帝，故时而叫蚩尤，时而叫炎帝，这两个人是一个人。而阪泉和涿鹿距离很近，名称可以相互替代。著名历史学家吕思勉先生说：炎帝蚩尤一人，涿鹿阪泉一役。杨宽先生也梳理过这一过程，从崔述，到梁玉绳，到蒋观云，到杨宽，这个几乎成了定论。[①]

《帝王世纪》认为神农氏是炎帝的见解是正确的。神农氏是炎帝族的一支，蚩尤作乱时，神农氏已衰弱了。这神农氏的首领就是帝榆罔，也就是最后一位炎帝。据此可以证明，炎黄间的联盟没有破坏。而在大战的时候，榆罔氏已经不是炎帝了，那时的炎帝是蚩尤。所以司马迁使用两种称谓称呼蚩尤是不矛盾的。

由于黄帝对蚩尤的一场大战，蚩尤部散向东南方，而神农氏本已衰落，炎黄

---

① 杨宽：《中国上古史导论》，见吕思勉、童书业编著：《古史辨》第 7 册（上），上海古籍出版社，1982 年，第 199—206 页。

间的两合婚姻已处于不对等状态，除了姬姜二姓等尚保持婚姻状态，黄帝族的分支需要寻找新的氏族进行婚配，以求得种族发展。《帝王世纪》云："黄帝四妃，生二十五子。元妃西陵氏女，曰嫘祖，生昌意；次妃方雷氏女，曰女节，生青阳；次妃彤鱼氏女，生夷鼓，一名苍林；次妃嫫母，班在三人之下"。这是末代黄帝氏族的分裂情况，说明曾经有过四支黄帝的氏族寻找了另外的氏族结盟，其中有两支是在西部活动的，一是黄帝嫘祖联盟，一是黄帝彤鱼联盟，他们是蜀中先民的祖宗。至于嫫母，还是老亲家女娲族的，因为蛙、嫫是相通的。

《史记·五帝本纪》称黄帝娶西陵女嫘祖而生子昌意，这是黄帝族与嫘族的婚配，昌意应是黄帝母系传下来的，父亲应是嫘族的。这昌意就是伯益，是黄帝族承伏羲鸟崇拜的体现，因为伯益本为燕鸟。昌意又娶蜀山氏女，据两合婚姻理论，蜀山氏就应是西陵氏，因为西陵氏是与黄帝结成婚姻联盟的氏族。西陵在今湖北宜昌西北。西陵又作蚕陵，蚕陵在蜀郡，则西陵女与蜀山氏同为一部族。《说文解字》："蜀，葵中蚕也。"蜀山氏为蚕图腾，则蚕丛氏即是这一族的后人。或许，黄帝一部西南行至长江峡口，与西陵氏结合，一部溯流而上，演绎巴蜀传奇，一部则在当地发展。据传扬雄撰《蜀王本纪》，现有佚文云："蜀之先称王者有蚕丛、柏濩、鱼凫、开明，是时人萌椎髻左衽，不晓文字，未有礼乐。从开明以上至蚕丛积三万四千岁。"[1]

第一代蜀王为蚕丛。蚕丛氏是土著，黄帝族进入这个地区，与蚕丛氏结为婚姻联盟。其代际关系如下：

黄帝→昌意（伯益）→柏濩（鸟）

↓↑　　　↓↑　　　　↓↑

嫘祖→　蜀山氏 →蚕丛（蚕）

这种两合婚姻的线索是非常清楚的，三代联盟一脉相承。

在蜀中，黄帝传人还与另外一支彤鱼部联姻，就是所谓黄帝娶彤鱼氏。蜀王之鱼凫实为鱼与凫，因年代久远讹变而将二者合并为一了。前文中图1-1-22A、1-1-22B所示三星堆和金沙的鱼鸟图，就是鱼凫联盟的符号。

蜀王蚕丛、柏濩与鱼凫间各不领属，专家指出，他们"只是一些部落或部落联盟的酋长，其间也没有什么直接承袭的关系"。蚕丛与鱼凫的活动地域也不

---

① 据《全汉文》卷五十三。

198

相同，前者主要活动于成都平原西北的山区，即岷江上游一带，后者则靠近成都平原。① 两者图腾不同，婚姻联盟也不一样。

与黄帝族联姻的彤鱼氏究竟是巴蜀土著还是仰韶文化鱼部落的后裔，尚情况不明，但在蜀中考古中发现这对联盟存在却是事实。蜀中广汉三星堆的发掘震撼了世界，特别引人注目的是，三星堆遗址发现了一根罕见的金杖，象征着蜀地的王权与神权。杖上有两组图案："上面两组图案相同，下方为两背相对的鸟，上方为两背相对的鱼，鸟的颈部和鱼的头部压有一穗形叶柄。"② 鸟与鱼的分置正好说明鱼凫是说鱼与凫的关系，而不仅仅是鱼凫这种鸟。按照两合婚姻制的形态，鱼凫族不可能单独存在，而必须是鱼族和凫族同时存在，两个氏族才能生存和发展。鱼凫联盟是黄帝族在炎帝族之外结成的一个新的联盟，凫是黄帝鸟族分裂出来的一支，鱼即彤鱼氏，黄帝的传人在巴蜀广为繁衍。图像和文献可以结合起来考察，这是我们对于蜀中黄帝族的发展的一种初步理解。

相对于伏羲女娲的联盟，炎黄联盟崇拜的神是新神，但对于后来的联盟崇拜的神来说，炎帝和黄帝又是老神了。

随着《大戴礼》、《世本》和司马迁的《史记》，以及《汉书·古今人表》等一系列历史文献的问世，炎帝和黄帝作为中华民族的祖先的地位被广泛认同。如今，河南新郑、陕西桥山、浙江缙云的黄帝祭典每年都会举行，陕西宝鸡、山西高平、湖北随州和湖南炎陵等地的炎帝祭典仪式同样每年举行，炎帝祭典和黄帝祭典被选入国家级非物质文化遗产名录，古老时代的神话故事，已是今天的民族文化核心资源。

第三节　颛顼帝喾联盟与尧舜联盟

颛顼与帝喾后来被奉为两大尊神，但其最初也是一对婚姻联盟。他们与炎黄联盟一样都是伏羲女娲联盟的传人，但是，颛顼帝喾是从炎黄部里分裂出来的，若以神的代际算，他们是第三代。（图1-2-3）

尧舜则是第四代联盟，他们是颛顼帝喾的直接演化，尧舜是婚姻联盟，前辈已多有阐述。在他们的身上，我们也能看到伏羲女娲的影子，尧舜的婚姻

---

① 童恩正：《古代的巴蜀》，四川人民出版社，1979年，第58页。
② 屈小强、李殿元、段渝主编：《三星堆文化》，四川人民出版社，1993年，第77页。

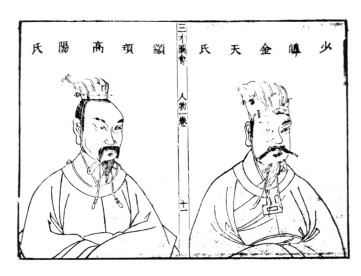

图 1 - 2 - 3 明代颛顼帝喾像

联盟，有力地支持了颛顼帝喾是婚姻联盟的观点。

据《大戴礼》，颛顼高阳氏是黄帝之孙，昌意之子，而帝喾高辛氏则是黄帝子玄嚣之子娇极所生。《史记》据此认为帝喾较颛顼低一辈，为颛顼族子。撇开这种代际层次不谈，我们发现这种传承线索有许多有价值的地方。如前所述，黄帝为少典氏，是伏羲后人，炎帝为有蟜氏，是女娲族后人。我们按母系传承加以排列，则发现帝喾属黄帝系的氏族，而颛顼属炎帝系的氏族。昌意是黄帝族的传人，他的儿子肯定不属黄帝族，而属其母族炎帝族，所以颛顼是炎帝系的氏族。帝喾的父亲叫娇极，是炎帝族的后代，他的儿子不是有蟜氏的儿子，而是母族少典氏的儿子，是黄帝族的后代。颛顼与帝喾的联盟是炎黄联盟的直接传承。

颛顼与帝喾也传承若干代，非一代首领称号，而是诸多氏族首领的共号，后乃尊为神。起初，他们都是生自西部，但主体东迁中原，并进一步向东部拓展。到这一联盟大兴之际，他们活动的核心地区已移至河南、山东一带。高阳与高辛是两位首领的氏族兴起的地名，后为这一新氏族的名称，就地名均有一"高"字来看，两地当相距甚近。除了帝喾部的部分留在西部跟有邰氏结盟外，颛顼帝喾联盟的轰轰烈烈的事业都是在东部干下的。

这两支氏族均从西部迁到东部，他们间要是没有婚姻关系，是不能这样如影相随的，加上他们分别是炎帝和黄帝的后裔，本身就是一个两合婚姻联盟的成员，更兼颛顼与帝喾又轮流执政，则这两族必为婚姻联盟无疑。他们的前辈炎黄是婚姻关系，他们的后人尧舜是婚姻关系，他们居于中间也是婚姻关系。

颛顼与尧为一帝之分化，近人杨宽于《中国上古史导论》中已有详辩①。

舜为喾后，论者更多。帝俊、帝喾、帝舜三神呈现复杂的同形同质关系，王国维、郭沫若、杨宽等多有阐述。王国维于《殷卜辞中所见先公先王考》一文中主帝俊即帝喾说②，郭沫若《中国古代社会研究》一书在认定帝俊即帝喾后，又坚持认为帝俊为帝舜，说："知帝俊为商喾又知帝俊为帝舜，则帝舜实即帝喾。"③ 杨宽则总结诸说，对帝俊即帝喾，帝俊为帝舜做了全面论述。帝俊、帝喾、帝舜三者叠合，已成学术界共识。

但是，这三帝的某些同质性并不能说明他们三人就是一人，他们是同一族身份相同但称号不同的首领，体现出不同的代际关系，古人常是将他们分别对待的。《国语·鲁语》："有虞氏禘黄帝而祖颛顼，郊尧而宗舜；夏后氏禘黄帝而祖颛顼，郊鲧而宗禹；商人禘舜而祖契，郊冥而宗汤；周人禘喾而郊稷，祖文王而宗武王。"至少，在春秋时人们就是把帝喾与帝舜区别开了的。《山海经·海内北经》："帝尧台、帝喾台、帝丹朱台、帝舜台，各二台，台四方，在昆仑东北。"这里的所谓帝台是诸帝的祭台，除了确凿无误地告诉我们帝舜、帝喾是不同的个体外，这里的"各二台"的排列也甚有趣味。如果说是四帝分为二组，各二台，就是帝尧、帝喾为一组，帝丹朱、帝舜为一组，这其中就有值得注意的地方了。帝颛顼和帝喾不是氏族对等转为尧舜联盟的，可能是帝颛顼的称号较早就以尧替之了，或者帝颛顼和帝尧两个称号可在不同氏族里并行，而帝舜的称号还没发明出来，或者帝舜和帝喾两个称号尚在并行。这时两合氏族婚姻就可能出现帝尧帝喾联盟，帝尧台和帝喾台就是两合氏族在祭祀他们的共祖。帝丹朱台和帝舜台则是后一代的祖先，是前一联盟的继续，或者地域化。帝丹朱传说为尧之子，是尧族的儿女氏族，而舜是喾的后人，为帝喾部的儿女氏族，帝丹朱与帝舜是又一代联盟的祖先。在昆仑东北排列着的两合氏族的历代先祖的祭台，为我们留下了神灵信仰的历史证据。

《史记》称尧为帝喾子对不对呢？应该说是对的，但我们在这里又将其列为颛顼之后，岂非矛盾？这里存在着一个世系的计算问题。尧时尚是以母系计算

① 详见吕思勉、童书业编著：《古史辨》第 7 册（上），上海古籍出版社，1982 年。

② 王国维：《观堂集林》卷九，中华书局，1959 年。

③ 郭沫若：《中国古代社会研究》，见郭沫若著作编辑出版委员会编：《郭沫若全集·历史编》第 1 卷，人民出版社，1982 年，第 225 页。

世系的。《史记索隐》引皇甫谧云："尧初生时，其母在三阿之南，寄于伊长孺之家，故从母所居为姓也。"所以，尽管尧父为帝喾，但尧却不在帝喾族而属于其母系的颛顼族。

尧与舜的联盟虽然被禅让说所掩盖，但其间的婚姻关系的信息却保存较多。首先是尧曾妻舜以二女。《史记·五帝本纪》说"尧乃以二女妻舜以观其内，使九男与处以观其外"，舜族与尧族互婚之证于此可见，而舜妻既然为尧女，则尧九男与舜处也是一种入赘，他们必是跟舜族的女子发生婚姻关系。舜弟象也跟尧二女有性关系，他在谋杀舜并以为成功后"止舜宫居"，实际上是兄弟"并淫"了，这是一种两合婚姻的表现。对此，郭沫若先生在《中国古代社会研究》中有详论，这里不赘述。（图1-2-4）

中国氏族社会的两合婚制在尧舜这一系里已开始走向崩溃，因为在其联盟内部已经出现明显的分裂迹象。

尧舜联盟的事迹被改写重塑，在历史上的影响极为重大。他们因禅让故事、孝道故事、德治故事以及其他人格美德，成为中华民族的精神楷模，在中国历朝政治统治管理、学者理论建构、地方社会建构中都有很大的影响。他们的被改写重塑的神话传说的影响力，超过了他们实在的神话历史本身的影响。陈泳超《尧舜传说研究》[①] 一书，就是这样的关于尧舜传说的演变及其地方化的调查

图1-2-4　明代尧舜图像

① 陈泳超：《尧舜传说研究》，南京师范大学出版社，2000年。

整理之作，为我们了解尧舜神话与传说的影响力提供了很有价值的材料。华东师范大学张晨霞博士的博士学位论文《晋南帝尧传说研究》，也对帝尧的历史传说进行了梳理，并对其当下的社会建构功能进行了探索。东北师范大学的马兴博士的博士学位论文《尧舜时代研究》则着眼于对尧舜生活时代的考察，还原一些历史的真相，并对尧舜的历史影响进行了梳理。尧舜的研究渐成学术热点。

第四节　鲧禹联盟和重黎联盟

鲧禹联盟和重黎联盟是被掩藏较深的两组两合婚姻联盟。前者因两族曾经存在的父子关系的个别案例而被误认为一种普遍恒定的父子关系，后者则因这两个氏族的融合而被误认为是一个神。这些误论都有必要加以澄清。

就像炎黄联盟出现了蚩尤这样的异端势力，颛顼帝喾部里也出现了一支反叛力量，这就是鲧部。鲧即共工，因为从语音上，"鲧"与"共工"只是声音长短之别，古籍记载中有诸多证据说明他们是一人或者关系密切的人，对此，前人已经有详论。[①]《世本》："颛顼产鲧。"《史记·夏本纪》："鲧之父曰帝颛顼"。《山海经》郭注引古本《竹书纪年》："颛顼产伯鲧。"这些清楚地说明，鲧出自颛顼族。

这一支分裂出去的氏族的反叛时间较蚩尤为长。颛顼当政时代，共工就与他争帝，在尧舜时鲧的反叛尚未止息。就像炎黄部联合攻杀蚩尤一样，尧舜联合镇压了鲧。《国语·周语下》："其在有虞，有崇伯鲧，播其淫心，称遂共工之过，尧用殛之羽山。""称遂共工之过"，说明鲧与共工的承袭关系；既言有虞（舜）当政，又言尧殛鲧，除说明舜与尧联合执政外，更说明这场镇压是双方联手。《尚书·尧舜典》中说舜"殛鲧于羽山"，这都是尧舜的合谋。

这样，鲧族不可能再跟舜族发生婚姻关系了，他们要寻找新的婚姻联盟。鲧族有了自己独有的图腾，其中虽然有蛙类水族的痕迹，但已跟蛙类相距甚远。鲧的图腾是三足鳖。《国语·晋语八》："昔者鲧违帝命，殛之于羽山，化为黄能，以入于羽渊"。《尔雅·释鱼》："鳖三足，能。"今本《史记》及其他典籍均将"能"讹作"熊"。"能"，即三足鳖，是鲧族的图腾。

---

① 详见杨宽：《中国上古史导论》，见吕思勉、童书业编著：《古史辨》第 7 册（上），上海古籍出版社，1982 年。

关于鲧的婚姻，《世本·帝系》："颛顼生鲧，鲧生高密，是为禹。"《世本》又云："禹母修巳，吞神珠如薏苡，胸拆生禹。"此修巳当为鲧妻，为长蛇之属。刘师培《姒姓释》认为"姒""巳"同文，姒姓即巳姓，而"巳""蛇"古同字。禹从虫，虫与巳同，虫在卜辞里又与巳同字，并即虺蛇等所从出，则禹族本长蛇族。[1] 鲧与修巳的婚姻实际上是一种鳖蛇图腾集团的联姻，标志着鲧与禹部两合氏族婚姻的形成。

这个鲧生的禹不知是第几代禹了，禹族的老家在西羌。《史记·六国年表》："故禹兴于西羌"，《新语》也谓"大禹出于西羌"。禹族从西部杀出来，跟东方的一支叛逆氏族结缘。这远距离的婚配，增强了氏族的活力，故禹族迅速强大起来。

三足鳖集团与蛇集团的联姻在图腾物的结合上有表现，《楚辞·天问》流露出这一结盟的信息。据王逸称，屈原写《天问》是在楚先王庙及公卿祠堂见到了那里所画的天地神灵与古圣贤怪物行事，因而发问。屈原在写到鲧时，有几句话十分引人注目，第一句是："鸱龟曳衔，鲧何听焉？"旧说一直将鸱释为飞鸟。王逸注曰："言鲧治水，绩用不成，尧乃放杀之羽山，飞鸟水虫，曳衔而食之。鲧何能复不听乎？"周拱辰认为"鸱龟曳衔"是鲧的治水法，也难以说通。唯徐文靖之说别具一格：

按《唐会要》曰，汉柏梁殿灾，越巫言海中有鱼，虬尾似鸱，激浪则降雨，遂作其像于屋，以厌火灾。……《汉书》，越巫请以鸱尾鱼厌火祥，今鸱尾即此鱼尾也。[2]

据此，鸱即鸱尾鱼，虬尾似鸱，当是身材长长有若虬龙者。其实这鸱就是巳，是长蛇，而龟就是三足鳖。因为壁画不规整有误差，使得屈原将长蛇看作了鸱尾鱼，而把三足鳖看成了龟。这是一个龟鳖族与虬龙族的联盟标志。

这儿的壁画是一组，主要是反映鳖族与蛇族的友谊与婚盟，鸱龟曳衔是二物在吻嘴，有如仰韶文化陶纹之鱼鸟相衔。另外一幅则是虬龙负鳖。《天问》："焉有虬龙，负熊以游？"这里的关键是理解"熊"字，其实它不是熊，而是"能"，即三足鳖，读音为"赖"。对此，前人就有过很好的阐述。如林兆珂曰："虬熊相负亦犹龟蛇之相求也。"[3] 这对我们理解《天问》提供了很好的见解。虬

---

① 参见《闻一多全集》第 1 卷，开明书店，1948 年。
② 转引自游国恩主编：《天问纂义》，中华书局，1982 年，第 86 页。
③ 转引自游国恩主编：《天问纂义》，中华书局，1982 年，第 146 页。

龙负能实际上是鸥龟曳衔内容的延伸，所画为虬龙与三足鳖的缠绕，"皆壁上画所有"，它是原始的氏族结盟的见证。虬鳖交合成蛇龟交合，成玄武，都是图画不规范而发生讹变所致。① 如这座汉代玄武雕像，就是典型的龟蛇相衔图，就是虬龙负能

图 1-2-5　虬龙负能

（三足鳖），就是鸥龟曳衔。（图 1-2-5）它记录了一段氏族婚盟的历史。

考古学界一般认为，先夏文化在山西陶寺文化中十分活跃，那儿曾是尧舜联盟的大本营，所以尧舜联盟对新起的鲧禹联盟十分畏惧，对咄咄逼人的鲧部采取了高压政策。舜先是杀了鲧，又将共工部流放到幽州，鲧禹联盟便被破坏了。

禹部只好寻求新的婚姻联盟，于是找到涂山氏。涂山氏是女娲一系的后人。《世本·帝系》："禹纳涂山氏女，曰娇，是为攸女。"《史记索隐》："《系本》曰'涂山氏女名女娲'，是禹娶涂山氏号女娲也。"因为鲧也属于娲部，涂山氏是否是鲧支裔也未可知。由于父权即将到来，涂山母族势力本弱，其图腾不见称显，或为石头，而禹虬龙独长，两合婚即将瓦解。

重黎联盟也是中国氏族时代一支强大的文化势力，作为神职人员的重与黎曾被封为天地之官，有整顿世界秩序的伟大功业。他们的后人是楚人，重、黎得到尊崇是南方苗蛮集团的祖先崇拜的结果。

如同鲧一样，重与黎也跟尧核心氏族集团存在着离心关系。《史记·楚世家》："共工氏作乱，帝喾使重黎诛之而不尽。帝乃以庚寅日诛重黎"。重、黎氏

---

① 孙作云：《孙作云文集》第 1 卷《〈楚辞〉研究》，河南大学出版社，2003 年，第 524 页。

在帝喾时遭到了重创，但在颛顼时，重、黎氏分别被任以司天司地之职，地位崇高。在东部的两合氏族里，颛顼与尧系列多是反叛角色，而帝喾帝与舜系列则主正统之位。由于反叛势力被镇压，颛顼与尧一系相对弱化。颛顼与尧系氏族只有楚人，而舜氏则有势力强大的商、周。颛顼子鲧、尧子丹朱都有强烈的问鼎意识，因此遭到尧舜的联合镇压，实力受损。他们或被消灭，或被远斥，只能在边地发展。

黎氏是尧后。尧舜势力南渐，起初是两支尧舜后人同去的。《山海经·海内南经》："苍梧之山，帝舜葬于阳，帝丹朱葬于阴。"帝丹朱是帝尧之子，帝舜是舜部南去的一支，还袭旧号，他们是一对联盟，因而死后还葬在一起。南方的这支联盟中丹朱势力强大，引起了北方总联盟的担忧。丹朱即黎，因遭帝喾诛杀而怀有怨恨，不听号令是很自然的。尧也为之震怒，因为这是一支足以跟自己抗衡的同族势力，弄不好会让丹朱争了正统。数代后的尧部跟丹朱部实际上是兄弟氏族，尧容不了丹朱，曾发动对丹朱的战争。《吕氏春秋》："尧战于丹水之浦"，古本《竹书纪年》："放帝丹朱于丹水"。尧与自己的同族进行了火并。

丹朱就是欢兜，童书业和杨宽曾力证之，具体细节在《古史辨》第七册上有讨论。当然这二者并不是一人，而是指同一氏族。《山海经·大荒北经》："欢兜生苗民，苗民釐姓。"《国语》韦注："狸姓，丹朱之后也。""釐""狸"皆"黎"之变。《周礼》："颛顼氏有子曰黎"。颛顼、尧、丹朱三者之后皆黎，因为前三者同族，谓黎为三者后不矛盾，而黎则与三者同族无疑。

《山海经·海内南经》说帝丹朱与帝舜同葬一山，则丹朱部与舜部婚姻还在继续。后来变成重黎氏联盟，是不是丹朱部与舜部的姻亲关系瓦解了呢？事实上也没有。黎为尧族，重实际上是舜族。舜又叫重华，则舜后有名重者，则南部重黎联盟为北方尧舜联盟在南方的支裔，后来做出了开发南方的伟大事业。

司马迁作《史记》，将重、黎合并为一，是因为他不懂这种两合婚制所致，《集解》和《索隐》努力为重、黎为一人找根据，都只是在错误的路上愈骛愈远，这是神话历史化的一种结局。重黎的联盟在南方孕育了楚文化，当氏族发展分化，重、黎本体那支联盟还保存着，成为宗教领袖，直到周代才结束他们的使命。

我们分析中国氏族社会的几组典型的婚姻联盟，是希望通过文化人类学的理论方法，在一定程度上还原原有的文化与社会形态。而神的代际关系之新陈代谢，也让我们找到神话运动的内在动力：氏族联盟的发展及其矛盾运动推动着氏族神话的发展变异。此外，也使我们认识到丰富多彩的中华文化存在着高度的同一性和悠久的历史渊源。中国社会这棵枝叶繁茂的参天大树，在一定程度上是在蛙鸟联盟的根上生长起来的。

这种神话的还原，是想还原一种传说时代的某种社会生活的情形，更是还原传说时代神话的情形，这种情形是在氏族的联盟中，作为图腾、作为祖先、作为神灵的那些大神，他们在当时的可能状态。两合氏族结盟，神的代际关系，成为我们考察这段神话的两个基本视点。那个时代肯定有更丰富的神话形态，我们把这段历史中我们认为真实的状态予以揭示，就会看到，这样一份资源在后世是如何被不断地改造和利用的。

传说时代的神话是中国文化最为珍贵的资源，后世的改造过程也是神话的发展过程。新神和老神的神话此消彼长，演绎了精彩的故事，迄今还是中国人最大的文化认同的对象。传说时代的神话，不断地进行着在地化和国家化过程，不断被语言文字传述和再加工，并通过一系列的神庙塑像固化这些神话故事，使之历史化、伦理化，融入人们的心灵。同时，通过祭祀典礼，以仪式化的过程来强化这种信仰与认同。这不是某一朝某一代的举动，也不是简单的国家行为，而是世世代代的这个民族的共同选择。

今天，传说时代的神灵，我们所说的老神和新神，大都纳入了我国国家级非物质文化遗产名录，伏羲女娲的祭典，炎帝黄帝的祭典，尧舜的祭典，大禹的祭典，等等，都成为民族的文化遗产。传说时代的神话遗产，具有不可替代的价值和意义。

第三章　史前神话中的矛盾冲突

新陈代谢是社会文化发展的规律，这不仅仅是新神老神的信仰和神话的更替和消长，也包括社会矛盾带来的神话的变化。这种神话的矛盾冲突，一方面是神话参与社会矛盾问题的解决，一方面是神话本身对于这种冲突的记录。在史前时代，有着无数的新旧因素在生灭着，但是，父权制与母权制的更替，国家制度对氏族制度的取代最引人注目。这两对重大冲突是在人类奋力前进的过程中产生的。神话向我们展示了这两大冲突的动人场面。

自摩尔根开始，人们对于原始社会有了较多的了解，并取得了一定的共识，如原始社会成熟的社会组织形式是氏族制，而氏族制度一般分为母系氏族制和父系氏族制两种基本形式，并存在着变化的过程。摩尔根的阐述在今天看来依然很经典：

> 在往古时代，世系一般均以女性为本位；凡是在这种地方，氏族是由一个假定的女性祖先和她的子女及其女性后代的子女组成的，一直由女系流传下去。当财产大量出现以后，世系就转变为以男性为本位；凡是在这种地方，氏族就由一个假定的男性祖先和他的子女及其男性后代的子女组成，一直由男系流传下去。[①]

这种观点，经过恩格斯在《家庭、私有制和国家的起源》中的转述，产生了广泛的影响。这也构成了原始社会后期重大的社会事件。而由氏族社会转为国家体制，恩格斯则有更加经典的论述，即以地域划分国民、公共机构的建立为两大标志，公共的社会管理替代了血缘的氏族制度。史前时代重大的社会转变，在神话中都有清晰的呈现。

第一节　神话中男权取代女权

随着财产的积聚、生产的不断发展，男子在社会生活中的地位逐渐提高。

---

① ［美］摩尔根：《古代社会》上册，杨东莼、张栗原、冯汉骥译，商务印书馆，1992 年，第 62 页。

又随着人们对男性在生育过程中的重要作用的了解，男性在生育中的角色被重视，男性取代女性成为社会的主宰已为大势所趋。由母权制转化为父权制，其间是经历过激烈的冲突的，女性多少万年积累的权威遭到挑战，其震荡是空前的。

人们大都从神话中去考察这一演变的过程。巴霍芬从埃斯库罗斯的悲剧《奥列斯特》里看到了母权制及其他的垮台，这是一种通过神话故事研究家庭演变的尝试，恩格斯在《家庭、私有制和国家的起源》中对此给予了高度的评价。拉法格继承这些观点并做了进一步阐述，他说："希腊人的奥林普像其他野蛮人的死后的住所一样，对于一切死者，无论是男是女，都是开放的；但是当宙斯战胜了母权制的保护者提吞（Titans）并在奥林普树立了父权制时，他就驱逐了克洛诺（Kronos）、贾亚、得麦特和其他的母权制时代的神；他给人的灵魂封闭了奥林普而只留给那些支持他的事业和承认他的父权统治的灵魂。"拉法格在许多地方都是以神话来论证父权制的斗争的，似乎离开了神话，所谓父权制取代母权制的过程便无法描述。拉法格的贡献在于他把这个过程看成了一个漫长的历史时期，并对这一过程中的冲突有深刻的描述和分析，他认为两性冲突的实质是："一个要保存自己在家庭中的崇高地位，另一个则要削弱前者的这种地位。"① 埃及的神话中也表现出这一特点，男人们宣称他们在种族繁殖的行为中担任主要角色，女人们不过像果实的外壳，只是承受和培养自己的胎儿而已。关于该问题，从巴霍芬以来，学界已经持续关注一百多年了。

父权制取代母权制并非空幻的神话，而是确实发生过的一个历史过程。父权制的成立有一个标志，即一夫一妻（含一夫多妻）制家庭的形成，此时，男子掌握了大量的私有财产，并以父系确定继承关系。考古所发现的新石器时代的葬式昭示着婚制的演进过程。试以青海柳湾原始社会的墓葬为例，那里属于半山型的墓葬中多是多人合葬，后经马厂型至演为辛店型后，随着物质文化的日趋丰富，男女二人合葬的情况便出现了。② 一夫一妻制显示出男性对女性的独专已经完成。这种葬式的演进说明古神话中流露的两性冲突绝非空穴来风。

---

① ［法］拉法格：《思想起源论》，王子野译，生活·读书·新知三联书店，1963年，第133—134、59页。

② 参见青海省文物管理处考古队、中国社会科学院考古研究所：《青海柳湾》上册，文物出版社，1984年。

在当今尚处于原始状态民族的婚姻里，有着丰富的从母权制向父权制转化的材料。宋兆麟、黎家芳、杜耀西等人所著的《中国原始社会史》一书向我们展示了这一过渡时期错综复杂的斗争的生活画面。云南纳西族和普米族流行走婚，这是一种从妻居的婚俗，当然是母系制度的体现。我国的苗族、瑶族、侗族、布依族等在新中国成立前还流行不落夫家的习俗，不落夫家则意味着母居制，男人便没有充分的对女人的权利。布依族为了表明对女性的占有，有戴"假壳"的仪式。妻子与丈夫结婚后不落夫家，男方须在特定的季节，率人强行给妻子戴上"假壳"，女子才移住夫家。布依族女子反对从夫居，每逢戴"假壳"季节，已婚女子如临大敌，提心吊胆，可见她们对母居制是相当留恋的。但是，被戴上"假壳"已不可避免，父权制已降临到她们的头上了。①

现在我们回过头来看中国古代的神话传说，则会发现母权制与父系制的冲突及其向父系制度的转变，在神话传说中留下了鲜明的印迹。

在关于唐虞与夏的传说里体现的历史进程与人类总体的发展规律是相合的，因而这些神话传说的历史价值不能轻易被否定。对于史前的婚制，郭沫若曾有这样的推断：五帝和三王祖先的诞生都是感天而生，知有母而不知有父，那便是自然发生的现象，暗射出一个杂交时代或者群婚时代的影子。至于尧舜时则为亚血族群婚制，即摩尔根所说的普那路亚（即彭那鲁亚）婚制。一个氏族的一群男子是另外一个氏族的一群女子的共同丈夫，反之亦然。二女传说则表明社会已进展到亚血族群婚的阶段。娥皇、女英为姊妹而以舜为公夫。舜与象为兄弟而兄弟"并淫"。这正表明"他们或她们正是互为彭那鲁亚"②。但此时不过亚血族群婚的遗习而已，对女性的独占已经开始了。据《史记·五帝本纪》载，尧为考察舜之德行，以二女妻舜以观其内，后因舜建城有功，"尧乃赐舜絺衣，与琴，为筑仓廪，予牛羊"。女人与财产，是舜父与舜弟欲谋杀舜的真正导火线。在经过几番谋害后，象误以为舜已死，其实舜已临难得脱。"瞽叟、象喜，以舜为已死。象曰：'本谋者象。'象与其父母分，于是曰：'舜妻尧二女，与琴，象取之。牛羊仓廪予父母。'象乃止舜宫居，鼓其琴。舜往见之。象鄂不

① 参见宋兆麟、黎家芳、杜耀西：《中国原始社会史》第六章"母系制向父权制的过渡"，文物出版社，1983年。
② 郭沫若：《中国古代社会研究》，见郭沫若著作编辑出版委员会编：《郭沫若全集·历史编》第1卷，人民出版社，1982年，第20页。

怿，曰：'我思舜正郁陶！'"从这一过程看，所谓普那路亚婚制实际上已处崩溃状态，兄弟可以"并淫"，但舜显然享有"主权"，不过他没有独吞。舜在二女的二夫中充当主夫，这已是对偶家庭的形态了。[①] 象不满足于此，以求独自占有二女，即实行一夫多妻制。男人在占有财产的同时开始占有女人本身。象的故事说明，在男人占有女人的过程中，首先是要除掉男性中的对手，这样才能真正粉碎群婚制，故而在男女两性的冲突中，包含着男性内部的争斗。这种争斗的意义在于：男人要确立自我的财产特权，包括性的专断，使自己的利益不受侵犯，这就为一夫一妻的制度及私人财产保护体系的建立开辟了道路。

据恩格斯所说，从母权制到父权制的过渡并不是一件困难的事，并不需要侵害任何一个活着的氏族成员，只要一个简单的规定：以后氏族男性成员的子女留在本氏族内，而女性成员的子女应该离开本氏族而转到他们父亲的氏族中去，就行了。这样就废除了按女系计算世系的办法和母权的继承权。由于史前材料及原始民族的调查活动所获资料有限，其结论并不准确，也把这样一个重大的历史过程说得太轻松了。

据调查，我国四川盐源县某些普米族地区，流行一种审新娘仪式，从该仪式即可见母权制向父权制的过渡不是一帆风顺的。普米族的女子婚后不断地从夫家逃回，在娘家与其他异性结交。丈夫多次迎回新娘，在第四次以后，努力与新娘同宿，但新娘依然逃回，直到在娘家发现怀孕后才移住夫家。怀孕的新娘回家后，即遭围攻审问。新娘必须交代十三岁穿裙子以后与哪些男人同居过，是怎样怀孕的。普米族人认为，从怀孕到生育需九个月零九天，丈夫及老妈妈一行据新娘的交代推断胎儿是否为丈夫血统，若不是丈夫血统，要追究责任，兴师问罪。新娘如不如实交代，要受体罚，起初是烟熏，若还不讲，进一步实行"猴子搬桩"，即用一根高约一米、宽二指的青冈树树桩埋在院中，让新娘坐在桩前，丈夫抓住新娘的双手，把两个大拇指用细绳拴在桩上，然后将树桩的上端破开，从中加入木楔，以斧子锤击之，树桩逐渐分开而细绳变紧，新娘皮肉即大受其苦，不得不以实相招。这种仪式正见出母权制向父权制转移过程中的强制色彩，斗争之激烈可见一斑。[②]

---

① 参见吴泽：《中国历史简编》第二编，峨嵋出版社，1947年。
② 参见宋兆麟、黎家芳、杜耀西：《中国原始社会史》第六章"母系制向父权制的过渡"，文物出版社，1983年。

古希腊神话中，这种冲突更是血淋淋的，埃斯库罗斯的悲剧《奥列斯特》所叙述的故事令人心惊胆战。克吕泰墨斯特拉为了她的情人杀死了刚从特洛伊归来的丈夫阿伽门农，而阿伽门农与克吕泰墨斯特拉所生的儿子奥列斯特杀死母亲报了父仇，在审判中，奥列斯特竟被宣判无罪，恩格斯认为这就宣告了父权制战胜了母权制。这是巴霍芬与恩格斯论述这场转变的一个重要证据。

它并不是神话中的一个孤证，在中国神话里也有这样的情节，只是表现形式略有差异。巴人的祖先廪君就是在战胜女权后推动了巴族的进步，《世本》记下了这段具有原始色彩的神话传说：

> 廪君曰务相，姓巴氏，与樊氏、瞫氏、相氏、郑氏凡五姓，俱出皆争神。乃共掷剑于石，约能中者，奉以为君。巴氏子务相，乃独中之，众皆叹。又令各乘土船，雕文画之，而浮水中，约能浮者，当以为君。余姓悉沉，惟务相独浮。因共立之，是为廪君。乃乘土船从夷水至盐阳。盐水有神女，谓廪君曰："此地广大，鱼盐所出，愿留共居。"廪君不许。盐神暮辄取宿，旦即化为飞虫，与诸虫群飞，掩蔽日光，天地晦冥，积十余日。廪君不知东西所向，七日七夜。使人操青缕以遗盐神，曰："缨此即相宜，云与女俱生，宜将去。"盐神受而缨之。廪君即立阳石上，应青缕而射之，中盐神。盐神死，天乃大开。①

现在看来，我们恐怕要谴责廪君之残忍，同时对盐神这位多情的女神表示深深的敬意与同情，但是这一神话的实质却是母权制度崩溃的一个历史见证。从女居的婚制与女人对财产的拥有及在此基础上产生出来的保守观念，已经严重地束缚了氏族的发展，遮天蔽日的飞虫使得廪君寸步不得行的场景正是女权制成为事业发展障碍的象征。因而，一场冲突已势所难免。当廪君射杀了女神，前进的道路便已开通，天乃开朗，这也形象地说明，只有打破母权制，才能打开男人前进的道路。恩格斯指出，母权制的被推翻，乃是女性的具有世界历史意义的失败。廪君射杀盐神正是这场斗争的一个典型缩影。男人对女人采取流血的手段而确立了自身的地位。

关于禹的婚姻的神话传说，凸显了母系制向父系制的转变过程。人们关注颇多的是他跟涂山氏的婚姻关系。《楚辞·天问》：

---

① 《世本》，清茆泮林辑本。《世本》亡佚，诸本辑录文字不一，多简练，本选文内容最为丰富。

禹之力献功，降省下土四方，焉得彼涂山女，而通之于台桑？

屈原时代显然对这种较为原始的婚制就有些看不懂了。《吕氏春秋·音初》："禹行水，窃见涂山之女，禹未之遇而巡省南土。涂山氏之女乃令其妾候禹于涂山之阳。女乃作歌，歌曰：'候人兮猗！'实始作为南音。"看来，禹并没有娶走涂山氏，反倒是一时从女而就，偶尔相通而已。涂山氏自与禹相遇，到后来思念禹，令妾相候作歌，都没有离开涂山，那里是她的家而不是禹的家，这说明当时还是一种从母居的婚俗。禹早年也在这种婚俗遗习影响下同涂山氏过过一段"阿注"般的婚姻生活，后来他不满于这种婚制，于是跟涂山氏分手了，这在当时是十分正常的，但屈原却对他有批判："胡维嗜不同味，而快量鼀饱？"指责他在男子之事上不严肃，凭什么只是喜欢尝鲜图一时之快而已呢？其实禹并不是"快鼀饱"了事，他是想把女人娶走，永远占有，最根本的目的是要确立父系的继承权，即起码要从男居。

后来禹还是真的娶走了涂山氏，至少神话叙述的似乎涂山氏是跟禹走了。结合现代一些民族的较为原始的婚俗，我们大致可以把禹的婚姻描绘为：此时正处于母居制向父居制的转变期，女方在正式定居男方家前，在娘家可过一段走婚生活。尽管涂山氏对禹颇有好感，但对从夫居的新制尚不满，且有欲以母系确定继承关系的企图，但禹终于要回了自己的儿子，取得父系继承权的胜利。

我们还是来看这段经典的神话：

禹治洪水，通轘辕山，化为熊，谓涂山氏曰："欲饷，闻鼓声乃来。"禹跳石，误中鼓。涂山氏往，见禹方作熊，惭而去，至嵩高山下，化为石，方生启。禹曰："归我子！"石破北方而启生。[①]

这个传奇的神话，包含丰富的文化信息。禹化熊，即《天问》中的虬龙负熊的那个熊，即"能"，为一三足鳖。禹本来是长蛇族的，母亲为修巳，属长蛇氏族，禹本身就是属于母系长蛇族的。禹字中间有一"虫"字，故《说文解字》说："禹，虫也。"这个虫乃是长蛇之虫。为什么禹会变为"能"，即三足鳖呢？这是他在继承父亲鲧的图腾，鲧本身就是一个三足鳖，禹化熊（能），实为蛇变龟鳖，是从父系的姓氏与图腾。这让涂山氏深感痛苦，于是赶紧逃离。涂山氏在嵩高山（今嵩山）化石，有两种解释，一是女权走投无路的象征，二是涂山

---

① 《汉书·武帝纪》颜师古注引古本《淮南子》。

213

氏作为石头图腾族的本色表现，她要亮出自己的姓氏和图腾，以对抗禹对父系的尊崇。在当时，尊崇父系实在是违背母系氏族社会传统的，涂山氏是不能接受的。当然禹本人似乎没有坚持到底，只是一时所为，他的身份还是一个长蛇族的首领，只是怀恋父亲，把父亲的龟鳖图腾和母亲的长蛇图腾结合在一起，这就是玄武图像的由来。

禹更为坚持的一件事，是子女也要从父姓，所以他斩钉截铁地对涂山氏说："归我子！"即"把儿子还给我"。这一刻，他不仅自己在从父系图腾，也成功地把儿子抢来了。这个启就是夏代的第一位君主，是一个乘两龙的神。《山海经·大荒西经》中说："西南海之外，赤水之南，流沙之西，有人珥两青蛇，乘两龙，名曰夏后开（启）。开上三嫔于天，得《九辩》与《九歌》以下。"这个启真是一个神，禹当然也是神，他们都是氏族时代向国家制转变时期的神灵。启在神话中的装束，具有十分重要的意义——他已经承袭了父亲禹的图腾，即长蛇族的图腾与姓氏，母亲涂山氏的文化已不再在他的身上留下痕迹了。

这是一个反映社会变迁的神话故事，可谓精彩绝伦。

鲧禹时代还有功能性的神话，那就是鲧腹生禹的神话。《国语·晋语》称："昔者鲧违帝命，殛之于羽山，化为黄熊，以入于羽渊"。鲧是治水失误被杀了，当然还有其他的原因。比较神奇的是，他被杀死，但是化为了黄熊，得到再生。这个黄熊，还是那个黄能，即三足鳖。但其他典籍说鲧死三岁不腐，人们用吴刀剖开他的肚子，结果出现了两种说法，一是说出来了黄龙，二是说禹从里面诞生出来了。《天问》："伯鲧腹禹，夫何以变化？"屈原对于这个神话也感到困惑。

这是一个禹时代的神话，因为鲧已经死了。这是禹族为了强化父权制的神话，其功能是很明显的。人们多以为该神话是所谓关于"产翁制"习俗的表达。产翁制是后代的一种习俗，表现在生育活动中，丈夫想要获得尊重，便扮作产妇，做生育状，并接受照顾和关怀。中国古籍中多有记载，如周去非《岭外代答》卷十引房千里《异物志》："獠，妇生子即出，夫惫卧，如乳妇。不谨则病，其妻乃无苦。"又，《太平广记》卷四八三引尉迟枢《南楚新闻》："南方有獠。妇生子便起。其夫卧床褥，饮食皆如乳妇。稍不卫护，其孕妇疾皆生焉。其妻亦无所苦，炊爨樵苏自若。又云，越俗，其妻或诞子，经三日便澡身于溪河，返具糜以饷婿。婿拥衾抱雏，坐于寝榻，称为产翁。"关于该问题，黄石先生于

1931 年即著文《从母系到父权——"产翁"的习俗》，博引中外文献，指出该习俗乃代表一种社会大变革，非可等闲视之，是男子"攫取父权"的行为。① 鲧禹时代，父系的时代刚刚开启，想必不至于就有该习俗，但是，这个神话作为一个宣言，确实是大禹的父权文化的舆论。

总之，舜与禹的神话所反映的时代正是男权取代女权的时代，神话向我们展示了这一转变时期错综复杂的斗争场面。男权与女权的冲突，是神话世界里表现出的最早最动人心魄的篇章，深刻地体现出了神话的矛盾法则。

第二节　禅让神话与早期国家

就在男权制取代女权制的过程中，国家制度对氏族制度的分裂与瓦解也在同时进行着。确定男性的继承权意味着私有财产的积聚，原先多族拥有财产的制度即面临挑战。舜、禹的神话中则可见出这种财产关系发生了变化。私有制正是国家产生的温床与土壤。当社会需要一个对私有财产的保障机构时，国家便被发明出来了。

不同的地域与民族所形成的国家形态是有较大差异的，尽管国家之按地域划分居民和建立公共权力这一根本点是相同的。雅典是直接从氏族社会中产生的民主共和国，德意志人却是经过较长的岁月形成了封建国家。中国国家的形成不是像雅典那样建立起民主共和国，反倒是以摧毁氏族社会的军事民主制为前提的。如果说禹划分九州是以地域划分国民的举措，表现为对多族制度的一定程度的革命，那么启所开创的"家天下"就牢牢地巩固了血缘继承制，从此之后，家长制的统治格局左右了中国社会几千年，家族政治与家族文化构成了中国文化的主流。中国统治集团不是由具有一定社会理想的党派团体构成，而是一个家族的联合，这就是中国国家形态的独特之处。

原始选举制基于财产的公有制，当财产逐渐私有化，尤其是部落首领垄断了集体财产，"家天下"便应运而生了。中国的私有制并不彻底，农村公社进入国家形态后存在了相当长的一段时期，在农村公社里，成员所拥有的私有财产十分有限，土地名义上为公社成员共同所有，实际上为国王垄断，国王以世袭制来永久地占有国家财产，即公共资源。公社社员由于没有土地所有权，便不

---

① 黄石：《从母系到父权——"产翁"的习俗》，载《妇女杂志》1931 年第 17 卷第 9 号。

可能成长为制衡国王的力量。同时，没有土地所有权的公社成员不会对国家事务有真正的兴趣，这就使得专制主义得以畅行。在雅典，"随着商品生产，出现了个人单独经营的土地耕作，以后不久又出现了个人的土地所有制。随后就出现了货币，即其余一切商品都可以和它交换的普遍商品"①，因财产占有的多寡不同而形成了贵族与平民两个不同的阶级，两个阶级长期对立斗争。自克利斯提尼改革设立新的议事会，废除传统的血缘部落，真正的国家机构形成以后，贵族与平民的对立转化为奴隶与自由民的对立、被保护民和公民之间的对立。由于社会具有广泛的既得利益阶层，他们有着左右国家权力的欲望与需求，因而实行民主共和就成了必然的选择。

中国国家制的形成，发生在传说时代晚期，由氏族制走向国家制经历了一个相当长的时期，它的发生与雅典的路线截然不同。血缘与民主是氏族社会的两大特征，雅典抛弃血缘制而保留了民主形式，中国则粉碎民主而发展了血缘制。

神话向我们展示了国家形成前夜因"家天下"想要取代禅让制而产生的尖锐冲突。

《尚书·尧典》和《史记·五帝本纪》载述了尧舜禹禅让的温文尔雅的故事。人们大都认为这虽然只是传说，但还是原始公社时期酋长传承制的反映，是有一定的历史根据的。氏族社会的领袖，一般是由推举产生的，"在多族制度之下，总是需要由选民选举或认可的"。《尚书》和《史记》记载的几次会议实际上就是部落议事会。但是，尧舜禹的时代已进入了原始社会末期，部落首领的权力已经增大了。尧召集四岳开会讨论继承人选时，尧的意见是决定性的，他认为不行的意见便不能采用，可以直接否定。如：

帝曰："畴咨若时登庸？"放齐曰："胤子朱启明。"帝曰："吁！嚚讼，可乎？"帝曰："畴咨若予采？"欢兜曰："都！共工方鸠僝功。"帝曰："吁！静言庸违，象恭滔天。"②

部下所提的人选都被他一口否定了，可见，尧已有些专断气了。看上去像是民主推选会，实际上只是首领决策的会议。其时，推举制正面临着挑战。放

---

① 恩格斯：《家庭、私有制和国家的起源》，见中共中央马克思恩格斯列宁斯大林著作编译局编：《马克思恩格斯选集》第 4 卷，人民出版社，1972 年，第 109 页。

②《尚书·尧典》。

齐在帝尧的话音刚落便推举尧子丹朱，显然是在讨好尧，只是时机不成熟，尧没敢贸然同意，或者尧本来就大公无私。

摩尔根说："世袭制的最初出现，最可能是由于暴力才建立起来，而不大可能是由于人民的心甘情愿"①。尧要搞世袭制，显然会惹出麻烦来。前文已论述过，尧舜时尚处对偶婚制阶段，母权制的势力还很大，但部落首领开始拥有财产，如尧可将部落财产分赐给舜。一旦这些社会财产归于私人所有，世袭制必将到来。尧选择了母系传统，他虽然准备把首领之位传给舜，但将两个女儿嫁给舜，若母系制传统得以延续，氏族权利与财产则在同一血统之中传承，舜不过做了尧的母系血统的一个领导执行者而已。尧本人是从母姓的，《史记索隐》："尧，谥也。放勋，名。帝喾之子，姓伊祁氏。案：皇甫谧云'尧初生时，其母在三阿之南，寄于伊长孺之家，故从母所居为姓也'。"所以尧是站在母系世袭的立场上，他名义上是妻舜以二女以观其德，实际上是为了维持母系的血统。

然而，母权制已处风雨飘摇时期，所谓推举制已面临严重的挑战，在进入正史的禅让制里显然抹去了许多冲突的细节。从各种古籍记载综合考察，知尧时实行推举制已有很大麻烦。尧想天下作为世袭领地的企图已很明显，只是他想靠女儿的血缘去承袭天下的财产与权利，但尧子丹朱已虎视眈眈，放齐显然是他的势力范围内的一个帮手。丹朱不会袖手看着江山落入舜的手中。《孟子·万章上》："尧崩，三年之丧毕，舜避尧之子于南河之南。"尧子与舜显然存在着矛盾。《韩非子·说疑》："禹逼舜，汤放桀，武王伐纣，此四王者，人臣弑其君者也，而天下誉之。"说明即使是尧一时选定舜为继承人，但尧子的企图也使尧最后改变了立场，尧还是想把王位传给丹朱。《孟子·万章》也说："居尧之宫，逼尧之子，是篡也，非天与也。"即将出现的父系世袭尚不敌传统的推举制，为捍卫推举制，舜只得诉诸武力。舜上台后，第一件事就是处死对手，放齐、共工都遭到迫害。据《山海经》所说，鲧的被杀，不是因为治水无功，而是因为违抗了帝命。《山海经·海内经》："洪水滔天，鲧窃帝之息壤以堙洪水，不待帝命。帝令祝融杀鲧于羽郊。"此帝当为帝舜，鲧冒犯了他的权威，因而被杀了。他治水也不能说没有成绩，帝舜为何要杀了他？所谓治水无功、违抗帝命都是借口，鲧得众人的拥护，可能对舜的王位构成威胁，这才是问题的关键

---

① [美] 摩尔根：《古代社会》上册，杨东莼、张栗原、冯汉骥译，商务印书馆，1992 年，第141 页。

所在。很难想象，众人推举给尧的都是些坏人，唯独舜一人是贤才。舜与禹有杀父之仇，说"禹逼舜"，是完全可能的。只是舜时行世袭制同样时机不成熟，众头领与民众依然信奉传统，舜欲行世袭制，也没有成功。

在古籍的记载中，舜是第一个建立系统的共同体祭祀体系的人。《尚书·舜典》记载了舜从协理政事到担任首领前后的举动：

日若稽古帝舜，日重华协于帝。濬哲文明，温恭允塞，元德升闻，乃命以位。慎徽五典，五典克从；纳于百揆，百揆时叙；宾于四门，四门穆穆；纳于大麓，烈风雷雨弗迷。帝曰："格！汝舜。询事考言，乃言底可绩，三载，汝陟帝位。"

舜让于德，弗嗣。正月上日，受终于文祖。在璇玑玉衡，以齐七政。肆类于上帝，禋于六宗，望于山川，遍于群神。辑五瑞。既月乃日，觐四岳群牧，班瑞于群后。

岁二月，东巡守，至于岱宗，柴。望秩于山川，肆觐东后。协时月正日，同律度量衡。修五礼、五玉、三帛、二生、一死贽。如五器，卒乃复。五月，南巡守，至于南岳，如岱礼。八月，西巡守，至于西岳，如初。十有一月，朔巡守，至于北岳，如西礼。归，格于艺祖，用特。五载一巡守，群后四朝。敷奏以言，明试以功，车服以庸。

这里，第一段是讲舜在协理政事的时候政绩突出，并有在森林中烈风迅雨不迷路的神奇能力，因此完成考核，被指定为继承首领职位的人。第二段写舜谦虚一下，接受首领职位后，即开展祭祀活动。"上帝"祭祀第一次出现在文字的表述中，这是中国神话中非常突出的大事。然后是六宗（天、地、春、夏、秋、冬）、山川、群神。后世的国家祭奠，基本模式已经奠定下来。所以我们说，舜是国家祭祀的开创者。

同时，《尚书》还描述了班瑞，即分发玉器以为符信的仪式，巡守封禅的仪式，生动体现了神话在公共生活管理中的独特地位。舜不仅具有一般行政才干，更是一位善于掌握神话话语权的首领。

禹继父任治水官，这本来就是在一个具体职位上实行了继承制。如前所述，禹为确立父系继承权不遗余力，从涂山氏手中夺回了父系的继承权，跟尧当年从母居不可同日而语了。

禹照以往的仪式让众头领推举了益，这只不过是做个样子，不久又把启安

218

插为吏，埋下了冲突的种子。《战国策·燕策一》：

> 禹授益，而以启为吏，及老，而以启为不足任天下，传之益也。

> 启与支党攻益而夺之天下，是禹名传天下于益，其实令启自取之。

这里所说可谓一针见血，这场冲突实际上是禹导演的。益代表了旧氏族的贵族势力，世袭制的洪流已无法阻挡。启与益之间的冲突可谓你死我活，其间斗争，凡几回合。《楚辞·天问》："启代益作后，卒然离蠥，何启罹忧，而能拘是达？"闻一多《天问疏证》："案《天问》似谓禹死，益立，启谋夺益位而事觉，卒为益所拘，故曰：'启代益作后，卒然离蠥'。启卒脱拘而出，攻益而夺之天下，故曰'何启罹忧而能拘是达'也。"而最终结果是益被杀，世袭制终于取得了胜利。

但是，世袭制并不能被所有的人接受，有扈氏即率众反抗。《史记·夏本纪》："有扈氏不服，启伐之，大战于甘。"不服即是对世袭制的不服，启为了消灭有扈氏，给他加了许多罪名，启打着替天行道的旗号，把自己的攻伐行为说成是"恭行天之罚"，这是在利用神话征服人心。武装的征伐与心灵的降服相辅而行，最初降服人心的就是神话，它用一种超然至上的力量去摧毁既存的规范，并依赖这种力量建立起一种新的规范，这是一切政治神话的基本结构模式和功能模式。原始社会逐渐发展起来的至上神和天神崇拜在政治神话里达到了一个新的高度。

神话传说中的夏代史就在这样一种尖锐的矛盾冲突中展开它的发展过程，中国的历史在世袭制取代禅让制后进入国家形态，从此，一个新的时代到来了。

对于尧舜禹的神话，儒家创始人本来是要将他们塑造成楷模的形象，但是竟然遭到孟子等人的解构，可见一种神话在流传过程中被不停地改写着。

历史是在新陈代谢的过程中发展的，我们通过对神话的两项重大冲突的考察窥见了人类进步的轨迹。由此可见，神话记录着人类前进的历程，也直接推动着历史的进程。通过对原始社会神话冲突的考察，我们也进一步理解了神话的矛盾法则。

第四章　夏商王朝的神话及其走向

第一节　民族神话与国家神话

　　夏商时期是中国早期国家时期，也有谓该时代为奴隶制时代者。那时国王不仅垄断了财产与生产资料，生产者本身——臣民也属于国家所有。那时，阶级对抗加剧，国家机器日臻完善，氏族制度已瓦解得只剩下些影子。所有这些，都与原始社会靠血缘纽带和禁忌维持的状态迥异。国家靠国家机器维护，这就是社会的上层建筑。相传夏有《禹刑》，并作夏台以为监狱，这一套在商代更加完善。军队、法令、城池、监狱完好地维持着国家机构的运转。在世界上不知存在了多少年的氏族制度被国家制度取代了。在文献记载中，似乎舜的时代，就划天下为十二州，并作五刑。可见，国家制的形成不是突如其来的。

　　神话是原始社会意识形态的核心内容，它的产生与发展，都是为氏族制度服务的，是集体的产物。氏族由部落发展为民族，神话依旧保持这样的功能，为这个民族服务，成为这个民族的精神纽带。在这层意义上，心理学家将神话称为"集体无意识"。神话渗透到心灵深处参与了心理结构的建设任务。作为一种意识形态，神话排斥个人的利益而统一大众于一种信仰模式里，它在原始社会是自然形成的。

　　国家产生遂有国家的神话。神权逐渐政权化，神话便带有强制接受的色彩。神话不再是发自民众的心声，而是围绕着国王及政权的合理性展开的，一切神的权威实质上体现了国家的权威，神话成了统治阶级意识的集中体现。德国著名学者恩斯特·卡西尔指出："我们从历史上发现，任何一种伟大的文化无一不被神话原理支配着、渗透着。"[1] 从氏族时代，到民族形成的时代，到国家制时代，神话都在发挥着它独特的功能，它并没有因为时代的发展而减弱自己的影响力。

　　国家制时代的神话还是剪不断与氏族社会的联系。原先的群体神话依旧为后来的大众所继承，所不同的是统治者在不断地改造这些传统神话，使之为其统治服务。

---

　　① ［德］恩斯特·卡西尔：《国家的神话》，范进、杨君游译，华夏出版社，1990 年，第 5 页。

国家是历史的产物，它的产生顺应着历史的潮流，所以国家的神话也是神话的合乎逻辑的发展。由于国家以地域划分统治，便打破了那种以血缘为纽带的社会组织结构，加速了民族融合的进程，民族也只有在统一的国家形成后才会逐渐成为一个统一体。在国家与民族之间，民族是国家的基石，而国家又是民族的保障，正是这种统一的保障，使氏族林立的中国社会逐渐形成了一个庞大的文化心理统一体。这样，我们可以说国家与民族是统一的，前者是社会组织，后者是自然结构，在这种自然结构基础上的社会组织，它们之间是不存在矛盾的。国家的神话在这层意义上能统一在一个民族共同信奉的神话之中，二者的合流是自然而然的。

　　民族的每个成员都是平等的，在他们所信奉的神灵面前，他们应享受公平的待遇。但国家却在民族成员中弄出等次来，它不仅在不同的种族间制造隔阂，甚至宣扬种族优劣论，而且把同一民族的成员分出贵贱高低，国家和民族便显示出尖锐的矛盾，国家的神话与民族的神话于是出现了冲突，民族的成员显然不能完全接受国家的神话。但是，国家的神话与民族的神话达到一致也是可以实践的。

　　国家利用民族神话宣扬国家意志，于是国家的神话披上了民族神话的外衣，散布到大众心灵中去。所以，进入国家制以后，没有一种民族神话不浸染着国家神话的成分，即使是创世神话如女娲造人，也同样如此。起初，她是人类共祖，未见说她生出来的后代有高下之分，但《风俗通义》却说："天地开辟，未有人民。女娲抟黄土作人，剧务，力不暇供，乃引绳于泥中，举以为人。故富贵者，黄土人也；贫贱凡庸者，引絙人也。"这还是民族的造人神话吗？显然，这是国家神话了，它在为等级社会找神学依据。但我们又不能否认它是创世神话，因为它解释了人类的由来，在汉民族的创世神话中占有一席之地。

　　这里我们也不能把氏族时代的神话说成是氏族成员完全平等享用的神话，氏族首领和神职人员享有特权，也是一个历史的事实，国家的神话在一定程度上也是继承了氏族时代的特权传统。我们区别氏族时代的神话与国家时代的神话的差别，依据是自觉地信仰与传承神话还是强制性地信仰与传承神话，同时以氏族制度的时代和国家制的时代为根本区别。

　　创世神话变为统治阶级的神话是人类文化发展的普遍规律。古印度的种姓社会奉行婆罗门教，它将人分为婆罗门、刹帝利、吠舍和首陀罗四类，婆罗门是最高统治者，首陀罗是最低等的奴隶。为了给这种等级社会寻找根据，婆罗门编造出神造种姓的神话。《摩奴法典》是一部习惯法的汇编，但是在它的开头却有一章关于创世的神话：最高神摩奴创造了万物，也创造了人类，"他从自己的口、臂、腿、足创造了婆罗门、刹帝利、吠舍和首陀罗","婆罗门因为从最高贵的肢体所生,因为首先被产生,因为掌握经典,理应为一切创造物的主人","婆罗门在人类中最高"。① 一部法典先述神话,可见神话是参与政权的基石,它把流行的民族神话加以改造,成了便捷的统治武器。这种民族神话与国家神话复杂地交织在一起的特点构成了奴隶社会神话发展的一大特色。

维柯在他的《新科学》一书中将人类的政府分为三种,第一种是神的政府,第二种是英雄的或贵族专政的政府,第三种是人道的政府。② 历史上确实存在一个漫长的神治阶段,这已为人类学家和民俗学家所证实。但由神治到贵族专政,这中间却没有明显的分界线。相反,在贵族专政的初期,神话却更加空前地发展,在理性与社会规范没有充分发展的条件下,贵族所实行的统治更加依赖神的力量。国家只是社会发展到一定历史时期的产物,它是接过神所传递的接力棒后实施社会统治的。在整个国家制统治人类的时期,神话始终是政治的伴侣,也是民众精神生活的伴侣。由于人类所期望的自由意志的理想未曾实现,神话总是人类的一种精神力量和理想。国家制时期的人们就是在打碎与建立国家的神话和协同与实现理想的神话之间忙碌着。

我们不能把神话的发展史看作一个神话意志逐渐消减的过程。原始社会是神话的摇篮,神话滋养着我们的祖先。当国家制欲接替神话统治的氏族制时,犹如接力赛跑,交棒者与接棒者有一段激烈的竞跑,神话仿佛是在做一次猛烈的冲刺,显示出异常强劲的活力。中国的夏商社会正处于这样的交替时期,虽然诸项国家机器逐渐建立成熟,但国家机器的运转还依赖神权的支持。启要伐有扈氏,先是数落有扈氏犯天条,自己在替天行道,然后警告部下:"用命,赏于祖;弗用命,戮于社。"③ 赏罚都是神意。夏商社会的政权与神权呈现出高度的叠合。这种政权与神权相叠合表现在神话上就是民族神话与国家神话的合流,这是我们理解中国夏商王朝神话的一个基本理论立足点。

第二节　龙凤神话与国家形态

我们首先看到的是夏商统治者把他们在氏族时期的图腾神话转化为政权象征的举措,这是非常明智的一种政治策略。一种统治如果不契合文化传统,就

---

① 《摩奴法典》第一章,[法]迭朗善译,马香雪转译,商务印书馆,1996 年。
② [意]维柯:《新科学》,朱光潜译,商务印书馆,1989 年,第 495 页。
③ 《尚书·甘誓》。

会在合法性和民众的支持度、认同度上存在问题。

夏族崇拜龙，前人之述已详。闻一多先生在《伏羲考》一文中曾举八证以论，其说证据充分而有力，没有人怀疑夏王朝与龙的关系。《楚辞·天问》："应龙何画，河海何历？"说的是大禹治水有神龙相助的故事。王逸《章句》："或曰：禹治洪水时，有神龙以尾画地，导水所注当决者，因而治之也。"又洪《补注》引《山海经图》云："犁丘山有应龙者，龙之有翼也。昔蚩尤御黄帝，令应龙攻于翼州之野。女娲之时，乘雷车，服驾应龙。夏禹治水，有应龙以尾画地，即水泉流通。"龙的神话在夏代是十分流行的，禹的治水大业全仗神龙之助才得以成功。夏王朝崇龙，一如氏族时期，据传他们的用具多作龙形。《礼记·明堂位》在叙述各代的礼器时说："夏后氏以龙勺"，"夏后氏之龙簨虡"，器具之以龙为形，是国家制时不忘图腾制的证明。在与禹一样有神话色彩的禹子启的神话里，他跟龙同样有不解之缘。《山海经·大荒西经》："西南海之外，赤水之南，流沙之西，有人珥两青蛇，乘两龙，名曰夏后开（启）。开上三嫔于天，得《九辩》与《九歌》以下。"后夏后孔甲，也得帝赐乘龙。《左传·昭公二十九年》载："及有夏孔甲，扰于有帝。帝赐之乘龙，河、汉各二，各有雌雄。"孔甲"好方鬼神"，所谓"帝赐之乘龙"，大约就是他编出的神话。据说孔甲朝廷里有御龙氏专门养龙，刘累就是这样一个养龙人。夏王与龙的故事还有许多，足以说明夏王朝将自己的政权与王位跟这些神龙联系在一起，龙成了政权的标志而不仅仅是民族的象征。就《礼记·明堂位》的表述看，虞夏商周四代，夏是龙符号的主要使用者，可以见出人们对于这个王朝的认知。

与殷商王朝有众多的考古与甲骨文出土确认不同，夏王朝是否存在曾经是一个疑问。特别是古史辨派把大禹神话化以后，夏王朝的存在几乎被否定了。徐旭生先生在20世纪50年代即到河南二里头考察，并提出对夏王朝与二里头文化关系的看法。自20世纪50年代到80年代，二里头考古取得丰硕的成果，尤其是宫殿遗址的发现特别突出，一号宫殿遗址是我们迄今为止发现的时间最早、规模最大、保存较好的一处宫殿建筑遗址，比安阳殷墟宫殿建筑遗址要早三四百年，它是距今三千五百年左右的宫殿建筑遗址。[1] 至此，那些否定夏王朝存在的说法逐渐失去市场。著名考古学家邹衡先生认为，二里头一、二、三、四期

---

① 中国社会科学院考古研究所编著：《偃师二里头——1959年～1978年考古发掘报告》，中国大百科全书出版社，1999年，第151页。

文化都是夏文化，而非先商文化。① 可谓卓见。

除了宫殿，龙文化的发现也可以与文献记载相合。这些龙纹，与我们前面提到的 S 纹呈现出高度的一致性，体现出龙文化的具象图案与抽象图案的统一。（图 1 - 3 - 1）

图 1 - 3 - 1　二里头出土陶片的具象龙纹与抽象龙纹

（摘自中国社会科学院考古研究所编著：《偃师二里头——1959 年~1978 年考古发掘报告》，中国大百科全书出版社，1999 年）

图 1 - 3 - 2　二里头绿松石龙形器

---

① 邹衡：《夏商周考古学论文集》，文物出版社，1980 年，第 104 页。

到了 21 世纪，二里头又有很多新的发现，尤其是大型绿松石龙的发现（图1-3-2），进一步证实了二里头遗址作为夏王朝文化遗址的文化属性。该龙发现后经过了较长时间的清理。新华社有这样的报道：

新华社郑州（2005 年）6 月 2 日专电（记者桂娟）一件距今至少3700 年的大型绿松石龙形器，日前在中国社会科学院考古研究所科技中心文物保护技术人员的努力下被清理出来。

中国社会科学院考古研究所二里头工作队队长许宏博士说，这个绿松石龙龙身长 64.5 厘米，中部最宽处 4 厘米，巨头蜷尾，龙身曲伏有致，色彩绚丽。其用工之巨、制作之精、体量之大，在中国早期龙形象文物中都是十分罕见的，具有极高的历史、艺术与科学价值。

在素有"华夏第一都"之称的河南偃师二里头遗址宫殿区的院子里，发现有成排的贵族墓，这件龙形器就是在一座可称为第一等级的贵族墓中发现的。据介绍，发掘出土时，这件绿松石龙形器放置于墓主人骨架之上由肩部至髋骨处。全器由 2000 余片各种形状的绿松石片组合而成，每片绿松石的大小仅有 0.2 至 0.9 厘米，厚度仅 0.1 厘米左右。绿松石原应粘嵌在某种木质或竹质的有机物上，但这种有机物已腐朽，仅在局部发现白色灰痕。

在距绿松石龙尾端 3.6 厘米处，发现一件绿松石条形饰，与龙体近于垂直。二者之间有红色漆痕相连，专家推测此物与龙体所依附的有机质物体原应为一体。由龙首至条形饰总长 70.2 厘米，整个龙形器及其近旁发现多处红色漆痕。[1]

已经流传了两千多年的龙图腾，在夏王朝的宫殿里，在贵族的墓葬里，已经成为国家和特权阶层所享受的精神资源。随着这件绿松石龙的出土，对于龙文化与二里头关系的研究引起了更多人的关注。2005 年，在"中国·二里头遗址与二里头文化国际学术研讨会"上，出现了一批关于二里头文化与龙文化的论文，如杜金鹏《中国龙，华夏魂——试论偃师二里头遗址"龙文物"》，朱乃诚《二里头文化"龙"遗存研究》，蔡运章《绿松石龙图案与夏部族的图腾崇拜》，李德方《二里头遗址的龙纹与龙文化》，顾问、胡继忠《论二里头文化与夏家店下层文化中的龙、蛇》，等等。此外，关于绿松石、铜牌饰的研究也是与龙文化密切相关的问题。这些论文全面阐述了现有的二里头的龙文化遗物，指

---

① 央视国际，http://www.cctv.com/history/20050602/101720.shtml。

出这些龙与民族精神的关系，并猜测葬有龙牌的墓主人是宗教人士或者豢龙氏、御龙氏，有的则探讨其龙的来源，有人认为来自良渚文化，有人认为这是夏民族的图腾，又有升天之意。① 总之，二里头文化与夏王朝的关系已经基本确定，而二里头的龙文化也越来越引人注目。

殷商奴隶主取代夏王朝夺取政权以后，殷商王朝统治者的器物上部分袭用龙的符号，体现出对于龙的传统的继承，但是，龙不是殷商王朝的最爱，他们更加崇拜凤。

商族的图腾凤在祭典中享受着特殊待遇。凤成为上帝的使者，即帝使，在卜辞中称为"帝史"。卜辞记载这种祀典的有：

于帝史凤二犬（《卜通》398）

王宾帝史。(《卜通》别二之河井大甲)

上帝的使者即要传达上帝的旨意，凤的这种身份我们在《尚书》中找到了同样的证据。《尚书·高宗肜日》：

高宗肜日，越有雊雉。祖己曰："惟先格王，正厥事。"乃训于王，曰："惟天监下民，典厥义。降年有永有不永，非天夭民，民中绝命。民有不若德，不听罪。天既孚命，正厥德。"乃曰："其如台？呜呼！王司敬民，罔非天胤，典祀无丰于昵。"

在祭祀祖先的时候，雉的降落使高宗不安，说明雉是神鸟，从祖己的话看来，此鸟的降临正传达了天意：国王要行得正，勤政办事。这鸟也可称"帝使"，也就是凤。根据神话的超然——禁忌公式，神话既可保障国王的无上权威，神的力量也可遏制国王自由的滥施，它在一定程度上是一种监督和限制国王行为的手段。不管这场祭祀是高宗祭成汤还是后人祭高宗，祭祀时的异兆都是被视作天的警示，这只野鸡的降落及叫声使朝野震惊，如果它不是帝使，肯定要被扑杀。但此刻却没人敢这样做，因为这野鸡是被视为神圣的凤凰，它正在传达着天的旨意。神话有双重功能，一方面它保障统治阶级的利益，另一方面，它也遏制统治者的不轨行为，帝使的作用是双重的。

"民有不若德，不听罪。天既孚命，正厥德"意为下民要是不顺天意，不服其罪，上帝即降异兆传达其使命，以正下民之德行。这里的民也包括国王，它是与天相对而言的。"越有雊雉"即《史记·殷本纪》所说的"明日，有飞雉

---

① 杜金鹏、许宏主编：《二里头遗址与二里头文化研究——中国·二里头遗址与二里头文化国际学术研讨会论文集》，科学出版社，2006 年。

登鼎耳而雊"，这就是一个异兆，即"天既孚命"。上帝借此警告高宗，不要在对父庙的祭典中耗用太多的祭品，这便是"正厥德"，即正高宗之德。飞雉在这里充当了一次帝使的角色，印证了卜辞所记帝使风的祭祀。

殷商时代对图腾物的崇拜渐呈弱化的趋势。这预示着随着政权力量的不断强大，意识形态的其他领域正发挥着越来越大的作用，神话从政权的部分领域撤退。到殷商中后期，青铜器上纹饰的图案呈现出多元的趋向，不仅凤凰，各式龙及其他动物的图案也展示在铜器上，它们逐渐改变了单一的图腾崇拜的特征，走向对于普遍吉祥的追求，也更加偏向于政治功能的拓展。祖己借助野鸡飞到祭祀场所的预兆，以干预国王的行为，也是在将图腾物政治化。

我们在殷墟妇好墓中，看到了丰富的文物及图案。龙的图案保持着生命力，凤与鸟的图像数量则大幅增加（图1-3-3），体现出殷商王朝既继承夏文化，又坚持自我的特性。

关于商王朝存在凤图腾崇拜的问题，胡厚宣先生先后发表有《甲骨文商族鸟图腾的遗迹》[①]、《甲骨文所见商族鸟图腾的新证据》[②]，其中找到甲骨文中的十条证据，主要是指殷人祭祀他们的祖先王亥的甲骨刻写形象，"亥"字象鸟。这当然是很重要的证据。《山海经·大荒东经》："有人曰王亥，两手操鸟"。这样，文献的记载和甲骨文"亥"的形象能够对应起来。加上大家非常熟悉的《诗经·商颂·玄鸟》中"天命玄鸟，降而生商"的诗句，人们认定商人祖先以鸟为图腾，也是没有问题的。

但是我们怎么解释商代器物中那么多的龙的形象呢？我们必须看到，商代早期的鸟图腾崇拜与商王朝的鸟崇拜还是有很大不同的。替代夏人以后的商族，他们的宗教崇拜是多元的，且整个文化不再以鸟图腾为中心。即使是王亥，也不过是祖先之一。我们对于商代的宗教信仰与神话的研究，切忌以偏概全。商王朝的鸟崇拜，一方面是祭祖，另一方面，作为凤鸟，它又是帝使。凤鸟的文化含义更加丰富。

殷墟妇好墓还有大量的鱼、虎、象等图案和饰物，我们不能得出殷商王朝仅仅崇拜鸟图腾的结论。与夏王朝相比，殷商王朝似乎更有对女性祖先的尊重，并且，他们在信仰方面比夏王朝更加丰富、更加多元。龙凤已经呈现合璧趋势，以作为国家信仰的主要对象。

---

① 胡厚宣：《甲骨文商族鸟图腾的遗迹》，见中国科学院历史研究所编：《历史论丛》第1辑，中华书局，1964年。

② 胡厚宣：《甲骨文所见商族鸟图腾的新证据》，载《文物》1977年第2期。

1. 怪鸟（403）　2. 鸽（379）　3. 鹰（464）　4. 燕雏（380）　5. 鸱鸮（381）

6. 蝉（378）　7. 螳螂（382）　8. 凤（350）　9. 鸥鸦（507）　10. 怪鸟（508）

图 1 - 3 - 3　殷墟妇好墓出土部分配饰

第三节　夏祖与社神

夏商王朝承父系氏族社会的余绪，掀起了狂热的祖先崇拜。这种祖先崇拜的性质与西周以后有很大区别，他们将祖先跟氏族崇拜的大神高度叠合，以成为政权的保障，这是神权与政权结合、国家神话与民族神话合流的体现。

夏人因其农耕生活而崇拜社神，殷人属东夷游牧民族而崇拜天神，他们大抵都是东方民族，有更多的文化交流。王国维先生作《殷周制度论》一文，认为夏商皆在东方，唯周在西方。他认为夏殷之间的政治与文物的变革，不似殷周间的变革剧烈。这样我们就可以解释夏商之间为什么有那么多的相似性的问题。

当夏商进入国家制时代，他们的祖先便分别跟社神、天神呈现一定程度的合流，成了神性十足的先公先王。祭祀与崇拜先王，不仅为了乞求风调雨顺，更重要的还在于祈愿政权长治久安。图腾神话是母系氏族社会的产物，在进入父系氏族社会后，它已没有当年的气势了。父系氏族社会改造原有的图腾神话，由于畜牧与农耕生产都有较大的发展，与氏族生活密切相关的自然神逐渐成为氏族的主神。它或是图腾神的变形，或是新时代所新造，总之，它已逐渐在主体上替代了曾作为氏族标志的图腾物。就是在这样一个背景下产生了夏人的社神、殷人的天神，它们是这两个民族的主神。父系氏族社会里，男人煽起的祖先崇拜之风是把男性祖先跟图腾物画等号，如说禹是虫，祝融是鸢，伯益是燕子。后来，男人不再仅仅袭用母系氏族社会的图腾名号，还将祖先同主神结合起来，这才是男权建立在神话中的一个标志，这种神话与神崇拜才逐渐成为社会意识形态的主流。

我们有必要将《尚书·甘誓》中启的一句话提出来重新讨论。启在讲了一通讨伐有扈氏的理由后，要部下听从他的命令，因为听与不听会有两种截然不同的结果："用命，赏于祖；弗用命，戮于社。"孔安国对此分别解释为："天子亲征，必载迁庙之祖主行。有功，则赏祖主前，示不专。……又载社主，谓之社事。不用命奔北者，则戮之于社主前。社主阴，阴主杀。"所谓"阴主杀"都是后来的说教，不可能是夏代的观念。古时打仗果然是既载一个社主，又载一个祖主吗？这似乎意味着社神与祖先之灵的分离。祖主与社主应是统一的，打仗时只载了一个神祖，在夏代，它既是祖神也是社神。《史记·周本纪》："九年，武王上祭于毕。东观兵，至于盟津。为文王木主，载以车，中军。"这是载祖以行的史书记载，未见有同载社主者。我们怎样看待《甘誓》中分而言之的这句话呢？其实，它是古代汉语中一个普遍的语法现象，即互文见义，它的意思是说行赏罚于社祖前，社即祖，它们在夏代是统一的。《周礼·秋官司寇》："大军旅，莅戮于社。"郑玄注"社"曰："谓社主在军者也。"言社主而不及祖主，而《史记·周本纪》又载武王只载一祖主，夏周文化也同源，起初祖、社应该是统一的。

最初的社主是谁呢？过去有多种说法。《左传·昭公二十九年》说："共工氏有子曰句龙，为后土……后土为社。……自夏以上祀之。"又，《淮南子·氾论训》："禹劳天下，死而为社"，《史记·封禅书》："自禹兴而修社祀……郊社所从来尚矣"。综合以上三则史料，知：一方面，社祀起于夏；另一方面，社神为祖先。这里于是发生了一个问题，即社神有了两位，一是句龙，一是禹，那么，夏之社神到底是禹还是句龙呢？共工与鲧本是一人，因传说纷纭渐分为二，为中国神话史上一大公案。[1] 既然共工即鲧，而禹为鲧子，那么禹也就是句龙。《国语·鲁语》："共工氏之伯九有也，其子曰后土，能平九土，故祀以为社。""九有""九土"即九州。《山海经·海内经》："禹鲧是始布土，均定九州。"《尚书·禹贡》："禹敷土，随山刊木，奠高山大川。"也就是说九州土地是禹划分的，划分九州者当即一人，即禹，是句龙与禹为一之证。据闻一多等人从文字学的角度考察，"禹"字形与龙有颇多关系。考之于古籍，禹与黄龙有等称者。《山海经·海内经》注引《归藏·启筮》："鲧死三岁不腐，剖之以吴刀，化为黄龙。"而《初学记》卷二十二、《路史·后纪》注十二并引作"鲧殛死，三岁不腐，副之以吴刀，是用出禹"。"或曰化龙，或曰出禹，是禹乃龙也。"[2] 禹为句龙，可得文字学与文献学上的证实。于是我们可以断定，起于夏代所崇拜的社神实际上就是禹，他既是祖神，也是社神，一身而二任。夏代神话的这一特征体现为祖宗神与民族主神结合，成为一个新的大神，这就有了行赏罚于社祖之前的政令。

关于夏代的神话，我们很难考察它的全貌，但就他们以龙为国王的象征、把社神与祖神相统一看，夏代的神话是将氏族时代的神话全力转向了政治统治的轨道。它体现了中国早期国家全面垄断土地、财产与民众人身自由的社会特

---

① 关于鲧即共工之事，详见杨宽：《中国上古史导论》，见吕思勉、童书业编著：《古史辨》第7册（上），上海古籍出版社，1982年。

② 闻一多：《天问疏证》，生活·读书·新知三联书店，1980年，第23页。

点，理性的光辉笼罩在神话的迷雾里，人们受着异化了的神权及与神权相辅的政权的压制。

商代统治接过了夏代统治传下来的神话遗产，它本想将夏代的神话及神崇拜行为悉数废弃。《史记·殷本纪》载："汤既胜夏，欲迁其社，不可，作《夏社》。"汤为该不该迁社的事情专门写了一篇文章，可惜该文没有传下来。孔安国的解释是："欲变置社稷，而后世无及句龙者，故不可而止。"作《夏社》是"言夏社不可迁之义"，为什么不可迁呢？难道是自己的民族找不到一个像样的祖先吗？这是不可能的。

宗教传统不可能在一夕之间全部改变，政权垮台了，神权却还保持着顽强的生命力，贸然地改变被征服者的宗教信仰，必将导致变乱，这在中外历史上都不乏先例。意识形态的变更与上层建筑不同步，夏王朝覆灭了，夏代的神话还在流传，人们会更加怀念他们的主神与祖先。面对这一形势，商王朝做出了明智的选择，他们的社庙一仍其旧，他们像夏人一样敬奉着夏祖大禹。作为回报，夏人没有反对它的统治。《史记·殷本纪》说："于是诸侯毕服，汤乃践天子位，平定海内。"汤通过吸收前代神话遗产而收获了政治红利。

作为神灵，大禹威名赫赫，殷人也祈求他的保护，这一方面是禹确实了不起，值得崇拜，另一方面，这也是做给夏人看的。但无论出于何种动机，他们把夏人的神话遗产接过来了，接过来了一种把祖先和大神绑在一起的作风。这种祭祀传统一直延续到他们的后人宋国君民那里，他们在祭祀先祖时还是不敢不提到禹。《诗经·商颂·长发》这样写道：

濬哲维商，长发其祥。洪水芒芒，禹敷下土方。外大国是疆，幅陨既长。有娀方将，帝立子生商。

商人承认禹治水有伟大功业，故祭祀先王之前先会提到禹，以示不忘他的大德。这倒不仅仅是做样子给夏人看，是他们实实在在地对禹有敬仰之心。《诗经·商颂·殷武》也说"天命多辟，设都于禹之绩"，是殷人对禹不能忘怀之证。顾颉刚等人据《长发》一诗定大禹为神是不错的，但要是因此否认夏王朝的存在却没有道理，殷人就不能崇拜夏人的神吗？他们的论点建立在这样一种理论基础上：一个朝代的神只能由这一朝代祭祀，殷人祭禹，说明禹是殷人的宗神，所以夏王朝是不存在的。他们忽略了宗教传统的特殊性，宗教的寿命比王朝的寿命长，一个朝代的神完全可以在另一个朝代继续得到礼遇。

禹作为社神，作为龙，并演为传世大神，具有强烈的感召力。认同禹，成为文化统一的重要标志。各族人民就以认同大禹来认同文化，如匈奴自认为禹后，而越人也奉禹为先祖。人们遗忘了禹的社神身份，却强化了他的创世神地位。禹的神话是步入文明时代后影响最大的神话之一。

第四节　商祖与天神

殷人同夏人一样祭社，并不意味着殷人放弃了自己的宗教传统唯夏神是从。社神崇拜并不是殷王朝神崇拜的主流。上帝是殷人的至上神，举凡自然界的刮风下雨，人世间的封土建国，都受制于上帝的安排。这个自游牧时代而来的天帝被不断发扬光大，成了殷商国家的神权支柱，这是氏族神话与国家神话相交融的体现。胡厚宣先生指出：甲骨文的殷人崇拜的上帝，"实为殷人之天神"。[①]但是甲骨文中，天不是上帝的代名词，这里的天神是至上神的意思，实际上就是指殷人的上帝。《尚书·汤誓》："予畏上帝，不敢不正。"文献的记载可以和甲骨文互证，说明殷人的至上神就是上帝，也可以确认《尚书》记载的真实性。

如同夏人把祖神跟社神合流，殷人把他们的祖神跟上帝合流。郭沫若说："这殷人的神同时又是殷民族的宗祖神，便是至上神是殷民族自己的祖先。"[②]这帝是哪一位殷人先祖呢？郭沫若认为卜辞之帝即帝喾，也就是《山海经》中的那个帝俊，是祖宗神而兼至上神[③]。陈梦家认为帝是自然神，不是高祖，但帝又近于秦的白帝少昊。[④]果如陈梦家先生所言，则帝还是一个祖宗神。卜辞中的帝与上帝在一定程度上为殷之祖宗神似无可疑。

古祭天神以燎祭，卜辞中称为"寮"，"寮"或作"祡"，《说文》："祡，烧柴焚燎以祭天神。"《礼记·祭法》："燔柴于泰坛，祭天也。"孔颖达疏云："燔柴于泰坛者，谓积薪于坛上，而取玉及牲置柴上燔之，使气达于天也。"这就是所谓的燎祭，祭天之礼。考古发现的山东长岛县大口十多处用火的遗址，即是东夷先民祭天的场所。"凡昊天上帝日月星辰风雨皆以寮祀祀之，故寮祭者上古之自然崇拜是也。"[⑤]卜辞之燎祭，用于天神，也用于先公先王，对先公先王不仅称呼可与帝等同，祭礼也与天帝齐一。甲骨卜辞有：

---

① 胡厚宣：《殷人之天神崇拜》，见胡厚宣《甲骨学商史论丛初集》，齐鲁大学国学研究所专刊之一，1944 年。

② 郭沫若：《先秦天道观之进展》，见郭沫若著作编辑出版委员会编：《郭沫若全集·历史编》第 1 卷，人民出版社，1982 年。

③ 郭沫若：《先秦天道观之进展》，见郭沫若著作编辑出版委员会编：《郭沫若全集·历史编》第 1 卷，人民出版社，1982 年。

④ 陈梦家：《殷墟卜辞综述》第十七章"宗教"，中华书局，1988 年。

⑤ 陈梦家：《古文字中之商周祭祀》，载《燕京学报》1936 年第 19 期。

贞尞于夒。（前6.18.2）

尞于夒六牛。（前7.20.2）

贞尞于王亥。（前1.49.7）

陈梦家于《古文字中之商周祭祀》一文中列八人受燎祭者，可考者有夒与王亥二人，他们是殷先公先王，然享受着天神的祭礼，是殷天帝与先公一视同仁之证。可见殷商也同夏王朝一样，祖宗神灵与主神是叠合在一起的。

尽管商人崇拜祖先，把祖先与上帝齐一，但是我们不能说这些上帝都是殷人的祖先。帝，或者上帝是殷人的最高神，他们在殷人的宗教生活中居于重要地位。

对于这位上帝的职能，胡厚宣先生当年总结说其权能力量有八端，即令雨、授年、降旱、宝王、授祐、降若降不若、降祸、降灾等，① 陈梦家先生则将上帝的功能扩展为十六项②，常玉芝则加以归类，即上帝主宰气象、上帝支配年成、上帝左右城邑安危、上帝左右战争胜负、上帝左右商王福祸五个大类③。可见，上帝几乎决定商王生活的全部内容，是一强力主宰。

天神上帝何所来、何种身份一直是商代历史研究，也是商代神话研究的重要话题。日本学者岛邦男对于这一问题的梳理很系统，他对吴大澂、王国维和郭沫若的花蒂说，叶玉森等的束薪说，内野台岭等的祭器说，森安太郎的标识说进行了系统讨论，④ 使我们对上帝的性质有较为清晰的认识。上帝具有很高的权威，但是在甲骨文里没有见到对于上帝的祭祀，或者很少，这一方面说明上帝的地位高，但同时也表明上帝与祖神和其他神灵的距离，为淡化天神或者将天神抽象化提供了条件。

殷王朝对天帝的崇拜也呈递减状，尤其是自武丁以后，神权失势。吴泽先生说："殷代神权政治自武丁以后，便开始衰落。"⑤《尚书·高宗肜日》记载祖己言"非天夭民，民中绝命"，已不承认天帝的绝对主宰，而把人世的祸福同自身的行为结合起来，即是后来"祸福无门，唯人所招"的先声。《西伯戡黎》里祖伊则一针见血地指出："非先王不相我后人，惟王淫戏用自绝"。纣王不悟，

---

① 胡厚宣：《殷人之天神崇拜》，见《甲骨学商史论丛初集》，齐鲁大学国学研究所专刊之一，1944年。

② 陈梦家：《殷墟卜辞综述》第十七章"宗教"，中华书局，1988年。

③ 常玉芝：《商代宗教祭祀》第二章，中国社会科学出版社，2010年。

④ ［日］岛邦男：《殷墟卜辞研究》第三章第一节"上帝"，濮茅左、顾伟良译，上海古籍出版社，2006年。

⑤ 吴泽：《中国历史大系·古代史》，棠棣出版社，1949年。

说:"呜呼！我生不有命在天？"他还在看天命论的老皇历,而臣下已经不这样认为了。祖伊感慨地说:"呜呼！乃罪多参在上,乃能责命于天？殷之即丧,指乃功,不无戮于尔邦。"意思是说,纣王罪恶累累,竟然还说从上天那里接受大命,殷商要灭亡了,从他的所作所为中可以见出,能够免于被周灭亡的命运吗？

天命无常,就连帝王本人也对天命产生了怀疑,有的甚至对他们的至上神上帝产生了怨毒情绪。《史记·殷本纪》记载了帝武乙射天的故事:

> 帝武乙无道,为偶人,谓之天神。与之博,令人为行。天神不胜,
>
> 乃僇辱之。为革囊,盛血,印而射之,命曰"射天"。

殷商后期,上帝已遭挑战,他的无上权威日益动摇。也有人认为这里的射天,可能是针对西部的周人的巫术,因为殷商统治者的最高神是帝,或者上帝,天还不是殷商人的主神。这些后代的文献,对商代的天神信仰有许多的记述,因此也不能否认殷商王朝具有的天命意识。

随着上帝祭祀的减弱,商人的祖宗祭祀不断被强化。商人祭祀祖先的频率远远高于上帝,尤其是商代晚期的周祭制度,强化了祖宗的地位。周祭制度,也就是五种祭祀的制度,是商代晚期对于祖先的一种周期性祭祀。最初由董作宾先生发现,于1946年公布于《殷历谱》中,提出五种祭祀说。[①] 陈梦家先生提出周祭说,将五种祭祀改为三种祭祀。[②] 日本学者岛邦男《殷墟卜辞研究》对董作宾先生的学说进行了讨论,重点讨论了第二期和第五期的五祀制度。[③] 而常玉芝先生的专著《商代周祭制度》则进行了最系统的讨论。[④] 这些讨论让我们知道:商代后期,祖宗的祭祀得到了空前的重视。

这时,神权与王权存在着激烈的搏斗。商代前期重视祭神,尤其是祭祀自然神,后期则重视祭祖,尤其是父辈的祭祀,更为突出的是,拿帝的称号来命名晚近的祖辈,如帝乙、帝辛。学者认为这不仅是王权与神权的结合,更是王权对于神权的胜利。[⑤] 天神最后与祖先神的那种结合不是强化天神地位,而是现实王权的胜利。祖先神的成长也为它有足够的能力获得独立创造了条件。

商人对于祖先的祭祀我们已经有所了解,但具体的祖先的神话,从甲骨文

---

① 董作宾:《殷历谱》,即《董作宾先生全集·乙编》第1册,艺文印书馆,1977年。

② 陈梦家:《殷墟卜辞综述》,中华书局,1988年,第386页。

③ [日]岛邦男:《殷墟卜辞研究》第一章第三、四节,濮茅左、顾伟良译,上海古籍出版社,2006年。

④ 常玉芝:《商代周祭制度》,中国社会科学出版社,1987年。

⑤ 晁福林:《试论殷代的王权与神权》,载《社会科学战线》1984年第4期。

中还是很难看出来。但是，在商人的后裔——周代的宋国人的祭祀歌谣里，还是能看到这些神话和故事，以及它们与天和上帝的关系。《诗经·商颂》为我们留下了这些珍贵的资料，我们录三首商民族的史诗如下：

玄 鸟

天命玄鸟，降而生商，宅殷土芒芒。

古帝命武汤，正域彼四方。方命厥后，奄有九有。

商之先后，受命不殆，在武丁孙子。武丁孙子，武王靡不胜。

龙旂十乘，大糦是承。邦畿千里，维民所止，肇域彼四海。

四海来假，来假祁祁。景员维河。殷受命咸宜，百禄是何。

长 发

濬哲维商，长发其祥。洪水芒芒，禹敷下土方。

外大国是疆，幅陨既长。有娀方将，帝立子生商。

玄王桓拨，受小国是达，受大国是达。率履不越，遂视既发。

相士烈烈。海外有截。帝命不违，至于汤齐。

汤降不迟，圣敬日跻。昭假迟迟，上帝是祇，帝命式于九围。

受小球大球，为下国缀旒，何天之休。

不竞不絿，不刚不柔。敷政优优。百禄是道。

受小共大共，为下国骏厖，何天之龙。

敷奏其勇，不震不动。不戁不竦，百禄是总。

武王载旆，有虔秉钺。如火烈烈，则莫我敢曷。

苞有三蘖，莫遂莫达。九有有截，韦顾既伐，昆吾夏桀。

昔在中叶，有震且业。允也天子，降予卿士。实维阿衡，实左右商王。

殷 武

挞彼殷武，奋伐荆楚。罙入其阻，裒荆之旅。有截其所，汤孙之绪。

维女荆楚，居国南乡。昔有成汤，自彼氐羌，莫敢不来享，莫敢不来王。曰商是常。

天命多辟，设都于禹之绩。岁事来辟，勿予祸適，稼穑匪解。

天命降监，下民有严。不僭不滥，不敢怠遑。命于下国，封建厥福。

商邑翼翼，四方之极。赫赫厥声，濯濯厥灵。寿考且宁，以保我后生。

陟彼景山，松柏丸丸。是断是迁，方斫是虔。松桷有梴，旅楹有闲。寝成孔安。

这三首诗，颂扬了祖先的辉煌业绩，更传达了祖先的神话。第一首是玄鸟生商的神话，诗歌的表述成为人们认识商人图腾的最基本的资料。第二首是表达了商与大禹的关系，在商代对于大禹的这份崇拜，与商汤作《夏社》，可以互相印证，说明商代真是继承了夏代的文化遗产的。第三首是天命与上帝概念的交互使用，说明商代上帝概念根深蒂固是没有问题的，而天命，或许有周人价值掺入，但天命本来就是商人观念。天命是观念，上帝是人格神。

关于《商颂》是商诗还是宋诗的问题，古来就有争论。《毛诗序》："有正考甫者，得《商颂》十二篇于周之太师，以《那》为首。"显然，这是商诗，宋人从周代的国家乐府那里得到了这些诗歌，为宋人祭祀祖先所用。但司马迁不这样认为，他在《宋微子世家》中这样说："襄公之时，修行仁义，欲为盟主。其大夫正考父美之，故追道契、汤、高宗，殷所以兴，作《商颂》。"显然这是说所谓的《商颂》，实际上是宋人的诗歌。现在多数人认为，现存的五首《商颂》基本上是商诗，可能有一些加工，但整体上不是宋人的作品。有学者通过《左传》《国语》中对《诗经》的引用和赋诗资料，发现《商颂》被赋引四篇，比例高达百分之八十，而后来地位很高的《鲁颂》，竟然没有一篇被赋引，这说明《商颂》出现早，是古老的诗歌，人们对于这些诗歌也很尊重，因为它们是商人的前辈所作。[①]

这些商代传下来的史诗，为我们认识商代神话提供了宝贵的资料。

第五节　夏商国王与祭司

夏商王朝采用的是一种神权与王权相合一的统治方式。国王既是一国的政治统治者，也是该族人的宗教祭司，是天神在人间的代表，或者他们就是神灵本身，因而是神权的垄断者。

应该看到，这种统治方式还是氏族统治的孑遗，然而性质也有很大变化。首先，氏族时代的神权是为整个氏族群体的利益，而奴隶时代却是为了一姓家天下，然国民已经不属于一姓。氏族时代的神权统治主要依凭全族的共同信仰，

---

① 韩国良：《从〈左传〉〈国语〉赋引之诗看〈诗经·商颂〉的年代问题》，载《阴山学刊》2006 年第 2 期。

而国家制时代的神权则靠国家机器支撑。因而，夏商时代国王与祭司的合一背靠着坚实的政权基础，维护着一姓的天下。中国的氏族时代是公天下，而国家制时代是家天下。

禹被夏人奉为社神祖神，为大神，长期接受祭拜，并且跨越了王朝的界限。其子启也出入天地间，曾三次上天，把《九辩》与《九歌》弄到人间来，这一神话使他跟一般帝王不伦。首先，启的形貌怪异，"珥两青蛇，乘两龙"，反映出崇龙的特征；第二，他可上下于天地，显然是天地间的使者，是神巫。他掌管着天人的通道，因而，启是一个大巫师。

夏人统治凭依神力。除启外，孔甲信鬼崇龙，也为祭司。而启臣孟涂被封管一方，也装神弄鬼，成一代祭司。《山海经·海内南经》：

> 夏后启之臣曰孟涂，是司神于巴。人请讼于孟涂之所，其衣有血者乃执之，是请生。居山上，在丹山西。

孟涂之断狱，是行神判，在他面前犯罪者的衣服将显露血痕。"司神于巴"即巴地之神主，而又断是非曲直，则为人间治主，是夏臣，也是人主兼神主。在夏代好鬼神的帝王非一二数，他们是王而兼神巫，垄断神权以行统治。

夏商文化多同，王国维《殷商制度论》说：

> 以地理言之，则虞夏商皆居东土，周独起于西方，故夏商二代文化略同。《洪范》九畴，帝之所以锡禹者，而箕子传之矣；夏之季世，若胤甲，若孔甲，若履癸，始以日为名，而殷人承之矣。[1]

王国维先生的论述，对于夏商的文化传承性予以了深刻的阐述，是夏商周文化研究的经典作品。我们认为，夏商文化相承最突出的还有国王身兼神巫一项。

汤是很懂祭神礼仪的，《尚书》之《夏社》篇传为汤作，说明汤深通夏祭神制度。惜《夏社》已佚，不知其具体内容，孔安国称《夏社》"言夏社不可迁之义"，夏社之不可迁，必有道理，非通神理者不得明之。

殷社承夏社没有变更，社主还是禹，祭祀还是由国王主持。史传汤以身祷于桑林是典型的商王为祭司神王的例证。

《吕氏春秋·顺民》："天大旱，五年不收，汤乃以身祷于桑林"，然后剪发磨手，以身为牺牲，祈福于上帝，天乃大雨。《帝王世纪》曰："汤自伐桀后，大旱七年……殷史卜曰：当以人祷。汤曰：吾所为请雨者，民也。若必以人祷，

---

① 王国维：《观堂集林》卷十，中华书局，1959年。

吾请自当。遂斋戒剪发断爪，以己为牲，祷于桑林之社。……言未已而大雨至，方数千里。"《尸子》曰："汤之救旱也，乘素车白马，著布衣，身婴白茅，以身为牲，祷于桑林之野。"古籍关于该神话的记载是很多的。

古俗以指爪为生命象征，剪发断爪便象征着将生命献于桑林之社。汤以身祷出于如下原因：天下为一人之天下，天降祸，唯王一人担之，这也就是《汤诰》所说的："罪当朕躬，弗敢自赦，惟简在上帝之心。其尔万方有罪，在予一人；予一人有罪，无以尔万方。"所以天下大旱，王自以为牲献于上帝。《荀子》《说苑》都记载了这个故事，可见其影响深远。商王想以对神的崇仰来换取国家安定，以维持一姓天下。最为突出的事是，他自己是这个仪式活动的主角，其实也就是大祭司。

郑振铎先生曾经以小说的笔触描述这个故事的经过，并指出，原始社会的事情，记载看起来荒诞，但是是有真实基础的，崔述等人对于此事的否定，显然没有理由，不符合历史事实，"全是以最浅率的直觉的见解，去解释古代的历史的"。郑振铎先生以大量的史实证明，国王参与主持求雨仪式非常正常，这是因为国王是"祭司王"，他们不仅要负责日常的行政管理，"他还是举国人民们的精神上的领袖——宗教上的领袖"。[①] 夏商国王兼祭司，是中国历史上的真实存在，与弗雷泽《金枝》中的记载十分相似。可见，国王与祭司的合一，是人类历史上较为普遍存在的现象。

汤不仅以身祷社为己祈福去祸，而且祈神降祸于人。《汤诰》中有这样的阐述：

> 惟皇上帝，降衷于下民。若有恒性，克绥厥猷惟后。夏王灭德作威，以敷虐于尔万方百姓。尔万方百姓，罹其凶害，弗忍荼毒。并告无辜于上下神祇。天道福善祸淫，降灾于夏，以彰厥罪。
>
> 肆台小子，将天命明威，不敢赦。敢用玄牡，敢昭告于上天神后，请罪有夏。聿求元圣，与之戮力，以与尔有众请命。上天孚佑下民，罪人黜伏。天命弗僭，贲若草木，兆民允殖。俾予一人，辑宁尔邦家。兹朕未知获戾于上下，栗栗危惧，若将陨于深渊。

这段自白，宣称自己是受天命征服和统治国家的，并且说自己用了黑色的公牛祭告上天，上天才降罪有夏的。"予一人"受上天的差使主管人间的命运，是君权神所授，不得侵犯，但他自己也是很担忧，觉得责任重大。汤作为祭司

① 郑振铎：《汤祷篇》，载《东方杂志》1933 年第 30 期。

在他告天神降罪于夏一事上得到充分的体现。汤是国王而兼神巫，只有神巫才可祈神降罪于夏。

后来国王不再完全祭司化，是在武丁以后。武丁曾主祭成汤，因有飞雉之雊，本为异象，给成汤展露其巫师身份很好的机会，但祖己劝以勤于民事，遏制了国王继续充当祭司的角色，至武乙敢射天，本身也就不信神了。当政权力量日趋强大，神权降为辅翼，国王便不兼有神巫身份。神巫职业化，如颛顼时代的重、黎氏，主管天地祭祀，其实已开先河。

在殷商文化中占据重要地位的占卜者，都是国家管理的重要角色。殷前期的占卜者贞人，"多数为各部族首领"，他们力图通过神权来左右殷商王朝的军政大事。[①] 可见，贞人在与王权的较量中是很有分量的角色。所以国王必须控制神权，才能很好地施政。而打击神权在当时没有别的工具，可以选择的还是神话。武丁为了强化王权，使用了神话，《史记·殷本纪》载：

> 帝武丁即位，思复兴殷，而未得其佐。三年不言，政事决定于冢宰，以观国风。武丁夜梦得圣人，名曰说。以梦所见视群臣百吏，皆非也。于是乃使百工营求之野，得说于傅险中。是时说为胥靡，筑于傅险。见于武丁，武丁曰是也。得而与之语，果圣人，举以为相，殷国大治。故遂以傅险姓之，号曰傅说。

> 帝武丁祭成汤，明日，有飞雉登鼎耳而呴，武丁惧。祖己曰："王勿忧，先修政事。"祖己乃训王曰："唯天监下典厥义，降年有永有不永，非天天民，中绝其命。民有不若德，不听罪，天既附命正厥德，乃曰其奈何。呜呼！王嗣敬民，罔非天继，常祀毋礼于弃道。"武丁修政行德，天下咸欢，殷道复兴。

武丁接手的殷王朝被冢宰控制着。冢宰，《史记集解》引郑玄语曰："冢宰，天官卿贰王事者。"这就是一班神职人员，所以武丁三年不语，最后以"夜梦得圣人"为由，找来一位民间高人傅说为相，这样削弱了神职人员的权力，带来了殷商王朝的复兴。

夏商国王从国王、祭司一体，到逐渐强化王权，渐与祭司分离，是基本走向。但在管理祭司的过程中，他们必须获得超过祭司的话语权，所以他们必须借助神话。武丁是一个成功的神话制造者，也是王权的赢家。

---

① 晁福林：《试论殷代的王权与神权》，载《社会科学战线》1984 年第 4 期。

第六节　王廷与帝廷

神话是人间现实的反映，泰勒这样指出："在分析一个一个的多神教民族的宗教的时候，我们明显地看到人是神的典型、原型，因此，人类的社会和管理是神的社会及其管理所借以建立的型式。最高级的神们在下级的精灵们之间所占的那种地位，就像长官和皇帝在人们中间所占的地位一样。"[1] 夏商社会神话中的神界统治正反映着人间社会的政权状况。

殷代神话的天空中有个帝廷，里面有帝使与帝臣。关于帝使前文已述，我们现在看一看天帝之臣。卜辞有：

于帝臣，又雨。（甲779）

又于帝五臣，又大雨。（粹13）

王又岁于帝五臣正，隹人雨。（粹13）

秋于帝五工臣，才且乙宗卜。（粹12）

王氒臣正。（乙6414）

乎臣往于夫。（卢）

勿乎多臣伐节邛方。（林2.27.7）

关于上帝的僚属，卜辞中似仅有帝使与帝臣而已。这种天庭的单纯化虽然不能反映殷商官制的全貌，但所谓帝臣、帝五工臣，却在殷代王廷和后代文献里找得到对应的官职。

《左传·昭公十七年》载郯子说掌故，讲其祖少昊为鸟师而鸟名的历史，其中有"五雉为五工正"的说法，五工正为理民之官，但帝廷里也有帝五臣、帝五臣正。可见，神的世界只是人间世界的投影，无论它表现出何种怪诞的现象，我们都能通过对人间现象的观察而理解它。

神位的设立也同人间制度息息相关。社祀是土地制度反映到神崇拜中的结果。夏商国家垄断着全国的土地财产，吴泽先生指出："古代中国的殷代，'成汤'征服前代夏代后，土地并未转化为私有，只是将公社首长支配的公社小土地，宣布为'国有'而已！而且宣布'国有'后，仍旧将土地分赐给各公社，且任命原有公社首长们，出任为殷政府的代理人与征税吏，对于原来公社制的土地分配生产组织，国家并未加以何种改编！"[2] 社神为土地神，由于土地国有，

---

① ［英］爱德华·泰勒：《原始文化》，连树声译，上海文艺出版社，1992年，第688页。

② 吴泽：《中国历史大系·古代史》，棠棣出版社，1949年，第340页。

所以夏商时代的社制只有国社，即夏社和商社。由于土地制度相同，夏商社祀是一致的。殷代之社以所立地点称之，如亳社、唐社、桑林之社等等，它们都是国社，无高下等次之分，不像西周实行分封制，诸侯得封土后分享了周天子的土地所有权，也可立社，于是有王社，又有侯社掺和进来。①

从夏到商，神话是一种累进性发展。夏商的神话呈现出融合趋势，二者之间，以吸收交融为主调，这也为周代的集大成提供了条件。

从夏商神话的演进过程看，最高神的自然化是逐渐褪尽祖宗色彩而发展起来的。从天神与社神的发展过程考察，便能清楚看到中国早期神话演变的这一特征。起初禹是夏人的先祖，殷商承社祀旧制，虽也敬奉禹，但他显然不再是殷人的祖神。到后来，对一般人来说，社神何许人也已不大为人知晓，他只是一个自然的土地神。如《左传·昭公二十九年》记载献子就不太清楚社神是谁了，还要问人："社稷五祀谁氏之五官也？"显然他已不知道社神就是句龙，就是禹，社神已丧失了人格神的地位，成为自然神。

天神也如此，作为殷人的上帝，它曾经是至上神跟祖宗神的统一体，帝就是帝俊，就是帝喾，但没有等到殷王朝结束，二者就开始分裂了。帝武乙射天，可知上帝成了一个抽象的自然神，天是天，祖先是祖先了。所以到了周代，天神与人祖便分庭抗礼了。虽然他们之间没有发生对抗，但二者间已有了清晰的界线。最高神成为共同遗产，就势必存在中性化特质，任何一朝祖神都不可当其位，因而，其自然化、抽象化的走向便不可避免。

天地之神由人格神演为自然神，是夏商神话发展的规律。在这一变化的背后，是王权的加强与神权的衰落，祖宗虽仍仰赖神的威力，但他本身已具有独立的力量。"万物本乎天，人本乎祖。"② 祖宗成了人的本源，在封建社会焕发出更大活力。

神话的演变是复杂的：一方面一些人格神变为自然神；另一方面，一些自然神又逐渐人格化，如城隍及山川之神以及地方土地之神，往往又由一些杰出人物之灵所化。这种状况不能说明神话演变无序，事实上，自然神人格化是一种路径，人格神自然化也是一种路径。天神与社神是自然神中的特殊者，它因与王权的瓜葛而不能自已。人格化的自然神往往是地方神灵，他们相对独立于

---

① 吴泽：《两周时代的社神崇拜和社祀制度研究——读王国维〈殷卜辞中所见先公先王考〉》，载《华东师范大学学报》（哲学社会科学版）1986 年第 4 期。

②《礼记·郊特牲》。

国家体制之外，不受政权变化影响。而王权要获得自身的力量，便同神权分离，天神与社神于是回复到自然神的本位。同时，天神与社神要获得跨越时空的能量，也必须与一朝一代的祖先划清界线，以求得广泛的适应性。

国家的神话与民族的神话叠合，是早期的天人合一形态。国家由王族统治，故国家的神话集中体现为帝王的神话也即祖先的神话与君权神授的神话。王权的成长，理性精神的成长，使这种叠合发生部分的分离，这主要体现为天人之分，即氏族时代传下来的自然神同祖宗神分手。同时，国王与祭司的分手也是政权成长的一个标志。

夏商的神话，不仅具备让后世广泛认同的资源，也为神话发展开拓了独特的路径。

第五章　西周神话体系的建立

西周时期是中国神话第一次大规模的整合与系统创建时期。依凭夏、商两代的强势文化基础，加上周人的创造性整合，西周创建了继往开来的中国神话系统。因此，从远古到西周，中国神话最基本的主题已经形成，其重要的神话内容成为后世主流神话的范本。后世神话代有发展，但是，西周神话的基本内容都不同程度地流传下来，成为民族的文化之根。

第一节　西周神话的继承性与创新性

夏族的主神是社神，殷族的主神是天帝，周族的主神是什么呢？社神之祀自夏朝建立，殷商沿袭无有变更，周朝起初也是一仍其旧，说明周没有固有的社神，继承的是前代的遗产。对于天帝，周人似颇茫然，不知所以。《史记·周本纪》："武王已克殷，后二年，问箕子殷所以亡。箕子不忍言殷恶，以存亡国宜告。武王亦丑，故问以天道。"可知周人的天道那一套有很多是从殷人那里学来的。这些都充分说明周代神话的继承特性。

但周族不能没有自己的主神，它的主神不是社神，不是天帝，而是稷神。稷祀不见于卜辞，说明它是周族制度，而与商族无关。

社稷混称，这是自周代开始的。社与稷本有明显的区别，一位是土地神，一位是农神。《周礼·大司徒》注："社稷，后土及田正之神。"社为后土，即土地之神，稷为田正之神，社管土地本身，稷作为田正则应该是主管农事。这是后来周人企图把自己的主神拿去顶替前人主神的一种举动。《国语·鲁语》："昔烈山氏之有天下也，其子曰柱，能殖百谷百蔬。夏之兴也，周弃继之，故祀以为稷。共工氏之伯九有也，其子曰后土，能平九土，故祀以为社。"从这个顺序看，周人把稷列于社前，抬高自己民族主神的意图十分明显。稷本为谷神和农事之神，在夏商的祀典里没有地位，只是在以后稷为祖神的西部周族中流行着稷神崇拜。这说明，在进入封建制之前，周人是将祖神与民族的主神叠合在一起的。

稷神享受着特有的香火，故关于他的奇特的神话也被传颂着，在周代神话里占有重要地位。《诗经·大雅·生民》中写道：

厥初生民，时维姜嫄。生民如何？克禋克祀，以弗无子。履帝武
敏歆，攸介攸止，载震载夙，载生载育，时维后稷。

这就是著名的姜嫄履大人迹而生后稷的神话。《史记·周本纪》是这样说
的："姜原出野，见巨人迹，心忻然说，欲践之，践之而身动如孕者。"这跟
《诗经》有一点不一致的地方，就是《诗经》说姜嫄履的是帝的脚印，而《史
记》上说履的是大人迹。《史记》说姜嫄因履大人迹而生子，以为不祥，多次欲
弃其子："居期而生子，以为不祥，弃之隘巷，马牛过者皆辟不践；徙置之林
中，适会山林多人，迁之；而弃渠中冰上，飞鸟以其翼覆荐之。姜原以为神，
遂收养长之。初欲弃之，因名曰弃。"后稷因各种奇遇而生存下来，姜嫄最后只
好将其收养抚育，因为曾经要把他抛弃掉，因此取名为弃，后称后稷。就神话
类型来说，这是一个"弃子型"的故事，研究者也称"弃子"母题。"弃子"
是一个全球性的神话母题，在世界很多地方都有流传，著名的巴比伦史诗《吉
尔伽美什》中的主人公吉尔伽美什就是一个弃子。吉尔伽美什是乌鲁克城守军
的一个弃婴，被用于祈年仪式之牺牲，从山峰扔下山谷以献祭，结果被一大鹫
所救，置于一农家抚育长大。中国的弃子神话也非常多，对于周弃后稷，陈建
宪先生认为这是"古代以儿童为祭品的农业祭祀仪式在神话中的反映"①。结合
后来周弃成为农神这一点来看，这是很有道理的。当然，并不是所有的弃子故
事都会与农业牺牲有关。

周弃后稷的神话，情节和夏商的起源神话一样丰富多彩。据说，这个弃长
大以后很会种庄稼，《诗经·大雅·生民》描述了这一情节：

蓺之荏菽，荏菽旆旆，禾役穟穟，麻麦幪幪，瓜瓞唪唪。

诞后稷之穑，有相之道。

茀厥丰草，种之黄茂。

实方实苞，实种实褎。

实发实秀，实坚实好。

实颖实果，即有邰家室。

诞降嘉种，维秬维秠，维穈维芑。

恒之秬秠，是获是亩；恒之穈芑，是任是负。

以归肇祀。

---

① 陈建宪：《神祇与英雄：中国古代神话的母题》，生活·读书·新知三联书店，1994 年，第 187 页。

这里主要是说后稷种庄稼了不起，种了荏菽、麻麦、瓜瓞，还有粟子、蔬菜等，长得一片茂盛，大获丰收，收回家后祭神。

对于夏商的图腾，学界有一个基本的认识，即夏为龙图腾，商为凤图腾，但对于周的早期图腾，人们的认识就很不一致了。由于《生民》诗中提到"帝武"，这个帝武指的是什么呢？有解释为龟、大迹、熊、恐龙和月亮的，也有解释为太阳的。①

《国语·周语下》有称："我姬氏出自天鼋"，这是周人明确的自我表达，他们来自天鼋。那么天鼋是什么呢？我们还是要看《国语》中的语境：

> 王曰："七律者何？"对曰："昔武王伐殷，岁在鹑火，月在天驷，日在析木之津，辰在斗柄，星在天鼋。星与日辰之位，皆在北维。颛顼之所建也，帝喾受之。我姬氏出自天鼋，及析木者，有建星及牵牛焉，则我皇妣大姜之侄，伯陵之后，逢公之所凭神也。岁之所在，则我有周之分野也。月之所在，辰马，农祥也，我大祖后稷之所经纬也。王欲合是五位三所而用之。自鹑及驷七列也，南北之揆七同也，凡人神以数合之，以声昭之。数合声和，然后可同也。故以七同其数，而以律和其声，于是乎有七律。"

这里是在讲音乐与天象的关系，讲的是天人合一的大道理。据韦昭注，这里解释了周七音之律发生的原因，是与周所处之星次有关。其实我们引用得不够完整，应该是这样的："我姬氏出自天鼋及析木者"，即所有周地分野相关之处。因为姬姜婚配，天鼋（玄枵）分野在齐，故称姬氏来自天鼋，说的是母族的事情。又说到太祖后稷，月在房宿，则为农事之吉祥之处。因此，周人作为农神子孙，也是天象所致。天鼋既是说明来源的地域之处，也表达出与天象的关联。《说文解字》："鼋，大鳖也。"这里便有一种可能：周人早期是天鼋（大鳖）的崇拜者。

但是，可能因为周族后起，夏龙商凤已成主流，周人一统天下后，不得不把夏商的图腾作为吉祥物接盘过来，也把夏商文化容纳进来，所以就有了四灵这种文化设计，《礼记·曲礼》：

> 行，前朱鸟而后玄武，左青龙而右白虎。招摇在上，急缮其怒。

这是周代的行军阵势，这样的摆布是有道理的。其中玄武，自在北方，这乃是周人的发祥地，如天象之"皆在北维"。《礼记》郑注："以此四兽为军陈，

---

① 参见曹书杰：《后稷传说与稷祀文化》第四章第二节，社会科学文献出版社，2006 年。

象天也。急犹坚也。缮读曰劲。又画招摇星于旌旗上，以起居坚劲，军之威怒，象天帝也。招摇星在北斗杓端，主指者。"这所谓的四灵不是随意安排的，青龙朱雀，即龙凤，位在东南，也大体体现夏商王朝的地望。

白虎一族，我们今天能够知晓的，有古老的巴族。西南多族都是崇拜虎的，虎族在中原也曾经与龙族有联姻的历史。鳖族在历史上也曾经有所作为，如鲧部，就是三足鳖族。周人与夏人似有颇多的联系，《史记·周本纪》记载："后稷之兴，在陶唐、虞、夏之际，皆有令德。"这说明周与夏的早期实际上是有很多联系的。商代兴起，周人西退，可以见出商人对周人的不够信任。有研究表明，夏人历法《夏小正》与《礼记·月令》中的天象物候是一致的，这样，周族与夏族文化上便有很大的关联。① 而《国语·鲁语》曰："昔烈山氏之有天下也，其子曰柱，能殖百谷百蔬。夏之兴也，周弃继之，故祀以为稷。"周人在夏代即为农官，可见不同寻常的关系。鲧也是姬姓，图腾三足鳖，周人图腾，也可能是三足鳖。

周人在这个四灵体系里，照顾了前代的龙凤，也照顾到实力较为雄厚的虎族，而把自己的龟鳖形象放在北斗的杓端，既强化了自我，也建立了多元的文化组合。四灵系统，是一种时空组合，为中国图腾时代的历史留下了一个深刻的文化印记，建立了一个新的神话秩序。

周朝建立，接受了夏、商两代的文化遗产，孔子所谓"周监于二代，郁郁乎文哉"，真是对于周代文化的兼容性和博大情怀的肯定和赞美。周人不可能立刻废弃殷商的天帝崇拜，犹如殷人不敢废弃夏人的社制一样，却又不可能放弃自己的稷神崇拜，这样便势必造成一种神界三足鼎立之势。周人没有把自己的主神列入最高神，而是袭用了夏商的天地之神为最高主宰。这样，天帝、社神就彻底褪去了祖宗人格神的成分而成为纯粹的自然神，祖神于是以单独一款列出，天神地祇人鬼的神系于是形成。

第二节　西周的天神

西周接受了殷人的天神上帝崇拜资源，但对天神的观念有所变更。尽管西周把至上神称为天，但不废除帝的旧名，且在许多场合直呼帝与上帝。在周人的诗里，称上帝者尤多，如：

---

① 王安安：《〈夏小正〉历法考释》，载《兰州学刊》2006 年第 5 期。

皇矣上帝，临下有赫。监观四方，求民之莫。（《诗经·大雅·皇矣》）

帝省其山，柞棫斯拔，松柏斯兑。帝作邦作对，自大伯王季。

（《诗经·大雅·皇矣》）

有周不显，帝命不时。文王陟降，在帝左右。（《诗经·大雅·文王》）

《诗经》中多次提到上帝，"上""帝"二字连用的有二十四次，即二十四次使用上帝的概念，另又单独使用"帝"的称谓十九次，"帝"与"上帝"共计出现四十三次。可以见出周人把上帝差不多当作口头禅。可以说周人很多的场合下称天，但上帝之称却是一直不废的。仅从《诗经》中看，西周基本是继承了殷人的上帝崇拜，《生民》描述了虔诚的上帝崇拜，《文王》描述了先王与上帝的亲密关系，一如卜辞之"宾帝"，表现了一种祖神与上帝的交通。《皇矣》则表现了上帝对人间的主宰。这些跟殷人的上帝崇拜没有大的区别。唯一有区别的是，上帝不再是殷人的祖宗神，由于天帝称谓的出现，加强了至上神的自然属性，使它进一步高高在上，似乎是更加威严，但同人间更加疏远，这样便逐渐形成了周人"事鬼敬神而远之"的作风。

周人的祖先对于上帝是虔诚的，《生民》描述了后稷祭祀上帝的情形：

取萧祭脂，取羝以軷，载燔载烈，以兴嗣岁。

卬盛于豆，于豆于登。其香始升，上帝居歆。

胡臭亶时，后稷肇祀。庶无罪悔，以迄于今。

这里的祭品有牲畜牺牲，也有其他食品，这些祭品要以火焚烧，这就是燎祭。通过燎祭，祈求来年一切都好，兴旺发达。这些燃烧的祭品放在祭器里，香味袅袅上升，可以感到上帝在享用这种祭品。后稷开始的上帝祭祀，使上天保佑周族，一直到今天（当时）。这是这篇史诗记载下来的丰富的文化信息，让我们感受到周代的神话及其礼仪。

尽管周人把上帝视为至上神，但《诗经》使用"天"的频率更高，共计达一百七十次之多，是"帝"的四倍。这可以看出，周人继承传统，却不忘自我的传统建构。

周人内心深处对上天持怀疑态度。这主要因为周人看到殷商统治者对上帝的崇拜不可谓不虔诚，但依然免不了王朝覆灭的下场，这就是说，昊天上帝并不能保证王朝一劳永逸地统治下去，仅仅依赖神权是不能永保国祚的。但是，神权又是王权的保障，周王朝不可能舍弃对天帝的依赖，他们便做了这样的选择：于行政上利用神权进行统治，并加大政权的力度；在观念上轻天重人，强调人在世间的主宰力量。

周人重德，在《周书》中颇为突出，如《康诰》："丕显考文王，克明德慎罚。"《梓材》："先王既勤用明德。""王惟用德。"《召诰》："王其疾敬德。""王敬作所，不可不敬德。""王其德之用，祈天永命。"

《周书》中论德之说多不胜举，最根本的一条就是"王其德之用，祈天永命"。这就是说，要永保王位，得以明德为资本到上天那里去申报才有可能，否则就跟夏商的统治者一样，"惟不敬厥德，乃早坠厥命"①。德成了上天据以考察王权存在的一条标准。

与重德同样重要的是对待百姓的态度，保民也是天命的支柱。《周书》中这类论述也颇多。如《梓材》："欲至于万年，惟王子子孙孙永保民。"《无逸》："能保惠于庶民""怀保小民，惠鲜鳏寡"。

如同以德祈天永命，"欲王以小民，受天永命"②。若国王把小民的安危系于心中，能给他们带来福惠，上天就会把长久的国运赐给你。在这层意义上，天成了百姓的保护人。传周初有言："天视自我民视，天听自我民听。"③ 民众的地位在西周有了很大提高，这是封建制度比奴隶制更尊重人权的结果，是社会的一大进步。

继续上帝的称谓和祭祀礼仪，强化天的崇拜，并加入敬德保民的价值观，周代的天神，因其文献记载详备，祭祀礼仪规范，成为百代至上神崇拜的典范。

第三节　西周的社神

周代的社神崇拜同样具有继承性与创新性。起初，周统治还是袭用殷代旧社。《史记·周本纪》载，武王在战败纣王的第二天便下令"除道修社及商纣宫"，并在商社举行了一次盛大的祭社仪式：

其明日，除道，修社及商纣宫。及期，百夫荷罕旗以先驱。武王弟叔振铎奉陈常车，周公旦把大钺，毕公把小钺，以夹武王。散宜生、太颠、闳夭皆执剑以卫武王。既入，立于社南，大卒之左右毕从。毛叔郑奉明水，卫康叔封布兹，召公奭赞采，师尚父牵牲。尹佚策祝曰："殷之末孙季纣，殄废先王明德，侮蔑神祇不祀，昏暴商邑百姓，其章

---

① 《尚书·召诰》。
② 《尚书·召诰》。
③ 《孟子·万章上》引。

显闻于天皇上帝。"于是武王再拜稽首，曰："膺更大命，革殷，受天明命。"武王又再拜稽首，乃出。

这是最古老的登基大典，司马迁不知据何做了精彩的记述。似乎商社并非商王朝之社，它是独立的政权象征，谁夺取了国家政权，谁就拥有了社祀权力，故可不计较社是否商人已用过，只要一旦拥有即成。社已经成为超越王朝的公共资源，周人接过了这一遗产，所以这是一个在商代旧社里举行的大典，成功地向上天禀报，获得了政权，实施了革命。

后来，周人首先把周社与商社分开，商社称为"丧国之社"或"戒社"。《白虎通义·社稷》："王者诸侯必有戒社"，并说"周立殷社为戒而屋之"。戒社就立在胜国之社旁，使人们引以为戒。可以想见，周人兴修了自己的社，不再用殷社了。周代除国王立王社外，诸侯还立有国社等，王社与国社旁均有戒社。周立戒社是为了让臣下和历代国王有成败得失之鉴，常把前代亡国的教训作为警诫。

社是王权象征，又是神灵聚集处，神性颇重，能保佑国王巩固江山，为前朝立社还是颇有些危险，这无疑是供养前朝的保护神，有使旧势力死灰复燃之虞，因而，戒社有特定的制式。社本方坛，露天，无屋，以使受风霜雨露，达天地之气。但是丧国之社却是有屋的，这样做的目的是闭塞其天地之气，扼杀其神性。《白虎通义·社稷》："周立殷社为戒而屋之，塞其三面，唯开北牖，示绝阳而通阴，阴明则物死也。"这种巫术色彩颇浓的行为表明，周代的社神已成为纯粹的自然神，不再具有人格色彩。戒社本身连神性都被去掉，只是作为亡国的象征而已。

西周不同于殷商仅立王社。由于西周领主制封建制的建立，诸侯分享了天子的土地所有制，也可立社，而在商代，土地所有权为国王一人垄断，诸侯及诸侯以下都无权立社。社祀制度是土地所有制的体现，正如吴泽先生所指出的："社是土地之神，有土地所有权的集体或个人才有权立社，才有权祭祀社神，反之则否。"[1] 因不同的土地占有权利，遂形成了不同的等级，这样就构成了等级制社会，这种等级制同样反映在社祀制度上。《礼记·祭法》说："王为群姓立社曰大社，王自为立社曰王社；诸侯为百姓立社曰国社，诸侯自为立社曰侯社；大夫以下成群立社曰置社。"能自立社的只有国王和诸侯，大夫就不能自己立社

---

① 吴泽：《两周时代的社神崇拜和社祀制度研究——读王国维〈殷卜辞中所见先公先王考〉》，载《华东师范大学学报》（哲学社会科学版）1986 年第 4 期。

了，孔疏："大夫北面之臣，不得自专土地，故不得特立社。"不得自专土地正好说明了西周的土地所有制是国王和诸侯的所有制，大夫以下没有土地所有权。社祀制度是土地关系的晴雨表，土地逐渐由国王垄断，经诸侯，后经卿大夫直至庶人都拥有不同的土地所有制，社祀也就从王廷中解放，逐渐向下延伸，最后成为遍地都是的土地神。周代的社祀打破了国王的专制，也是国家对神权的适度开放在一定程度上实现了神权与民众共享。这种神权的共享实际上是土地权的一定程度的共享，即分封诸侯，共治天下。《史记·周本纪》记载了分封过程：

> 封商纣子禄父殷之余民。武王为殷初定未集，乃使其弟管叔鲜、蔡叔度相禄父治殷。已而命召公释箕子之囚。命毕公释百姓之囚，表商容之闾。命南宫括散鹿台之财，发钜桥之粟，以振贫弱萌隶。命南宫括、史佚展九鼎保玉。命闳夭封比干之墓。命宗祝享祠于军。乃罢兵西归。行狩，记政事，作武成。封诸侯，班赐宗彝，作分殷之器物。武王追思先圣王，乃褒封神农之后于焦，黄帝之后于祝，帝尧之后于蓟，帝舜之后于陈，大禹之后于杞。于是封功臣谋士，而师尚父为首封。封尚父于营丘，曰齐。封弟周公旦于曲阜，曰鲁。封召公奭于燕。封弟叔鲜于管，弟叔度于蔡。余各以次受封。

司马迁的记载并没有穷尽所有的分封对象，但是列举了重要的分封类型，一是殷代的贵族得到了分封，二是功臣亲属得到了分封，三是前朝后代得到了分封。这是一项伟大的创造，与天下人分享土地资源，尤其是对先圣先王后代的分封，也是一个重要的文化保护与继承的行为。同时，这也是社神的一次大开放，神话资源的大分享。

西周的社神虽已成为自然神，但成分较夏商复杂。夏商时，社的身份就是禹的化身。周人是不愿意一点也不把自己的主神和祖神放到国家祀典中去的，相反，他们总是在想方设法把自己的神安排到新的神系中去。比较商、周两代的地祇，周代明显地多出一稷神，如前所述，稷神为周人的祖神与主神，面对社为王权的传统观念，西周统治者无力废弃，只能掺沙子，把自己的神灵包藏到其中去。自西周起，社稷连称，二者的合流，使稷也成为国家王权的象征，社失去了江山象征的一专的旧局。稷与社在周代享受着同样的祭礼，它们已难舍难分地相合在一起。社稷并祀是西周统治者加强原周族神灵在新神系中的分量，借以提高周王朝的地位的行为。社稷两位神灵在周代成功地成为国家政权的代名词。

立戒社，社祀扩大，社稷合流，是西周社神崇拜跟殷商社祀的重大区别，社稷成为国家与江山的代名词。

第四节　西周的祖神

强化祖神地位是商代后期的传统，这种传统的祖先崇拜在西周得到进一步强化。表面看，西周的人鬼之祀，删繁就简，似不如商代热闹，但祖先的地位却更加牢固，这正是走向专制社会的征兆。"如果说殷商时期还有些母权制的遗痕的话，在周代，母权制几乎荡然不存了，女人丝毫不得参与政治，否则是牝鸡司晨。商代的王位传承有兄终弟及之制，有时大臣摄政，他们都可获同祖宗的祭礼，所以诸子、旧臣都可列入人鬼祭祀之列，周代行嫡长子继承制，故唯有先王才能享受牺牲祭礼。"① 女性的地位下落，臣的地位下落，唯有王的权力上升，王在神坛上独享风光，这是王权成长的标志。

西周统治者除祭祀先王外，还祭祀商的先祖，如同商朝还要祭祀大禹一样。周原甲骨有周人祭祀成汤的记载，可见周人对于商代的继承性是有历史的积淀的。前朝政权虽已灭亡，但其统治者是王族，其先祖都是上天赐以天命而有国，只是因为后代不行德而自取灭亡的，他们的血统都是高贵的。任何一代新的统治者，都对前朝的开国之主及先祖十分崇敬，他们全力指责的，只是被他们推倒的那个君王。《史记·殷本纪》说："殷契，母曰简狄，有娀氏之女，为帝喾次妃。"但《周本纪》却说："周后稷，名弃。其母有邰氏女，曰姜原。姜原为帝喾元妃。"周不仅跟殷人同祖，且地位比殷人还高，殷人是次妃的后代，周人是元妃的后代，是正宗的帝王后裔！这是周人的神话，他们是要借此凌压殷人，为自己的王权争得正统的神学解释。周人祭祀的这位远祖，其实本非远祖，其中的政治意图十分明显。

把后稷跟帝喾接上血统只是第一步，重要的还是跟天神相配祀。《孝经·圣治》："昔者周公郊祀，后稷以配天。"后又将文王配于上帝。《史记·封禅》："周公既相成王，郊祀后稷以配天，宗祀文王于明堂以配上帝。"所谓后稷配天与文王配上帝是一个意思，远祖源于天，王权又受之于天，这是以神权强化王权。

这就是周人对天与上帝的两面性。一方面，周人要以神道来论证王权的合

---

① 田兆元：《中国先秦鬼神崇拜的演进大势》，载《华东师范大学学报》（哲学社会科学版）1993 年第5 期。

理性，故宣扬天命之至高无上不遗余力，把祖神跟天统一起来，把国王称为天子，都是在宣扬王权的绝对权威，神权有效地为王权服务着，国王从来不会说王权高于神权，王不过是在替天行道，受天之托管理人事而已，天是崇高的。另一方面，周人内心又怀疑天命，认为命运掌握在自己的手中，所以祖宗配天不过是一种手段，关键还在于政权的功能。

与商王祭祀的复杂的祭祀体系不同，周人的祖先崇拜留下了很多的演唱文本，这些文本有的记载了祭祀的礼仪，有的记载了他们曾经的事迹，更多的则是一些神话。这些文本就是后来的所谓《诗经》中的"雅""颂"。《大雅》中有很多的神话史诗，多是西周的作品，因此，我们有西周神话史诗的一手资料。后稷是周人的太祖，当然是祭祀的最高祖先，而文王也是重要的祭祀对象。我们看这首名叫《文王》的颂歌：

文　　王

文王在上，於昭于天。周虽旧邦，其命维新。有周不显，帝命不时。文王陟降，在帝左右。

亹亹文王，令闻不已。陈锡哉周，侯文王孙子。文王孙子，本支百世，凡周之士，不显亦世。

世之不显，厥犹翼翼。思皇多士，生此王国。王国克生，维周之桢；济济多士，文王以宁。

穆穆文王，於缉熙敬止。假哉天命。有商孙子。商之孙子，其丽不亿。上帝既命，侯于周服。

侯服于周，天命靡常。殷士肤敏，裸将于京。厥作裸将，常服黼冔。王之荩臣。无念尔祖。

诗歌讲述了文王与上天上帝的亲密关系，上天上帝养育了周人的子孙，保佑他们世代兴旺。商人被上帝指派，做了周人的侯服，所以要好好遵守上帝的命令，好好侍奉周人。这样一首颂歌，是祖先崇拜，却也整合了商人的政治宣言。具有同样主题的还有《大明》等诗歌，文王是周人祖先崇拜的主要对象。《绵》这首诗歌则如迁徙史诗，记载了古公亶父的传奇：

绵

绵绵瓜瓞。民之初生，自土沮漆。古公亶父，陶复陶穴，未有家室。

古公亶父，来朝走马。率西水浒，至于岐下。爰及姜女，聿来胥宇。

周原膴膴，堇荼如饴。爰始爰谋，爰契我龟，曰止曰时，筑室于兹。

迺慰迺止，迺左迺右，迺疆迺理，迺宣迺亩。自西徂东，周爰执事。

乃召司空，乃召司徒，俾立室家。其绳则直，缩版以载，作庙翼翼。

捄之陾陾，度之薨薨，筑之登登，削屡冯冯。百堵皆兴，鼛鼓弗胜。

迺立皋门，皋门有伉。迺立应门，应门将将。迺立冢土，戎丑攸行。

肆不殄厥愠，亦不陨厥问。柞棫拔矣，行道兑矣。混夷駾矣，维其喙矣！

虞芮质厥成，文王蹶厥生。予曰有疏附，予曰有先后。予曰有奔奏，予曰有御侮！

诗歌的开头以生殖文化的隐喻，寄托了对于周族繁荣发展的期盼。史诗叙述了周族早期的迁徙与周原的建城过程，其中的龟卜，以及建筑的有序性，表达出周人对于古公亶父的情感。另外，像《公刘》那样的史诗，也是一种民族迁徙和创业的记忆，怀念祭祀祖先，实际上是在鼓励族民不断自我发展。

周人的祭祀与民族史诗的叙述和演唱是联系在一起的，祭祀过程是史诗和神话的传述过程，因此，这里的神话叙事不是单纯的语言叙事和仪式的叙事，而是语言的演唱与祭祀行为的统一。这种做派可能是从商代学习得来的，又加上了自己的独特创造，因此，周代的祖先崇拜及其祭祀活动，形成了神话传述的独特形式。

继承殷商神祀而又有所损益的西周天神地祇人鬼的神系建立起来了。从总体上看，西周的鬼神祭祀没有殷商那么频繁，祭祀对象也没有那么复杂。但由于有史诗演唱的加入，周代的祖先崇拜便成为祖先神话传承的仪式性活动。

《礼记·表记》："殷人尊神，率民以事神，先鬼而后礼……周人尊礼尚施，事鬼敬神而远之"，可以说道出了殷周的主要区别，有人对此会有不同的看法，但大体表达了两者之间的差异。

小　　结

至此，我们看到了周代神话的集大成特性，它是古代神话的第一次大总结，又是一次系统整理，显示出继往开来的时代风范。

周代神话，首先整编了原有的图腾神话，将若干有代表性的图腾神话编为四灵系统，青龙、白虎、朱雀、玄武，这四个被选择的图腾物代表了远古至于西周的最高文化水准，也标志着图腾时代已经整体上远离了公共生活，四灵成为普遍的吉祥神物，并且在中国文化体系里，被高度时空化、结构化了。以青龙为例：

> 孟春之月，日在营室，昏参中，旦尾中。其日甲乙，其帝太皞，其神句芒，其虫鳞，其音角，律中大蔟。其数八，其味酸，其臭膻，其祀户，祭先脾。东风解冻，蛰虫始振，鱼上冰，獭祭鱼，鸿雁来。……立春之日，天子亲帅三公、九卿、诸侯、大夫以迎春于东郊。①

这里是天人合一的最典型的模式，时间、空间、物候、神灵、图腾、音乐、五味、五祀、五脏、政事等等，都在这个结构里。这其中的框架有箕子讲述的洪范五行大道，虽然箕子所讲洪范九畴是上天赐给大禹的，在外包了一层神话，内部则是行为规则与治国之道，但是在月令框架下，神话就不是外在的，而是与生活紧密结合在一起了。我们关注的是：图腾只是这个大框架下的一个子系统，这个系统内涵丰富，远非一个图腾神话可比。我们可以说图腾神话内化在人们的行为中了，同时也可以理解为图腾已经与众多的文化形态融为一体。这个结构，长期以来，成为中国人的精神结构。

这是一个国家的神话结构，偏重于时间模式，因为这个系统名字就叫月令，其中只是有限地照顾到了空间。而空间的神话结构则是天地人的祭典与叙事模式。《周礼·春官》给出了这样的周代神灵结构模式：

> 大宗伯之职：掌建邦之天神、人鬼、地示之礼，以佐王建保邦国，以吉礼事邦国之鬼神示，以禋祀祀昊天上帝，以实柴祀日、月、星、辰，以槱燎祀司中、司命、风师、雨师，以血祭祭社稷、五祀、五岳，以狸沈祭山林川泽，以疈辜祭四方百物，以肆献祼享先王，以馈食享先王，以祠春享先王，以禴夏享先王，以尝秋享先王，以烝冬享先王。

---

① 《礼记·月令》。

254

这里的核心是天神人鬼地祇模式，总括了祭祀对象，春官系列掌管形形色色的祭祀活动，陈梦家先生对此做了整理排列：

甲、神，天神，大神　昊天，上帝；日，月，星辰；司中，司命；风，雨

乙、示，地示，大示　社，稷，五祀，五岳；山，川，林，泽；四方，百物

丙、鬼，人鬼，大鬼　先王①

这与殷代卜辞所载具有很大的相似性，略有不同的是，卜辞有多母祭祀，周代则不多见，而卜辞中不见天的祭祀。应该说差别不是很大，但是后世所宗的祭祀体系却是周代的体系，而不是殷代的。其原因是周代的祭典文典化，后代可以有所凭依，即便是战乱，或者灾害等因素造成神话和祭典的遗忘，也很快就可以根据这些典籍加以重建，因此，这些典籍是不折不扣的经典。

周代建立了相对健全的天下秩序，实现了由多元走向一统的目标。《礼记·王制》：

王者之制禄爵，公、侯、伯、子、男，凡五等。诸侯之上大夫卿、下大夫、上士、中士、下士，凡五等。天子之田方千里，公侯田方百里，伯七十里，子男五十里。不能五十里者，不合于天子，附于诸侯，曰附庸。

这是一种社会的空间秩序，是一种分享的制度，也是一种稳定的制度。这是人们针对长期战乱造成危害的一种防范性的制度设计，这就是天子诸侯的分封制度。

我们来看天子对诸侯的管理，完全是一种神话祭祀风俗考察与行政的高度结合：

天子五年一巡守。岁二月，东巡守至于岱宗。柴而望祀山川，觐诸侯。问百年者就见之。命大师陈诗以观民风，命市纳贾以观民之所好恶，志淫好辟。命典礼考时月，定日，同律，礼乐制度衣服正之。山川神祇，有不举者，为不敬；不敬者，君削以地。宗庙，有不顺者为不孝；不孝者，君绌以爵。变礼易乐者，为不从；不从者，君流。革制度衣服者，为畔；畔者，君讨。有功德于民者，加地进律。五月，南巡守至于南岳，如东巡守之礼。八月，西巡守至于西岳，如南巡守

① 陈梦家：《殷墟卜辞综述》，中华书局，1988年，第562页。

之礼。十有一月，北巡守至于北岳，如西巡守之礼。归，假于祖祢，用特。

天子将出，类乎上帝，宜乎社，造乎祢。诸侯将出，宜乎社，造乎祢。①

祭祀是第一位的。天子祭祀上帝，诸侯不能，但是对于社，对于祢（亡父牌位）的祭典是一致的。这里的祖宗，逐渐变成最晚近的祖先。天子对于诸侯的行政考察，主要是风俗制度方面的，其中包括历法礼乐与山川祭祀、祖宗祭祀。巡守与封禅，是古代社会秩序维护与社会管理的重要方式，而在西周，却是根本的方式。② 山川的祭祀，对于天子来说，是一种权力边界的确认，也是管理天下的标志性行为。

祭祀是有等级秩序的：

天子七庙，三昭三穆，与太祖之庙而七。诸侯五庙，二昭二穆，与太祖之庙而五。大夫三庙，一昭一穆，与太祖之庙而三。士一庙。庶人祭于寝。

天子诸侯宗庙之祭，春曰礿，夏曰禘，秋曰尝，冬曰烝。

天子祭天地，诸侯祭社稷，大夫祭五祀。天子祭天下名山大川，五岳视三公，四渎视诸侯。诸侯祭名山大川之在其地者。

天子诸侯祭因国之在其地而无主后者。

天子犆礿，祫禘，祫尝，祫烝。诸侯礿则不禘，禘则不尝，尝则不烝，烝则不礿。诸侯礿犆，禘一犆一祫，尝祫，烝祫。

天子社稷皆大牢，诸侯社稷皆少牢。大夫士宗庙之祭，有田则祭，无田则荐。庶人春荐韭，夏荐麦，秋荐黍，冬荐稻。③

这些礼制，有力地维护着共同体的统一性，又保证了文化的地方性，这就是周代文化在一统和多元之间的平衡。如诸侯祭祀所在地的名山大川，保障了地方神话与仪式的传承，保障了文化的多元性。

这些典籍由于是汉代最后写成，人们多有怀疑，以为是后人伪托。但是，不管是否伪托，后代的祭典和神话主要依据这些典籍传承，却是事实。殷代卜辞所记载的祀典不错，为什么《周礼》的这些记载与卜辞十分相近就不合理了

---

①《礼记·王制》

②参见何平立：《巡狩与封禅——封建政治的文化轨迹》，齐鲁书社，2003 年。

③《礼记·王制》。

呢?《周礼》与卜辞的继承性和变异性是可以考察到的文化现象，因此，我们应该以这些典籍为核心来考察周代的神话，同时辅以物象的探究，如对青铜器物等的考察。

周代的青铜器从形制到纹饰，都是从商代的基础上发展的，其形制如鼎、鬲、尊、罍等，其纹饰如饕餮纹、龙凤纹等，都是一脉相承。因此，我们对于周代的文化的继承性应该有一个合理的评价。周人关于青铜器的系列制度规范，是制礼作乐的组成部分，他们配合典籍，构建了文明的厚重基石。

新石器时代以来的图腾崇拜、至上神崇拜、社神崇拜和祖先崇拜，在西周得到了一个总结，经过整理与创新，通过典籍和实物，成为后代神话发展的基础，因此，中国神话的里程碑在西周建立起来。

第二编

中国神话的发展与再造

（东周—秦汉）

东周到秦汉是中国神话发展的第二阶段，它的可感形式是从第一轮典籍的记载到第二轮典籍的记载，它的发展是第一个完整的形式遭到挑战后，丰富发展，走向第二次系统建构的过程。这里我们还是想起博厄斯的那句话：神话的建立仿佛就是为了再被打碎，以便在其废墟上建立新的神话大厦。不过我们必须清楚，虽然原有的神话体系有所打破，但是新的结构却还是依据前代的基础发展的。它是一种累进性的生长过程，是中国古典神话的发展与再造。

由于西周建立起来的神话体系积累了唐虞夏商文化的精华，因此，形成了强大的文化能量，其本身成为一种国家性资源。它的保障是分封制度，以及相关的礼乐制度，这种制度从公元前11世纪开始维持了三百年的稳定，便开始出现问题。这个问题既表现为华夏与蛮夷之间的制度安排的破坏，也表现为天子与诸侯之间秩序的失范。整个社会便在这种制度的维护与变革之间冲突交流，社会思想极度活跃，出现了诸子百家争鸣的局面，神话也在这一背景下进行着分化发展和统一凝聚的建构。神话既受社会制度变革的影响，本身也是制度变革的推手，甚至神话也是制度体系的一部分。

第一章　东周神话：转变与发展

东周神话，包括春秋与战国时代的神话，一方面体现出对西周神话体系和规则的进一步挑战，一方面则以充分的地方性知识，丰富了中国神话的内涵。而地方性的神话，自那时起，很多的题材一直流传在地方上，成为地方的文化标志。

第一节　体系神话的解体

周代的神系中实际上蕴含着神话破产的因素，对天命的怀疑使天神失去了绝对权威。封建制度促进了生产的发展，必然会进一步造成生产关系的改变，诸侯对土地的拥有已埋下了社神扩展的根子，社神会因社制的变化失去根本地位，强大的诸侯将对周之先王失去兴趣，所以人鬼也不再具有慑服人心的力量，这使得刚刚建立起来的诸神系统一下子就面临危机。更为关键的是，管理这个制度的核心——周天子及其集团是否很好地执行了该制度。到了西周后期，周天子自己首先破坏了这个结构。《国语》向我们陈述了这一事实：

> 穆王将征犬戎，祭公谋父谏曰："不可。先王耀德不观兵。……昔我先王世后稷，以服事虞、夏。及夏之衰也，弃稷弗务，我先王不窋用失其官，而自窜于戎、狄之间，不敢怠业，时序其德，纂修其绪，修其训典，朝夕恪勤，守以敦笃，奉以忠信，奕世载德，不忝前人。至于文王、武王，昭前之光明而加之以慈和，事神保民，莫弗欣喜。商王帝辛，大恶于民。庶民不忍，欣戴武王，以致戎于商牧。是先王非务武也，勤恤民隐而除其害也。

> "夫先王之制，邦内甸服，邦外侯服，侯、卫宾服，蛮、夷要服，戎、狄荒服。甸服者祭，侯服者祀，宾服者享，要服者贡，荒服者王。日祭、月祀、时享、岁贡、终王，先王之训也。有不祭则修意，有不祀则修言，有不享则修文，有不贡则修名，有不王则修德，序成而有不至则修刑。于是乎有刑不祭，伐不祀，征不享，让不贡，告不王。

于是乎有刑罚之辟，有攻伐之兵，有征讨之备，有威让之令，有文告之辞。布令陈辞而又不至，则增修于德而无勤民于远，是以近无不听，远无不服。今自大毕、伯士之终也，犬戎氏以其职来王。天子曰：'予必以不享征之，且观之兵。'其无乃废先王之训而王几顿乎！吾闻夫犬戎树惇，帅旧德而守终纯固，其有以御我矣！"

王不听，遂征之，得四白狼、四白鹿以归。自是荒服者不至。

这是对天子诸侯制度及五服制度的生动描述。天子对于天下的管理，有着不同的层次，周穆王征伐戎狄，破坏了制度的外圈，使得这个看起来很好的制度面临危机。而随着生产制度的发展，内部问题也开始凸显。

社会生产的发展是意识形态变更的原动力，西周时期，社会生产方式发生了很大变化，极大地影响了神话与神崇拜的发展。周初行劳役地租制，天子和诸侯有大量的公田，名义上是天子诸侯耕作这些土地，实际上为农夫代耕，即籍田。周统治者还鼓励农夫开辟私田，私田的规模不小，逐渐对公田形成冲击，使公田逐渐荒芜，这样便给统治者的财产来源带来威胁。天子的财富不外是从诸侯和庶民那里收取。周厉王好利，用荣夷公来管理财政。既然公田收入已近枯竭，只好对占有资产者征以租税了。至宣王便"不藉千亩"，遂废除公田制，农村公社在王畿内先崩溃。周王重用荣夷公，引来很大的不满，这涉及对天下资源的观念：

厉王说荣夷公，芮良夫曰："王室其将卑乎！夫荣夷公好专利而不知大难。夫利，百物之所生也，天地之所载也，而或专之，其害多矣。天地百物，皆将取焉，胡可专也？所怒甚多，而不备大难，以是教王，王能久乎？夫王人者，将导利而布之上下者也，使神人百物无不得其极，犹日怵惕，惧怨之来也。故《颂》曰：'思文后稷，克配彼天。立我蒸民，莫匪尔极。'《大雅》曰：'陈锡载周。'是不布利而惧难乎，故能载周，以至于今。今王学专利，其可乎？匹夫专利，犹谓之盗，王而行之，其归鲜矣。荣公若用，周必败。"既，荣公为卿士，诸侯不享，王流于彘。[①]

这是一项赋税制度变革，如果有序进行，当无不可，但是在实施过程中肯定出现了问题。与民争利，这是古来都很危险的行为，实施的结果，是天子与诸侯关系的破裂，天子被流放了。

---

①《国语·周语》。

这两个案例，提出了维护制度的重要性和改革的慎重性等重要问题。随着统治者的内外交困，神话的冲突也更激烈。

自夷、厉至宣王这一段时期，是一个动荡的年代，是西周由繁盛走向衰落的阶段。周初建立的制度这么快已不适应社会的变化，于是，统治者不得不借助天的神威来维持这种局面，于是，天命的神话又一次大蔓延。但是，它得到了一个相反的回报：国人以天命的神话反击国王的暴虐，二者发生尖锐冲突。

《国语·周语》："厉王虐，国人谤王。邵公告曰：'民不堪命矣。'王怒，得卫巫使监谤者，以告则杀之。"对此，郭沫若有这样的分析：

> 且看他用的是巫，而且用的是卫巫，卫是殷之旧地，这很明显地表明着厉王是怎样的依赖神祇。王者的暴虐是得了神权的保证的，王者的屠杀谤者自然是"恭行天罚"。王者的政治上的责任可以说是让天来担任了。[①]

破烂的残局靠神话与天命难以收拾，天与上帝反成了人们指责国王的工具。人们觉得上天不公，不能赏善罚恶，于是对天命上帝怨声载道。从宣王时代一次求雨的记载，可以感到当时的人们对于上帝的不满：

> 倬彼云汉，昭回于天。王曰：於乎！何辜今之人？天降丧乱，饥馑荐臻。靡神不举，靡爱斯牲。圭璧既卒，宁莫我听？
>
> 旱既大甚，蕴隆虫虫。不殄禋祀，自郊徂宫。上下奠瘗，靡神不宗。后稷不克，上帝不临。耗斁下土，宁丁我躬。
>
> 旱既大甚，则不可推。兢兢业业，如霆如雷。周余黎民，靡有孑遗。昊天上帝，则不我遗。胡不相畏？先祖于摧。[②]

上帝的威严已经消失，指责声不绝于耳，此刻，还有谁会去膜拜昊天上帝呢？当然，国王还是要树立上帝的权威，宣王还曾宣扬过一阵子天的思想，但似乎大势已去，昊天上帝在西周已失去了炫目的色彩。

与天命没落相伴随的，是神职人员的地位每况愈下。

巫觋祝宗为神职之官，在神治时代，他们拥有崇高的地位，在神权与政权叠合的时代，他们依然很有光彩。据说少昊氏衰后，九黎乱德，以至民神杂糅，不可方物。民渎斋盟，无有威严；神狎民则，不蠲其为。打乱了民神异业的秩

---

① 郭沫若：《先秦天道观之进展》，见郭沫若著作编辑出版委员会编：《郭沫若全集·历史编》第1卷，人民出版社，1982年。

②《诗经·大雅·云汉》。

序即意味着破坏了巫史特权。颛顼绝地天通，恢复了旧有的民神异业局面，并命重、黎为天帝之官，实为巫史家族。至于尧舜夏商，重、黎氏享有尊位，典天地之礼。至周，有程伯休父是重、黎的后代。这天地之官仅在西周的前一段时间还在行天地官之职，但"当宣王时，失其官守而为司马氏"①。这就是说，作为神职的天地之官大势已去，后仅为文史星历之类，卜祝之属，也是"主上所戏弄，倡优所畜，流俗所轻"了。神职官员地位的低落，正反映出神权地位的日趋下降，其中一个重要标志就是周宣王时重、黎氏失其官守，作为神职的天地之官已被取消，三位一体的神系处于风雨飘摇的境地。以往能左右国王的巫祝失势正意味着神权与政权的分离，由于政权高于神权，神权处于从属地位，出现一个政权与神权逐渐分离的过程。

人与神的关系由于天道的衰落出现了新的变化。往昔的神人合一整体上是人隶属于神，人受着神的统治。西周后期到春秋战国时期，人本主义精神高涨，天道远，人道迩，政治家把人看得高于一切，以至于后来出现人定胜天，民为贵，社稷次之的光辉观点。在这样一个整体形势下，作为王权象征的社稷之神的地位也受到了前所未有的挑战。

西周后期至春秋战国时期对社神多不敬不重了。如《左传·成公十三年》载："公及诸侯朝王，遂从刘康公、成肃公会晋侯伐秦。成子受脤（社肉）于社，不敬。"很多人根本就不把社神祭祀当回事了。

这种不敬与社神的地位变化有关系，社神逐渐不再只是王权的象征，有时，社庙降为娱乐场所。《墨子·明鬼》："燕之有祖，当齐之社稷、宋之有桑林、楚之有云梦也，此男女之所属而观也。"这就难怪庄公要入齐观社，曹刿要谏止了，但庄公不听，还是去了。

从诸侯到大夫专权，社祀又成为一个诸侯挑战天子的手段。《左传》记载了许多诸侯僭用天子祀社"用牲于社"救日的非常之举，周天子的祀社之礼受到冲击。

周代神祀具有鲜明的等级观念，国王垄断着尊神尊祖的祭祀权，周代神权的衰落不是神祀的减少，而主要体现为祭祀的"滥用"，诸侯僭用天子祀神之礼，大夫则僭用诸侯的祀神之礼，这就是礼崩乐坏。祀神面扩大了，就是神权的一次解放，相对于天子独专来说，尽管周代后期神祀更加热火，也只能说是衰落，这种热火是热火在诸侯的殿堂或大夫的势力范围之内，天子的一套没人

---

① 《国语·楚语下》。

264

理睬，以至"包茅不入，王祭不共"①。祭祀越来越多，也就使人们对神越来越失去真正的信仰，以至于流为一种形式，成为身份的标志。祭祀与供祭原本体现等级制度，等级制度垮了，祭祀制度也就乱了。厉王好利，诸侯以"不享"（不贡献祭品）作为回报，可见其性质的严重。它体现了真实的等级关系的变化。

西周后期，这种祀神的非礼之举在祖神的祭祀上反映出来。《礼记·郊特牲》："诸侯不敢祖天子，大夫不敢祖诸侯，而公庙之设于私家，非礼也，由三桓始也。"就在诸侯对天子行非礼时，不想后院起火，大夫专权也开始了。《祭法》："大夫立三庙、二坛，曰考庙，曰王考庙，曰皇考庙，享尝乃止。"皇考以上之祖便不得再受祭礼，季氏本为大夫，不得祖诸侯，即使季氏是桓公之后，则自桓公至于定公前后，桓公也不知是季氏的多少代的先祖了，早已不得祭祀，季氏祭祖非礼，是专权的一个信号。

此时，人们早已不相信先祖有灵了，《左传·襄公十四年》："子鲜从公。及竟，公使祝宗告亡，且告无罪。定姜曰：'无神，何告？……'"杜注"告"为"告宗庙"，即祭告祖灵。祭祖便真正地流于形式了。

自西周后期夷、厉、宣诸王之后，西周后的天神地祇人鬼的祭祀系统已全面动摇，它崩溃的过程几乎是跟王室衰弱、诸侯争霸、大夫专权同步的，神话成了社会变革的晴雨表。

这一时期神权衰落，与之同步的并不是王权的成长，相反，王权也跟着一同跌落。诸侯敢问鼎，公室可瓜分，弑君之风已习以为常，君王难免被赶得四处逃亡。于是，建立君主的权威迫在眉睫。往昔认天神地祇人鬼不如认君王一人为神，于是，以神话树立君王地位的时候到了，这种舆论我们在《左传》中已经看到，襄公十四年有这样的记载：

> 师旷侍于晋侯。晋侯曰："卫人出其君，不亦甚乎？"对曰："或者其君实甚。良君将赏善而刑淫，养民如子，盖之如天，容之如地。民奉其君，爱之如父母，仰之如日月，敬之如神明，畏之如雷霆，其可出乎？夫君，神之主而民之望也。若困民之主，匮神之祀，百姓绝望，社稷无主，将安用之？弗去何为？……"

师旷的这番话体现了神话在国王身上的双重禁忌：一方面，国王要赏善刑淫，爱民如子，否则要被人赶走；另一方面，国王又是动不得的，民要"爱之

---

① 《左传·僖公四年》。

如父母，仰之如日月，敬之如神明，畏之如雷霆"，国王也就是神。师旷给君王下了个定义："神之主而民之望也。"他要矫正流行的"民，神之主也"的观念，将民换成了君。君王成为万神之主则是专制时代的象征，秦汉以来的专制封建政体便贯彻了这种神话精神，而最早在东周时期，在神权与政权同时衰落的年代就被人提出来了。

进入春秋战国时期，随着周天子王权的衰落，各诸侯国兴起了各自为政的祭神俗，不同的神话在不同的区域流传开来，神话于是进入一个新的发展时代。

第二节　神话派系与神话地域化

西周统治者对祀神活动做了种种限制。周天子享有祭祀天地神灵的特权，诸侯与大夫只能在规定的范围内祭祀神灵。为了防止诸侯滥行祀神之礼，西周时期祭神过多叫"淫祀"，而淫祀是无福的。其实这是统治者为防止祀神活动出现僭越而抛出的防范性的舆论。一般说，天神只能由天子祭祀，社有特定的制式，祖庙建设也因等级不同有相应定数，不得僭乱。《礼记·祭法》对此有详细的规定。这样，天子与诸侯及民众的神灵信仰实际上是没法保持一致的，其结果是：天子在祭祀他的一套天神地祇，诸侯国各行其是，神也便因不同的鬼神信仰逐渐发展成几大派系。尤其是进入春秋战国时期，王权衰弱，诸侯国势力膨胀，他们的祀神活动和神话日益显示出不同的文化特征来。

诸侯的祀神原受着两条成规的制约。一是"鬼神非其族类，不歆其祀"①，这就是说，只有自家子孙后代祭祀，神才受其香火，所以"民不祀非族"②，不能祭祀他人的祖先。二是诸侯分封在特定的区域内，只能祭祀特定区域里的山川。《礼记·王制》："天子祭天下名山大川……诸侯祭名山大川之在其地者。"这种规定是防止诸侯势力扩张的一项措施，所谓"祭不越望"，实际上也是希望各诸侯各守一片土地，祀一方神灵，各自在自己的神话怀抱里安居乐业。这种规定客观上形成了神话的地域性与多元性，促进了中国神话的地域性发展。春秋战国时期形成不同的神话派系与周代的祭神制度是有密切关系的。

不同文化在各区域蓬勃发展，大大地丰富了中国文化的内涵。神话没有被一统所限，获得了发展的生机。特别是春秋战国时期，几大神系发展壮大起来，出现继氏族时代以来的第二大神话发展高潮。

①《左传·僖公三十一年》。
②《左传·僖公十年》。

266

一定的神话是跟一定的文化联系起来的，春秋战国时期的神话派系正好与文化派系相对应。春秋战国时期存在着哪几大文化系统呢？

一、 春秋战国时期的三大文化系统

　　周初诸侯林立，经过几番势力较量，在春秋战国时期剩下几大集团。以文化归属分，有三大集团：齐鲁三晋为一系，楚为一系，秦为一系。其他文化尽管有一定的地位，但不是在总体上归于以上三系之一就是其对中国文化的总体影响不如以上三系强大。这三大势力的消长，是春秋战国至秦汉中国文化发展的主流。当然其他蛮夷戎狄各族也对神话发展有贡献，由于汉语文献记载的不足，我们还需要进一步去收集整理。这三大文化区，除了齐鲁三晋，秦本身也是戎狄，楚本来就是蛮夷，在这个交流发展的时代，逐渐形成新的认同。这是有限改变自我而保持文化个性的对于共同文化的认同，而这一过程，既是文化的相互学习，也是文化的相互竞争。

　　齐鲁三晋是华夏文化的归属所在，尤其是齐鲁，本是姬姜婚姻联盟的继续，后来是周文化的中心，是华夏文化的继承者与发展者，齐与鲁文化有别，但他者全把它们当作一个整体来看。齐鲁三晋跟周有特殊的亲缘关系。晋周同姓，均姓姬。秦穆公（秦缪公）掳晋君，周天子亲自出面相救。晋称霸，竭力拥戴天子，为晋周一家也。楚包茅不入，齐桓公是征，虽是炫耀自家武力，然也实在护卫了天子。鲁为周公世家，为礼乐故乡，儒教生于此，是有很深的文化渊源的。华夏文化在春秋时期出现了东移的局面，周室衰，晋分裂，其重心由中原偏向了齐鲁。

　　齐处泰山以北，鲁处泰山以南，齐侯为开国功臣吕尚，鲁侯为周公长子伯禽。此海岱之区，古为东夷人的根据地。伯禽至鲁，带来西周的礼法，"变其俗，革其礼，丧三年然后除之"①，华夏文明在这里扎下了根。吕尚治齐略有不同，他"因其俗，简其礼"②，采取了灵活变通的政策。齐鲁两国间虽有差异，但在文化上有许多相通处，联系非常广泛。两国均"股肱周室，以夹辅先王"③；两国均爱好"文学"，即学术文化。《史记·儒林列传》："夫齐、鲁之间于文学，自古以来其天性也。"当这两支强大的华夏文化进入夷人的区域后，夷文化即被变革，这是典型的以夏变夷。《帝王世纪》把很多的帝王之都写到曲阜，显

---

①《史记·鲁周公世家》。
②《史记·齐太公世家》。
③《国语·鲁语上》。

然是强化该地域华夏属性的文化建构。

吴越文化也属华夏文化，吴为周后，越为夏后，他们的文化与齐鲁同宗，但是在发展过程中与楚文化、南越文化有更多的联系。

当华夏文化由西向东覆盖时，夷人的一支却在西边崛起，它就是春秋战国时已发展壮大的秦国。秦人来自东方，与殷人一样，原在东海之滨。他们的图腾崇拜与殷人相同，都是崇拜鸟祖，都是游牧民族出身，墓葬也与殷人一样有"中"字形。① 秦祖为柏翳，即伯益，是古夷人的一个首领。益即燕，与殷人共图腾。伯益后有鸟俗氏，有孟戏、中衍为鸟声人言，知秦为鸟族之后。史载秦伯卒，不书名，《春秋公羊传》："何以不名？秦者，夷也，匿嫡之名也。其名何？嫡得之也。"作者是指责秦人不行嫡长子继承制，而行择勇猛者立之的夷俗。秦人来自东方，他们与东方民族除有共同的图腾信仰外，经济生产也存在着共同性。殷人早期是迁徙不定的游牧民族，秦也如此。传伯益能"调驯鸟兽"②，《国语·郑语》注说他是"虞官"，虞官是专门管理山林打猎之事的。《史记·秦本纪》说秦人先祖中有蜚廉、恶来，"恶来有力，蜚廉善走"，这是猎人的特点。恶来之有力表现为"手裂虎兕"③，说明他是打猎出身。秦的后人如造父善驾车养马，非子"好马及畜，善养息之"，都可见出畜猎的特征。周孝王分土于秦时说："昔伯翳为舜主畜，畜多息，故有土，赐姓嬴。今其后世亦为朕息马，朕其分土为附庸。"并"邑之秦，使复续嬴氏祀，号曰秦嬴"。④ 从这段史料看，秦最初没有晋、齐、鲁那样显赫的地位，不是诸侯，而是"附庸"，秦还保持着畜牧民族的特征。邑于秦时令复续嬴氏祀，即伯益之祀，是祀其东夷族的先祖。至秦襄王，周平王东迁，襄王率兵护送，始列为诸侯。

秦在得岐地收周余民后开始壮大，在那里，它开始接受了一些华夏文化。至秦穆公，遂霸西戎。在秦文化接受的华夏文化中，法家最为突出。法家起于三晋，而在秦国发展到极致，商鞅、韩非、李斯等人在秦国的政治舞台上大展宏图，法家著作《商君书》成于秦，《韩非子》行于秦。秦极力排斥儒家文化，这一倾向在秦王朝建立后的焚书坑儒行为中达到了高潮。法家思想强烈的功利色彩影响着秦国的政治经济发展，并在鬼神崇拜活动中打上了烙印。秦文化是夷文化接受了华夏文化后发生新变的产物，与齐鲁之礼制形成鲜明的对比。

---

① 林剑鸣：《秦史稿》，上海人民出版社，1981年，第14—20页。

②《史记·秦本纪》。

③《史记集解》引《晏子春秋》语。

④《史记·秦本纪》。

楚国居于南方，远祖高阳，其后为祝融氏。陆终为祝融氏后，生六子，六子季连，芈姓，楚其后也。周成王时封熊绎于楚蛮之地，封以子男之田，姓芈氏。同秦一样，楚初无地位。熊渠时得江汉间民和，自称："我蛮夷也，不与中国之号谥。"自立数子为王于楚蛮之地。至楚武王，犹自称蛮夷，自尊为武王，然不得天子承认。楚成王时，国势益强，其地千里，于是天子赐胙，曰："镇尔南方夷越之乱，无侵中国。"① 算是对楚诸侯地位的认可。楚庄王时，楚称霸诸侯，成了最强大的诸侯国之一。姜亮夫先生作《三楚所传古史与齐鲁三晋异同辨》②，讨论了两种古史系统，但是要论神话系统，一定要加上秦国。

楚文化也受到华夏文化的一些影响，但其文化却独具特色。道家文化是楚文化的结晶。楚祖鬻熊被尊为道家先驱，《老子》是楚国的哲学著作，是楚国哲学的精华。③ 道家哲学本体论色彩颇重，任自然，尚无为，形成了与儒家礼治、法家法治重功利不同的特色。

在论述齐鲁三晋、楚、秦三大文化系统的神话之前，我们将明确如下基本概念：

第一，齐鲁三晋、秦、楚三大文化系统实际上是氏族社会时期的三大文化集团在春秋战国时期的变种。据徐旭生先生在《中国古史的传说时代》一书中所论，氏族社会时期，中国有三大文化集团，它们是华夏集团、东夷集团、苗蛮集团。周是华夏文化的继承者，自称夏，与黄河流域中原地区之夏称诸夏。春秋时期，周文化开始由三晋向齐鲁转移，华夏文化东移。秦为夷人之后，并祀夷祖，其习多夷人传统，他人亦以夷视之。在东部夷族被征服同化后，他们是一群新兴的夷人之后，故秦为一具夷文化特征的群体。楚于周时犹自称蛮夷，是苗蛮文化的直接继承者，代表着苗蛮文化的最高成就。它既接受了华夏文化，也与夷文化有颇多联系，但它始终保持了自己独特的文化，故楚文化是苗蛮文化发展的结果。

春秋战国时期的齐鲁三晋、楚、秦三大文化系统与氏族时代的华夏、苗蛮、东夷集团存在着割不断的血缘联系，形势却与当年迥异。原来东方夷人的根据地已被华夏文化所覆盖，而华夏文化的大本营西部却被秦人所占领，夷东夏西局面变为夷西夏东，且华夏文化的区域日趋缩小。楚文化不断发展，江汉诸姬尽被吞食，又灭吴越。所以，春秋战国的形势呈蛮夷之势新长，华夏之势渐衰之态。秦、

---

①《史记·楚世家》。

② 见姜亮夫：《姜亮夫全集》（八）《楚辞学论文集》，云南人民出版社，2002 年。

③ 张正明：《楚文化史》第四章第六节，上海人民出版社，1987 年。

楚在征服华夏诸侯的过程中也在不断吸收华夏文化的成就，民族融合于是进入了一个新的时代，形成了新的华夏族格局。三大区域最终汇成了新的华夏文化。

齐鲁三晋、楚、秦三大文化构成了华夏文化和后来的汉文化的主流。春秋战国、秦、汉三个时期的发展表现为三种势力的消长过程，也是三种文化的融合过程。秦灭六国，秦文化独领风骚，齐鲁与楚文化尽遭排挤。然楚反抗最烈，"楚虽三户，亡秦必楚"，秦果为"大楚"所灭，因而楚文化在汉朝得以复兴。武帝时，罢黜百家，独尊儒术，齐鲁文化得以重登政治舞台。此时，三种文化已呈全面融合之势。

第二，齐鲁之儒，楚之道，秦之法，代表了上古文化的最高成就。将春秋战国文化划分为三大系统，能找到对应的学术文化派系。这三大学派同三大文化相伴随，其消长之势也相同。春秋战国之较量以秦胜，秦严刑峻法，是法家文化；汉初，楚文化复兴，行无为之道，是道家文化；武帝后，儒家文化再起，外儒内法而又儒道互补，学术文化也呈融合之势。这一时期的神话受到这三种文化的制约，各派系的神话因学术文化不同，其格调也不同。

第三，三种文化与神话都是对西周文化体系的应对，它们都在不同程度上挑战或者吸收西周的文化体系与神话内涵，为新的神话体系的形成奠定基础。

以上我们就民族集团与学术文化确认了春秋战国时期的三大文化系统，神话也相应地形成三大派系。它们经过几番较量，最终融合到一处，构成了汉民族特有的神话系统。三系神话因不同的民族传统与不同的学术文化而各具特色，概而言之，齐鲁三晋尊华夏神统而重礼制，楚尊东皇太一为主神且兼容性强，秦尊夷祖而好功利。它们在各自区域里发生，然后扩展开去相互冲突着、融合着，这就是春秋战国时期神话发展的大势。

二、 齐鲁三晋的文化与神话

齐鲁三晋神话是以尊祖为同一格调，以共奉同一五帝世系而成为一个系统的。它以此为基础而展开自己的神话叙事，同时也保持一定的地域化神话。

齐鲁联姻，鲁十二公，七位娶齐女为妻。他们间非同寻常的关系，既因婚姻结亲，更有神的纽带联结。鲁有灾，文仲如齐以鬯圭与玉磬告籴，说要是救了鲁难，"岂唯寡君与二三臣实受君赐，其周公、太公及百辟神祇实永飨而赖之！"齐君听罢，则归其玉而予之籴。[①] 文仲说救鲁君臣，周公、太公及天神地

---

①《国语·鲁语上》。

祗得享祭祀，将有无量功德，意思是太公也得鲁祀。鲁祀齐祖，似为特例。文仲以"大惧乏周公、太公之命祀"而取得了外交的胜利。

齐虽非周宗亲，却恪守周之礼法，立宗庙而祭祖，至春秋时犹如此，这从《管子》所述可知。其《轻重》言夏至麦熟，"天子祀于太宗"，秋初黍熟，"天子祀于太祖"，一部地方的著作讨论着国家的祭祀大事。《侈靡》强调"尊祖以敬祖"。齐之祖宗社稷之祀因于周礼，《问》言"无乱社稷宗庙"，是要求循礼而不乱。齐有宗庙，齐桓公令百官"皆朝于太庙之门朝"。太庙是齐太公之庙。后代齐王也有庙，《左传·襄公六年》："四月，陈无宇献莱宗器于襄宫。"杜注谓"襄宫"为齐襄公庙，杨伯峻《春秋左传注》以为不然，因为齐襄公至灵公已八代，其庙当毁，齐襄公当是齐惠公之误。不管是齐襄公还是齐惠公，他们都被后王立庙祭祀，显示出宗法传统。祖庙在齐国的政治生活中占有重要地位，它是国家政权的象征。据《左传·襄公二十五年》载，齐庄公入崔杼室戏其妻被围，"请自刃于庙，弗许"。其庙为宗庙，选择庙为死处，是庙为非寻常处也。《管子·霸形》说齐桓公"令百官有司，削方墨笔，明日，皆朝于太庙之门朝，定令于百吏"。宗庙成了颁行政令的场所，百吏受令于太庙，体现出太庙在政治生活中的独特地位。祖宗的神话是齐统治的武器，可见姜齐虽非姬姓，而尊祖好礼与周如出一辙。

鲁人祀祖更为卖力，鲁为周宗亲，所以，他们的颂诗要远溯周祖的神话，然后是鲁先王的英雄传奇。鲁祖庙曰閟宫，閟宫常修常新，《诗经·閟宫》说："新庙奕奕，奚斯所作。孔曼且硕，万民是若。"祖庙如此堂皇，令百姓肃然起敬。《閟宫》诗从姜嫄述起，历叙先祖对天命的依顺及其功业：

閟宫有侐，实实枚枚。赫赫姜嫄，其德不回。上帝是依，无灾无害。弥月不迟，是生后稷。降之百福，黍稷重穋，稙稚菽麦。奄有下国，俾民稼穑。有稷有黍，有稻有秬。奄有下土，缵禹之绪。

后稷之孙，实维大王，居岐之阳，实始翦商。至于文武，缵大王之绪，致天之届，于牧之野。无贰无虞，上帝临女。敦商之旅，克咸厥功。

值得注意的是，《閟宫》把周的事业说成是"缵禹之绪"，强调了周的华夏传统，而鲁又是后稷苗裔，则鲁与华夏文化一脉相承。《閟宫》一诗是为了颂扬僖公征伐淮夷的武功，以其成功祭告先祖。僖公敬祀先祖，春秋不懈，是求其祖神赐福以永保国祚。敬祖遂高扬祖先的神话，祖神依于上帝，祖先的神话遂从属于上帝的神话。鲁国遵循周代传统，因而有发达的祖先神话。

《阚宫》颂扬先祖，主体还在为僖公唱赞歌，所以，它又是一部僖公的神话。诗歌这样神化这位君主：

公车千乘，朱英绿縢，二矛重弓。公徒三万，贝胄朱綅，烝徒增增。戎狄是膺，荆舒是惩，则莫我敢承。……

泰山岩岩，鲁邦所詹。奄有龟蒙，遂荒大东。至于海邦，淮夷来同。莫不率从，鲁侯之功。

保有凫绎，遂荒徐宅。至于海邦，淮夷蛮貊，及彼南夷，莫不率从，莫敢不诺，鲁侯是若。

僖公伐淮夷取得了一些胜利，但果真有诗中说的那么厉害吗？明眼人一看就知道这是溢美之词，全是在给自己壮胆。"戎狄是膺，荆舒是惩"，这就纯是神话了。说"及彼南夷，莫不率从"，都是体现华夏对于蛮夷的胜利。荆舒、南夷即楚，什么时候楚国对鲁国"莫敢不诺"呢？读完《阚宫》，我们仿佛觉得僖公是天下共主，诸侯及蛮夷无不唯鲁公之令是从。这是一篇君王的神话，具有浓厚的文化中心的优越感。通过《阚宫》，我们可以看到鲁人对蛮夷的情绪，鲁完全是以华夏文化的正宗自居的。

华夏文化为史官文化，尊祖是一大特色，然远祖无征，遂将神话改造成古史，走向了世界古代民族历史上的神话历史化的共同道路。齐鲁三晋共尊一个历史化了的神系。这是一个对中华民族的形成具有重要意义的神系，它于春秋战国时期形成于齐鲁三晋，后几经反复，终于被汉民族所接受，显示出强大的生命力。

鲁臣展禽这样说：

夫圣王之制祀也，法施于民则祀之，以死勤事则祀之，以劳定国则祀之，能御大灾则祀之，能捍大患则祀之。非是族也，不在祀典。昔烈山氏之有天下也，其子曰柱，能殖百谷百蔬。夏之兴也，周弃继之，故祀以为稷。共工氏之伯九有也，其子曰后土，能平九土，故祀以为社。黄帝能成命百物，以明民共财，颛顼能修之，帝喾能序三辰以固民，尧能单均刑法以仪民，舜勤民事而野死，鲧鄣洪水而殛死，禹能以德修鲧之功……非是，不在祀典。[①]

按展禽的说法，古帝王有功于民才得祭祀，血统似乎不是主要标准，这里提出了神灵祭祀的标准。但展禽之"亲亲"观念还是很重的，他把周祖排在群帝之首，先叙述稷，再叙述社，稷高于社，社稷高于群帝。黄帝以下的帝王次

---

① 《国语·鲁语上》。

序，正是司马迁《史记·五帝本纪》所本，先后次序完全一样，可见，神话历史化并不始于太史公，在早他几百年的春秋时期就开始了。

齐鲁三晋的古史系统是一致的，《竹书纪年》为晋太康二年（281）汲郡人盗发魏襄王冢所得，该书"所纪始黄帝，终魏今王二十年，盖六国时晋魏史官所录也"[①]。所记古帝依次为：黄帝轩辕氏，帝颛顼高阳氏，帝喾高辛氏，帝尧陶唐氏，帝舜有虞氏……于黄帝后叙少昊，不录为帝，而于帝喾后有"帝子挚立九年而废"语，五帝次序与《国语·鲁语》同，《大戴礼》《史记》均从此顺序。齐管仲说泰山封禅者，也有相同的帝系。晋魏之《竹书纪年》、鲁展禽、齐管仲同叙一个五帝次序，有力地说明了他们的文化同一性。齐鲁三晋的五帝世系是华夏族正统的帝王世系。司马迁是在儒家文化重振后开始《史记》的写作的，他接受齐鲁三晋的五帝世系正是这一时代的文化选择。秦之古帝王谱与此不同，楚帝王谱系也不同，所以，五帝的神话是齐鲁三晋继华夏而流传的影响最大的神系，它几乎是华夏文化的象征。

据流传的材料看，齐人的神话比鲁人的神话多，祀神面较鲁、晋为广。在齐地，曾有影响甚大的八神，《史记·封禅书》完整地把他们记录下来了，兹录于下：

　　八神将自古而有之，或曰太公以来作之。齐所以为齐，以天齐也。其祀绝莫知起时。八神：一曰天主，祠天齐。天齐渊水，居临菑南郊山下者。二曰地主，祠泰山梁父。盖天好阴，祠之必于高山之下，小山之上，命曰"畤"；地贵阳，祭之必于泽中圜丘云。三曰兵主，祠蚩尤。蚩尤在东平陆监乡，齐之西境也。四曰阴主，祠三山。五曰阳主，祠之罘。六曰月主，祠之莱山。皆在齐北，并勃海。七曰日主，祠成山。成山斗入海，最居齐东北隅，以迎日出云。八曰四时主，祠琅邪。琅邪在齐东方，盖岁之所始。

秦始皇东游海上，曾行礼祠八神；汉武帝东巡海上，也礼祠八神。八神为自然神，自成体系，春秋战国时仅在东部齐地流行。秦汉时虽得皇上祭祀，但没有进入皇家祀典，保持了地方性，又可见出对于共同神话的尊奉。

齐文化对神话影响最大的是改造具有浓烈的神话色彩的五行学说。五行说见于《尚书·洪范》，本为解释世界根本的哲学范畴，至齐邹衍出，五行说遂演为历史观。邹子学说，"先序今以上至黄帝，学者所共术，大并世盛衰，因载其

---

①《竹书纪年·崔序》，据上海古籍出版社《二十二子》本。

机祥度制，推而远之，至天地未生，窈冥不可考而原也。……称引天地剖判以来，五德转移，治各有宜，而符应若兹"①。其论五德转移，《吕氏春秋·应同》尚保留较完整：

> 凡帝王者之将兴也，天必先见祥乎下民。黄帝之时，天先见大螾大蝼。黄帝曰："土气胜。"土气胜，故其色尚黄，其事则土。及禹之时，天先见草木秋冬不杀，禹曰："木气胜。"木气胜，故其色尚青，其事则木。及汤之时，天先见金刃生于水，汤曰："金气胜。"金气胜，故其色尚白，其事则金。及文王之时，天先见火赤乌衔丹书集于周社。文王曰："火气胜。"火气胜，故其色尚赤，其事则火。代火者必将水，天且先见水气胜。水气胜，故其色尚黑，其事则水。水气至而不知，数备将徙于土。②

这段叙述，把历史的演进视为五德之转移，把历史神话化了。其中更值得注意的是：黄帝是人文之祖，土为根本，五德几经转移，至周为火，尽管代火者为水，若"水气至而不知，数备将徙于土"，于是，绍黄帝之统就成为新一代帝王的选择。邹子以五德转移，改造的是华夏神统，它对战国，特别是秦汉王朝的政治生活与神话带来了重大影响。

齐鲁人对华夏神话的最大贡献是封禅说的提出及泰山神系的建立。齐鲁人共同创造了封禅的神话。在齐人看来，齐是天下的中心。③ 泰山为齐鲁地区巍峨的山岳，被说成是古天子祭天的场所。于是，齐鲁人拥有了一个圣地。按周礼，诸侯祭其所在地山川。泰山之阳为鲁，泰山之阴为齐，齐鲁人却不能祭祀它。齐桓公曾跃跃欲试去行封禅之礼，管仲设事劝止。④ 齐景公"师过泰山而不用事，故泰山之神怒也"⑤。鲁"季氏旅于泰山"⑥，是大夫僭祭，孔子大不以为然。泰山确实是一非同寻常的处所，封禅之说，应有一定的历史。管仲说封泰山禅梁父者七十二家，他所知道的有十二家，他们是无怀氏、伏羲、神农、炎帝、黄帝、颛顼、帝喾、尧、舜、禹、汤、周成王。⑦ 后世之三皇、五帝、三王在此已排成了井然的次序，可知封禅说也不离华夏神话的根本——五帝说。

① 《史记·孟子荀卿列传》。
② 《吕氏春秋·应同》。
③ 《史记·封禅书》："齐所以为齐，以天齐也。"《集解》引苏林曰："当天中央齐。"
④ 《史记·封禅书》。
⑤ 《晏子春秋·内篇谏上》。
⑥ 《论语·八佾》。
⑦ 《史记·封禅书》。

至秦统一，征齐鲁儒生博士七十人至泰山脚下，问以封禅之礼，诸儒生实不知所以，乃言曰："古者封禅为蒲车，恶伤山之土石草木；扫地而祭，席用菹稭，言其易遵也。"秦始皇听他们所议各乖异，难施用，乃绌儒生，自为封禅之礼；除东道，上至泰山阳至顶，立石颂秦始皇功德，明其得封也；从阴道下，禅于梁父。祀礼参照祀雍上帝之礼，可见秦人并不懂封禅之礼。秦以前的封禅多为神话，秦以下至于明清，封祭泰山未有间断则是事实，仅此一项，即可知齐鲁神话的巨大影响。

泰山的神话是一个综合的体系，它是华夏神话的新变。泰山将华夏神统组成一个体系，这是齐鲁人的贡献，它集中体现于管仲所述的十二王世系，将夏、商、周与三皇五帝串成了一条纵向发展的线索，人的统治与神的统治接了轨，实现了真正意义上的神人合一，即天人合一。如果说封禅在春秋以前已有流传，那也只能是神话，而不是制度。郊祀社祀于上古文献有征，而封禅不见于《国语》《左传》，西周及周以前有无封禅难以确知。《史记·封禅书》言周成王封禅事，而《周本纪》无载，是周史未录封禅之证。《史记》载周王夺天下后是在社里祭告天神的。按周礼，这种礼仪只能在王社里举行，齐鲁诸侯是挨不上边的。而春秋以来，天下攘攘，诸侯竞相争霸，于神话方面，秦高举起白帝的大旗，楚奏起了太一的颂歌，均欲以自己的主神统一天下。面对这一严峻的形势，齐鲁人对着巍峨的泰山做起文章来，他们将华夏神统中的大神都以封禅为纽带跟泰山挂起钩来，把天命王权统治跟泰山挂起钩来，以树立华夏神话的中心地位。

封禅说出，改变了统治者天地祭祀的形式，封禅成为改朝换代的象征。《史记正义》引《五经通义》："易姓而王，致太平，必封泰山，禅梁父何？天命以为王，使理群生，告太平于天，报群神之功。"商周的于社庙里告天报神转向了封泰山禅梁父，是神话影响了后代的礼仪。

泰山神话因神仙鬼魂学说的掺入而更加壮大。自齐威王、齐宣王、燕昭王遣人入海求蓬莱、方丈、瀛洲三仙山，东方燕齐一带刮起了求仙风潮。求神仙的一个基本动机就是长生不老。关于神仙故事，顾颉刚先生称为蓬莱神话，其实它只是泰山神话的支系。神仙故事的中心人物还是黄帝，他是从华夏的第一大祖神演变成神仙学说中的第一大神仙的，并且，神仙学说与封禅说是合流的，黄帝传说的中心后来移到泰山。当海上仙山难以企及，求仙活动的中心自然移向泰山。传黄帝后常游泰山，且战且学仙。于是方士们说："上封则能仙登天矣。""封禅者，合不死之名也。"① 黄帝之为仙，黄帝之为土德，都是齐鲁一带的神话，这是黄帝成为汉民族共祖的重要因素。汉代因自称得土德，以克秦之水德，将是绍黄帝之统，这在封禅中明确地提出来了。公孙卿说申公有言："汉兴复当黄帝之时。"于泰山封禅将如黄帝，一得天下，二得长生，封禅便在"告太平于天，报群神之功"上增益了对生命永恒的渴望，意蕴扩展。既然泰山关乎长生不死，是为生命制所，后人有病便谒泰山，泰山的地位日见重要起来。神仙的府第渐成鬼魂的集中营，所谓人死归泰山也。泰山的灵魂神话是佛教地狱神话传入前中国灵魂神话的核心内容。

泰山封禅神话，含纳五帝神统，又以五德转移为神统运动根据，且杂糅神仙鬼魂学说，而其要以黄帝为中心，是华夏神话不断发展的结果。

齐鲁三晋神话的地域走向是由周到三晋到鲁，最后归于齐；神话的文化流程则是起初为尊祖的儒家文化，渐为五行学说所染，后融入神仙鬼魂之气，但儒家文化总为主干；神话自身的发展是由五帝始，进而将五帝植入五德转移系统，又以封禅纳五帝世系，并于泰山将新旧华夏神话熔为一炉，创造了崭新的泰山神话系统，其中五帝神话是根本，黄帝是核心。齐鲁三晋的神话是对后世影响最大的神话。

但是，在春秋战国时期，华夏族的神话并没有形成强势话语，由于天子衰微，华夏神话实际上成为一种地域神话，主要流行于齐鲁三晋一带。

三、 楚国神话及其特征

楚神话是独具特色的系统，它跟齐鲁三晋的神话有明显的差异。齐鲁地域色彩很重的泰山神话在楚神话里几乎见不着影子，五帝神话中的神祖在楚神话里曾长期地散见着，未予组合，不成体系，且楚人没有齐鲁三晋那么浓厚的尊祖特征，祖先的神话并不发达。楚人有自己的祀典，他们有自己的神话传统，具有独特的南方文化特色。楚神话接受了外来神话的影响，外来神话与楚神话或并存，或冲突，呈现出文化交流的活跃局面。对于他族神话，楚人不像齐鲁那样强烈地排斥，而显示了宽容与接纳的特点。对于古神话，保留多于修改，因而，楚神话的原始性比齐鲁与秦要强得多。

楚神话集中保留于《山海经》和《楚辞》二书中，是春秋战国时期保留得最为丰富的一个神话系统。由于楚神话的兼容性，它在一定程度上是远古中国

---

① 《史记·封禅书》。

神话的集中遗存。

《山海经》为一部奇书，鲁迅、袁珂等人均认为是楚人所作。由于各经行文有差异，人们对其成书的时代有种种说法，不一而足。大体上讲，《山海经》各篇出于春秋战国时的楚人之手，它对本族神话和他族神话以记录为主，并无以楚独尊的倾向。秦汉及后世有所增益，但没有根本改变《山海经》中古神话的性质。《山经》和《海经》的神话较为原始，《荒经》则体现出文化交流后，神话内涵的扩展。

《山海经》的神话，由三个互不相属的板块构成，它保存着较为原始的三大集团的传世神话：以黄帝为中心的西方神话；以帝俊为中心的东方神话；以颛顼为中心的南方神话。因而，《山海经》是对古代神话的一个汇编。楚人不像齐鲁人视泰山为天下中心，把神灵集中在狭小的范围里，而是以博大的胸怀，汇百川于大海，为各族神话提供舞台。楚人接纳了各族神话，各族神话在楚地流传，它们也便成为楚神话的一部分。华夏族之五帝神系有择异族神祖加入者，如舜，本也非华夏先祖，华夏人将其纳入五帝神系而成为华夏神话的一部分。所以，我们不能把一个民族的神话局限为一个民族祖先的神话，他族神话也是可以成为本族神话的组成部分的。如果说华夏族神话的核心是排成世系的五帝神话，《山海经》的神话则是互不相属的三帝神话。

楚神话里没有五帝，只有三帝，且互不相属。[①] 他们是黄帝、帝俊、帝颛顼。《山海经》里记黄帝事二十三处，记帝俊事十六处，记帝颛顼事也是十六处，可谓三帝鼎立。《山海经》就是以三帝为中心展开神话画面的。

不同于齐鲁人把黄帝置于东部泰山，保留在楚神话中的黄帝居于西部昆仑。《西山经》有昆仑之丘，为帝之下都，神陆吾所司。又有轩辕之丘。《海外西经》有轩辕国。《海内西经》载昆仑极详切。以上记黄帝各经均"西经"，是黄帝处西部之证。昆仑是黄帝最庄严的治所，兹录《海内西经》所述于下：

> 海内昆仑之虚，在西北，帝之下都。昆仑之虚方八百里，高万仞，上有木禾，长五寻，大五围；面有九井，以玉为槛；面有九门，门有开明兽守之。百神之所在，在八隅之岩，赤水之际，非仁羿莫能上冈之岩。

黄帝为百神之王，此昆仑之虚与泰山一西一东，可谓相去万里，同样，昆

---

①《楚辞》中有言五帝者，乃屈原使齐受华夏文化影响所致，非楚传统。《山海经》篇末《海内经》一处记黄帝生昌意，昌意生韩流，韩流生颛顼。《海内经》芜杂多秦汉说，不足据。

仑之虚中的黄帝与泰山上的黄帝也大相径庭。这里的黄帝是大神，原始色彩颇重，而在泰山，黄帝是大仙，已几番脱胎换骨。从黄帝身上，我们可以看到昆仑神话与蓬莱神话的不同特征。

《山海经》里记载了黄帝为许多民族的祖先，如夏、犬戎、北狄等。黄帝与蚩尤的战争也惊心动魄。《山海经》有六处写到这场战争，可见它是古代影响最大的一场民族冲突。另，黄帝战刑天也很奇绝。《海外西经》："刑天与帝争神，帝断其首，葬之常羊之山。乃以乳为目，以脐为口，操干戚以舞。"几千年来，人们反同情赞扬刑天的不屈精神，对黄帝却不以为然，说明黄帝并不是最得人心的上帝。黄帝杀危，也是件不明智的事。《海内西经》："贰负之臣曰危。危与贰负杀窫窳。帝乃梏之疏属之山，桎其右足，反缚两手与发，系之山上木。"这个窫窳本是个吃人的魔怪，黄帝偏袒他，有失公正。

黄帝杀人很多，除蚩尤、刑天被杀，危被梏外，受害者还有钟山之子鼓、鲧等。这些材料说明，黄帝在兼并战争中征服的部落最多，黄帝并不是一开始就是以德服人而被群族所尊崇的，武力是他取得地位的保障。

显然，《山海经》中没有华夏中心论，没有独尊黄帝。帝俊、帝颛顼在书中同样地位很高。

帝俊在东方。《大荒南经》："东南海之外，甘水之间，有羲和之国。有女子名曰羲和，方日浴于甘渊。羲和者，帝俊之妻，生十日。"《大荒东经》中有中容之国、司幽之国、白民之国、黑齿之国，均为帝俊之后。夷族首领羿也受帝俊之赐赏，并受命下地除百害。帝俊为东夷族所崇拜的天神。帝俊的至上地位表现在他创生万物方面，日月均由帝俊之妻所生，此项功勋为黄帝所不及。帝俊之至上还表现为在文化方面的创制，帝俊的后人先后发明农耕、船、琴瑟、歌舞，还有能工巧匠巧倕等。这位东方的至上神后来变形消失了，这是值得讨论的问题，或许这是华夏神话势力日长的结果，与帝俊相近的帝舜替代了帝俊。楚人并不压制东方神话，他们的祀典中不少的神前还要冠以"东"字，如东皇太一、东君，说明东方神话在楚地自由地生长着。

帝颛顼是与黄帝、帝俊相并列而居于《山海经》中的一位上帝，他同样具有至上的地位。《大荒西经》："大荒之中，有山名曰日月山，天枢也。吴姬天门，日月所入。有神人面无臂，两足反属于头上，名曰嘘。颛顼生老童，老童生重及黎。帝令重献上天，令黎邛下地，下地是生噎，处于西极，以行日月星辰之行次。"就其主宰自然之功看，帝颛顼不在帝俊之下。颛顼令重、黎绝地天通的神话是楚人的创造，重、黎是楚先祖，颛顼是楚远祖大神。在《国语·楚语》里，有出自楚人之口的同样叙述。观射父这样对楚昭王说："古者民神不杂……及少皞之衰也，九黎乱德，民神杂糅，不可方物。……颛顼受之，乃命南正重司天以属神，命火正黎司地以属民，使复旧常，无相侵渎，是谓绝地天通。"重、黎为祝融，祝融之后即楚，颛顼为远祖上帝。楚人讲绝地天通时，总是不忘帝颛顼。颛顼为高阳，楚人以作为高阳之后为荣耀，所以《离骚》一开头就说"帝高阳之苗裔兮"。

《山海经》神话三帝并存，显示了楚文化的兼容性，楚文化因此而博大，然楚文化并不因此而成杂烩。楚人有自己的祀典。与齐人的八神不一样，楚人以《九歌》祀十神。这十神有楚人自己的至上神、自然神，其中一些神灵具有鲜明的地方色彩。这十神为：东皇太一、东君、云中君、湘君、湘夫人、大司命、少司命、河伯、山鬼、国殇。十神中的主神是东皇太一，名之太一显然是受道家哲学的影响所致。《庄子·天下》述老聃关尹之学云："建之以常无有，主之以太一"。太一本为一个哲学范畴，意为宇宙之根本。《吕氏春秋·大乐》："道也者，至精也，不可为形，不可为名，强为之谓之太一。"楚哲学之本体论具神秘色彩，无论是道还是太一，它的恍兮惚兮的本性使人不可捉摸，故而哲学反为神话温床。太一尊神没有在楚国自生自灭，它突破了楚地局限，对中国神话产生了长久的影响。秦统一后，楚是主要的对抗力量，以楚文化为主体的汉朝建立后，楚神话逐渐进入朝廷。

武帝时，亳人谬忌奏祀太一，曰："天神贵者太一，太一佐曰五帝。古者天子以春秋祭太一东南郊，用太牢，七日，为坛开八通之鬼道。"于是天子令太祝立其祠于长安东南郊，常奉祠如忌所云。[①] 楚人的主神登上了汉代的神坛，并压住了五帝的地位。楚十神中的其他神如东君、云中君、司命，在汉初就进入了神坛。[②] 楚十神因屈原的生花妙笔而万古流芳。就其对后代的影响看，楚十神在齐八神之上。

《楚辞》一书，出于楚人者，唯《九歌》《招魂》民间色彩重，其中的神话原汁原味。屈原所作，已以个人意志浸染其中，原始神话已遭破坏。如《天问》就是力图以理性之光去照亮神话的混沌，一开头就问："曰遂古之初，谁传道之？上下未形，何由考之？"已是明显地怀疑天地神话的合理性。所谓"天问"

---

① 太一至成帝后失势，详见顾颉刚、杨向奎：《三皇考》，见《古史辨》第 7 册（上），上海古籍出版社，1982 年。

②《史记·封禅书》："晋巫，祠五帝、东君、云中君、司命、巫社、巫祠、族人、先炊之属"。

就是对天地神话的质疑。屈原曾出使于齐，接受了一些华夏文化特别是儒家文化的成分，价值观已跟古神话不能合拍，如对禹的评价就是如此，他对禹"快朝饱"行为的指责已完全是基于儒家观点了。但是，在《楚辞》里，还有地狱神话的萌芽，其中的冥国景象，被描绘得十分恐怖。这些神话在民间长期流传，《招魂》到如今还为湖北一带民间丧葬仪式中的唱词，可见其对于生命的关注在民族的心理中获得了强烈持久的响应。

楚帛书的面世，为人们了解楚神话的多元性又增加了一个证据。（图2-1-1）

楚帛书1942年出土后被盗卖海外，它的面世，让楚神话研究和中国神话研究多了一份难得的资料。其中十二月名与《尔雅》有许多的对应，十二月名实际上是十二月神，我们至今还很难解读这些神的名称及其含义。即使能解释部分，也难以达到整体理解。而其中的创世神话，大体上可以与《天问》之

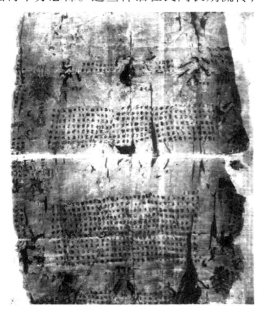

图2-1-1 楚帛书

（摘自饶宗颐、曾献通编著：《楚帛书》，中华书局香港分局，1985年）

开篇内容、《山海经》相关内容结合起来做出一定的解读。帛书甲篇释文：

曰故（古）□熊霝虘，出自□霝，尻（处）于睢□，氒（厥）□鱼鱼，□□□女，梦梦墨（黑）墨（黑），亡（无）章弼弼，□□水□，风雨是於。乃取虘遽□子之子曰女塡，是生子四。□□是襄，而〈天〉践是各（格），参化唬（号）逃（逃），为禹为萬（离），以司堵（都）襄（壤）。咎（晷）而〈天〉崖（止）达，乃上下朕（腾）迣（传）。山陵不墬（卫），乃命山川四晦（海）。□□宴（热）熋（气）仓（沧）熋（气），以为亓（其）墬（卫），以涉山陵，泷汩凼瀗（濑）。未又（有）日月，四神相弋（代），乃崖（止）以为岁，是隹（惟）四寺（时）。

长曰青□榦，二曰未〈朱〉四单（檀），三曰□黄难（燃），四曰

□墨（黑）槲。千又百岁，日月夋（允）生。九州不坪（平），山陵备缺（逼），四神乃乍（作），至于复天旁㣔（动），捉（捍）敚（蔽）之青木、赤木、黄木、白木、墨（黑）木之精（精）。炎帝乃命祝融以四神降，奠三天维（?），思（使）敚（敷）奠四亟（极），曰："非九天则大缺（逼），则母（毋）敢歖天霝（灵）。"帝夋（俊）乃为日月之行。

共攻（工）夸步十日，四寺（时）□□神则闰四□，母（毋）思（使）百神风雨、晨（辰）祎乱乍（作）。乃逆日月，以遝（传）相土，思（使）又（有）宵又（有）朝，又（有）昼又（有）夕。①

这里有伏羲女娲的创世故事，他们生育人类前，世界一片混沌漆黑，就像屈原搞不懂的《天问》开头的描述。生出来的四个儿子掌管四时，他们的名字不是很清楚，但有青、朱、黄、黑四色，又讲到日月俊生，为日月之行，这是《山海经》中的帝俊，也可以证明《山海经》与楚人的密切关系。其中还有一些神，我们有的见过，有的没有见过。我们这里不去详细考辨这些神灵，只是因此获得这样的解释：楚神话与其他神话有密切关系，这是他们善于吸纳的结果，而其独特之处，则是他们的个性。楚帛书的神话，让我们再次感受到楚文化的多元与兼容特性。

人们指责楚人淫祀，主要针对其多神崇拜而言，《山海经》中三帝并存，《九歌》十神同祀，在《山海经》里还有四方神，见于《海经》诸经的有南方祝融、西方蓐收、北方禺强、东方句芒，其面目均极怪诞，他们后来和秦的四帝与华夏五帝合流，成了一种新的五帝系统，构成了神话中的宇宙图式，即月令模式。其实，淫祀正是楚神话兼容性的体现。对异族祖先和神灵能宽怀待之，说明楚宗法色彩不浓，尊祖倾向不强烈。齐鲁人尊黄帝，秦人尊白帝，楚人尊多帝，但主神却不是任何一帝，而是太一。楚神话尊卑等次不明显，且神与人亲近。太一与战士亡灵可同台，祀者与神灵可传情，这就是淫祀。正是因为淫祀，祀非其所祀，使丰富的神话得以保存。华夏族不淫祀，因为淫祀无福。显然，华夏族重功利，秦祀神的功利倾向更严重。这种功利性损伤了原始神话，而楚国是一个富有诗意的国度，它为古神话提供了舞台，实为中国神话之大幸。

---

① 陈斯鹏：《楚帛书甲篇的神话构成、性质及其神话学意义》，载《文史哲》2006 年第 6 期。

四、秦国神话及其发展

秦国的神话初无系统，后接受了一些华夏神话的成分，随着秦国势力的增长，秦开始建立自己的神系去应对华夏神话和楚神话。神话是秦发展和统一的武器，故功利性极强。

秦远祖的神话是秦人的根本神话，后经历史化，神话色彩依然很重，图腾崇拜的特征尚保留着。《史记·秦本纪》：

> 秦之先，帝颛顼之苗裔孙曰女脩。女脩织，玄鸟陨卵，女脩吞之，生子大业。大业取少典之子，曰女华。女华生大费，与禹平水土。
> ……佐舜调驯鸟兽，鸟兽多驯服，是为柏翳。

帝颛顼应该是后来加上去的，秦人未祀颛顼，说明秦人未认他为远祖。但这段材料却表明了秦为东方夷人之后的事实。柏翳即伯益，为东方夷人之祖。崇拜玄鸟、尊崇伯益，这是秦神话的基础，这就是秦人一直要以东方夷人之祖为上帝的原因。

秦人如同楚人，不承认黄帝一尊的地位，但他们不像楚人那样宽容，在逐渐确立了自己的主神后，他们便开始排挤其他神灵。

秦人选择了夷人的先祖少昊为上帝。这种选择基于两个原因：一是少昊为夷祖，且是鸟集团的首领，与秦人崇鸟传统相一致；二是五行学说流行后，少昊被置于西方，与秦地望相合。这样，秦人便确立了自己的上帝。《史记·封禅书》："秦襄公既侯，居西陲，自以为主少皡之神，作西畤，祠白帝"。由此看，襄公以前秦人尚不知谁是自己的上帝，直到他们与中原发生较多关系后才自立出白帝来。《秦本纪》说"襄公于是始国，与诸侯通使聘享之礼，乃用骝驹、黄牛、羝羊各三，祠上帝西畤"。只是"与诸侯通使聘享之礼"后才祠上帝，可知还是华夏文化的礼制影响所致。这是华夏的五行学说获得了秦人的响应。五行西为金，色为白，帝为少昊，这是引进的神话。

秦人把自己定位于少昊之后，便把主要精力用在白帝的祭祀上。至秦文公，又作鄜畤，祭白帝。《史记·封禅书》："秦文公东猎汧渭之间，卜居之而吉。文公梦黄蛇自天下属地，其口止于鄜衍。文公问史敦，敦曰：'此上帝之征，君其祠之。'于是作鄜畤，用三牲郊祭白帝焉。"这里已明确表示出，白帝就是上帝，显然与华夏族奉黄帝为最高神迥异。

然秦所居之地多为华夏故土，那里曾留下过祭祀黄帝的遗迹，如雍旁之吴阳武畤，雍东之好畤，皆废无祠。在秦势力尚弱时，他们的白帝也不可能独尊。所以，多神崇拜在相当长的时期内是秦人的必然选择。自秦德公卜居雍，雍之诸祠得兴。宣公作密畤于渭南，祭青帝。青帝为东方之帝太昊，也为东夷之祖。秦祀青帝，也是一种对远祖的怀念。他们心中似乎永远留恋着东方的故土，秦统一后，主要神灵都在东方，其原因就在于此。

随着秦的强大，上帝开始发挥其政治功能，秦穆公就是托上帝之名行征伐之事。"秦缪公立，病卧五日不寤；寤，乃言梦见上帝，上帝命缪公平晋乱。"① 白帝开始发号施令于涉华夏事务。

秦灵公时，作吴阳上畤，祭黄帝；作下畤，祭炎帝。对黄帝和炎帝的祭祀不是灵公的新创，而是在原有的祭坛上恢复其祭祀传统。秦人祭华夏族的神，说明秦已广泛接受了华夏文化的影响。秦人在将华夏之神与白帝并祀时，已开始谋划取而代之的事业了。

秦献公时，周太史儋见秦王说："秦始与周合，合而离，五百岁当复合，合十七年而霸王出焉。"② 这是个谶语般的预言，也是个政治神话，言自襄公始国后五百年秦将灭周。秦献公心领神会，于是创造了"栎阳雨金"的神话，说是栎阳郡天上降下金子来，此为金瑞。依五德说，金为西方之帝所主，其色白，"栎阳雨金"当然是白帝降瑞了，献公于是宣称得金瑞，于栎阳作畦畤祭祀白帝。自襄公开始，经文公、穆公鼓吹宣扬，至献公编造出"栎阳雨金"的神话，白帝在秦金光灿灿，成了神话的主角。

跟楚人一样，秦不承认齐鲁人的五帝系统，虽然他们的白帝本身就是五行学说的产物。秦人只有四帝，即白帝、青帝、黄帝、炎帝。秦人未祀五帝。《史记·封禅书》有如此记载：

二年，东击项籍而还入关，问："故秦时上帝祠何帝也？"对曰："四帝，有白、青、黄、赤帝之祠。"高祖曰："吾闻天有五帝，而有四，何也？"莫知其说。

秦人不祭五帝，于此可得证明。今传五帝有一说为少昊、颛顼、高辛、唐尧、虞舜，此说为孔安国《尚书序》、皇甫谧《帝王世纪》所取，与司马迁等所传五帝相比，唯黄帝被少昊取代，是否秦人所为，不得而知。崇拜少昊者，东部也有一些群体，所以这个把少昊列为五帝之首的人不一定就是秦人。

吕不韦著《吕氏春秋》，"十二纪"所列四季为春太昊青帝，夏炎帝赤帝，秋

---

① 《史记·封禅书》。
② 《史记·封禅书》。

283

少昊白帝，冬颛顼黑帝，四季之帝无黄帝。今《吕氏春秋》把黄帝安排在中央土位，难以与十二纪相属，又，黄帝附于"季夏纪"末，实不伦不类。或者此为后人增益，不然高祖何以不知秦有五帝而人们也只知秦祀四帝呢？《吕氏春秋》写毕曾布于咸阳求天下人有能增损一字而赏千金，可知《吕氏春秋》于秦时已广为流布，若书中果如今本有五帝，汉初人们当知之。可知秦祀四帝，而以白帝为主。

秦人不承认华夏的五帝世系，可能最根本的原因是华夏族的五帝说中根本没有少昊的地位。从晋魏人的《竹书纪年》看，少昊挚立九年而废，未列入帝系。《史记·五帝本纪》则说："帝喾崩，而挚代立。帝挚立，不善，而弟放勋立，是为帝尧。"很明显，在华夏人的传说里，这个少昊挚是个低能儿。承认这个世系则意味着秦人的先祖与上帝无能。秦人不以此为然是理所当然的。当然，贬低少昊可能有更加复杂的原因。

秦人制造神话是不顾既存的文化传统的，他们总是选择对自己有用的东西，或者创造有利于秦民族和秦王朝发展的神话，因而极具功利性。秦人听说西方属金，主白帝的一套五行学说，立刻祀白帝，并制造栎阳雨金的神话以征服人心。然而，等到秦统一，他们听到了五德终始说，便毅然弃白帝，改崇黑帝。

《史记·封禅书》："自齐威、宣之时，邹子之徒论著终始五德之运，及秦帝而齐人奏之，故始皇采用之。"秦始皇搞文化专制，但钟情于五德终始说，原因很简单，五德终始对秦王朝有利，水能克周火德，于是便不管秦献公时有栎阳雨金之瑞，现在要的是猎得黑龙的水德之瑞。从"栎阳雨金"到"猎得黑龙"都可推出严刑峻法的根据。法家维护政治一统，故坚持自家神话独尊，秦人的神话总是功利性极强。

20 世纪 70—80 年代，湖北云梦睡虎地秦墓和甘肃天水放马滩秦简《日书》问世，《日书》体现出秦人更加广泛的鬼神信仰。《日书》是以时日吉凶占卜的书，在后代具有广泛影响的建除十二神、十二生肖都在书中有生动体现，记录了丰富的日常迷信。天干地支、日建和二十八宿的配伍，把一年的每个日子的吉凶都排得满满的。"当把《日书》细细通读以后，我们看到了秦国社会普遍存在着的宗教、鬼神观念，看到了支配着这些观念、意识的风俗习惯、阶级关系以及经济活动等等。从某种意义上讲，《日书》是公元前 3 世纪秦国社会的一面镜子。"[1] 在书中我们可以看到秦国的《颛顼历》的使用情况，也可以看到秦楚交融的情形。

春秋战国时的三大神话以秦神话的胜利告终。秦统一后借鉴了齐鲁神话的套

---

① 吴小强：《秦简日书集释》，岳麓书社，2000 年，第 292 页。

式，兜售的是自己的私货，全是在为秦的统一造舆论。汉代承袭了三大神话的部分内容。起初是楚神话的复兴，其表现为太一高居五帝之上，九歌十神多入汉之祀典。然随着儒家文化的兴起，五帝世系进入《史记》，标志着齐鲁三晋神话的东山再起。华夏的神统逐渐在皇家祀典中占据主流，楚神话流入民间，秦神话的影响力则日渐缩小。

这就是春秋战国时期三大神话系统的历史命运。三地的神话，有些成为地标，更多的则是从地域神话走向国家化、全民化。这都有赖于三种文化的强大能量。

第二章　《楚辞》：个人的神话制作及其意义

《楚辞》神话是一个独特的系统，在它诞生的年代，中国早已跨入了文明时代的大门。当时的楚国已经历过经济繁荣、军事强大的鼎盛期，揖别茹毛饮血的年代已久，古老的神话已在楚地长期流传。楚人所作《山海经》中的神话的诸多内容显然比《楚辞》神话更为原始。然而正如弗朗兹·博厄斯所言："好像神话世界被建立起来就是为了再被打碎，以便从碎片中建立起新世界。"① 没有一个时代一个民族的神话体系能成为另一个民族都能普遍认同的终极存在。《山海经》神话虽然是《楚辞》神话的源头，但两者的面貌大不一样。在新的环境中，楚神话发生了巨变，《山海经》神话已经解体，《楚辞》神话正以新的姿态展现在人们面前。

当然，《山海经》与《楚辞》谁先谁后，学界有很大的争议，就是《山海经》是不是楚人所作，也有不少争论。因此，在这两部典籍中，我们选择《楚辞》来讨论，一是因为该书的文化归属可以明确确定，二是该书的作者也可以确定，个人写作的神话表现，也为我们认识神话发展提供了新的思考空间。

在《楚辞》诞生的年代，中原地区诸子理性学说广为传播，怪诞的神话受到怀疑和排斥。各派学说次第传入楚国大地，使得楚国古老的神话遭到了冲击。神的尊崇地位遭到怀疑，而人是世界主宰的观点得到了广泛认同，故神的狰狞面目发生了变化。《楚辞》中的神一改狰狞而变成了多情的世俗男女，这是旧神话演变为新神话的一个鲜明特征。

在诸子学说理性精神传入的同时也带来了异族神话，那些与楚人的民族习俗和精神崇拜迥异的神的故事在楚人的心中引起了强烈震荡，不同的文化观念在神话领域里展开了异常尖锐的冲突，于是楚神话不得不改变姿态与异族神话展开决战，使神的面目又为之一变。

人的地位得到提高进而出现个性人格的确立是当时的时代特征。在北方有孟子的"大丈夫"形象，南方的屈原则是从民族的神话原型中提炼其精神因素作为

① ［法］克劳德·列维-斯特劳斯：《结构人类学——巫术·宗教·艺术·神话》，陆晓禾、黄锡光等译，文化艺术出版社，1989 年，第 42 页。

个性人格动力，于是，民族神话原型向个性人格的转移在《楚辞》中留下了清晰的足印，个人意志改变了神话的面貌。

《楚辞》神话是一个流动的系列，呈现出新陈代谢的活泼局面。人的地位提高，改变了神的面貌；文化冲突，引起了神话的重建；而个性人格的确立，又使神话再次发生变化。这就是《楚辞》神话流变的基本线索。

第一节　神灵的人性化与美化

这是《山海经》里的四方神：

南方祝融，兽身人面，乘两龙。

西方蓐收，左耳有蛇，乘两龙。

北方禺强，人面鸟身，珥两青蛇，践两青蛇。

东方句芒，鸟身人面，乘两龙。

初始的神是人的异类，故其形态行为与人迥异。那些怪模怪样的神，如鸟首人身、龙首鸟身之类，身上存在着神秘的力量，有些神物一出现便会被认为天将大旱或战祸将至，人们除以礼币牲畜祭祀以祈其开恩外一筹莫展。此时，人在神的统治下抬不起头来。

在《山海经》里，神的形象都是怪诞的。后世美丽的西王母的神话原型是："有人戴胜，虎齿，有豹尾，穴处，名曰西王母。"（《大荒西经》）"西王母，其状如人，豹尾、虎齿而善啸，蓬发戴胜，是司天之厉及五残。"（《西次三经》）这简直就是一个母夜叉，一个威胁人的生存的恶魔。即便是后世传为人王的一些人物，《山海经》都赋予了他们种种不同寻常的经历。如启，后传为夏朝开国君主，但《大荒西经》却是这样写他的："西南海之外，赤水之南，流沙之西，有人珥两青蛇，乘两龙，名曰夏后开（启）。开上三嫔于天，得《九辩》与《九歌》以下。"这不像人间的帝王，倒似一个神巫，往来于天人之间。

《山海经》是否为楚人著作，学术界颇有争议，但不管它是何人所作，它应该先于《楚辞》并影响《楚辞》。顾颉刚先生认为，中国古代神话流传下来两个系统：一个是昆仑系统，一个是蓬莱系统。《山海经》是昆仑神话的有系统的记载。《楚辞》神话接受了昆仑神话。[1] 《山海经》与《楚辞》的渊源关系，王逸以下，代有所述。《天问》："启棘宾商，《九辩》《九歌》。"又《离骚》："启《九辩》与

---

① 顾颉刚：《〈庄子〉和〈楚辞〉中昆仑和蓬莱两个神话系统的融合》，见朱东润、李俊民、罗竹风主编：《中华文史论丛》1979 年第 2 期，上海古籍出版社，1979 年。

《九歌》兮，夏康娱以自纵。"与《山海经》所载一脉相承。《山海经》与《楚辞》的神话有内容上的关联，竟使得有的人如朱熹等本末倒置地把《山海经》说成是"缘《天问》而作"①，这也从反面说明了楚神话的源流。

《楚辞》神话毕竟已非《山海经》神话。《楚辞》中，神灵除还有《山海经》中残留的所乘的龙以外，那些兽身人面的怪模怪样不见了。请看《九歌》诸神：

湘君——"美要眇兮宜修"；

湘夫人——"目眇眇兮愁予"；

少司命——"满堂兮美人，忽独与余兮目成"；

山鬼——"既含睇兮又宜笑，子慕予兮善窈窕"。

这与其说是天界神灵，不如说是人间美女。昔日神灵们的狰狞面目一变为窈窕淑女，竟然同凡人眉目传情。实际上《九歌》向我们描绘了一幅幅人神交往的和谐图画，与其说人们在娱神祈福，不如说是在自娱。《东君》向我们展示了一次隆重的祭神场面：

> 羌声色兮娱人，观者憺兮忘归。縆瑟兮交鼓，箫钟兮瑶簴，鸣篪兮吹竽，思灵保兮贤姱。翾飞兮翠曾，展诗兮会舞，应律兮合节，灵之来兮蔽日。

这里已明白地说，不仅是娱神，而且"娱人"。看热闹的人被动人的歌声和舞姿迷惑住了，竟然忘了归去。巫女们的神态把他们弄得想入非非。在许多诗篇里，神不再那么凛然不可亲近，相反，他们跟人一样耐不住寂寞，对性爱的困惑也与人一样。这样，神实际上变成了人。

古代楚民性格不像北方民族那么豪迈爽直，大多深沉忧郁，这在他们的爱情生活中表现得尤其明显。《诗经》三百篇中，一越过江、汉，则格调一变，恋爱总是情深意长而忧思绵绵。美人如镜花水月，可望而不可即，徒留下无限的哀怨。除《河伯》一篇外，《九歌》所述的神的爱情多是悲剧，有无限离愁别绪、无尽相思，充满了强烈的感情色彩。《山鬼》中有一段著名的内心独白：

> 余处幽篁兮终不见天，路险难兮独后来。表独立兮山之上，云容容兮而在下。杳冥冥兮羌昼晦，东风飘兮神灵雨。留灵修兮憺忘归，岁既晏兮孰华予。采三秀兮于山间，石磊磊兮葛蔓蔓。怨公子兮怅忘归，君思我兮不得闲。山中人兮芳杜若，饮石泉兮荫松柏。君思我兮然疑作。雷填填兮雨冥冥，猨啾啾兮又夜鸣。风飒飒兮木萧萧，思公子兮徒离忧。

---

① 朱熹：《楚辞集注》。

这是最动人的爱情诗章之一。实际上不是什么鬼神之恋，而是描绘一个山中的女子因情人的失约而产生的巨大痛苦。可见《楚辞》神的爱情故事正是楚人爱情生活的写照。神灵的人情化、世俗化，是《楚辞》神话与旧神话的一个重大区别。

神的新变与人的自我地位逐渐提高密切相关。经过长期对自然的观察，与自然的斗争，以及社会实践，人们对神的力量产生了怀疑，并且越来越发现，主宰人生的终究是自己，福祸不全是天意所致，而是因为人自身的行为。故自春秋以来，轻神重民的思想不断抬头。这在《左传》里表现得十分突出。如桓公六年，季梁说："夫民，神之主也。是以圣王先成民，而后致力于神。"僖公五年，宫之奇说："鬼神非人实亲，惟德是依。"人们由重人轻神，进一步转变为以人为中心。僖公十六年，叔兴说："吉凶由人"。襄公二十三年，闵子马说："祸福无门，惟人所召。"这样，"吉凶祸福在于人事好坏不在鬼神的威灵，鬼神的作用实际上被否定了"[1]。这种普遍的思潮在楚地也有强烈反响。老子的著作便给人与天、地、道并提的崇高地位："道大，天大，地大，王亦大。域中有四大，而王居其一焉。"[2]楚哲人的这段论述，对思想史上对人的问题的探讨具有深远意义。神威已经消失，神的狰狞面目也就随之逝去，而代之以人身。

既然神的地位逐渐衰弱，为何湘、沅间的祭神之风仍盛行不衰呢？这是因为，祭神作为一种仪式，会因功能的改变而被灌注新的内容使仪式的生命长存，但娱神祈福的因素依然存在，同时娱人的成分加强，这就是楚俗好祠的原因所在。楚不像北方把祭祀活动主要局限在庙堂，而是推广于广大民间，这便大大地增强了神的世俗性，使其失去了庄重典雅的特征，有如凡夫俗子，喜怒哀乐之情齐备。人们对神由恐惧转为亲媚，于是祭神仪式的功能大大扩张。人们除了表达对神的礼赞，祈求获得福助，参加祭神活动又有了新的动机。一者可以欣赏娱神的歌舞与音乐："成礼兮会鼓，传芭兮代舞，姱女倡兮容与。春兰兮秋菊，长无绝兮终古。"那里芳春满堂，美女如云，歌声悠扬，舞姿动人，观者可获得视听的感官享受，人们把敬神与自娱有机地结合起来了。二者祭神活动也是社会活动，是男女发展爱情的绝好机会。在那里，没有礼教的束缚，人们自由地表达和歌唱爱情，风气之盛以至神灵也染此习性。《九歌》之神，十有八九要谈情说爱，或与人，或与神，缠绵悱恻，一如凡人。故祭神之会也犹如《诗经·溱洧》所记的男女大联

---

① 范文澜：《中国通史》第 1 册，人民出版社，2004 年，第 151 页。

②《老子》第二十五章。

欢。此时，神与神、神与人、人与人一齐坠入情网，祭神实质上变成了一次人际心灵大沟通。

神变成了人，祭神活动变成了自娱活动，是人的自主性的逐渐确立在神话中的投影。《楚辞》神话的这一变化，展示了中国神话发展的新趋向。《楚辞》以后，神越来越世俗化，正是历史发展的必然。西王母"豹尾虎齿"的凶悍之相在《楚辞》里已了无痕迹，其形象已由丑渐变为美。在《穆天子传》里，她已口诵诗文，彬彬有礼；《汉武故事》中，西王母见武帝，竟"谈语世事，而不肯言鬼神"；到《汉武帝内传》则又一变，美貌不亚于观音："王母上殿东向坐，着黄金褡襦，文采鲜明，光仪淑穆，带灵飞大绶，腰佩分景之剑，头上太华髻，戴太真晨婴之冠，履元璃凤文之舄。视之可年三十许，修短得中，天姿掩蔼，容颜绝世，真灵人也！"西王母演变中由神变人、人神交往的过程，正是循着《楚辞》指引的方向前进的。武帝与西王母交往乃为请不死之药，乞望长生，表现出人们对生命的珍惜，对人生的留恋。而在《九歌·大司命》中就已流露出这种情绪："老冉冉兮既极，不寝近兮愈疏。"为了生命的延续而亲近司命神可为后世神话求长生的先声。热爱生命是人类的普遍情感，像汉武求见西王母之类的故事代表了人类的愿望。诚然，这类神话显示出个人主义的膨胀，但在当时，个人主义的出现乃是历史的一大进步。我们不能总是把简朴的原始神话视若珍宝，而把人类精神的合逻辑的进步视为垃圾。人们尊重个体感性生命，正是重视人本身，是历史的合逻辑的发展。

《楚辞》神话中长生观念甚至享乐观念也有一定程度的抬头。诸神们珍惜生命，渴望爱情，留恋青春。如山鬼"岁既晏兮孰华予"的感叹乃是"人生谁不惜青春"这一普遍人生信条的最初基调。《楚辞》神话预示了一个新的方面，改变了旧神话的格调，从此，神话咏唱起人的生命之曲。

第二节　《楚辞》神话的民族性体现

人的整体觉醒，促进神话的演变，使神成为人自我形象的体现而非纯对象的崇拜，这是神话的一个重大进步。而不同的神话体系逐渐形成鲜明的风格，在普遍的人的成熟过程中，民族精神也同步成长，是神话发展的一个至关重要的阶段，因为神话只有在成为民族精神的体现时，它才称得上成熟。当文化的交流与冲突发生时，神话面临新的抉择的关头，神话的民族性才比较集中地体现出来。

春秋战国是中国历史上一个重要的文化繁荣的时期。那时，诸侯之间的交往十分频繁，战争与和平是各国间最简单的关系。这二者伴随着文化的冲突与融合，诸子百家各抒己见，互相攻伐，学术十分活跃，而神话领域的争斗同样激烈。翻开《楚辞》，我们可以见到当时争战的滚滚硝烟。

与异族文化冲突的楚国神话，是以捍卫传统神话精神为根本目的的。神话领域里的冲突是神的对垒，由于传统神话中的神形象模糊，神话的形式也很粗糙，这就使得它自身不得不进行形象调整，以威严姿态应对强敌。

楚民族奉日神为先祖，以凤凰为图腾。[①] 长期以来，二者作为神物被楚民所崇拜，但这种神物却一直为物而非人格神，没有独立的神的形象。异族的神话打破了楚人的日神禁忌，北方一则神话的传入则使楚人大为恼火，这就是羿射九日的故事。射日与反射日的冲突，一时成为文化冲突的焦点。

最早提到射日故事的是北方的《归藏》，《楚辞》之射日故事，乃是对此做出的反应。有人认为射日故事首先产生于楚国，误！很简单，楚人不会编故事侮辱祖先。

羿射九日的神话故事有三个要点：一是说"十日并出"，二是骂太阳焦禾稼、杀草木，使民无所食的恶迹，三是称羿是个英雄。由于对太阳的不敬，这个神话严重地损坏了楚人的尊严。《楚辞》对这一神话展开了全面反攻。

《天问》首先发难："羿焉彃日？乌焉解羽？"据传日中有乌，羿射九日，日中九乌皆死，坠其羽翼。《天问》否认了羿射日这一事实：羿怎么能射下太阳来？金乌哪里会落下来？

北方神话不是说"十日并出"吗？这跟楚神话本来就不一样。《山海经·大荒东经》说："大荒之中……汤谷上有扶木，一日方至，一日方出，皆载于乌。"太阳是轮流着一个个地出来，并非呼啦一下全跑出来晒人。太阳井然有序地履行其职责，何罪之有？"并出"是射日神话的基础，因为只有如此，才能加给太阳以罪名。要是像楚神话所说的那样太阳是轮流着出来的，射落太阳明显会给人类带来黑暗，其行为本身难道不是一种罪过吗？《楚辞》神话里依然坚持传统，《招魂》一如既往地认为"十日代出"。"并出"与"代出"的差异是两种神话冲突的基础。

北方神话给太阳列了几大罪状，说它烧焦了禾稼与草木，老百姓都饿肚子。在北方，炎热给人民带来灾难，人们怨恨太阳是十分正常的。但在楚国，这种说法讲不通。从地理学上讲，楚地物产丰富，仰仗大自然的恩赐可得自足。《汉

---

① 参见张正明：《楚文化史》，上海人民出版社，1987年。

书》曾记载了楚地物丰人乐的情景。此地有名山大川，风物灵秀。山峻高以蔽日，下幽晦而多雨；在湖泊星罗、江河纵横的平地，本无干旱之虞。阳光的照射，倒仿佛是他们仁厚的祖先在赐给子孙以恩惠。楚人对阳光有深厚的情感，便容不得对太阳的污蔑。《天问》针锋相对地唱出了一曲太阳颂歌：

> 日安不到，烛龙何照？羲和之未扬，若华何光？

烛龙，据说在西北方有幽冥无日之国，是烛龙衔烛照明；羲和，原传为日母，后演为日御；若木是棵神树。这几句诗的大意为太阳普照世界，什么地方没有它灿烂的阳光？说什么烛龙衔烛，岂非荒唐？没有太阳的升起，若木的花儿怎会开放？诗歌满腔热情地颂扬了太阳带给人类光明与美好的丰功伟绩，是对射日神话的有力回应。

这种态度注定了神话的新变。在这场冲突中，两个神的面目发生了重大变化：一是羿，这位在北方、在《山海经》中威名赫赫的英雄在楚国一下子变成了流氓恶棍；二是日神，以往模糊不清的形象立刻变成了光彩照人的伟丈夫。

孔子、庄子和荀子的著作都提到过羿，对其善射交口称誉。楚人起初对他也肃然起敬。《山海经》产生的年代楚人还没听说过羿有射日的"恶迹"，便把他称为上帝的使者，说是到人间来为民除害的。《山海经·海内经》称："帝俊赐羿彤弓素矰，以扶下国，羿是始去恤下地之百艰。"这俨然是人类的救星。他在天国的地位也甚高，据说昆仑山上的帝之下都，能够出入的只有这位"仁羿"。当有人给了羿一个射日英雄的称号后，楚人的态度就来了个180度的大转弯。《天问》里言辞激烈：

> 帝降夷羿，革孽夏民。胡射夫河伯，而妻彼雒嫔？
> 冯珧利决，封豨是射，何献蒸肉之膏，而后帝不若？

称呼首先就变了，《山海经》里叫"仁羿"，这里叫"夷羿"。前两句是《山海经》里叙述过的，后面的两件事是第一次听说，一是羿到人间来没能为民除害，反倒射伤了河伯而夺走了其妻室，二是羿田猎无度，用猎来的兽肉去讨好上帝，帝却心中不悦。大英雄干起了流氓勾当，这些故事是楚人编出来丑化羿的，因为楚人最恨的是：羿为什么要射落太阳呢？羿犯了楚人的禁忌。承担了文化功能的神话人物，在不同的文化环境里，脸孔是不断变化的。因射日犯了楚人禁忌的羿，下场自然是可悲的。《离骚》里他还在继续挨骂：

> 羿淫游以佚畋兮，又好射夫封狐。固乱流其鲜终兮，浞又贪夫厥家。

《楚辞》专挑羿的坏话讲，本来《山海经》里还记载过羿除凿齿的神功，可这一英雄壮举因其涉射日之事而化为乌有了。英雄成了抢夺妇女、放荡不羁的流氓。

在《山海经》里，十个太阳是一群幼小的娃娃，羲和妈妈还要天天抱着他们在甘渊里洗澡。《大荒南经》曰："东南海之外，甘水之间，有羲和之国，有女子名曰羲和，方日浴于甘渊。羲和者，帝俊之妻，生十日。"他们怎么受得了羿的强弓硬弩？要粉碎射日神话，还得有威严的太阳神本身，于是，太阳神由娃娃立刻成长为气宇轩昂的伟丈夫。一个崭新的太阳神横空出世，傲然挺立在楚国的神话世界里，他就是东君。

在中国古代神话世界里，东君的形象最为光彩照人。《楚辞·东君》一开篇便是："暾将出兮东方，照吾槛兮扶桑。"气势磅礴，整个世界一下子就被照亮了。东君出场了：

青云衣兮白霓裳，举长矢兮射天狼。操余弧兮反沦降，援北斗兮酌桂浆。撰余辔兮高驼翔，杳冥冥兮以东行。

太阳神英俊潇洒，武艺高强，性格豪爽。他一举射落了不可一世的天狼星，抑制不住内心的喜悦，开怀痛饮，然后一抖缰绳飞回东方。我们读到这里，只觉一股英雄豪气扑面而来。天狼，洪兴祖《补注》引《晋书·天文志》："狼一星在东井南，为野将，主侵掠。"这是真正的祸害。东君射杀它是为了人类安宁的正义行为，而羿呢？射杀河伯妻"彼雒嫔"，纯属流氓无赖。东君勤勤恳恳、朝朝暮暮把光明和温暖送给人间，而羿却田猎无度，荒淫腐败。两人的行为和品格形成了鲜明的对照。在东君的光辉形象面前，羿成了一个猥琐不堪的小丑。东君的形象无论从道义上还是气势上都压倒了羿。东君射箭的架势被楚人极力夸张。所谓长矢、弧，均借天上的星座为喻。弧为天弓，乃一星座名，专治盗贼，这样威力无穷的武器在手是无往不胜的。东君喝酒的那家什竟是如北斗七星一样的勺子。东君的姿态可威慑群魔。这就是成熟的太阳神，楚人蓬勃向上、不屈不挠的民族精神的象征。射日神话此时已被完全击倒。

楚人的祖先祝融是日神，但也是凤的化身。日、凤本为一体。《白虎通义·五行》说，南方之神祝融，"其精朱鸟，离为鸾"。鸾即凤，在五行系统中，南方五行属火，其帝为炎帝，其神为祝融，其兽为朱雀，朱雀也是凤凰。南方属火，而凤凰也称火鸟，故祝融为凤凰化身无疑。在楚神话中，日、凤、火是三位一体的，故楚人以凤凰为图腾。如同崇拜太阳一样，崇凤也具有祖先崇拜的性质。他们美化凤凰也就是美化自身，而凤凰在敌对集团图腾前的胜利也就意味着自我的胜利。民族的冲突不仅表现在军事上，也表现在文化上。在古代，一个图腾物与另一个图腾物的争斗具有实战的象征意义。① 战国时期，凤的形象在楚国已经成熟，并像太阳神一样演为人格神，成为楚人吉祥胜利的象征。

根据张正明先生统计，《楚辞》中屈原的作品里共出现十四次凤，其中作为真善美化身而出现的有六次，作为通天的灵鸟出现的有七次。② 这种统计尚未包括未提凤凰之名而实写凤凰的多处。有趣的是，异族的宠物龙在《楚辞》里却大受冷遇，在屈原赋所出现的二十三次中有十四次是充当拉车拉船的角色，服着沉重苦役的，占了半数以上。其余的不是作为一般物便是作为凶物出现，其地位十分低下，与凤简直不可同日而语。关于其间原因张正明先生在《楚文化史》中论述如下：

> 龙的原形，一为蛇，二为鳄，都不招楚人爱。楚人以为蛇是邪恶的，鳄是凶恶的。吴越曾是楚的劲敌，偏偏都以龙为图腾，这就使楚人对龙更添了几分恶感。③

这种尊凤贱龙有着十分深刻的政治意义。在出土的楚刺绣图案里，龙总是被凤打得落花流水，凤成了楚民族的保护神。《楚辞》尊凤正是这一民族精神的延伸发展。

楚俗信鬼好祠，尤其是在政治军事形势十分严峻的时刻，楚人总是要举行大规模的祭神活动，以期获神助，退敌兵。《九歌》就是这种祭神活动的产物，而其实名列前茅的大神云中君就是人格化的风神。

我们从《九歌》的排列顺序看，云中君乃风神。据闻一多先生考证，《九歌》诸神的排列次序首为东皇太一，第二为东君，第三为云中君。这种顺序表明，东皇太一为楚至高无上的尊神，位列第一当之无愧。东君、云中君往往被合在一起单独祭祀，正合楚人崇日拜凤的风习，具有祖宗崇拜性质，故二神紧接至上神后。崇日祭东君，崇凤祭云中君。

我们从神鸟凤凰的外部特征和生活习性看，云中君乃风神。云中君光彩四溢，诗中称他"华采衣兮若英"。王逸《章句》："华采，五色采也。"洪兴祖《补注》也引"五采备而成文"释之。知云中君服饰五彩缤纷。而这五彩的灿烂外观正是凤凰的特征。《山海经·南山经》："有鸟焉，其状如鸡，五采而文，名曰凤凰。"《西山经》也说："有鸟焉，其状如翟而五采文，名曰鸾鸟"。凤凰因

① 田兆元：《从龙凤的相斥相容看中国古代民族的冲突融合》，载《学术月刊》1993 年第 4 期。
② 张正明：《屈原赋的民族学考察》，载《民族研究》1986 年第 2 期。
③ 张正明：《楚文化史》，上海人民出版社，1987 年，第 177 页。

"五采文"被称为"五采鸟"。凤凰的五采文正同于云中君外衣的五采而文，是知云中君乃凤凰化身。《云中君》结尾处称云中君"览冀州兮有余，横四海兮焉穷"，正是凤凰的特征。《淮南子·览冥训》："凤凰之翔至德也……逝万仞之上，翱翔四海之外，过昆仑之疏圃，饮砥柱之湍濑，遵回蒙氾之渚，徜徉冀州之际，径蹑都广，入日抑节，羽翼弱水，暮宿风穴。""览冀州兮有余"就是"徜徉冀州之际"，"横四海兮焉穷"就是"翱翔四海之外"。凤凰与云中君飞翔地域的一致性证明了他们的同形。

我们从神鸟凤凰承担的文化功能看，云中君履行着凤凰的职责，云中君乃凤神。作为楚民族灵魂象征之一的凤凰，它对龙的胜利是楚人赋予它的神圣义务。作为神物在绘画中如此，而作为人格神在《九歌》中依然不变。《云中君》写道："龙驾兮帝服，聊翱游兮周章。"我们清楚地看到，龙被安排来为云中君干拉车的差事，而云中君却一副帝王模样，逍遥自得，表现出对龙的征服者姿态。《山海经》里，作为凤凰化身的南方之帝祝融是"乘两龙"的，云中君与他一样是龙驾。跟别的神不一样，云中君是"帝服"，这正合大神祝融的身份。合日神与凤神为一体的楚人祖先在《楚辞》中分化为日神东君与凤神云中君，他们配合着对异族的军事攻防，形成强大的文化力量，在精神上成为楚人的核心支柱。[1]

第三节　个人意志与集体神话

《楚辞》具有民族精神毫无疑义，但它是屈原及其他作家的创作总集，个人意志浸染着诗篇，民族的神话被个人剪裁。尽管民族精神给个体人格发展定下了总的格调，但个人的遭遇、气质却在一定程度上限制着神话的发展方向。神话的内涵丰富万状，而个人的选择则有所偏向。这样一方面使精神的领域变狭变窄，而同时又使神话精神得以明朗并在特定的角度里发扬壮大。这是神话精神影响个体品格的一条根本途径。由于杰出作家非凡的才能以及在民众中的崇高声望，他所采撷的神话的精神因素得到大众认同，结果，反倒是个人的努力铸就神话的主旋律。这种从集体到个人，再由个人到集体的神话演变传播过程，正是神话发展的重要规律。《楚辞》神话的演进，正向我们暗示了这一特征。

个人意识影响神话受制于个体对神话人物的褒贬态度。面对同一神话，不

---

① 参见田兆元：《云中君凤神考》，载《学术月刊》1995 年第 11 期。

同个人有着截然不同的立场。对于其理想中的神灵，人们往往择一角度，以该神自拟自喻，民族的神话精神因之转移为个体人格，而对于所厌恶的神灵，则以极大的鄙视抛弃之。在美化与丑化的过程中，神灵发生奇妙的变异。

鲧在历史上并没有什么美名。《尚书》说尧听信众人之言令他去治水，结果是"九载绩用弗成"，尧于是"殛鲧于羽山"，天下人称服，似乎尧做了件大快人心的好事。关于鲧被杀的原因，较详细的记载有《山海经·海内经》："洪水滔天，鲧窃帝之息壤以埋洪水，不待帝命，帝令祝融杀鲧于羽郊。"《国语·晋语》也说鲧违抗帝命而被杀死："昔者鲧违帝命，殛之于羽山。"违抗天命属大逆不道，这样犯罪被杀似乎是理所当然的。鲧的神话所反映的阶级社会的现实是极明显的：帝的权威高于一切，统治者的意志不可违抗。关于鲧的其他传说我们不去讨论，就鲧的这些遭遇就使屈原的心灵为之颤动了。鲧为治水，一去九年，不得已将帝的息壤偷来埋阻洪水，何罪之有？帝竟将他杀了，天理何在？想想自己为楚国的振兴，为楚王室的强盛而勤勤恳恳，奔走先后，没想到离谗被谤，见疏遭逐，落了个可悲的下场，不由感慨万千，大有"萧条异代不同时"之叹，于是屈原在《天问》里为鲧愤愤不平起来：

　　不任汨鸿，师何以尚之？佥曰何忧？何不课而行之？鸱龟曳衔，

鲧何听焉？顺欲成功，帝何刑焉？

这是针对《尚书》中的故事发问的，不同的是《尚书》说鲧"绩用弗成"，这里说他"顺欲成功"。屈原指责尧刑杀鲧的罪过，一口气诉说下来，怒气冲冲。屈原是在夺他人之酒杯，浇心中之垒块，控诉帝尧，实际上是在控诉昏庸的楚怀王，自己仿佛就是那蒙冤的鲧。于是在神话中的鲧的身上开始投上了屈原自我的身影。《楚辞》中鲧的形象较之《尚书》与《山海经》等更面目一新并发生奇变。

屈原生性耿直，他在诗中屡屡强调自己"端直"与"中正"。他自己就是因此触犯了楚王的，于是鲧也就是跟他一样因耿直而遇害的了。《离骚》不提治水的事，却说"鲧婞直以亡身兮，终然殀乎羽之野。"《惜诵》："行婞直而不豫兮，鲧功用而不就。"这里用改造过的鲧的遭遇自喻，鲧与屈原的人格便获得同构。犯上作乱变成了正直无私，这样从根本上扭转了鲧的形象。

鲧被杀了，《天问》又奇迹般地使他活过来："阻穷西征，岩何越焉？化为黄熊，巫何活焉？咸播秬黍，莆藋是营。何由并投，而鲧疾修盈？"鲧死化为黄熊事《国语》有载，而巫使他活过来，并成为经营庄稼的能手，为民造福之事，则是《天问》所创。鲧勤奋不已地造福人类，帝尧凭什么要把他当作"四凶"

并投，给鲧定下那么重的罪名呢？旧说鲧被尧杀了，《楚辞》却让他复活，这个活过来耕作的鲧的生命力强盛，《世本》俨然将其当作农神，说他作耒耜，服牛，作城郭，显然是"咸播秬黍，莆雚是营"这一传说的伸张。《楚辞》转变了关于鲧的旧神话的立场，又将鲧起死回生，创造了为民造福的新鲧形象，这是个人因素引起神话转变的有趣例证。由于屈原投射到鲧身上的耿直与为民谋利的个人品德深得民众的敬佩，个人改造的神话又再度被大众认同而成为集体神话，于是两种鲧的神话分向发展。犯上作乱而被杀的鲧的神话颇得统治者的欢心，他们可借此树立统治阶级的绝对权威；而耿直与为民谋利的复活的鲧的神话则深得民众喜爱，他正是人们心中理想的英雄。

在楚神话中占据核心地位的太阳、凤凰神话，是屈原人格的两大精神支柱。这两个神话集中地体现了楚民族精神，而两个神灵形象之所以如此鲜明动人又因为其中融入了屈原的个人情感。《东君》《云中君》为屈原代表楚人所作的祭神乐歌，而这两个神灵的影子我们在屈原的其他作品里都能看到，屈原以他们自拟，这就是民族的神话向个性人格的转移。民族性与个性的交互作用是《楚辞》神话与《山海经》等典籍迥然不同之处。

屈原在《离骚》中把自己比作太阳神。他对众神发号施令，走日神的路，坐日神的车，驾日神的龙，并奏祭日神的音乐，而且像东君一样，"驾八龙之婉婉兮，载云旗之委蛇"。他这样做是为了显示自己的光明正大、公正无私，表明自己对祖国、对楚王室的忠诚。[①] 由于与太阳神的这一特殊关系，屈原创作《东君》时即显得一往情深。

屈原以凤凰自拟，在《楚辞》中表现更多。《离骚》："鸷鸟之不群兮"，此以鸷鸟喻自我出众，鸷鸟就是凤凰。《文选·辨命论》注引高诱说："大风，鸷鸟。"上古"风""凤"相通，知鸷鸟乃凤。《怀沙》："凤皇在笯兮，鸡鹜翔舞。"此以凤凰喻自己的不幸。《抽思》称"有鸟自南兮，来集汉北"以自述其行程，这鸟也当是凤凰。《涉江》则是凤凰与云中君叠合成一个整体后自喻的。其"乱"辞把主题点明："鸾鸟凤凰，日以远兮。"他说要像凤凰一样远离污秽的现实，保持高洁的人格。诗篇具有很强的现实性，又有浓厚的浪漫象征色彩。诗一开头以奇服配饰象征自己一生行迹端直，为了表露自己的高贵品格与世长

---

① 田兆元：《论太阳神话对〈楚辞〉创作的影响》，载《华东师范大学学报》（哲学社会科学版）1990 年第 4 期。关于楚辞中屈原以太阳神自拟，龚维英先生前有此论，见龚维英：《一曲太阳家族的悲歌——对〈离骚〉整体的新考察》，载《求索》1987 年第 5 期。

存，他把自己拟为风神云中君：

　　驾青虬兮骖白螭，吾与重华游兮瑶之圃。登昆仑兮食玉英，与天地兮同寿，与日月兮同光。

《文选》五臣注："虬、螭，皆龙类。"是知屈原所乘也是云中君之"龙驾"。所谓"瑶之圃"，实际上是凤凰所过的昆仑疏圃。昆仑山上多琼瑶碧玉。《淮南子·墜形训》："珠树、玉树、琁树、不死树在其西，沙棠、琅玕在其东，绛树在其南，碧树、瑶树在其北。…… 是其疏圃。"这疏圃是实实在在的瑶圃。食玉英就是吃这些玉树琼枝上的花，此为风神所为。"与天地兮同寿，与日月兮同光"正是《云中君》中人们对云中君的礼赞之词。原词是这样的："蹇将憺兮寿宫，与日月兮齐光。"两处均为屈原手笔，这惊人的相似只能说明他以风神云中君自拟，而凤凰与云中君合成一个整体，又为云中君即风神提供了一个新证。①

　　整篇《涉江》是为了显示自我人格的高洁。时光荏苒，他好修以为常，而国人皆醉，则不变心以从欲，在黑暗的现实面前，毅然远逝自疏。这一切都超凡脱俗，高雅不群，这就是屈原以凤凰自拟而确立的凤凰精神。凤凰神话显示出勇敢、吉祥与高洁，屈原所取集中于后者，而他高洁的品格集中地赋予到了云中君身上。就像以奇服佩饰象征自己的高洁一样，他写云中君时也以其外观象征其高洁："浴兰汤兮沐芳，华采衣兮若英。灵连蜷兮既留，烂昭昭兮未央。"一尘不染，光彩照人，其高雅无与伦比。云中君一定程度上成了屈原个人品格的外现。凤凰的丰富的意蕴收缩集中于高洁上。随着楚国的灭亡，凤凰作为楚民族勇敢精神象征的意义逐渐被人淡忘，而凤龙大战也成过眼烟云，但屈原所塑造的高洁的凤凰却被人们广泛认同，成了中华民族美好品德的象征。

　　《楚辞》是个人的作品，却是民族的财富。它是在楚国广为流传的神话的基础上产生的，同时，屈原是作为楚人的代表去创作代表楚人精神的神话的，所以，《楚辞》神话首先是楚民族的神话。然而，由于屈原特有的遭遇和坚强的人格及其杰出的抒情天赋，在神话对象上投射自身的影子是自然而然的。这些神话作为民族神话而存在，后人继承神话精神时便连同屈原的个性一起吸收，于是，个性因素使原始神话发展壮大。

　　《楚辞》神话在人的整体觉醒、民族精神的确立、个性人格的成长三大因素的推动下新变重建，构成了一个独立的神话世界，把神话的发展推向一片新的

---

① 田兆元：《云中君风神考》，载《学术月刊》1995 年第 11 期。

天地。神变成人，神的世俗化及对人生的留恋，是人类发展的重大进步。人们在改造自然和社会的实践中逐渐确立了自我的崇高地位，形成了一股强大动力，对旧神话造成冲击，才有了神话的这些新变。神话中的文化冲突，在当时尖锐激烈，但随着民族的融合，后人看来，已不能像楚人当年那么心神激荡了。个性人格的成长冲破了神话固有的属于集体的特性，民族性与个性交织起来。至此，神话发展已走向全新境界。三大因素的每一次冲击，都使《楚辞》神话前进一步，它们是《楚辞》神话新陈代谢的动力。

《九歌》十神，因为屈原的书写，神采飞扬，如《少司命》：

秋兰兮麋芜，罗生兮堂下。

绿叶兮素枝，芳菲菲兮袭予。

夫人自有兮美子，荪何以兮愁苦？

秋兰兮青青，绿叶兮紫茎。

满堂兮美人，忽独与余兮目成。

入不言兮出不辞，乘回风兮载云旗。

悲莫悲兮生别离，乐莫乐兮新相知。

荷衣兮蕙带，儵而来兮忽而逝。

夕宿兮帝郊，君谁须兮云之际？

与女游兮九河，冲风至兮水扬波。

与女沐兮咸池，晞女发兮阳之阿。

望美人兮未来，临风怳兮浩歌。

孔盖兮翠旍，登九天兮抚彗星。

竦长剑兮拥幼艾，荪独宜兮为民正。

这是儿童的保护神，却又是哀怨的失恋者，也是世界神话史上最为迷人的女神。

我们再看《河伯》：

与女游兮九河，冲风起兮横波。

乘水车兮荷盖，驾两龙兮骖螭。

登昆仑兮四望，心飞扬兮浩荡。

日将暮兮怅忘归，惟极浦兮寤怀。

鱼鳞屋兮龙堂，紫贝阙兮朱宫。

灵何为兮水中？乘白鼋兮逐文鱼。

与女游兮河之渚，流澌纷兮将来下。

子交手兮东行，送美人兮南浦。

波滔滔兮来迎，鱼鳞鳞兮媵予。

这是一位北方神话中花花公子般的水神，他经常制造水患，人们投以美女方才止息，实在是一个不太受欢迎的"淫神"，可是在这里却被描写成一个多情的公子。对于江汉地区来说，水患也是要防范的，但是祭祀不应该是赤裸裸的交易，而应该是浪漫的情意，人神心灵的契合。《楚辞》为人神关系建立了崭新的模式，这是后代很难超越的高规范。

《天问》既是神话的传承性作品，又是重述神话的作品，是在反思中，以诗性语言与思维对古代神话的重述。《天问》中夏史与神话叙述较多，但有关商周之际的变迁的叙述也很精彩：

彼王纣之躬，孰使乱惑？

何恶辅弼，谗谄是服？

比干何逆，而抑沉之？

雷开阿顺，而赐封之？

何圣人之一德，卒其异方？

梅伯受醢，箕子详狂。

稷维元子，帝何竺之？

投之于冰上，鸟何燠之？

何冯弓挟矢，殊能将之？

既惊帝切激，何逢长之？

伯昌号衰，秉鞭作牧。

何令彻彼岐社，命有殷国？

迁藏就岐，何能依？

殷有惑妇，何所讥？

受赐兹醢，西伯上告。

何亲就上帝罚，殷之命以不救？

师望在肆，昌何识？

鼓刀扬声，后何喜？

武发杀殷，何所悒？

载尸集战，何所急？

伯林雉经，维其何故？

何感天抑墜，夫谁畏惧？

皇天集命，惟何戒之？

受礼天下，又使至代之？

这段诗歌，语句短促，节奏紧迫，叙述殷纣王的无道带来的乱局。接着屈原叙述了周后稷的神奇出身，紧接着就是武王伐纣，武王伐纣留下一连串的问题。这里的关键就是：殷纣王为什么弄得王朝不可收拾？既然是天命殷人统治，为什么不告诫他们呢？这一切既有对于天命的怀疑，也有对于局势的忧思。

《楚辞》作为个人作品，在神话学研究中该怎么去评价，它能够代表楚民族吗？比如，楚人轻去故里，而屈原却死守故乡，所谓爱国，似乎为特例，不是整个民族精神的体现。但是，作为杰出人物，他对楚神话的态度具有重要的意义。杰出的个人的神话作品，也是民族的神话的代表作品，这就是《楚辞》神话带给我们的新的启示。屈原的作品，最初是在太湖流域出现的，朱买臣、刘安，这些最初阅读屈原诗歌的人，都不在楚国故土，但是关于故土的诗歌却超越了故土的范围。作为民族的代言人，屈原的神话作品，不仅是楚民族的神话，也是中华民族的神话，更是世界民族之林中灿烂的华章。

第三章　上帝神话的认同建构

西周的昊天上帝在西周后期就开始被国民抨击了，因为西周的统治者已经不堪管理国家之任。经过春秋与战国的乱离，上帝都快成为一个被人遗忘的话题了。加上秦始皇焚书坑儒，书载有阙，秦汉的统治者要想建立对于上帝的认同，实在是一个难题。

第一节　失去上帝的秦神话

秦汉是中国历史上一个重要的时期，它又一次总结了上古文化，同时开启了新的文化发展方向。中国文化在经历了东周几百年变乱分裂后于秦汉重归一统，顺应了历史潮流，奏响了统一中国文化的雄伟乐章。

但是，秦的文化却是一个短暂的实践过程，是为新的文化系统的建设做准备的阶段。

疆土的统一是国家统一的外在标志。秦始皇统一时，地同域的使命已部分完成。那时，"地东至海暨朝鲜，西至临洮、羌中，南至北向户，北据河为塞，并阴山至辽东"[1]。这一版图在汉时又有扩大，其表现为北方匈奴后撤，汉势力伸展至天山南北间，云、贵、川一带西南夷已归附。疆域的一统与政治、经济、文化的一统结合起来，形成了统一的封建国度。从政治上讲，秦的郡县制粉碎了以血缘家族为基础的诸侯地方政治统治格局，中央权势可直接渗透到基层社会组织乡、亭等机构，撤除了以往诸侯势力的屏障。分封制的打破使得那种以家族为单位的割据势力在客观上已易实现。货币、度量衡的统一，车同轨以及驰道的修筑，使地方经济发展遵循了统一规范，便利了相互交流，不仅促进了经济发展，地方势力也难以摆脱经济上对中央的依赖。政治、经济的一统是文化一统的先决条件。秦汉间的文化统一较之西周对中国文化的影响更为深远。

首先，"书同文"使心理统一有了共同的依据。周代之"达其志，通其欲"

---

[1]《史记·秦始皇本纪》。

仅为一种理想，统一的观念因文字障碍而难于执行，各诸侯国间的文化仍有着很大的差异。秦始皇之统一文字使一个融多民族文化为一体的新民族文化的产生有了可能，也使文字成为自此以后中华民族联结沟通的纽带。古文字及文言文是一种超越日常语言的存在，文字的统一可以超越各自的差异和局限，在一个公共的平台上交流。

"行同伦"是基于行政力量而采取的措施，最初并非民众的自觉行动。然而，在"匡饬异俗"的运动中，远迩同度逐渐成为事实，于是民族的共同心理开始形成。自此一个新的民族——融多民族为一体的汉民族已呼之欲出了。

这时所需要的是共同的历史——一种法典式的对共同体的承认。任何一个民族都不可能出自一个单一的先祖，但任何民族都得在心理上承认某单一象征性的先祖是与自身有血缘关系的，这就是历史的谱系。然而，初始的历史是诞生在神话的怀抱里的，神话与历史最初处于难以分割的状态。一位历史学家这样指出：

> 神话和历史是近亲，因此两者都通过讲述某种故事而说明事情的原委。但我们通常的讲法是，神话是假的而历史是真的，或渴望它是真的。因此，历史学家在驳斥别人的结论时就称其为神话般的，而声称他自己的观点是真实的。但在一位历史学家看来是真的东西，在另一位看来会是假的。这样，这位历史学家的真理甚至就在讲出来的时候就成了另一位历史学家的神话。[①]

这种感慨尚是针对现代史学家而发的。在古代，史学家一本正经地把神话当作历史就更加自然。当史学家可以把一个共同体以一个共同的神话谱系表达，且为民众普遍接受时，这个群体便成为一个民族。

谢林曾经有"没有神话，便没有民族"的卓识。然而他又说了如下一些荒谬的话："在众多同样古老的神话民族中间，中华民族是一个绝对没有神话的民族，它的发展仿佛完全脱离了神话运动，而转向了人类生存完全不同的另一个方面。"[②] 既然没有神话不能称为一个民族，所以他否定了中华民族作为一个民族存在的条件进而否定了中华民族的存在。这种荒谬的产生源于他对中国文化

① 威廉·H. 麦克尼尔：《神话－历史：真理、神话、历史和历史学家》，见中国美国史研究会编：《现代史学的挑战——美国历史协会主席演说集（1961—1988）》，王建华等译，上海人民出版社，1990年，第475页。

② 谢林：《中国——神话哲学》，见［德］夏瑞春编：《德国思想家论中国》，陈爱政等译，江苏人民出版社，1995年，第135页。

的不了解，他对中华民族的神话缺乏基本认识。

秦汉时期是以汉民族为主体的中华民族的形成时期，也是中华民族神话的形成时期，它在中国神话史上占据着举足轻重的地位。但若是仅看秦代的神话，则真没有什么光彩。因为武装统一并不意味着文化统一，政治上的一统并不意味着最高神一定出现。

当周天子失势，统一天下出现分裂时，各路诸侯跃跃欲试，都抛出欲一统天下的舆论，然而这种舆论多以神话的面目出现。如晋平公之梦黄熊入室，实欲替周而绍夏统；齐桓公欲封禅，企图以把握祭天之礼而得天子之位；太史儋之言秦周分合，皆为政治神话。最终秦始皇一统天下，但在神话中获得统一还要走好长的路。

吕不韦用《吕氏春秋》为秦朝这个伟大的王国大造一统的舆论，而这理论的核心是专制一统。《不二》篇说："有金鼓所以一耳，必同法令所以一心也。……故一则治，异则乱；一则安，异则危。"《执一》篇说："王者执一，而为万物正。军必有将，所以一之也。国必有君，所以一之也。天下必有天子，所以一之也。天子必执一，所以抟之也。一则治，两则乱。"这是站在法家立场上提出的治国之道，欲以君王的一统权威取代各家学说，这正是焚书坑儒的先声，但是，为了帝国的思想统一，这也是不得不实施的政策。

由于秦始皇取得了前所未有的统一成就，因而甚为蔑视前朝圣贤。在他眼里，三皇五帝均不在话下。在议论帝号时，丞相绾、御史大夫劫、廷尉斯等与秦始皇讨论，丞相等说：

"昔者五帝地方千里，其外侯服夷服，诸侯或朝或否，天子不能制。今陛下兴义兵，诛残贼，平定天下，海内为郡县，法令由一统，自上古以来尝有，五帝所不及。臣等谨与博士议曰：'古有天皇，有地皇，有泰皇，泰皇最贵。'臣等昧死上尊号，王为'泰皇'。命为'制'，令为'诏'，天子自称曰'朕'。"

王曰："去'泰'，著'皇'，采上古'帝'位号，号曰'皇帝'。他如议。"……制曰："……朕为始皇帝，后世以计数，二世三世至于万世，传之无穷。"①

按照这种气度，历史从他这里开始，还有什么必要去崇奉先祖神灵呢？他可凭借国王至高无上的权威支配一切，统治一切，什么东西在他面前都是渺小

---

① 《史记·秦始皇本纪》。

的，因而真用不着利用鬼神来实行政治统治了。

秦始皇在东巡至琅邪时，丞相王绾、卿李斯等的一段话倒是实实在在："古之五帝三王，知教不同，法度不明，假威鬼神，以欺远方，实不称名"①。远古帝王无论怎样信鬼敬神而远之，都不如秦始皇对神灵的蔑视有气度。他南巡至衡山、南郡一带，到湘山祠时，逢大风，几不得渡。"上问博士曰：'湘君何神？'博士对曰：'闻之，尧女，舜之妻，而葬此。'于是始皇大怒，使刑徒三千人皆伐湘山树，赭其山。"② 他在鬼神面前的这副蛮横姿态显示出自己的凛然不可侵犯。

《史记·秦始皇本纪》还记载了他跟海神的一场战斗："始皇梦与海神战，如人状。问占梦，博士曰：'水神不可见，以大鱼蛟龙为候。今上祷祠备谨，而有此恶神，当除去，而善神可致。'乃令入海者赍捕巨鱼具，而自以连弩候大鱼出射之，自琅邪北至荣成山，弗见。至之罘，见巨鱼，射杀一鱼。"这样算是消灭了海神。他怕什么神呢？因而，他担心的事只有一件，就是怕人夺去他的王位，结束他的生命。

秦始皇不怕鬼神，但很迷信。秦汉时有望气之巫，常言某处有天子气，秦始皇总是信以为真，要想方设法去破坏。以下是秦始皇破坏地方王气的一些有趣材料：

秦始皇帝常曰"东南有天子气"，于是因东游以厌之。（《史记·高祖本纪》）

秦始皇东巡，济江。望气者云："五百年后，江东有天子气出于吴，而金陵之地，有王者之势。"于是秦始皇乃改金陵曰秣陵，凿北山以绝其势。（《宋书·符瑞志》）

秦望气者云："东南有天子气。"使赭衣徒凿云阳县北冈，改名曲阿。（《艺文类聚》引《地理志》）

晋陵郡丹徒，古朱方。秦时望气者云："其地有天子气。"始皇使赭衣三千人，凿城，败其势，改曰丹徒。（《晋书·地理志》）

始皇朝，望气者云："南海有五色气。"遂发卒千人凿之，以断山之冈阜，谓之凿龙。（《太平御览》引《南越志》）

这种故事很多，恐不全是传说。《史记·秦始皇本纪》说秦始皇收养的候星

①《史记·秦始皇本纪》。
②《史记·秦始皇本纪》。

气者有三百人，他们是他的政治预告员。他不是不信天命，而是要跟天命作对，所以他将尽可能地把一切可能出现的天子迹象扼杀在萌芽状态，防患于未然。虽然秦始皇不怕神，可是他内心还是有对于神灵的恐惧、对于命运的担忧。

秦始皇眼里容不下一粒沙子。就是在这样一种背景下，秦始皇同意了李斯焚书的动议。李斯说"史官非《秦记》皆烧之"。那么秦史当存在，秦的祖先该被大大地颂扬一番。这《秦记》司马迁看过，《史记·六国年表》："太史公读《秦记》，至……秦襄公始封为诸侯，作西畤用事上帝，僭端见矣。"说明秦国史是保存比较完备的。《秦记》里对襄公、文公、德公、宣公、穆公、灵公、献公时的上帝崇拜记载得清清楚楚，秦先公对上帝的崇信十分认真，但秦始皇不然。他似乎没有新辟上帝的畤庙。从秦始皇时的各地石刻文字看，臣子们注重的还是皇帝"功盖五帝"的一统之功，至于始皇的各位秦国先祖，都没提及。看来，秦始皇是以自我为中心，他不愿沾祖先的光，所以不重祖神而重自身。这不是理性主义，相反是一种极端的非理性。

秦始皇不但不重祖神，而且不重天神，不重上帝。秦始皇时的天神是谁不十分明白。他不把五帝放在眼里。雍有四畤，胡乱地祭祀四帝，连五帝的数字都没凑足。据《封禅书》，秦襄公时自以为主少昊之神，作西畤祠白帝，那是把白帝当作祖神与上帝合一的神灵，初露出秦要与周分庭抗礼的迹象。按《周礼》，天子祭天帝，诸侯只能祭其域内的名山大川，秦以拥有上帝祭祀权开始挑战周天子。秦始皇时因这位白帝与五德转移学说相矛盾，而改崇黑帝。《史记·封禅书》："秦始皇既并天下而帝，或曰：'黄帝得土德，黄龙地螾见。夏得木德，青龙止于郊，草木畅茂。殷得金德，银自山溢。周得火德，有赤乌之符。今秦变周，水德之时。昔秦文公出猎，获黑龙，此其水德之瑞。'于是秦更命河曰'德水'，以冬十月为年首，色上黑，度以六为名，音上大吕，事统上法。"而这黑帝祠终于没有建立起来，直到刘邦才弥补了这个缺失。秦始皇不想再信白帝，而又不兴黑帝祭礼，这只能说明秦始皇对上帝的兴趣不大。

秦始皇怕死，想长生，承战国以来的求仙风潮，成了一个最大的仙迷。他最关心的就是自己是否能长生不老，这构成了秦神话的一个显著特征：无意于外在的上帝构造，只醉心于扩大王权与自我的神仙迷信。如此，秦就不可能产生为群体所关心的神话，只有关于帝王自我的神话。如果说秦有一个最高神的话，那就是皇帝自己。显然，以暴戾凶残的秦始皇形象而成为一个最高神，这是没有人认可的。由于没有外在的至上神，秦宗教由襄公以来逐渐统一的白帝崇拜反降为一个无中心的多神崇拜的局面，上帝从秦文化的最高层面消失了，民间留下了如《日书》那样的普遍的迷信。

秦神话主要由三部分构成：第一，关于皇帝为至上神的神话；第二，关于皇帝为神仙的神话；第三，漫无统序的杂神神话。我们可由此把握秦神话的特点。

秦始皇把自己视为至上神，从他藐视群神、藐视五帝三王及秦先祖可以见出。秦始皇自认为最高神，把天人合一观念发展至一个新阶段。

秦始皇在位第二十七年，在渭南造了座信宫，这是一座行宫别墅。"已更命信宫为极庙，象天极。自极庙道通郦山，作甘泉前殿。筑甬道，自咸阳属之。"①秦始皇作极庙，用心良苦。这个信宫即便不是始皇自己住在里面，它跟宫殿直接相连，也为始皇所主。这条甬道是什么样子呢？《正义》引应劭云："谓于驰道外筑墙，天子于中行，外人不见。"秦始皇自己做了极庙之神，神秘地往来于极庙与甘泉殿之间。象天极的神庙当住什么神呢？《史记·天官书》："中宫天极星，其一明者，太一常居也"。中宫乃天宫之中央府第，太一为最高神。秦始皇作这样一个极庙，岂不是把自己当作了天庭之中的最高神？

秦始皇二十五年（前222），宫殿的建设规模进一步扩大，秦始皇以为咸阳人多，先王之宫廷小，"乃营作朝宫渭南上林苑中。先作前殿阿房，东西五百步，南北五十丈，上可以坐万人，下可以建五丈旗。周驰为阁道，自殿下直抵南山。表南山之颠以为阙。为复道，自阿房渡渭，属之咸阳，以象天极阁道绝汉抵营室也"②。这样便再一次显示出秦始皇自比太一尊神的用心。他将自己的宫殿拟作天宫的结构，"以象天极阁道绝汉抵营室"说明他欲与天公试比高。秦始皇把自己作为最高神，这才敢毁湘君祠，射杀海神。他是一位少见的不怕神的君王。

秦始皇陵中"以水银为百川江河大海，机相灌输，上具天文，下具地理"③，看来死后还要统治世界。他不仅管理人间，而且天文地理悉具，似为一宇宙主宰。秦始皇为最高主宰已被朝中认同。秦始皇死后，二世令群臣议尊始皇庙，群臣顿首曰："古者天子七庙，诸侯五，大夫三，虽万世世不轶毁。今始皇为极庙，四海之内皆献贡职，增牺牲，礼咸备，毋以加。……天子仪当独奉酌祠始皇庙。自襄公已下轶毁。所置凡七庙。群臣以礼进祠，以尊始皇庙为帝者祖

---

① 《史记·秦始皇本纪》。
② 《史记·秦始皇本纪》。
③ 《史记·秦始皇本纪》。

庙。"① 从这段文字看，始皇庙就是秦始皇在世所建的那座极庙——太一常居的处所，这是天神庙。又始皇庙为"帝者祖庙"，所以秦始皇在秦代是无以复加的尊神，因而，所谓五帝或者天帝的崇奉在秦代几乎没有市场。

秦始皇地位至高无上已经实现了，但岁月流逝、人生易老仍令他感伤，他想长生不老。他的这一愿望正与战国以来的神仙思想一拍即合，于是，关于神仙的神话成为秦代甚有影响力的神话。秦代的神仙潮是秦始皇掀起来的，他宣称："吾慕真人，自谓'真人'，不称'朕'。"② 表现出求道成仙的强烈愿望。齐人最好神仙道术，秦始皇称帝后，齐人以此奏之，始皇大悦，开始了疯狂的求仙历程。

齐人徐市等言海中有三神山，秦始皇于是遣徐市发童男童女数千人入海求仙。此一去当然是一去无消息，以至于那些声称可求仙药者赶紧开溜。秦始皇心知有诈，遂演一坑儒惨剧。这一来本该有所清醒，但秦始皇怕死，史称"始皇恶言死，群臣莫敢言死事"③，唯独说到求仙，编出任何谎言他都相信。入海方士两手空空回来，总说仙山已见到，诸仙人及不死之药皆在，其物禽兽尽白，金银为宫阙，未至时，望之如云，及至，三神山反在水下，想靠近，风就把船吹走，终不能到达。

神仙及仙药不可求得使秦始皇的情绪大受影响，他对自己至高无上的地位也产生了怀疑，尤其是他到泰山封禅遇到大雨，遭儒生讥笑，给他心里蒙上了一层阴影。这场大雨弄得秦始皇十分狼狈且难堪。这现象似乎证明他德行不够，没达到古帝王的水准，上天在示象警告，不容他对神轻慢，于是他开始了见了菩萨就烧香的颇有淫祀性质的杂神祭祀。他所祭祀的杂神甚多，超过了他对上帝的信仰。他封禅后东游海上求仙，沿途行礼祀名山大川及齐地八神。之所以这样小心翼翼，是怕像得罪了湘君之后那样遭风暴袭击。秦始皇三十七年（前210）出游至云梦时，想起当年得罪舜妻湘君的遭遇后还不寒而栗，因而"望祀虞舜于九疑山"，后又"上会稽，祭大禹"。④ 当年斥责五帝三王"假威鬼神"之谬的勇气全无，自以为功盖五帝，现在变得要乞五帝之灵保佑了。这正是他在政治上穷途末路的表现。

就整个秦代的宗教神话发展趋向看，它没有真正向一统的文化方向发展。

---

①《史记·秦始皇本纪》。
②《史记·秦始皇本纪》。
③《史记·秦始皇本纪》。
④《史记·秦始皇本纪》。

由此可见，一统的政治并不跟一统的神话完全对应。雍四畤所祀四帝高低难分，传说的白帝之祀未得强化，而黑帝之祀又未见施行。终秦一代，秦始皇、二世均未辟新畤以祀神，只是在原雍四畤及陈宝的故坛上做了些象征性的礼拜，兴趣并不浓。因而，秦代是一个对上帝感到迷茫的时代。

周代崇奉上帝的规范被遗弃了，使得神权与皇权再度合一，造成政教一体化的统治格局，即以政权统辖神权的局面，神话始终跟政治结有不解之缘。秦代不信上帝是因为秦代以帝王的迷信代替了天神的信仰。秦代神话总是围绕皇帝的地位及其存在而展开，没有上帝信仰或者说轻视上帝并不能跟无神论直接联系，相反，它会造成普遍的迷信，所以，到了秦后期，一股淫祀之风反而刮起，使秦朝的宗教神话处于涣散无纪状，文化也随之呈现分裂态势。这样的朝廷的迷信，也带来了民间的广泛的迷信。秦简《日书》以《颛顼历》为基础，展现了丰富的时间吉凶的信仰、众多的民间禁忌与形形色色的秦民间鬼怪。十二生肖、建除，这些形形色色的日期吉凶的规则，现在的民间通书还在使用。这也可见秦代民间记时和时间信仰民俗旺盛的生命力。

秦神话基本是以齐地的五德转移学说结合秦原有神话而构成的政治神话，齐秦文化大致上形成联盟。故秦统一天下，齐鲁方士、儒士都颇卖力，秦始皇对齐地神灵也很重视，礼祀齐八神。而作为秦近邻的楚与秦的矛盾一直十分尖锐。尽管在统一战争中楚国输得很惨，但楚人却没有输掉信心，扬言"楚虽三户，亡秦必楚"。之后陈胜于大泽乡一旁的"丛祠"（即神祠）里装神弄鬼而征信于众，"大楚兴，陈胜王"的预言遂不胫而走。民间这种"丛祠"的存在说明秦时民间信仰十分广泛，且多呈与正统文化对抗的态势。秦楚的冲突首先是文化上的冲突，所以秦的失败是文化的失败，更是在神话领域里的失守。"大楚兴"首先是神示，是天命，宣告了秦统治的结束。这是民众与统治者之间的矛盾在神话中的体现，也是秦楚两大文化矛盾对抗在神话中的体现。民众是以神话首先敲响秦王朝的丧钟的。有人遮道告使者："今年祖龙死。"又有人在陨石上刻字："始皇帝死而地分。"秦始皇遭到诅咒，遭到了神话的攻击，因此惶惶不可终日。

一味强调王朝自身的神性，忽视外在的神灵建设，使得秦神话的核心主体在王朝崩溃后也一同殉葬了，如关于秦始皇为极庙之主的神话、秦始皇为"真人"的神话等，均仅成为笑柄贻笑于人，不可能影响到民众的心理结构。而秦王朝留下的上帝的空缺都留待汉王朝来建设了。

秦代的神话成为一个最不成功的实践：企图自我神化，这样的神话必定破产。隔断神话传统，社会的认同是建立不起来的。秦王朝的建立是一个伟大的实践，其失败也是深重的教训。秦王朝的失败，在一定程度上是神话实践的失败。秦王朝打乱了神话发展的进程，使充满浪漫气质的楚神话与充满伦理色彩的齐鲁三晋神话的发展受到遏制。这样的结果使得西周的体系性的神话记忆，以及已经形成初步系统的楚神话和齐鲁神话受到打击，这就使得汉代的神话建构变得较为困难。

第二节　上帝的认同与文化认同

秦王朝建立的江山很快垮台。从陈胜吴广到刘邦项羽，他们都是打着"大楚"或"西楚"的大旗发难的。他们无不为自己的起义编造了一曲神话，如大泽乡的装神弄鬼散布了"陈胜王"的迷雾，斩白蛇的传说则确立了刘邦真龙天子的地位。它们在反秦斗争中起到很大的作用。然而这些神话因产生于应急状态，也仅供一时之用，难以纳入集体信奉的神话范畴。一个统一的国家和民族必须有一个共同信奉的上帝和祖先，前者作为历史已成为共同体的纽带，是民族的前提。秦王朝为这种一统创造了一些硬件，如疆土、度量衡与文字的统一等，但与共同文化的整合还有较大差距，虽有焚书坑儒的硬性攘斥异端的举措，却没有真正的建设性的文化工作，急功近利的敷衍，这种文化没有生命力。

汉王朝经过一个漫长时期的努力，重新建立起了政教合一的国家权威，将民族共同体以法典形式确立下来，这便是历代所尊奉的上帝与民族共祖的出现，中华民族的主体遂宣告形成。汉文化继往开来，奠定了中国文化发展的根基，但是这个过程并不容易。

秦始皇及其臣属觉得五帝三王之功不能同秦始皇相比，便十分看轻五帝之祀，因而连五帝的数都没凑齐。他们忙着征战与大兴土木，忙着给自己的王朝涂脂抹粉。以秦始皇的暴虐，人们诅咒还来不及，哪个百姓会把他作为极庙的"太一真人"呢？秦始皇武功盖世，文化却极肤浅，他的盲目迷信与杂祀把秦朝的神话引向了一个纷乱的局面。秦代影响人心的并不是雍四神畤，也不是秦始皇这一"太一真人"，而是遍布各地的宗祠神社以及乡村巫师，这是民众真正的精神依托。

刘邦的低微出身是极难征信于人的，于是编造斩蛇起义的神话，不久便传说纷纭。《史记·高祖本纪》是说斩完大蛇后有老妪夜哭，言其子白帝子被赤帝子斩，《史记·封禅书》则说法不同：

高祖之微时，尝杀大蛇。有物曰："蛇，白帝子也，而杀者赤帝子。"

这"物"是什么不详，可能就是像陈胜吴广那样放在鱼肚子里的丹字帛书类的东西。借着杀条蛇做做文章，没想到这个故事非常管用，它不胫而走，竟成为刘邦夺天下的最根本的神话资本。然而当时起义为王者蜂起，先是陈胜吴广立号张楚，原各诸侯的残余势力一时死灰复燃，武臣自立为赵王，韩广自立为燕王，田儋自立为齐王，宁陵君咎为魏王，楚王先后立有多起，可谓群雄纷起。刘邦起沛只是这群雄中小小的一支，且刘邦既无绝世的武功，也无过人的智慧，靠什么来赢天下呢？与各路英雄不同的是，刘邦紧紧抓住了神话，采用了灵活机动的方式，始终把自己置于取秦天下的必然人选角色。刘邦被拥为沛公后，所做的第一件事就是：

祠黄帝，祭蚩尤于沛庭，而衅鼓旗，帜皆赤。由所杀蛇白帝子，杀者赤帝子，故上赤。①

这里还有一个重大的信息，在沛庭，有两个人的神庙，一个是黄帝，一个是蚩尤，而后者实际上就是炎帝，也就是赤帝。② 炎帝有两大系统，一为炎帝神农氏，一为炎帝蚩尤氏，而蚩尤氏在东部有更大的影响。因此，刘邦才会号赤帝子。

其实，这时的秦朝已不再自以为是白帝所生，而改崇黑帝，可这些朝廷的事，老百姓可能不知道，便觉得杀白帝子也就是灭秦，刘邦就是赤帝子。老百姓都相信这事，说："平生所闻刘季诸珍怪，当贵，且卜筮之，莫如刘季最吉。"③ 众人就这样盲目迷信地跟了他。虽然，刘邦得天下还有许多重要因素，不仅仅是靠几则神话就换来江山的，但我们绝不能忽视神话在刘邦创业过程中的重要性。就这些刘邦的故事，再结合秦始皇后期国内蜂起的谣言看，便会发现，秦简《日书》所载，绝不是一个孤立的现象。《史记·高祖本纪》记载了那么多的关于给刘邦相面的故事、民众卜卦的故事，可以看到，民间浓厚的神话土壤已经装满火药，只要一个火星，就会迅速蔓延。

项羽是个莽汉，只知道火烧阿房宫，掳掠一通。刘邦出关，则"令除秦社稷，更立汉社稷"④。通过社稷神位的确立表明自己已夺取江山，这些恐怕是项

---

① 《史记·高祖本纪》。

② 田兆元、明亮：《论炎帝称谓的诸种模式与两汉文化逻辑》，载《华东师范大学学报》（哲学社会科学版）2007 年第 3 期。

③ 《史记·高祖本纪》。

④ 《史记·高祖本纪》。

羽连想也想不到的。他认为力能扛鼎或者有"万人莫敌"的兵法就拥有了江山，这真是一个典型的没有文化的武夫。而刘邦哪怕是在与项羽进行战争的紧张时刻，仍"令祠官祀天地四方上帝山川，以时祀之"①。这种祭祀在军事上似乎没有帮上汉王的忙，因为此后，刘邦还常被项羽打得大败。但他在政治上抓住了根本，拥有了天地神灵的祭祀权。项羽纵然所向无敌，可他不是"天子"，无从征服人心，加以暴虐扰民，他的失败是必然的。

　　刘邦得了天下，依然很重神灵，只是出身布衣，不知该奉何神为上帝。他小心翼翼地遵循秦代的旧礼，不敢随意增删。他说："吾甚重祠而敬祭。今上帝之祭及山川诸神当祠者，各以其时礼祠之如故。"② 这就是说，还是祭秦的上帝。可秦时的上帝是谁呢？大家都很茫然。刘邦问人："故秦时上帝祠何帝也？"这确实是件滑稽事，说明秦代的文化真是一塌糊涂，不知是谁在保佑它的江山，也表明刘邦急欲兴起上帝之祀而又不知如何措手，也很尴尬。有人回答说："四帝，有白、青、黄、赤帝之祠。"这更令刘邦迷惘："吾闻天有五帝，而有四，何也？"众莫知其说。秦始皇不关心上帝，前代秦王也仅列了四帝祭祀。秦朝时仅从而敷衍，臣下也不敢妄增，便留下了四帝之祠。这时的刘邦表现机警，说："吾知之矣，乃待我而具五也。"③ 于是立黑帝祠，命名为北畤。《史记·历书》也说："汉兴，高祖曰：'北畤待我而起。'亦自以为获水德之瑞，虽明习历及张苍等，咸以为然。"这恐怕是刘邦虽然凑足了五帝之数，但黑帝却不是赤帝，跟当年编造的神话有矛盾，所以只好这样勉强凑合当上帝。秦廷里说秦文公猎得黑龙，秦朝是水德，但尚黑的一套老百姓可能根本不知道，刘邦要知道秦尚黑，恐怕怎么也不会再立个黑帝祠了。

　　这也是十分令人困惑的问题——刘邦是不是知道他是赤帝子？如果知道，他在讨论五帝的时候为什么不强化赤帝，还要去立一个黑帝祠呢？他祭祀黄帝蚩尤的事情肯定是真的，可能在朝廷中，他还是比较尊重神职人员，听他们的意见办事。还有一种可能，就是对于到底以什么神作为汉代的代表神祇大家的意见不一致，刘邦比较谨慎地隐藏着曾经的赤帝子的身份。

　　刘邦最难忘的是当年所祷丰地枌榆社及在沛庭所祠的黄帝与蚩尤。所以，"天下已定，诏御史，令丰谨治枌榆社，常以四时春以羊彘祠之。令祝官立蚩尤

　　①《史记·高祖本纪》。
　　②《史记·封禅书》。
　　③《史记·封禅书》。

之祠于长安"。蚩尤虽在战国神话里被称为乱臣贼子，但因刘邦之崇奉而重获地位，后来蚩尤又风行一时，是对这位古老战神的怀念，也是刘邦不忘老神旧恩所致。刘邦不忘故土，衣锦还乡后恋恋不舍，似乎是地方神保佑他夺了江山，故特别注重这种地方神祠的建设。"令县为公社"，把这种基层的宗教组织都建立起来了。刘邦想建一个上帝权威，但实在因为不懂这套礼教，反倒看重了基层宗教组织。所以，实际上也只是信了一个莫名其妙的上帝，而以杂祀诸神为主。

汉初之主神，议而未决，遂将流行于各地的各路神灵尽数搬入长安与秦国故神一同祭祀，所祀既有周旧礼中所有的神主，也有原战国时各诸侯地方的神灵，实为一杂烩。《史记·封禅书》开出了刘邦建国后四年的祭神清单：

> 后四岁，天下已定，诏御史，令丰谨治枌榆社，常以四时春以羊彘祠之。令祝官立蚩尤之祠于长安。长安置祠祝官、女巫。其梁巫，祠天、地、天社、天水、房中、堂上之属；晋巫，祠五帝、东君、云中、司命、巫社、巫祠、族人、先炊之属；秦巫，祠社主、巫保、族累之属；荆巫，祠堂下、巫先、司命、施糜之属；九天巫，祠九天。皆以岁时祠宫中。其河巫祠河于临晋，而南山巫祠南山秦中。秦中者，二世皇帝。各有时日。

这中间大神小神杂糅一处，毫无统绪。天地之神、五帝之灵并未得到突出重视，而与主施糜粥之神、炊母神等同享香火。可见汉朝刘邦刚刚打起的崇奉上帝的念头因无所适从便放弃了，而代之以多神的信仰。其祀神的强烈功利性可从对二世皇帝的祭祀见之，《史记集解》引张晏曰："子产云匹夫匹妇强死者，魂魄能依人为厉也。"考虑到汉从秦手中夺了江山，而二世又贪鄙暴虐，恐其死后为厉鬼，因而专设南山巫以祭二世之灵。凡有利有影响的神灵，高祖都毫无遗漏地将其列入祀典。如有人说周朝兴起时邑郿，立有后稷祠在那里，高祖便下令立灵星祠，常以岁时以牛祠之。这种祭祀有着现实的功利性。《史记正义》引《汉旧仪》云："五年，修复周家旧祠，祀后稷于东南，为民祈农报厥功。"本来后稷是周人先祖，因其主农，现在可为汉家百姓做点贡献，所以也享受了大礼。刘邦时的多神较秦时更为严重。一个统一的国家，并没有统一的上帝。吕后专权，忙于防范刘家故臣的对抗，无暇顾及上帝之祀，一仍高祖所行服色。《史记·历书》说："是时天下初定，方纲纪大基，高后女主皆未遑，故袭秦正朔服色。"

这种杂乱的意义在于：各地的信仰与神话进入皇家的后院，既便于了解世道人心，更重要的是多元吸取，使得皇家的祀典有更加丰富的选择。晋、梁、楚、秦各地的巫师，把他们的信仰与神话带到宫廷，也是为了交流和选择。

文帝继位，这是一位宽厚的皇帝，勤于政道而关心民生疾苦，颇有些"先天下之忧而忧"的做派。他听说祝官祭祀时在为皇帝祈福，心中很不高兴，于是说道："昔先王远施不求其报，望祀不祈其福，右贤左戚，先民后己，至明之极也。今吾闻祠官祝釐，皆归福朕躬，不为百姓，朕甚愧之。夫以朕不德，而躬享独美其福，百姓不与焉，是重吾不德。其令祠官致敬，毋有所祈。"① 这境界委实不低！文帝不让祠官为其祈福，这番表白正说明他看重祭祀神灵的事，所以，文帝时期，汉代的宗教与神话发生了较大的变化。

汉承秦制，行水德，尚黑，文帝时当然还是在尚黑。这时开始有人出来提出异议，第一个人是贾谊。《史记·屈原贾生列传》记载了这件事：

> 贾生以为汉兴至孝文二十余年，天下和洽，而固当改正朔，易服色，法制度，定官名，兴礼乐，乃悉草具其事仪法，色尚黄，数用五，为官名，悉更秦之法。孝文帝初即位，谦让未遑也。诸律令所更定，及列侯悉就国，其说皆自贾生发之。于是天子议以为贾生任公卿之位。绛、灌、东阳侯、冯敬之属尽害之，乃短贾生曰："洛阳之人，年少初学，专欲擅权，纷乱诸事。"于是天子后亦疏之，不用其议，乃以贾生为长沙王太傅。

关于行土德之议起初是文帝谦让，继而文帝重视其事，又遭老派的攻击，其说便不了了之。文帝不懂鬼神事，却对鬼神很感兴趣。他知道贾谊是这方面的专家，于是在把贾谊贬到长沙一年多后，又把他征召回来，专门请教鬼神之事。《史记》说："后岁余，贾生征见。孝文帝方受釐，坐宣室。上因感鬼神事，而问鬼神之本。贾生因具道所以然之状。至夜半，文帝前席。"② 这一通谈话极大地提高了文帝对鬼神的兴趣，故至夜半不倦，文帝对鬼神的认识水平无疑因此举而提高。然文帝大约是嫌贾谊年轻，又因其好谦仁慈，贾生之议最后还是没有被采纳。

文帝时第二位论土德者为公孙臣。《史记·封禅书》：

> 鲁人公孙臣上书曰："始秦得水德，今汉受之。推终始传，则汉当土德，土德之应黄龙见。宜改正朔，易服色，色上黄。"

公孙臣此议一出，即遭丞相张苍的反对。张苍好历法，拥护水德说。因公

---

① 《史记·孝文本纪》。
② 《史记·屈原贾生列传》。

孙臣讲出黄龙见的符应，张苍便立刻讲出水德的符应，"以汉乃水德之始，故河决金堤，其符也"。黄河决堤，这是司空见惯的事。张苍找来这样一个符应实在不难。加上张苍又是丞相，也是一个阴阳五行的专家，公孙臣的意见一开始便没有被采纳。文帝采用外黑内赤色，以调和高祖传下来的"德"的矛盾，就是没有采纳黄色的建议。过了三年，黄龙果然见于成纪，公孙臣的话应验了。文帝乃召公孙臣，征为博士，与诸生起草改历易服色事。这年的夏天，文帝下诏说："异物之神见于成纪，无害于民，岁以有年。朕祈郊上帝诸神，礼官议，无讳以劳朕。"① 文帝要亲自出马郊祀上帝，这事刘邦没亲自做过，文帝以前也没有，只是祠官祭完上帝后带回一块肉来享用，以得神之赐福而已。夏四月，文帝在雍五畤郊祀上帝，可衣服还是用的红色，并没有马上行土德而改用黄色。五畤还是秦时的老庙。

符应是春秋战国至秦汉神话的一个重要内容，它纯粹是王权存在的神学依据。《中庸》说："至诚之道，可以前知。国家将兴，必有祯祥；国家将亡，必有妖孽。"将要登上历史舞台的集团总是挖空心思去寻找天瑞，因而总是制造出种种离奇古怪的神话。秦汉统治者周围有一个班子，这个班子的成员大都是占星望气之类的人。《吕氏春秋·应同》记载了一段黄帝以来符瑞的种种变化情况，都不是事实，而是阴阳家为现实服务而排定的历史"根据"。

符应神话在春秋战国时就特别流行，某一怪异的自然天象或者人的一些奇怪的梦境，都可能跟上帝的批示相联系。汉代自高祖、惠帝、吕后到文帝数代均袭秦正朔服色，并没有自己王朝的独特标志。到文帝时汉王朝确定自己的符应已是迫在眉睫了。《史记·历书》说："王者易姓受命，必慎始初，改正朔，易服色，推本天元，顺承厥意。"这也就是说王朝必定要有天命神话的支撑，否则不合理。董仲舒说："有非力之所能致而自至者，西狩获麟，受命之符是也。"② 非力之所能致而自至，则是不可抗拒、不可违背的天命，这就是受命之符。既然黄龙已见于成纪，汉崇黄帝，行土德将成定局，汉代的上帝人选即可确定了。

黄龙一见，张苍立刻失败了，于是自黜，其水德论就此结束，但黄帝土德也没有立即被采纳。

新垣平以望气者的身份见文帝，说："长安东北有神气，成五采，若人冠絻

---

①《史记·封禅书》。
② 董仲舒：《春秋繁露·符瑞》。

焉。或曰东北神明之舍，西方神明之墓也。天瑞下，宜立祠上帝，以合符应。"①神明即日神，《史记集解》引张晏曰："神明，日也。日出东北，舍谓阳谷；日没于西，墓谓濛谷也。"这一符应跟黄龙见成纪不同，黄龙仅一色，而此地是"五采"。这当然是五帝并发之光，不能单独祀黄帝。"于是作渭阳五帝庙，同宇，帝一殿，面各五门，各如其帝色。祠所用及仪亦如雍五畤。"② 这是汉朝独立建立起来的神庙，具有非同寻常的意义，与秦四畤的区别在于：秦雍四畤每帝一庙，汉渭阳五帝庙是五帝居于一庙；秦庙在西，汉庙在东。东北神明之舍，西方神明之墓，东西之别在于象征汉的兴起、秦的破亡。汉五帝庙建在灞、渭二水之间，文帝亲临郊祀渭阳五帝，从此，汉代有了自己的上帝寓所。因新垣平的游说，文帝放弃了独尊黄帝的想法，合祀五帝。文帝一次出霸陵长门，若见五人于道北，便疑为五帝，便在五人出现的地方立了五帝坛，祠以五牢具。③五帝在神话中的地位便开始初步固定下来了。

可是，新垣平因弄鬼骗术被揭穿而送了命，文帝也一下子觉得什么五帝神鬼都变得不可靠了。"怠于改正朔服色神明之事，而渭阳、长门五帝使祠官领，以时致礼，不往焉。"④ 他也像高祖一样，不再亲自去参加祭礼了。文帝时的五帝及帝德之争遂搁置而不了了之。

景帝即位及在位统治期间，除祠官依文帝时祭礼按时行礼外，没有新的神庙建设，也无帝德之争。渭阳五帝庙因新垣平之事变得如同伪庙一般，景帝没光临过渭阳五帝庙，反倒在中元六年（前 144）十月的时候，到雍去郊祀秦五畤，⑤ 可见渭阳五帝庙已遭冷遇。

汉代神话与宗教在武帝时期再兴高潮，其情形与秦始皇时颇有些类似。顾颉刚先生说："武帝是一位好大喜功之主，又凭借汉家全盛之业，所以他和秦始皇最相类：他们的黩武穷兵是一样的，封禅求仙是一样的，就是定德改制也是一样的。"⑥ 但是又有许多方面二人不一样，最重要的是：秦始皇重刻薄少恩的法家，汉武帝起码表面是重好礼敬神的儒家；秦始皇自以为功盖五帝，不把五帝放在眼里，汉武帝则欲步五帝的后尘，要建立起五帝的秩序。

---

① 《史记·封禅书》。
② 《史记·封禅书》。
③ 《史记·封禅书》。
④ 《史记·封禅书》。
⑤ 《汉书·景帝纪》。
⑥ 顾颉刚：《五德终始说下的政治和历史》，见顾颉刚编著：《古史辨》第 5 册，上海古籍出版社，1982 年，第 435 页。

汉初黄老之学行之已久，儒学市场不大，而所谓改正朔易服色都是因为一些汲取了阴阳五行学说的儒生们的热衷。汉得天下已六十余年还是承袭秦的服色正朔，于礼数上不像一个独立的王朝。武帝好儒术，招贤良文学之士以求策问礼。儒生赵绾、王臧等以文学为公卿，欲议立古明堂于城南以朝诸侯，还征召了鲁申公帮忙，草拟巡守封禅改历服色等事务，未就。正逢窦太后好黄老言，不喜儒术，乃使人暗中调查赵绾等人所做过的不法之事，召见并审问赵绾、王臧，二人吓得自杀了，所谓巡守封禅改历服色之事均破产。这实际上是一场儒道之间的冲突，窦太后不喜儒术，赵、王等也不喜窦太后专权。赵绾提议不要将朝廷之事向太皇太后奏请，要将权力归还皇帝，结果丢掉性命。等到窦太后死后，武帝复召文学贤良，董仲舒、公孙弘等出山，此时，在宗教上大干一场的时机到了。

武帝起初的祭祀也还是在雍故五帝畤举行，他亲自参加，定制度三年郊祀一次。除尊五帝之神以外，武帝尤好杂神。如他于上林中立一碉氏馆舍之，专一求见神君。所谓神君不过是一位因难产而死的女子，女子死后，见神于妯娌宛若，宛若于其家祠之，老百姓也来祭拜，武帝外祖母平原君也去祭祀，获得子孙尊显。武帝即位后，便将其祠置于皇城内，据说能听见这神君说话，但见不到人。[1] 武帝敬神君如同高祖祀丰枌榆社，神君是其外祖母家发迹的保护神，因而格外看重。武帝时之杂祀由神君这样一小神都得重视即可见一斑。

至于武帝求神仙则比秦始皇有过之而无不及，故掀起了有汉以来的求仙高潮。汉代的神仙方士空前地活跃起来，方士言神仙者以万数，可谓盛况空前。其方士骗子如李少君、少翁、栾大、公孙卿等先后放胆胡吹，弄得武帝晕头转向，尽管连连上当，可仍乐此不疲。

此时有亳人谬忌上奏祀太一尊神，曰："天神贵者太一，太一佐曰五帝。古者天子以春秋祭太一东南郊，用太牢，七日，为坛开八通之鬼道。"[2] 古代有无天子以春秋祭太一东南郊于史无载，恐只是一个托词。谬忌此一上奏，立刻获得了汉武帝的支持，便令太祝立其祠东南郊，常奉祀如谬忌所言。从此，汉人有了自己的上帝——太一。

太一登上上帝宝座不是偶然的，他在民间已有漫长的被奉祀的历史。早在战国时期的楚国，太一就被奉为最高神。《楚辞·九歌》列东皇太一为群神之首，其祭歌称："吉日兮辰良，穆将愉兮上皇。"太一是上皇，当然是第一神。

<hr>

[1]《史记·孝武本纪》。
[2]《史记·封禅书》。

317

宋玉《高唐赋》："醮诸神，礼太一。"太一是楚国的最高神。他在汉代出现并入主神坛，给汉代带来了浪漫气质。太一成为最高神。《史记·天官书》："中宫天极星，其一明者，太一常居也。"中宫为天帝寓所，为太一所主。《正义》曰："泰一，天帝之别名也。刘伯庄云：'泰一，天神之最尊贵者也。'"显然，太一已凌压五帝，成为天国的最高主宰。

尽管太一祠坛建立起来了，他一时却未独尊。方士各自谈一通最高神，皆云"古者"如何如何，武帝大都信而从之。如有人说要祠三一，即天一、地一、太一，武帝也答应了，祠之于太一坛上。又有人说要祀黄帝、冥羊、马行、太一、泽山君、地长、武夷君、阴阳使者，且各有礼数，武帝也从之不拒，可谓杂祀与主祀并行。武帝有了自己的神坛，还要去雍郊祀秦畤，实为一神仙爱好者。

与汉代的其他皇帝比，武帝时的神坛建制是增设最多的。除太一坛外，又作甘泉宫，"中为台室，画天、地、太一诸鬼神，而置祭具以致天神"①。看来此处鬼神虽有天地太一之尊者，杂神也夹杂其中，也是一杂烩。甘泉宫性质与太一坛的性质有区别，后者祭最高神，前者主要是求神仙，是一个行巫术的场所，如武帝生病，在其中与鬼神交谈，其事神秘，外人不得其详。

武帝的另一项重大建设是设立后土祠。他在一次郊雍后认为："今上帝朕亲郊，而后土无祀，则礼不答也。"② 祀皇天而不及后土，武帝觉得是一缺憾，便令有司与太史和祠官宽舒商议筹办。按说，天圆地方，后土宜立一方丘之上，但商量下来还是于泽中圜丘为五坛，弄成个圆形。后土祠立于汾阴脽丘，其色黄。武帝亲望拜，祀如上帝礼，上帝与后土有同样的地位。

这时，汉已有五处圣地。其一，雍五畤；其二，渭阳五帝庙；其三，太一坛；其四，甘泉宫；其五，河东汾阴后土祠。其中渭阳五帝庙香火颇冷，其他四处甚有热气。这四处有三类要神：五帝、太一、后土，均有至上性，其地位一时尚伯仲难分。如雍五畤，武帝一直行郊礼，虽言五帝为太一佐，可立下太一坛后并没行郊礼。后来武帝幸雍欲郊五帝时，有人提意见了，说："五帝，太一之佐也，宜立太一而上亲郊之。"③ 武帝犹豫不定，说明神话传统的力量还很大，真正用太一替代五帝还下不了决心。这次虽未郊祀太一，回到甘泉后，却令宽舒等重治太一祠坛。其坛仿谬忌太一坛式样，五帝坛环居其下，黄帝却处

_____

① 《史记·封禅书》。
② 《史记·封禅书》。
③ 《史记·封禅书》。

西南面，不是如《吕氏春秋》《礼记·月令》等所说的那样居于中央位。太一所用如雍五帝時物，以醴枣脯之属，并杀一貍牛以为俎豆牢具，五帝独有俎豆醴进。太一的地位明显要高。这一年的冬天，武帝终于郊祀太一，而用雍郊礼，其坛名泰時。从此，武帝于雍五時、泰坛、后土祠用同礼奉祠，其中祠太一的次数明显多起来。

其后，又一新的圣地开辟出来，那就是泰山。武帝封泰山还有一个目的，就是想学黄帝不死，封禅不仅仅是以成功告天地。齐人丁公说："封禅者，合不死之名也。"这样封禅实际上是为求仙，汉代方士着力渲染了一个重要人物，那便是黄帝。这位合上帝与神仙为一体的神灵便是因了泰山而影响更为深远。方士言"封禅七十二王，唯黄帝得上泰山封"。又"黄帝且战且学仙"，常游五岳，与神会，不死。武帝自封泰山禅梁父后求仙风大盛自不待言，泰山因此成为圣地而居显著地位。这次封禅回来，武帝便下诏，令诸侯各治邸泰山下，以便按古天子五载一巡守的旧礼行事。又于泰山下作明堂，祠太一、五帝于明堂上座，祠后土于下房。这是将三大至上性质神的神位搬到了泰山。泰山不过是一祭神的场所，它本身虽然强化了某些神灵的地位，但并没有产生新的神。五帝中黄帝和赤帝的地位突出了。《史记·封禅书》有段记述："而泰山下祠五帝，各如其方，黄帝并赤帝，而有司侍祠焉。"《汉书·郊祀志》也有这一记载。祠五帝而突出黄帝并赤帝，这是说赤黄同祀。赤帝崇拜是高祖传下来的传统。黄帝是新崛起的，武帝甚爱之，说："吾诚得如黄帝，吾视去妻子如脱蹝耳。"黄帝和炎帝就这样在五帝中高出一筹来。

武帝时的太一、五帝、后土三大神的祀礼大致相同，但太一在皇帝心中的地位逐渐变得最为突出。自明堂建立后，上帝神所到了泰山，而雍五時相对受到冷遇。武帝在祠上帝于明堂时说："天增授皇帝太元神策，周而复始。皇帝敬拜太一。"这样，太一实际上已高于五帝和后土。开始讲五帝为太一佐时不过流于口头，五帝实际地位不亚于太一。后来雍五時武帝很少光临，连祭品供给都出现了问题。甘泉泰時建立后，雍五時不再行郊礼。凡郊上帝都在泰時举行，太一为上帝的地位已经确立。

汉兴数十年的文化混乱在武帝时得到初步整顿。汉文化的基本确立，使汉王朝的存在获得了文化与神学上的确认。高祖以来无所适从的纷繁议论，使得一个王朝连自己的文化都建立不起来，这对有雄才大略的武帝来说实在是件不可容忍的事。他给御史下诏说："盖受命而王，各有所由兴，殊路而同归，谓因民而作，追俗为制也。议者咸称太古，百姓何望？汉亦一家之事，典法不传，谓子孙何？化隆者闳博，治浅者褊狭，可不勉与！"① "乃以太初之元改正朔，易服色，封泰山，定宗庙百官之仪，以为典常，垂之于后云。"② 这套制度是儒生们结合阴阳五行学说制定的，因而汉文化的基本格调便是：以儒学为核心，吸收各家学说作为统治思想的理论基础，以土德确立王朝的身份，以尚黄为标志，以太一为上帝，以五帝后土为辅神，这样建立起一个与秦王朝完全不同的文化体系。武帝一世，文治武功均建树卓越。汉神话便在太一、五帝、后土三位一体的总构架下得到初步统一，形成了王朝的主流神话，暂时结束了纷乱的局面。

可是，这种局面还是不够稳定，主要表现在太一过去从来没有和上帝建立长久的联系，商周以来的上帝非人格化存在是一种传统，现在将其具体化，实际上存在问题。因此，武帝后泰畤就不太引人关注。昭帝即位未尝有所作为，而宣帝即位十二年才去一次，宣帝诏书曰："盖闻天子尊事天地，修祀山川，古今通礼也。间者，上帝之祠阙而不亲十有余年，朕甚惧焉。朕亲饬躬齐戒，亲奉祀，为百姓蒙嘉气、获丰年焉。"十几年天子都不管上帝的事情，这是一个问题。一直到汉成帝的时候，臣下提出，泰畤、后土祠都在北边，不合古代祭祀礼仪，应该迁到长安来，应该实行南北郊礼，即南郊祭天祭日，北郊祭地。几经反复，泰畤后土的祭祀变为了南北郊格局。这其间争论多多，反复多次，最后还是形成了南北郊格局。这一过程中，王莽起到很重要的作用。到新莽时代，天地祭祀格局回归到《周礼》《礼记》记载的系统中。太一离开了泰畤，实际上已经淡化，上帝或者昊天上帝再次稳坐皇家的神坛上。③

这是具有历史意义的事件，这是东周以来，数百年间，尤其是汉代百年以来的一项重要成就。虽然上帝祭祀的格局完成后，西汉王朝的命运结束了，但是他们建立起来的南北郊规则，则为后世历代皇家祀典的基本原则，上帝或者昊天上帝作为最高存在，就这样建立起来了，他们成为民族信仰的最高主宰。

---

①《史记·礼书》。
②《史记·礼书》。
③《汉书·郊祀志》。

第四章　祖先的选择与族群认同

上帝与先祖在远古是同一的,这种作风在殷商时期曾经尚存,但是后来殷代的祖先与上帝还是画出界线了。周代将天神与祖先一分为二,形成了天神地祇人鬼的格局,天神与老百姓没有关系,所以最高神的神话本质上与其说是宗教神话而毋宁说是政治神话,它并不引起整个民族成员的关注,泰畤里的太一与老百姓有什么相干呢?严格地说,与多数诸侯以及郡县官僚也不相干,他们没有资格去祭祀太一,更不能祭祀昊天上帝。这也就是说,最高神并不成为凝聚共同体的精神纽带,政治神话承担不起这一责任。

联结中华民族统一体的是原始时代传下来的祖先神话与图腾神话。它们在秦汉时期表现为一个历史的系统,使原先纷繁的部族群体尊奉同一祖先,承认这一系统便意味着是大家族中的一员。中华民族形成了一个可以汉王朝名字命名的全新的主体民族——汉族。它张开怀抱不断迎接新的成员加盟。汉族实际上是一个文化共同体,吸纳各族群体于其间,与一般的单一民族绝不一样。

第一节　选择黄帝　选择五帝

在汉代,民族祖先几经选择,最后才形成对于炎黄二帝的认同,以及对于伏羲女娲的认同。这种选择在国家和民间两种层面展开,争论颇为激烈。

汉人共同体的历史要受政治神话的制约。秦汉时期,五德转移学说是占统治地位的政治理论,祖神的遴选依靠五德转移学说才得以实现。太一没法做祖先,祖先的位子留给了"帝"。中国的远祖供奉之位就看哪位最适合汉代统治,而不是去探究谁是真正的祖先。既然汉代的政治理论出于五德转移说,那五德转移说创始人的意见最值得考虑。《史记·孟子荀卿列传》介绍了五行说的祖师邹衍:"邹衍睹有国者益淫侈,不能尚德,若《大雅》整之于身,施及黎庶矣。乃深观阴阳消息而作怪迁之变,《终始》《大圣》之篇十余万言。其语闳大不经,必先验小物,推而大之,至于无垠。先序今以上至黄帝,学者所共术,大并世盛衰,因载其祥度制⋯⋯然要其归,必止乎仁义节俭,君臣上下六亲之施,始也滥耳。"邹衍以黄帝为中心的论述，在《吕氏春秋·应同》里也能见到。黄帝在五德转移学说中排在第一位，信奉这一理论的人总要将黄帝排在群帝之首，黄帝被选择为共祖已初露端倪。

一朝统治除了郊祀封禅外，更需要一部历史将王朝的合理性法典化。若是秦朝修史，可能是白帝为始祖。但秦朝忙于征战和大兴土木，无修史意。自汉高祖至文景帝统治期间，质木无文，也没有修史的念头。武帝时这种情况变了。董仲舒斥责汉初以来的制度曰："今汉继秦之后，如朽木粪墙矣，虽欲善治之，亡可奈何。"① 把汉初的所作所为骂得一文不值，武帝听后当然非常高兴，因为他要做汉制度的创造者。董仲舒提了一通改正朔、易服色的主张，武帝也格外兴奋。不过董仲舒在五德转移学说的基础上搞了个三统循环论，认为历史为黑、白、赤三统循环，其间无黄，难以应汉为土德说，故也不得重用。但董氏公羊学大一统学说影响了一代人。史家司马迁深受其影响，在《太史公自序》里说"余董生曰"云云，是奉董仲舒为老师的。司马迁著《史记》从何处开始着笔，这是一个十分重要的问题。可以说任何一位列于起始的人物都不可能是最早的人物。司马迁承袭董仲舒《春秋》公羊学大一统学说，厚今薄古，避免了把历史无限拉长之病。董仲舒空疏的学说是少有被武帝所用的，但其历史观在司马迁那里被贯彻了。董仲舒论周礼制时说："周人之王，尚推神农为九皇，而改号轩辕谓之黄帝，因存帝颛顼、帝喾、帝尧之帝号，绌虞而号舜曰帝舜，录五帝以小国。下存禹之后于杞，存汤之后于宋，以方百里，爵号公。"② 这是越为远古，地位越低，越是不受重视。黄帝以前之九皇，仅作附庸，再朝上，其后为百姓，便不予理睬了。由此可见，古史虽然很长，但远古先祖不入祀，九皇以上，附庸之外不足论。董仲舒提出了一个清楚的古史谱系，五帝定为黄帝、帝颛顼、帝喾、帝尧、帝舜五位。当时关于黄帝的传说，用司马迁的话说叫作"百家言黄帝，其文不雅驯"，司马迁独取《五帝德》与《帝系姓》系统，是直接受董仲舒的影响所致，也是时代崇尚儒学的结果，司马迁以"六艺"作为取舍的准绳，所以《大戴礼》的体系就成了唯一可靠的选择。司马迁据此而作《五帝本纪》，言"神农氏世衰"，径从黄帝始，黄帝便被定为中华文明的开山祖。由于《史记》的杰出地位，再经《风俗通义》《白虎通义》的两度强化，突出了黄帝祖先的地位，黄帝为中华民族之祖遂如法典化。

---

①《汉书·董仲舒传》。
②《春秋繁露·三代改制质文》。

这是一个现象的描述，司马迁承袭董仲舒的学说，撰写《史记》之《五帝本纪》，以黄帝为首，首先是阴阳五行学派的选择。但可能有更深的文化意味在其中，就是汉代到底应该实行什么样的德统的问题。刘邦当年的赤统故事就这样轻易消失了吗？刘邦不仅在沛庭祭祀黄帝蚩尤，还将蚩尤祠建到长安，不能说他没有崇尚蚩尤的愿望，但是，司马迁为什么要在《史记》里，把蚩尤写成一个暴徒并借此消除了炎帝的影响呢？更有甚者，司马迁还把炎帝写成一个坏蛋，这其间的原因值得讨论。

承认蚩尤的炎帝的地位，把蚩尤视为炎帝，这是一种叙述模式。如《逸周书·尝麦解》有段话历来为人们所重视，但解释历来不是很准确。现引述如下：

　　昔天之初，□作二后，乃设建典，命赤帝分正二卿，命蚩尤于宇少昊，以临四方，司□□上天末成之庆。蚩尤乃逐帝，争于涿鹿之河，九隅无遗。赤帝大慑，乃说于黄帝，执蚩尤，杀之于中冀。

这段文字有个关键词，即"二后"。人们过去说的，无论是天皇还是地皇，都没有根据，说成炎帝黄帝，也与语意不连贯。其实，文字本身很清楚，说完"二后"，即"命赤帝"云云，"命蚩尤"云云，二后即二帝，实际上就是赤帝、蚩尤。黄帝此时势力尚弱小，从他与蚩尤作战开始节节败退可以知道，那时，黄帝也只是一个联盟成员而已。作二后者是谁不详，应是一次联盟大会的决议，由于联盟对天的信仰，故有上天的名义。这次分派，似乎赤帝的任务是分正二卿，即确定联盟成员的职位，而蚩尤则总理天下大事，执掌上天给这个联盟的最后的权力。为什么说是"末成之庆"呢？我们看《史记》所说的"神农氏世衰"就会明白，确实，掌管了八代五百多年，神农氏炎帝族有些力不从心了。神农氏"世"衰，即神农氏的后代有些软弱，新一代的首领是榆罔，他的任务不是临四方，似乎只是一个象征席位，实际执政者乃是蚩尤。是谁来主持召开这样一次盟会呢？如果是榆罔，他不大可能把重要的权力交给蚩尤，如果有其他的强者，这个"二后"赤帝和蚩尤谁都没份，那么主持者可能就是东方的蚩尤。炎帝族东迁，蚩尤族是东方土著，实力强大，炎帝神农氏实际上来到了一个陌生的地区，他必定要求得和当地土著的结合。炎帝迁都，必有隐忧，实际上前后都有危机。蚩尤族有条件地接纳了炎帝神农氏，这就是那次"建典"。

《逸周书》和《路史》的相关材料说明，蚩尤后来赶走了炎帝榆罔，自己号炎帝，可见在那次盟会中，这个"临四方"的权力是他自己争来的。由于其权力中心主要在阪泉一带，又号阪泉氏。他有一项重要的事务，就是兴封禅。《史记·封禅书》记载的古代帝王，有神农氏封禅，炎帝氏封禅，就是没有提蚩尤氏，说明炎帝就是蚩尤氏。现在看，蚩尤不是神农氏炎帝血统，但蚩尤是炎帝联盟的主要成员。蚩尤夺取了炎帝之位，并使用炎帝之号，表明他对该联盟历史的认可，他自然也就成为炎帝族，这和黄帝不一样，黄帝接管联盟，名称都改了，炎帝的文化包括传说信仰等，都受到一定的抑制。今天我们见到的历史，有关炎帝的文献有限，说明黄帝族不是炎帝文化的直接继承者，他有更多的新的文化要素。黄帝族是改朝换代，蚩尤族是内部调整，性质是不同的。我们要强调的是：蚩尤氏举起了炎帝的旗帜，而黄帝改变了这面旗帜。虽然榆罔向黄帝求救，但黄帝似乎没有帮榆罔的忙，而是自己登上了联盟盟主的席位。

蚩尤被击败，炎帝文化便退出主流文化的舞台，转而进入民间，从东方到南方，到处留下蚩尤氏的足迹，实际上也是炎帝的足迹。蚩尤的存在使东部一度成为文化中心，也使东部成为炎帝文化区。蚩尤是炎帝文化的重要开拓者和继承者，他给已经衰微的炎帝文化注入了新的活力，将东部一个庞大的族群整体加入了炎帝文化的阵营。我们似乎可以这样理解：西部的古老文化是炎帝神农氏主宰的，他向东部发展时，带动了东部的一大片土著加入炎帝集团，蚩尤氏接过了炎帝的大旗，这就是炎帝蚩尤氏。这时，黄帝轩辕氏开始崛起，神农氏与黄帝合作了，炎帝蚩尤氏起初不愿意接受这样的结果，和黄帝发生尖锐冲突，其结果，传世的文献有两种说法，一说蚩尤战败被杀，一说蚩尤也和黄帝合作，担任战神。就传世的文献看，后一种的可能性似乎更大。

关于黄帝和蚩尤合作的记载很多，如齐国宰相管仲把蚩尤说成是黄帝的"六相"之首，《管子·五行》称："昔者黄帝得蚩尤而明于天道，得大常而察于地利，得奢龙而辩于东方，得祝融而辩于南方，得大封而辩于西方，得后土而辩于北方。黄帝得六相而天地治，神明至。"那么，蚩尤不仅不是一个武夫暴徒，还是懂天道的道德建设者。

更早的文献《韩非子·十过》里，神话般地记载了黄帝的典礼：

平公提觞而起为师旷寿，反坐而问曰："音莫悲于清徵乎？"师旷曰："不如清角。"平公曰："清角可得而闻乎？"师旷曰："不可。昔者黄帝合鬼神于西泰山之上，驾象车而六蛟龙，毕方并鎋，蚩尤居前，风伯进扫，雨师洒道，虎狼在前，鬼神在后，腾蛇伏地，凤皇覆上，大合鬼神，作为清角。今主君德薄，不足听之。听之，将恐有败。"平公曰："寡人老矣，所好者音也，愿遂听之。"师旷不得已而鼓之。一奏，而有玄云从西北方起；再奏之，大风至，大雨随之，裂帷幕，破俎豆，隳廊瓦。坐者散走，平公恐惧，伏于廊室之间。晋国大旱，赤地三年。平公之身遂癃病。故曰："不务听治，而好五音不已，则穷身之事也。"

蚩尤奔走于黄帝先后，以盛大的仪仗演奏清角之乐，不是一般人能够听到见到的。这故事说明，在战国时期的传说中，蚩尤和黄帝之间是一种和谐的关系。这种和谐的关系在秦汉时期还在延续，最珍贵的一段史料是《史记正义》所引的《龙鱼河图》的记载：

> 黄帝摄政，有蚩尤兄弟八十一人，并兽身人语，铜头铁额，食沙石子，造立兵仗刀戟大弩，威振天下，诛杀无道，不慈仁。万民欲令黄帝行天子事。黄帝以仁义不能禁止蚩尤，乃仰天而叹。天遣玄女下授黄帝兵信神符，制伏蚩尤，帝因使之主兵，以制八方。蚩尤没后，天下复扰乱，黄帝遂画蚩尤形像以威天下，天下咸谓蚩尤不死，八方万邦皆为弭服。

这里蚩尤不是被杀，而是臣服，做了黄帝的总兵指挥。他死后，连画像都有安天下之功。

东汉的《越绝书·计倪内经》是这样记载炎黄和蚩尤的关系的："臣闻炎帝有天下，以传黄帝。黄帝于是上事天，下治地。故少昊治西方，蚩尤佐之"。该书应该是东部的作者所写，他们似乎没有认为蚩尤被杀，也没有认同炎黄大战。

综上所述，蚩尤一度代榆冈成为炎帝，并到泰山封禅。他可能和黄帝发生冲突，但最后与黄帝合作，辅佐黄帝安定天下。东西部地区，这种民间传统尤深。《述异记》记载有蚩尤神，人身牛蹄，四目六手。冀州一带有蚩尤戏，头戴牛角相抵。据说，汉武帝时，太原有蚩尤的神像出现，龟足蛇首，当地立祠祭祀。《述异记》的这些记载，表明在民间有着与官方（武帝时候开始形成的主流意识）明显不同的价值取向。

东部地区一直没有忘记蚩尤，汉初，不仅刘邦所在的东楚地区如此，齐地的八神祭祀也依然。八神古已有之，一天二地，第三就是兵祖蚩尤。显然，人们一定不会认为蚩尤是败兵之将，否则怎么能够作为战神呢？

汉代所称的炎帝多指蚩尤。炎黄之战，黄帝战蚩尤与汉代政治生活有关，汉代存在着关于黄帝和炎帝的不同派系的文化冲突，这种冲突影响炎帝的称谓，影响对于炎帝的评价。

关于炎黄之战，日本学者认为，可能是齐国田氏代齐的政治舆论。田氏属于姬姓，是黄帝族，姜齐是姜姓，是炎帝族。田氏代齐即黄帝代炎帝，所以炎黄大战表现了齐国的政治生活，体现陈（田）氏击碎姜齐的政治信仰机构的目的。钟宗宪则认为是姬周成长与姜姓矛盾的体现。① 把炎黄或者蚩尤的故事视为一种现实反响是一种颇有价值的思路。因为我们发现，这些传说演绎出不同的版本均因为不同的现实观念所致。传说中的历史并不都是历史的再现，更多的是现实的反响。传说中的事实反映的不是传说时代的历史，而是传说产生时代的历史折射及其愿望抒发。

从汉初的情况看，至少在东部地区，在刘邦的家乡一带，蚩尤还是被视为炎帝，并且获得与黄帝同等的祭祀地位。刘邦被视为赤帝子，著名的斩蛇起义的故事中，刘邦就是赤帝的化身。刘邦对蚩尤尤为敬重，在沛县起兵时，"祠黄帝，祭蚩尤于沛廷，而衅鼓旗，帜皆赤"。这实际上就是在祠炎黄二帝。他造反，首先亮出的是红旗，"帜皆赤"。流行朝野的角抵戏即蚩尤戏，表达出人们对这位古代帝王的怀念。汉代文化，很大程度上是在蚩尤文化精神的激励下发展起来的。这个来自东部的帝王明确说，他十分重视祭祀，"令祝官立蚩尤之祠于长安"，这是让东部老家的神灵进入国家祭祀的中心，同时也把西部固有的炎帝崇拜恢复起来。在汉代，人们把炎帝和蚩尤联系起来是很正常的。在汉初很长的时期里，赤帝是信仰的核心，是汉代的标准色。炎帝、蚩尤、刘邦三者之间存在着一定的联系。那时蚩尤即使不是独尊，也是和黄帝等神和谐并存的，他的地位即使不比黄帝更高，但也不会很低。刘邦把自己视为赤帝，实际上是把自己当作蚩尤传人。

那么，炎黄大战，或者黄帝战蚩尤的传说是怎么产生的呢？这与汉代的政治生活密切相关。这种传说发生的背景，在形式上看，是帝德五行之争，实质上则是汉王朝政治矛盾的体现。

高祖刘邦时尊赤统，崇拜炎帝，又尊黑统，但直到汉文帝的时候，祭祀神灵的时候穿的还是红色衣服，这就说明那时是尊奉的赤统。后来武帝去祭祀黄帝冢，仿黄帝封禅，最后"改历，以正月为岁首，而色上黄"②。这是太初元年（前104），汉家的天下改变了颜色。文化上也一改汉初以来的黄老无为学说，实行儒学独尊。

这样，黄帝被遴选为民族祖先，五帝的历史系统中便没有了炎帝的地位。不仅如此，炎帝，还有蚩尤氏被描绘为恶劣的形象，在神话和传说里因为无道而被杀死了。这些故事在司马迁的《史记》里面被记载，产生了广泛的影响。具有"实录"精神的司马迁不去叙述炎黄和谐、黄帝蚩尤和谐的故事，而是选

---

① 参见钟宗宪：《炎帝神农信仰》，学苑出版社，1994年。
②《史记·封禅书》。

择炎黄大战、黄帝战蚩尤的故事予以书写，体现出强烈的改变文化形象的意图。

关于先秦的炎黄矛盾的记载，只有《国语·晋语》里有几句："昔少典娶于有蛴氏，生黄帝、炎帝。黄帝以姬水成，炎帝以姜水成，成而异德，故黄帝为姬，炎帝为姜。二帝用师以相济也，异德之故也。"人们把用师相济说成"相挤"，这可能就是司马迁写炎黄大战的最初源头。但是，司马迁好像并没有采纳《国语》记载的其他内容进入《史记》，《史记》有着明显的价值选择。首先，《国语》里的这种兄弟关系被司马迁拆散了，《五帝本纪》只是说黄帝是少典之子，并没有说炎帝与他有什么关系，便直接说神农氏衰败，蚩尤为暴，炎帝侵凌诸侯。司马迁是有明显的倾向性的，他实际上也是一位黄统的鼓吹者，参与了对炎帝的打压。把炎帝的功业削去，不给予帝王的地位，这都是司马迁所为，是有意为之。汉代文献《大戴礼》记载了黄帝和炎帝大战的事，但是没有叙说黄帝战蚩尤，仿佛与蚩尤没有关系。即使有这些关于炎黄大战的故事记载，在汉初也没有广泛流传。

司马谈因为没有参加汉武帝的封禅典礼而遗憾终身，司马迁当然也没去。但据那次封禅的记载，武帝到山上祭祀上天，祠官在山下祭祀五帝，"各如其方，黄帝并赤帝"。炎黄是并列的，这应该是汉初传下来的传统。这样的帝王的仪典上的次序，司马迁都不采纳到《五帝本纪》里去，可见他是有些固执的。我们再看《太史公自序》："余闻之先人曰：'伏羲至纯厚，作《易》《八卦》。'"当时，司马迁就是不把伏羲写入史书，他一定要从黄帝开始。司马谈临死谆谆嘱咐，司马迁俯首流涕，表示："小子不敏，请悉论先人所次旧闻，弗敢阙。"他虽然说自己只是整齐故事，是述，但是，他的有选择的述可能已经违背了司马谈的意愿。司马谈深受黄老思想的影响，但司马迁要"考信于六艺"，因为《大戴礼》是从黄帝开始的，《世本》从伏羲开始，司马迁就不采纳。这样做，既迎合了汉武帝的"罢黜百家，独尊儒术"的国家意识形态，又符合了改制度易服色的现实。炎帝就这样被牺牲，同时，还连带着把蚩尤当作一个大坏蛋来处理。战蚩尤故事是否定刘邦以来的炎帝蚩尤氏的文化传统的一股势力，在汉武帝的支持下，在朝廷形成一种强势叙述话语。

我们认为，黄帝话语，除了阴阳五行学说、汉武帝的改制企图，还有可能是西部与东部的潜在矛盾所致，因为赤帝蚩尤代表了东部，而黄帝主要在中原和西部具有影响。①

---

① 田兆元、明亮：《论炎帝称谓的诸种模式与汉代文化观的演变》，载《华东师范大学学报》（哲学社会科学版）2007 年第 3 期。

第二节　炎帝再起　三皇立说

但是，赤统论没有立即退出舞台，并且，在汉代的朝廷里，赤与黄的斗争一直就没有停止。许多人还是一以贯之地坚持汉为赤统，崇拜炎帝。最典型的是谶纬神学的一部，他们的核心是恢复炎帝之位。挑战武帝时代神系是两汉谶纬神学的核心内容。对于谶纬反抗朝廷的政治要素，近年有很多人也在述说，但谶纬是从哪个角度去挑战的呢？人们几乎没有仔细思考过。其实，谶纬有一个很大的突破口，那就是通过炎帝来反击皇家的现实统治。

汉武帝以后，反汉武帝的势力很大，有儒生和官吏建议拆了汉武帝的庙。一时间，汉的历数将近，需传位于他人的舆论鹊起。有齐人甘忠可，诈造《天官历》和《包元太平经》十二卷，称："汉家逢天地之大终，当更受命于天。天帝使真人赤精子，下教我此道。"①

这和当年刘邦的寓言差不多，赤精子就是炎帝，炎帝又一次来到这个世界上，要恢复自己的地位。甘忠可的弟子夏贺良更是直接上奏汉哀帝：汉历中衰，当更受命。哀帝无奈，顺其意，改年号，号"陈圣刘太平皇帝"。这样看来，汉哀帝是恢复赤统了。

等到王莽取位，大造舆论，复祭其黄帝之旗。那些劝进的人说：火德销尽，土德当代。一个叫哀章的儒生作两铜匮，其一署曰："赤帝行玺某传予黄帝金策书"，这都是伪造的符瑞。"某"指汉高祖，黄帝就是王莽了。这是汉廷在恢复赤统后，王莽又一次改为黄统。

汉王朝的形象一直就被看作是赤色的，因此，刘盆子率领的赤眉起义是对王莽的打击，实际上有恢复汉王朝的意味。他们把眉毛涂为赤色，史书记载是为了相互识别，但有学者指出，这也有着明显的安刘之意。

刘秀建立东汉，重新开始了赤统。刘秀起兵的舆论是这样一句谶语，即《赤伏符》："刘秀发兵捕不道，四夷云集龙斗野，四七之际火为主。"② 赤统在东汉王朝重新建立起来。我们看到纬书也是在为这个传统的建立提供依据，如《春秋演孔图》："孔子论经，有鸟化为书，孔子奉以告天，赤爵集书上"。所谓孔子为汉立法，汉为赤统，纬书认为是孔子叙述的天意。风行汉代的纬书是汉得赤统的宣言书，也是王朝合法性的依据。

---

①《汉书·李寻传》。
②《后汉书·光武帝纪》。

这就是班固在《汉书》的《古今人表》里增加炎帝神农氏的背景。其意义是双重的：一方面，东汉作为赤统要有历史的依据；另一方面，这也是对于历史的一种恢复性书写。汉代的三皇说，如以伏羲、神农和黄帝为三皇，并不是如古史辨派说的层累地造成古史，在一定程度上，它是对历史真面目的客观记载，是有传说文献依据的。这些帝王的事迹在司马迁以前就广泛流传了，只是司马迁不予理会而已。

班固的《古今人表》体系，体现了一种和谐的历史观，他对于炎帝的传统的恢复，并不以打压黄帝为前提。中华民族后来所说的炎黄子孙，乃是三皇五帝说的产物。这说明，三皇说的加入对中国文化是十分重要的，其影响也是极为深远的。

司马迁把黄帝提到历史的开山地位，班固复将伏羲、炎帝续接在历史的开端，把炎黄的历史完整地展现出来，更是把汉代曾经的赤统和黄统两种文化全面展现出来。

本来作为断代史的汉书，是不应该写这样一个通史性的东西的。但是可能是实在看不下去了，班固也觉得自己有这样的责任，只好采用了这样一个补救性的措施，把黄帝以前的历史以及黄帝以后的被司马迁漏掉的重要人物补上了。《古今人表》在司马迁的《三代世表》的基础上，增加了太昊帝宓羲氏系列，如女娲氏、共工氏等，增加炎帝神农氏系列，如列山氏、归藏氏等，又在黄帝后，补上少昊帝金天氏等。这样，一个完整的古史系列遂告完成。

但是，这无论如何都是一个遗憾，毕竟《汉书》是一部断代史，人们一直在谋求一部完整的民族大典，一个完整的历史谱系。直到唐代司马贞，大胆地完成了《三皇本纪》，补《史记》的不足。很多《史记》的版本都有这个《三皇本纪》，但是中华书局没有收入，这也是部分古本的做法。我们觉得这样是不妥的，没有《三皇本纪》的《史记》，是不完整的。现列三皇本纪于下，以见祖先建构的过程的长期性：

> 太皞庖牺氏，风姓，代燧人氏继天而王。母曰华胥，履大人迹于雷泽，而生庖牺于成纪。蛇身人首，有圣德。仰则观象于天，俯则观法于地，旁观鸟兽之文与地之宜。近取诸身，远取诸物。始画八卦，以通神明之德，以类万物之情。造书契以代结绳之政。于是始制嫁娶，以俪皮为礼。结网罟以教佃渔，故曰宓牺氏。养牺牲以庖厨，故曰庖牺。有龙瑞以龙纪官，号曰龙师。作三十五弦之瑟，木德王，注春令，故《易》称"帝出乎震"、《月令》孟春"其帝太皞"是也，都于陈，

东封太山。立一十一年崩。其后裔，当春秋时有任、宿、须句、颛臾，皆风姓之胤也。

女娲氏，亦风姓，蛇身人首，有神圣之德，代宓牺立，号曰女希氏。无革造，惟作笙簧，故《易》不载，不承五运。一曰女娲亦木德王，盖宓牺之后已经数世，金木轮环，周而复始，特举女娲，以其功高而充三皇，故频木王也。当其末年也，诸侯有共工氏，任智刑以强霸而不王，以水乘木，乃与祝融战，不胜而怒，乃头触不周山崩，天柱折，地维缺。女娲乃炼五色石以补天，断鳌足以立四极，聚芦灰以止滔水，以济冀州。于是地平天成，不改旧物。女娲氏没，神农氏作。

炎帝神农氏，姜姓。母曰女登，有娲氏之女，为少典妃，感神龙而生炎帝。人身牛首，长于姜水，因以为姓。火德王，故曰炎帝。以火名官。斫木为耜，揉木为耒，耒耨之用，以教万人，始教耕，故号神农氏。于是作蜡祭，以赭鞭鞭草木，始尝百草，始有医药。又作五弦之瑟，教人日中为市，交易而退，各得其所，遂重八卦为六十四爻。初都陈，后居曲阜。立一百二十年崩，葬长沙。

神农本起烈山，故《左氏》称烈山氏之子曰柱，亦曰厉山氏。《礼》曰"厉山氏之有天下"是也。神农纳奔水氏之女曰听詙为妃，生帝哀，哀生帝克，克生帝榆罔，凡八代，五百三十年，而轩辕氏兴焉。其后有州、甫、甘、许、戏、露、齐、纪、怡、向、申、吕，皆姜姓之后，并为诸侯，或分四岳。当周室甫侯、申伯为王贤相，齐、许列为诸侯，霸于中国，盖圣人德泽广大，故其祚胤繁昌久长云。

一说三皇，谓天皇、地皇、人皇为三皇。既是开辟之初，君臣之始，图纬所载，不可全弃，故兼序之。天地初立，有天皇氏十二头，澹泊无所施为，而俗自化，木德王，岁起摄提，兄弟十二人，立各一万八千岁。地皇十一头，火德王，姓十一人，兴于熊耳、龙门等山，亦各万八千岁。人皇九头，乘云车，驾六羽，出谷口，兄弟九人，分长九州，各立城邑，凡一百五十世，合四万五千六百年。

自人皇已后，有五龙氏、燧人氏、夫庭氏、柏皇氏、中央氏、卷须氏、粟陆氏、骊连氏、赫胥氏、尊卢氏、浑沌氏、昊英氏、有巢氏、朱襄氏、葛天氏、阴康氏、无怀氏，斯盖三皇以来有天下者之号，但载籍不纪，莫知姓王年代所都之处，而《韩诗》以为自古封太山、禅梁甫者万有余家，仲尼观之不能尽识。《管子》亦曰：古封太山七十二家，夷吾所识十有二焉。首有无怀氏，然则无怀之前，天皇巳后，年纪悠邈，皇王何升而告。但古书亡矣，不可备论，岂得谓无帝王耶？故《春秋纬》称，自开辟至获麟，凡三百二十七万六千岁，分为十纪，凡世七万六百年。一曰九头纪，二曰五龙纪，三曰摄提纪，四曰合雒纪，五曰连通纪，六曰序命纪，七曰修飞纪，八曰回提纪，九曰禅通纪，十曰流讫纪。盖流讫当黄帝时，制九纪之间，是以录于此，补纪之也。

这就是神话学的历史建构、祖先选择，于是，我们见到较为完整的祖先谱系，而这个谱系是以神话为素材建立起来的。

炎黄在秦汉成为祖先，但是伏羲女娲，在汉代只是民间的神灵，没有办法进入祖先谱系。我们今天能够见到的汉代墓葬和庙堂的壁画石刻，几个大的汉画谱系，都有伏羲和女娲的形象。（图2-4-1）

这是民间的祖先记忆，与官方形成很大的差异。他们是一种神话的存在，被自由地信仰与祭拜。于是我们发现，祖先存在着两种版本，但是两者之间也不是完全排斥。祖先不像中国的上帝有等级存在，他公平赐福给民众，所以颇受欢迎，他们本来就是神，所以不用改变其神的形象。

炎帝黄帝就不一样了，他们的神性褪去不少，形态略同帝王。民间也不反对这样的建构，也愿意接受这样的祖先形象。于是，我们发现，祖先的崇拜是沟通官方和民间的最好的桥梁，是社会认同的最佳资源。

三皇与五帝是民族的祖先，也是民族的精神体现，在两汉时期完成了建构过程。

图2-4-1 四川、河南、山东伏羲女娲像

第五章　地方神话及其命运

汉王朝的地方神话，构建了社会的多元文化。这种文化呈现出两种状态，一是与国家和谐一体的地方神话，一是呈现对抗的地方神话，它们的存在各有意义。

第一节　淮南神话

多元的文化欲求与独尊的中央文化间存在博弈，一种反一统的舆论也在汉代滋长着。《淮南子》就是这种文化的体现。淮南王刘安甚有才华，然有反心。其父厉王刘长为高祖少子，封淮南王。然厉王长骄横，"废先帝法，不听天子诏，居处无度，为黄屋盖拟天子，擅为法令，不用汉法"①。被废绝食死。刘安被封王后，得武帝喜爱。一日入朝，武安侯田蚡与语曰："方今上无太子，王亲高皇帝孙，行仁义，天下莫不闻。宫车一日晏驾，非王尚谁立者!"② 这番不负责任的恭维使刘安大喜过望。回国后，他不仅蓄积军事实力，并交结诸侯，以备一旦有变，即可振臂一呼，起而响应，同时召集门客，著书立说，为其得势大造舆论。

针对武帝"总远方，一统类"③ 的主张，刘安虽表面上奉和着"齐俗"，而实际上却抵制"一统类"的方针，他说：

柱不可以摘齿，筐不可以持屋；马不可以服重，牛不可以追速；铅不可以为刀，铜不可以为弩；铁不可以为舟，木不可以为釜：各用之于其所适，施之于其所宜，即万物一齐而无由相过。④

百川异源而皆归于海，百家殊业而皆务于治。⑤

显然，刘安不想同一而求其殊异，是为地方势力的发展摇旗呐喊。武帝对此表现出高度警惕，诏曰："日者淮南、衡山修文学，流货赂，两国接壤，怵于

①《汉书·淮南王传》。
②《汉书·淮南王传》。
③《汉书·武帝纪》。
④《淮南子·齐俗训》。
⑤《淮南子·泛论训》。

邪说，而造篡弒，此朕之不德。"① 造《淮南子》在一定程度上是刘安被杀的重要原因。因为刘安想以一部《淮南子》去统摄人心，他在反对一统的同时，不太含蓄地自夸其德，并借古例说明方国可服大国。如《泰族训》：

> 所谓有天下者，非谓其履势位、受传籍、称尊号也，言运天下之力而得天下之心。纣之地，左东海，右流沙，前交趾，后幽都。师起容关，至浦水，士亿有余万。然皆倒矢而射，傍戟而战。武王左操黄钺，右执白旄，以麾之，则瓦解而走，遂土崩而下。纣有南面之名，而无一人之德，此失天下也。故桀、纣不为王，汤、武不为放。周处酆镐之地，方不过百里，而誓纣牧之野，入据殷国，朝成汤之庙，表商容之闾，封比干之墓，解箕子之囚，乃折枹毁鼓，偃五兵，纵牛马，搢笏而朝天下，百姓歌讴而乐之，诸侯执禽而朝之，得民心也。

很明显，他是自比居地不过百里的周，搞的是影射史学，其夺天下之心暴露无遗。武帝不傻，当然知道刘安的企图，因而要治他的罪，他把《淮南子》定义为一部以讲哲学为幌子的反书。

《淮南子》神话与正统神话也存在对抗。作者承认太一的主宰地位，但在阐述万物生成的时候，其创世神话总是讲二皇、二神，以此破一统独尊。如：

> 泰古二皇，得道之柄，立于中央，神与化游，以抚四方。②

> 古未有天地之时，惟像无形，窈窈冥冥，芒芠漠闵；澒濛鸿洞，莫知其门。有二神混生，经天营地，孔乎莫知其所终极，滔乎莫知其所止息。于是乃别为阴阳，离为八极，刚柔相成，万物乃形……③

淮南神话的显著特点实际上是将太一悬空，构成了一个与太一、五帝、后土神系不同的系统，这是一个明显与中央神话对抗的神话体系。

武帝时的五帝系统中，独尊赤帝与黄帝。《淮南子》在敷演五帝五神的传统神话的同时，却标举伏羲女娲神话。《览冥训》在叙述修"伏羲氏之迹而反五帝之道"后并称"伏戏、女娲不设法度，而以至德遗于后世"。这是中国神话第一次见诸文字的女娲伏羲并称。女娲伏羲单个的传说也在《淮南子》中多见，如著名的女娲补天的神话就见于《淮南子·览冥训》之中。女娲伏羲这对古老的神话先祖因不合于五德转移学说均被排斥在正统的神话体系之外，而反为地方势力所崇奉。

---

① 《汉书·武帝纪》。
② 《淮南子·原道训》。
③ 《淮南子·精神训》。

在《淮南子》里，女娲伏羲神话的弘扬是表现出与炎黄神话不同的正统之争。

女娲伏羲的创世伟绩实际上就是"二皇""二神"经天营地的人格化。从西汉到东汉，伏羲女娲等神在地方上蔓延着。山东、河南、四川等地大量的画像石、画像砖上的女娲伏羲像就是证明。王延寿游鲁，见灵光殿壁画"伏羲鳞身，女娲蛇躯"。女娲伏羲人首蛇身而交尾之图成为地方神话的普遍主题，而这一浪潮不会突如其来，它与西汉时期《淮南子》的鼓吹有着直接联系。

《淮南子》中的二皇或者二神为"阴阳"二神，阴与阳于天道中又表现为日与月，"日者阳之主"，"月者阴之宗"，[①] 而汉代伏羲女娲图多是伏羲捧日、女娲捧月，则《淮南子》二皇显然是指伏羲女娲。然而，最高神是谁得禀明皇上，得其认可后方得承认，否则便是邪说，"妄作妖言"[②]。伏羲女娲二祖未得皇家承认，故二先祖不得列入史传，也不得享受祭礼，成了典型的在野神灵，但他们在民间有巨大影响，成为跟炎黄二帝相对峙的民间先祖神话的主角。

第二节　长沙神话

汉代中央神话对地方神话，有排斥打击者，也有利用整理者。武帝时的太一神话就是从地方崇拜上升到中央神坛的。

长沙为楚故地，它的神话也是独特的。见诸文字的记载今已难得，然考古发现却丰富多彩。吴芮是刘邦初封的七个异姓王之一，较长时间保持地方安定，并效忠朝廷，未被剪灭。为加强对这些封国的监控，朝廷往往置派有力的丞相以扶持为名，行监督之实。轪侯就是封于南方而为长沙国丞的诸侯之一，著名的长沙马王堆就是轪侯家族的墓葬。[③]

从三座墓葬出土文物情态可见对楚文化的直接继承，具有强烈的浪漫色彩。一号墓的"非衣"帛画（图2-5-1），是古神话的一次直观再现，得到了神话学和历史学研究者的高度重视。然关于帛画中的神话内容，则争论不休，未得一致见解。许多人力图从此画中找出中国神话的共同法则，这种努力是徒劳的。它不能代表整个中国神话的观念，也不能代表汉代的神话观。因为它只是一个地域里流布的神话，纵然跟整体神话有些联系，但并不能代表主流神话。汉代的主流神话在《史记·封禅书》和《汉书·郊祀志》中，汉

---

①《淮南子·天文训》。

②《汉书·淮南王传》。

③ 何介钧、张维明编写：《马王堆汉墓》，文物出版社，1982年。

帛画的神话应界定为汉
王朝所属长沙国区域里
的区域神话。它的一些
内容进入了国家神话,
一些内容则没有被采用,
所以国家档案里便查不
出根据了。这就是我们
为什么不能完全理解帛
画的原因。

　　帛画神话应以帛画
为本,因为它是长沙神
话的直观,不是拿它强
行与文学记载比对。

　　一号墓"非衣"帛
画神话分四个层次。

　　第一层为天国世界,
主角为日月神,其内容
来自《山海经》和《楚
辞》,如日中有鸟、月中
有蟾蜍等,都在天国的
图画中得到展示。至于
中央天神为谁,称烛龙、
称女娲、称伏羲、称羲
和者不一而足,皆似是
而非。按此神当为太一。
在楚国,太一是最高主
宰。早在汉人为太一建
畤而郊祀之前,楚人就
奉祀太一为主神,并形
之于图画之中。如楚帛
画绘如钟表的图式,中

图 2-5-1　一号墓"非衣"帛画

335

间起表针作用的便是太一。① 汉马王堆帛画还有另一幅神祇图，图中央鹿角状神人腋下书一"社"字，则此神当为社神。又该神头侧东书"大（太）一将行□□□……神从之以……"的字样，此神似乎又是太一。该图西侧近边缘处自南至北书有通栏文字一行，当属该图的整体说明，其残存文字有"……将（？）奉弓，禹（？）先行，［包由包］莫敢我乡（向），百兵莫敢我……"等等。② 这儿的社似乎还是禹，文字中有禹先行，又有太一将行。禹、社、太一，在长沙国身份好像是同一的，一号墓"非衣"上的天神也当是太一、社、禹的混合体，他身上绕着龙，当是句龙，即社，即禹，那就是太一，与其他几幅帛画的主角同质。对朝廷忠心耿耿的长沙国的主神便与国家主神合拍了。

第二层为半空中的墓主人升天图。一般认为，中间为轪侯利苍妻及其仆从，她们乘龙在凤鸟导引下直奔天国。

第三层为人间生活。

第四层为地下画面，似一鳌鱼在托着大地，其中尚有长鱼及怪兽各二。地下部分所占比重不大，它说明了我国古代关于地狱的神话并不发达。人们早早地勾画了天国的灿烂图景，而阴曹地府的情形却十分模糊。在佛教地狱观念尚未传入前，中国的地狱神话十分幼稚。

这种四层面的宇宙结构是在楚神话的影响下，在汉长沙国形成的一种神话样式。关于日月神话，它承先启后构成了中国神话的基本格局；关于升天，它是战国以来求仙风潮的发展，其中虽无方相氏打鬼的内容，却是汉代墓室画的一个普遍主题。

马王堆神话虽只是一地神话，但有强大的渗透力。首先是其主神太一最后登上了国家神坛的最高位置。在汉王朝尚对主神莫知所从的情况下，长沙国神话中最高主宰已安排得稳妥得体。这样一种自成体系的文化，若是其主如淮南王刘安，则必遭拒斥，然吴芮及其所传数代长沙王，均忠于朝廷，故甚得颂赞。高祖时所封异姓王，唯吴芮忠诚无叛。《汉书·韩彭英卢吴传》赞曰："昔高祖定天下，功臣异姓而王者八国。张耳、吴芮、彭越、黥布、臧荼、卢绾与两韩信，皆徼一时之权变，以诈力成功，咸得裂土，南面称孤。见疑强大，怀不自安，事穷势迫，卒谋叛逆，终于灭亡。……唯吴芮之起，不失正道，故能传号

---

① 李零：《考古发现与神话传说》，见王守常、汪晖、陈平原主编：《学人》第 5 辑，江苏文艺出版社，1994 年。

② 周世荣：《马王堆汉墓的"神祇图"帛画》，载《考古》1990 年第 10 期。

五世，以无嗣绝，庆流支庶，有以矣夫，著于甲令而称忠也！"长沙国在一个相对平稳的环境中发展自己，不像其他异姓王忙于争权篡位，文化也获健康成长。其他异姓王虽勇猛无比，然于文化无建树，远不如长沙国的影响大。贾谊来长沙为傅，回去又向文帝谈鬼神，必然将长沙国的文化带回了朝廷，长沙国神话的一部分在主流神话中生根，产生了深远的影响。

淮南国和长沙国是两种不同的地方神话，由于淮南王和长沙王对待中央是两种截然不同的态度，故其神话也是两种不同的命运。淮南子刘安宣扬的伏羲女娲，本来是可以进入主流神话的，但是，无论是最高神还是祖先神，伏羲女娲都没有进入朝廷的体系。长沙国的太一，加上日月神话，都在主流神话中占据一席之地。从这些可以看出，一种神话的流传，与其政治属性有关。

我们不能以此做价值判断，不要认为跟皇家有关就是好，或者跟民间有关就是好，别的就不行。政治是神话发展的一个要素，但更关键的还是神话的文化价值以及传统力量。汉代皇家的神话，如炎帝黄帝，如日神月神，也得到全民的认同，而处在民间的伏羲女娲，也是生命力强盛不衰，影响深远。

第六章　儒教神话与皇权的离合

原始儒家是神职人员，儒家的创始人对于天命神话怀有浓厚的兴趣。进入汉代，儒生与阴阳五行结合，进一步强化了神灵信仰者及其职业的身份。独尊儒术的结果，是儒学成为儒教，儒教的神话于是在国家生活中占据重要地位。

第一节　儒教神话及其系统

一、儒教神话的概念

关于"儒"的神话，有多种称谓，先从概念上进行一些讨论，然后再探析其内涵，这样，作为一个论题，我们就会有一些基本的认同。很长时间以来，我们一般认为儒家是实用理性主义，不语怪力乱神，说儒家神话也好，儒教神话也好，那是很少有人会承认的。今天，我们再提这个话题，是儒家文化研究发展的结果，也是神话学发展到新的阶段的一个结果。学界普遍认为：神话不仅仅是原始人的游戏，而且是伴随人类始终的一份精神遗产。如今，叶舒宪先生大力倡导儒家神话的研究，可以见出，中国神话学的研究已经走出了狭隘的空间。这既是神话学研究的跨越发展途径，也是儒学研究的必然使命。叶先生对于儒家神话的发生有这样的一个解释："人间的王者能够升格为庙宇中祭拜的神圣，后来的平民孔子也升格为大圣人，这样的一个传统应该说是儒家神话的承上启下之主脉。"① 这是对于儒家神话形成的途径的一种表达和概括，是丰富的儒家神话演进的一种表达。

过去，笔者在分析儒者的神话时，使用过"儒学神话"和"儒教神话"两个概念，唯独没有使用"儒家神话"的概念。今天重新检讨一番，觉得也是一个很有意思的话题。我们现在使用哪一个概念都可以，但是在使用的时候不是随意的，也许应该首先考辨一番。现在把那时的一些想法拿出来，再加上目前

---

① 叶舒宪：《中国圣人神话原型新考——兼论作为国教的玉宗教》，载《武汉大学学报》（人文科学版）2010 年第 3 期。

的一些思考，和大家交流一下。

1998 年，我在《神话与中国社会》一书的第十一章讨论汉代神话，该章的题名为"儒学神话向皇室先挑战后归依"，使用的是"儒学神话"的概念。曾经这样认为："儒学之神化是一个把神化了的孔子及其经书同现实的符瑞与谶语相结合的过程"，这是对于汉代儒学神话的发生的一种表达，认为"神化孔子是儒学神话的前奏"。[①] 这一章有一节又叫"儒教神话的命运"，当时没有使用"儒家神话"的概念。现在看来，使用哪一个概念并不是最重要的问题，关键是怎么去界定概念的内容。但是当时使用这两个概念的一些考虑，也是有用心的。为什么当时不使用"儒家神话"的概念呢？

首先，我们说的儒家的概念，似乎耳熟能详了，闭着眼睛都会想出来这是指的什么。但是，儒家的概念实际上出现较晚。在西汉的时候，没有见到关于儒家的称谓。而当时论述儒学神话的时候，是由于没有见到儒家的称谓，所以使用了儒学的概念，而儒学的概念在当时普遍使用。为什么西汉只有儒学的概念而没有儒家的概念呢？当时也觉得较为奇怪，但没有深入思考。这里我们简单评述一番这个问题。

司马迁在《史记》里说到其父司马谈谈六家要旨，计有阴阳、儒、墨、名、法、道德这六家，看起来已经是把儒列为一家，但是看他的具体阐述则不然。我们来看《史记·太史公自序》的这段论述：

> 太史公学天官于唐都，受《易》于杨何，习道论于黄子。太史公仕于建元、元封之间，愍学者之不达其意而师悖，乃论六家之要指曰：
>
> 《易大传》："天下一致而百虑，同归而殊涂。"夫阴阳、儒、墨、名、法、道德，此务为治者也，直所从言之异路，有省不省耳。尝窃观阴阳之术，大祥而众忌讳，使人拘而多所畏；然其序四时之大顺，不可失也。儒者博而寡要，劳而少功，是以其事难尽从；然其序君臣父子之礼，列夫妇长幼之别，不可易也。墨者俭而难遵，是以其事不可遍循；然其强本节用，不可废也。法家严而少恩；然其正君臣上下之分，不可改矣。名家使人俭而善失真；然其正名实，不可不察也。道家使人精神专一，动合无形，赡足万物。其为术也，因阴阳之大顺，采儒墨之善，撮名法之要，与时迁移，应物变化，立俗施事，无所不宜，指约而易操，事少而功多。儒者则不然。以为人主天下之仪表也，

① 田兆元：《神话与中国社会》，上海人民出版社，1998 年，第 226 页。

主倡而臣和，主先而臣随。如此则主劳而臣逸。至于大道之要，去健美，绌聪明，释此而任术。夫神大用则竭，形大劳则敝。形神骚动，欲与天地长久，非所闻也。

夫阴阳四时、八位、十二度、二十四节，各有教令，顺之者昌，逆之者不死则亡，未必然也，故曰"使人拘而多畏"。夫春生夏长，秋收冬藏，此天道之大经也，弗顺则无以为天下纲纪，故曰"四时之大顺，不可失也"。

夫儒者以六艺为法。六艺经传以千万数，累世不能通其学，当年不能究其礼，故曰"博而寡要，劳而少功"。若夫列君臣父子之礼，序夫妇长幼之别，虽百家弗能易也。

墨者亦尚尧舜道，言其德行曰："堂高三尺，土阶三等，茅茨不翦，采椽不刮。食土簋，啜土刑，粝粱之食，藜藿之羹。夏日葛衣，冬日鹿裘。"其送死，桐棺三寸，举音不尽其哀。教丧礼，必以此为万民之率。使天下法若此，则尊卑无别也。夫世异时移，事业不必同，故曰"俭而难遵"。要曰强本节用，则人给家足之道也。此墨子之所长，虽百家弗能废也。

法家不别亲疏，不殊贵贱，一断于法，则亲亲尊尊之恩绝矣。可以行一时之计，而不可长用也，故曰"严而少恩"。若尊主卑臣，明分职不得相逾越，虽百家弗能改也。

名家苛察缴绕，使人不得反其意，专决于名而失人情，故曰"使人俭而善失真"。若夫控名责实，参伍不失，此不可不察也。

道家无为，又曰无不为，其实易行，其辞难知。其术以虚无为本，以因循为用。无成势，无常形，故能究万物之情。不为物先，不为物后，故能为万物主。有法无法，因时为业；有度无度，因物与合。故曰"圣人不朽，时变是守。虚者道之常也，因者君之纲"也。群臣并至，使各自明也。其实中其声者谓之端，实不中其声者谓之窾。窾言不听，奸乃不生，贤不肖自分，白黑乃形。在所欲用耳，何事不成。乃合大道，混混冥冥。光耀天下，复反无名。凡人所生者神也，所托者形也。神大用则竭，形大劳则敝，形神离则死。死者不可复生，离者不可复反，故圣人重之。由是观之，神者生之本也，形者生之具也。不先定其神，而曰"我有以治天下"，何由哉？

对于阴阳，司马迁使用的是"阴阳之术"，而对于儒，称为"儒者"，对于

340

墨，也是称为"墨者"，只是对于名、法和道德分别称为"名家""法家"和"道家"。这样，"儒家"这个概念在《史记》中竟然没有被叫出来！也就是说，儒家这个概念，在那个时候可能是不存在的。

查阅典籍发现，在西汉的时候，似乎没有儒家称谓的概念，而只有儒学的概念。如《史记·五宗世家》称河间王："好儒学，被服造次必于儒者。山东诸儒多从之游。"又《史记·老子韩非列传》："世之学老子者则绌儒学，儒学亦绌老子。"司马迁自己使用儒学的概念，兼用儒者的概念，或者单独使用一个"儒"字。

为什么不称儒为家呢？我想一种可能是：武帝时代即将把儒学上升为一尊之学，称家与其他道家、名家和法家并列，有损儒学地位，无以体现儒学的高崇之处。所以儒可以称儒学，但不能称家，是不能和道家、法家和名家等混在一起使用同样的称谓的。

为什么阴阳、墨这两家也不称家呢？司马迁可能也是出于对这两家的地位的考虑。因为在春秋战国时期，儒、墨是显学，《韩非子·显学》："世之显学，儒、墨也。"所以墨学的称谓也不能跟道家、法家、名家一样。而阴阳家呢？这是司马氏家族的职分，所以该排第一，也不能与道、法、名三家一样，所以用了"术"，以区别于其他的学派。因此，所谓六家竟然有三种表述方式，即某术、某者和某家。我们熟悉的儒家的概念，在这里没有使用，在西汉时期大体上也没有使用。比较而言，称某某家，在六家之中，相对来说是地位较低的。

这就是当时没有选择"儒家神话"的概念，而使用"儒学神话"概念的原因。但现在看来，儒家神话与儒学神话的概念，似乎都不如儒教神话的概念合适。

儒学神话的概念，在讨论神话这样一个范畴的时候，并不是最恰当的，毕竟儒学是学术，如果说使用儒教神话的概念，倒是可以获得广泛的认同。于是，在《神话与中国社会》中加入了儒教神话这样一个概念。后来便一直使用儒教神话的概念了。比如在《神国漫游》这部神话学的随笔集里面便有这样一篇文章：《儒教的神话依据》，儒教神话的概念已然形成。[①]

前面提到，关于儒文化的神话的任何一个概念都是可以使用的，但是其中也可以选择更为合理的表达形式。儒家神话，一是概念出现较晚，二是儒家作为一个学派的称谓，与神话一词黏附，也容易引起误解。儒家主要指代个人，

---

① 参见田兆元：《神国漫游》，上海人民出版社，1999年。

是一个学派的集合概念，儒家神话容易被人理解为个人的神话，所以窃以为儒家神话不是最恰当的。儒学神话呢？尽管当时使用过，但是这个说法也不太恰当，毕竟儒学的指向性明确，它所相关的是一种学术思想。儒学是有神学的因素，但是儒学的社会观、宇宙观并不都是神话学的东西。尤其是宋明理学以来，儒学的思辨性加强，神话与学术呈现出分离的情形。所以使用儒学神话的概念也不是很恰当。

我主张使用儒教神话这个概念。这是因为作为一种宗教，它与神话的关系更加密切。儒教是一个古老的关于儒文化的传统称谓，儒家、儒学、儒教三者虽然关系密切，相互依赖，但是，儒家是学派的称谓，儒学是学术的称谓，儒教是信仰的称谓，三者合起来才是儒文化的完整形式。其中任何一项都不能代表儒文化的全部内容。儒的神话，主要是与儒的信仰关联，因此，称为儒教神话，从神话的特性来说，与信仰有密切关系，要比学派和学术关系紧密一些。

而当下人们对于儒教存在误解，认为儒非教之说不绝于耳。提出儒教神话的概念，还可以强化儒教这个重要概念，加深人们对于儒教作为一种信仰文化和实践的理解。

二、 儒教神话的记录体系

儒教神话是一种体系较为严密的神话系统，后因为民间和地方的广泛参与，儒教的神话看起来又很杂乱。加上人们在讨论儒教神话时所凭借的资料存在选择不当的问题，人们对于儒教的神话，就像一些人所认为的中国神话一样，认为儒教神话也是很杂乱无序的。这跟误解中国神话一样，误解了儒教神话，要解除这种误解，需要正确理解儒教神话的记录体系。

首先，讨论儒教神话，《论语》《孟子》固然重要，但根本文献应该是五经而不是四书。有人在《论语》《孟子》里面找半天，不仅没有找到多少神话，甚至于连儒教的这样一个事实都要否定，因为《论语》《孟子》是重点谈论社会理想、个人价值的对话体著作，说的大部分都是现实问题，是关于为学、关于为政、关于为人的一些基本的原则，它们本来就不是讨论信仰与神话的书。

但是要是翻开五经，情况就大大不同了。《诗经》"雅""颂"有最为动人的史诗，还详细描述了神灵祭祀的仪式，以及人们对于天神地祇及其祖先的观念。最近的研究成果显示，就是"国风"中，也有大量的神话。因此可以提出《诗经》神话这样一个概念。《尚书》记载了唐虞夏商周的历史，更记载了这几个时代的神话与信仰的发展与变迁。《礼记》里的祭祀体系和神灵体系是较为严整的，体现出社会的规范。《春秋》一书及其"三传"，充满了神话色彩，像《左传》这样的书，简直就是一部启示录及其验证的表述。《周易》沟通神人，知来藏往，是神话背景下的著作。

这些充满神话的儒学典籍，是儒教的依据，而其中的神灵体系后来成为国家祀典的基本构架，很多王朝的国家祀典，基本就是按照《周礼》《礼记》的阐述建立起来的。儒教的神话转化为历代国家的宗教和祭祀礼仪，因此是一活跃数千年的信仰系统。所以研究儒教神话，往往要重视中国古籍史部正史之《郊祀志》《礼志》等，因为其中清楚记载了儒典的神话是如何在国家祭祀体系里体现的，是儒教神话国家化的珍贵资料。

这些儒学的经典，在汉代被神化了。孔子是神，经典也是神典，于是出现了以神话解释经书的典籍：汉代纬书。纬书神化孔子，这是任何宗教发生的必然过程，教主是一定要被神化的。但是，这些纬书在神话的道路上走得太远，又，当时的儒生把儒典与汉代社会现实关联得太紧密，而相关的宗教制度也没有建立起来，如组织较为严密的教团，单靠一批经典传述神话，这样，儒教的神话就很脆弱。加上不久后佛教、道教传入或产生，他们的组织形式要比儒教严密，明显优于儒教，所以这些纬书及其神话后来被斥荒诞，遭到排斥。但是，这些纬书的影响是深远的，它们对于孔子神圣形象的建立起了重要作用。

以宗族文化为主体的传统社会，民间宗族文化的理论基础是儒家礼制。经过宋儒发展的儒学，把宗族建设作为社会建设的重要内容，相应的，也将宗族的神话扩展开来。通过宗庙、家谱和祭祀仪式，这些家族的神话在家族中世代流传，是儒教神话在基层的传播形式。

宋元以来的地方建设，往往把地方英雄神灵化，以便引导世道人心。因此，家谱一类的民间典籍，地方志一类的地方文献，往往是宗族神话和地方神话的主要记载文献，它们是儒学神话在民间的表现。地方英雄的神话与宗族的神话往往呈现合流状态，如某一地方英雄，实际上乃是某一宗族的祖先和宗族的杰出人物，因为中国的聚族而居的特性，地方与宗族是密切关联的。

除了文献记载，宗庙、神庙、雕塑等传世文物，也是儒教神话的物化形态，需要加以关注。另外，民间口头传说故事，那些涉及地方英雄，尤其是清官孝子忠孝节义之类的地方英雄，那些与宗族祖先相关的神话故事，都是儒教神话的材料。

儒学经典、皇家祭祀的记录体系、地方文献、家谱、图像、雕塑、口传故事等，构成了一个儒教神话的记录体系，是我们研究儒教神话的基本材料。

三、 儒教神话的系统

儒教神话的系统，有几个组成部分。

第一，关于神话的基本理论和观念，即界定何为神、何为鬼、何种对象可以进入祭祀体系等问题。如《礼记·祭法》这样说：

> 山林、川谷、丘陵能出云，为风雨，见怪物，皆曰神。有天下者祭百神。诸侯在其地则祭之，亡其地则不祭。大凡生于天地之间者皆曰命，其万物死皆曰折，人死，曰鬼。此五代之所不变也。

这个关于鬼神的观念，几乎是中国鬼神观的基础。儒典记载的鬼神观，还有很多，比如：

> 宰我曰："吾闻鬼神之名，不知其所谓。"子曰："气也者，神之盛也。魄也者，鬼之盛也。合鬼与神，教之至也。众生必死，死必归土，此之谓鬼。骨肉毙于下，阴为野土。其气发扬于上，为昭明，焄蒿凄怆，此百物之精也，神之著也。因物之精，制为之极，明命鬼神，以为黔首则，百众以畏，万民以服。圣人以是为未足也，筑为宫室，谓为宗祧，以别亲疏远迩，教民反古复始，不忘其所由生也。众之服自此，故听且速也。"[1]

这是讲的神道设教的问题，成为儒教神话的基础。儒典对于鬼神的概念、信仰的原则都有明确的阐释，因此其神话有丰富的理论和观念的形态充斥其中。

儒教的神话与祭祀仪式是密不可分的，在儒家的经典《礼记》中，对于神灵祭祀有着详细的描述，提出了祭祀的规范和原则。有人说中国神话不系统，那真是外行。

除了关于祭祀的等级规定，对于神灵的遴选，儒教有一以贯之的理论：

> 夫圣王之制祭祀也，法施于民则祀之，以死勤事则祀之，以劳定国则祀之，能御大菑则祀之，能捍大患则祀之。是故厉山氏之有天下也，其子曰农，能殖百谷。夏之衰也，周弃继之，故祀以为稷。共工氏之霸九州也，其子曰后土，能平九州，故祀以为社。帝喾能序星辰以著众，尧能赏均刑法以义终，舜勤众事而野死，鲧鄣洪水而殛死，禹能修鲧之功。黄帝正名百物以明民共财，颛顼能修之，契为司徒而民成，冥勤其官而水死，汤以宽治民而除其虐，文王以文治，武王以

---

[1]《礼记·祭义》。

武功去民之菑，此皆有功烈于民者也。及夫日月星辰，民所瞻仰也，山林、川谷、丘陵，民所取财用也，非此族也，不在祀典。①

这段经典的表述，提供了一个神谱，更提出一个原则：自然神与祖先神，只有有功于民，才会被祭祀。这就注定了中国儒教神话的主角一定是圣人型的、爱民型的正面形象。

这些整体性的表达神话的基本规范的典籍，在《易经》及其《易传》、《尚书》、《左传》，以及宋明之际的儒者著述中，都有十分详细的讨论。如《朱子语类》，其阐述更加细致，其《鬼神》篇载师徒讨论：

> 周问："何故天日神，地日祇，人日鬼？"曰："此又别。气之清明者为神，如日月星辰之类是也，此变化不可测。祇本'示'字，以有迹之可示，山河草木是也，比天象又差著。至人，则死为鬼矣。"又问："既曰往为鬼，何故谓'祖考来格'？"曰："此以感而言。所谓来格，亦略有些神底意思。以我之精神感彼之精神，盖谓此也。祭祀之礼全是如此。且'天子祭天地，诸侯祭山川，大夫祭五祀'，皆是自家精神抵当得他过，方能感召得他来。如诸侯祭天地，大夫祭山川，便没意思了。"

这是讲原则问题，在传统的基础上，加入了气的概念。朱子还与弟子讨论一些具体的神灵，然后给出原则，如：

> 风俗尚鬼，如新安等处，朝夕如在鬼窟。某一番归乡里，有所谓五通庙，最灵怪。众人捧拥，谓祸福立见。居民才出门，便带纸片入庙，祈祝而后行。士人之过者，必以名纸称"门生某人谒庙"。某初还，被宗人煎迫令去，不往。是夜会族人，往官司打酒，有灰，乍饮，遂动脏腑终夜。次日，又偶有一蛇在阶旁。众人哄然，以为不谒庙之故。某告以"脏腑是食物不着，关他甚事！莫枉了五通"。中有某人，是向学之人，亦来劝往，云："亦是从众。"某告以"从众何为？不意公亦有此语！某幸归此，去祖墓甚近。若能为祸福，请即葬某于祖墓之旁，甚便"。又云："人做州郡，须去淫祠。若系敕额者，则未可轻去。"②

这里讲述了很具体的五通神信仰的问题，举例阐述原则：当官要去淫祀，

---

①《礼记·祭法》。
②《朱子语类·鬼神》。

但是皇家所封，则动不得。鬼神实有，但有正邪之分。儒教对于鬼神的这种讨论和规则，是我们研究儒教神话必须关注的。

第二，国家祭祀的神灵体系。

儒典详细记载了先秦各代的祭祀神灵，后世以此为准绳，安排国家祀典。典籍记载的最初的神灵祭祀体系，是舜行政的时候建立的，《尚书·尧典》："肆类于上帝，禋于六宗，望于山川，遍于群神。"这里最高的神灵是上帝。六宗有很多的解释，一般认为是天地四时，这是自然神灵。只是祖宗神灵在这里地位不突出，因为那时还是禅让制度，没有建立起宗法制度来。儒家三位一体的神灵在这里就有两部分突出出来了。值得一提的是上帝，由于基督教的传入，将God译为上帝，这是很不妥当的，加上我们长期对于中国儒教的漠视，我们已经忘却：上帝本来是中国人的最高神。查一下儒典和历代史书的《礼志》和《郊祀志》，上帝崇拜比比皆是。上帝后来有天帝、帝、天、昊天上帝、皇天上帝等等不同的称谓，但一直是中国神话中的最高主宰。

到了周代，随着宗法制度的建立，国家的神话体系基本建立起来了：

天子将出，类乎上帝，宜乎社，造乎祢。诸侯将出，宜乎社，造乎祢。①

这就是天神地祇人鬼的系统，秦汉以下，各有损益，但主干一直延续到清代：

清初定制，凡祭三等：圜丘、方泽、祈穀、太庙、社稷为大祀。天神、地祇、太岁、朝日、夕月、历代帝王、先师、先农为中祀。先医等庙，贤良、昭忠等祠为群祀。乾隆时，改常雩为大祀，先蚕为中祀。咸丰时，改关圣、文昌为中祀。光绪末，改先师孔子为大祀，殊典也。天子祭天地、宗庙、社稷。有故，遣官告祭。中祀，或亲祭、或遣官。群祀，则皆遣官。

大祀十有三：正月上辛祈穀，孟夏常雩，冬至圜丘，皆祭昊天上帝；夏至方泽祭皇地祇；四孟享太庙，岁暮祫祭；春、秋二仲，上戊，祭社稷；上丁祭先师。中祀十有二：春分朝日，秋分夕月，孟春、岁除前一日祭太岁、月将，春仲祭先农，季祭先蚕，春、秋仲月祭历代帝王、关圣、文昌。群祀五十有三：季夏祭火神，秋仲祭都城隍……②

---

① 《礼记·王制》。

② 《清史稿·礼志一》。

346

这里上帝依然，天地、宗庙和社稷依然，我们就能够理解儒教神话与信仰的悠久传统。

儒典中的五帝，既纳入了祀典，也建构成民族的历史，司马迁将《大戴礼》的五帝系统写入《史记》，使之成为庄严的民族历史，后世许多一统天下的民族，都将自己的谱系与五帝接轨。五帝神话实际上成为儒学的历史神话。

我们之所以把国家祭祀体系纳入儒教神话的体系，是因为这套体系是儒典所载，更因为实施这套礼仪的是儒家的圣明君主的代表——尧舜及三王。历代在制定祭祀制度时总是参考儒家经典所载，尤其是不同民族统一统治中国时，这套体系是不二选择。比如北魏在建立国家祀典的时候，拿出《周礼》很仔细地分析，力求合乎古礼。因此，儒教的神话带来的国家祀典，对于中华民族的发展具有不可估量的意义。轻易否定这个体系将使这个民族失去方向。

第三，地方英雄和宗族神灵。

中国古代皇家册封地方神灵，将地方神话和信仰纳入国家的轨道，是中国神话发展的一个突出的新问题。这些神灵具有复杂的文化内涵，甚至具有佛道的文化因子，但是皇家的册封几乎是按照有功烈于民的儒教原则实行的。如妈祖，不仅具有拯救海上渔民的神功，还因为保障国家被册封，成为保障国家安全的神灵。妈祖本身具有佛道等宗教的诸多因子，但是皇家看重的是利国利民。这种儒教文化的导向，使得其他宗教也努力塑造利国利民的形象。如佛教，都会在寺庙上书写"国泰民安"的字样，书写"河清海晏"的字样。妈祖从一个普通的民间女神，被皇家册封，从夫人，到天妃，再到天后，地位不断上升，从一个地方神灵变成了国家的神灵。当然对于整个中国来说，妈祖还是一个地方神，是属于国家神话体系下的地方神灵。

许多编辑妈祖文献的编者，面对众多的妈祖神话，只是选择对于国家有利、对于民生有利的事情，其他的神圣故事，他们会斥为荒诞不经。经过国家册封的地方神灵，成为一个庞大的神话体系，是地方的主流神话。各地蔚然兴起的土地神和城隍神，更是把地方神的信仰推向一个高潮。

而对于家族来说，他们的祖先的故事已经被神话化，他们通过家谱和祠堂排位，取得神圣的地位。这些家族的神灵是宋明理学发展的结果。如程颐强调："今无宗子法，故朝廷无世臣。若立宗子法，则人知尊祖重本，人既重本，则朝廷之势自尊。"理学家的主张直接催生了近世的民间祖宗崇拜。收录在《近思录》中的一些语录，可以看出他们辛勤的努力，他们要明谱系，收宗族，厚风俗。这些论述让人们感到，民间老百姓能够建庙，理学家真是功不可没：

冠昏丧祭，礼之大者，今人都不理会。豺獭皆知报本，今士大夫家多忽此。厚于奉养而薄于先祖，甚不可也。某尝修六礼，大略家必有庙，庙必有主，月朔必荐新，时祭用仲月，冬至祭始祖，立春祭先祖，季秋祭祢，忌日迁主，祭于正寝。凡事死之礼，当厚于奉生者。人家能存得此等事数件，虽幼者可使渐知礼义。

这是一个宣言性的文献，因为此前的礼俗，庶人无庙。这既是给老百姓一个祭祀祖先的权利，又是社会风俗建设的手段，因此宋明理学将祖先崇拜推向了一个新的阶段。由以前皇家宗庙的祭祀扩展到民间的广泛的家庙祭祀，使得儒教的神话与信仰真正有了群众基础。

此外，关于孔子及其弟子群的传说和神话，在各地的孔庙及县学乡学，包括私学的承载下，则是属于教主神话。这些神话，从纬书到民间故事，多彩驳杂，成为儒教神话的关于宗教组织神圣性建构的重要内容。这其中，老师的地位的神圣性建构，也是属于儒教神话的一个环节，因为老师是儒教信仰和思想传播的中间环节，所以必须提升其神圣性，于是有"天地君亲师"这样一个崇高的地位。鲁迅小时候读书先拜孔子，是中国历史上的文人的儒教崇拜的最初形式。

儒教神话是中国传统神话的主流神话，它依托儒家经书、史书和地方文献，通过国家祭祀、地方崇拜仪式和宗庙崇拜仪式，以及神庙、图像和文物等负载，并流行于口头，以丰富的形态流传在中国历史的长河里。

儒教神话通过理论阐述和原则确立，通过皇家祀典、地方英雄崇拜和家庙崇拜，以及学校的崇拜活动，形成了国家与社会一体的，系统严整而又充满变化的神话系统。它是中国神话研究的核心对象。

我们先对儒教神话进行这种梳理，是为以下论述儒教神话的发展打下一个概略的基础。儒教神话在汉代也演绎了精彩故事，体现出知识者在国家与社会生活中独特的不可替代的地位。

第二节　西汉儒生的神话革命

西汉的儒生及其所制谶言纬书，总体上是反对刘汉皇权政治的，所以西汉的儒学与皇权的关系在一定程度上是离而不是合。在汉代这样一个文化丰富的王朝中，儒生起到调整矫正时弊的重要作用，他们通过自己的努力，把一种学术国家化，这是了不起的成就。

传统儒学大体不语怪力乱神，总是以理性从容的面目出现，可总是不得其用。战国时尚诈力，儒学难以渗透到文化主流中去；秦始皇重法家，儒家更遭打击；而汉初尚黄老，儒生屡遭贬黜。故自战国至于汉初，儒生甚不得意。

儒生靠什么资源与主流文化亲近呢？秦汉帝王迷信成风，特好仙道，或好攻伐，儒生弃故术，而力投帝王之好。秦时儒生竟以封禅说取悦秦始皇，已将自己置于方士地位；而高祖时的儒生往往操攻伐兵家之术以见，如郦食其、陆贾等，可以纵横家视之。陆贾一言诗书，则遭高祖诟骂；叔孙通因着儒服，即遭汉王憎恨，乃变短为楚制衣服，方得高祖喜爱，又"专言诸故群盗壮士进之"，这真是与重视自我人格完善的儒学有很大的距离。汉初时儒生多以言鬼神方得近皇帝，他们被任用，多是被问鬼神之事，文帝时的贾谊就是如此。汉初的儒生为了生存有诸多的无奈，汉儒早在谶纬大盛之前就跟鬼神结缘，儒学已开始神化。武帝时大尊儒生。董仲舒进儒学，将仁义与王霸刑名之学交杂，又裹上一层神学外衣，这便是神学化的新儒学。董仲舒讲三统循环，讲灾异之变，讲止雨求雨，都是神话与迷信。这些行为使董仲舒成了一个巫师。从此，"敬鬼神而远之"的儒学时代结束了。

儒学之神化是一个把神化了的孔子及其经书同现实的符瑞与谶语相结合的过程，这样儒学便成为儒教的一部分。神化孔子和《春秋》是董仲舒竭力奉行的事业。他说："有非力之所能致而自至者，西狩获麟，受命之符是也，然后托乎《春秋》正不正之间，而明改制之义。"① 又说："《春秋》之中，视前世已行之事，以观天人相与之际，甚可畏也。国家将有失道之败，而天乃先出灾害以谴告之，不知自省，又出怪异以警惧之，尚不知变，而伤败乃至。"② 孔子得天命而作《春秋》，便是孔子本人和《春秋》一书都被神化了。在他看来，《春秋》是一部充满神性与启示性的圣典，它不仅仅是用于记载往事，而且是孔子为汉立下的法典。这些起初是为汉王朝帮忙的言论，后来竟成为动摇汉王朝生存的文化武器。

儒生在汉武帝时因"罢黜百家，独尊儒术"似乎获得了胜利，但实质上书生们的牺牲也很大。首先，儒生已逐渐改变了身份，武帝所重视的并不是恪守道德的原儒，而是史巫方士与儒生融为一体的新儒，书生们须变节以求生存，这对他们的心灵打击很大。其次，武帝时也并不全是在重视儒家，武帝后更是如此。宣

---

① 《春秋繁露·符瑞》。
② 《汉书·董仲舒传》。

帝称汉家自有法度，杂王霸道而用之，并不独尊儒术。儒生于是跟王朝形成一定的对立，武帝后逐渐兴起的谶纬学说便逐渐改变了性质，成为一种异端文化。

谶纬神学之本质是汉王朝中央统治与异端势力矛盾斗争的产物，西汉时的谶纬及其神话是儒生们用以否定汉武帝所建立的文化与政权的特殊武器。谶纬及其神话向皇权挑战集中地体现了这一时期的文化矛盾。

武帝在世时大展宏图，文治武功均建树卓越，但四处征战，弄得国库空虚，民众也被整得筋疲力尽。昭帝继位时八岁，幼子不晓政事，人们对汉家天下失望，于是，一种汉家须让王位，新天子出于庶民的舆论滋长出来，通过神话，这种反叛意识迅速传播开来。曾从董仲舒受学的儒者眭弘便以谶语上书皇上，竟要汉廷选贤禅以帝位。此事本末如此：

> 孝昭元凤三年正月，泰山莱芜山南匈匈有数千人声，民视之，有大石自立，高丈五尺，大四十八围，入地深八尺，三石为足。石立后有白乌数千下集其旁。是时昌邑有枯社木卧复生，又上林苑中大柳树断枯卧地，亦自立生，有虫食树叶成文字，曰"公孙病已立"。孟（眭弘字）推《春秋》之意，以为"石柳皆阴类，下民之象，泰山者岱宗之岳，王者易姓告代之处。今大石自立，僵柳复起，非人力所为，此当有从匹夫为天子者。枯社木复生，故废之家公孙氏当复兴者也"。孟意亦不知其所在，即说曰："先师董仲舒有言，虽有继体守文之君，不害圣人之受命。汉家尧后，有传国之运。汉帝宜谁差天下，求索贤人，禅以帝位，而退自封百里，如殷周二王后，以承顺天命。"孟使友人内官长赐上此书。时，昭帝幼，大将军霍光秉政，恶之，下其书廷尉。奏赐、孟妄设妖言惑众，大逆不道，皆伏诛。[1]

这大石自立与僵柳复生的神话借助《春秋》之意，便焕发出强大的能量，直接成为瓦解汉家皇权的神学舆论，因而眭弘很自然要遭到迫害。顾颉刚先生称眭弘是"一个民众革命思潮中的牺牲者"[2]，肯定了他的革命性。然而，这场民众革命实际上是书生革命。眭弘是个读书人，企图以谶纬推翻汉家天下，书生革命是一场文化革命，首先却是神话革命。

宣帝即位后，竭力抵制儒生们掀起的倒汉风潮。首先是诉诸武力，有反抗汉统者即杀戮之。如夏侯胜反对给武帝立庙便下狱遇害。同时，宣帝也做文化

---

① 《汉书·眭弘传》。
② 参见顾颉刚编著：《古史辨》第 5 册，上海古籍出版社，1982 年，第 471 页。

抵抗，尊武帝庙为世宗庙，且巡幸郡国四十九处皆立庙，目的是维护武帝这个汉家文化的代表性权威。宣帝谨奉传统的祀典，礼神于甘泉泰畤、河东后土祠和雍五畤，表示他是武帝政治与宗教的忠实继承者，在他在位期间，不知有多少次"凤凰祥瑞降集"。每次凤凰降集，总是要下诏，先是自吹一通政治清明得天瑞，然后下令不得探巢取卵，弹射飞鸟，以免坏了凤凰祥瑞。又修兴太一、五帝、后土祠，或封赏吏民，救济贫困，以得天瑞的喜讯布告天下。频繁地发布祥瑞意在消除谶纬的负面影响，证明汉王是得天正统的。

元帝在位时，国势日弱，而豪强渐起，老天也不帮忙，"灾异并臻，连年不息"①。与宣帝下诏言瑞报喜不同，元帝的诏书总是语调阴冷地报告灾难。他勤奋地到甘泉泰畤、河东后土祠及雍五畤去祭神，然大厦将倾，儒者又落井下石，皇家的日子实在不好过。京房治《易》，言阴阳灭变，定《易纬》之基调，复又以《春秋》灾异说攻之，京房对着元帝问：

《春秋》纪二百四十二年灾异，以视万世之君。今陛下即位已来，日月失明，星辰逆行，山崩泉涌，地震石陨……《春秋》所记灾异尽备。

陛下视今为治邪，乱邪？②

京房不因眭弘牺牲而畏惧，继续做泰山石立、僵柳复生的文章，不同的是，他是以《易》推论之："石立如人，庶士为天下雄。立于山，同姓；平地，异姓。立于水，圣人；于泽，小人。"又云："枯杨生梯，枯木复生，人君亡子。"③ 据《春秋》，汉已乱极当亡，据《周易》，则"庶士为天下雄"。似乎一场大革命即将到来，威胁着汉的统治地位。只因为儒生是口头革命派，所以才没马上弄出大事来。

这种文化打击并不逊于武装斗争，它不诉诸武力而最终达到了摧垮汉王朝的目的。这场文化斗争可谓有条不紊。儒生们先是以《春秋》灾异、《易》之阴阳为本以解大石自立与僵柳复生神话，抛出了改朝换代的舆论，其"庶士为天下雄"的谶语是民众革命的根据。然而，在统治者政治文化尚未腐朽败坏前，这种文化革命尚不能成功，首先还要进一步破坏汉王朝的文化。汉武帝是汉王朝形象的代表，他在位时所建立的文化，是汉王朝文化的基础，尤其是甘泉泰畤、河东后土祠、泰山和雍五畤，这些是武帝确立的皇家宗教圣地，几乎代表

①《汉书·元帝纪》。
②《汉书·京房传》。
③《汉书·五行志》。

了汉王朝文化的根基。这些天神加上历代汉皇祖神，构成了皇家宗教的最基本的成分。元帝、成帝时，儒生们率先掀起了捣毁祖庙的风潮。

这场运动的中坚力量是儒生匡衡，他把汉家祖庙毁去大半，其根据说是不合古礼，可究竟古礼如何也不得而知。总之，是毁庙制弄得都城和郡县的汉先祖庙大幅度减少，从而削弱了汉皇在民间的影响力。

在毁祖庙的同时，捣毁神庙的运动也展开了。匡衡、张谭等人不是不信神，而是要以自己的神话去击溃武帝时的神学秩序。成帝时，匡衡、张谭上奏曰：

> 帝王之事莫大乎承天之序，承天之序莫重于郊祀，故圣王尽心极虑以建其制。祭天于南郊，就阳之义也；瘗地于北郊，即阴之象也。天之于天子也，因其所都而各飨焉。往者，孝武皇帝居甘泉宫，即于云阳立泰畤，祭于宫南。今行常幸长安，郊见皇天反北之泰阴，祠后土反东之少阳，事与古制殊。……甘泉泰畤、河东后土之祠宜，可徙置长安……①

这就是说要把原来的圣地拆了。此论一出，群臣议论纷纷，博士师丹及众儒与将军五十余人附和，成帝只好同意。匡衡又以尚质为由，尽去原甘泉泰畤紫坛纹饰，泰坛周围的五帝坛、群神坛、雍五畤皆不修，仅建南北郊兆而已。匡衡再奏罢郡县四百七十五所神祠，罢雍一百八十八旧祠，以及高祖、文帝、武帝时建立起来的形形色色的神庙，汉家的旧的神灵体系被摧毁殆尽。

匡衡也如京房一样，是打着儒典《周易》的旗帜来破坏汉皇家神统的。他的那套"少阳""泰阴"之论，即是《易纬》诸书之根本。如《易纬稽览图》："降阳见南，迎阴见北。"《易河图数》："东方南方，生长之方，故七为少阳，八为少阴；西方北方，成熟之方，故九为老阳，六为老阴。"②《易纬》实际上就是匡衡这样的人弄出来的。可见纬书是儒者干预国家祀典的工具。

匡衡改革祀典，也遭多方面的反对，"众庶多言不当变动祭祀者"。汉宗室刘向维护旧礼，言："古今异制，经无明文，至尊至重，难以疑说正也。"并引《易大传》言"诬神者殃及三世"，成帝悔恨不已。此时成帝已无大权，想恢复旧祠而无门，后因无嗣故，便令皇太后诏有司，称武帝所兴之神畤如泰畤、后土祠及原雍五畤曾降福汉世，福流至今，今皇帝宽仁孝服，无有大愆，然无子嗣，思其咎错，乃徙南北郊，有违先帝之制，失天地之心，以妨继嗣之福。这

---

① 《汉书·郊祀志》。

② 《古微书》卷十六，见《纬书集成》，上海古籍出版社，1994 年，第 243 页。

样找到一个借口，甘泉泰畤、汾阳后土祠及雍五畤、陈宝祠等都恢复起来，成帝亲自去祭祀，于是，宗教神学复辟了。皇家以恢复旧观来表达对儒生议论的回敬。

成帝晚年好鬼神，聚集了一大批巫者方士于朝廷。成帝本人好色好酒，且亲近小人，又外戚专权，江山已危在旦夕。他虽恢复神畤，然不见生育。这时，儒者开始了新一轮的攻击。

这时的儒生对皇家的对抗呈现出新的特点，除一如既往地托阴阳灾异攻击皇朝外，儒生与外戚的联合是导致西汉王朝迅速走向覆灭的重要因素。西汉末年，王氏成了势力显赫的外戚集团。儒者先是攻击外戚集团的黑暗，既而见皇朝已不足恃，转而依附王氏，成了推倒汉皇室的主攻手。

谷永既精《京氏易》，又善说《春秋》灾异。《汉书》本传言谷永"善言灾异，前后所上四十余事，略相反覆，专攻上身与后宫而已"。建始三年（前30）冬，地震、日食同时发生，谷永对成帝说："凡灾异之发，各象过失，以类告人。乃十二月朔戊申，日食婺女之分，地震萧墙之内，二者同日俱发，以丁宁陛下，厥咎不远，宜厚求诸身。意岂陛下志在闺门，未恤政事，不慎举错，屡失中与？内宠大盛，女不遵道，嫉妒专上，妨继嗣与？"可谓单刀直入，毫不客气。成帝召诸方正对策，谷永深为不满，指责成帝"背可惧之大异""废承天之至言""欲末杀灾异"，跟皇帝针锋相对。[①]

时外戚王凤为大将军，专权，谷永对皇帝已失去信心，转而附王凤，意欲自托，故又在皇帝面前竭力称说"不可归咎诸舅"云云。王凤遂擢谷永为光禄大夫，谷永奏书感激涕零，表示愿意做死士以报恩施，儒生与外戚遂结为同盟。儒生欲掌管天下而无此权力，外戚有力篡权而又师出无名。两者结盟后，一个造舆论，一个去实施，在瓦解西汉统治的过程中，二者配合默契。外戚王氏自王凤起，势力日大，王家计出五大司马：王凤、王商、王音、王根、王莽。他们要篡权，于是总是在皇家祀典上做文章。

成帝以无子嗣故复汉祭祀旧仪，可儒生们认为，所谓甘泉泰畤及河东汾阴后土祠这些武帝建立起来的代表神畤实际上是"违阴阳之宜"的建筑，必予撤销，坚持取缔泰畤和后土祠，实行南北郊礼。杜邺说大司马商"复还长安南北郊"。南北郊是匡衡等主张建立起来的新的神范。成帝至死无子，于是，泰畤、后土祠被废，而南北郊恢复，哀帝继位又复甘泉泰畤、汾阴后土祠，废南北郊。

[①]《汉书·谷永传》。

汉皇跟儒生与外戚就神畤礼仪问题展开了拉锯战，说明这是一件关乎国家存亡的大事。

三年后，哀帝崩，平帝立。王莽再奏泰畤不合古制，欲恢复南北郊。这次王莽的发言有了根据，因为他发现了一部《周礼》。此书据说是周公所作，后来失传，秦汉以来好长时间没有露面，所以祀神礼制都没法跟《周礼》相合。王莽说道：

> 谨案《周官》"兆五帝于四郊"，山川各因其方，今五帝兆居在雍五畤，不合于古。……《易》曰："方以类聚，物以群分。"分群神以类相从为五部，兆天地之别神：中央帝黄灵后土畤及日庙、北辰、北斗、填星、中宿中宫于长安城之未墬兆；东方帝太昊青灵勾芒畤及雷公、风伯庙、岁星、东宿东宫于东郊兆；南方炎帝赤灵祝融畤及荧惑星、南宿南宫于南郊兆；西方帝少皞白灵蓐收畤及太白星、西宿西宫于西郊兆；北方帝颛顼黑灵玄冥畤及月庙、雨师庙、辰星、北宿北宫于北郊兆。[①]

皇帝没话说，只好同意。后王莽又奏立社稷，以夏禹配食官社，以后稷配食官稷。自此，由匡衡发起的宗教整顿已经完成，武帝时建立起来的神统已悉数颠覆。汉皇家神坛的这场变故实际上意味着汉王朝的灭亡。

王莽幼孤贫，受《礼经》，博学，可谓儒生出身。作为外戚，他跟儒生刘歆联手，较之谷永与王凤联盟，王莽与刘歆的联盟对刘家天下的打击更为致命。刘歆帮王莽"典文章"，后为"国师"。他们进一步以谶纬神话造舆论，直接威胁并逐渐夺取了西汉王朝的皇位。

至王莽时，汉为尧后，有传国之运，庶民将为天子的预言已满天飞，王莽又大造符命，天下归于王氏已大势所趋。平帝死后王莽选了一个只有两岁的宣帝玄孙刘婴为皇帝。这时，有人浚井得白石，上圆下方，有丹书著石，上书"告安汉公莽为皇帝"。这一符命使人们都推王莽如周公行摄皇帝之事，王莽已实为皇帝。刘氏见王莽这般作为，知其没安好心，遂起兵讨之，然刘家江山大势已去，几番兵变均告破产。

儒生竞附王莽。有儒生名哀章者好为大言，作铜匮为两检，署其一曰"天帝行玺金匮图"，一曰"赤帝行玺某传予黄帝金策书"。"某"为汉高祖，书意王莽为真天子，把王莽朝廷的班子都安排好了。王莽遂称帝，改正朔，易服色，

[①]《汉书·郊祀志》。

尚黄，定天下号为新。① 西汉天下就在符命的打击下灭亡了。看起来好像是灭于新莽，实际上王莽是在儒生对刘汉长期的文化打击下才拾起这枚胜利果实的。西汉的儒生是革命者，是西汉王朝的主要掘墓人。王莽的上台全靠了儒生帮忙。

哀章所上书颇有意思：他尊高祖为赤帝，王莽为黄帝。可是，汉武帝时已将汉之帝德改成了黄统，新朝还行黄统干什么呢？这时我们便明白了王莽竭力否定汉武帝神灵系统的用心，只要把武帝的所作所为说成不合制度，那么王莽的黄统就有办法解释了。王莽和儒生们精心炮制出汉赤统、新黄统的理论，把古史与神话重新排比了一番。与哀章的上书相应，刘歆的《世经》追本溯源，为王莽的上台大造神学舆论。

《世经》采用五行相生学说，以为从太昊木德始，木生火，炎帝继之，继炎帝者为黄帝土德，继黄帝者为少昊金德，继少昊者为颛顼水德，这是一个轮转。然后从帝喾、唐帝、虞帝、伯禹、成汤再来一个轮转。周武王再从木德始，秦不算，汉高祖继周为火德。这样，汉与新就是火生土，所以王莽行的是土德，是黄统，便是黄帝。②

汉火新土固然重要，唐火虞土则更为关键，它是王莽篡权最根本的神话依据。当时传汉为尧后，王莽则称虞舜后，这样一来，汉传位于新便只是尧舜禅让故事的重演。王莽说："予之皇始祖考虞帝受嬗于唐，汉氏初祖唐帝，世有传国之象，予复亲受金策于汉高皇帝之灵。"这里指的是哀章所上铜匮之书，其来路是有根有据的。王莽是以儒家的禅让神话为自己上台自吹自擂。

《春秋》一书也为王莽夺权帮了忙。王莽说："自孔子作《春秋》以为后王法，至于哀之十四而一代毕，协之于今，亦哀之十四也。赤世计尽，终不可强济。皇天明威，黄德当兴，隆显大命，属予以天下。今百姓咸言皇天革汉而立新，废刘而兴王。"这就是纬书所谓孔子《春秋》为汉立法，鲁运至哀而尽，汉运也至哀而亡，新代汉实在是不得已而为之。《书》之禅让，《春秋》之气数，都恰到好处地配合着符命成为王莽得国的工具。儒家的神话在政治生活中第一次显示出巨大威力。

客观地说，王莽得天下在当时也是众望所归。其败主要在于经济措施不当。王莽不全是被农民起义摧垮的，其劲敌更多是刘氏旧族和其他豪族势力。王莽赤帝传策夺国，起初也尊汉高祖庙为文祖庙，但不久便派武士去毁了高庙，并

①《汉书·王莽传》。
②《汉书·律历志》。

将其改为兵营。王莽此举意欲破坏高庙神性，扫荡刘氏的神灵保障。谶纬神话帮王莽得了天下，结果，反对派也以谶纬来对抗王莽，两边的帮手都是儒生，于是，儒者便自然成了两派，要么倒汉，要么护汉。

对于西汉神坛的干预，儒生有两种诉求：一种是知识诉求，即坚持传统信仰与神话的知识，如南北郊的传统，于典有载，他们是在做一种知识的原则追求，是在以专家的身份，从文化传承的角度，体现自我的价值；一种是政治诉求，即通过神话，达到矫正统治者行为的目的，如进行有德有道的教育等。无论如何，西汉儒生将儒学国家化，并持续不断地进行影响、推进，体现出儒家的进取之心。他们的神话实践，为儒学社会功能的实现探索了一条路径。

第三节　儒教神话与国家参与

东汉的儒生是要维护刘汉皇权统治的，他们制谶纬的根本目的是拥刘，故儒生整体上与东汉王朝的关系是合而不是离。这是两个时代的儒生的不同选择。

汉宗室刘秀曾受《尚书》，按说也是一儒。时有王况为李焉反造出谶言："荆楚当兴，李氏为辅。"此谶影响深远，后为李通得知。李通为商人家庭出身，其父李守曾事刘歆，"好星历谶记"，为王莽宗卿师，颇为王莽所重。李守在刘歆那里学来了制谶的本事。王莽末年，百姓愁怨。李守见王氏将亡，遂对李通说谶："刘氏复兴，李氏为辅。"[①] 李通后以此谶说刘秀，刘秀初不敢当，李通便细为谋划，刘秀大喜，二人遂结盟造反。

刘秀势力渐大，群雄归服。刘秀在长安游学时的同舍老友强华自关中奉《赤伏符》曰："刘秀发兵捕不道，四夷云集龙斗野，四七之际火为主。"群臣遂纷纷推刘秀做天子。刘秀于鄗称帝，燔燎告天，禋于六宗，望于群神，作祝文曰：

> 皇天上帝，后土神祇，眷顾降命，属秀黎元，为人父母，秀不敢当。群下百辟，不谋同辞，咸曰："王莽篡位，秀发愤兴兵，破王寻、王邑于昆阳，诛王郎、铜马于河北，平定天下，海内蒙恩。上当天地之心，下为元元所归。"谶记曰："刘秀发兵捕不道，卯金修德为天子。"秀犹固辞，至于再，至于三。群下佥曰："皇天大命，不可稽留。"敢不敬承？[②]

---

①《后汉书·李通传》。
②《后汉书·光武帝纪》。

这套堂皇的祝词的核心是那两句不太高明的谶记。王莽为不道，故刘氏恢复汉室。刘秀正火德，尚赤。与西汉王朝不同，东汉王朝一开始就有明确的帝德和祭祀系统，不像西汉王朝摸索着行事。那就是，汉为火德，皇天后土，六宗群神，祭祀体系比较明确。

当时想夺天下的并不只是刘氏一族，而是豪强并起，欲问鼎者非一二数。公孙述在蜀欲做"公孙帝"，他梦见有人语之曰："八厶子系，十二为期。"醒来觉得此符说他国祚太短，犹豫不决，其妻力促其为帝。公孙述不想只做几天皇帝，也引谶纬以自壮。《后汉书》本传云：

> 述亦好为符命鬼神瑞应之事，妄引谶记。以为孔子作《春秋》，为赤制而断十二公，明汉至平帝十二代，历数尽也，一姓不得再受命。又引《录运法》曰："废昌帝，立公孙。"《括地象》曰："帝轩辕受命，公孙氏握。"《援神契》曰："西太守，乙卯金。"谓西方太守而乙绝卯金也。五德之运，黄承赤而白继黄，金据西方为白德，而代王氏，得其正序。

公孙述此举令刘秀十分忧虑，对于这一割据势力，刘秀先是跟他论谶，把天意讲清楚，乃与公孙述云：

> 图谶言"公孙"，即宣帝也。代汉者当涂高，君岂高之身邪？乃复以掌文为瑞，王莽何足效乎？君非吾贼臣乱子，仓卒时人皆欲为君事耳，何足数也。君日月已逝，妻子弱小，当早为定计，可以无忧。天下神器，不可力争，宜留三思。[1]

公孙氏当王天下本在西汉昭帝时就有传言，这本是西汉谶纬学说反皇权的表现。现在公孙述想利用这一遗产，刘秀则否认"公孙"是公孙述，而认为宣帝便是公孙，又举出一个代汉者的名字叫当涂高，而公孙述不是当涂高，当然就没有资格去承汉统。所以，光武与公孙述的矛盾首先是在神话领域里展开的，是在以谶纬对谶纬。一开始，谶言纬书都是冲着西汉王朝而发，王莽联合一批儒者，利用这一神话迷信搞垮了西汉王朝，转而以谶纬巩固自己的统治。刘秀也借助谶纬夺回了刘氏江山，可这江山又面临着他人以图谶攻击夺取的可能。这样，光武帝在最终剿灭了公孙述割据势力后，起明堂、灵台、辟雍，"宣布图谶于天下"，以建立起帝国的神话。

从公孙述所引纬书看，其中相当多的内容对汉朝不利，大抵多为西汉及反

---

[1]《后汉书·公孙述传》。

叛者的制作。刘秀之宣布图谶于天下就是宣布谶纬诸书的定本，保持其正统地位，不许他人再妄造出来。这些书经过挑选，或者重新编制，都是有利于刘汉天下的，是孔子为汉立的法：炎刘卯金刀为天子的不可动摇的律令，而所谓十二世而亡的预言自然被清除了。神话化的儒学在东汉王朝得到了真正的尊崇，成了统治者的宗教。孔子在那里真正有了地位。

谶纬神话能成为两汉政治斗争的工具的关键是孔子的神话化及孔子所作经书的神典化，没有孔子的神话就没有圣书的神话，这两种神话是同时发生的。孔子是神，据神意而作经书是纬书神话的前提。《春秋演孔图》云：

> 孔子长十尺，大九围，坐如蹲龙，立如牵牛，就之如昂，望之如斗。

> 得麟之后，天下血书鲁端门曰：趋作法，孔圣没，周姬亡，彗东出，秦起政，胡破术，书记散，孔不绝。子夏明日往视之，血书飞为赤乌，化为帛，乌消，书出，署曰《演孔图》，中有作图制法之状。又曰：乌化为书，孔子奉以告天，赤爵集书上，化为黄玉刻曰：孔提命，仰应法，为赤制。①

制《赤雀集》是在强调汉的赤统，似为东汉初的制作。不像西汉时孔子为汉立法就是十二世而亡，东汉时托孔子所作纬书乃是东汉王朝建立的政治预言和神学依据。在纬书中，不是十二世亡，而是卯金刀要做天子。同是谶纬，同是说孔子为汉立法，西汉是汉十二世亡，东汉则是卯金刀帝刘之秀做天子，两汉谶纬之不同在这里变得太明显了，一个倒汉，一个拥汉。《春秋汉含孳》：

> 孔子曰：丘览史记，援引古图，推集天变，为汉帝制法，陈叙图录。又，丘水精治法，为赤制功。又，黑龙生为赤，必告示象，使知命。有人握卯金刀，在轸北，字季，天下服。……刀击秦，枉矢东流，水神哭祖龙死。②

在这些辑录的纬书资料里，可以看出是西汉末东汉初为黑统而作，所谓黑龙生为赤。刘秀就是在这些纬书尚赤的旗帜下径直建为赤统的。

东汉的谶纬已公开地对西汉的灾异说表示不满。王充于《论衡》中说："谶书云：董仲舒乱我书。盖孔子言也。"这是在假托孔子之口表达对董仲舒及其他西汉儒生以《春秋》灾异说对抗西汉政治的不满。西汉末，几乎众口一词汉运将尽，因此大量地张扬孔子为汉立法而特指卯金刀为天子者，必定出现在刘秀

---

①《古微书》卷八，见《纬书集成》，上海古籍出版社，1994年，第190—191页。
②《古微书》卷十二，见《纬书集成》，上海古籍出版社，1994年，第217—218页。

为天子前后。东汉谶纬不仅强调卯金刀，更突出"赤刘之九""帝刘之秀"①，直接点明刘秀为帝，就可知纯是刘秀的神话创作班子的创作了。

西汉儒生方士言汉统将尽，所据并不全是纬书，而是《春秋》本身，托孔子之言而出现的纬书是在拨董仲舒以来《春秋》灾异说之乱而反之"正"，性质与西汉迥异。

东汉儒学由于统治者的重视而得繁荣，儒者竞相归依皇室，儒学真正实现了正统化。《后汉书·儒林列传》向我们描述了皇家与儒者合作的热闹场面：

> 及光武中兴，爱好经术，未及下车，而先访儒雅，采求阙文，补缀漏逸。先是四方学士多怀协图书，遁逃林薮。自是莫不抱负坟策，云会京师。……建武五年，乃修起太学……中元元年，初建三雍。明帝即位，亲行其礼。……飨射礼毕，帝正坐自讲，诸儒执经问难于前，冠带缙绅之人，圜桥门而观听者盖亿万计。……建初中，大会诸儒于白虎观，考详同异，连月乃罢。……熹平四年，灵帝乃诏诸儒正定《五经》，刊于石碑，为古文、篆、隶三体书法以相参检，树之学门，使天下咸取则焉。

东汉儒学的繁盛可谓前所未有，这主要归结于儒者与皇家的友好合作。东汉儒家有反谶纬者，如桓谭，如张衡，但他们不是王朝的叛逆者，他们也没有像西汉的儒者那样早早地就要让刘家让出王位。东汉儒者不反皇族的主要原因是皇帝主动向儒者抛彩球，并在一定程度上遵循儒道，故而许多读书人反豪族但不反皇帝。儒生们把皇帝看作是实现儒家理想的希望所在，因而也主动与皇帝亲近。

儒者的神话也因此向着皇家。皇家的神坛有条不紊地进行着祭祀活动，其稳定的活动为后代的承袭提供了一个标准的案例。南北郊祀、社稷、封禅、先农、明堂、辟雍、四时，东汉的祭祀平和而有序，建立起秩序化的祭祀体系，这是中国皇家神坛稳定巩固其基本模式的时期。他们看起来没有太多的折腾，但是却建立了基本规范。

宣言神话，只是儒家的文化行为之一。东汉时期大儒辈出，经学发达，儒学真正实现了国家化与社会参与的目的。儒家内圣外王的双重价值目标中，国家化、社会化的价值实现是其目的。神灵祭祀本是儒家的本职行业，两汉儒者的神话实践，在一定程度上是他们的最原始的职业与价值的回归。

---

① 《后汉书·祭祀志》。

第七章　异端的成长及其神话

神话的正统和异端是一种相对的存在，它们的身份判定在于是否国家化，或者是否与国家合作方面。异端不意味着民间，或者非主流，而是是否与正统形成对抗。异端和正统的地位是变化的，也许这一时的异端，那一时便是正统。因此，我们对于二者主要不是进行价值判断，而是考察它们的实在影响。

对抗是一种文化的交流形式，也是一种调整和发展的形式，因此，异端的存在是文化发展的一个前提。问题在于异端与正统的交流是以何种方式进行，最后又以何种状态结束，这将决定这种交流的性质和意义。

下面我们就几个异端的神话势力提出讨论。

第一节　赤精子与中黄太乙

汉代在黄老之学为正统思想的统治期间，儒学便是异端。而当武帝后，儒学渐为正统，黄老则为异端，故自武帝以后，以儒学神话反皇帝问题不大，但所托非儒，则有殒命之虞。匡衡、谷永论灾异，振振有词，皇帝无可奈何，但有托非圣典者，便立刻刀斧相加，这种不同的遭遇说明，神学异端是不容许张扬的。

成、哀之际，以《春秋》言灾异纷纷然，言汉运将尽者也纷纷然，一般可保性命。可这时杀出了另一条路子的反叛者，则命运颇惨，他们编造的神话与学说逐渐走向了下层路线，并发生了重大影响。

汉成帝时齐人甘忠可造《天官历》和《包元太平经》十二卷，言"汉家逢天地之大终，当更受命于天。天帝使真人赤精子，下教我此道"。这一套神话的来路不是从孔子为汉立法、从《春秋》灾异里推出来的，而是依据黄老仙道一路，显然是异端。大儒汉宗室刘向奏甘忠可假鬼神罔上惑众，下狱，未断病死。虽没有被杀，倘不是生病自了，也免不了一刀。[1]

---

[1]《汉书·李寻传》。

甘忠可传了几个弟子，如夏贺良、丁广世、郭昌等。这几个人再私下传授那赤精子之说的《包元太平经》，连好《尚书》灾异的李寻也乐此道，谶纬派系的人开始向仙道渗透。哀帝时，夏贺良又言赤精子之谶，言汉家历运中衰，当再受命，宜改元易号。刘向子刘歆以为不合五经，不可施行。哀帝因病倒，自己改元易号了，称"陈圣刘太平皇帝"，是迎合太平道趣味，把自己作为"太平盛世"之主，以压制太平道势力。但改号后哀帝还是犯病，夏贺良等欲再托赤精子有所动作，欲推李寻等辅政。大臣及哀帝这次起了杀心，把夏贺良等下狱，以"执左道，乱朝政，倾覆国家，诬罔主上，不道"罪伏诛，因为是异端。

但《太平经》一路并没有因杀戮而遭遏制，它依然在潜滋暗长着。在混乱的现实中，托天帝之口许诺太平盛世，这便是太平道。原始的道教，其经书为《太平经》。到东汉时，《太平经》再次被送到了皇上的案头。《后汉书》云：

> 初，顺帝时，琅邪宫崇诣阙，上其师干吉于曲阳泉水上所得神书百七十卷，皆缥白素朱介青首朱目，号《太平清领书》。其言以阴阳五行为家，而多巫觋杂语。有司奏崇所上妖妄不经，乃收藏之。后张角颇有其书焉。[①]

《太平经》成为民间宗教的经典，它像一个火炬，点燃了向往太平、反对乱世的火焰。东汉时原始道教所掀起的这股反汉的风潮，与西汉时有很大不同。它是老百姓发起的，不同于西汉时外戚集团为主导的反叛。原始道教的成功，在于它渗透到百姓的心灵中去了。只有得到民众的认同，宗教的神话与教义才真正有了生命力。传扬于皇族和士族间的谶纬神话随着政治势力的消散便消散了。一种有生命的宗教，它的神话的生命力是强大的。它伴随着超越现世的理想，代代传承。自甘忠可造《包元太平经》至宫崇献《太平清领书》，其间百余年，甘忠可以"左道"下狱，宫崇上书时被斥为"妖妄不经"，这样的迫害不仅没使"左道"消歇，相反却呈愈演愈烈之势。

桓帝时，襄楷又将干吉的神书奏上，强调："前者宫崇所献神书，专以奉天地顺五行为本，亦有兴国广嗣之术。其文易晓，参同经典，而顺帝不行，故国胤不兴，孝冲、孝质频世短祚。"仿佛皇家的不幸，全是没按《太平经》办事造成的。这本"神书"就是原始道教的《太平经》，它自下而上，直冲皇家的宝座。

等到这本《太平经》到了张角的手里，情况就有很大不同了。太平道已不

---

① 《后汉书·襄楷传》。

再是小规模的经书传承，而是企图让皇上接受以行其道。张角实行了大规模的传教活动，在民间底层传播，建立了较严密的组织体系，进行了有条不紊的夺取天下的活动。《后汉书·皇甫嵩传》云：

初，钜鹿张角自称大贤良师，奉事黄老道，畜养弟子，跪拜首过，符水咒说以疗病。病者颇愈，百姓信向之。角因遣弟子八人使于四方，以善道教化天下，转相诳惑。十余年间，众徒数十万，连结郡国，自青、徐、幽、冀、荆、扬、兖、豫八州之人，莫不毕应。遂置三十六方。方，犹将军号也。大方万余人，小方六七千，各立渠帅。讹言"苍天已死，黄天当立。岁在甲子，天下大吉"。以白土书京城寺门及州郡官府，皆作"甲子"字。中平元年，大方马元义等先收荆、扬数万人，期会发于邺。……角等知事已露，晨夜驰敕诸方，一时俱起，皆著黄巾为标帜，时人谓之"黄巾"，亦名"蛾贼"。杀人以祠天。角称"天公将军"，角弟宝称"地公将军"，宝弟梁称"人公将军"。所在燔烧官府，劫略聚邑，州郡失据，长吏多逃亡。旬日之间，天下响应，京师震动。

这种由宗教活动进而发展为武装暴动的事件在中国历史上还是头一次，它为反抗强暴、追求理想社会的武装行为和文化行为积累了宝贵的经验。其中除了严密的组织外，太平道的理想之切合民心、太平道崇拜的神灵是它迅速成长的两个重要因素。

耶稣对待富人是要求他们把财物分给穷人，否则进不了天堂。基督教因此获得了信徒。太平道有六罪说，其中一罪便是不肯救穷周急。《太平经》说：

或积财亿万，不肯救穷周急，使人饥寒而死，罪不除也。或身即坐，或流后生。所以然者，乃此中和之财物也，天地所以行仁也，以相推通周足，令人不穷。今反聚而断绝之，使不得遍也，与天地和气为仇。或身即坐，或流后生，会不得久聚也，当相推移。[①]

这当然是穷人的福音。他们渴望在饥寒中得到救助。但《太平经》并不是懒人哲学，它认为，人天生应自食其力。凡因懒惰不自食其力以遭饥寒而仰人供给者，也为六罪之一，罪当死。《太平经》所说的富人系指贪婪的不劳而获的官吏，他们被称为"食中之鼠"。他们拥有的钱财是搜刮而来的，当然在百姓有

---

① 《太平经》卷六十七，本书所引《太平经》经文均据上海古籍出版社 1993 年影印明代《正统道藏》本。

急的时候就应该周济百姓。这种带有平均色彩、共同富裕的理想图画，其实是最动人的神话，它吸引着成千上万的信徒加入太平道。当然社会不公平才是这类神话与民间信仰发生的基础，统治者最应该做的不是去消灭这种神话，而是去消灭这种神话产生的社会基础——社会不公平，严重的贫富差别。

但我们不能认为《太平经》就是一本纯粹的平民的福音书。它要献于皇上，没有治国安邦之术是不行的。

太平道所信奉的神灵是复杂的。它有一个神灵系列：一为神人，二为真人，三为仙人，四为道人，五为圣人，六为贤人。此皆助天治也。神人主天，真人主地，仙人主雨，道人主教化吉凶，圣人主治百姓，贤人辅助圣人。这一神系有两点值得注意：一是儒家圣贤等而下之，处六类之末，神、真、仙、道高居其上，强化了太平道的神权地位；二是神、真、仙、道系统将传统的天地风雨神灵结合在一起，欲用自己的神系取代天地神灵以为治，其用世之心十足。《太平经》的主要内容多托真人与神人的问答以出。真人又称神人为天师。但是，神人也好，真人也好，都不是真神，只是神人而已。

太平道的真正主神应是太一。《太平经》所述太一，"因为天地神明毕也，不复与于俗治也，乃上从天太一也。朝于中极，受符而行，周流洞达六方八远，无穷时也"。这个太一跟武帝的那个太一不一样，但有关系。在武帝那里他是最高的上帝，是皇家的保护神，与五帝成为搭档，而在太平道中，他与五帝无涉，名称也发生了变化，叫中黄太乙，同样与符运谶纬相结合，成了取代汉运的神主。《三国志·魏志·武帝纪》注引《魏书》载黄巾移书曹操曰："昔在济南，毁坏神坛，其道乃与中黄太乙同，似若知道，今更迷惑。汉行已尽，黄家当立。天之大运，非君才力所能存也。""汉运将尽，黄家当立"成为一个广为传颂的谶语，而这一谶语又挟带着太乙的声威，所以便更具冲击力。黄巾军所到之处多望风归顺的原因就在于此。

不仅乡村广传黄巾当立，城里也有类似的神话在传扬。《后汉书》载："熹平二年六月，洛阳民讹言虎贲寺东壁中有黄人，形容须眉良是，观者数万，省内悉出，道路断绝。到中平元年二月，张角兄弟起兵冀州，自号黄天，三十六万，四面出和，将帅星布，吏士外属，因其疲餧，牵而胜之。"[1] 黄天的神话已铺天盖地地吞没了奄奄一息的后汉王朝。

---

①《后汉书·五行志》。

太平道的主神太一虽没有在道教神系中坐上第一把交椅，但他作为一支重要的力量加入了道教的神话系统。其原因主要在于太平道强烈的反叛色彩招来残酷的镇压，使本身的势力大减。被统治者所接受的道教派系主要是五斗米一系，所以，其主神来自五斗米道所崇拜的主神太上老君，太一成为旁支。

本来，自汉武帝至王莽时，太一神位已达极致，但到了光武帝继位时，太一便从最高神中被神秘地删除了，这是不是因为甘忠可所献《天官历》《包元太平经》中太重太一了呢？甘忠可献上神书后称"天帝使真人赤精子，下教我此道"，这"天帝"当就是太一，因为当时太一是最高神，甘忠可要托共认的最高神才有力量，甘忠可的天帝也是讲汉运已尽，当更受命的，同黄巾时的中黄太乙一样表现出对汉运的否定。光武帝好谶纬，但对图谶做了整理，他选择并制作的孔子系列谶纬之书，是孔子为汉制赤统；太乙赤精子系是说汉要退位的，当然要排斥。甘忠可曾利用太一宣扬汉运将尽，在东汉故伎重演，都是太平经的学说，都是太一（乙）所主，所以光武帝便于皇家祀典中剔出太一，太一就这样一下子成为在野之神了。

关于太一的地位浮沉，顾颉刚、杨向奎曾有论述，他们说："太一由方士之力起家，赖汉武帝的好神仙，渐渐升到了上帝的地位；不幸，自从王莽们给他加冠之后，反把他的本来名字埋没了。后来虽由隐复显，由整而分，究竟没有回复到原来的身分。然而失于彼者得于此，虽不见容于政治舞台，却还有宗教中的出路。"[1] 这段话没把握太一沉浮的根本原因。太一地位的下降，跟王莽没有直接关系。王莽治明堂，光武帝也治明堂，光武帝不祀太一，显然是跟太乙谶摧毁汉室有关，故光武帝取孔子谶而废太乙谶，太一自然被逐出最高神位。太一之所以不见容于政治舞台，是因为他是异端势力之神。他在道教中依然活力强盛，虽然不入"三清四御"之位，但以太一命名之神有数十辈，成为道教神系的重要组成部分。

这支反叛者先是赤精子，后是中黄太乙，先红后黄，都是指着汉统治者的德统而来的。西汉变成黄帝黄统了，所以西汉的时候他们是赤精子，东汉的时候，皇家是赤统，他们就是黄天，这是颜色的神话，更是异端的神话，也可以说是革命的神话、底层的神话。这些神话与特定的社会组织结合，便焕发出巨大的能量。

---

① 顾颉刚、杨向奎：《三皇考》，见吕思勉、童书业编著：《古史辨》第 7 册（中），上海古籍出版社，1982 年，第 203 页。

这些神话是对正统神话与正统势力的威胁，当然也是促进正统势力完善自我的力量。

第二节　天地水与太上老君

汉代的神学异端，据《三国志·张鲁传》注引《典略》说有三大妖贼，东方有张角，三辅有骆曜，汉中有张修。骆行"缅匿法"，不知何术。五斗米道或传为张修所创，其法大抵如太平道，借助符祝治病，并施静室使病者处其中思过，巫祝色彩较浓，但其宗教纲领不是《太平经》，而是《老子》五千文。《三国志·张鲁传》又称五斗米道为张陵所创，受道者出五斗米而被称为五斗米道，陵死，传其子衡，衡传其子鲁，张鲁大行其道。而同传又说鲁杀张修，夺其众，据汉中以鬼道教民，自号师君。就史书记载分析，张修确有其人，先于张鲁传教。张衡、张陵事迹不详，大约是张鲁杀张修，自编张家传道世系而上溯至其祖张陵，把张陵说成是创始人。

原始的五斗米道神为"三官"，即天地水，为自然神。《三国志·张鲁传》注引《典略》云："为鬼吏，主为病者请祷。请祷之法，书病人姓名，说服罪之意。作三通，其一上之天，著山上，其一埋之地，其一沉之水，谓之三官手书。"这三官在五斗米道中产生了长远的影响，直到唐代唐王朝与南诏盟誓，所面对的神灵还是这三官天地水。到今天，三官堂、三元宫还在中国各地存在，是道教的一支，可见其生命力之旺盛。

今所见五斗米经典是汉末的《老子想尔注》。唐陆德明《经典释文·序录》中有《老子想余注》（"想余"乃"想尔"之误）二卷，注："不详何人。一云张鲁，或云刘表"。任继愈等认为刘表绝无注《老子》的可能，因为他一生活动于荆州，且提倡经学，未见研习道家与道教的记载。[①]《老子想尔注》可能先有众祭酒讲解《老子》文本，最后由张鲁总其成。这部书是五斗米道教义和神话的蓝本。

《老子想尔注》中创造了自己的神。其中最重要的是讲一气化神引出至尊。《想尔注》第十章注"载营魄抱一能无离"曰："一散形为气，聚形为太上老君，常治昆仑"[②]。太上老君出现了，道教有了一个不同于太一的主宰，他对凝

---

① 任继愈主编：《中国道教史》，上海人民出版社，1990年，第38页。

② 饶宗颐：《老子想尔注校证》，上海古籍出版社，1991年，第12页。

聚整个教团具有举足轻重的作用。太上老君虽被说成是道的化身，但实际上人们都把他视为老子的神化，《老子想尔注》一面崇拜大道，一面又贬斥孔子。这是通过曲解《老子》原文来实现的。《老子》说"孔德之容，唯道是从"，《想尔注》则曰："道甚大，教孔丘为知；后世不信道文，但上孔书，以为无上；道故明之，告后贤。"[1] 这样说倒不完全是《想尔注》的创新，《史记》里也有过老子请教的说法。但这般曲解《老子》原文来贬低孔子，显然是为了争取正统，提高自身的地位。

张鲁对神话的发展有贡献，他在天地水的基础上引出的太上老君，奠定了道教神话发展的新起点，一个庞大的神系建设开始启动了。

东汉的皇帝尊奉孔子的热情明显高于西汉，常亲祠孔子及其弟子。从光武帝开始，明帝、章帝都亲临孔庙祭祀。神学化的孔子学说是东汉文化的主导倾向，但东汉皇宫里有了老子祠，信五斗米道的张鲁虽为异端，但后为曹操招降，五斗米道命运较太平道为好，故太上老君也因之幸运。

东汉的皇家祭祀祀典中有了老子，可见原始道教正悄悄地向正统势力渗透。

第三节　黄老道与黄老谶

除民间的太平道与五斗米道外，在宫廷里应还有一股原始道教的势力，那就是黄老道。不能说它全是异端。在西汉初年，它是正统，儒学反是异端。但在东汉，黄老却是异端了。关于西汉时的黄老道，大抵以清静无为为尚，敬奉黄帝老子。这里的黄帝，既不是什么黄统中的黄帝，也跟先祖黄帝不大一样，他是长生不老的仙人。汉武帝尊儒术，可也尊黄帝，并梦想有一天如黄帝一样升仙而去。王莽也大尊黄帝。西汉黄老以黄为先，实是求道成仙的产物。崇老子也是为了成仙。《论衡·道虚》："世或以老子之道为可以度世，恬淡无欲，养精爱气。夫人以精神为寿命，精神不伤则寿命长而不死。成事，老子行之，逾百度世，为真人矣。"在这样一个层次上，对黄帝与老子的信仰便合而为一了。黄帝是真人，老子也是真人，都是神仙。黄老道也是有经书的，史称楚王英"诵黄老之微言"，这微言是些什么内容，现在已很难考察了，大抵为《老子》及各种注本，及黄帝之书。汉代托黄帝为名的典籍有多种，《汉书·艺文志》列

---

① 饶宗颐：《老子想尔注校证》，上海古籍出版社，1991年，第27页。

为道家的就有《黄帝四经》《黄帝铭》《黄帝君臣》《杂黄帝》等四种①，阴阳家有《黄帝泰素》二十篇。这些大概就是黄老道的经典之书。所谓"黄老之微言"，这些托黄帝为言的书也是谶纬一类的东西。有一部叫《黄帝终始传》的书，被褚少孙补《史记》时引用，其中有"汉兴百有余年，有人不短不长，出白燕之乡，持天下之政，时有婴儿主，却行车"，这是关于霍光执政的谶语。《史记索隐》称《黄帝终始传》是"五行谶纬之说"，是为黄帝谶，它与太乙谶一样，都是反刘汉的舆论。

楚王英信黄老，作图谶。这图谶是黄老一家的谶语，不是孔子谶，所以遭到惩处。但黄老道在宫廷里还在发展，据《后汉书·襄楷传》，桓帝时宫中立有黄帝祠。宫廷中的黄老道发展到很高的程度，异端已开始冲击主流文化。史称："桓帝即位十八年，好神仙事。延熹八年，初使中常侍之陈国苦县祠老子。九年，亲祠老子于濯龙。文罽为坛，饰淳金扣器，设华盖之坐，用郊天乐也。"② 这种仪式的采用把老子差点推上最高神位。《后汉书·西域传》载："后桓帝好神，数祀浮图、老子。百姓稍有奉者，后遂转盛。"老子的信仰深入民间，成为朝野共奉的宗教。

宫廷黄老道跟太平道和五斗米道有较大区别，前者有治国治身的双重功能，无为而治，修道成仙，后者则为祛病驱苦，向往太平。同为异端，原始道教也有在朝在野之分，在朝的黄老道由异端转正统，由于它为统治者内部集团的部分人所崇尚，在不事反叛的前提下，它能与正统学说兼容。两支在野的原始道教一支太平道逐渐被武装扑灭，一支五斗米道被收编。这样，原始道教的神话被保留下来。它有广泛的群众基础，尽管价值取向不同，但统治者和民众都面对着共同的神灵，这在中国的神话史上具有非同寻常的意义。

以往的统治者的神话是被统治者垄断的。统治者切断民众跟上帝的直接联系，把自己说成是上帝的代言人。民众所接受的"神意"实际上是统治阶级的意志。这种垄断神权的行为构成了专制统治文化的一个重要内容，神灵崇拜成为礼制的一部分，每个阶层的神崇拜被限制在一个特定的范围里，否则便是越礼。这样，使得民众在神话这一领域里也失去了自由，无法获得精神支撑，垄断神话成为愚民政策的一个重要组成部分。

---

①《汉书·艺文志》。
②《后汉书·祭祀志》。

当一个普通民众可以和皇上一样去面对同一神灵时，这简直就是一场革命。民众追回了图腾时代的那份权利。当年，他们同部落首领一样崇拜共同的图腾。随着图腾制时代的结束，他们与图腾的亲缘关系逐渐被剥夺了，这种权利被国王所独占，祖灵取代了图腾。而祖灵常为皇族专祀，上帝又只降临皇家的神坛。民众对神的信仰变为对皇上的敬奉，而皇上的无道便使得他们对上帝神灵深为绝望，这样也动摇了上帝的权威。西周末年的诗歌明显地表现了这种普遍的情绪。他们开始了寻找属于自己的神灵的精神历程，于是又回复到一种原始的粗浅信仰的基础之上，如楚之淫祀、秦之杂鬼神祀、齐之神仙道等，这些神话与神崇拜活动是民众的精神生活的基本养分。但这些粗浅的神话支撑下的小范围的神灵信仰，无法扩展成普遍的共同追求。只是在太平道、五斗米道出现后，这种状况才发生了根本变革。太平道奉中黄太乙，把曾经的皇家的最高神搬到乡村野老的土坛上，这是宗教神话领域里的一场大反叛。黄巾拥有太乙之位还要宣布汉运将尽，同正统国家神话形成对峙，这是来自民间长期发展的异端神话成长的显著标志。而五斗米道所奉的太上老君则跟黄老道之老子为同一神。神话打破了上下界限，是对专制文化的一次真正的冲击，它使得民间神话的发展进入了一个新的时期，也使得统治阶级的神话与民间神话的交流更加频繁。

第四节　外戚专权与西王母神话

在太平道、五斗米道、黄老道之外，另一神学异端也异常活跃，这就是西王母崇拜以及关于她的神话。西王母崇拜贯穿在整个西汉、东汉时期，弥漫朝野。在汉代，它是历时最长、涉及面最广的一个神话系列。尽管西王母的神话有统治者参与宣扬，但总体上还是异端。在今天所见的汉代典籍里，除了少量的文人辞赋，并不见有较高统治集团成员奉祀西王母的记载，虽说西王母身上有颇为厚重的仙气，但在上层社会里跟黄帝、老子比地位相去甚远。至于武帝与西王母交往的故事，于史无征，实为后来西王母神话皈依道教后，收编武帝以壮大声势而造成的。西王母信仰作为一种宗教，它的组织性不如太平道与五斗米道，但情绪也很狂热，并以西王母作为一个崇拜实体，因此影响更为深远。

在春秋战国时期，西王母的神话已在流传，但影响并不是很大。虽有周穆王拜见西王母，西王母回访周穆王的《穆天子传》的传说，但此书一时湮没无闻，后代才发掘出来。战国时西王母的神话究竟有多大的影响不详。《山海经·

西山经》中有记载，主要情节如下：

　　　　玉山，是西王母所居也。西王母其状如人，豹尾虎齿而善啸，蓬

　　发戴胜……

　　另，《海内北经》称西王母凭几戴胜于昆仑虚北，其南有三青鸟为其取食。《大荒西经》增"穴处"一条信息。这是《山海经》中西王母神话的主要内容，与其他神灵比，可谓无足轻重。（图2-7-1）

图2-7-1　汉代的西王母画像石

　　在西汉，西王母已经仙化。与西汉的正统神灵比，她只是在野的神仙。《淮南子·览冥训》讲到羿请不死之药于西王母的故事，西王母似为仙都总管，她手中拥有的正是千百万求仙者梦寐以求的东西——长生药，求仙者的核心追求就是长生不死。司马相如为迎合武帝求仙而作《大人赋》云："吾乃今日睹西王母，皓然白首，戴胜而穴处兮，亦幸有三足乌为之使。必长生若此而不死兮，虽济万世不足以喜。"武帝读罢大悦，"飘飘有凌云之气，似游天地之间意"。①武帝也陶醉在对西王母的向往之中。可武帝似乎并不太重视西王母，他更钟情于黄帝，其间原因恐怕主要是西王母是一种民间信仰，武帝不愿把他的神灵信仰太多地跟普通人搅在一起。

　　西汉前期，人们把西王母视为神仙而事奉的具体情节不详。到了后期，我们在河南、山东、四川等地发现了西王母的绘画，显然，西王母信仰在民间已有深厚的基础，只是没有反映到文献中来而已。哀帝时期，关东地区突然爆发了一场西王母崇拜的狂潮。《汉书·哀帝纪》《汉书·天文志》《汉书·五行志》都记载了这个疯狂的事件，以下为《汉书·五行志》所载：

----

①《史记·司马相如传》。

哀帝建平四年正月，民惊走，持蒿或棷一枚，传相付与曰：行诏筹。道中相过逢，多至千数。或被发徒践，或夜折关，或逾墙入，或乘车骑奔驰，以置驿传行，经历郡国二十六，到京师。其夏，京师郡国民聚会里巷仟佰，设祭，张博具，歌舞祠西王母。又传书曰："母告百姓，佩此书者不死，不信我言，视门枢下，当有白发。"至秋止。

此刻，似乎末日已来临，人们疯疯癫癫，惶恐不安。按《天文志》所说，在这场混乱事件发生之前已有天变，祠西王母后又言"从目人当来"，此也一谶语，颇令人费解，不知何意，但"从目"之形貌怪诞，足以引起恐慌。

这样一股潮流绝不会是空穴来风。西王母是女神，跟成、哀时期的母党专政是否有些关联呢？当时哀帝祖母傅太后骄，参与政事，太后丁氏气焰甚高。杜邺有这样一段议论，揭露了这场风波的别有用心：

《春秋》灾异，以指象为言语。筹，所以纪数。民，阴，水类也。水以东流为顺走，而西行，反类逆上。象数度放溢，妄以相予，违忤民心之应也。西王母，妇人之称。博弈，男子之事。于街巷仟佰，明离闱内，与疆外。临事盘乐，炕阳之意。白发，衰年之象，体尊性弱，难理易乱。门，人之所由；枢，其要也。居人之所由，制持其要也，其明甚著。今外家丁、傅并侍帷幄，布于列位，有罪恶者不坐辜罚，亡功能者毕受官爵。皇甫、三桓，诗人所刺，《春秋》所讥，亡以甚此。[1]

此事发于关东，民众历二十六郡国西上入京师，所以是逆上。这一拨人直捣京师，显然是有政治目的的。外戚专权，是西汉后期宫廷政治生活的重要内容。王氏专权，制谶语用符瑞甚多，傅、丁骄纵，也不会放弃使用谶纬符瑞的手段。"视门枢下，当有白发"，门枢为中央，指朝廷无疑，白发当是干预朝政的傅太后，杜邺的分析是不无道理的。颜师古注《哀帝纪》"关东民传行西王母筹"时曰："西王母，元后寿考之象。行筹，又言执国家筹策行于天下。"谓西王母为元居王氏，非是。此时傅氏十分骄狂，她与元后同事元帝，然傅氏为哀帝祖母。《汉书》谓"傅太后既尊，后尤骄，与成帝母语，至谓之妪"。皇后公开称元后为老婆子，已不把元后放在眼里，所以这里的西王母当是指傅氏而不是王氏。

---

①《汉书·五行志》。

京师之祠西王母的运动是建平四年（前3）的春天闹起来的，历时半年有余，到秋天才停下来。就在京师歌舞祠西王母时，哀帝于六月尊傅氏帝太太后为皇太太后，按三皇之序，皇高于帝，傅氏地位已无以复加。这场闹剧没人去镇压，却在秋天停下来了。岂不是傅氏已达到目的而鸣锣收兵了？按一般情况若是民众闹事如此，早该遭到镇压了，但这场西王母崇拜闹得如此蓬蓬勃勃，显然有背后的政治势力支持。

总之，西汉末年的祠西王母热跟外戚母党政治是有关系的。它同王氏的谶语及符瑞一样，都是刘氏汉室大厦将倾的神学舆论。

虽然西王母崇拜的勃兴有外戚母党策动的背景，但民间的信奉却有自己的寄托。除求长生以外，他们更注重向西王母祈福去祸，求赐子女，汉焦延寿《易林》中有这样的话："稷为尧使，西见王母。拜请百福，赐我善子。引船牵头，虽拘无忧。王母善祷，祸不成灾。"这一神灵形象使西王母在民间大放光彩，故东汉时的西王母崇拜在民间四处播扬，虽然从文献上考索不出多少材料，但据现已发现的东汉西王母画像遍及四川、山东、河南、陕西等地区，说明西王母崇拜也有很大的发展，西王母的神话在民间广为流传。

西王母神话的成分是复杂的。因其配偶情况的变化，她的身份也随着变化，这是阴阳学说渗透其间的结果。

在汉代民间以伏羲女娲为阴阳二神的同时，西王母与东王公（亦称东皇公）结合，成为另一对日月神。《吴越春秋》卷九文种讲"尊天事鬼"之术，勾践采纳之："立东郊以祭阳，名曰东皇公；立西郊以祭阴，名曰西王母。"[①]此为灭吴九术之首，这是文献中较早出现的"东皇公"名字的记载。文种所献策，《史记》称"七术"，而无具体记载，更无东王公西王母对举之言。东王公西王母的祀礼为《吴越春秋》所杜撰，它的根据当是流行的神话。这儿值得注意的是这种"尊天事鬼"术与通常的南北郊不同，南北郊变成了东西郊，显然是对汉礼南北郊的反动。在汉画像中，日月神既以伏羲女娲为其主，东王公西王母同时又成第二对日月神。西王母是月神，如陕西汉墓墓门门顶横额上的画面，东王公处有有鸟之日，西王母处有有蟾蜍之月。这种神话在汉以后的神仙道学之书中大加张扬，在民间的影响反大于伏羲女娲。这是因为东王公西王母联合的神话加入道教神话的力度较伏羲女娲联合的神话为重，

---

① 《吴越春秋·勾践阴谋第九》。

371

所以能后来居上。（图2－7－2）

图2－7－2　山东沂南东王公西王母

　　西王母与黄帝的结合则是天地神话的又一变体。《淮南子·览冥训》曰"西老折胜，黄神啸吟"，"老"为"姥"之借字。西王母即西姥，西老即西王母，高诱就是这样注的，他还称"黄神"为"黄帝之神"。这种对举说明西王母是天神，而黄帝是土地神。西王母是宇宙秩序的代表，她头上的"胜"被折断，正是社会混乱、宇宙秩序崩坏的象征。[①] 这些特征在汉代神话里已不甚明显了。

　　或许在远古的神话里，西王母拥有至高无上的地位，但她有一个中衰的过程，外戚母党给了她一个复兴的机会，使她兴盛于民间，而在道教神话中，她又重现昔日的辉煌，在中国宗教与民俗生活中占据日益重要的地位。

　　自东汉出现东王公西王母相会的画面，文献中关于东王公西王母的故事记载渐多，六朝时有托名东方朔的《神异经》出世，上载西王母东王公故事云：

　　　　昆仑有铜柱焉，其高入天，所谓天柱也，围三千里，圆周如削，

　　　下有回屋，仙人九府治。上有大鸟，名曰希有，南向，张左翼覆东王

────────────

① 参见［日］小南一郎：《中国的神话传说与古小说》第一章，孙昌武译，中华书局，1993年。

公，右翼覆西王母。背上小处无羽，万九千里。西王母岁登翼上会东

王公也。……其鸟铭曰：有鸟希有，绿赤煌煌，不鸣不食。东覆东王

公，西覆西王母。王母欲东，登之自通。阴阳相须，惟会益工。

这个西王母访东王公的故事，结构跟牛郎织女的故事有些相像。当然牛郎织女的故事不是这个故事的演绎。西王母与东王公的神话带着浓厚的神仙气氛，传达着一定的宗教信念。而牛郎织女作为大众神话，寄托着反抗压迫、追求自由与幸福的理想，性质有很大的差异，不能捏合在一起。

东王公后演为木公。《仙传拾遗》载：

木公，亦云东王父，亦云东王公，盖青阳之元气，百物之先也。

冠三维之冠，服九色云霞之服，亦号玉皇君，居于云房之间。以紫云

为盖，青云为城，仙童侍立，玉女散香，真傣仙官巨亿万计，各有所

职，皆禀其命而朝奉翼卫。故男女得道者，名籍所隶焉。

这就是后来玉皇大帝的前身之一，西王母后演为王母，成为天国第一夫人，地位崇高无比。

汉代的西王母信仰是在先秦西王母信仰的基础上发展起来的。外戚母党的操纵使西王母崇拜在汉代极为火热，当这个神话渗透了阴阳学说，并入伙道教神话，西王母的影响便日益扩大了，成了可以与观音匹敌的最受民众喜爱的神灵之一。

第五节　佛教的传入与"金人"神话

谈及汉代的异端神话，我们还应该特别提到从西方传来的佛教神话。

关于佛教传入中国的时间，说法不一。每种关于佛教传入的故事都夹杂着神话，或者说它本身就是一个神话，佛教以神话为先导开路，然后才将其教义传过来。

《广弘明集》引《列子》托孔子语，似孔子已知有佛理，此属无稽之谈。《佛祖统记》言秦始皇时，有西域沙门室利房十八人来传佛教，始皇以其异俗，囚之，夜有丈六金神破户而出，吓坏了秦始皇。这也是后人所撰佛教神话，与秦代无涉。但有一事与佛教传入及佛道神话有重要关系，这就是霍去病讨匈奴获一金人。《魏书·释老志》：

汉武元狩中，遣霍去病讨匈奴，至皋兰，过居延，斩首大获。昆

邪王杀休屠王，将其众五万来降，获其金人。帝以为大神，列于甘泉宫。金人率长丈余，不祭祀，但烧香礼拜而已。此则佛道流通之渐也。

此事不见于《史记》的《封禅书》及《武帝本纪》。甘泉宫供神颇杂，立一金人当不足为怪。《汉书·匈奴传》云："汉使骠骑将军去病将万骑出陇西，过焉耆山千余里，得胡首虏八千余级，得休屠王祭天金人。"颜师古注曰："作金人以为天神之主而祭之，即今佛像是其遗法。"霍去病获一金人是实，但这金人是不是佛祖呢？班固已明言为祭天金人，则此像非佛可知，颜师古所注乃受《魏书》的影响所致，然而这个西方来的金人无疑为佛的传入做了心理上的铺垫。

明帝时代佛入说大致可信。《后汉书·西域传》、牟子《理惑论》、《后汉纪》、《魏书·释老志》所述明帝夜梦金人事可视为佛教神话传入的最初入口。《后汉书·西域传》云：

> 世传明帝梦见金人，长大，顶有光明，以问群臣。或曰："西方有神，名曰佛，其形长丈六尺而黄金色。"帝于是遣使天竺问佛道法，遂于中国图画形像焉。楚王英始信其术，中国因此颇有奉其道者。

后来的文献也多谓是明帝遣使入天竺求佛法，最早的佛典《四十二章经》就是那时译过来的。楚王英被认为是所知的第一个信徒，《后汉书·楚王英传》称其"学为浮屠斋戒祭祀"。曾自入黄绢白纨三十四匹赎罪。明帝诏报曰："楚王诵黄老之微言，尚浮屠之仁祠，洁斋三月，与神为誓，何嫌何疑，当有悔吝？其还赎，以助伊蒲塞桑门之盛馔。"则明帝时，佛教信徒已多有之。

关于明帝梦金人事，今人多有斥其非者，其间关键涉及牟子《理惑论》的真伪问题。《理惑论》全文收于梁僧佑编《弘明集》卷一，题为牟融撰，又注曰"一云苍梧太守牟子博传"。此事人们一直未予理会。至明末胡应麟开始怀疑此文是假的。近代梁启超不仅否认牟子实有其人，并认为该书为后人伪造，说："皆可断为两晋间人作，绝非汉时所有。"[1] 一些佛学专家反对此说，包括周叔迦、胡适之、余嘉锡、汤用彤先生都认为此书是真的。就《后汉书·楚王英传》所载明帝诏看，佛教于后汉初已流行，传扬佛教神话实不稀罕。明帝非有突出地位，若六朝僧侣附会，何不选择光武？明帝有梦为寻常事，臣下附会以佛则也正常，故明帝梦金人事当是实，臣下以佛对则是借以宣扬佛教神话。所以

---

① 梁启超：《中国佛教研究史》，生活·读书·新知三联书店上海分店，1988年，第4页。

《后汉书》《魏书》等必定是在前人传说的基础上记载下来的，并非空穴来风。牟子所宣扬的神话代表了早期佛教神话的面貌。

关于佛的神话形象，除了托傅毅之口称佛"飞行虚空，身有日光"外，《理惑论》有答问称佛为：

> 盖闻佛化之为状也，积累道德数千亿载，不可纪记。然临得佛时，生于天竺假形于白净王夫人，昼寝梦乘白象，身有六牙，欣然悦之，遂感而孕。以四月八日，从母右胁而生，堕地行七步，举右手曰："天上天下靡有逾我者也。"时天地大动，宫中皆明。其日王家青衣复产一儿，厩中白马亦乳白驹。奴字车匿，马曰键陟，王常使随太子。太子有三十二相，八十种好，身长丈六，体皆金色，顶有肉髻，颊车如师子，舌自覆面，手把千辐轮，顶光照万里，此略说其相。年十七，王为纳妃，邻国女也。太子坐则迁座，寝则异床，天道孔明，阴阳而通，遂怀一男，六年乃生。父王珍伟太子，为兴宫观，妓女宝玩，并列于前。太子不贪世乐，意存道德。年十九，二月八日夜半，呼车匿，勒键陟跨之，鬼神扶举，飞而出宫。明日廓然，不知所在。王及吏民莫不歔欷，追之及田。王曰："未有尔时，祷请神祇。今既有尔，如玉如珪。当续禄位，而去何为？"太子曰："万物无常，有存当亡。今欲学道，度脱十方。"王知其弥坚，遂起而还。太子径去。思道六年，遂成佛焉。

这个佛的形象虽有人间王子修道的一点史影，而出生、形貌及行为均具神话色彩，后世传说的佛的神话的基本框架已成。牟子所述乃《修行本起经》的一个缩写本，因而把最根本的佛教神话展现在人们面前。西方神人以他独特的形象加入了中国神话，引起了中国神话的强烈震荡。

佛教神话的传入，首先冲击的是神仙学说。神仙家服药修道，祈求长生不死，而佛教追求涅槃境界，以人生为苦难，二者可谓格格不入。所以佛教进入中土，还没有跟主流文化冲突，倒是跟中土的异端交火了。他们首先要粉碎神仙不死之术，否则便无从立足。牟子开宗明义地说："虽读神仙不死之书，抑而不信，以为虚诞。"又云："神仙之书，听之则洋洋盈耳，求其效，犹握风而捕影。"然斥神仙家虚诞，自己宣扬佛教也还得凭神话。牟子在希望别人学佛时说："尧舜周孔且犹学之，况佛身相好变化，神力无方，焉能舍而不学乎！"他把佛说成了一个神通广大的神，而不是一个修行者，这当然是对佛形象的歪曲，但为了征服大众，以神话开路却是传播的最佳途径。

把佛的形象夸张得奇异，也遭"惑人"非难："云佛有三十二相，八十种好，何其异于人之甚也？殆富耳之语，非实之云也。"牟子曰："谚云，少所见，多所怪，睹馲驼言马肿背。尧眉八彩，舜目重瞳子，皋陶马喙，文王四乳，禹耳三漏，周公背偻，伏羲龙鼻，仲尼反頨，老子日角月玄，鼻有双柱，手把十文，足蹈二五，此非异于人乎？佛之相好，奚足疑哉！"牟子面对攻击，只好借助中国传说中的神话人物来反击，以将佛祖的怪诞形象合理化。

佛教神话初入中土，只得处处依凭着孔子、老子之书的可乘之机以求生存，故牟子口口声声都在列举孔子、老子之言，而实质上都是在为佛教张本。

《理惑论》以三十七篇答问宣扬了佛教神话与粗浅的佛理，对种种非难，尤其是神仙学说展开了批判。在全文结束时这样写道："于是惑人闻之，跋然失色，叉手避席，逡巡俯伏曰：鄙人曚瞽，生于幽仄。敢出愚言，弗虑祸福。今也闻命，霍如汤雪。请得革情，洒心自敕。愿受五戒，作优婆塞。"十分自得地宣扬了传道理惑的胜利，使"惑人"得以皈依。其实惑人没有这样简单就接受了佛教，佛教与中国文化的冲突还仅仅是开了个头，尖锐的斗争还在后头。

佛教传入之初，最高统治者并没有反对的意思，所谓秦始皇时室利房之说乃后人所伪托。佛教跟中国文化呈合作态度，《理惑论》是一个典型的例证。它依托孔子经典，在神仙学说发起攻击后才予以反击。汉家皇帝对此予以宽容，如明帝对楚王英之信佛显然持赞赏态度，桓帝"设华盖以祠浮图、老子"，佛教在汉代皇帝那里得到了崇尚。汉代的佛教，其底牌没有完全摊开，出现在人们面前的佛教可能是跟黄老道有些相似的，所以人们往往把黄老、浮图联称。如楚王英并好黄老浮图，而桓帝时宫中同立黄老、浮图祠。按照襄楷的理解，是"此道清虚，贵尚无为，好生恶杀，省欲去奢"。这样的佛教可谓无害于统治，不可能像太平道那样刮起强大的反叛风暴，相反，它还有利于社会安定，与太平道、西王母崇拜相比，它要温和得多，所以统治者接纳了它。

这样，作为一种异端的外来佛教神话，在中国一开始并没有被主流文化所排斥，而且被安然地植入中国文化的母本上。

同样作为异端文化，黄老道对佛教忌讳颇深，摆出老大的姿态去凌压佛教，这种表现首先是神话的表现。《后汉书·襄楷传》中襄楷上书有称："或言老子入夷狄为浮屠。"这大概就是所谓"老子化胡"的先声，成为后来道佛二教神话冲突中的一个重要话题。道佛二教神话冲突的序幕于是拉开。

第六节　汉代神话的新陈代谢

汉代的异端神话造就了中国神话文化中的新神话，它是中国神话的一场大革命。它的出现，标志着一个新的神话时代的到来。

两汉时期，纷繁的先祖开始理出了一个头绪，上帝的神话也基本固定，纵向传承的三皇五帝神话一统地位的建立，形成了民族的共同历史，而横向的五帝神话则成为中国哲学基本理论的坐标。前者以《史记》《汉书》为代表，给了不同种族集团向同一民族归化的文化准绳；后者以《吕氏春秋》《礼记·月令》和《淮南子》为代表，成为天人合一的标准模式，成为一种上至皇家祀典、下至民间术数的具有广泛影响的神学文化基石，其影响至为深远。两种五帝神话是古神话的终结，它的时空模式是中国文化的代表。

从时间上讲，三皇五帝的连续统治是一种循环，是天道不变的精神体现，德治传统就是贯穿五帝纵向模式的一条主线，而血缘传统则须臾不离地围绕在德统的周围。血缘的统治总是以掌握仁德的法宝以行天道，而仁德又总是附丽于血缘集团以求归宿。三皇五帝是作为一个血缘团体而出现的。从伏羲女娲到黄帝、颛顼、帝喾，到尧、舜，他们具有相同的血统，这样看来，不同的行天道的组织都是同一血统。所以三皇五帝神话是中华民族的血缘之本，更是德治文化的范本，故而认同同一神话谱系以求为其谱系下的一员，不仅在象征性的血缘关系上有一致性，更重要的是认同这一文化，即德治文化。

横向的五帝则使人在空间上每时每刻都在受到五帝的统治，从天地东西南北一直统治到耳目手足、心肝脾肺，每一处都有一帝蹲着。在这种情况下，五帝已是无所不在的左右人们生活的主宰。

两种体系的五帝神话将旧神话推向了极致，所以，它就此停止了发展的脚步，是古神话的终结。它以静制动，张开怀抱迎接着奔入的归化者，是中华民族文化的熔炉。

汉统治者为寻找最高神做出了艰苦努力，不管是黑帝、赤帝、黄帝还是太一，他们都没有在主神的位置上坐稳。东汉时留下的昊天上帝是一个抽象的自然神，其人格形象十分模糊，但是能力却难以估量，因为它是政权合法性的保障。

作为异端出现的新神灵，最显著的特点就是滤去了祖宗特点，老子、佛祖、西王母都不是谁的祖先，所以能畅行于各个朝代，获得广泛的拥护，可不受朝代、种族限制地被统治者选择用以作为主导文化。由于这些异端神话不重血缘，因而获得更大的普遍性，可以超越种族、超越时代。

此外，新神话打破贵族统治者的神灵垄断，民众可同皇上一样去面对佛祖、王母，神话也因而带上更多的共性，民间神话就是以新神话为起点发展起来的。

作为新神话，它还有一个重要特点：它往往是主流神话与主流文化的反叛者，虽然反抗程度不一，但其最具革命因素的火花就是从中迸发出来的。所以说，异端神话往往是革命的神话。

古神话的改造成形与新神话的发展是汉代神话的显著特点，无论是经过汉人总结的前人神话还是后人新创的神话，都是中国神话史上重要的神话。汉代是中国神话承先启后的时代，是中国神话史上的一个关键环节。

第三编

中国神话的多元生长与三教神话体系的形成

（魏晋—隋唐）

经过两汉时期的流传与认同，汉代建立起来的上帝与祖先的规范基本稳定，古典神话走向了终结。在这样的背景下，魏晋到隋唐时期，一定是新神话发生的重要时期。那些在秦汉时期已经启动的新神话，经过成长，也上升为主流神话。在传统的主流神话已经稳定的基础上，有三类神话在这一时期表现突出：一是已经启动的佛道的神话由在野、异端，逐渐向主流和正统的神话靠拢；二是各民族的神话交流发展，壮大共同体神话的阵营；三是民俗民间神话发展到一个新的阶段，形成广泛的认同。

从魏晋到隋唐，是中国神话发展的又一重要阶段，产生了民族认同的新的神话系统。

第一章　道教神话：由异端趋向正统

在西汉儒家被定于一尊之后，道家与道教虽有部分官方人士支持，但整体上是异端势力。加上部分道教曾经支持反叛势力，统治者对于道教格外关注。从南北朝到隋唐，道教徒在努力寻求摆脱困境之方，力图向正统靠近。

第一节　祀典维护与淫祀禁制

西汉时，《春秋》灾异说等种种动摇王朝的神话不是老百姓兴起的，它的制造者和首播者主要是异端知识分子和对汉王朝不满的官僚。东汉的反王朝神话则主要来自民间，铺天盖地的太平道徒多是贫苦民众，他们所信奉的太平谶言直接与统治者对垒。水能覆舟，民间神话是覆舟的一股巨浪。

两汉的统治者到了不可收拾的地步才知道民间宗教与神话的厉害，除了开创者刘邦具有从民间信仰那里得到力量的经验，其他的帝王是不会体验到民间神话有何能量的。两汉的最高统治者没有禁绝民间崇祀的诏令，但其统治集团成员有觉察民间宗教与神话之可怕者，乃行禁令禁止。然民间宗教势力甚大，他们编造的神话又令禁祠之官僚胆寒，这就是神话领域的文化冲突。

《汉书·五行志》记载："（元帝）建昭五年，兖州刺史浩赏，禁民私所自立社。山阳橐茅乡社有大槐树，吏伐断之。其夜，树复立其故处。"注引臣瓒曰："旧制二十五家为一社，而民或十家五家共为田社，是私社。"① 说明西汉时百姓不唯公社是从，私自立社，建立自己的神灵保障体系。古社必有树。《白虎通义》："社稷所以有树何？尊而识之，使民望见即敬之，又所以表功也。《周官》曰：'司徒班社而树之，各以土地所宜。'《尚书》逸篇曰：'大社唯松，东社唯柏，南社唯梓，西社唯栗，北社唯槐。'"可见社树是社神的象征。浩赏伐了民私社中的槐树，很明显是要毁了私社，破坏民间信仰，可这一举动遭到了民众的神话回击：那棵伐断的槐树又自己站起来，立到原处。也就是说，私社

---

① 《汉书·五行志》。

不可毁！其威慑作用不可等闲视之。这事在当时一定产生过较大影响，人们信以为真，才写进了史书。既然私社不可禁，就只能容忍它的发展。东汉兴起的民间宗教与神话，是在西汉以来较为宽松的文化土壤里生长壮大起来的。

东汉时期，反宗教迷信的呼声高起来。王充《论衡》对于谶纬、仙道及种种符瑞灾异的流行神话进行了揭露，显示了高度的理性精神。王充的矛头所向，主要是统治者的神话，他对统治者虚妄的、自我粉饰的神话的批判是强有力的，如《龙虚》《指瑞》《道虚》等篇，把统治者所标榜的符瑞驳斥得不值一钱，在那神话气氛弥漫的岁月，确实表现出众人皆醉我独醒的批判精神。王充对儒者的行为表现出极大的不满。这些儒者是东汉谶纬学说的鼓吹者，是东汉的主流文化的代表。王充显然是一种异端力量，他不是以异端神话对抗主流神话，而是直指主流神话的虚妄，如《论衡·奇怪》称：

> 儒者称圣人之生，不因人气，更禀精于天。禹母吞薏苡而生禹，故夏姓曰姒；契母吞燕卵而生契，故殷姓曰子；后稷母履大人迹而生后稷，故周姓曰姬。《诗》曰："不坼不副，是生后稷。"说者又曰："禹、契逆生，闿母背而出；后稷顺生，不坼不副。不感动母体，故曰'不坼不副'。逆生者子孙逆死，顺生者子孙顺亡。故桀、纣诛死，赧王夺邑。"言之有头足，故人信其说；明事以验证，故人然其文。谶书又言："尧母庆都野出，赤龙感己，遂生尧。"《高祖本纪》言："刘媪尝息大泽之陂，梦与神遇。是时雷电晦冥，太公往视，见蛟龙于上。已而有身，遂生高祖。"其言神验，文又明著，世儒学者，莫谓不然。如实论之，虚妄言也。

这里连汉朝看家神话都否定掉了，谶纬当然是渐失活力，这与王充这些人的打击是有关的。东汉末年，民间信仰日起，而皇家神话一蹶不振，于是有人起来正本清源，打击民间信仰与民间神话，这人就是应劭。

袁珂先生说："汉代末年，另有一部书，以'辨风正俗'为宗旨，也含有反对迷信虚妄的色彩，和《论衡》的性质大略相近，只是态度比较温和，这就是应劭的《风俗通义》。"[①] 在反对迷信上，二者有相近处，但其针对性完全不同。如果说王充针对的是王权神话，应劭的对象恰恰是民间的信仰，并为统治者禁绝民间神信仰大造舆论。由此可见，应劭实际上是为日益破败的皇家补漏拾遗，而对民间异端着力攘除。《风俗通义》序言称：

---

① 袁珂：《中国神话史》，上海文艺出版社，1988 年，第 110—111 页。

今王室大坏，九州幅裂，乱靡有定，生民无几。私惧后进，益以迷昧，聊以不才，举尔所知，方以类聚，凡一十卷，谓之《风俗通义》，言通于流俗之过谬，而事该之于义理也。风者，天气有寒暖，地形有险易，水泉有美恶，草木有刚柔也。俗者，含血之类，像之而生。故言语歌讴异声，鼓舞动作殊形，或直或邪，或善或淫也。圣人作而均齐之，咸归于正；圣人废，则还其本俗。

这些观点，可以见出其救世之心颇强。就其内容看，应劭以强化传统神话和皇家祀典为核心，而对仙道及淫祀大加挞伐。他将三皇五帝之制列于卷首《皇霸》篇的开头，其三皇说引纬书《春秋运斗枢》为正，以伏羲、女娲、神农为三皇，而五帝则称黄帝、颛顼、帝喾、帝尧和帝舜。按他的说法这根据的是《易传》《礼记》《春秋》《国语》和《太史公记》。这显然不完全对，如《易传》里的五帝世系与此就不相同。应劭似乎不在意这些小的问题，而着力强调其在历史上的源头地位及在道德上的准绳地位。他的这次强化不仅仅为王朝立本，也是对中华民族的共祖的再次确认，尤其是对《大戴礼》五帝的认同，连同先于该书的《白虎通义》，把五帝的世系法典化了。在流传下来的不完整的本子里，我们还看到应劭整理出的祀典：先农、社稷、灵星、灶神、风伯、雨师、桃梗、苇茭等，以及五岳四渎等山川之神，其中主体为儒典《周礼》《礼记》等所载，这就是他要"归之于正"的地方。而对于王朝的真正迷信，他却予以辩护，如：

武帝时迷于鬼神，尤信越巫，董仲舒数以为言。武帝欲验其道，令巫诅仲舒。仲舒朝服南面，诵咏经论，不能伤害，而巫者忽死。[1]

这就不是在破鬼神迷信，相反是在宣扬鬼神迷信，只是越巫不正，而董仲舒为正，故正能克制不正，董仲舒战胜了越巫。应劭反神话迷信实际上是反民间的神话迷信，而不是"正宗"的正统神话，由此可以看出应劭与王充的根本区别。

应该说，应劭在一定程度上揭露了民间信仰的荒诞，如所谓的李君神乃一农夫把一李核置于空心的桑树中生出了李树，后人见桑中生李，转相告语以为神。有病目痛者息树荫下，言："李君令我目愈，谢以一豚。"其人之目后自愈。众人传得神乎其神，来树下车骑数千百，酒肉堆积如山，后来那农夫知道，大

①《风俗通义》卷九。

惊，说："此有何神，乃我所种耳！"并把那李树给砍了，一下子戳穿了一场闹剧。① 这些都是有积极意义的。

应劭真正担心的还是这些民间的鬼神信仰所带来的政治上的影响和麻烦，所以对禁绝民间的鬼神信仰大造舆论。"城阳景王祠"条述朱虚侯刘章被文帝封为城阳王，死后立祠，民讴歌纷籍，言有神明，问祸福立应，历时甚久。然乐安太守陈蕃、济南相曹操"一切禁绝，肃然政清"。应劭表扬了他们，并说："安有鬼神能为病者哉？"到他本人做营陵令时，他决定禁绝对刘章的祭祀，乃移为令曰：

> 到闻此俗，旧多淫祀，靡财妨农，长乱积惑，其侈可忿，其愚可愍！昔仲尼不许子路之祷，晋悼不解桑林之祟，死生有命，吉凶由人。哀我黔黎，渐染迷谬，岂乐也哉？莫之征耳。今条下禁，申约吏民，为陈利害，其有犯者，便收朝廷。②

这种对民间迷信的禁绝含有多重意图，既有怜惜民财、驱除愚昧的用心，更有防止"长乱积惑"的目的。然而，不管应劭的用意如何，他禁绝民间崇祀行为，开了用政治手段压制民间宗教的先河，对后代统治者的民间宗教政策产生了深远影响。

自打东汉末年黄巾以宗教神话发动了一场大的变乱，统治者对民间的信仰再也不敢掉以轻心了，民间的神话从此遭到了严厉的压制。

三国时期，黄巾起义大潮方过，各国统治者对民间信仰心有余悸，大都出台了禁绝民间信仰的诏令。

魏国禁淫祀甚有力，曹操在做济南相时便"禁断淫祀，奸宄逃窜，郡界肃然"③。文帝称帝后，也推行禁绝民间祭祀的措施。《三国志·魏志·文帝纪》：

> （黄初五年）十二月，诏曰："先王制礼，所以昭孝事祖，大则郊社，其次宗庙，三辰五行，名山大川，非此族也，不在祀典。叔世衰乱，崇信巫史，至乃宫殿之内，户牖之间，无不沃酹，甚矣其惑也。自今，其敢设非祀之祭，巫祝之言，皆以执左道论，著于令典。"

这是最高当权者第一次向民间神灵宣战。文帝高张皇家祀典，而把"非祀之祭，巫祝之言"置于"左道"境地，民间宗教已处于非法状态，处在高压之

---

① 《风俗通义》卷九。
② 《风俗通义》卷九。
③ 《三国志·魏志·武帝纪》。

下。封建皇帝的这一举措，是基于黄巾大起义的历史教训，他们想在文化世界里筑起一道屏障，防止异端神学冲垮皇家的神苑。文帝精当地概括了皇家祀典的基本内容：郊社、宗庙、三辰五行、名山大川。这是自原始社会以来，宗教神话积累成的皇家祀典的最后结晶，它经过反复过滤筛选，在汉代已凝聚完毕，三国时的皇帝接过了这份遗产，世世代代往下传承，千余年里没有发生结构性的根本变化。皇家一旦有了自己恒定的神权体系，便不遗余力地维护它的权威，因而对异端便大开杀戒。

皇家的祀典是儒家神学观的结晶，因为正统的神学实际上是儒家神学，它体现为为皇家建立权威的根本目的，故禁绝淫祀就要先树立儒家祖师爷的地位。汉光武帝、汉明帝早就对孔子礼拜有加，这一被异端神话冲得奄奄一息的孔圣人的神位在魏王统治期间再度兴起。所以魏文帝早在禁淫祀诏令前就先行表彰孔子的大德，称孔子为"命世之大圣，亿载之师表"，并下令修孔子庙。文帝这样做，是为了纠正汉桓帝以来对老子崇祀的作风，他除规范了具体的皇家祀典外，更注重敬仰这一礼制的先师孔子。文帝尽管说了郊社、祖宗、三辰五行和名山大川外，余不在祀典者不得祭祀，可孔子总是例外。文帝诏告豫州刺史，不得重老子轻孔子：

> 老聃贤人，未宜先孔子，不知鲁郡为孔子立庙成未。汉桓帝不师圣法正，以婢臣而事老子，欲以求福，良足笑也。此祠（老子祠）之兴由桓帝……恐小人谓此为神，妄往祷祝，违犯常禁，宜宣告吏民，咸使知闻。[①]

这就是说，老子不能祭祀。这种如此明朗地以政令的形式倡导一种信仰而禁绝另一种信仰的手法是前所未有的。

江东孙吴集团对民间宗教神话的压制与曹操比毫不逊色。当年在顺帝时制《太平经》的术士于吉有一个自己的传承系统。虽然他的道书传播开去发生了惊天动地的事，可于吉道有一支没有直接参加黄巾，在汉末三国之际传入江东，于民间继续传播。其道长还是于吉，这显然不是顺帝时的那个于吉了，他当是袭于吉之号的另一位道长。在江东，于吉道称于君道。《三国志·吴志·孙策传》注引《江表传》云：

> 时有道士琅邪于吉，先寓居东方，往来吴会，立精舍，烧香读道书，制作符水以治病，吴会人多事之。策尝于郡城门楼上，集会诸将

---

① 《续高僧传·释僧动传》。

宾客，吉乃盛服杖小函，漆画之，名为仙人铧，趋度门下。诸将宾客三分之二下楼迎拜之，掌宾者禁呵不能止。策即令收之。诸事之者，悉使妇女入见策母，请救之。母谓策曰："于先生亦助军作福，医护将士，不可杀之。"策曰："此子妖妄，能幻惑众心，远使诸将不复相顾君臣之礼，尽委策下楼拜之，不可不除也。"……即催斩之，悬首于市。诸事之者，尚不谓其死而云尸解焉，复祭祀求福。

于君道不仅仅为贫苦大众信奉，于吉一出现，孙策部下有三分之二将领都奔去拜迎了，而把孙策扔在楼上不管。这样，统治者的权威遭到了极大的挑战，所以他们要迫害于吉。孙策杀于吉，一不是因为迷信耗了钱财，二不是符水治病害了人命，纯粹是为了铲除其对政治统治的精神威胁，"此子妖妄，能幻惑众心，远使诸将不复相顾君臣之礼，尽委策下楼拜之，不可不除也"，这是于吉被杀的根本原因。于君道的力量已足够摧垮君臣之礼，成了危害政权统治的重要力量。孙策杀于吉，纯粹是一种政治行为。

然而，江东于君道不可能凭借武力压制住，孙策的行为太不得人心。人们以神话来给孙策以反击。于吉不死的神话，与其说是人们对于吉的怀念，不如说是对孙策的抗议，对教主的迫害往往会激起更大的宗教风潮。耶稣被钉死在十字架上以后，人们都传说他复活了，这似乎是蒙难宗教主的共同神话模式。这种神话会推进相关宗教的继续发展。而宗教越是发展，这种神话就越是成长壮大。关于于吉不死的神话，在《洞仙传》里发展成这样了：

于吉者，琅琊人也。……孙策平江东，进袭会稽，见士民皆呼吉为于郎，事之如神。策召吉为客在军中，将士多疫病，请吉水喷漱辄差。策将兵数万人，欲迎献帝讨曹公，使吉占风色，每有神验。将士咸崇仰吉，且先拜吉后朝策。策见将士多在吉所，因怒曰："吾不如于君耶？"乃收吉，责数吉曰："天久旱，水道不通。君不同人忧，安坐船中作鬼态，束吾将士，败吾部曲，今当相除。"即缚吉，暴使请雨。若能感天令日中大雨者，当相原；不尔，加诛。俄而云兴雨霪，至中漂没。将士共贺吉，策遂杀之，将士涕泣收葬。明旦往视失尸，策大怆恨，从此常见吉在其前后。策寻为伏客所伤，照镜见吉在镜中，因掊镜大叫，胸创裂而死。世中犹有事于君道者。[①]

《洞仙传》一书，《旧唐书·经籍志》录为六朝见素子撰，今佚，《云笈七

①《云笈七签》卷一百十一。

签》中录存有两卷。在《洞仙传》中，关于于吉的故事与《江表传》比又有很大发展，首先是于吉的神通更为广大，能呼风唤雨，感天动地，以至将士要先拜吉，后朝策。于吉死后，孙策遭恶报而死，这是《洞仙传》神话最引人入胜的地方。它在警告统治者，于君道是不能禁止的，于君也是杀不得的，在神话里，惩罚于吉的孙策得到了严厉的惩罚。

这是一个有代表性的民间神话，表现出跟统治集团间的尖锐对抗。表面看，这是于君道的胜利，但实际上，在这神话的背后，却是于君道遭到血腥镇压的事实：于吉被杀了，他岂能复生？于君道遭到重创，面对政治压迫无可奈何，于是产生出神话的反抗，这是对孙策暴行的控诉，但这些不能从根本上改变统治集团扼杀民间宗教与神话的态度。我们发现，自三国始，民众以宗教和神话向统治者挑战的情况愈来愈多，统治者对民间宗教和神话的压迫也愈来愈重。

西晋时期，对民间宗教也极力压制，而竭尽全力扶植皇家祀典。晋武帝司马炎上台后强化了皇家祀典中的上帝、天地、先祖与山川之位。孔子的地位在祀典中也进一步突出，魏晋时都以太牢礼祠孔子并以颜回配之。魏晋以来，《周礼》中的祀典增加了孔子席位是一重大事件。泰始元年（265）十二月，武帝诏曰：

> 昔圣帝明王修五岳四渎，名山川泽，各有定制，所以报阴阳之功故也。然以道莅天下者，其鬼不神，其神不伤人，故祝史荐而无愧辞，是以其人敬慎幽冥而淫祀不作。末世信道不笃，僭礼渎神，纵欲祈请，曾不敬而远之，徒偷以求幸，妖妄相煽，舍正为邪，故魏朝疾之。其按旧礼具为之制，使功著于人者必有其报，而妖淫之鬼不乱其间。①

此诏道出了司马炎承袭魏文帝的作风，对淫祀采取决断措施的态度。泰始二年（266），有司奏春分祠禳祠，司马炎以为不在祀典，故除之。又使官员到四方巡省风俗，除去不在祀典的祭礼。司马炎这样关心民间神俗，其意在于防止民间可能出现的反叛情绪，因为反叛情绪在宗教神话中最易表现。

晋朝的官员也紧密配合皇家行动，一齐绞杀异端文化与反抗苗子。晋武帝咸宁二年（276），"道士陈瑞以左道惑众，自号天师，徒附数千，积有岁月，为益州刺史王浚诛灭"②。又太和元年（366），"彭城道士卢悚自号大道祭酒，以邪术惑众，聚合徒党，向晨攻广汉门，云迎海西公。殿中桓秘等觉知，与战，

---

① 《晋书·礼志》。
② 《广弘明集》卷十二。

寻并诛"①。由宗教发展成武装反叛，这是西汉以来，异端神话发展的逻辑。流行于民间的宗教要么归附于朝廷，要么作为一种异端必然走向反叛，因而也导致了空前的压制。

南北朝至隋唐，禁淫祀诏令不断，刘宋高祖永初二年（421）诏：

> 淫祠惑民费财，前典所绝，可并下在所除诸房庙。其先贤及以勋德立祠者，不在此例。②

这是一场对民间信仰的大整顿。当年，连蒋子文在内的杂祠皆被毁弃，而蒋子文是有很大影响的土地神：

> 蒋子文者，广陵人也。嗜酒好色，挑挞无度。常自谓己骨清，死当为神。汉末为秣陵尉，逐贼至钟山下，贼击伤额，因解绶缚之，有顷遂死。及吴先主之初，其故吏见文于道，乘白马，执白羽，侍从如平生。见者惊走。文追之，谓曰："我当为此土地神，以福尔下民。尔可宣告百姓，为我立祠。不尔，将有大咎。"是岁夏，大疫，百姓窃相恐动，颇有窃祠之者矣。文又下巫祝："吾将大启祐孙氏，宜为我立祠。不尔，将使虫入人耳为灾。"俄而小虫如尘蚝，入耳皆死，医不能治，百姓愈恐。孙主未之信也。又下巫祝："若不祀我，将又以大火为灾。"是岁，火灾大发，一日数十处，火及公宫。议者以为鬼有所归，乃不为厉，宜有以抚之。于是使使者封子文为中都侯，次弟子绪为长水校尉，皆加印绶，为立庙堂，转号钟山为蒋山，今建康东北蒋山是也。自是灾厉止息，百姓遂大事之。③

这是南方著名的土地神，体现出民间神灵的特性：不一定是品行高尚者，而是有力量者，都有可能成为鬼神祸害人或福惠人。无论他是什么神，都要对其加以礼祀。刘宋政权就在蒋神所在的建康，可谓态度坚决。

鲜卑族建立的北魏政权接受了汉族文化，他们不仅逐渐建立了跟南朝皇家相近的天地祀礼，还接受了魏晋以来所谓禁淫祀的信仰政策。北魏神龟二年（519）十二月，肃宗发布除淫祀、焚诸杂神之诏令。④北魏要有自己的神灵系统，入主中原以来，先是参用华夏古礼，然其旧俗甚重，神系芜杂，到太武帝时才予以整顿，除群小神杂神，而祀典合于中土了。

---

① 《广弘明集》卷十二。
② 《宋书·武帝本纪》。
③ 《搜神记》卷五。
④ 《魏书·肃宗纪》。

唐朝一统天下，然忧宗教信仰混乱，对民间宗教也大举压制。武德九年（626）宗诏曰："私家不得辄立妖神，妄设淫祀，非礼祠祷，一皆禁绝。"① 自此，历代皇家统治把正祀典与禁淫祀作为神权统治的两项并行措施。

三国时期开始的淫祀禁制一直贯穿整个封建社会。这说明旧神话时代结束后，统治者的神话也难以统摄民心，统治者欲占有神权，剥夺民众跟神灵的直接联系。这一举动必将引起更大的反抗，使统治者与民众之间的对立加剧，因而，"左道惑众"便防不胜防。禁制是如此严酷，淫祀却屡禁不止，这是因为，神话是不可能用武力扑灭的。

统治者跟大众在宗教神话中对垒，使自己的神话日趋整一。他们的神话准绳是儒家的神话，这不仅仅因为孔子被列入祀典而被神化，更重要的是，所谓天地、社稷、先祖及日月星辰与山川之祀均来自儒家经典，如《周礼》《尚书》和《礼记》，所以，几千年来统治社会的主流神话是儒家神话。

但这种核心神话却是相对干瘪的，它依赖政权而推行，凭借制度以生存。儒家神话虽然借此获得能量，但又由于制度化限制而趋于僵化。皇家祀典过分强调其仪式，反使其神话的语言叙事难以奔放，而权威性的高崇地位使其神话失去发展机制。统治者对祀典的专有则进一步使得神话失去了发展的土壤，他们不让民众参与祀典，而对最高神的祭祀往往鬼鬼祟祟，好像上帝跟皇帝密谈，如历代帝王的封禅之礼。这不仅使大众对上帝失望，也把统治集团的一般成员当作了局外人。儒家的骨干神话最终还落在自然神的层面上，只作为一个套在皇家政权上的僵硬外壳，本身没有演化为活生生的故事传扬于口头。这样，皇家祀典的神话没有能力抵抗活泼有力的民间神话的侵袭，因而只能借助政权力量对民间信仰与神话采取行政与武力的方式进行压制。在过去的岁月里，真正能够对抗神话的，只能同样是神话，行政方式的干预，只能激起民间神话进一步蔓延发展，民间宗教信仰也会日益兴盛。

统治者的神话与民间神话在分向发展中出现了一冷一热的现象，皇家的神坛相对冷落，而民间神系日趋丰富。民间神话的壮大，是中国后期神话的一个显著特点，它的强劲力度正是在高压下酝酿而成的。民间神话与皇家神话的对峙，是魏晋南北朝至隋唐神话发展的重要内容。

道教的神话是这一时期神话的重要组成部分，无论在民间还是在宫廷，它的力量都不可低估。但是，由于黄巾起义的影响，它一直遭到压制而被置于异

① 《旧唐书·太宗本纪》。

端地位，相对于皇家祀典，它明显是在野的神话。道家神话在发展中呈现出如下三个显著特点：其一，继续高扬黄巾起义造反旗帜，以神话导入武装斗争；其二，以神仙家的神话传说做消极反抗，以蔑视动摇正统的价值观念取得文化上的胜利；其三，投靠皇家势力，力争正统地位，把自家的神话系统建设起来。从魏晋到隋唐，道教神话就走着这样的道路，在夹缝里生存。

第二节　李氏神话：叛逆的神话

统治者严厉禁止淫祀妖神，固然是针对整个民间宗教，但对道教的压制却更为严酷。尽管佛教"胡神"也多遭斥废，但在整个魏晋南北朝时期，各路道教教派的反抗与统治者对它们的镇压以及道教自身向统治者的归依等方面的事迹十分引人注目。在此过程中成长起来的道教神话在后期中国神话中占有重要地位。

我们前面所述的于君道，其自身并没有有意地、直接地伤害统治者的行为。它因为人治病灵验、符水灵验而获得民心，其矛头并不是直指统治者。并且，于吉不为民做好事，而为孙策效力，但这种来自民间的威信本身是对统治者的伤害，所以作为异端遭到打击是十分自然的。崇祀孔子，贬斥老子，至少在唐以前的统治文化中是主流。

道教究竟在哪些方面妨害了统治者的利益呢？我们这里不想就其教义做广泛的阐述，单就其与神话密切相关的部分所产生的影响进行一些分析。

一类是托老君之言为谶，煽起反统治者的武装起义的火焰，或者将当年的斗争史化为神话，成为继续斗争的精神武器，其行为是对黄巾传统的继承。

其中影响最大的是东晋末孙恩、卢循以五斗米道发起的一场大乱。《晋书·孙恩传》载，孙恩为孙秀之族，世奉五斗米道，孙恩叔孙泰师事钱塘杜子恭，有秘术。孙泰颇浮狡有才，百姓敬之如神，四方之人多从求秘术。"泰见天下兵起，以为晋祚将终，乃扇动百姓，私集徒众，三吴士庶多从之。"后孙泰事发被诛，众人认为他没死，是"蝉蜕登仙"了。孙恩继起，往来于吴会与海岛间。观孙恩之起兵，固因东晋乱离，民众欲反，而参与造反者多为五斗米道所宣扬的仙道所诱。起义者撤离时，女教徒有婴儿不能带走，便用竹筐盛婴儿投于水，说："贺汝先登仙堂，我寻后就汝。"至于这些仙堂是何种境地，因史载有阙不可确知。这些记载是否真实也不能确认，但民众如此狂热，其仙堂的迷人程度可想而知。孙恩所统民众并非完全是因苦难忍无可忍而揭竿而起的，他们在很大程度上是出于一种宗教的感召而参与造反的。参与造反者并非都是民众，江南士族也多信五斗米道，孙恩妹夫卢循就出自著名的士族家族，这次造反，不能称为纯粹的农民起义。孙恩、卢循起义破坏性很大，东晋因此衰落，而五斗米道也因此遭重创。

道教的另一支影响大且历时久的反抗势力乃是民间绵绵不绝的李家道李弘造反。李氏在民间的影响，最早应从西汉末年新莽当政算起，那时光武帝刘秀欲复汉室，与宛人李通结盟，编造谶语云"刘氏复兴，李氏为辅"，刘秀以此谶做了天子，可这个谶语强大的能量并未就此消歇。西晋时期，人们还在动这一谶语的脑筋。晋惠帝太安二年（303），江夏义阳蛮张昌云"当有圣人出为民主"，他不好意思让张氏作为圣人，于是以山都县吏丘沈充圣人，并易名刘尼称帝，依汉故事行火德，以应"刘氏复兴"。张昌自立为相并易名李辰，以应"李氏为辅"之谶。李氏在民间竟有如此大的感召力！

此"李氏"尚未与道教相涉，至西晋末年，众多的号称李氏道教徒的道徒们则据此"李氏为辅"谶语自壮了。《晋书·周札传》云：

> 时有道士李脱者，妖术惑众，自言八百岁，故号李八百。自中州至建邺，以鬼道疗病，又署人官位，时人多信事之。弟子李弘养徒灊山，云应谶当王。故（王）敦使庐江太守李桓告（周）札及其诸兄子与脱谋图不轨。时（周）莛为敦谘议参军，即营中杀莛及脱、弘，又遣参军贺鸾就沈充尽掩杀札兄弟子……

这里明明写着，李弘被杀了，可李弘却如雨后春笋，到处出现。凡道徒造反者，都自称李弘，李弘成为反叛的一面神话旗帜。

当时有道经将李弘与老君联系起来，这样，李弘成了教主的化身。唐长孺先生指出："'老君应治'和'李弘应出'二者是相互联系的，李弘即是老君转世。"[1] 有一部《老君变化无极经》这样说："老君变化易身形，出在胡中作真经。……胡儿弹伏道气隆，随时转运西汉中，木子为姓讳弓口，居在蜀郡成都宫。"又有《太上洞渊神咒经》则讲得明白："真君者，木子弓口，王治天下。天下大乐"。因为李弘与老君的这种关系，其影响力便十分强大。

此时为晋宋之际，刘裕欲王天下，也用这一颇古老的"刘氏复兴"谶语，而道徒也抛出"李氏为辅"，欲为帝王师。这类谶语，实为西汉末年谶的翻版。[2]"刘氏复兴，李氏为辅"的谶语形成了魏晋南北朝至隋时期一股强大的与朝廷相

---

① 唐长孺：《魏晋南北朝史论拾遗》，中华书局，1983 年，第 210 页。
② 任继愈主编：《中国道教史》，上海人民出版社，1990 年，第 66 页。

对抗的势力，史书所载托言李弘而反者达十余次，其著名者如：

贝丘人李弘因众心之怨，自言姓名应谶，遂连结奸党，署置百僚。事发，诛之，连坐者数千家。①

太和中，蜀盗李金银、广汉妖贼李弘并聚众为寇，伪称李势子，当以圣道王，年号凤皇。②

淮上亡命司马黑石推立夏侯方进为主，改姓李名弘，以惑众……③

十月，巴西人赵续伯又反，有众二万，出广汉，乘佛舆，以五彩裹青石，诳百姓云："天与我玉印，当王蜀。"④

丁酉，扶风人唐弼举兵反，众十万，推李弘为天子，自称唐王。⑤

自晋至隋，前后数百年，而李弘的形象历久常新。每个造反者总觉得自己的力量不够，需要仰借李弘的力量。可见，李弘是深得民心的，是一笔可贵的神话遗产，它积蓄的能量也为李唐王朝的建立提供了强大的神学支持。

李家道的神话是跟朝廷的君权神授神话绝对地分庭抗礼的，它摆出的姿态是要将朝廷取而代之，而由李弘上台执政。因而，李家道及李家道的神话是这一时期最大的异端势力，在道教中最具反叛精神。

关于李弘其人，近年大得学者的关注，人们往往花气力去探讨李弘的真实身份，结果劳而无功，因为历史上曾有过的李弘跟道徒所奉的李弘两样，李弘实际上已成为一个神话人物，在民间广为流传，道教徒推波助澜，真李弘已不存在。在道教的经典里，他被说成是老子的化身。《道藏》正乙部满字号《太上三天内解经》说：

老子帝帝出为国师，伏羲时号为郁华子，祝融时号为广寿子，神农时号为大成子，黄帝时号为广成子，颛顼时号为赤精子，帝喾时号为禄图子……变化无常，或姓李名弘，字九阳；或名聃，字伯阳。……或一日九变，或二十四变，千变万化，随世沉浮，不可胜载。

又《道藏》洞真部寒字号下《度人上品妙经四注》唐李少微注云："李弘为金阙后圣太平真君，来劫下为人主"。地位是如此之高，几乎就是道教的最高

---

① 《晋书·石虎载记》。
② 《晋书·周楚传》。
③ 《宋书·王玄谟传》。
④ 《梁书·刘季连传》。
⑤ 《隋书·炀帝纪》。

神了。① 所以，李弘不是历史人物，而是神话人物。既然是老子的化身之一，所以便感召力特强，历代农民起义信奉他也就是很自然的事了。

对这样一个神话，当局很头痛是肯定的，但是这个神话无法消除。我们看到的统治者的治理办法就是镇压，可是没有效果。尤其是正统的道教徒也与异端争夺这份资源，这就更进一步强化了李氏神话的力量，李氏神话是我们见到的最有能量的异端神话。

第三节　张氏神话：天国神话

除了李姓神话外，张氏的神话也跟道教密切相关。张氏不像李弘在人间夺权，而是在天国主宰。尽管其身份比李弘高，但对当局者的政治威胁较李弘为轻，因为李家道的"李氏当起"的口号兴起后，随之而来的就是兵刃相见，是暴风雨的电闪雷鸣，社会舆论与反抗行动同时展开，成为统治者食不甘味、睡不安寝的心病，它遭到压制自然是不可避免的。张氏的神话则流为对前辈英雄事迹的缅怀，是黄巾起义失败后的一种不屈精神的流露，它成为人们斗争必胜信念的一种展现。张氏作为天神为张角或张陵的化身，它成为道教一些派系和民间信仰中的主神，宣告着以刘氏为代表的旧天神体系的灭亡，实际上是黄巾大起义反抗刘汉天下的一种神话意识的扩张，是异端势力文化渴望着对所谓正统势力的取代。虽然其神话本身不像李家道神话那样直接带来反叛的行为，但其所酝酿的反抗情绪不亚于"李氏当兴"的预言，且神话形式完备，叙事要素丰富，具有良好的传播功能，因而影响更为深远。

南北朝笔记小说《殷云小说》叙述了一个叫周兴的人死后灵魂到了天上，天帝召见他。周兴悄悄地问旁人，这天帝是不是过去的张天帝，旁边的人回答说："张天帝已仙去，现在是曹明帝。"显然，这是曹魏时开始流传的神话了，曹魏编造的这个故事意在说明他们已消除了张氏的黄巾势力。而通过故事本身，我们发现早已有张天帝的故事流传。

这类张天帝的故事到唐代还在流行，不过天帝改名为天翁。段成式《酉阳杂俎》卷十四这样叙述道：

天翁姓张名坚，字刺渴，渔阳人。少不羁，无所拘忌。常（尚）
张罗，得一白雀，爱而养之。梦天刘翁责怒，每欲杀之，白雀辄以报

① 参见王明：《道家和道教思想研究》，中国社会科学出版社，1984 年。

坚，坚设诸方待之，终莫能害。天翁遂下观之，坚盛设宾主，乃窃骑
天翁车，乘白龙，振策登天，天翁乘余龙追之不及。坚既到玄宫，易
百官，杜塞北门，封白雀为上卿侯，改白雀之胤不产于下土。刘翁失
治，徘徊五岳作灾，坚患之，以刘翁为泰山太守，主生死之籍。

这里张天翁与刘天翁的对抗应是张角起义反抗刘汉王朝的一种反映，不过
其间的故事变得有些奇异，情节曲折复杂。虽也表现了取而代之的事实，但较
"苍天已死，黄天当立"的剑拔弩张为委婉。由于与汉王朝的血与火的冲突已成
过去，加之这个故事又有些改头换面，所以能畅行无阻，在民间长久流行。张
坚，似乎是中国的最高神中第一个采用人间姓名的天帝，后来玉皇大帝成长为
中国第一神，而民间尚有称玉皇张大帝者，足见张氏神话对中国神话影响之大。

张氏神话是第一次表现天国主神的人格神灵的神话，虽然是一反叛性的神
话，但又首次展露了天国神貌，是后代天庭神话的基础：天庭不过以人间朝廷
为蓝本而已。

李氏和张氏神话在道教神话中异端色彩最浓，以直接对抗当局为主旨，最
具有反抗精神。

第四节　仙道神话：蔑视王权

与道教反叛神话不同的是求仙长生的神话，它是神仙家的传记。但这种传
记不是史诗，而是神话，这些神话除能鼓舞修行者外，还有打击统治者的文化
功能。它没有武装对抗统治者或取而代之的意图，但它张扬神仙生活的美妙，
流露出对皇家生活的蔑视情绪，并以神仙的高尊凌于帝王之上，实质上也起着
动摇帝王权威的作用。

武帝是一个求仙迷，在他死后，他的故事就被神话化了，关于他与神仙交
往的故事广为流传。这个文治武功均十分辉煌的帝王在神仙故事里便立刻失去
了威严，成为匍匐于神仙面前的一个虔诚的求道者，否则，他将遭到神仙的冷
遇。武帝最有名的故事莫过于见西王母。此故事主要见于《汉武帝内传》，《四
库全书提要》认为"殆魏晋间文士所为"，大抵是正确的。书中把汉武帝写成了
一个虔诚的仙迷，他在西王母面前，帝王身份已荡然无存。下面试看几个场面。

其一，西王母的出现使汉武帝受宠若惊：

四月戊辰，帝夜闲居承华殿，东方朔、董仲舒侍。忽见一女子，
着青衣，美丽非常。帝愕然问之。女对曰："我墉宫玉女王子登也。向

为王母所使，从昆仑山来。"语帝曰："闻子轻四海之尊寻道求生，降帝王之位，而屡祷山岳，勤哉！有似可教者也。从今百日清斋，不闲人事。至七月七日，王母暂来也。"帝下席跪诺。

西王母之使肯定的是轻四海之尊而求仙之举，认为"似可教者"，西王母有收武帝为徒儿的架势，"帝下席跪诺"。这是神仙家们勾画出来的一个在长生道前规规矩矩的臣服形象，仿佛把一头雄狮驯为一只绵羊。这本是神仙家的精神胜利，可帝王的威风也确实遭到了挫伤。

其二，西王母欲去时武帝的挽留：

> 于是王母言语既毕，啸命灵官使驾龙严车欲去。帝下席叩头请留，殷勤，王母乃止。

西王母的驾临真让世界翻了个个儿，仙道竟把一个帝王变为奴仆，其神力之强可知。

其三，上元夫人对武帝的指责：

> 夫人谓帝曰："汝好道乎？闻数召方术，祭山岳，祠灵神，祷河川，亦为勤矣。勤而不获，实有由也。汝胎性暴，胎性淫，胎性奢，胎性酷，胎性贼，五者恒舍于荣卫之中、五脏之内，虽获锋锐、良针，固难愈也。……写汝五恶，反诸柔善，明务察下，慈务矜宽，惠务济贫，赈务施劳，念务存孤，惜务及爱身，恒为阴德，救济危难，旦夕孜孜，不泄精液。……"帝下跪谢曰："臣受性凶顽，生长乱浊，面墙不启，无由开达。然贪生畏死，奉灵敬神，今受教，此乃天也。辄戢圣命，以为身范，是小丑之臣……

上元夫人指责武帝的劣性，武帝也俯首承认自己的卑鄙恶习，这不仅仅是把武帝的威严悉数除去，而且批评了武帝的许多比一般人更突出的恶习气。在神仙面前，帝王尚不如一般民众，只是一个小丑。这样，帝王的神圣权威在神仙世界里便不复存在。

日本学者小南一郎指出："在东晋以后道教这样抛弃了民众的要素、与君权相调和的时候，有些对此不满的人以自古以来民众信仰的幻想为核心，强调神仙存在远远超出现世的权威，编写出《汉武帝内传》。""《汉武帝内传》反复强调，现世的绝对统治者的汉武帝，在神女们眼中不过是毫无价值的存在。这样的观点，简直是否定现世统治体制的尊严的绝对意义，进而又不能不引起它对于我们自身所处的现实究竟有什么意义产生疑问。以绝对的重压压迫我们的现实世界的价值体系，当从建筑在不同原理的价值体系之上的另一世界重新审视时，就只能是显得非常丑陋的了。"① 我们应把《汉武帝内传》视为异端势力的神话作品，它跟正统世界是格格不入的。异端势力欲以此来动摇正统价值观念，是粉碎帝王权威的精神武器。

尽管汉武帝是那样地热衷于访仙求道，可神仙家们并不视他为同侪，其间的原因首先恐怕是武帝放不下帝王的架子。神仙家们在仙道面前，其尊卑悉由得道之先后而定，与世俗权威无涉。《神仙传·卫叔卿传》这样写道：

> 卫叔卿者，中山人也，服云母得仙。汉仪凤（元封）二年八月壬辰，孝武皇帝闲居殿上，忽有一人乘云车，驾白鹿，从天而下，来集殿前。其人年可三十许，色如童子，羽衣星冠。帝乃惊问曰："为谁？"答曰："吾中山卫叔卿也。"帝曰："子若是中山人，乃朕臣也。可前共语。"叔卿本意谒帝，谓帝好道，见之必加优礼，而帝今云是朕臣也，于是大失望，默然不应，忽焉不知所在。②

卫叔卿之举，颇有些"沙门不敬王者"的意味。他要维护神仙家的高尊地位，希望帝王"见之必加优礼"，他的拂袖而去，突出地表现了轻万乘、蔑礼法的神仙家风范。

河上公不答六帝礼也与此同。文帝欲征河上公问道，河上公要求文帝亲来。文帝说："普天之下，莫非王土，率土之滨，莫非王臣。域中四大，王居其一，子虽有道，犹朕民也，不能自屈，何乃高乎？"河上公即于虚空答："余上不至天，中不累人，下不居地，何民臣之有？"文帝下车稽首，才得河上公教授。神仙家的故事是要在这个社会里寻找一片独立的清凉王国，那里跟世俗规范迥异。神仙家的故事摧毁了现实的规范，破坏了统治者确定的尊卑秩序，以我为中心来重塑这个世界，是一种文化制胜的行为。

当神仙生活的优雅自由的永恒境界被渲染得愈来愈迷人时，武帝则自惭形秽，对神仙世界充满了渴望，可他总不被神仙国所接纳。现实中的汉武帝的所作所为，在神话里都颠倒过来了。如淮南王因谋反而遭治罪自刭，武帝当是胜利者。但《神仙传》里则说刘安好神仙，与八公白日升天，登天时踏山上，石皆陷，遗迹至今犹在。史家之所以不写刘安得道成仙是"恐后世人主当废万机而竞求于安道，乃言安得罪后自杀，非得仙也"。后武帝得知刘安成仙去，"大

---

①［日］小南一郎：《中国的神话传说与古小说》，孙昌武译，中华书局，1993 年，第 377 页。
②《太平广记》卷四。

懊恨，乃叹曰：'使朕得为淮南王者，视天下如脱屣耳！'"① 结果是皇帝羡慕这个"罪人"的结局。《史记》记载汉武帝羡慕黄帝时曾说过类似的话，但内容有很大不同。汉武帝在那里是这样说的："吾诚得如黄帝，吾视去妻子如脱屣耳。"②《史记》中做神仙，要抛弃的只是妻子儿女类的家庭牵绊，而在《神仙传》中，他要抛弃的是天下江山，可尽管如此，仙国还是不对他敞开大门。

本来，当年的方士欺骗武帝可谓臭名昭著，但当年的故事在后来的岁月里发生了神奇的变化，那些方士都一个个成仙化去，留下个汉武帝遥望仙宫空叹息。这是为什么呢？《神仙传》中李少君的故事道出了个中原委：

> 少君见武帝有故铜器，因识之曰：齐桓公常陈此器于寝座。帝按言观其刻字，果齐之故器也，因知少君是数百岁人矣，视之如五十许人，面色肌肤甚有光泽，口齿如童子。王公贵人闻其能令人不死，莫不仰慕。所遗金钱山积。少君乃密作神丹，丹成，谓帝曰："陛下不能绝骄奢，遣声色，杀伐不止，喜怒不胜，万里有不归之魂，市曹有流血之刑。神丹大道，未可得成。"乃以少药方与帝，少君便称疾。是夜，帝梦与少君俱上嵩高山，半道有使者乘龙持节云中来，言太乙请少君。帝遂觉，即使人问少君消息，且告近臣曰："朕昨梦少君舍朕去。"少君乃病困，帝往视之，并使人受其方，事未竟而卒。帝曰："少君不死，故化去耳。"及敛，忽失尸所在，中表衣悉不解，如蝉蜕也。帝犹增叹，恨求少君不勤也。③

武帝又一次眼巴巴地望着人家成仙，却抛下了孤独的他在懊恨，在羡慕，在无可奈何地哀叹。可这些没有用，礼拜祭祀也好，服药也好，都成不了仙。其中的奥妙由少君的一席话说得明明白白：骄奢淫逸，杀伐不止，喜怒不胜，所以神丹无效。这样追求仙道便先要追求人伦大道。求仙道先行人道，宗教活动开始出现了对世俗行为的制约。后来皇帝求仙者非一二数，武帝这个求仙失败者可为帝王求仙者戒。这类神话故事在蔑视帝王的同时也给帝王的行为立下了禁制，无道无德难成仙，它在一定程度上可遏制帝王的奢侈无度，限制帝王的手脚。这是新时期的神仙故事的功能。

汉武帝求仙不成成一话柄流传于口谈诗文之中。郭璞《游仙诗》云："燕昭

---

① 《太平广记》卷八。
② 《史记·封禅书》。
③ 《太平广记》卷九。

无灵气，汉武非仙才。"① 这是就《汉武帝内传》中西王母的评论而发的。王母："刘彻好道，然形慢神秽，虽语之以至道，殆恐非仙才。"帝王求仙不成平民成，不外乎说平民德高而帝王德薄，好大喜功者不能成功而省欲去奢者却得以成仙。

淮南王刘安在升仙时并不是那么一帆风顺，据说并未上天，原因是"少习尊贵，稀为卑下之礼，坐起不恭，语声高亮，或误称寡人，于是仙伯主者奏安云不敬，应斥遣去。八公为之谢过，乃见赦，谪守都厕三年，后为散仙人，不得处职，但得不死而已"②。这里倒不是批评他的篡立之罪，而是批评他像武帝那样，不懂"卑下之礼"。神仙家的理想激起了统治者的欲望，但神仙们并不接纳他们，尤其是神仙故事的编撰者们，他们以不跟统治者并列以显示自我的高尊，又以统治者求仙的失败去警告他们少欲去奢，并实现自我精神胜利。他们对武帝的嘲笑，集中体现出跟正统势力的不合作态度。

与李家道那种强烈的进取不同，神仙道则表现出明显的退守情绪。他们以不合作显示自己的力量，不愿求取富贵功名，宁愿享受神仙那份独特的自由与宁静。李家道及形形色色的谶语宣告某当为王的行为，其价值观的本质跟正统的当局者是一样的：他们要夺取最高权力，成为社会的主宰，或许，他们的社会理想有所不同，但取万乘之位，居上上之尊，却与统治者并无二致。神仙道却完全不同，他们的价值观与帝王的追求荣华富贵迥异，他们把生命永恒、自由逍遥视为最高的理想。这种在野情绪无意窥伺皇家宝座，当局者可无忧其反叛逆乱，可是，他们把帝王生活说得如粪土一般却让统治者遭到了真正的伤害。这些神话故事带来了这样的后果：要么是帝王轻万乘，不爱江山爱神仙，把皇帝和当权者都拉入了神仙道的怀抱；要么是民众蔑视主上，使王权丧失威望，富贵王权变成一团无人理睬的破烂。二者的力量都不可轻视。

《神仙传》中有许多这样的故事，如《玉子传》载：

玉子者，姓章名震，南郡人也。少学众经，周幽王征之不出，乃叹曰："人生世间，去生转远，去死转近矣。而但贪富贵，不知养性，命尽气绝则死。位为王侯，金玉如山，何益形为灰土乎？独有神仙度世，可以无穷耳！"

把王侯与神仙比，前者轻后者重，前者是灰土，他们的所作所为还有什么

①《文选》卷二十一。
②《太平广记》卷八。

价值呢？

在左慈的价值观里，则将高官财富归入了将人引向死亡的诱因："官高者危，财多者死，当世荣华，不足贪也。"① 学道便可免除这种危害，如果说玉子把王侯富贵视为灰土，仅是一种无益的东西，左慈则把高官钱财当作致命的有害的东西。这些故事流露出明显的蔑视权贵的倾向，极大地动摇了既存的价值体系，其破坏性是空前的。

无论是李家道借神话引起的武装斗争还是神仙道对正统价值观的破坏，道教神话的异端倾向是明显的，它们是魏晋南北朝时期的正统势力的主要反对者。统治者只能借助武装力量加以扑灭，并宣布其为"左道""邪道"。对于神仙道，他们似乎找不出更好的对付办法。一方面统治者本身大多对神仙道心向往之，另一方面不少神仙家也依附帝王，双方呈合作状态，所以神仙与皇帝间表现出既合作又对抗的局面，这种矛盾成为神仙神话故事中的主体矛盾。

神仙世界跟现实的污浊和丑陋形成了鲜明对比，它寄托了美好的理想，也得到了各阶层人民的欢迎，神仙的神话故事便显现出顽强的生命力来。尤其是到了后期，神仙故事脱离了神仙家的书本，走入民间，如八仙故事、天仙配故事等，它们的广为流传，为人们追求美好理想、向往自由社会插上了飞翔的翅膀，产生了深远的影响。

第五节 跻身正统的道教神话

道教如果以推翻既存政权为目的，或者宣布王公贵族没有长生的资格，它的生存是艰难的，因为中国社会绞杀异端总是不遗余力。于是有些道徒开始攀附王侯，其中动机一为生存，二为发展。作为在野的势力，不与正统结合，很难产生强大的影响力。

想成为社会正统思想的道教，首先要把自己的兄弟痛骂一顿，让人觉得他们才是道教的正宗，并且无僭乱倾向，这样才会获得门阀士族和帝王的支持。丹鼎派的代表人物葛洪就是这样一位人物，他对"妖道"的斥责似乎比当权者还要严厉，并对统治者禁淫祀大加赞赏，极力称颂第五公诛除妖道，宋庐江罢绝山祭，文翁破水灵之庙，魏武禁淫祀之俗。在讲到本道的一些人物时，葛洪愤慨地说：

---

① 《太平广记》卷十一。

曩者有张角、柳根、王歆、李申之徒，或称千岁，假托小术，坐在立亡，变形易貌，诳眩黎庶，纠合群愚，进不以延年益寿为务，退不以消灾治病为业，遂以招集奸党，称合逆乱……威倾邦君，势凌有司，亡命逋逃，因为窟薮。皆由官不纠治，以臻斯患，原其所由，可为叹息。①

葛洪站在门阀地主的立场上，一方面努力去维护社会秩序的稳定，另一方面以延年益寿投门阀士族所好，二者都是极得当权者欢心的。

丹鼎派不注重鬼神，他们虽也是神仙家的一支，却不像有些神仙家装神弄鬼，只想通过勤修苦炼和真正的药剂与正确的服食方法成仙。他们追求的生命永恒不是凭空幻想，而是希望通过客观努力以达到目的，所以丹鼎派不可能建立起道教的神灵信仰体系，读葛洪的《抱朴子》，让人觉得仿佛是一个唯物论者在大批鬼神迷信，以《道意》篇为例，读后的感觉有点像王充的《论衡》。此章列举了大量例子说明鬼神信仰的荒诞，并明确表示自己不信鬼神，他说：

余亲见所识者数人，了不奉神明，一生不祈祭，身享遐年，名位巍巍，子孙蕃昌，且富且贵也。唯余亦无事于斯，唯四时祀先人而已。曾所游历水陆万里，道侧房庙，固以百许，而往返经游，一无所过，而车马无倾覆之变，涉水无风波之异。屡值疫疠，当得药物之力，频冒矢石，幸无伤刺之患，益知鬼神之无能为也。②

基于这样一种认识，他明确提出各种妖道"皆宜在禁绝之列"。

这样一位不信鬼神的人为何编出了《神仙传》呢？《晋书》本传载葛洪著有《神仙传》一书、《抱朴子》一书。《抱朴子·外篇·自叙》云："又撰俗所不列者，为《神仙传》十卷"。其说人皆信之。其实，有许多迹象表明葛洪对《神仙传》故事是不感兴趣的，《神仙传》里的许多东西跟《抱朴子》大异其趣，两者的内容不同，评价也截然不同，我们有理由怀疑《神仙传》并非全是葛洪所作。

试以李阿、李八百为例，道藏本《神仙传》里将李阿、李八百一分为二，而《道意》篇云："吴大帝时，蜀中有李阿者，穴居不食，传世见之，号为八百岁公。"显然，《抱朴子》里的李阿与李八百就是一个人。李家道即葛洪斥责的"妖道"，是禁绝的，李阿当然也是妖人，葛洪为什么要把他写进《神仙传》去

---

①《抱朴子·内篇》卷九《道意》。

②《抱朴子·内篇》卷九《道意》。

加以弘扬呢？且李阿并非服食修炼的丹鼎一路，神通广大无比，与葛洪之道相去甚远。又《神仙传》中有班孟"能飞行终日，又能坐空虚之中与人言语，又能入地中"，此等荒唐语，岂葛洪能言？即使葛洪写过《神仙传》，今本《神仙传》也不全是他的作品，肯定被后人加进了许多新东西。

葛洪对于鬼神半信半疑，像道书所载鬼神夺人命事，他竟说："吾亦未能审此事之有无也，然天道邈远，鬼神难明。"这样一个对鬼神持怀疑态度的人要建立一个鬼神体系似乎是件难事，故《枕中书》也只能是他人伪托其名了。

很明显，葛洪是站在门阀士族的立场上发言的，对于其他道教徒系的造反行为，他因为没有权力去处置而感到十分惋惜："吾徒匹夫，虽见此理，不在其位，末如之何？"① 要是他在位了，还不知要把那些"妖道"整出什么样子来呢！令人困惑的是，葛洪一生贫困，与士族并没有什么深厚的感情，他为什么要那么热心地为士族说话而大肆攻击在野的造反者呢？一个可能的答案是：他想做官，只是没有成功。

如同南方的葛洪一样，北方的寇谦之也在大骂李家道及其种种叛逆行径。他说："今世人恶，但作死事，修善者少。世间诈伪，攻错经道，惑乱愚民。但言老君当治，李弘应出。天下纵横返（叛）逆者众，称名李弘，岁岁有之。其中精感鬼神，白日人见，惑乱万民，称鬼神语，愚民信之，诳诈万端，称官设号，蚁聚人众，坏乱土地。称刘举者甚多，称李弘者亦复不少。吾大恚怒……我身宁可入此下俗臭肉、奴狗魍魉之中，作此恶逆者哉！"② 可谓义愤填膺。

与葛洪不同的是，寇谦之虽斥责他人妖妄，自己却是抱着神话不放。他的神话有三方面值得注意：

第一，托言老君授诫改革天师道。《魏书·释老志》云：

> 谦之守志嵩岳，精专不懈，以神瑞二年十月乙卯，忽遇大神，乘云驾龙，导从百灵，仙人玉女，左右侍卫，集止山顶，称太上老君。谓谦之曰："往辛亥年，嵩岳镇灵集仙宫主，表天曹，称自天师张陵去世已来，地上旷诫，修善之人，无所师授。嵩岳道士上谷寇谦之，立身直理，行合自然，才任轨范，首处师位，吾故来观汝，授汝天师之位，赐汝《云中音诵新科之诫》二十卷。号曰'并进'"。言："吾此经诫，自天地开辟已来，不传于世，今运数应出。汝宣吾《新科》，清

---

① 《抱朴子·内篇》卷九《道意》。
② 任继愈主编：《中国道教史》，上海人民出版社，1990 年，第 204 页。

整道教，除去三张伪法，租米钱税，及男女合气之术。大道清虚，岂有斯事。专以礼度为首，而加之以服食闭练。"

这一神话，体现了神话最基本的特性：自我权威的树立与对对立面的攻击。寇谦之为树立自己的地位抬出了太上老君，对"三张伪法"的清理也是得到了老君的认可的，这个神话便同时具备了肯定与否定的功能。

在这个老君授法神话外，还有牧土上师李谱文转述老君玄孙令，授寇谦之统治区与经文。其实，寇谦之为长跟李弘应谶为王的神话表现形式实在没有什么区别，都是托神灵之言去确立自己的地位。

第二，托神灵之口将自己置于帝王师的地位。当李谱文宣老君玄孙旨，并授予《录图真经》后，便要求寇谦之"辅佐北方泰平真君"。[①] 这个"泰平真君"显然是迎合正蓬勃向上的北魏皇帝的口味而编造的。但寇谦之携带炮制好的《录图真经》去见魏太武帝拓跋焘，太武帝却不大相信此经有多大的奇妙处。幸得崔浩看中，为之吹捧云："臣闻圣王受命，则有大应。而《河图》、《洛书》，皆寄言于虫兽之文。未若今日人神接对，手笔粲然，辞旨深妙，自古无比。……今清德隐仙，不召自至。斯诚陛下侔踪轩黄，应天之符也。岂可以世俗常谈，而忽上灵之命？"[②] 于是世祖大重之，终成帝王师。世祖讨赫连昌，问幽征于寇谦之，谦之说："必克。陛下神武应期，天经下治，当以兵定九州，后文先武，以成太平真君。"[③] 这些话真是摸准了世祖的心理，既将世祖推为"太平真君"，那他就是当然的"辅佐者"。他还要太武帝"登道坛，受符录"，悉用道教礼仪。这些神话的功用明显与李家道大异其趣，一个跟朝廷分庭抗礼，一个则投靠朝廷，跻身于正统文化的行列。

第三，寇谦之对道家神话系统建设有一定贡献。据他托言出于上师李谱文的《录图真经》中有这样的神话世界图画：

又言二仪之间有三十六天，中有三十六宫，宫有一主。最高者无极至尊，次曰大至真尊，次天覆地载阴阳真尊。次洪正真尊，姓赵名道隐，以殷时得道，牧土之师也。牧土之来，赤松、王乔之伦，及韩终、张安世、刘根、张陵，近世仙者，并为翼从。牧土命谦之为子，与群仙结为徒友。

---

① 《魏书·释老志》。
② 《魏书·释老志》。
③ 《魏书·释老志》。

从这一系统的结构来看，寇谦之似乎为了使自己跟道教的高级神灵接脉而编造得十分生硬，除赤松、王乔及张陵等仙众外，那一至尊、次三真尊后来在道教神话体系中不大听人说起了。那二仪三十六天虽有传统特色，实际上是受佛教的天国结构影响所致。为了表明道教高于佛教，他将佛安置在三十二天，说他是于西胡得道者，为延真宫主。真正对后代道教神话产生巨大影响的还是那位给寇谦之授经传令的太上老君，他是道教神宫里的真正主人，尽管其地位沉浮不定，但后来的道教神系都不能舍老君而存在。寇谦之改革后的北方天师道神系在原五斗米道的三官天地水崇祀的基础上跨进了一大步。道教徒已成功地跻身帝王辅佐者之列，可以较少受干扰地建设自己的神话体系了。

下面，我们来讨论道教神话系统的建设。

只有那些非"妖道"的道教派别才能从容地建构自己的神话，这是因为那些处于异端地位的教派的主要任务是求得生存地位。由于受到武装压制，所以他们也要组织武装，这样其神话必定要寻求一种简约而有效的方式来实施抵抗，故李家道的神话主要是谶语式的天授王权说。张氏神话是为张角鸣冤的一种精神胜利。由于失去了深厚的教团支持，这些神话不能产生恒久的影响，能赖一些典籍保存可谓幸运，它们显示了人们对当年的反叛英雄的追忆和敬仰。粗浅的神话是很难有生命力的，如寇谦之的无极至尊外加三位真尊，在他统治的教派里可以推行，要广行于民间是困难的。北方道教神话影响最大的还是三官天地水和太上老君，建设道教神话颇有功效的还是南方的正统道教。

南方的道教搜罗各种原始古神和各种民间杂神，开始建立起一个庞大的道教鬼神体系。与北方依然崇奉太上老君不同，南方却将他搁置起来，不予以最高神位。其间缘由与葛洪有很大关系。本来，至葛洪时，老子的身份已经神化了，可葛洪却硬是把他拉回为一个普通修行者。《神仙传》云：

> 老子者，名重耳，字伯阳，楚国苦县曲仁里人也。其母感大流星而有娠，虽受气天然，见于李家，犹以李为姓。或云老子先天地生；或云天之精魄，盖神灵之属；或云母怀之七十二年乃生，生时剖母左腋而出，生而白首，故谓之老子；或云其母无夫，老子是母家之姓；或云老子之母适至李树下而生老子，生而能言，指李树曰：以此为我姓；或云上三皇时为玄中法师，下三皇时为金阙帝君，伏羲时为郁华子，神农时为九灵老子，祝融时为广寿子，黄帝时为广成子，颛顼时为赤精子，帝喾时为禄图子，尧时为务成子，舜时为尹寿子，夏禹时为真行子，殷汤时为锡则子，文王时为文邑先生，一云守藏史；或云

在越为范蠡，在齐为鸱夷子，在吴为陶朱公。皆见于群书，不出神仙正经，未可据也。

葛稚川云：洪以为老子若是天之精神，当无世不出，俯尊就卑，委逸就劳，背清澄而入臭浊，弃天官而受人爵也。夫有天地则有道术，道术之士，何时暂乏？是以伏羲以来至于三代，显名道术，世世有之，何必常是一老子也？皆由晚学之徒好奇尚异。苟欲推崇老子，故有此说。其实论之，老子盖得道之尤精者，非异类也。①

《神仙传》将老子的各种神话汇为一编以斥其谬，认为是"浅见道士欲以老子为神异，使后代学者从之"，并明确指出：老子非异类，不过"得道之尤精者"。葛洪为什么反对神化老子呢？他说"若谓老子是得道者，则人必勉力竞慕，若谓是神灵异类，则非可学也"。原来他是为了鼓励更多的人去求仙学道。葛洪把老子树立为一个学道者的榜样，则使得神化老子的做法难以实现了。

当然，作为道教徒的葛洪不是无神论者，他对流行的老君神话及诸种道法不能悉数排斥。《神仙传》中排斥了各种老子传说，主要因不出"神仙正经"，所以他不承认，在神仙经传中有过的老君，他还是信从的。尤其是图绘的供作法用的各种神灵的怪诞形象中的老君真形，他也大力宣传过。如修知吉凶道之"谛念老君真形"法，其老君真形为"姓李名聃，字伯阳，身长九尺，黄色，鸟喙，隆鼻，秀眉长五寸，耳长七寸，额有三理上下彻，足有八卦，以神龟为床，金楼玉堂，白银为阶，五色云为衣，重叠之冠，锋铤之剑，从黄童百二十人，左有十二青龙，右有二十六白虎，前有二十四朱雀，后有七十二玄武，前道十二穷奇，后从三十六辟邪，雷电在上，晃晃昱昱，此事出于仙经中也"②。但这只是一种道法，如存念谛想见此形象，则"年命延长，心如日月，无事不知也"③。即便此形象是神仙，也没有改变由人修炼而来的本质。所以真正的主神还得另起炉灶。

既已弃老子，南方的道教就要立刻变得没有主神了，这是需要赶快弥补的大事。在托名葛洪的《枕中书》中，他们推出了元始天尊作为最高主神。关于这位元始天尊的出生情况，《枕中书》中这样写道：

昔二仪未分，溟涬鸿濛，未有成形，天地日月未具，状如鸡子，

①《太平广记》卷一。
②《抱朴子·内篇》卷十五《杂应》。
③《抱朴子·内篇》卷十五《杂应》。

404

混沌玄黄，已有盘古真人，天地之精，自号元始天王，游乎其中。

显然，这元始天王已不再是老子，而是盘古的化身，他借开辟神话成为道教的最高主宰。

梁陶弘景作《真灵位业图》，分道教神为七个层次，各层次的主神分别是：

第一阶位：上清虚皇道君，应号元始天尊；

第二阶位：上清高圣太上玉晨玄皇大道君；

第三阶位：太极金阙帝君，姓李；

第四阶位：太清太上老君；

第五阶位：九宫尚书张奉；

第六阶位：右禁郎定录真君中茅君；

第七阶位：酆都北阴大帝。

这一谱系较为严整，从世界未形前的混沌之道，到二仪区分，直至死亡世界，都被神灵统治着。该神系主要突出茅山上清道派的神灵及其教主，因而也不可能为各教派普遍认同，也不可能在民间广为流布。但这中间有三个要神值得注意：一是元始天尊，他在一个相当长的时期里是道教主神而无有改易，但向民间拓展无功；二是太上老君地位的下降成了一个引人注目的问题，但不可抹杀其存在，成为不可改变的事实；三是酆都北阴大帝的出现使中国神话的地狱世界得到初步建设，他迅速突破宗教的樊篱而大踏步地走向民间。

尽管还有道教的其他神系存在，但都没有陶弘景的《真灵位业图》那样严整且影响深远。

南方的贬老君行为显然同北方天师道崇老君的行为形成鲜明对比。南北对峙的结果最终是北方统一了南方，使太上老君的地位更加高崇起来。加上传说老子姓李，跟唐王朝的帝王同姓，便激起了李氏集团以老子为祖的强烈愿望。

隋末的反抗运动，其口号还是多数袭用着古老的李家道的谶语，言"李氏将兴"，李密、李轨等都是扬言应谶为王而造反的，李氏作为一股反抗势力使隋统治者大为恼火，因此，有人建议隋炀帝"尽诛海内凡李姓者"[1]，可谓草木皆兵。李渊也是借助这一民间广泛传诵的"李氏将兴"之谶发难的，这一西汉末年李通所编之谶影响何等深远！

楼观道道士歧晖依附李渊集团，积极为李渊得天下摇旗呐喊。《混元圣纪》卷八载大业年间，歧晖言："天道将改，吾犹及之，不过数岁矣。或问曰：不知

---

① 《资治通鉴》卷一百八十二。

来者若何？曰：当有老君子孙治世。"歧晖曾发道士接应高祖兵，并称高祖为"真主""真君"。《新唐书·高祖本纪》云，武德七年（624），唐高祖幸终南山，谒楼观老子祠。楼观道得到了皇帝的护爱而于唐前期蓬勃发展。

李渊谒老子祠，并不是真正信教，他是扮出一副信教的模样去制造李氏家族的帝王神话。

"老君子孙"指谁？当然是李渊家族。但歧晖所言并非十分明确，到后来李渊作为老君子孙得天下的神话才明朗化了：

> 武德三年五月，晋州人吉善，行于羊角山，见一老叟，乘白马朱鬣，仪容甚伟，曰："谓吾语唐天子，吾汝祖也，今年平贼后，子孙享国千岁。"高祖异之，乃立庙于其地。乾封元年三月二十日，追尊老君为太上元元皇帝，至永昌元年，却称老君，至神龙元年二月四日，依旧号太上元元皇帝，至天宝二年正月十五日，加太上元元皇帝号为大圣祖元元皇帝，八载六月十五日，加号为大圣祖大道元元皇帝，十三载二月七日，加号大圣高上大道金阙元元皇帝。[1]

先是老君认李氏为子孙，继而唐皇认其为"太圣祖"。在一连串的对老君的封号中，可见出老子在唐王朝的宗教生活中的特殊地位。尽管唐王朝的政治神话不脱君权模式，但较之以往之托天神，李氏王朝托宗教教主之口，并自命其子孙，是把本来已具备一些超验性的上帝天神弄得失去了普通意义。对此，宋儒曾有过尖锐批评。范祖禹曾说道："唐祖老子，由妖人之言，而诡谀者附会之。高祖启其原，高宗、明皇扇其风，遂用方士之言，而跻之于上帝。卑天诬祖，悖道甚矣。"[2] 这种攻击虽有不同集团的利益冲突的意味，较之于抽象化的上帝，拿一个貌似实实在在的先祖去顶替最高神的地位，不能不说是神话的一大退步，但它不仅伤害了老子已固有的神话形象，而且对宗教神话的发展带来了不利因素，因为这样一个跟王朝命运紧紧绑在一起的大神，王朝崩溃了，他是免不了要一起殉葬的。后来老君的地位一落千丈，跟唐王朝的几代皇帝妄加拔高是有密切关系的。一个随着政治权力走红的神话，虽然一时间大红大紫，但风潮一过就冷却下来，寿命不长。

然而，道教毕竟因为神话而幸运。一个在汉时作为异端的宗教，经过了漫长的世事沧桑终于走上了正统之位，全凭了道教老子神话与唐祖相合的奇功。

---

① 《唐会要》卷五十《尊崇道教》。
② 《通鉴纲目》。

武德八年（625），李渊诏三教中以道教为先，儒教次之，佛教第三。后太宗、玄宗更进一步张大老君神性，道教几乎就成了唐代统治者的主导文化势力。

唐代的道教主神在《真灵位业图》的基础上发生了变化，最突出的一点是所谓老子一气化三清，以老子统一了三清世界。元始天尊与太上老君的身份也得到了调和，以三清共为主神，此三清为玉清元始天尊、上清灵宝天尊、太清太上老君。此为三洞教主，均为道教最高神。这样，南北方道教的最高神得到了融合，太上老君与元始天尊同做最高神。至此，道教神话发展的基本格局已经确立。它有着游移不定的主神，参照佛教的天堂和地狱神话构建了自己的天堂和地狱，并广纳传统古神与诸种民间神于其中，而自编自创神灵的活动也从未止息，尤其是神仙故事编得灿烂迷人。到了唐代，道教的神话已与儒教神话、佛教神话三足鼎立，是新神话的突出成就。

道教神话在数百年的发展中成就了自我，也在中国的主流文化中站稳了脚跟。从南北朝到唐代，道教神话已然成为中国的主流神话。

第二章　佛教神话的本土化与体系化

佛教神话的成长及其神话体系的形成，同样是中国神话发展史上的大事。与传统神话相比，它是一种全新的样式，其内容与价值观念均与传统神话迥异。由于其形式与内容独特，人们称这样的神话为佛话，以强调其跟佛教文化间不可分割的血肉联系，强调其独立性。但它总是中国神话家族中的一个组成部分，不能摒于神话史研究之外。它只是中国神话中的一个门类。俄罗斯汉学家李福清曾经这样总结中国神话："中国神话是中国远古神话、道教神话、佛教神话与近世民间神话这些神话体系的总称。"这种看法是符合中国神话发展的客观实际的。

就像道家神话由作为异端的民间道教神话、正统的道家神话体系和神仙家传说三部分组成一样，佛教的神话也分三类。它也有作为异端势力带有反叛性质的民间佛教神话，有严整的神话系统，还有与佛教发展相辅而行的辅教神话与护教神话。这三种类型的神话构成了中国佛教神话的独特样式，使得中国神话的宝库日益丰富。

第一节　佛门辅教神话

佛门辅教神话包括早期的鬼魂神话和后来的护教神话。关于鬼魂神话，有的学者称其为鬼话，以为它是"中国神话形成的中介"①，也是将其作为一个独特的属类。在本书中，我们使用鬼魂神话的概念，因为鬼魂神话也是神话，不能独立。传统神话的祖先神话有许多就是祖先鬼魂的神话，但我们都不会把祖先神话称为祖先鬼话，又何必把鬼话从神话阵营里分裂出去呢？鲧死而复生是神话，但六朝以来的许多此类故事一般就称为鬼话了，这显然不公平。所以，本书使用鬼魂神话的概念，使用佛教神话的概念。

中国鬼魂信仰的传统十分古老，早在山顶洞人的葬式里就出现了鬼魂信仰的

---

① 徐华龙：《中国鬼文化》，上海文艺出版社，1991 年，第 19 页。

迹象。在新石器时代的原始葬式中，这种信仰更加比比皆是。可尽管人们大信鬼神，流传下来的关于鬼魂的神话故事却并不多，除《左传》《墨子》等典籍有载述外，不少先秦典籍几乎不见有鬼怪故事，可见上古人"不语怪力乱神"实在不假。先秦的理性精神有力地遏制了鬼神信仰之风的弥漫，这种精神对后来的鬼魂风气也有强大的抑制作用。佛教传入中国时，一度小乘占据主导，因而特重灵魂不灭与因果报应之说。中土无神论者与佛教徒在这两大问题上展开了尖锐的冲突，这种文字对驳在《弘明集》和《广弘明集》中有集中展示。佛教虽然说得理直气壮，但要真正在理论上论证鬼魂实有和轮回不虚都是十分困难的事，因为鬼魂轮回有无不是一个理论问题，而是一个必须找出根据的现实问题。因此，无神论在理论上往往占有上风，佛教萧子良招集众僧与范缜进行交锋均遭败绩一事，就充分说明佛教所面临的理论危机。[①] 如果不解决灵魂不灭和因果轮回问题，佛教在民间就无法传播，因为老百姓不能直接接受"四谛""十二因缘"的教义，而仅在知识分子中传播的话，佛教覆盖面必然狭窄而招致空间压缩之苦。

在今天所见到的无神论者与佛教徒论战的文章中，双方的理论色彩都很薄弱。比喻是一重要武器，把人类世界与无生命之物做机械类比，这本身就没有说服力。如用薪与火、刀与刃来比喻形体与灵魂，都只能是一种肤浅的描述，到头来，还是看谁能举出响当当的例证来。滔滔雄辩不如一则小小故事。佛教徒发现这一秘密后，立刻抛出了连篇的鬼魂神话，这种故事沸沸扬扬，成了魏晋南北朝至隋唐这一漫长历史时期的文化奇观。佛教教义的传播，直接催发了中国鬼魂神话的勃兴，而无神论者的理论压力使得佛教徒在编造鬼魂神话时变本加厉，他们要在这一领域里挽回败局，拓宽灵魂不灭和因果轮回两大教义的扩散范围，把这两个教义传播到大众的心灵深处去。

南北朝隋唐时期，中土对佛教的压制由理论进攻转为武力摧残，佛教的生存遭到严重威胁，鬼魂的神话又投入了一场护佛保卫战中，这些故事让人看到佛教与中国文化交火的烽烟。佛教的鬼魂神话是推行其教义的先头部队，它是为佛教的体系神话开路的，同时也担当护卫佛教的任务，所以，它是我们研究佛教神话首先要关注的一个门类。

佛教徒在无神论的理论攻势下，借助鬼故事来打击无神论者，使无神论者在故事中遭到真正的失败，这是早期佛门鬼故事的重要特点。往往是那些无神论者甚有辩才，无人能屈，最后鬼亲自出马，但仍然驳之不倒，只好现出原形，

---

①《梁书·范缜传》。

以自身确实是鬼来证明鬼魂的存在。这类故事表明佛教徒实在是出于无奈了。《幽明录》中有个阮瞻的故事：

> 阮瞻素秉无鬼论。有一鬼通姓名，作客诣之。寒温，聊谈名理，客甚有才情，未及鬼神事，反复甚苦，客遂屈之，乃作色曰："鬼神古今圣贤所共传，君何独言无！"即变为异形，须臾而灭。阮嘿然，意色大恶，年余病死。

这个故事亦见于《搜神记》。这些著作的编者，并不全是故事的创作者，而主要是搜集者。阮瞻之死显然是佛教徒编造的，其目的是打击无神论者，迫使他们放弃无神论。《搜神记》的作者是要证明鬼神是确实有的，如若不信，请看有这么多鬼神的事实，嘴上无论怎么说没有鬼神都没用，看看这些故事，不由得你不信。《搜神记》一书在记述了阮瞻的故事后，又讲了一个黑衣鬼惩处无鬼论者的故事。黑衣鬼化装成客人同无鬼论者辩论，辩不过，最后露出本来面目才使对方屈服。大量的鬼惩无鬼论者的故事，也着实把无鬼论者吓唬得够呛。这种胜利，虽仅是佛教徒的精神胜利，而实际上，铺天盖地的鬼魂实有的故事，渲染了一种浓厚的气氛，也真正培植了传播教义的土壤。

除这些带有明显对抗性的故事外，大量的就是所谓的应验记，证明佛教的教义和神话都是千真万确的。《搜神后记》中有很多此类故事，如：

> 沙门竺法师，会稽人也。与北中郎王坦之周旋甚厚，每共论死生罪福报应之事，茫昧难明，因便共要，若有先死者当相报语。后经年，王于庙中忽见法师来曰："贫道以来某月日命故，罪福皆不虚，应若影响，檀越惟当勤修道德，以升跻神明耳。先与君要，先死者相报，故来相语。"言讫忽然不见。坦之寻亦卒。

这凿凿证据让人不得不相信佛教因果报应那一套全是真的。这一小小故事远比授譬设喻讨论因果轮回的大道理有力量。

佛教进中土后遭到了儒家和道家的轮番进攻，佛教徒的抵抗在鬼魂故事中也留下了清晰足印。佛教徒的鬼魂故事安排了儒者最终信奉佛教，而道教因对抗最后招致失败的结局，体现出他们与这两大文化势力交锋时的不同斗争策略。我们先看齐王琰《冥祥记》中的一则故事：

> 宋王淮之，字元曾，瑯琊人也。世尚儒业，不信佛法。常谓身神俱灭，宁有三世耶？元嘉中，为丹阳令十年，得病绝气。少时还复暂苏。时建康令贺道力省疾，适会下床，淮之语道力曰："始知释教不虚，人死神存，信有征矣。"道力曰："明府生平置论不尔，今何见而

乃异之耶?"淮之敛眉答云:"神实不尽,佛教不得不信。"语讫而终。

这故事与《搜神后记》里的竺法师故事有很大不同,前者是两人都信佛,只是对佛教鬼神的教理有些疑惑,死了在阴间得到证实。后者则不同,王淮之尚儒业,不信佛,死后知道了佛教不虚,醒过来现身说法,并表示佛教不得不信,算是对他生前不信佛的言行的忏悔,他的灵魂皈依佛教了。这是一种温和的与儒家文化的较量。

对待道教徒,释氏的态度要坚决得多,这在《弘明集》里可以见出。在那里,佛教徒对道教徒的攻击针锋相对,语言极为尖刻。道教徒对待佛教徒也是毫不退让,他们曾联合王权势力,掀起一次次灭佛的浪潮,成为佛教立足中土最大的文化障碍。所以,佛教徒也援用神话予以回击。《法苑珠林》引述了如下故事:

> 宋刘龄者,不知何许人也。居晋陵东路城村。颇奉法,于宅中立精舍一间,时设斋集。元嘉九年三月二十七日,父暴病亡。巫祝并云:家当更有三人丧亡。邻家有道士祭酒,姓魏名巨,常为章符,诳化村里。语龄曰:"君家衰祸未已,由奉胡神故也。若事大道,必蒙福佑;不改意者,将来灭门。"龄遂巫延祭酒,罢不奉法。巨云:"宜焚去经像,灾乃当除耳。"遂闭精舍户,放火焚烧。炎炽移日,而所烧者唯屋而已。经像幡幢,俨然如故。像于中夜又放光赫然。时诸祭酒有二十许人,亦有惧畏灵验密委去者。巨等师徒犹盛意不止,被发禹步,执持刀索,云:"斥佛还胡国,不得留中夏为民害也。"龄于其夕,如有人殴打之者,顿仆于地。家人扶起,方余气息,遂委挛躄不能行动。道士魏巨其时体内发疽,日出二升,不过一月,受苦便死。自外同伴并皆著癞。

道教徒的毁佛行为遭到了惨重打击,佛像之威慑力竟使毁佛者望而却步。这类故事是想筑起一道屏障,以护卫佛教,使之处于一个安全的港湾,以避免遭受灭顶厄运。

魏晋时期,鬼魂神话是主流,它有两个主题:一是回击无神论者,二是证明灵魂实有,轮回不虚。至南北朝隋唐时期,佛教与本土文化的冲突不仅仅局限在理论上,还表现在行动上,佛像与佛寺的建立与毁弃是佛教兴衰的重要标志。佛教兴盛时,寺院林立,"南朝四百八十寺",佛像金光闪闪,香火兴旺;一旦禁佛,寺院被捣毁,佛像被砸得粉碎。围绕佛像的去与留的抉择,成为拥佛与反佛尖锐冲突的一个象征。佛教们以神话来捍卫佛像至高无上的地位,回击反佛者的进攻,这样便产生了前面所引的道士魏巨焚毁经像而遭恶报的这样一类故事。南北朝隋唐时期的这样一种佛教神话,有力地维护了佛教的神圣与不可侵犯，因此，我们把这类神话称为护教神话。

这类专门的护教神话故事集于《隋书·经籍志》子部、史部中著录九家，除北齐颜之推《冤魂志》尚存外，余书皆亡，有遗文可考者，南朝宋刘义庆《宣验记》，南朝齐王琰《冥祥记》，北齐颜之推《集灵记》，隋侯白《旌异记》，唐代则有《冥报记》《报应记》《宣室志》等，它们与《搜神记》《幽明录》等书相比，可谓专门的辅教护教之书。这类护教神话的大量出现，正表现出佛教与中土文化冲突的日益尖锐。在一定程度上，它体现了佛教徒面对武力毁坏的无可奈何。他们一方面想让毁佛经像者招致重罚，一方面则对信佛者予以鼓励。尤其是那些曾毁佛而后又转为敬佛的人们，他们也能得到福惠，这样便能争取更多的信佛者。

我们来看一些这种类型的故事：

> 史隽有学识，奉道而慢佛，常语人云："佛是小神，不足事也。"每见尊像，恒轻诮之。后因病脚挛，种种祈福，都无效验。其友人赵文谓曰："经道福中第一，可试造观音像。"隽以病急，如言铸像。像成，梦观音，果得差。(《宣验记》)①

> 勾龙义，间州俚人，唐长庆中，于郫县佣力自给。尝以邑人有疾，往省之，见写《金刚经》，龙义无故毁弃而止绝之，归即喑哑，医不能愈。顽嚚无识，亦竟不悔。仅五六年，忽闻邻人有念是经者，惕然自责曰："我前谤真经，得此哑病，今若悔谢，终身敬奉，却能言否？"自后每闻念经，即倚壁专心而听之。月余，疑如念得数日。偶行入寺，逢一老僧，礼之。僧问何事，遂指口中哑，僧遂以刀割舌下，便能语，因与念经，正如邻人之声。久而访僧，都不复见。壁画须菩提，指曰："此是也。"乃写轻，画须菩提像，终身礼拜。(《报应记》)②

以上所引故事的主人公都曾轻慢毁坏经像，皆遭报应，最后皈依佛门，顿时得到福报。当时对佛教的毁弃往往是一种自上而下的运动，这些故事不好直接指斥这种行为，因为那是一种不可抗拒的政治势力，便只好很含蓄地表扬了那些执行毁佛政策不力的人。如《纪闻》载唐开元十五年（727），有敕令小佛寺拆毁，大者关闭。敕令所到之处寺像皆毁，豫州新息令李虚好酒，平日嗜杀，但敕令到日正醉酒，负气使性，非出于敬佛，却抗令不从，以故一县佛宇皆全。

---

① 《太平广记》卷一百一十一。
② 《太平广记》卷一百七。

死后因好杀该当重罚，李虚向阎王诉说全一县佛宇之功。阎王听毕大惊，即折去一生罪过，并延年三十，因而死又复生。① 这类故事的大量出现，并不意味着佛教的再发展，相反，它说明佛教面临了大困境，佛教徒们只是想以神话故事来解决一些现实难题。

至于经像的灵验程度则被高度夸张了，如勤诵经卷，勤礼佛像，在受难时，会枷锁自落，刀劈不伤。这类故事直接来自佛典，佛教徒将其作为模式大规模复制，让人觉得仿佛就是发生在身边的事。在这些神话故事里，佛经与佛像成了无上法宝，任何艰难困苦只要怀揣佛经一卷皆可安然渡过，任是罪孽深重，只要造得经像即可除却。故事的恶性发展已严重损伤了佛教的修行之道，不勤加修持、遵守戒律，只靠一些粗浅的方便法门，就那么轻松地解决了重大的是是非非，作为一个具有世界影响的佛教，岂不丧失了它的严肃与神圣？这许许多多的应验记所带来的负面影响，恐怕是佛教预先没有估计到的。

至唐，佛教的护教神话——鬼魂神话已经完成了它们的使命。因为自魏晋以后，灵魂不灭和轮回属实已成为多数人的共识。而佛教自南北朝到隋唐已发展到极致，它与中国本土文化冲突最尖锐的时代已过去，儒道佛呈现出明显的融合态势，因此护教的需求已在减弱，护教的神话便逐渐消失。佛教转而推出了自己的神话系统，亮出了自家的底牌。

第二节　佛教神话的本土化系统

中国佛教神话在唐代完成了它的中国神话体系，一个显著的标志是《法苑珠林》的问世。尽管佛教在印度就有一个自己的系统，但在没有中国化以前，这些东西对中国文化不可能有很大的影响，也难以被中国信徒接受，故置而不论。佛教神话发展到《法苑珠林》的时代，就不可等闲视之了。

《法苑珠林》，唐道世撰。作为一部佛教类书，它是对中国传统的佛教理论与佛教知识的一个总结，堪称中国佛教的百科全书。全书从《劫量》篇始至《传记》篇止，计一百篇，全面地阐述了佛教的基本常识。如果仅仅作为一般类书，它对神话学的影响就非常有限了，但是，《法苑珠林》不是这样的，它是以神话为中心去论证佛教所宣扬的一切都是天经地义、颠扑不破的。从神话学的意义上来说，它不仅仅推出了精密的佛教神话体系，而且把大量的鬼魂神话、

---

①《太平广记》卷一百四。

应验记以及护教神话熔为一炉，成为中国佛教神话的集大成之作。

《法苑珠林》最显著的特色是它的"感应缘"一项，它是大量的中国民间传说与文献资料的汇编，体现出佛教神话与中国神话的结合。它以中国固有的神话传说或者带有明显中国特色的佛教神话创作去证明佛门的种种教义的千真万确。试以卷五之《六道》篇为例：所论"人道"，有"述意"——阐述人道于佛门中的基本含义，"会名"——对人道名称的诠释，"住处"——佛教所认为的一人的活动区域，"业因"——述因何种因缘得生为人道中的种种不同苦乐，还有"贵贱"等基本概念，其"感应缘"部分则引《春秋演孔图》《吴越春秋》《河图玉版》及《搜神记》中种种关于人的奇特神话和传说。传统的神话成为佛教教义的注脚。如果说《法苑珠林》的每一款论述的"述意""会名"等是援引佛教的学说的话，那么"感应缘"中则基本是中国的神话，这些神话的主人公和发生的地点都在中国。这已充分说明佛教已在中国大地上生根开花。

我们再以《法苑珠林》卷七之"地狱部"来做分析，其"会名"云：

> 问曰：云何名地狱耶？答曰：依《立世阿毗昙论》云："梵名泥犁耶，以无戏乐故，又无喜乐故，又无行出故，又无福德故，又因不除离恶业故，故于中生。"复说"此道于欲界中最为下劣，名曰非道，因是事故，故说地狱名泥犁耶"。

书中还广引诸说以诠释地狱的各种名称的由来，其说无不来自佛典。地狱本为佛"六道"说中的内容之一，在佛教神话体系中占据重要地位。它是佛教因果报应、生死轮回的神话学依据。地狱学说无论在外国还是中国都有巨大影响，但在佛教传入前，中国尚无明确而系统的地狱神话。

传统地狱神话里也有善恶报应的内容，那远比佛教神话单纯，不及佛教地狱神话内容复杂生动。《墨子·明鬼》记载着这样一个故事：周时有个诸侯叫杜伯，当时周宣王有个爱妃叫女鸠，女鸠看上了英俊的杜伯，便引诱他，杜伯不从，女鸠怀恨在心，便在宣王前说杜伯对她无礼，宣王不能明察，一怒之下，杀了杜伯。杜伯临死前发誓要报此仇。三年过去，宣王已忘此事。一天，宣王与诸侯大臣们出猎，忽见杜伯着朱衣朱冠，持朱弓，挟彤矢，乘白马与素车而来，宣王中了杜伯一箭而死。这是为数不多的传统鬼魂神话之一，所述的报应与佛教的报应完全不同。传统神话里的阴间似乎没有一个管理机构，对人间的善恶行为没有一本清楚的"账簿"，善恶报应处在严重的"无政府状态"下，顶多是谁家仇恨谁家了，就像杜伯一样，受了冤枉还得自己去跟周王结这笔账。在佛家传入前的整个中国神话里，除了《楚辞·招魂》有段"幽都"的描述以及《山海经》中有关于"鬼所"的记载，对于阴间世界实际上颇为迷茫。

佛教的传入使这种情况大为改观，地狱学说广被华夏吸收。固然，佛典中的八大地狱的详细描述是中国地狱神话的直接蓝本，但民间的地狱神话并不直接从阅读佛典而来。以中国人为主人公魂游地狱所描述的地狱世界才是真正的中国化的产物，这些神话才是真正影响老百姓的精神食粮。《法苑珠林》"地狱部"之"感应缘"所引一系列的地狱故事，正是中国佛教的地狱神话的代表。如关于晋赵泰的故事：

> 晋赵泰，字文和，清河贝丘人也，祖父京兆太守。泰郡察孝廉，公府辟不就，精思典籍，有誉乡里，尝晚乃脔仕，终于中散大夫。泰年三十五时，尝卒心痛，须臾而死。下尸于地，心暖不已，屈伸随人。留尸十日，平旦喉中有声如雨，俄而苏活。说初死之时，梦有一人来近心下。复有二人乘黄马，从者二人，夹扶泰掖，径将东行。不知可几里，至一大城，崔嵬高峻，城色青黑状锡。将泰向城门入，经两重门，有瓦屋可数千间，男女大小亦数千人，行列而立。吏著皂衣，有五六人，条疏姓字，云当以科呈府君。泰名在三十，须臾将泰与数千人男女一时俱进。府君西向坐，简视名簿讫，复遣泰南入黑门。有人著绛衣，坐大屋下，以次呼名，问生时所事，作何罪，行何福善，谛汝等辞以实言也。此恒遣六部使者常在人间，疏记善恶，具有条状，不可得虚。泰答父兄仕宦，皆二千石，我少在家，修学而已，无所事也，亦不犯恶。乃遣泰为水官监作使，将二千余人，运沙禅岸，昼夜勤苦。后转泰水官都督，知诸狱事，给泰马兵，令案行地狱。所至诸狱，楚毒各殊。或针贯其舌，流血竟体；或披头露发，裸形徒跣，相牵而行。有持大杖，从后催促，铁床铜柱，烧之洞然，驱迫此人抱卧其上，赴即焦烂，寻复还生；或炎炉巨镬，焚煮罪人，身首碎坠，随沸翻转，有鬼持叉，倚于其侧，有三四百人，立于一面，次当入镬，相抱悲泣；或剑树高广，不知限量，根茎枝叶皆剑为之，人众相誉，自登自攀，若有欣竞，而身首割截，尺寸离断。泰见祖父母及二弟在此狱中，相见涕泣。泰出狱门，见有二人赍文书来语狱吏，言有三人，其家为其于塔寺中悬幡烧香，救解其罪，可出福舍。俄见三人自狱而出，已有自然衣服完整在身，南诣一门，云名开光大舍。有三重门，朱采照发，见此三人即入舍中，泰亦随入，前有大殿，珍宝周饰，精光耀目，金玉为床。见一神人姿容伟异，殊好非常，坐此座上，边有

沙门立侍甚众，见府君来，恭敬作礼。泰问此是何人，府君致敬，吏曰："号名世尊，度人之师。"有顷令恶道中人皆出听经。时云有百万九千人皆出地狱，入百里城，在此到者奉法众生也，行虽亏殆，尚当得度，故开经法，七日之中，随本所作善恶多少差次免脱。泰未出之顷，已见十人升虚而去。出此舍，复见一城，方二百余里，名为受变形城，地狱考治已毕者，当于此城更受变报。泰入其城，见有土瓦屋数千区，各有坊巷，正中有瓦屋高壮，栏槛采饰。有数百局吏。对校文书云：杀生者当作蜉蝣，朝生暮死；劫盗者当作猪羊，受人屠割；淫逸者作鹤鹜獐麋；两舌者作鸱枭鹏鹏。捍债者为驴骡牛马。泰案行毕，还水官处。主者语泰："卿是长者子，以何罪过而来在此？"泰答："祖父兄弟皆二千石，我举孝廉，公府辟不行，修志念善，不染众恶。"主者曰："卿无罪过，故相使为水官都督，不尔，与地狱中人无以异也。"泰问主者曰："人有何行，死得乐报？"主者唯言："唯奉法弟子，精进持戒，得乐报，无有谪罚也。"泰复问曰："人未事法时所行罪过，事法之后得除以不？"答曰："皆除也。"语毕，主者开藤箧，检泰年纪，尚有余算三十年在，乃遣泰还。临别，主者曰："已见地狱罪报如是，当告世人，皆令作善。善恶随人，其犹影响，可不慎乎！"时亲表内外候视泰五六十人，同闻泰说，泰自书记以示时人。时晋太始五年七月十三日也，乃为祖父母二弟延请僧众，大设福会，皆命子孙改意奉法，课劝精进。时人闻泰死而复生，多见罪福，互来访问。时有太中大夫武城孙丰、关内侯常山郝伯平等十人，同集泰舍，款曲寻问，莫不惧然，皆即奉法也。[①]

这一故事同出于刘义庆的《幽明录》和王琰的《冥祥记》，《法苑珠林》引述于此验证佛教地狱学说，可谓再恰当不过了。赵泰故事是现有的中国佛教最早的关于地狱的世俗神话。其中地狱中的种种酷刑，皆为传统神话所未见，虽未完备地描述出佛典八大地狱的情状，但它的意义在于使中国人坠入了印度人所设定的地狱格局中。这个故事的编制，巧妙地利用了"主者"指派赵泰为水官都督，知诸狱事，暗行地狱，以一个中国人的目光，详细地描述了地狱酷刑及各种报应，赵泰被放回后，"自书记以示时人"。这个故事的广为流布，远胜于佛典中的地狱说教，成为活的佛理教材。

———————————

① 《法苑珠林》卷七。

《法苑珠林》就是这样以神话经纬佛门教义，成为佛教神话中国化的典型代表。且不论"人道"中的种种纬书和传统神怪故事的引证，即使纯是"舶来品"的地狱也中国化了，如地狱中的职位之"府君""都督"等称呼，显然是中国式的，其间关押的罪人，也是中国人，如赵泰的祖父母及二弟等。这样，印度传来的地狱仅成一个架子，其管理者与受罚者也大多是中国人。地狱神话从此在中国神话中不断发展壮大起来。

这些"感应缘"要是没有佛教教义这一系统的统率，就是一盘散沙。严格地说，这些"感应缘"类的神话只是正宗的佛教神话系统的派生和演化。"感应缘"是中国式的佛教神话，是佛教神话的枝叶。它的主干、它的体系在佛教中是一种固有的存在，它是中国佛教神话的酵母。这些，《法苑珠林》给我们留下了一个完整的标本。

《劫量》《三界》《日月》等三篇是佛教的宇宙观的描述，其中的四大部洲、须弥山、诸天在佛教中占有重要地位，它们是佛教诸天神活动的重要场所。诸天经过道教的改造为中国神话中的主神设立了栖息之所，诸天王后来也成为中国神话天庭里的重要神灵。

卷五至卷七为"六道"神话，是佛教人生观、伦理观和鬼神观的集中体现。六道即天道、人道、阿修罗道、饿鬼道、畜生道、地狱道。"六道"也称作"六趣"，是三界众生因行善恶不同而得不同报应所居的处所。其中地狱道、畜生道、饿鬼道为三恶道，是行大恶而遭到的严酷报应；阿修罗道、人道与天道则为三善道，须行善方能转生于此。《大智度论》卷三十二："分别善恶，故有六道。善有上中下，故有三善道，天、人、阿修罗；恶有上中下，故为地狱、畜生、饿鬼道。"在这里除人之外的五类鬼神里，阿修罗是纯粹的外来的神，后来在中国神话里影响不大，诸天神被改造了，饿鬼一道特指鬼魂因在生作恶遭饥饿折磨之一种，因中国佛教为死者设焰口礼忏，流传颇广。人变畜生则在民间传说中广为流布，它是因果报应学说直观的体现。人对畜生的畜养有兴旺与不景之别，多被视为一种"还债"与"讨债"，所以人死变畜生的观念在人们心中根深蒂固。关于"六道"的神话后来几乎成为中国民间善恶伦理神话的基础，影响最为深远。

卷八至卷十七为诸佛与菩萨部。本来原始佛教是不承认佛菩萨为神灵的，小乘佛教认为他们不过是道行高的修行者，是师僧。但大乘佛教却与此完全不同，他们率先在印度掀起了佛菩萨崇拜的热潮，在他们心目中，佛菩萨是救星，是神，对佛菩萨的崇拜就是播种福田。佛菩萨从一传入中国开始就是被当作神看待的。傅毅在回答汉明帝"夜梦金人"时便说"西方有神，名佛"。武帝时霍去病所得的西方祭天金人，也被视为大神人而立于甘泉宫奉祀。自然，《法苑珠林》中的佛菩萨是被视为佛教的最高神灵的。他们非同寻常的业绩与不可思议的法力足以震撼每个信徒的心。《法苑珠林》主要叙述了释迦牟尼佛、弥陀佛、普贤菩萨、观音菩萨的事迹。释迦牟尼"八相示现"的神话在书中得到大力阐发。佛菩萨在中国所显的种种神迹，使他们超越了印度狭小的区域，对人类世界产生了广泛的影响。佛菩萨的大慈大悲及赏善罚恶的举动使他们成为中国民间神话的重要角色。

卷十八、十九是关于法和僧的神话，皈依佛、皈依法、皈依僧的种种修行规范及种种神异，其强烈的神话色彩充分体现出神道设教的特色。

《法苑珠林》就是这样一部以佛教的体系神话为经、以辅教神话为纬形成的一部佛教神话大典。它是佛教神话的本土化，也为中国佛教神话的体系化做出了贡献。因而，它是佛教神话在中国发展的总结。

佛教神话发展至此，作为一种宗教神话可谓已达巅峰。当它越出庙堂，在民间流行，在中国文化的各个领域中穿行时，它要经受剪裁分解的命运便不可避免了，而此后的佛教神话面目大不同前，便是受到中国文化进一步分解的缘故。当佛教神话日益中国化的时候，它就逐渐丧失了本来的面目。在《法苑珠林》里，佛教神话还保有其本来面目，而且中国文化对佛教神话改造的态势已经摆出，这预示着在新时期里它将承受新的文化融合的挑战。

第三节　弥勒与叛逆性的佛教神话

就像道教有李家道这样一类既不见容于正统社会，也被居于正宗地位的道教排斥一样，佛教也有这种异端。佛教异端冲击着传统佛教的教义及修行方式，以灿烂的理想图景和简单易行的方便法门引诱着大众皈依，当人们无法忍受现实的压迫时，对宗教理想的渴望便激起武装反抗的欲望，由宗教追求转为政治斗争。

据佛教三世说，过去为燃灯古佛主持，现世为释迦牟尼佛主持，未来则是弥勒佛主持。这样形成的三世佛，人们是不大去理会燃灯古佛的，因为他跟现实的关系太远。当现实较为完善，人们对释迦牟尼佛会礼拜勤谨，而当现实苦难加重，人们在礼拜释迦牟尼佛的同时，会更多地想到未来佛，他们希望未来世界早一天到来。这样，未来佛更加受到底层民众的欢迎，弥勒佛于是成为劳苦大众的救星。

弥勒所主的未来世界名弥勒净土。弥勒净土信仰是大乘佛教的一个教派，它不同于小乘的个人闭门自持，而注重于解救他人苦难，追求美好理想，因而，自东汉末传入中国即得广泛传播。西晋至于隋唐，关于弥勒信仰的经书大量翻译过来，跟与之并行的阿弥陀佛净土相比，弥勒信仰的势力要大得多。就南北朝时的佛菩萨造像分析，释迦牟尼、弥勒、阿弥陀、观音四人的造像在南北朝的几个朝代的一些主要佛教场所的统计数为：释迦一百七十八尊，弥勒一百五十尊，阿弥陀三十三尊，观音一百七十一尊。① 弥勒数量远远超过阿弥陀。

弥勒信仰何以这样吸引人呢？这在很大程度上归因于弥勒净土的灿烂迷人。《佛说观弥勒菩萨下生经》这样描写道：

> 佛告阿难："汝还就坐，听我所说。弥勒出现，国土丰乐……"将来久远，于此国界当有城郭名曰鸡头，东西十二由旬，南北七由旬。土地丰熟，人民炽盛，街巷成行。尔时，城中有龙王名曰水光，夜雨香泽，昼则清和。是时鸡头城中有罗刹鬼名曰叶华，所行顺法，不违正教，每伺人民寝寐之后，除去秽恶诸不净者，又以香汁而洒其地，极为香净。阿难，当尔之时，阎浮提地东西南北十万由旬，诸山河石壁皆自消灭。四大海水，各据一方，时阎浮地极为平整，如镜清明。举阎浮地内谷食丰贱，人民炽盛，多诸珍宝，诸村聚落，鸡鸣相接。……所谓金银珍宝，砗磲玛瑙，珍珠琥珀，各散在地，无人省录。是时人民手执此宝，自相谓言：昔者之人由此宝故，更相伤害，系闭在狱，受无数苦恼，如今此宝与瓦石同流，无人守护。……尔时弥勒菩萨于兜率天观察父母，不老不少，便降神下，应从右胁生，如我今日右胁生无异，弥勒菩萨亦复如是。兜率诸天各唱令：弥勒菩萨已降神生……

在一个美妙的未来世界里，弥勒菩萨降生了，成为未来世界之主。因而，弥勒便成为人们翘首以待的未来佛祖，他的出现，是人类的福音。显然，他比主管现世的释迦牟尼佛更能引起人们的信念。弥勒所主的未来世界比阿弥陀佛的极乐图画显得真实。《佛说阿弥陀经》及《观无量寿佛经》诸净土经里的佛国距现实世界极为遥远，如阿弥陀佛净土在"从是西方过十万亿佛土"，那是一个

---

① 唐长孺：《北朝的弥勒信仰及其衰落》，见唐长孺：《魏晋南北朝史论拾遗》，中华书局，1983 年，第197 页。

极为遥远的极乐世界，实令人可望而不可即，如镜花水月，把握不住。如那里的七重栏楯与七重罗网，七宝楼台与七宝池水，超越了感性生命所能享受的范围。弥勒净土则不同，它只是现实国度的升华，所强调的是土地丰熟，谷物不可尽食，财物不可胜用，跟现实生活联系密切，似乎是现实中可能发生的奇迹。这世界在人间不在天国，奇迹会在眼前发生，人们不必待死后进入佛国。这种境界若从佛教的角度看是不高的，是以物质引诱为基础。这些本是佛教所要超越的罗网，但对于生活于苦难之中，且热爱生命的大众来说，那就太令人神往了。这就是弥勒佛及弥勒净土信仰广为传播的原因。

未来佛弥勒主未来世本为佛说，佛在世时所描绘的这番景象，本在激励人们努力修行，可这些经典传入中国后竟成为一种与正统佛教相对抗的异端，在民间煽起了反抗统治者的火焰，这些是佛教本身始料未及的。其间的根本原因是现实的苦难深重，修行念佛不足脱离苦海，打破现存秩序才是根本出路。本来以慈善为本的佛寺竟成为武装斗争的策源地。两晋南北朝隋唐以来，沙门造反频起，成为一个较为普遍的社会现象，其中托弥勒出世者尤引人注目。

北魏宣武帝延昌四年（515），沙门法庆反。这支反叛队伍除"杀害吏人"外，还"所在屠灭寺舍，斩戮僧尼，焚烧经像，云新佛出世，除去旧魔"①。法庆造反除反抗当局外，还向流行的佛教挑战。所谓"除去旧魔"即破坏现存的佛教秩序。这是一支残忍的造反队伍，规定"杀一人者为一住菩萨，杀十人为十住菩萨"，如此杀戮为事显然是既不合大乘传统，也与弥勒佛的净土世界的和平相左。法庆不久被镇压下去了，但弥勒信仰却在南北朝隋唐这一时期里蓬勃发展，不可阻止。

隋大业六年（610），"有盗数十人，皆素冠练衣，焚香持华，自称弥勒佛，入自建国门。监门者皆稽首。既而夺卫士仗，将为乱。齐王暕遇而斩之。于是都下大索，与相连坐者千余家"②。这是一次明目张胆地伪托弥勒的造反。监门者见这些"弥勒佛"到来，都慌了手脚，除了叩头别无选择。他们夺卫士之杖，显然醉翁之意不在酒，欲进宫刺炀帝的企图十分明显。炀帝粗暴，除大兴土木外，巡游、战争使得民不聊生。人们托弥勒佛降生则意味着一个土地丰熟的平安的时代即将到来。这入宫的"盗"数十人只是先头部队去行刺，其后千余家为后盾。可见，这次活动也是有组织的。

---

① 《魏书·拓跋遥传》。
② 《隋书·炀帝纪》。

事过三年，称弥勒而反的风暴再起。据《隋书·五行志》，隋大业九年（613），"唐县人宋子贤，善为幻术。每夜，楼上有光明，能变作佛形，自称弥勒出世"。由于宋子贤精于幻术，其神秘色彩更浓，因而更能激起民众的崇信，使得"远近惑信，日数百千人"。他们举兵的目的是袭击"乘舆"，即袭杀炀帝。但这次努力也归于失败，宋子贤及其党徒千余家坐罪。

称弥勒而反的运动此起彼伏。同年，"有桑门向海明于扶风自称弥勒佛出世，潜谋逆乱。人有归心者，辄获吉梦。由是人皆惑之，三辅之士，翕然称为大圣。因举兵反，众至数万，官军击破之"①。隋时沙门托弥勒而反的势力逐渐强大起来，成为后代难以克服的社会问题之一。

道徒托言李弘造反主要活动在两晋南北朝时期，隋唐时，由于李家道跟李唐同姓，托名李弘的反叛大为减少，宗教反叛势力主要打出弥勒的旗号来。当李家道作为异端势力已近消失时，弥勒信仰便独撑了异端江山。它是唐代打着神话旗号反叛李唐的代表势力。

不仅百姓打着弥勒的旗号，武则天也打着弥勒的旗号夺权。武则天欲篡位，李氏政权遭遇危机，这时有人打出太上老君的名号来反对武则天的统治。据说，老子降显于虔州阌乡县龙台乡，对洪州豫章县民邬元崇说："我是太上老君，汝帝之祖"，并令邬元崇传言武后："国家祚永而享太平，不宜有所僭也。"邬元崇因而上京奏告武后。② 这一与虎谋皮的举动当然遭到了武则天的迫害，邬元崇被治死了。武则天并不满足于武力征服，面对着人们以太上老君为后盾的攻势，她也组织了反击。武则天主要抓住唐佛教徒遭压抑的心态，自称新佛下世，以大造舆论，获取民心。

载初元年（690），一项旨在神化武则天为弥勒再世的活动拉开了序幕："东魏国寺僧法明等撰《大云经》四卷，表上之，言太后乃弥勒佛下生，当代唐为阎浮提主，制颁于天下。"③ 这《大云经》是典型的伪经，武则天如获至宝，颁行天下，并令各州造大云寺，为其上台鸣锣开道。武则天是弥勒佛下生的神话纯为政治神话，她要借此破解正在流行的太上老君保佑唐天下的神话，明确地宣告要将唐天子取而代之。就在当年，她改唐国号为周，自称圣神皇帝，并尊周文王为始祖皇帝。唐天下一下子就改变了颜色。

---

① 《隋书·五行志》。

② 参见任继愈：《中国道教史》第七章，上海人民出版社，1990年。

③ 《资治通鉴》卷二百四。

武则天上台后，崇佛运动更为大张旗鼓地展开，大兴佛事，不断举行无遮法会，靡费钱财而浑然不惜。武则天时代的神崇拜表现出以佛神为中心取代儒道神话的态势。

明堂制载于儒家经典，《礼记·明堂位》有详述，为为政之所。汉明堂则多祭天地神祇，宗教功能得以强化。明堂所祀之神乃昊天上帝、后土之类的传统神灵，为传统皇家祀典所必祀的重要角色，体现的是儒家的神话学说。但在武则天时代，明堂里请进了佛爷。史书中这样描写道：

> （通天万岁元年）作无遮会于明堂，凿地为坑，深五丈，结彩为宫殿，佛像皆于坑中引出之，云自地涌出。①

明堂里举行无遮会，这大概是前无古人的举动，佛像于其中挤占了天神地祇的地位，是中国神话史上的一件大事。因为古明堂除传说中周公等于此行政令外，后代基本上都将此用作祭祀昊天上帝或五帝的场所。西汉时的明堂建制是传说中的黄帝明堂的式样："明堂图中有一殿，四面无壁，以茅盖，通水，圜宫垣为复道，上有楼，从西南入，命曰昆仑，天子从之入，以拜祠上帝焉。"②以后的明堂以祠上帝为主的功能未变。东汉，光武帝所作汶上明堂宗祀五帝，章帝时以光武配祀。魏明帝太和元年（227）祀文帝于明堂以配上帝。晋时五帝同称昊天上帝，祀于明堂。宋孝武帝依东汉汶上明堂设五帝位，祭皇天上帝。齐高帝建元元年（479）祭五帝之神于明堂，以有功德之君配。梁祀五帝于明堂。陈也祀昊天上帝、五帝于明堂。北朝历代皇帝议建明堂未果，隋文帝议建明堂因耗费太大也终未成。大唐建立，武德初，定令每季秋祀五方上帝于明堂，后虽多有争论，但于明堂祀上帝及以祖灵配祀之大礼不改。故自汉以来，历代王朝大多营建明堂，于其中祀上帝及祖灵，所奉行的是儒家经书《礼记》和《周礼》中的祀典。③ 这样的传统首先被武则天打破了，这是武则天对传统的以儒家为主导的皇家祀典的一种挑战，皇天上帝与后土受到了真正的蔑视。她所引为正宗的也并不是佛家正典，而是走了样的佛教异端——被她塞进私欲的弥勒信仰。武则天为佛所造的明堂遭到了一场大火的劫难，化为一片灰烬，这本使武则天感到十分尴尬，但有人为迎合她以弥勒自居的行为，说："弥勒成道时有天魔烧宫，七宝台须臾散坏"④，这样一来，大火浩劫反不是坏事，只是一种

---

① 《资治通鉴》卷二百五。
② 《史记·封禅书》。
③ 详见《文献通考》卷六十八《郊社考》、《通典》卷四十四。
④ 《资治通鉴》卷二百五。

成道的象征。总之，武则天出于私欲而编造的弥勒下生神话再从宫廷推广于民间，对本已炽盛的弥勒信仰有推波助澜的作用。

由于武后非李氏血缘，她的周政权被视为一种僭伪逆乱行为，故她一倒台，弥勒信仰也跟着倒了大霉。唐代朝廷明令禁止弥勒信仰，这种举动，一方面是扫荡破败的武周政权的神话残余，一方面是遏制民间打着"弥勒出世"口号的叛乱。受武则天所颁《大云经》的影响，民间弥勒信仰总把云城视为一个理想国，故新佛出世总是与云城联系在一起。云城又称银城，白色之象，故主弥勒信徒起事则白衣白马，以与云城境界相合。开元初年，有王氏怀古出谶，再次宣告李唐王朝将终：

> 王怀古，玄宗开元初，谓人曰："释迦牟尼佛末，更有新佛出，李家欲末，刘家欲兴。今冬当有黑雪下贝州，合出银城。"①

新佛即弥勒，他的出现，将标志着李家王朝末日的来临。"银城"——白亮亮的境界的出现，则将使世界太平。这一谶语，无疑使玄宗感到不安，于是他于开元三年（715）下了道措辞严厉的诏书：

> 释氏汲引，本归正法，仁王护持，先去邪道。失其宗旨，乃般若之罪人；成其诡怪，岂涅槃之信士？不存惩革，遂废津梁，养彼愚蒙，将入坑井。比者白衣青发，假托弥勒下生，因为妖讹，广集徒侣，称解禅观，妄说灾祥，别作小经，诈云佛说。或辄云弟子，号为和尚，多不婚娶，眩惑闾阎，触类实繁，蠹政为甚。刺史县令，职在亲人，拙于抚驭，是容奸宄。自今已后，宜严加捉搦。仍令按察司采访。如州县不能举察，所由长官并从贬降。②

这样严厉的禁令已把弥勒信仰置于歪门邪道的境地，弥勒信仰的生存变得艰难起来。

如果说释迦牟尼是从修行者的身份升到神灵宝座上去的的话，弥勒佛就是真正的佛教神话人物。在佛教中，他是佛教理想境界里的一位神主。没有想到出现在中国的弥勒下生的神话竟然点燃了反叛斗争的火焰。在皇家和"正宗"佛学看来，弥勒信仰已沦为异端邪说，受到了严厉的禁止，弥勒是从佛教阵营里分裂出来的一位神灵，他成为老百姓的救星，成为革命的火种。唐天子的诏令扑不灭弥勒信仰的火焰，弥勒信仰的火种在宋元以来的社会生活中曾燎原于

---

① 《册府元龟》卷九百二十二。
② 《册府元龟》卷一百五十九。

大江南北与长城内外。佛教的这一异端神话真正成为后代统治者的心病。有些弥勒信仰者做出残暴的行为来，这要与弥勒信仰区分开来。

佛教的神话牵动着中国社会的神经。它不仅疗救民众的心灵，同时还要疗救社会的病症，因而具有很高的文化价值。佛教神话在唐代完成了它的体系化过程，也实现了本土化的目的。

第三章　神话的内向认同与民族融合

魏晋南北朝时期是中国历史上一次民族大融合的时期，民族间的交流，尤其是北方各民族之间的交流十分密切。在这场空前的民族大融合的历史运动中，神话充当了极为重要的角色。在一定的程度上，神话认同是民族融合的标志。

文化统一的大汉王朝结束后，统一的以汉文化为基础的民族文化并没有随之垮台，民族神话的核心内容代代传承，并横向扩散而日趋强大。这是因为汉文化作为一种兼容性很强的文化，文化内涵丰富，在东亚大陆，甚至整个世界上，都是不可替代的原创性的文化资源。我们从三国两晋南北朝到隋唐这一时期的皇家祀典的统一性及普遍的孔子神化运动中都能找到这种文化发展的轨迹，至于敬奉以炎帝、黄帝为首的三皇五帝共祖及将龙作为天子的化身，则已成不可改变的共识。

汉文化有三大资源：一是中原圣地，从夏商王朝以来，这里就是文化的中心，占有中原之地就意味着担有领导天下的责任，因此各富理想的族群都有逐鹿中原的愿望；二是汉文典籍，从儒家经典到诸子百家到史传到诗词歌赋，汉典包罗万象，积淀了厚重的文化资本；三是神话与民俗，即华夏的价值观、信仰与叙事体系，是活态的文化资源。

由于民族文化中心的南移，北方留下的空间由众多的少数民族所占领。当他们进入这片汉文化的故土后，一方面还保存了一些固有的传统，更多的却是接受汉文化的精华，一起共同发展民族文化的大业，最终融入这个民族大家庭之中。在这个民族融合的过程中，神话的认同是一个基本前提。

这个认同过程包括两个方面的内容：一是少数民族成员及其政权对民族核心神话的主动认同；二是各族所主中央政权抛弃独尊观念而以双方都能认同的神话为前提发展相互关系。前者主要发生于魏晋南北朝时期，后者则在隋唐时期表现明显。

各民族的神话与中华民族核心神话的认同表现在借用共同的神话模式，采用相同的皇家祀典，认同共同的先祖。同时，当道教与佛教渐由异端上升为主流文化时，广泛的对佛祖与老子的信奉则成为民族凝聚的又一精神纽带，而民间神话影响下风俗习惯的认同，则对于多民族的共同文化生活具有直接的整合作用。共同的神话使文化的多元一体的民族共同体得到了真正的统一，这是中国神话在中华民族共同体的发展壮大过程中所产生的不可替代的巨大历史功用。

第一节　共同的帝王神话模式与母题

北朝时期的主流神话是拥有中央政权的民族统治者的帝王神话，这些王朝多在中原或者关中之地建都，是典型的中原政权。他们的神话，虽然具体内容与传统的中原神话有异，但性质和结构模式却与传统神话悉同。从性质上讲，它们只是秦汉以及先秦帝王符瑞神话的变种，这些神话夸张帝王出身的神异以示其非同寻常，帝王系神授天命来接受政权，所以从本质上讲它们是政治神话，对其王朝的存在具有强大的神权支撑作用。就其结构来看，它们与远古图腾神话的模式相同，帝王往往由其母与某神某图腾相交相感而生，而其最近的源头，乃是纬书中的感生神话，北方诸民族政权的帝王神话，均可视为纬书感生神话直接影响的产物。

北汉刘渊为匈奴人冒顿之后。汉初时冒顿与汉和亲，约为兄弟，故子孙姓刘。三国时曹操分匈奴民众为五部加以管理。刘渊父名豹，关于刘渊的出身，有这样的神话：

> 豹妻呼延氏，魏嘉平中祈子于龙门，俄而有一大鱼，顶有二角，轩鳍跃鳞而至祭所，久之乃去。巫觋皆异之，曰："此嘉祥也。"其夜梦旦所见鱼变为人，左手把一物，大如半鸡子，光景非常，授呼氏，曰："此是日精，服之生贵子。"寤而告豹，豹曰："吉征也。吾昔从邯郸张冏母司徒氏相，云吾当有贵子孙，三世必大昌，仿像相符矣。"自是十三月而生元海，左手文有其名，遂以名焉。①

此一故事，脱胎于传统神话用纬书故事迹象甚明。刘渊长而好《毛诗》《易》《尚书》《春秋左氏传》等经书，《史》、《汉》、诸子，无所不览，接受汉文化的程度很深，传统神话融于心灵之中。《易》这类充满神秘色彩的典籍，是他编造神话的源泉。鱼与日精之瑞，于史书中多有，它是同一神话的变种。

司马迁于《史记》中载有白鱼赤乌神话，其文曰："九年，武王上祭于毕。东观兵，至于盟津。……武王渡河，中流，白鱼跃入王舟中，武王俯取以祭。既渡，有火自上复于下，至于王屋，流为乌，其色赤，其声魄云。是时，诸侯

---

① 《晋书·刘元海载记》。

不期而会盟津者八百诸侯。诸侯皆曰：'纣可伐矣。'"① 此事跟五德转移说有关系。《今文尚书》《尚书大传》之《泰誓》，均有大致相同的说法。白鱼赤乌神话不见于先秦文献，殆汉神话，在汉时广泛流传。《汉书·董仲舒传》中《举贤良对策》云：

> 《书》曰"白鱼入于王舟，有火复于王屋，流为乌"，此盖受命之符也。

若依五德相克说，白鱼指殷之金德，而赤乌为周火德，以火攻克金，白鱼入舟只是殷亡之征，而赤乌现世才是周的符瑞。然而，在流传中，白鱼也与赤乌并为符瑞了。尤其是在纬书中，这个神话的神秘色彩更重，而内容也更复杂了。《中候合符后》载：

> 周天子发渡于孟津。中流，受文命，待天谋。白鱼跃入于王舟，王俯取鱼。鱼长三尺，赤文，有字题目下，名授右，曰："姬发遵昌。"王维退写，成以二十字，鱼文消。
>
> 王燔以告天，有火自天止于王屋，流为乌，其色赤，其声魄，五至，以谷俱来。②

此外，《古微书》之《洛书灵准听》也载有此事。白鱼由简单地仅仅跃入王舟发展为鱼上有文，并有符瑞之文显示，且鱼与乌之联系紧密。其中的白鱼似已不仅象征殷商金德之亡，它本身也是姬发登王位的符应。此一主题绵延发展，鱼便成为帝王符瑞之一，不管白鱼黑鱼，它的出现都预示将有非同寻常的吉祥之事发生。所以呼延氏祈子时来了条大鱼，巫觋们都惊讶，说是嘉祥。

白鱼同赤乌的关系在刘渊的神话里可进行合乎逻辑的推衍。赤乌为日的化身，这是中国神话的一个基本母题。鱼变人而献日精，实际上是把鱼与乌的神话合为一体了。刘渊的符瑞神话脱胎于感生神话并取纬书母题以充实发展之，是刘渊汉政权承接文化传统的一座桥梁。

事实上，刘渊是否是刘豹之子还有问题，有的学者说他是冒充刘豹之子③。那么这个神异的出生故事就更加是子虚乌有的神话了，它基于匈奴传说而采用汉神话，以期获得汉、匈奴两方人民的认同，因为匈奴也是一个拜日的民族。

此类神话在北方政权的统治者身上屡屡发生。如刘渊子刘聪，其出生也甚奇特。《晋书·刘聪载记》云："初，聪之在孕也，张氏梦日入怀，寤而以告，

---

① 《史记·周本纪》。
② 《纬书集成·七纬拾遗》。
③ 参见林幹：《匈奴通史》，人民出版社，1986年。

元海曰：'此吉征也，慎勿言。'十五月而生聪焉，夜有白光之异。形体非常，左耳有一白毫，长二尺余，甚光泽。"此感日而生之神话乃其父为日精所生的变种。匈奴中有拜日习俗，《史记》称其"拜日之始生"，这是匈奴的传说，他们在传统的感生模式里装进了自己的内容，故刘氏匈奴的神话也有自己的独特之处。当然拜日习俗不为匈奴所独有，周秦以来祀典都把拜日放在重要位置，所谓郊祀祭天的核心就是祭日。《礼记》云："郊之祭也，迎长日之至也，大报天而主日"，匈奴之拜日跟华夏传统郊祀存在着很大的相似性，从这共同的崇日风习看，《史记》所谓匈奴为夏后氏之苗裔恐不是空穴来风。

纬书中也有感日而生的神话，如《河图著命》："扶都见白气贯日，意感生黑帝子汤。"不过，此神话虽然有日，白气似乎更重要些，所以纯粹的感日而生的神话出自刘氏匈奴，它借感生模式融入崇日内涵，在神话史上具有特殊地位。

刘氏匈奴的帝王神话，多仿五帝三王神话，如关于刘曜的传说，史书上载刘曜"年八岁，从元海猎于西山，遇雨，止树下，迅雷震树，旁人莫不颠仆，曜神色自若"。这与"尧使舜入山林川泽，暴风雷雨，舜行不迷"相类，至于刘曜的种种传奇及符瑞，也大都脱胎于汉纬书神话模式，体现出刘氏匈奴与刘汉政权之间不可分割的联系。

我们将北方其他少数民族政权统治者的神话做一排列，可见其共同模式。

石勒羯人，后赵政权的建立者，史称"勒生时赤光满室，白气自天属于中庭，见者咸异之"①。

苻健，氐人，前秦皇帝。"母姜氏梦大罴而孕之"②。又苻坚之出生也奇异，"其母苟氏尝游漳水，祈子于西门豹祠，其夜梦与神交，因而有孕，十二月而生坚焉。有神光自天烛其庭。背有赤文，隐起成字，曰'草付臣又土王咸阳'。臂垂过膝，目有紫光"③。

李雄，巴氐人，李特第三子，成汉皇帝。"母罗氏，梦双虹自门升天，一虹中断，既而生荡。后罗氏因汲水，忽然如寐，又梦大蛇绕其身，遂有孕，十四月而生雄。"④

慕容德，鲜卑人，南燕皇帝。"母公孙氏梦日入脐中，昼寝而生德。"⑤

①《晋书·石勒载记》。
②《晋书·苻健载记》。
③《晋书·苻坚载记》。
④《晋书·李雄载记》。
⑤《晋书·慕容德载记》。

拓跋珪，鲜卑人，北魏皇帝。"母曰献明贺皇后。初因迁徙，游于云泽，既而寝息，梦日出室内，寤而见光自牖属天，欻然有感。以建国三十四年七月七日，生太祖于参合陂北，其夜复有光明。"①

北方民族的统治者如此热衷于编造帝王符瑞神话，其原因在于这些民族的统治区域内，夷夏杂居，他们开始在中原地区建立政权，由于根基尚浅便不得不以神话强化其地位。一方面，这些汉人已习以为常的模式会使汉人产生亲近感、信赖感，另一方面，少数民族本信鬼神，其习较汉民更重，这些神话使他们对其主不得不更加顶礼膜拜，从而使统治者的政权力量得到神话的支持。

神话形式的仿造实际上是内容的重演，一定的模式是依凭一定的内容而建立起来的，帝王神话袭用了远古先祖与图腾神话的外衣，使帝王本身跟神发生直接的联系。如果说远古先祖与图腾的神话是为树立氏族的宗教而使民众产生向心力的话，帝王的神话便是宣扬君权神授，宣告百姓理所当然要服从统治。北方少数民族政权的神话是对传统统治思想与方略的一种继承，显示出少数民族向共同文化的归依。

这种广泛地对中原传统神话模式的采用与北方民族政权接受中原文化传统密切相关。这些神话无不取用纬书神话与《史记》《汉书》中的帝王神话模式，而这些著作多为北方诸政权的最高统治者所熟悉。赵翼于《廿二史札记》一书"僭伪诸君有文学"条有这样的概括性说明：

《晋》载记诸僭伪之君，虽非中国人，亦多有文学。刘渊少好学，习《毛诗》、《京氏易》、《马氏尚书》，尤好《左氏春秋》、《孙吴兵法》，《史》、《汉》、诸子，无不综览。尝鄙隋、陆无武，绛、灌无文。一物不知，以为君子所耻。其子刘和，亦好学，习《毛诗》、《左氏春秋》、《郑氏易》。和弟宣师孙炎，沈精积思，不舍昼夜，尝读《汉书》，至萧何、邓禹传，未尝不反覆咏之。刘聪幼而聪悟，博士朱纪大奇之，年十四，究通经史，兼综百家之言，工草隶，善属文，著述怀诗百余篇，赋颂五十余篇。刘曜读书，志于广览，不精思章句，亦善属文，工草隶。小时避难，从崔岳质通疑滞。既即位，立太学于长乐宫，立小学于未央宫，简民间俊秀千五百人，选朝廷宿儒教之。慕容皝尚经学，善天文，即位后，立东庠于旧宫，赐大臣子弟为官学生，亲自临考，自造《太上章》，以代《急就》，又著《典诫》十五篇，以

---

① 《魏书·太祖纪》。

教胄子。慕容儁变博观图书，后慕容宝亦善属文，崇儒学。符坚八岁，向其祖洪请师就学。洪曰："汝氐人，乃求学耶？"及长，博学多才艺。既即位，一月三临太学，谓躬自奖励，庶周孔之微言不坠，诸非正道者悉屏之。自永嘉之乱，庠序无闻，至是学校渐兴。符登长而折节，博览书传。姚兴为太子时，与范勖等讲经籍，不以兵难废业。时姜龛、淳于岐等，皆着儒硕德，门徒各数百人。兴听政之暇，辄引龛等讲论。姚泓博学善谈论，尤好诗咏。王尚、段章以儒术，胡义周、夏侯稚以文学，皆尝游集。淳于岐疾，兴亲往问疾，拜于床下。李流少好学，李庠才兼文武，曾举秀异科。沮渠蒙逊博涉群史，晓天文。赫连勃勃闻刘裕遣使来，预命皇甫徽为答书，默诵之，召裕使至前，口授舍人为书。裕见其文曰："吾不如也。"此皆生于戎羌，以用武为急，而仍兼文学如此，人亦何可轻量哉！[①]

正是这种南北学术的交流使得南北神话日趋统一。关于帝王神话，南朝统治者所抛售的跟北朝统治者所抛售的十分相类，如出生之梦感，以及登基之符瑞，二者如出一辙。看看《南史》《北史》，这种情况便一目了然。

相同的模式表达出共同的帝王符瑞，不同民族间的主流文化式样开始趋同。

第二节　共同祀典的选择

统治者的符瑞神话模式仅是外观形式，当北朝统治者同南朝统治者采用相同的祀典时，则是主流社会认同了共同的神话内容，南北认同了共同的神话内容。尽管这种内容只是皇家的政治神话，然而这个祀典却是商周以来神话与祀典密切结合而被人们广泛认同的一个范本，拥有它就是拥有对神灵的垄断权和对社会的主导权。当一种祀典与此相矛盾，主流社会将它视为异端，它便被拒斥在社会文化之外。祭祀天地、社稷、祖先、日月、山川、风伯、雨师之神是皇家祀典，也是整个社会文化统治的象征。北方神话对传统神话的认同的一个核心问题就是面对共同的神灵，尊奉同样的祀典。

北方各民族的统治者对传统祀典的尊奉程度不同，过程也不尽一致，但总的趋向是抛弃了旧有的习俗，而逐渐追随中原传统。北方民族政权的一个突出特点是不仅仅求得自己的一席之地，而且觉得自己是整个天下的主人。他们建立政权起初是同南朝分庭抗礼，最终目的是统一天下，而且统一天下的文化是

---

① 赵翼：《廿二史札记》，中国书店，1987年，第99—100页。

0

中国传统文化。所以北方政权大多自称"中国"，而称其他政权为"逆乱"。他们征伐的目的是显"中国之威"，追求的是统一大业。正是由于这种境界，认同中原传统是北方的少数民族实行大融合过程中的必然选择，对立并不是民族文化的主流。基于这样一种认识，北方政权均不同程度地奉行着商周以来的皇家祀典和秦汉以来的五行德运。

刘渊在称帝前有这样的宣言："夫帝王岂有常哉，大禹出于西戎，文王生于东夷，顾惟德所授耳。"① 这种统治观与神话观比一些褊狭的种族主义者的观点要高明得多，他认识到中国多民族统一的历史并不是各族中心论而是道德决定论，这是周公以来的尊天敬德观念的发展延续。刘渊高举德统的旗帜，历数司马氏父子的罪过，又借助汉室宗亲的身份，以恢复汉室口号相召，所以这不是一个代表匈奴种族的政权，而是一个以继承整个中华民族传统文化的面目出现的政权。《晋书·刘元海载记》云："永兴元年，元海乃为坛于南郊，僭即汉王位，下令曰：'昔我太祖高皇帝以神武应期，廓开大业。……'乃赦其境内，年号元熙，追尊刘禅为孝怀皇帝，立汉高祖以下三祖五宗神主而祭之。"《晋书》以"僭"贬之，显示出褊狭的民族观，然而我们从这段记载中看到，刘渊为坛南郊，承《礼记》《周礼》的祭天传统，把握了皇家祀典的核心，而以刘邦为天下祖宗，立其神主，既表现出皇家祀典中先祖的特殊地位，又将其汉政权自身引入了正统行列之中。

石勒称赵王，"建社稷，立宗庙"是改元后的首要之事，后又禁州郡祠堂之非正典者，而起明堂、辟雍、灵台于襄国城西。② 石勒子石季龙"依殷周之制，以咸康三年僭称大赵天王，即位于南郊"③。这跟南朝皇帝一样，面对同样的上帝。石季龙有大事告祖宗社稷之制，祠天用五郊，五郊即五天帝。石虎暴虐贪婪，然其遵奉古祀典之制，郊天祀社，告宗庙祈山川，合于《周礼》所记之礼。

鲜卑慕容儁生于幽漠，当臣下大进符瑞而劝其称帝时，他尚有些犹豫，说："吾本幽漠射猎之乡，被发左衽之俗，历数之箓宁有分邪！卿等苟相褒举，以觊非望，实匪寡德所宜闻也。"④ 这番谦虚虽然表示信心不足，可他还是做了燕皇帝。他告晋使者说："汝还白汝天子，我承人乏，为中国所推，已为帝矣。"所以，他建立的也是一个"中国"政权，是一个要统一天下的政权，不是割据一

---

① 《晋书·刘元海载记》。
② 《晋书·石勒载记》。
③ 《晋书·石季龙载记》。
④ 《晋书·慕容儁载记》。

隅的独立王国。关于大燕的历数，臣下已这样安排好："大燕受命，上承光纪黑精之君，运历传属，代金行之后，宜行夏之时，服周之冕，旗帜尚黑，牲牡尚玄。"① 燕承袭的是五德转移学说，以金生水，承晋为水德，与中原五德转移接上了轨，成了正宗的帝王。

前秦苻坚是北方政权的最高统治者中对传统文化最为醉心的。他说"帝王历数岂有常哉"，"惟德之所授耳"，他向往一统天下而封禅，始终以中国正宗之位自居，而称"东南一隅未宾王化"，时时计划引兵讨之。当苻坚表示南征之意时，朱肜的一段话让他心潮激荡。朱肜说："陛下应天顺时，恭行天罚，啸咤则五岳摧覆，呼吸则江海绝流，若一举百万，必有征无战。晋主自当衔璧舆榇，启颡军门……然后回驾岱宗，告成封禅，起白云于中坛，受万岁于中岳，尔则终古一时，书契未有。"苻坚听后大悦曰："吾之志也。"② 朱肜勾画的夺取天下后以成功告天地，然后受命于天，成万世之功业的蓝图，使苻坚成为一自豪的天神之子，所以他对传统的受天大命之典心向往之。朱肜的这通话促成了苻坚淝水之战的鲁莽轻率之举，毁灭了这场跟天神交往的美梦。

北魏政权建立后，其祀典起初是一个周秦传统的祀典与鲜卑民族传统祀典相结合的产物，其核心是周秦祀典。《魏书·礼志》这样记载：

> 太祖（拓跋珪）登国元年，即代王位于牛川，西向设祭，告天成礼。天兴元年，定都平城，即皇帝位，立坛兆告祭天地。祝曰："皇帝臣珪敢用玄牡，昭告于天后土之灵。上天降命，乃眷我祖宗，世王幽都。珪以不德，篡戎前绪，思宁黎元，恭行天罚。……惟神祇其丕祚于魏室，永绥四方。"事毕，诏有司定行次，正服色。群臣奏以国家继黄帝之后，宜为土德，故神兽如牛，牛土畜，又黄星显曜，其符也。于是始从土德，数用五，服尚黄，牺牲用白。祀天之礼用周典，以夏四月亲祀于西郊，徽帜有加焉。

很明显，拓跋珪一称帝就归入了皇天后土的麾下，这是中原古来天子的共神；而继黄帝之后，不仅仅意味着种族认同，重要的是帝德的传承。从此，中国北部有了一个强大的"正统"政权。

然而我们也发现了拓跋珪对种族传统的眷恋。"西向设祭"与"西郊"显示了他们对种族传统不能忘怀。因为这个民族从遥远的西伯利亚大漠上发展起来，

---

① 《晋书·慕容儁载记》。
② 《晋书·苻坚载记》。

他们的根在西方，祖先神灵自然也在西方，所以"西郊"特受重视。但这种怀旧感迅速改变了。天兴二年（399），拓跋珪"亲祀上帝于南郊，以始祖神元皇帝配"[①]。西郊转为了南郊，这种选择基于一种更大的获取愿望，故对西郊忍痛割爱了。虽然后来西郊复辟，但未成主流。北魏的祀典里，鲜卑杂神还是顽固地充斥其中，它们在周礼的大框架下继续发挥自己的职能。神坛上除五精帝和神元皇帝及日月星辰山川外，从食者一千余神，也远超过了正神，有喧宾夺主之嫌。

北魏有孔子祀典，而配了颜渊，历代皇帝多亲祀。对孔颜二神的祭祀，其祀或于太学，或在鲁孔子故乡，礼以太牢，可谓至诚。北方对儒学的敬奉更加速了文化的融合。儒学的正统色彩重，求遵经典，而攻乎异端。故有司徒崔浩奏议："神祀多不经，案祀典所宜祀，凡五十七所，余复重及小神，请皆罢之。"[②] 太宗准奏，但不见有具体措施出台，杂神并未废。到高祖孝文帝延兴二年（472），有司上奏说："天地五郊、社稷已下及诸神，合一千七十五所"。这个鬼神班底的规模还是太大，以致一年用牲七万五千五百，老百姓都承受不了。皇家不得不对祭礼来一番改革，除郊天地、宗庙、社稷之外，皆不用牲。孝文帝实行汉化政策，祀典据《礼记》费了一番斟酌。他要求其祀典合于古礼，曾召集臣下讨论《礼记·祭法》及郑、王文异同问题，这种严肃的态度表明孝文帝是要在祀神大典之上绝对合于传统。"有文可据，有本可推"是他礼祀神的基本态度，这"文"这"本"不外是儒家的经典。太和十五年（491），孝文帝下诏："国家自先朝以来，缩祀诸神，凡有一千二百余处。今欲减省群祀，务从简约。"[③] 孝文帝的宗教改革也是汉化政策的一部分。他汰去的小神正是民众普遍亲祀的神灵，而留下的仅是传统祀典的神学骨干。马端临《文献通考》说北魏祀礼多"参夷礼而违旧章"[④]，大致上只能说是武帝时期，而在孝文帝时期，这种夷礼已悉数捐弃且杂祀也尽力革去。

孝文帝时，有一件重大事情，就是帝德的辩论，这是关系到国家接受怎样的神话传统的问题，实际上是承认南北对峙的哪一方是正统的问题。当时，两晋南方统治者说北方是僭伪，北方政权是不合理的。而北方政权处于中原故土，也均袭汉魏德统，说司马氏是篡位逆贼，东晋是不归王化，当然也是僭伪。这

①《魏书·礼志》。
②《魏书·礼志》。
③《魏书·礼志》。
④《文献通考》卷七十《郊社考》。

种观念虽然自我中心色彩甚重，且对抗性强，但双方都把自己列为文化传统的继承者，都向往着一统天下，这正是民族精神的可贵之处。

北魏政权认为自己得天道正统是没有问题的。关键是他们是承袭北方政权的德统还是继续南方的德统，这个自汉以来众说纷纭的德统问题重新提到北魏的朝廷上来了。德统说法不一，在北朝的各政权里多有争论，而在北魏朝廷的一场辩论的意义却极为重大。孝文帝太和十四年（490）八月，这场辩论由孝文帝主持开场，希望"群官百辟，可议其所应，必令合衷，以成万代之式"①。中书监高闾发出这样的议论：

> 帝王之作，百代可知，运代相承，书传可验。虽祚命有长短，德政有优劣，至于受终严祖，殷荐上帝，其致一也。故敢述其前载，举其大略。臣闻居尊据极，允应明命者，莫不以中原为正统，神州为帝宅。苟位当名全，化迹流洽，则不专以世数为与夺，善恶为是非。故尧舜禅揖，一身异尚；魏晋相代，少纪运殊。桀纣至虐，不废承历之叙；厉惠至昏，不阙周晋之录。计五德之论，始自汉刘，一时之议，三家致别。故张苍以汉为水德，贾谊、公孙臣以汉为土德，刘向以汉为火德。以为水德者，正以尝有水溢之应，则不推运代相承之数矣。以土德者，则以亡秦继历，相即为次，不推逆顺之异也。以为火德者，悬证赤帝斩蛇之符，弃秦之暴，越恶承善，不以世次为正也，故以承周为火德。自兹厥后，乃以为常。魏承汉，火生土，故魏为土德。晋承魏，土生金，故晋为金德。赵承晋，金生水，故赵为水德。燕承赵，水生木，故燕为木德。秦承燕，木生火，故秦为火德。秦之未灭，皇魏未克神州，秦氏既亡，大魏称制玄朔。故平文之庙，始称"太祖"，以明受命之证，如周在岐之阳。若继晋，晋亡已久；若弃（似"承"字之误——作者注）秦，则中原有寄。推此而言，承秦之理，事为明验。故以魏承秦，魏为土德，又五纬表验，黄星曜彩，考氏定实，合德轩辕，承土祖未，事为著矣。又秦赵及燕，虽非明圣，各正号赤县，统有中土，郊天祭地，肆类咸秩，明刑制礼，不失旧章。奄岱蹄河，境被淮汉。非若龌龊边方，僭拟之属，远如孙权、刘备，近若刘裕、道成，事系蛮夷，非关中夏。伏惟圣朝，德配天地，道被四海，承乾统历，功侔百王。光格同于唐虞，享祚流于周汉，正位中境，奄有万

————————
①《魏书·礼志》。

方。今若并弃三家，远承晋氏，则蔑中原正次之实。存之无损于此，而有成于彼；废之无益于今，而有伤于事。臣愚以宜从尚黄，定为土德。①

这篇滔滔宏论，历叙帝德之变迁，对古今之礼，实烂熟于心。其核心是强化中原正统，认为自赵以后的北方政权统治中土，尤其是"郊天祭地，肆类咸秩"是得天之正，而三国之刘、孙，及南朝之刘宋、萧齐，则是真正的"事系蛮夷，非关中夏"，夷夏之论的核心是地域和神话礼制，跟种族无关。他的观点，几乎代表了北方政权的普遍看法，要不是孝文帝那样刻意地追求汉化，土德议当无疑义，因为从道武帝拓跋珪建国之时所建系统便是绍黄帝，为土德。可这番为北人所唱的赞歌北人自己却不听，这个动议最后还是被否定了。

秘书臣李彪、著作郎崔光等也引经据典，反驳高闾：

尚书闾议，继近秦氏。臣职掌国籍，颇览前书，惜此正次，慨彼非绪。辄仰推帝始，远寻百王。魏虽建国君民，兆朕振古，祖黄制朔，绵迹有因。然此帝业，神元为首。案神元、晋武，往来和好。……则是司马祚终于郏鄏，而元氏受命于云代。……且秦并天下，革创法度，汉仍其制，少所变易。犹仰推五运，竟蹑隆姬。而况刘、石、苻、燕，世业促褊，纲纪弗立。魏接其弊，自有彝典，岂可异汉之承木，舍晋而为土耶？夫皇统崇极，承运至重，必当推协天绪，考审王次，不可杂以僭窃，参之强狡。神元既晋武同世，桓、穆与怀、愍接时。晋室之沦，平文始大，庙号太祖，抑亦有由。绍晋定德，孰曰不可，而欲次兹伪僭，岂非惑乎？②

李彪等的承晋之说，也是为取正统之位。北朝之赵、秦、燕等政权虽然称帝而有年号。但祚运不长，且薄德害民，未成大业，李彪等称其"世业促褊，纲纪弗立"，觉得魏不能与此等政权相提并论。孝文帝本人有雄才大略，也不愿接轨赵、秦、燕这些短命政权，加上群臣均认为赵、秦、燕虽地据中华但德祚微浅，不得列于五德相承之统，他当然不同意高闾的德统。孝文帝承晋德，恐更有进一步推行汉化政策的意图。因为晋是汉人政权，北魏直接承继晋统系，使其汉化政策更加深入地进行下去，故下诏将土德改成了水德。这是北魏德统的一个重大变化，而这个变化恰恰证明五德转移的政治神话在北魏已被统治者

---

① 《魏书·礼志》。
② 《魏书·礼志》。

从心灵深处认同。接受汉传统神话，是孝文帝汉化政策的重要组成部分。

通过这场讨论，我们可以看出汉文儒家经典在文化选择中的重要作用，没有典籍就没有文化的统一，所以儒家经典是民族文化的无尽宝藏。

北方少数民族共同祀典并接受五德转移学说，将南北统一在共同的神祇之下，为中华民族的统一奠定了重要的文化基础。

第三节　归依同一祖先

北方民族融合的完成是以认同共同的神话先祖为条件的。祖先本为一族的血缘标志，可实质上他仅为一种文化识别，与真实血缘并无关联。认同同样的天地神祇并不能表明是同一种族，而共奉祖先却毫无疑问是同一家。中华民族的统一并不是种族血缘的统一，而是文化的统一。文化的统一是多方面的，如政治、风俗道德、经济生活、宗教信仰等等，但这些都不是关键的，还是谢林说得对：一个民族，只有当他们认同了共同的神话时，它才是一个真正的民族。[①] 中华民族核心的神话只有两个：龙和黄帝。在中国文化发展后期后者要比前者更为重要，以黄帝为核心的五帝系统是各种族对这个民族归依的标尺，它集中体现为司马迁所总结的《史记·五帝本纪》及在此基础上建立的古代先祖谱系。这个谱系既是一座熔炉也是一个磁场，它敞开胸怀拥抱着投奔者，一旦被接纳，每个成员都会打上同样的标记，每个人都会以背叛这伟大的祖先为耻辱，并以处在这样一个大家庭中而自豪。

司马迁《史记·匈奴列传》载："匈奴，其先祖夏后氏之苗裔也，曰淳维。"这句看似无关紧要的话对后代匈奴的发展具有难以估量的影响。夏禹是"黄帝之玄孙而帝颛顼之孙"，是以黄帝为核心的一帝系统的正宗嫡传。司马迁这样写，虽无确凿的证据，但肯定有一定的传说基础。匈奴后来与汉室通婚，双边关系更进一步密切。汉与匈奴尽管发生过大的军事冲突，但和平的力量始终在起作用。因为有禹后与汉宗亲两个重要历史渊源，汉和匈奴的融合变得十分自然。从前者看，汉匈是兄弟，从后者看，汉匈是亲家，所以，北朝时匈奴各部与汉融合都是基于以上两个前提，其中一个是事实，一个则是神话传说。

刘渊是典型的打着汉室宗亲旗号的匈奴贵族。他认为，没有汉人的拥护，尽管实力强大，也是难以称王的。他说："汉有天下世长，恩德结于人心，是以

① 参见谢林：《中国——神话哲学》，见〔德〕夏瑞春编：《德国思想家论中国》，陈爱政等译，江苏人民出版社，1995 年。

昭烈（刘备）崎岖于一州之地，而能抗衡于天下。吾又汉氏之甥，约为兄弟，兄亡弟绍，不亦可乎？且可称汉，追尊后主，以怀人望。"① 故不建立匈奴政权，而建汉政权，泯灭汉匈界线，理直气壮地做了天子。

在当时，汉人也并不把非汉族统治者看作僭伪，如汉人邵续说："周文王生于东夷，大禹出于西羌，帝王之兴，盖惟天命所属，德之所招，当何常邪！"② 可见，认同共同的德治文化和天命神话，就是同类，原不分什么种族，这在当时成为普遍的趋向。

我国历史上各民族间的融合，并不仅是汉族与少数民族间的融合，各少数民族间的融合也是民族融合的重要现象，如石虎便是羯人与匈奴人结合的后代。南匈奴一支曾与鲜卑族融合，成为所谓的"铁弗匈奴"。《魏书》卷九五《铁弗刘虎传》：

> 铁弗刘虎，南单于之苗裔，左贤王去卑之孙，北部帅刘猛之从子，居于新兴虑虒之北。北人谓胡父鲜卑母为"铁弗"，因以为号。

这种融合进一步泯灭了种族界线，奠定了文化一统的基础。即使他们不跟汉族发生关系，匈奴自认为夏禹之后，鲜卑自认为黄帝之后，则这种融合也被视为中华民族大家庭内部关系的进一步强化。南北朝时期，汉族没有被视为核心，他们只是众多民族中的一支，是中华民族共同文化的拥有者之一。北方的少数民族同样有拥有这份文化的权利。在北方，发生冲突的并不是汉族和少数民族，因为那里不断更迭的政权原本就是少数民族建立起来的，所以少数民族间的冲突与融合同样是引人注目的。他们并不将与汉族结缘当作多大幸福，相反，跟五帝神话接轨才是他们的真正荣耀。所以，北方民族的归宗并非仅归汉族之宗，而是归于与汉人相同的远古神话的祖宗——五帝世系。

赫连勃勃为刘氏匈奴之后，也是铁弗匈奴的一支。赫连勃勃虽为刘渊之后，却不以刘渊归于汉族为是，他要绍夏后氏之统，故"自以匈奴夏后氏之苗裔也，国称大夏"③。处于秦、魏之际的大夏政权同样也是不甘苟安一隅的，其雄心壮志乃是一统天下。赫连勃勃对部下买德说：

> 朕大禹之后，世居幽朔。祖宗重晖，常与汉魏为敌国。中世不竞，受制于人。逮朕不肖，不能绍隆先构，国破家亡，流离漂虏。今将应

---

①《晋书·刘元海载记》。

②《晋书·邵续传》。

③《晋书·赫连勃勃载记》。

运而兴，复大禹之业，卿以为何如？[1]

赫连氏的这番表白，其归宗之心甚明，一统天下之志也甚坚。由于绍禹之统，故要摆脱汉姓而重改姓氏。他下诏书称："朕之皇祖，自北迁幽朔，姓改姒氏，音殊中国，故从母氏为刘。子而从母之姓，非礼也。古人氏族无常，或以因生为氏，或以王父之名。朕将以义易之。帝王者，系天为子，是为徽赫实与天连，今改姓曰赫连氏，庶协皇天之意，永享无疆大庆。"[2] 与北魏汉姓不同，赫连氏自创姓氏，也别具一格。显然，他比刘氏匈奴有更大的气魄。就赫连勃勃本人及臣下的一些言论看，大夏政权熟知华夏古史且通儒家德政。勃勃答刘裕书，使刘裕自叹不如。赫连氏后攻克长安，为坛称帝，其势盛极一时。自此赫连勃勃口不离大禹，言不舍大夏，仿佛夏王朝的基业，在经历夏桀败亡后又复兴于北方。又刻石为颂，赞大禹之堂堂圣功，而自谓"名教内敷，群妖外夷。化光四表，威截九围"。显然，这里已有些自吹自擂的色彩了。

赫连勃勃经营的大夏政权时间是那么短暂，其所作所为与大禹之德有很大差距，但他的举动却紧密承接夏禹，为文化统一与民族融合做出了重大贡献。没有狭隘的种族观念，有的是气吞山河的英雄气概，故《晋书》称赞他"器识高爽，风骨魁奇"。他围绕中华民族文化的源头做文章，带领匈奴跨越了褊狭的部落时代的樊篱，走上了遵循共同文化而发展的康庄大道。北魏灭了大夏后，作为独立民族的匈奴已融入了整个中华民族的大家庭之中，匈奴尊奉中华神话传统而实现了真正的文化归依。

与匈奴一样，鲜卑在北朝时期完成了归化过程。当窦宪击败匈奴，北匈奴大举北迁时，鲜卑乘机占据了北匈奴的大片土地。北匈奴遗存者有十余万，亦号鲜卑，鲜卑由是转盛，匈奴与鲜卑两族多有融合。鲜卑为患于边，檀石槐时最强，后趋于分裂，慕容氏、拓跋氏、宇文氏是其中的强者。

至南北朝时，慕容氏起于辽河流域，已经汉化色彩颇浓。《晋书·慕容廆载记》云："其先有熊氏之苗裔，世居北夷"，那么这是自认为黄帝的子孙了。西晋末年，部族首领慕容廆受晋爵位，为晋藩属。永嘉之乱后，慕容廆跃跃欲试，说："今天子播越，四海分崩，苍生纷扰，莫知所系，孤思与诸君匡复帝室，翦鲸豕于二京，迎天子于吴会，廓请八表，佯勖古烈，此孤之心也，孤之愿也。……且大禹出于西羌，文王生于东夷，但问志略何如耳，岂以殊俗不可降心

---

① 《晋书·赫连勃勃载记》。
② 《晋书·赫连勃勃载记》。

乎!"① 这时的慕容氏，完全将自己视为天下兴亡而有责的"匹夫"之一，且对晋王朝存有一片忠心。从得天下不以各族为意，可见其志不在小。其子慕容皝继位，迁都于龙城，自称燕王。皝子慕容儁继位时，前燕势力渐大，迁都至蓟，后又迁邺，形成进攻东晋的态势。慕容儁喜符瑞，其臣下附和言："大燕受命，上承光纪黑精之君，运历传属，代金行之后，宜行夏之时，服周之冕，旗帜尚黑，牲牡尚玄。"其制多因循魏晋，其礼归附华夏传统甚明，如黄门侍郎申胤所言："大燕受命，侔踪虞夏。"他们企图以黄帝有熊氏的子孙的身份去一统天下，只可惜在慕容儁死后，前燕内部大分裂，被前秦所灭。

与慕容氏相比，拓跋氏在中国历史舞台上活跃的时间更长，对中国文化的影响也更大。拓跋氏在北方各族中初为文化后进者，其俗野蛮。他们统一北方以后，在文化上才取得飞速发展，迅速归于中华民族共同体之中。

关于拓跋氏的族源，《魏书·序纪》云：

> 昔黄帝有子二十五人，或内列诸华，或外分荒服，昌意少子受封北土，国有大鲜卑山，因以为号。其后，世为君长，统幽都之北，广漠之野，畜牧迁徙，射猎为业，淳朴为俗，简易为化，不为文字，刻木纪契而已，世事远近，人相传授，如史官之纪录焉。黄帝以土德王，北俗谓土为托，谓后为跋，故以为氏。其裔始均，入仕尧世，逐女魃于弱水之北，民赖其勤，帝舜嘉之，命为田祖。

这段叙述并不是北齐魏收想当然杜撰的，是实实在在的拓跋氏自己的看法。关于它的真实性，学者多不以为然，林惠祥说："魏人自谓黄帝之裔，中国人则谓为李陵之后，前者假托，后者误传，皆不实。魏人自溯其祖当尧时曾入贡，积六十六世未通中国，名亦无考"②。这种假托是拓跋氏自己讲出来的。北魏建国时祀典中鲜卑固有神灵较多，但是先祖却是立的黄帝之位。魏政权起初定德统是因为自认为是黄帝之后才确定为土德的。拓跋氏鲜卑族的祖先之庙在乌洛侯国西北，早期拓跋氏凿石室而祀祖，这石室离代京（今山西大同东北）四千余里，可见是遥远的西伯利亚的种族。拓跋氏南下后已把石室的老祖宗忘了。这也不奇怪，一是因为他们已经远离了故土，二是时代已经久远，三是他们跟汉文化已结下了不解之缘，拓跋氏可谓数汉典而忘故祖了。后来在太武帝拓跋焘太平真君年间，乌洛侯国遣使朝贡，提起这魏祖石室庙，拓跋焘才派中书侍郎李敞去祭祀，祀词

---

① 《晋书·慕容廆载记》。
② 林惠祥：《中国民族史》（上），商务印书馆，1993 年，第 162 页。

没提到黄帝远祖事，可见，拓跋氏远祖与黄帝的亲缘关系实在是件难以说清楚的事。

自力微与晋接触，鲜卑族受到了封建势力的影响，内部改革旧俗的力量日长，汉文化是变革旧俗的重要精神力量。北魏政权建立后，鲜卑民众与汉民杂居，要统治汉人必须使用汉文化，故索性自己攀上汉的远祖，成为相同的族类。鲜卑贵族保守势力很重，他们要保存鲜卑旧俗。所幸拓跋氏数代皇帝颇有眼光，进行坚持不懈的改革。孝文帝不顾保守势力的反抗，毅然决然地实行了汉化政策，从制度到习俗进行了全面改革，将鲜卑族从部落残余的沼泽地里引出来，走向了封建文明的道路。

为对抗鲜卑保守势力，取信于汉人，撰国史以明统系就显得十分重要。本来，拓跋焘叹"史阙其职，篇籍不著"，要崔浩等撰国史，令其"务从实录"，可这崔浩听信了拓跋焘要实录的套话，不知太武帝原是要写其祖"泽流苍生，义闻四海"的壮举，因而这部国史看起来便是"尽述国事，备而不典"，把拓跋氏早年野蛮与落后的习俗写出来了，还刻石立于道路，往来者阅之而相传。太武帝大怒，将崔浩杀了。[1] 此事说明，拓跋氏并不是要实录其部落生活的历史，而是要强调跟汉族相同的历史渊源，要通过历史来强化这种关系。

北魏最初的几代皇帝将拓跋氏跟黄帝的关系挂上钩后，经过一系列的活动，拓跋氏为黄帝之后便成为一个难以改变的说法了。先是道武帝继位便听臣之言，以国家继黄帝之后为土德，后来的北魏皇帝便在五帝中独尊黄帝，并屡往桥山黄帝陵祭奠。明元帝泰常六年（421），拓跋嗣幸桥山，遣有司祀黄帝、唐尧庙。文成帝和平元年（460），拓跋睿东巡，历桥山，祀黄帝。[2] 北魏皇帝均祀孔子。到孝文帝时，拓跋氏鲜卑族已深受华夏文化浸染，且认黄帝为祖，汉化已成为既成事实。

孝文帝厉行汉化制度，其中以认祖归宗为重要前提。他的一系列改革措施的实行，须先从改变族源上下功夫。这样，以黄帝为核心的五帝系统必须得到充分的尊奉。延兴元年（471）十二月壬辰，孝文帝下诏访舜后，于东莱得郡民妫苟之，复其家世，"以彰盛德之不朽"。太和十六年（492），"诏祀唐尧于平阳，虞舜于广宁，夏禹于安邑，周文于洛阳。丁未，改谥宣尼曰文圣尼父，告谥孔庙"。后来祀孔子庙，封孔、颜后人为官，又诏令栽种孔子陵园柏树，修饰

---

① 《魏书·崔浩传》。
② 《魏书·礼志》。

坟垅，祭比干墓，对汉历代皇帝恭敬有加。如以太牢祭汉高祖庙，以太牢祭汉光武及明帝、章帝三帝陵，诏汉、魏、晋诸帝陵，各禁方百步不得樵苏践踏。太和二十一年（497），又以太牢祭夏禹、虞舜，并诏修尧、舜、禹庙。[①] 孝文帝并不好鬼神，但屡诏禁杂祀，如传统的西郊及杂祀众小神都为其所禁。对于求雨，他是这样认为的："昔成汤遇旱，齐景逢灾，并不由祈山川而致雨，皆至诚发中，澍润千里。万方有罪，在予一人。今普天丧恃，幽显同哀，神若有灵，犹应未忍安飨，何宜四气未周，便欲祀事。唯当考躬责己，以待天谴。"[②] 这样一位对鬼神崇拜有如此清醒认识的帝王此时对五帝神灵抱如此热情，其用心是显而易见的。他的认祖归宗活动有力地配合着汉化政策，鲜卑拓跋氏在这场改革运动中从根本上改变了族性，从心理上归依了汉文化。尽管其血统一时难以完全改造，但对汉祖神话的崇奉，已标志着两个民族的融合。当然，完全融合并不能在短期内完成，但这一趋势已不可改变。

孝文帝后的北魏出现了衰败迹象，北魏分裂为东魏和西魏，后高氏灭东魏，宇文氏灭西魏，拓跋氏的旧势力已被扫荡殆尽。北周宇文氏的掌权，使得宇文氏鲜卑族在历史上发出亮光。宇文泰等人鲜卑族心理尚重，但这个命名为周的朝廷却有很重的汉文化传统色彩，他们的制度大抵以《周礼》为准，而参以秦汉之法，追从汉文化已成必然。到了周武帝宇文邕时，这位杰出的政治天才也来了番政治改革，如释放奴婢、实行府兵、禁断佛道等，使北周社会日益封建化。宇文氏同样也认祖归宗。史称宇文氏其先出自炎帝神农氏，大概为后期宇文氏所假托而流传。[③] 宇文氏后与汉族完全同化，成了真正的炎黄子孙。

以上我们考察了北方匈奴、鲜卑两大民族融合到整个中华民族之中的过程，发现神话的认同与归宗乃是民族融合的关键。撇开带有准宗教性质的孔子崇拜不谈，传统典籍中的神话对北方民族神话的主要影响来自三个方面：一是《史记》、《汉书》及纬书中的帝王感生神话与五德转移模式，它们已成为北方各民族统治者自我神化所遵奉的蓝本，此类神话带来了共同的君权神授的政治神话；二是《尚书》《周礼》和《礼记》中所记的祀典，对这套神谱的认同表明北方各族统治者已跟汉统治者站在同样的神灵庇护所下；三是《大戴礼》及《史记》所载的以黄帝为中心的民族先祖谱系，认同它便是同种的象征，表示了人们已归入了以黄帝为核心的祖先谱系的民族文化团体之中。

---

① 《魏书·高祖纪》。
② 《魏书·高祖纪》。
③ 《周书·文帝纪》。

魏晋南北朝时期北方民族的文化认同是以传统华夏文化为中心的内向认同，它是中国神话的一次内聚，也是中华民族的一次内聚，北方各族相继以中原古神话为准进行精神归依，形成了中国历史上的一场大规模的民族融合。神话与民族融合的内在联系，在南北朝时北方民族大融合的过程中得到了生动的展示。

第四章　神话的外向认同与民族大融合

隋唐时，民族关系发生了一系列新变化。当匈奴、鲜卑主体大体与汉人融合后，中原地区的主人已非原汉人种族了。由于不同种族频频入主中原，且都打出炎黄子孙的旗号，人们对不同种族都可成为华夏正宗已没有质疑。一方面华夏传统在北方继续绵延发展；另一方面，一批汉人势力南下并与蛮越文化融合，华夏文化获得新发展。前者带着大漠草原刚劲强悍的活力，使华夏文化走向阳刚一路；后者带着水乡柔媚明丽的风情，又使华夏文化增添几分阴柔之美。同一文化源头，衍生了两股不同的文化巨流，这就是黄河文明与长江文明的一种分野。隋唐时期，中华民族进入了新的发展阶段。

隋唐王朝的血统并非纯种汉人。隋炀帝有鲜卑血统。李渊之母出自拓跋鲜卑的独孤氏，李渊可以说是混血儿。唐太宗、唐高宗的生母都是鲜卑血统，故隋唐时代的皇室种族是汉、鲜卑杂交而成的新汉族，已与传统的汉人不同了，[1]这是北方民族大融合的结果。

北朝时期，北方民族进入中原后，认祖归宗时，要远溯五帝，因为他们希望有一个正宗的华夏血统成为整个中国文化的主人。在他们看来东晋及南朝诸政权都是僭伪，他们才是正宗。事实正是如此，东晋、南朝不过南下充当了一个文化传播的角色，是旧汉族的代表。中国文化的主流还活跃在中原土地上，这里的新汉族正显示出异常强劲的活力。到隋唐时，汉与五胡的融合已告一段落。汉也好，五胡也好，都是炎黄子孙已成共识。并且这新的汉族所建立起的强大政权，已是任何一个少数民族无法取代的。那些少数民族没有能力入主中原，于是跟大隋、李唐结亲，以成秦晋之好，或干脆说成是李氏后人，成为隋唐的直系亲属，以成一稳定的藩属。隋唐王朝在对待少数民族的态度上也表现出平等和宽容的态度，他们并没有以大自居，迫使各民族仰承华夏文化传统，反倒为了民族和睦而俯就异族习俗，向异族学习新东西。李唐王朝这样做，并没有损伤唐文化的尊严，反使唐文化呈现出从未有过的博大气度。

---

① 任邱、王桐龄：《订正增补中国民族史》，北平文化学社，1934年，第322页。

隋唐时的中国主流神话，已在仅由儒家所主导的原皇家祀典及五帝神系基础上增添两翼，佛道二教于朝野大行已成事实。尤其是在少数民族区域内，二教更是大行其道。在这样一个大背景下，隋唐综合了这种文化势力，文化认同不再局限于儒家学说及其神系，佛道也成了中国文化代表的标志之一。于是，这个新的文化团体可在儒、道、佛的任何一面旗帜甚至少数民族的某一原始宗教与神话旗帜下都能达成共识。这时，神话依旧是联结民族关系的纽带，只是内容更加宽泛、更加丰富，所认同的对象有了更大的选择余地。

唐统治者以兄弟民族神话为基础进行文化认同，以发展相互关系，这种认同是一种外向认同。

第一节　北方的狼

北方狼种诸部是隋唐边境最大的少数民族势力。他们的图腾神话赖史书得以流传。突厥的狼始祖是这一时期所保存的最重要的少数民族神话。《周书·突厥传》：

> 突厥者，盖匈奴之别种，姓阿史那氏。别为部落。后为邻国所破，尽灭其族。有一儿，年且十岁，兵人见其小，不忍杀之，乃刖其足，弃草泽中。有牝狼以肉饲之，及长，与狼合，遂有孕焉。彼王闻此儿尚在，重遣杀之。使者见狼在侧，并欲杀狼。狼遂逃于高昌国之北山。山有洞穴，穴内有平壤茂草，周回数百里，四面俱山。狼匿其中，遂生十男。十男长大，外托妻孕，其后各有一姓，阿史那即一也。……

> 或云突厥之先出于索国，在匈奴之北。其部落大人曰阿谤步，兄弟十七人。其一曰伊质泥师都，狼所生也。谤步等性并愚痴，国遂被灭。……山上仍有阿谤步种类，并多寒露。大儿为出火温养之，咸得全济。遂共奉大儿为主，号为突厥，即讷都六设也。讷都六有十妻，所生子皆以母族为姓，阿史那是其小妻之子也。讷都六死，十母子内欲择立一人，乃相率于大树下，共为约曰，向树跳跃，能最高者，即推立之。阿史那子年幼而跳最高者，诸子遂奉以为主，号阿贤设。此说虽殊，然终狼种也。

突厥狼种的习俗原始色彩颇重，"五月中，多杀羊马以祭天"，"敬鬼神，信巫觋"。北魏时，突厥与魏关系亲近。北魏分裂后，北齐、北周争与土门（突厥后期别称）结姻好，倾府藏以事之。时可汗为佗钵，骄傲异常，说："我在南两儿常孝顺，何患贫也！"但有一次，突厥掠来齐僧惠琳，给突厥人的生活带来了重大影响。惠琳对佗钵说："齐国富强耳，为有佛法耳。"因借此宣传因缘果报之事。佗钵闻而信之，建一伽蓝，遣使聘于齐氏，求《净名》《涅槃》等经并《十诵律》。佗钵亦躬自斋戒，绕塔行道，恨不生内地。[①] 这一事件使突厥接受了中原的佛教文明，对改变其原始习俗具有极其重要的意义。突厥是以皈依佛祖来接受华夏文化，与华夏文化加强联系的。

突厥与隋的关系更加密切。隋嫁公主于突厥。沙钵略可汗曾致书隋帝，称："皇帝是妇父，即是翁，此是女夫，即是儿例。两境虽殊，情义是一。今重叠亲旧，子子孙孙，乃至万世不断，上天为证，终不违负。"[②] 内附的启民部曾上表："乞依大国服饰法用，一同华夏。"[③] 突厥得隋赐赏，在和平的环境下，于边地发展壮大。

隋末大乱，北方突厥的强大势力令人惮畏，各部军阀竞相臣服之。《通典·边防十三》：

> 此后隋乱，中国人归之者甚众，又更强盛，势陵中夏。迎萧皇后，置于定襄。薛举、窦建德、王充、刘武周、梁师都、李轨、高开道之徒，虽僭尊号，北面称臣，受其可汗之号。东自契丹，西尽吐谷浑、高昌诸国，皆臣之。控弦百万，戎狄之盛，近代未之有也。

突厥的崛起使它的势力向中原扩散，众多割据势力向突厥臣服，一个典型标志是认同突厥的原始图腾，即参与到狼崇拜的行列中去。突厥始毕可汗颇有威风，多予隋割据势力以封号，并赠狼头旗，这是狼文化势力扩张的显著表现。始毕可汗"立武周为定杨可汗，遗以狼头纛"[④]。梁师都，建国号梁，"始毕可汗遗以狼头纛，号为大度毗伽可汗"[⑤]。一时间，北方大地上，狼旗飘扬。突厥气势汹汹，虽远在朔漠而实主中土，册封各部势力，而各部割据为王者又愿受突厥封号，实为民族关系史上前所未有的变局，北方的狼显示出异常强劲的活力。

唐高祖李渊起义时，与突厥有密切交往。突厥势力大，李渊对其十分忌惮。《大唐创业起居注》中有这样一段描述：

> 裴寂等乃因太子秦王等入启，请依伊尹放太甲、霍光废昌邑故事，

---

① 《隋书·突厥传》。
② 《隋书·突厥传》。
③ 《隋书·突厥传》。
④ 《旧唐书·刘武周传》。
⑤ 《旧唐书·梁师都传》。

废皇帝而立代王，兴义兵以檄郡县，改旗帜以示突厥，师出有名，以辑夷夏。帝曰："如此所作，可谓掩耳盗钟。事机相迫，不得不尔……"……于是遣使以众议驰报突厥。始毕依旨，即遣其柱国康鞘利、级失、热寒、特勤、达官等，送马千匹，来太原交市，仍许遣兵送帝往西京，多少惟命。

李渊起兵，首先想到的是突厥，而第一件事是改旗帜，其目的是"以辑夷夏"。商量妥当后，首先是"遣使以众议驰报突厥"，显然，当时中原大事须突厥同意。"送帝往西京"也须始毕点头，可见西京实际上在突厥的控制之下。这样一种背景下，始毕到底是"依旨"还是"恩准"，实际上恐怕只是后者了。只是作者为唐人，为李氏讳而用此曲笔，"依旨"纯为掩人耳目之语。

重要的是那面旗帜到底改成什么，《大唐创业起居注》说："康鞘利将至，军司以兵起甲子之日，又符谶尚白，请建武王所执白旗，以示突厥。"李渊当时没有同意，认为"诛纣之旗，牧野临时所仗，未入西郊，无容预执，宜兼以绛杂半续之。诸军稍幡皆放此，营壁城垒，幡旗四合，赤白相若花园"①。就这一情况分析，当时的"改旗帜"示突厥当是改白旗，但是白旗是盟主号令，所以要夹一些红旗。因为连能否进西京都要始毕可汗恩准，难道可以以盟主自居而君临突厥之上？李渊之所以不同意向康鞘利示之以白旗，就是考虑到这种举动会带来负面影响。李渊这种对改旗帜的犹豫，可以见出狼旗下的突厥的强大影响力。"改旗帜以示突厥"，实际上应是改为狼旗以示臣属，以作权宜之计，"以辑夷夏"的目的方能实现。刘武周、梁师都因有突厥狼旗而得之助，李渊若示以白旗则立刻遭突厥反感，所以改旗帜是对刘武周、梁师都行为的一种模仿，借此获得突厥的支持。李渊遣使"以众议驰报突厥"当含改旗之仪，既然改白旗之仪不可行，当然是改狼旗了。隋唐时的"狼"真正成为号召民众的旗帜。

突厥后为唐所灭，但狼崇拜却在北方民族中历久不衰。回纥也为狼图腾之属，或本非狼属，突厥强大，其文化为突厥所染，狼风甚炽。太宗时，回纥入朝称臣，向唐表白："生荒陋地，归身圣化，天至尊赐官爵，与为百姓，依唐若父母然。请于回纥、突厥部治大涂，号'参天至尊道'，世为唐臣。"② 唐封其酋首吐迷度为怀化大将军、瀚海都督。"然私自号可汗，署官吏，壹似突厥"③，

---

① 温大雅：《大唐创业起居注》卷一，商务印书馆，1936年。
②《新唐书·回鹘传》。
③《新唐书·回鹘传》。

对唐还只是表面依奉。在突厥未灭之前，回纥与突厥文化的联系显然比与唐的联系多。回纥甚至与突厥狼崇拜之俗也相同，后来的回纥举事常用狼旗，这是北方继突厥之后的又一支以狼为图腾的部族。

唐之胸怀宽广处在于他们能够尊重这种习俗并接受这种崇拜，这跟他们当年与狼旗有缘有关系。安史之乱时，回纥请助战，葛勒可汗认可敦之妹为女，并将女儿嫁给高宗子敦煌王李承寀，肃宗封其女为毗伽公主。大将郭子仪与可汗合讨叛军，大破之，与子仪会呼延谷。这次与郭子仪的会面及后来与肃宗的会面颇有戏剧性，《新唐书·回鹘传》记述了这一场面：

> 可汗恃其强，陈兵引子仪拜狼纛而后见。帝驻彭原，使者葛罗支见，耻班下，帝不欲使鞅鞅，引升殿，慰而遣。俄以大将军多揽等造朝，及太子叶护身将四千骑来，惟所命。帝因册毗伽公主为王妃，擢承寀宗正卿；可汗亦封承寀为叶护，给四节，令与其叶护共将。帝命广平见叶护，约为昆弟……

这架势，回纥实际上与唐呈分庭抗礼状，只见子仪等拜狼，不见有回纥拜龙旗者。这种交往，在文化上是以回纥狼图腾为主导的。华夏的主流神话尚未被回纥所接受，以狼崇拜为主流的文化还是回纥的根本文化，郭子仪拜狼纛的一幕，生动地展示了狼的传人的活力。这也显示了唐人的胸怀，他们以接受异族文化作为文化统一的先决条件，而最终走向了文化统一。这种对狼的接受与尊崇，深得回纥的欢心，在结为婚姻兄弟的过程中，种族在交融。唐、回纥互相学习，文化相互借鉴，处于原始部落状态下的回纥非常自然地选择了唐文化，其神话标志便是弃狼文化，从龙文化。

会昌二年，即公元842年，回鹘大将嗢没斯率其国特勒宰相尚书将军凡十二人，大首领三十七人，骑士二千一百六十八人内附。武宗授嗢没斯特进检校工部尚书、左金吾卫大将军同正，封怀化郡王，并赐李姓。酋师遍加封赏。李德裕为文赞曰："于是穹庐之长，尽识汉仪，左衽之人，咸被王泽矣。"[1]嗢没斯的归化令李德裕兴奋不已，他把这归化归纳成带有神话色彩的一种象征："拔自狼居之山，愿拜龙颜之主。"[2]

此时狼龙势力消长发生了新的变化，回纥遭黠戛斯袭破，势力大衰。然由于回纥还常入边境大掠牛马，故李德裕称其"脱于豺狼"，可见狼崇拜是回纥文

---

① 李德裕：《李卫公会昌一品集》卷二《异域归忠传序》，商务印书馆，1936年。

② 李德裕：《李卫公会昌一品集》卷二《异域归忠传序》，商务印书馆，1936年。

化的代表，武宗要发兵剿灭，或招抚归化，跟安史之乱时的情形不一样了。唐廷软硬兼施，诱其归化。会昌三年（843），唐将联合番兵攻伐，狼势力即趋于衰亡。

唐时西北冒出了一支唐王朝的本家种族，黠戛斯，亦称纥扢斯，又因是古坚昆国，遂又将坚昆讹为结骨。其人皆赤发、皙面、绿瞳，[1] 盖白种人，然其中有黑发黑瞳者，传是李陵后裔。这是汉时便有的一个杂种部落，到唐时才公开宣称是李陵后人并与李唐攀亲。贞观时曾与唐通，后因回纥所阴而绝，袭破回纥时再通唐皇。《资治通鉴》卷二百四十六载："黠戛斯既破回鹘，得太和公主；自谓李陵之后，与唐同姓，遣达干十人奉公主归之于唐。"如果说他们祖上真是李陵之后，也就是那一代有汉人血统，其后的血缘还是以赤发皙面的匈奴为主体。黠戛斯曾与突厥通婚，则李陵汉种血缘当更淡了。此时归宗，不单是血缘认同，更重要的是文化认同和政治依赖。黠戛斯有此心，唐皇就更乐得认这宗亲了。在武宗所致纥扢斯可汗、黠戛斯可汗书中屡提及此事。如：

> 闻可汗受氏之源，与我同族。汉北平太守，才气天下无双，结发事边，控弦贯石。自后子孙多习武略，代为将门。至嫡孙都尉，提精卒五千，深入大漠，单于举国来敌，莫敢抗威，身虽陷没，名震蛮貊。我国家承北平太守之后，可汗又是都尉苗裔，以此合族，尊卑可知。[2]

李唐是否为李广之后，其谱系恐难排得清楚，就像黠戛斯同李陵究竟有多大关系已道不明白一样，双方都抛出了一个扑朔迷离的彩球，结为兄弟。说穿了，二者都编造了一个宗姓的神话，认了一个以李广为祖的李姓贵族，把曾有降敌之嫌的李陵大大美化了一通。狼图腾的势力就在李氏宗族的联合打击下走向衰败了。

狼神话势力的消长，在唐代民族关系中曾占据重要地位。唐人外向认同狼文化，虽是一种权宜之计，但也显露了他们阔大的胸怀，他们就是凭着这样的胸襟创造了灿烂的文化。

第二节　佛祖前的盟誓

唐与吐蕃的关系是战和交织，而以和平为主导。吐蕃本为羌种，松赞干布时已强大，太宗妻以文成公主，吐蕃俗渐慕华风。"遣酋豪子弟，请入国学以习

①《新唐书·黠戛斯传》。
② 李德裕：《李卫公会昌一品集》卷六《与纥扢斯可汗书》，商务印书馆，1936年。

《诗》、《书》。又请中国识文之人典其表疏。"① 高宗时还入其工匠，双方关系一度十分友好，而吐蕃风习也有所变化。其后虽或有战事，和亲却渐成双边的共同愿望。金城公主入蕃，将和平推向了一个新的境地。

唐、吐蕃立碑，表示"舅甥修其旧好，同为一家"。在碑文确立了互不侵犯、相互信任的前提下，双方面对神灵，共立誓言：

> 司慎盟，群祀莫不听命，然后走正朔，宜百福，偕尔命祚，泱泱乎仁寿之风矣！休哉！法尚一正，无二正之极。……铭曰：言念旧好，义不忒兮。道路无壅，烽遂息兮。山河为誓，子孙亿兮。有渝其诚，神明殛兮！②

这一盟誓显然应该在共同认定的神灵之下才是有效的，那么，这共同的神灵该是谁呢？

从以上誓言看，里面提到了群祀，提到了河。神灵并不怎么专一，群祀当指《礼记》等汉典里所载各神，河是山川诸部之显赫者，故特予列出。看起来，此碑是以唐人为主体而兼顾双方所发的誓言，其神明是中原传统的神明。这里可以看出，自金城公主入藏后，唐之宗教神话西渐。碑文中间部分叙述了吐蕃于瓜州之役等慈善行为，强调了遵守盟约的重要性，说："故春秋时，人忘盟誓之典，有如日，有如河。"春秋以前的对日对河的发誓行为是这次盟誓的神本。神是自然之神。

这种对日对河的发誓是中原祀神传统，与西藏的宗教传统难以完全相合。吐蕃地区原流行本教，它是起源于西藏高原的一种古老的民间自然崇拜。那时的人都相信万物有灵，将日月星辰甚至牛马都当作神灵来祭祀。吐蕃古老的盟誓当然也是指着日月山川这些自然之神来发。但是，中原祀典与吐蕃本教中的自然崇拜是难以完全认同的，它们之间没有共同祀奉的基础，各为一个体系，差距颇大。如本教认为，宇宙分为神、人和魔鬼三个境界。神居天空，有天神六兄弟和他们的眷属。最高的神是"什巴"。人住在中间，人间的统治者"赞普"是天神的儿子，受天神的委托来统治人间，任务完成后便返回天国去享清福。地下和地面有各种精灵与魔鬼居住，人们小心翼翼，对他们不敢有丝毫冒犯。人与魔鬼间存在着广泛的联系与矛盾，通鬼神的巫师便是这种矛盾的解决

---

① 《旧唐书·吐蕃传》。
② 《册府元龟》卷九百七十九。

者，因而本教的巫师在社会中的地位极高。① 吐蕃这种占统治地位的宗教比中原的皇家祀典要原始，故神话色彩要浓厚一些。或许皇家祀典的仪式更加精细，但教义简略，尤其是神话干瘪，不如本教丰富多彩。同时，皇家祀典与王权统治绝对一体化，而本教与王权间存在着矛盾，所以二者间难以通约。

佛教传入吐蕃后，唐与吐蕃便找到了共同的神灵。他们可以面对同一神灵发誓，这种盟誓对双方能产生制约作用。吐蕃与唐在一定的程度上可以说是在佛教的旗帜下走到一处来的。

吐蕃佛教之一部是从唐传入的。藏文重要文献《巴协》② 记载了吐蕃到内地取经的重大事件。《巴协》中说赤德祖赞派大臣桑喜率四使者来内地取经，甚得汉皇和汉和尚的欢迎。皇帝赐给佛经一千部，皆蓝纸上书以金文。五位求经者返回吐蕃，途中遇到险阻皆被克服，但此时吐蕃赞普已死，吐蕃大兴毁佛之风，佛寺被捣毁，一时难以回去弘扬佛法，于是五人到五台山去求取庙宇和佛像蓝图。来到五台山下时，其中一人不知如何爬上去；一人虽爬到山顶，却一无所见；一人虽到佛寺，但找不到佛门；一人虽见寺门，但觉门为网所封拦，不得进入。唯有桑喜畅行无阻地进入寺院，向文殊圣者和所有菩萨及全体罗汉献供敬礼，并与他们交谈，同时将各菩萨形貌默记于心，作为回吐蕃后修庙塑像之蓝图。五使者出寺，山中猛兽皆为行礼，并送至山脚，五使者遂回吐蕃。③ 由此可见，汉藏文化在佛教一域得到真正的交流。尽管吐蕃本教与佛教发生尖锐冲突，但是佛教却在西藏高原顽强地扎下根来，成为西藏占统治地位的宗教势力。

汉文典籍也记载了佛教西传的情况。《册府元龟》载："（建中）二年二月，以万年令崔汉衡为殿中少监持节使西戎。初，吐蕃遣使求沙门之善讲者。至是，遣僧良琇文素一人行，二岁一更之。"《巴协》所述，正是唐与吐蕃佛教文化交流的真实历史的艺术再现。佛教文化真正成了唐与吐蕃文化统一的中介。唐穆宗长庆元年，即公元 821 年，吐蕃请盟。按旧礼，如此大事必告庙，然与吐蕃会盟之事除德宗建中末告庙外，余未告庙。如肃宗、代宗时与吐蕃的会盟均未告庙，这是因为唐祖神难以使吐蕃信奉，故省其礼仪。此次会盟事关重大，先由双方使者在长安盟誓，后双方到吐蕃盟誓。这场具有深远历史意义的会盟，

---

① 参见覃光广、李民胜、马飙等：《中国少数民族宗教概览》，中央民族学院出版社，1988 年。

②《巴协》据传是巴赛囊所作，巴赛囊是赤松德赞大臣，8 世纪人。"巴协"意为"巴氏所有文本"。

③ 中央民族学院《藏族文学史》编写组编著：《藏族文学史》第七章"巴协"，四川民族出版社，1985 年。

主持者是一蕃僧，而面对的却是佛祖。《册府元龟》卷九百八十一《外臣部·盟誓》中记载了这场非同寻常的典礼：

> 是月（长庆二年），刘元鼎等与论讷罗同赴吐蕃本国就盟，仍敕元鼎到彼，今宰相已下各于盟文后自书名。元鼎至磨容馆之间，与蕃给事中论悉答热拥千余骑议盟事于藏河北川中。时赞普建衙帐于野，以栅枪为垒，每十步攒长槊百枝，而中建大斾。次第有三门，相去百步，门有甲士。亚祝鸟冠虎带，击鼓挣箭，入者必搜索而进。内起高台，环以宝盾，曰金帐，其中缘饰，多以金为蛟螭、虎豹之状，至甚精巧。元鼎既见，赞普年可十七八，号可黎可足戈，衣白褐，以朝霞缠头，坐佩金剑。国政蕃僧号钵掣逋，立于座右；侍中宰相，列于台下。翼日，于衙帐西南具馔，馔味、酒器略与汉同。乐工奏《秦王破阵乐》、《凉州》、《绿腰》、《胡渭州》，百戏等，皆中国人也。所筑盟台阔十步，高二尺。汉使与蕃相及高位者十余人相向列位，酋领百余人坐于坛下。坛上设一榻，高五六尺。使钵掣逋读誓文，则蕃中文字，使人译之。读讫歃血，惟钵掣逋不预，以僧故也。盟毕，于佛像前作礼，使僧讽文以为誓约，郁金咒水。饮讫，引汉使焚香行道，相贺而退。

这次结盟为唐与吐蕃的友好关系打下了坚固的基础，"繇是，太和已来，陇外稍安"，双方不再有大的冲突，会盟成为真正的友好见证。

这是双边关系史上的大事，也是中国宗教神话史上的一件大事。佛教作为一个外来宗教，进入中国后逐渐中国化，成了中国人所信奉的宗教。它对传统神话的冲击程度虽不像基督教对希腊罗马神话那样猛烈，但原皇家祀典一统的主宰地位已被打破，中国文化走向多元化，重大盟誓的由对天指问转向对佛祖发誓便是这种文化多向发展的重要标志。唐使到吐蕃在佛祖像前盟誓，在长安时也是如此，并不是到了吐蕃才入乡随俗。唐时佛教盛行，长庆长安会盟亦是在寺院里举行的。《长庆会盟碑》载："与唐主文武惠德皇帝甥舅商量社稷如一统，结大和盟约于唐之京师西兴唐寺前"，说明这种盟誓礼仪的变化是双方的共同愿望，是唐朝的主动行为。因为佛教在内地流传历史悠久，具有深厚的群众基础，而吐蕃佛教一部是由内地传去的，它融化了地域性、种族性极强的本教，于是双方找到了文化的契合点，以佛为证，更能促进文化的统一与交流。这是双方在盟誓与碑文中反复强调的"商量社稷如一统"的文化基础。佛教的神话成为唐代民族关系的纽带。唐王朝置皇家祀典于一旁，而外从吐蕃主流文化佛教进行文化交流的一种有别于前代的民族文化方略，奠定了中国文化多元并存的新格局。

第三节　天地水的见证

西南一带的少数民族神话在三国两晋南北朝与隋唐时期，也传闻于中原，后又为中原所变。云贵一带，古来民族众多，他们的神话也各异。秦汉时，中原不闻其神话。晋常璩撰《华阳国志》，始知其神话丰富且独特。如竹王神话：

有竹王者，兴于遯水，有一女子浣于水滨。有三节大竹流入女子足间，推之不肯去，闻有儿声。取持归，破之，得一男儿。长养，有才武，遂雄夷狄，氏以竹为姓。[①]

这是邛崃一带的图腾神话。三国时，有"鬼教"行于蜀中，则天师道染于此，与古老神话并行。诸葛亮征南蛮，见其地"其俗征巫鬼，好诅盟，投石结草，官常以盟诅要之"[②]，思欲因势利导，并以汉神话正之，"乃为夷作图谱，先画天地、日月、君长、城府，次画神龙，龙生夷及牛马羊，后画部主吏，乘马幡盖，巡行安恤，又画牵牛负酒、赍金宝诣之之象，以赐夷。夷甚重之"[③]。天地日月，这是汉代的一套神话系统，龙生夷，是将夷也置于龙的传人的境地，这样，竹王传说逐渐让位于龙传说，或者竹王传说与龙传说并行。这是从历史神话和血统上为双方结缘。至于主吏巡行、夷主牵牛负酒则不过是以图画形式表明汉对南中一带的统治，也可以说是一种图像神话叙事，以直观的情节表达关系。诸葛亮在黔滇各族中的长久影响，使这一带与中原的关系日益加强，诸葛亮本人的故事也成为这一带影响重大的神话。诸葛亮深得各族人民的敬仰，例如：景颇族称其为人类创世主——孔明老爹；傣族称诸葛亮教人洗澡以抵御瘴气，而有泼水节；佤族呼诸葛亮为"孔明阿公"，并自称是诸葛亮南征的遗民；等等。[④] 诸葛亮的巨大影响使得他所画的图谱也被人们奉若神明，永昌哀牢夷的图腾神话显然受图谱影响所致。《华阳国志·南中志》中这样记载：

永昌郡，古哀牢国。哀牢，山名也。其先有一妇人，名曰沙壹，依哀牢山下居，以捕鱼自给。忽于水中触一沉木，遂感而有娠。度十月，产子男十人。后沉木化为龙出，谓沙壹曰："君为我生子，今在

---

① 《华阳国志》卷四《南中志》。
② 《华阳国志》卷四《南中志》。
③ 《华阳国志》卷四《南中志》。
④ 傅光宇：《诸葛亮南征传说及其在缅甸的流播》，载《民族艺术研究》1995 年第 5 期。

乎?"而九子惊走。惟一小子不能去,陪龙坐。龙就而舐之。沙壶与言语,以与龙陪坐,因名曰元隆。元隆犹汉言陪坐也。沙壶将元隆居龙山下。元隆长大,才武,后九兄曰:"元隆能与龙言,而黠,有智,天所贵也。"共推以为长。时哀牢山下,复有一妇一妇产十女,元隆兄弟妻之。由是始有人民。

与此故事情节相近的神话还见于《后汉书》。《华阳国志·南中志》称诸葛为夷作图谱,显然,那"龙生夷"的图画是沙壶神话的母本。这些神话的情节是如此具体而生动,绝非远古传品。西南夷的逐渐汉化,与同为龙种是有联系的。

唐时南诏为哀牢夷后人,就其战甲插牦牛尾一事看,这些人大抵以牛为图腾。原先的龙子已汉化了,而这些牛图腾者还拥有些自己的传统。南诏王由于受唐册封,其制度文化深受唐的影响。五斗米道、佛教在南诏流行,诸葛亮所画天地日月图实为汉祀典,这些在南诏依然有影响,又加上南诏自己的宗教传统,南诏神话便呈多元化。唐王朝对待这样一个呈杂烩状的神话世界也予以尊重,不加排斥,双方的盟誓是面对着带有南诏特色的五斗米道杂神而建立的。这是唐代的一次早于长庆会盟的重要的民族结盟。它发生在公元794年,即贞元十年。《蛮书》中这样描述道:

贞元十年,岁次甲戌,正月乙亥,朔,越五月己卯,云南诏异牟寻及清平官、大军将与剑南西川节度使巡官崔佐时,谨诣玷苍山北,上请天地水三官、五岳、四渎及管川谷诸神灵同请降临,永为证据。念异牟寻乃祖乃父忠赤附汉。去天宝九载,被姚州都督张乾陀等离间部落,因此与汉阻绝,经今四十三年,与吐蕃洽和,为兄弟之国。吐蕃赞普册牟寻为日东王,亦无二心,亦无二志。去贞元四年,奉剑南节度使韦皋仆射书,具陈汉皇帝圣明,怀柔好生之德。七年,又蒙遣使段忠义等招谕,兼送皇帝敕书,遂与清平官、大军将、大首领等密图大计,诚矢天地,发于祯祥,所管部落,誓心如一。去年四月十三日,差赵莫罗眉、扬大和眉等赍仆射来书,三路献表,愿归清化,誓为汉臣。启告祖宗明神,鉴照忠款。今再蒙皇帝,蒙剑南西川节度使韦皋仆射,遣巡官崔佐时传语牟寻等契诚,誓无迁变。谨请西洱河、玷苍山神祠监盟,牟寻与清平官洪骧利时、大军将段盛等,请全部落归附汉朝,山河两利。即愿牟寻、清平官、大军将等,福祚无疆,子孙昌盛不绝。管诸赕首领,永无离二。兴兵动众,讨伐吐蕃,无不克捷。如会盟之后发起二心，及与吐蕃私相会合，或辄窥侵汉界内田地，即愿天地神祇共降灾罚，宗祠殄灭，部落不安，灾疾臻凑，人户流散，稼穑产畜，悉皆减耗。如蒙汉与通和之后，有起异心，窥图牟寻所管疆土，侵害百姓，致使部落不安，及有患难，不赐救恤，亦请准此誓文，神祇共罚。如蒙大汉和通之后，更无异意，即愿大汉国祚长久，福盛子孙，天下清平，永保无疆之祚。汉使崔佐时至益州，不为牟寻陈说，及节度使不为奏闻牟寻赤心归国之意。亦愿神祇降之灾。今牟寻率众官具牢醴，到西洱河，奏请山川土地灵祇。请汉使计会，发动兵马，同心戮力，共行讨伐。……谨率群官虔诚盟誓，共克金契，永为誓信。其誓文，一本请剑南节度随表进献，一本藏于神室，一本投西洱河，一本牟寻留诏城内府库，贻诚子孙。伏惟山川神祇，同鉴诚恳。①

异牟寻的这番表述及反复所述诸神祇实为唐与南诏两系的混合物。所谓天地水三官乃流传于南诏的五斗米道要神。投西洱河则是五斗米道三官手书之一要沉于水。只是这里有四份誓文，较三官手书有所不同。誓书一开头即言上请天地水三官，是五斗米道之神，②而五岳四渎则为中原皇家祀典的一贯传统，非南诏本神。五斗米道的神与皇家祀典的神融合着成为这次盟誓大典的神主。双方盟誓的主持依然还是神职人员。由西洱河、玷苍山的神祠来监盟，这便是苍山洱海之神的君临。作为南诏文化的代表，如同异牟寻率部加入唐王朝一样，苍山洱海的神灵也成为中华民族神话系统中的一部分。神话就这样成为民族间联盟的基础。

唐与南诏的结盟，主体是王朝主流文化对南诏文化的认同，而不是中央神话对南诏神话的改造，这种外向认同丰富了神话内容，为神话联结起多民族的共同体又添一华章！

从魏晋南北朝到隋唐的中华民族，经历了一个由统一趋向分化发展而再度走向融合的过程，神话为这种统一奠定了文化基础。南北朝时期，儒家神话文化是核心，认同儒家神话成为北方民族认祖归宗的先决条件。同时，成长中的佛教与道教也渐次成为民族文化的代表。唐代形成了一个多元文化的统一体。

---

①《蛮书》卷十。
②《三国志》裴注引《典略》谓五斗米道"作三通，其一上之天，著山上，其一埋之地，其一沉之水，谓之三官手书"。五斗米道汉时行于西南汉中，流布滇中在情理之中。

唐王朝以宽阔的胸怀认同兄弟民族的神话传统，多民族的神话成为共同神话谱就了唐代恢宏的民族文化交响曲，其中神话是它的主旋律。

这一时期，佛道二教完成了从异端在野走向正统主流的转变，所谓三教归一，三教各美，一体多元，在文化上已经铸就其格局。多元的文化需要多元的民族身份承接，或者多元的民族身份是多元文化的主体。唐王朝是各族文化的代表者和协调者，因其博大的胸怀和强大的文化实力，傲立东亚大陆，并向世界辐射自身的文化光辉。唐人因此成为中国人的代名词，唐代也因此成为最有代表性的中国文化发展时期。三教合流，各族共美，民俗和谐，使得这一时期的神话在一体多元的格局下，有了最为丰富的表述。

第五章　《荆楚岁时记》及其节俗神话

梁启超先生在讨论中国神话史研究的时候，反复提到神话与风俗的关系，要将神话和风俗结合。他认为，只有神话和礼俗结合，系统的思想才可以看得出来，应该大规模研究神话，而不能像顾颉刚先生他们研究孟姜女那样，范围搞得那么窄，应该研究各民族的神话，各地方的神话，尤其是节日神话。梁启超先生特别提到《荆楚岁时记》这本书，他说：

> 《荆楚岁时记》和这类文集、笔记、方志所讲的各地风俗和过节时所有的娱乐，若全部搜出来做一种研究，资料实在多。……
>
> ……常常有一种本来不过一地方的风俗，后来竟风行全国。如寒食是春秋晋人追悼介之推的纪念日，最初只在山西，后来全国都通行了，乃至南洋、美洲，华人所至之地都通行。……本来清明踏青、重阳登高已恰合自然界的美，再加上些神话，尤其格外美。又如唐、宋两代，正月十五晚，皇帝亲身出来凑热闹，与民同乐。又如端午竞渡，万人空巷。所以，最少，中国的节都含有充分的美术性。中国人过节，带有娱乐性。如灯节、三月三、端午、七夕、中秋、重阳、过年，都是公共娱乐的时候。我们都拿来研究，既看他的来源如何，又看他如何传播各地，某地对于某节特别有趣，某时代对于某节尤其热闹，何地通行最久，各地人民对于各节的意想如何，为甚么能通行、能永久。

这些文字，我们在前面已经引述一次，这里再提出来，是觉得他的想法真是很超前，也是洞悉文化形态之奥秘的。这里他提到了美术、娱乐、神话三样东西，也提出了观点：地方的风俗变成了全国的风俗，甚至影响世界的风俗；为什么节日能够通行，为什么能够长久，要把真相找出来；参用科学的分类，做出一部神话同风俗史来。

梁启超先生应该很欣慰，我们现在很多人都在研究节日了，也有很多人在研究《荆楚岁时记》，如有人做了关于《荆楚岁时记》的博士学位论文并已出版①，展现了那一时期中国人节俗生活的形态。但其中的神话研究，还有待进一步开拓。袁珂先生在撰写《中国神话史》的过程中，列出很多的文献作为专章专节，初步统计，在目录中出现的关于中国神话的文献有八十部左右，但是没有《荆楚岁时记》，可见我们对于该书在神话中的地位还是认识不足。袁珂先生也是强调地方风俗研究的，袁先生列出来的书，有很多关于地域空间的书，但是对于时间未予以重视。

第一节 节俗神话

节日，作为一种华彩的民俗时间，是传承神话的重要载体。它通过周期性的刺激强化、增强记忆，使神话成为民族的无意识的思想和行为，也就铸就了民族的文化性格。

节日也就是我们所说的神话的民俗行为叙事，它是通过一种风俗，以特定的仪式传述古老的神话。闻一多先生的《端午考》，日本学者小南一郎对于西王母与七夕文化的研究，可以说是开了一个很好的神话研究与风俗研究结合的头。在一部中国神话史里，我们也要在这方面有所开拓。

在先秦两汉的神话里，风俗与神话的关系也是密切的，如《诗经》中的上帝和祖神祭祀，都与一定的神话联系着。但是民间的神话究竟处于何种形态，我们还找不出很系统的资料。到了魏晋南北朝隋唐时期，这样的资料就空前地丰富起来。当前，这种节俗与神话研究的论文开始出现了，尤其是讲某些节日的起源的时候，讨论神话与节日的关系的就很多。但是，相对于节日这样一个演绎神话的盛大的庆典，我们的研究还很不够。迄今为止还没有一篇以节日神话或者节俗神话为标题的论文。我们还只看到两篇这样的论文：《重阳节俗的神话学意义》② 与《传统节俗的神话学阐释》③。当然，具体讨论神话与节俗的还会有很多，但是，有没有标题，或者有没有概念化，这是衡量一个论题是否被广泛认同的标志。我们如果还没有节日神话或者节俗神话这样一个概念，那么该研究就不可能真正产生影响。

所以我在这里提出一个中国神话史的概念：节俗神话。这个概念的内涵很

---

① 萧放：《〈荆楚岁时记〉研究》，北京师范大学出版社，2000 年。
② 孟宪明：《重阳节俗的神话学意义》，载《郑州师范教育》2012 年第 1 期。
③ 闫德亮：《传统节俗的神话学阐释》，载《寻根》2011 年第 3 期。

容易理解，很明白，就像图腾神话一样。图腾神话是关于图腾的神话，是对于图腾的解释及其文化观念的叙事，节俗神话就是关于节日习俗的神话，包含节日的起源与文化影响的叙事。但是，节俗神话不仅仅如此，它包含关于节日习俗的语言叙事，同时，节俗本身就是神话的行为叙事。在这个概念里，节俗就是神话的一种表现形态。在神话学的语境中，研究节俗就是研究神话。

这样，我们就可以给《荆楚岁时记》这部书以神话学的定位：《荆楚岁时记》是一部节俗神话著作。该书面貌已经不全，但是在辑佚的本子里，这一特点十分突出。

《荆楚岁时记》一开篇便是民俗与神话高度结合的叙事：

> 正月一日，是三元之日也。《史记》谓之端月。鸡鸣而起。先于庭前爆竹，以辟山臊恶鬼。帖画鸡，或斫镂五采及土鸡于户上，造桃板著户，谓之仙木，绘二神贴户左右，左神荼，右郁垒，俗谓之门神。

这是一年的开端，可知这一天全是神话的行为展示，这些行为，传承着古老的神话记忆。新年之俗，从远古而来，到于今，还要传承下去。这委实值得研究。这里有关于鸡的神话叙事，有关于爆竹和恶鬼的叙事，还有关于门神的叙事。可是这一切都是民俗行为，是无声的叙事，相对于口头的叙事、行为的叙事，尤其是民俗行为的叙事，是融入骨髓的文化血液的流淌，因此是最有生命力的文化传播形式。梁启超先生想知道为什么节日文化会传这么久，其原因是这是一种传述古老神话的民俗行为，它的生命力要比一般的文化行为更强。

第二节　七夕节俗神话

《荆楚岁时记》书写了魏晋南北朝时期丰富的节日生活与节日神话，就现存的资料看，其中元旦、寒食、端午、七夕和腊八写得最为丰富。

我们以七夕为例做简要分析，该书对于七夕的记述如下：

> 七月七日，为牵牛织女聚会之夜。
>
> 是夕，人家妇女，结彩缕，穿七孔针，或以金银鍮石为针。陈几筵酒脯瓜果于庭中，以乞巧，有喜子网于瓜上，则以为符应。

《荆楚岁时记》现存的有关七夕的记载并不是很多，今天看到的就这么两条。第一条是一个神话传说，第二条是民俗，也是神话。隋代杜公瞻引述了很多的材料为该书做注释，材料都是来自儒家经典和纬书。牵牛织女的故事从先秦开始，绵延而来，已经累积了丰富的内涵。在秦汉时期，就有了丰富的文化遗存。无论是汉画像，如河南的牵牛织女画像（图 3－5－1），还是汉代的古诗歌，还是天文中对于牵牛和织女星象的判别，都说明在汉代这一神话习俗就很流行了。在秦代，牵牛织女的故事已经成为占卜时关于婚姻的基本表述形式。如秦简《日书》甲种有：

戊申、己酉，牵牛以取（娶）织女而不果，不出三岁，弃若亡。
［睡简第（03 背壹）条］

取（娶）妻：取妻龙日，丁巳、癸丑、辛酉、辛亥、乙酉，及春之未戌，秋丑辰，冬戌亥。丁丑、己丑取妻，不吉。戊申、己酉，牵牛以取织女，不果，三弃。［睡简第（甲 155 正）条］

可见在秦代，牵牛织女的故事应该是很普遍了。织女嫁牵牛，应该就是七月七日。① 牵牛娶织女的日子都是不适合结婚的日子，因为他们的婚姻是一个悲剧。牵牛织女日结婚最多维持三年，这也是因该故事中婚姻中途被拆散的情节而形成的禁忌。这就是天象神话世俗化了，转为了民间叙事。

图 3－5－1　河南南阳汉画像牵牛织女图

既然是如此的不吉利，人们为什么还要过这个节日呢？这实际上是人们对于婚姻生活美好的一种期盼：通过艰难的寻找与坚持，获得婚姻与爱情的幸福是每个人一生的追求。牛郎织女经过努力得到一年一度相会的机会，为什么不参与庆祝，为什么不为他们祝福呢？为他们祝福就是为自己祝福。牛郎娶织女的日子不好，这是一种合理的信仰，但是牛郎与织女相会，就一定是吉祥的。

---

① 吴均《续齐谐记》载："世人至今犹云：七月七日织女嫁牵牛。"

这是祈福的好日子，乞巧的日子。

中国这么多的节日，就是七七这一天有男女相会的叙事，其中应该是蕴含了古老的生殖崇拜的要素。两情相悦将带来吉祥，因此，这个节日也就为众多的孤男寡女带来希望。但这个日子，在秦汉时期带给人的是其他方面的吉祥，而不是爱情。秦代就不说了，人们有牵牛织女日娶亲禁忌，在汉代，也是别的吉祥。后汉崔寔的《四民月令》就记载了七月七日这个节日的习俗，后人辑得如下：

> 七日遂作曲。（《齐民要术》三，又七，《初学记》四，《岁华纪丽》三，《御览》三十一，又八百五十三）

> 合蓝丸及蜀漆丸，暴经书及衣裳。（《齐民要术》三，《北堂书钞》一百五十五，《艺文类聚》四，《初学记》四，《白孔六帖》四，《岁华纪丽》三，《御览》三十一）

> 习俗然也。（《御览》三十一）

> 作干糗，采葸耳。（《齐民要术》三）

> 设酒脯时果，散香粉于筵上，祈请于河鼓、织女。（注）言此二星神当会，守夜者咸怀私愿。或云见天汉中有奕奕正白云，如地河之波，辉辉有光曜五色，以此为征，应见者便拜乞愿，三年乃得。（《艺文类聚》四）[1]

这说明，这个习俗汉代已经较为成熟，并世俗化。[2] 这个故事叙述得很浪漫，但是三年乃得，显然是其故事情节的某种体现。结合睡虎地秦简，"不出三岁""三弃"等表述看，三年是牛郎织女神话的一个叙事母题。这是秦代以来的牛郎织女故事的进一步世俗化、民间化。

晋周处《风土记》记载了这样的习俗，有所增益："七月七日，其夜洒扫于庭，露施几筵，设酒脯时果，散香粉于河鼓、织女，言此二星神当会。守夜者咸怀私愿，或云：见天汉中有奕奕正白气，有耀五色，以此为征应，见者便拜而愿，乞富乞寿，无子乞子，唯得乞一，不得兼求，三年乃得言之，颇有受其祚者。"这里还是"三年乃得言之"，结合后世牛郎织女民间故事的文本，这个三年母题是故事的核心要素之一：织女三年离开牛郎。

---

① 严可均校辑：《全上古三代秦汉三国六朝文》，中华书局，1958年，第731页。

② 李立：《汉代牛女神话的世俗化演变》，见钟敬文等：《名家谈牛郎织女》，陶玮选编，文化艺术出版社，2006年。

三年这个故事的核心母题何解？这里试做讨论。古代婚姻，三月庙见：

> 孔子曰："嫁女之家，三夜不息烛，思相离也。取妇之家，三日不举乐，思嗣亲也。三月而庙见，称'来妇'也。择日而祭于祢，成妇之义也。"曾子问曰："女未庙见而死，则如之何？"孔子曰："不迁于祖，不祔于皇姑，婿不杖，不菲，不次，归葬于女氏之党，示未成妇也。"①

对于三月庙见的问题，有很多的讨论，有人认为，这是通过三个月时间来看女方婚前是不是已经怀孕了，因为三个月是可以看出动静来的，以免新妇生下婚前怀上的别人的孩子。② 春秋时期，贵族娶来的新妇，三月内是不能同房的，要等到三月庙见后才算正式结为夫妻。可能考察是不是已经怀孕是一个原因，更重要的还是相互适应一下，看看有没有什么不合适的地方，以便相互了解。假如娶来立刻就结婚同房，以后性格不合怎么办？或者有什么疾病，有什么过错，都可以在这段时间加以考察。

那么婚后这个三年也是类似的一个习俗，即三年内，新妇是不是会逃走。逃婚是过去的普遍现象，会造成家庭的不稳定。因此，三年期间，是考验婚姻是否稳定的关键期。牛郎织女故事中织女三年逃离，明显是一种逃婚，所以该故事是婚姻生活的一种记忆。很多的毛衣女故事，或者天鹅处女型故事都有这样的情节，体现出对于不稳定婚姻的不安情绪。从一而终是后来的观念，自由的婚姻才是古代婚姻的本质。牛郎织女类型的婚姻是一种偶然相遇的婚姻，当然是不稳定的，所以发生逃婚的情形很正常。但是经过三年后就应该较为牢固一些。

因此，在乞巧习俗中，心中的秘密必须三年以后说出来才行，也只有过三年才会应验。这是牛郎织女故事的三年母题的一种试解读，可以见出人们对于这段历史的不愉快的记忆。

但是离异的婚姻也是不幸福的，尤其是已有子女的男女，渴望重聚便成为一种新的价值选择，故七夕相会乃是对于轻率分离的一种修正。因此，七夕是浪漫爱情与成熟婚姻的仪式性追求，也是对于过错的谅解。这是一种可能的故事原型。现在呈现在我们面前的牛郎织女故事是受到外力压迫的追求自由的抗争，是对于两性生活的一种执着，因此感动着现实中各个年龄段的男女。

---

① 《礼记·曾子问》。
② 胡新生：《试论春秋时期贵族婚礼中的"三月庙见"仪式》，载《东岳论丛》2000 年第 4 期。

该故事与魏晋南北朝时期的毛衣女故事结合，也就是天鹅处女型故事结合在一起，逐渐形成了今天的牛郎织女故事。[①]

三年的禁忌，或者不得婚配的禁忌也在逐渐转变。到了唐代，七夕有些狂欢节的味道了，会有诗会宴请，很是热闹。诗歌开始大谈爱情，如白居易《七夕》：

> 烟霄微月澹长空，银汉秋期万古同。
>
> 几许欢情与离恨，年年并在此宵中。

更有代表性的还是白居易的《长恨歌》，写唐明皇与杨贵妃的故事，可以作为七夕节文化转变的代表性作品：

> 风吹仙袂飘飘举，犹似霓裳羽衣舞。
>
> 玉容寂寞泪阑干，梨花一枝春带雨。
>
> 含情凝睇谢君王，一别音容两渺茫。
>
> 昭阳殿里恩爱绝，蓬莱宫中日月长。
>
> 回头下望人寰处，不见长安见尘雾。
>
> 唯将旧物表深情，钿合金钗寄将去。
>
> 钗留一股合一扇，钗擘黄金合分钿。
>
> 但教心似金钿坚，天上人间会相见。
>
> 临别殷勤重寄词，词中有誓两心知。
>
> 七月七日长生殿，夜半无人私语时。
>
> 在天愿作比翼鸟，在地愿为连理枝。
>
> 天长地久有时尽，此恨绵绵无绝期。

这是一个关于爱情的约会，以及七夕的誓言。如果说此前有七夕婚姻禁忌，在唐代则开放为两情相约与相悦。七夕节在这里已经真的成了情人节。

七夕的神话从天宫走到民间，由禁忌变成狂欢。《长恨歌》更大的意义在于，七夕节这样一个节日，已经成为帝王和民间同乐的民俗节日，打破了对于神话与信仰资源的独享，或者阶层性享有的习俗界限，为族群内部的认同和交流提供了很好的制度性保障。

《荆楚岁时记》促成了上下一体的人民对于神话的认知。该书不仅对于中国节俗，而且对于周边国家的节日习俗都产生了重大影响。

---

① 钟敬文：《中国的天鹅处女型故事》，见钟敬文等：《名家谈牛郎织女》，陶玮选编，文化艺术出版社，2006 年。

对于神话学来说，《荆楚岁时记》是一部中国节俗神话的经典。中国的节俗神话著作从此成为一个系列，衍生出一大批岁时节俗的著作，成为民俗著作书写的经典形式之一。

第四编

新时代与新神话

（宋元—明清）

宋元以来的时代是一个新的时代，对于两宋政权与民众来说，是一个文化复兴的时代，对于整个中华民族来说，是最多的新鲜血液加入这个共同体的时代。经济的成长与制度变革相伴随，这个新的时代十分富有活力。

这一时期，新神话被大量创造出来，并获得广泛响应。同时，新加入共同体的各族统治者，把加入传统华夏天地祭祀系统作为统治天下的合法性的依据，也是他们的文化的一场革命。这种新旧神话的交替发展，铸就了这个时代中国神话集大成的特征。

第一章　多元发展的新神话

至隋唐时期，中国统治者的正统的宗教神话已由一变三，皇天上帝的一统地位有所改变，佛道以正统的身份在皇家的神坛上显露风光。这种主流社会的多元局面更加助长了民间多神势力的滋长。隋唐以后社会生活的巨变已使传统的神灵无法满足民众的精神需求，于是，一场新的神话运动开始了。

宋元以来的中国社会出现了与前朝显著不同的特征，步入了一个新的时代。

第一，少数民族入主中原再现了前所未有的规模与阵势。这一时期，辽宋夏金并存时，汉人的政权只有半壁江山，天下是分治的，元代是蒙古族主宰的，只有明代是汉族统治，清代则是满族为统治主体，所以这个时期是多民族文化在主导中国历史的进程。除少数民族统治者将华夏传统神话和自身原有的神话相结合进行文化统治外，面对带有民族压迫性质的阶级压迫，民众于神话做何反应，这是中国神话面临的新问题。一种以反抗民族压迫为动机的神话，这个时期在民间流传，成为社会变革的因素。

第二，中国封建社会自中唐以来，特别是"两税法"实施后，出现了社会转型的契机，原先封闭而僵化的经济格局开始改变。唐德宗建中元年（780），宰相杨炎主持进行了税制改革。这项新的税制规定，国家按照支出的需要确定征税数额，按照个人资产与田亩的多少定额纳税，这样实际上是废除了人头税，纳的是财产税。这是一次对土地私有化的法律承认，认可了土地兼并这一事实。这项改革使农民失去土地的进程加快，而这种土地集中造成的劳力剩余，为城市发展提供了一批生力军，部分农民脱离土地，使一定程度的商品生产有了可能。宋元以来，工商阶层逐渐壮大起来，他们的精神需求，又使中国神话阵营再度扩容。手工业者及商人广泛的神灵信仰，极大地丰富了中国神话的内涵。

第三，宋元以后，由于民间神话的发展，在皇家祀典之外，一个新的最高神开始成长，并得到朝野认同，这就是玉皇大帝。玉皇大帝及其神话体系，是新时期的又一次神话整合，极大地改变了中国神话的格局。

以上三个方面是隋唐以后中国神话在主流文化之外出现的新趋向，其显著特点就是民间神话以不可阻挡的趋势冲击着皇家神话的独尊地位，无论是工商业者和普通农民，还是反抗民族压迫的民众，他们所创造的神话呈现的丰富多彩的局面都是前所未有的。尽管面临着种种高压，但他们以顽强的战斗力抗击着外在的迫害，铸就了中国文化史上的奇观。

民间神话的一大特点是不受任何派系的神话的束缚，完全以一种"以我为主"的姿态去剪裁传统神话，以强烈的功利性破坏传统神话的体系性。民间神话实际上成为一个大杂烩，严密的佛教神话及颇有秩序的儒教神话与道教神话均为民间神话分解融汇。民间神话的另一特点是以世俗性改变宗教神话的神圣性。世俗化是这一时期中国神话的显著特点。民间神话的第三个特点是它的强烈异端色彩，与魏晋到隋唐的那些从异端走向正统的宗教神话不同，这一时期的异端与正统势力很难协调，因此，冲突更为激烈。

第一节　反抗压迫的神话

宋元以来的异端神话，伴随着武装斗争，是黄巾神话、李家神话及弥勒下生神话一脉的承继，只是黄巾类及李家类神话已经消歇，唯弥勒下生神话势头不减，导致白莲教的反抗愈演愈烈。这一时期以宗教形式出现的反抗主要针对民族压迫而发，因而带有强烈的反抗民族压迫的色彩。元、清时的造反者往往喊着反元复宋、反清复明的口号，并不是人们对大宋、大明真正有什么感情，它只是民族情感的象征。假托前朝后人实际上也是一种神话，它的实质是一种现实的取而代之的渴望，而复宋复明都不过是一种幌子而已。总之，此类神话由于伴随着武装斗争，直接触动统治者的神经，掀起的反抗浪潮是空前的，而遭到的镇压也是空前的。

白莲教成为后代纷繁的民间宗教的总代表，一是许多派系都是白莲教的支流，二是许多门派也被视为白莲教的同类，故而白莲教成为这一时期反叛者的集中体现。白莲教在宋代就已形成，但当时它的反政府色彩并不重，而在元代、明代则很不一样了。白莲教在元代、明代都有造反的举动，但在两个朝代的结果大不相同。对此，近人曾这样论述过：

> 刘福通之乱，应之者众。而徐鸿儒之乱，应之者寡。其故何也？曰：由于种族之故。盖白莲教初立之本意，本在驱逐蒙古。虽借宗教为惑人之具，而其间实含有民族主义也。刘福通反抗异族政府，徐鸿儒反抗同族政府，其根本思想既异，故其结果亦因之而有异。所以自

满洲进关以后，白莲之势比于明为炽者，亦即因此之故。①

这种元、明白莲教造反带来的不同影响说明，白莲教的反叛动机主要是反抗民族压迫，尽管后期的纷繁的白莲教支系起义的动机各异，但主体方面却基本没有改变。

元顺帝时期，白莲教掀起了第一场大规模的武装反抗民族压迫的斗争。《元史·顺帝纪》载：

> （至正十一年）五月己酉朔，日有食之。辛亥，颍州妖人刘福通为乱，以红巾为号，陷颍州。初，栾城人韩山童祖父以白莲会烧香惑众，谪徙广平永平县。至山童，倡言天下大乱，弥勒佛下生，河南及江淮愚民皆翕然信之。福通与杜遵道、罗文素、盛文郁、王显忠、韩咬儿复鼓妖言，谓山童实宋徽宗八世孙，当为中国主。福通等杀白马、黑牛，誓告天地，欲同起兵为乱。

白莲教前身为白莲社。白莲社本是信奉弥陀净土，念阿弥陀佛与无量寿佛，初与弥勒无涉。《佛祖统纪》记白莲教成员大多念阿弥陀佛，建无量寿阁。② 宋代茅子元创白莲忏堂，所作《晨朝礼忏文》，所发誓愿依然是："我弟子某甲一心归命极乐世界阿弥陀佛。"红巾以白莲教会烧香惑众，又倡言"弥勒下生"，显然已不同于原始的白莲教，它吸收了弥勒下生说，又与香会融合在一起，是一杂烩。在下层民众中，原始的弥陀信仰已不复存在，反而是弥勒入主白莲教中，烧香念佛成为重要的宗教礼仪。香会是"流传已久的摩尼教之异名"③，《宋会要辑稿》曰："浙右所谓道民，实吃菜事魔之流，而窃自托于佛、老，以掩物议。……平居暇日，公为结集，曰烧香，曰燃灯，曰设斋，曰诵经，千百为群，倏聚忽散。"这底层的白莲教又融入了摩尼教的组织形式，因而也获得了更为广泛的群众参与。

韩山童之子韩林儿继承父志高举义旗时，部众奉为"小明王"，这个"明王"便是摩尼教教义的体现。摩尼教产生于波斯，该教崇拜光明，崇拜日月，认为世界最初存在光明和黑暗两个国度。光明国之最高神称明父，所属国内至善至美；黑暗国之神为黑暗魔王，其国邪恶充斥。起初两国相安无事，后黑暗魔王发动了一场对光明的战争。战争中，大明父为了救出自己的部属五明子

---

① 陶成章：《教会源流考》，见萧一山编著：《近代秘密社会史料》卷二附录，岳麓书社，1986 年，第 203 页。

②《佛祖统纪》卷二十七、二十八。

③ 马西沙、韩秉方：《中国民间宗教史》，上海人民出版社，1992 年，第 153 页。

（气、风、明、水、火）创造了这个世界，其物质成分来自众魔的身体。这是摩尼教创世神话的前半部分，后半部分则吸收了基督教的创世神话，认为人为亚当夏娃之子孙。据《唐会要》卷四十九载，摩尼师曾于贞元十五年（799）作法祈雨。唐代有摩尼寺说明有摩尼师在唐代传播其教义，且已有一定影响。但唐代朝野除武则天对此兴趣颇浓外，多对摩尼教颇有偏见，曾下令禁断。佛、道也对这新入的宗教异己大加挞伐。摩尼教在唐代主流文化中难以立足，于是从两个方面扩张自己的地盘：一是在我国少数民族政权中传播，如回鹘便因几位摩尼师的努力，举族改宗摩尼教；二是向民间渗透，《佛祖统纪》卷四十一称大历六年（771），"回纥请于荆、扬、洪、越等州置大云光明寺，其徒白衣白冠"。摩尼教在东南及西北各地都传播开来。唐武宗灭佛，摩尼教遭到残酷镇压。后回鹘为黠戛斯所败，一个重要的摩尼教基地被捣毁，唐代的摩尼教失恃，因而大云寺纷纷被毁，摩尼师或遭杀，或还俗，外国人被遣返，摩尼教于是转入地下活动，与正统文化形成对抗。五代时母乙以摩尼教举事，北宋末年方腊起义纯凭摩尼教发动起来。宋代摩尼教，《夷坚志》一书中有描绘："采《化胡经》乘自然光明道气，飞入西那玉界苏邻国中，降诞为天子，出家称末摩尼，以自表证。其经名'二宗''三际'。二宗者，明与暗也。三际者，过去、未来、现在也。"这些看起来跟原摩尼教还有些相似，但他们开始拜佛，"事佛白衣"。这白衣佛跟"白衣长发"托弥勒下生于外形上是相似的。白莲教与摩尼教在共同的反政府的旗帜下走到一起，大旗号便成了白莲教，所以本来摩尼信仰很重的"小明王"造反也被视为白莲教造反。

元代红巾起义有一支队伍的首领名彭莹玉，在红巾起义的前一年就开始造反了，其事迹如下：

> 袁州妖僧彭莹玉徒弟周子旺以寅年寅月寅日寅时反。反者背心皆书"佛"字，以为有"佛"字者，刀兵不能伤，人皆惑之，从者五千余人。郡兵讨平之，杀其子天生、地生，妻佛母。莹玉逃匿于淮西民家。初，莹玉本南泉山慈化寺东村庄民家子。寺僧有姓彭者，年逾六十岁，善观气色。一夕夜雪，见寺东约二十里，红焰半天。翌日召其庄老，询之曰："昨夜二更时，汝村中得无失火乎？抑有他异事乎？"内有一老曰："村中无事，惟舍下媳妇生一儿子。"僧喜曰："盍与我为徒弟可乎？"老者遂舍为僧，于是遗以谷帛若干酬之。其子年十岁，始送入寺，与群徒嬉时预言祸福皆验。年十五，南泉山下，忽产一泉甚冽。是时民皆患疾疫，莹玉以泉施之，疾者皆愈。以故袁民翕然，事之如神。及事败，逃淮西，淮民闻其风，以故争庇之，虽有司严捕，

卒不能获。①

这是元代托佛以反的一个重大事件，它是刘福通、韩山童起义的前奏。其中的神话包含两个方面的内容：一是所崇拜的神主"佛"的神话——书一"佛"字即刀兵不能伤；二是关于起义首领的神话——彭莹玉的出身有不同寻常的神异。前者产生归依的条件，后者则提供可靠的主持者与领路人，这跟红巾的神话模式是一致的：弥勒下世是召唤民众的口号，大明王、小明王则是起义的宗教领袖。一般说来这两类神话是统一的，前者作为最高神往往化生为后者，如弥勒佛作为一个最高的君临现实的主宰往往是通过化身为某一教主来实现的。前者为后者服务，后者须有前者才能征服众人。有些教派首领虽然不直接称是弥勒化生，但往往称某某神之使，传达着神的诏令，其性质跟前者也是一样的。元代统治就被这样一种宗教神话掀起的浪潮推翻了。

反元的口号中除了弥勒下生的神话大旗外，韩山童为宋徽宗八世孙传言的感召力也不可低估。宋徽宗虽为昏君，但他被金人所掳，历尽了苦难，深得民众同情。出于一种怜悯之心，人们对徽宗的昏庸误国未予深究，反而产生了强烈的救助心理。元与金一样，都是非汉族政权，而实施的压迫较金有过之而无不及，所以韩山童为徽宗八世孙的传言很有分量。刘福通立韩林儿称帝，号小明王，建国号大宋，年号龙凤。② 这个政权之所以打出大宋旗号，主要是团结汉族民众来反抗民族压迫，龙凤年号则是扛出了传统的民族与政权的象征，民族色彩更重。元代的红巾起义是在阶级压迫和民族压迫的双重压迫下爆发的，因而，比之以往的托弥勒下生神话的造反起义有更为深广的社会内容。

朱元璋是打着大宋的旗号逐渐扩张自己的势力的，他羽翼丰满后便一脚踢开了韩宋政权，建立了明王朝。可这个曾经依靠白莲教、香会发家的朱元璋一上台便发出了对白莲教等民间宗教的严厉禁令。中书省奏"白莲社、明尊教、白云宗，巫觋扶鸾祷圣书符咒水诸术，并加禁止。庶几左道不兴，民无惑志"，皇帝当然是"诏从之"了。③《大明律》的禁令十分具体：

> 妄称弥勒佛、白莲社、明尊教、白云宗等会，一应左道乱正之术，或隐藏图像，烧香集众，夜聚晓散，佯修善事，扇惑人民，为首者绞，为从者各杖一百，流三千里。④

---

① 《庚申外史》。
② 《明史·韩林儿传》。
③ 《明实录》洪武三年六月甲子。
④ 《大明律》卷十一《礼律一》。

这里禁止的正是红巾军发动起义所宣扬的神话及主要组织形式，这种过河拆桥的行为主要是防止明王朝遭到同样的命运。由于朱元璋在推翻元统治后转过头来镇压各路红巾军，白莲教徒转而展开了对朱明政权的反抗。明初，这种称弥勒佛反抗的运动尚十分活跃，但这场风潮不久便渐趋平静。其原因一方面是明廷严加禁止，白莲教没有喘息机会，另一方面则是生产恢复，社会一度较为安定。明代中期以后走向衰败，虽然不少的白莲教徒起来参与了反抗，但是推翻明王朝的是李闯王，他的起义主要不是利用宗教发起的，所以明代的白莲教势力不强。这从一个角度说明白莲教反抗民族压迫胜于阶级压迫。

作为一种异端，民间白莲教不仅仅是为了武力推翻政权，还努力去瓦解儒道佛的正统国家宗教的地位，在文化上树立自己的地位。元末动乱之际，有白莲教徒明玉珍建立了明夏国，在这个政权里，"废释老，止奉弥勒佛"①。这种与正统宗教相悖的行为实际上也是反元的一个组成部分，因为元代统治者对佛道保持着浓厚的兴趣，佛道是他们实施统治的精神武器。元朝灭亡后，这个明夏国就向明朝投降了，说明明夏国的反释老是冲着元统治者而来的。在他们的想象中，推翻了元统治，一切都会好起来，故而既放下了刀枪，也放下了精神武器。明代的白莲教支系为了生存，往往投靠朝廷，如所谓罗教、大乘教、红阳教等，他们的经卷能够印行，他们能公开传教，都与统治者的首肯不无直接关系。明代的异端转向依附当局以求生存，且尽敛白莲教旗号而改头换面。

这种宗教本质上还是跟正统的佛教道教相去甚远。在一定程度上，民间宗教这样做只是一种权宜之计，是在表面上打着佛祖的旗号而骨子里还是蕴含着反抗正统文化的精神。有人看出其中的问题，大声呼吁，竭力攘斥此类"邪教"。明时有浙江人袾宏这样说道：

> 有罗姓人，造五部六册，号无为卷，愚者多从之。此讹也。……彼口谈清虚，而心图利养，名无为而实有为耳。人见其杂引佛经，便谓亦是正道，不知假正助邪，诳吓聋瞽。凡我释子，宜力攘之。②

显然，像罗教这样一类民间宗教借助朝廷力量，广为传播自己的经典，使正统佛教遭到很大威胁，其间的原因不能简单视为与正统佛教在统治者面前争宠。罗教的现世理想对佛门教义产生强烈冲击，并呈瓦解释教的态势。如罗教

① 李守孔：《明代白莲教考略》，转引自［美］欧大年：《中国民间宗教教派研究》，刘心勇、严耀中、邢丙彦等译，上海古籍出版社，1993年。
② 袾宏：《正讹集》，转引自［美］欧大年：《中国民间宗教教派研究》，刘心勇、严耀中、邢丙彦等译，上海古籍出版社，1993年。

经典竭力否定僧侣制度，斥责其修行法为"有为之法"，其经有曰：

> 在家儿女欢欢乐，出家菴中齐呱嘟（孤独）。若你还不早改了，死后不免堕沉沦。

> 在家菩萨智非常，闹市丛中有道场。西方净土人人有，高山平地总西方。[1]

反对出家修行，肯定现世欢乐，不要执着修行，这就是无为教，这样一来，佛教长期形成的修行教规变得毫无价值了。

本来白莲教一直宣扬的弥勒末劫神话就已使正统佛教难以招架，所谓"新佛出世，革除旧佛"虽意在造反，也使佛教神话的格局就此要崩溃了。明时的白莲教派系更搬出一个无生老母来。无生老母不见于罗祖五经，罗祖嫡传弟子大宁于《明宗孝义达本宝卷》中提出了无生老母为诸佛本源说，但最系统明白地描述无生老母形象的是罗祖的第七代传人明空和尚。作为罗祖教的第八代祖师，他把自己的经典说成是在无生老母的监督下造成的。其经卷《佛说大藏显性了义宝卷》描述了无生老母化身老婆婆，经过明空验摸，发现无生老母乃非男非女的一朵红莲。[2] 有部白莲教的经典叫《古佛乾坤品》这样写道："无生母，产阴阳，婴儿姹女，起乳名，叫伏羲女娲真身。"这是将无生老母列为最高主宰，把传统神话中的先祖统摄其中了。无生老母的神功不仅在此，据说他把世界分成三个时期，即青阳时期、红阳时期和白阳时期，分别由燃灯佛、释迦佛和弥勒佛主持度人苦难，燃灯佛和释迦佛都完成不了这项使命，现已派弥勒佛下凡，由弥勒佛化为人身，开创教派，人们信白莲教，信弥勒佛，就会造就人间乐土。这样，释迦佛实际上被埋葬。弥勒是无生老母在人间的使者，无生老母则成为最高神，这是多神的中国神话中出现的又一位主神。

白莲教虽具有强烈的民族主义色彩，但并不对阶级压迫熟视无睹。在看到明统治者十分腐败，而新兴的满族集团蓬勃兴旺时，有人甚至邀皇太极入侵，把希望寄托在满族统治者身上。锦州白莲教一支，大乘教头目崔应时就是这样的人。他作书予和硕豫亲王，称"观音菩萨天内显圣，高呼天聪，将我国玉玺，授之于汝"；又称天聪帝"为弥勒佛所生者"，其拥护者除观音外，且有玉帝，"众神兵及九星、廿八宿、三十六神、四十八神、五十三佛、六菩萨，率关帝之兵助战；七十二贤人、八十一洞真君、三千门弟子、子路、颜回齐出，助天聪

---

① 《破邪显证钥匙经》，转引自马西沙、韩秉方：《中国民间宗教史》，上海人民出版社，1992 年，第 202—203 页。

② 参见马西沙、韩秉方：《中国民间宗教》第五章，上海人民出版社，1992 年。

克燕京，即皇帝帝位"①。这简直是儒、道、佛三家神灵一齐助阵，拍手欢迎皇太极率领清兵打进来。这说明白莲教同样反阶级压迫，只是因为后期民族压迫特别厉害，白莲教才表现出突出的民族主义倾向。

就像明朝皇帝朱元璋借助白莲教上台一样，清军入关也有白莲教的一份功劳，但清醒的统治者也明白白莲教之类的宗教组织是正统势力的最大危害，故一旦稳定就不遗余力地摧毁这些民间宗教，其过河拆桥的手段比明代有过之而无不及。清代对民间宗教的残酷镇压使得本来难以调和的民族矛盾更加尖锐。于是，诸教派利用宗教与神话反抗清政府的斗争此起彼伏，愈演愈烈了。

清代的白莲教起义成为反抗清统治的重大异端力量。如清初的圆顿教、八卦教、一贯道、清茶门等无不跟白莲教有密切关系，或崇拜无生老母，或崇拜弥勒佛，尽管各有特点，但人们大多以白莲教目之。他们都高扬反清旗帜，成为反抗民族压迫的急先锋。

这些"离经叛道"的宗教在粉碎了体系宗教的严密体系后，实际上是在向原始宗教回归。人们以粗朴的神话及巫术行为投入反清战斗中。在18世纪、19世纪时期尚采用如此原始古拙的形式，令人惊讶。下面我们就八卦教之一支——清水教王伦起义的有关神话及巫术行为做一分析。

所谓清水教也有称为白莲教的，王伦清水教，其教徒自称就是白莲教，官吏的上奏也称"王伦等实系白莲邪教"。其入教仪式颇原始。有一教徒名许大勇被俘后曾这样招供：

> 今年（乾隆三十九年）八月初五日，我去柳林赶集，遇见柳林的王五买了他四斗米，同到茶铺吃茶，说起闲话来。他说：张四孤庄有个王师父，若到那里学习拳棒入教，也有吃的，也有喝的，将来还有好处。我说，过几日再商量。八月初八日，王五就来叫我，一时没主意，同他到了张四孤庄王圣如那里，叫我给他磕了头，朝南跪着，盟了誓。还有个韩进功，不知是那里人。教我咒语说：千手挡，万手遮，青龙白虎来护遮，只得禀圣中老爷得知，急急急，杀杀杀，五圣老母在此。②

这段材料有几处值得注意：其一，清水教吸引教徒入教的条件是物质利益；

---

① 孟森：《汉译老档》，见存萃学社编集：《清史论丛》第3集，大东图书公司，1977年。
② 中国人民大学历史系、中国第一历史档案馆合编：《清代农民战争史资料选编》第3册，中国人民大学出版社，1991年，第430页。

其二，入教采用了原始的拜师仪；其三，入教以学武功为主，实际上是为起义练兵；其四，有秘咒助力作战，标志着这一派是低级的民间宗教。

"五圣老母"是指观音、文殊、普贤、白衣、鱼蓝五位菩萨，"圣中老爷"指八卦教创教教祖刘佐臣，这样多的神灵保佑是明清时期民间宗教的重要特点，纷繁的神灵具有瓦解独尊神坛的作用，同时也使得神话再次走向无序。

王伦起义的目的是"杀官劫库藏"①。其与官府对抗，为了经济利益的目的甚明，反抗的手段则近乎滑稽，既悲壮也悲凉。他们进攻临清时情境如此：

> 贼之攻城也，皆黑布缠头，衣履墨色，望之若鬼魅，间有服优伶彩服者。器械多劫诸营汛，或以厨刀、樵斧缚杆上，跳跃呼号，兼挟邪术。城上以劈山炮、佛郎机、过山鸟齐发击之，铅子每丸重二两，其势摧山倒壁，当之者宜无不糜烂。乃自午至酉，贼徒无一中伤，益跳跃呼号，谓炮不过火。守城兵民咸皇迫，窃窃私语，谓此何妖术乃尔也。贼中有服黄绫马褂者，系王伦之弟，伪称四王爷，右手执刀，左手执小旗，坐对南城仅数百步，口中默念不知何词，众炮丛集，拟之铅丸将及其身一二尺许即堕地。当事诸君，俱惴惴无可措手。忽一老弁急呼妓女上城，解其亵衣，以阴对之，而令燃炮。群见铅丸已堕地，忽跃而起中其腹。一时兵民欢声雷动，贼为之夺气。群知其术可破，益令老弱妓女裸而凭城，兼以鸡犬血粪汁缚帚洒之，由是炮无不发，发无不中。贼碎首糜躯，洞胸贯胁，尸枕藉城下以千计。②

这时双方实力悬殊，尤其是器械，清兵已开始使用劈山炮、佛郎机等现代化武器，而起义军多是厨刀、樵斧，两相比较，优劣不啻天壤。为了弥补这种差距，如果不主动更新器械，巫术与神话就成了唯一选择。尽管清兵也采用了妓女裸阴与鸡狗血粪之类的厌胜之术，但他们的胜利却凭借了强大的炮火。走向近世的巫术在现代化生产开始出现时已趋于破产，王伦的巫术性的起义被供上了早期现代化萌芽的祭坛。

巫术是建立在神话的基础之上的，没有神话，法力无从产生，巫术也就破产了。王伦起兵杂巫术与神话为一体的事实在下面这段史料里展现得十分具体：

> 伦自称真紫微星。梵伟复托妖梦为幻惑，……晨则置老妇车上，衣黄衣，以手作法，曰无生老母。以绳伎为前锋，妄称仙女，有神术，不畏枪炮。人各口念鄙信咒（咒云：真空家乡儒门弟子某人，千手挡

① 俞蛟：《梦厂杂著·临清寇略》。
② 俞蛟：《梦厂杂著·临清寇略》。

万手遮，青龙白虎来护咱，你看是隔的近，我看比千里还远；启上圣
公老爷，圣公是假，兄弟是真，弄假而成真，无生神母），诡言诸仙女
每夜上天，请神母教，旦日下会曰：神母教我如何如何……①

这种古老的神话与巫术混为一体的反叛形式已有一千多年历史了，黄巾起
义与王伦起义内容虽有不同，但就本质而言，似乎看不出明显的进步。就现有
的一些清水教经典看，其水准并不比《太平经》高。

民间宗教教义长期在低水平上徘徊，反使民间神话膨胀发展，涌现出难以计
数的神灵。一般来说，宗教越是水平上升，神话便越是弱化，因为宗教要扼制多
神倾向，神话必定走向单一化。后期中国民间宗教较少形而上的教义，与道教佛
教比相去甚远，人们只是为着一些极为功利的目的，打着神的幌子以张扬之。民
间宗教水平的下降，造就了民间神话的丰富。当民间神灵泛滥，不仅冲击了佛、
道、儒正统的神权地位，也使民间宗教本身面临着瓦解的趋势。没有一个宗教能
统摄各支系，一时间群星闪耀，可谓灿烂，也可谓零乱，反而难以成大气候。

清朝时，南方出现了一个不同于白莲教的反政府团体，这就是天地会。关
于这种北教南会的派系，陶成章有这样的论述：

> 中国有反对政府之二大秘密团体，具有左右全国之势力者，是何
> 也？一曰白莲教，即红巾也。一曰天地会，即洪门也。凡所谓闻香教、
> 八卦教（一名天理教）、神拳教、在礼教等，以及种种之诸教，要皆为
> 白莲之分系。凡所谓三合会、三点会、哥老会等，以及种种之诸会，
> 亦无一非天地之支派。……南方之人智而巧，少迷信而多政治思想。
> 北方之人直而愚，尚武力而多神权迷信。何以知？曰凡山东、山西、
> 河南一带，无不尊信《封神》之传。凡江浙、闽广一带，无不崇拜
> 《水浒》之书。故白莲之教盛于北，而洪门之会遍于南。②

白莲教是元代反元的主力军，在明代多与当局妥协，在清代则又风起云涌，
反种族压迫之主旨胜于反阶级压迫。至于天地会，则纯由于反清而诞生。陶成
章说："志士仁人，不忍中原之涂炭，又结秘密团体，以求光复祖国，而洪门之
会设焉。何谓洪门？因明太祖年号洪武，故取以为名。指天为父，指地为母，
故又名天地会。"③ 天地会最响亮的口号是"反清复明"，将"清"写作"泪"，

① 潘相：《鬻文书屋集略·邪教戒》，见中国人民大学历史系、中国第一历史档案馆合编：《清代农
民战争史资料选编》第 3 册，中国人民大学出版社，1991 年，第 558—559 页。
② 陶成章：《教会源流考》，见萧一山编著：《近代秘密社会史料》，岳麓书社，1986 年，第 200 页。
③ 陶成章：《教会源流考》，见萧一山编著：《近代秘密社会史料》，岳麓书社，1986 年，第 202 页。

意为清无主，又将"满"写作"㳠"，称之为满无头。故反抗民族压迫是天地会诞生的根本原因。天地会成员最初跟明遗民有直接联系。孙中山先生指出：

> 洪门者，创设于明朝遗老，起于康熙时代。……二三遗老见大势已去，无可挽回，乃欲以民族主义之根苗流传后代，故以"反清复明"之宗旨结成团体，以待后有起者，可藉为资助也。此殆洪门创设之本意也。①

这样一个会党，从本质上讲已不再是宗教组织了，故其神话较白莲教更为粗疏和泛滥。本来白莲教纷繁的神灵已使其教无从形成一统之势，但大体上不舍无生老母与弥勒佛，白莲教还主要是凭借神话的力量产生凝聚力。天地会就不同了，它主要的精神纽带是哥们义气，通过拜盟结誓以入会党。神话退到了后台，不过依然在发挥巨大的能量，因为决定义气强度的还是背后的神灵。与白莲教的杂神化相比，天地会所奉之神的庞杂更加令人惊讶，除具有标志性的天地自然神外，无论什么派系的神，也不管居于何种等级，都杂陈共处在同一神坛之上。请看天地会的一则请神祝文：

> 谨谨焚香拜请祷告：盘古开天，皇天后土，奉六合之道。一片丹心，反沔复明，以顺天意之长流。今晚在于□省□府□县地方，承香主□□等合同众兄弟，人人忠心义气，共来投拜天地会。刺血立誓，会盟结义，为兄弟万年同心，永无更改。同心协力，共扶明主。讨复江山，以承正位。今于此处焚香祷告：
>
> 皇天玉皇上帝、日月三光五星、七星七政五斗、神君天官赐福、太上老君、西方如来、释迦佛祖、阿弥陀佛、大慈大悲观世音菩萨……前来助其证盟。②

祝文在不厌其烦地开出长串神单后还要加一句"一切虚空来往众神佛"，似乎要将神界网罗一尽。白莲教之神有主宰，会党的神变成了无主宰，这样实际上使民间宗教自身发生了分化。由于缺少主神使得宗教难以维系，天地会以后的民间宗教教派开始向会党性质转变，中国民间神话又发生了一场新的震荡。

由于重在义气，会党间的关系较白莲教更具民主色彩。陶成章指出："白莲借宗教以聚众，故以烧香施符为招徒之不二法门。……教徒之宗旨，全重信仰，以用术愚人为第一要义。政体尚专制，大主教为最尊，主教次之。……洪门借刘、关、张以结义，故曰桃园义气。……凡入会者，纳钱纳票，会员之宗旨专

---

① 孙中山：《建国方略·有志竟成》。
② 萧一山编著：《近代秘密社会史料》，岳麓书社，1986 年，第 231—232 页。

477

崇义气，取法刘、关、张。既崇义气，力求平等主义，故彼此皆称兄弟。政体主共和，同盟者一体看待，多得与闻秘密之事……职员之组织法，全系军国民制度，为白莲教之所不能望其肩背，其法制固甚美也。"① 其中虽不乏拔高成分，但会党较白莲教的进步显而易见。同样是抗清，人们宁可选择天地会的宽松而不愿受白莲教之挤压，基于信义的人情味胜过了立足信仰的神灵。

会党不舍神灵，但对神灵的态度大不一样，其中有两点是白莲教与天地会的重大区别。首先，天地会不主一神。如前所述，他们的神谱无所不包，冲破了宗教中神灵谱系起码的定规，神话世界被冲击得毫无统系。其次，即使面对着神灵，白莲教只有高层次的教职人员能跟神沟通，而天地会则拓宽了会党成员跟天地神灵的联系渠道，可直接与神沟通对话。因而即使是信仰神灵者也宁可选择天地会而不选择白莲教。

这样，白莲教的支系会党化便成为近代民间宗教发展的一个突出特点。试以义和拳为例，它是义和团纷繁来源的一支，人们普遍认为它是白莲教支系，其名归于八卦教之下。乾隆三十九年（1774）十月初四日国泰奏折称："李萃曾以临清人李浩然为师，传授白莲教改名义合拳。"② 义和拳实为王伦清水教的遗脉。起初，义和拳的神灵和巫术跟传统白莲教有颇多类似：

> 其神曰洪钧老祖、骊山老母，来常以夜，燎而祠之，为巫舞欲以下神，神至，能禁枪炮令不燃。又能指画空中，则火起，刀槊不能伤。③

这跟王伦辈的义军无大区别，故早期的义和拳乃白莲教遗存。但在走向近代的过程中，义和拳的神话渐渐变得跟以前有很大不同。

降神附体多群众化，使它跟白莲教区别开来，不再只有教主有神附体。美国学者周锡瑞指出：

> 神拳的宗教仪式和以前诸秘密宗教不同的一点，是它降神附体的群众化。不单是教门首领有权躬代神位，所有练拳的师兄，只要心诚，都可以祈求神灵降身，保祐自己不受伤害。这表明了神拳宗教仪式中的平等主义。④

这种一定程度的平等色彩吸引了众多的入教者，教中较平等地相处，有似

① 陶成章：《教会源流考》，见萧一山编著：《近代秘密社会史料》，岳麓书社，1986年，第209—210页。
② 转引自路遥、程歗：《义和团运动史研究》，齐鲁书社，1988年。
③ 李希圣：《庚子国变记》。
④ ［美］周锡瑞：《义和团运动的起源》，张俊义、王栋译，江苏人民出版社，1995年，第258页。

天地会，上神与下民的广泛交流，也削弱了神灵的神秘性，因为无所不在的神将丧失其神性。

由于神灵的无所不在与广泛降附，神灵队伍本身也必须扩大规模，当义和拳与义和团融合在一起时，他们已不再独主洪钧老祖与骊山老母，神灵队伍之杂便有如会党，乱而无序。

这种神灵队伍的杂乱除宗教会党化而呈现的民主与平等因素外，更重要的是民族矛盾发生了变化。

由于鸦片战争后帝国主义的侵略，民族矛盾开始由国内民族间的矛盾转为中华民族整体与帝国主义之间的矛盾，中国的民族主义呈现出一种全新的局面。"兄弟阋墙，外御其侮"。经过百余年的统治，清朝统治者已建立起以中国传统文化实施统治的格局，满汉对抗呈满汉合作状，且满人汉化倾向明显。当帝国主义的铁蹄践踏中华大地的时候，无论满汉都面临种族灭亡的危险境地。故而满汉联手正是民族存亡关头的唯一选择。所以，一贯以排满面目出现的白莲教派系悄悄地放下了反清的旗帜，而将矛头一致对外。

事实证明，一个有几千年传统的伟大民族，武力从来不能完全征服它。帝国主义把文化侵略作为侵略中国的重要手段，而文化的核心则是宗教。虽然一些传教士打着仁爱、四海之内皆兄弟的旗号，也曾有所善举，但其本质不过是为侵略势力鸣锣开道。如德国的天主教圣言会打入山东，安治泰（Johann Baptist von Anzer）担任中国圣言会的主教，但他并不是个简单的传教士，而是一个德意志民族主义侵略扩张主义的鼓吹者和拥护者。他在山东安排了一个仪式，迎接一个来访的德国领事，其场面如下：

主教的住宅被装扮一新，无数旗帜（当中有一面巨大的德国旗）飘扬在教堂的尖顶和其他建筑物上。钟声齐鸣。房屋的门口悬挂着"热烈欢迎"的标语，阳台上则是"祝愿德国充满活力、繁荣、强大"的横幅。人们热情高唱"皇帝颂"和其他德国歌曲。①

这到底是在传播天国的福音，还是在为侵略战争这一违背起码基督精神的行为唱赞歌呢？1904 年继任的主教韩宁镐（Augustinc Henninghaus）更是对中国人进行污蔑性攻击，指斥中国的"异教的腐朽和堕落"。② 很明显，其宗教性的传播并非主旨，对中国人民的统治才是实质。

---

① 舒勒克：《帝国主义与山东的民族主义：德国在山东》（坎布里奇：哈佛大学出版社，1971 年版），转引自［美］周锡瑞：《义和团运动的起源》，张俊义、王栋译，江苏人民出版社，1995 年，第 88 页。
② ［美］周锡瑞：《义和团运动的起源》，张俊义、王栋译，江苏人民出版社，1995 年，第 89 页。

天主教徒向政治领域渗透，迅速取得了合法的特权，在中国的土地上耀武扬威。天主教徒能够与省内官员平起平坐，否认中国官员对当地基督徒的管辖权，俨然成为中国大地上的主宰。请看这段材料：

主教们作为全省的宗教统治者便采用了中国巡抚的等级制度，并且在他们的帽顶上缀上了一颗显示身份的顶珠。他们每次外出都乘与其身份相符的轿子，都有骑马侍从和步行随员前呼后拥，都有一只体现地位尊崇的大伞为前导，而且每次到达和出发时都鸣放一响礼炮。①

这架势，表现出天主教在中国的不可一世，他们已经背离了基督教"仁爱"的宗旨，充当着军事侵略的马前卒。这种宗教必将激起民众的强烈反抗。中华民族与帝国主义文化侵略势力的斗争首先在宗教与神话领域里拉开了序幕。

面对着西方的上帝，这时的民族宗教也结成了统一阵线。无论民间宗教还是正统的佛教道教，他们不再争论是否有新佛出世革除旧佛，也不管是佛还是道，曾经是高级的主宰还是区区小神，都联合起来，气势雄壮地向洋教宣战。这样，神灵再次呈现出空前的庞大阵营来，义和拳的神坛上不再仅仅高踞洪钧老祖与骊山老母，而是神仙佛爷甚众。有这样一则义和团揭帖：

神助拳，义和团，只因鬼子闹中原；劝奉教，乃霸天，不敬神佛忘祖先。……不下雨，地发干，全是教堂止住天；神爷怒，仙爷烦，伊等下山把道传。非是谣，非白莲，口头咒语学真言；升黄表，焚香烟，请来各等众神仙。神出洞，仙下山，扶助人间把拳玩；兵法易，助学拳，要摈鬼子不费难。挑铁道，把线砍，旋再毁坏大轮船；大法国，心胆寒，英吉、俄罗势萧然。一概鬼子全杀尽，大清一统庆升平。②

"神出洞，仙下山"，众神仙来扶助学拳杀洋人，显然是在洋教冲击下神界形成了统一战线。以往民间宗教的"反清复明"口号悉数捐弃，旗上大书"扶清灭洋，替天行道"的字样，这一转变实因民族矛盾尖锐所致。义和团"扶清"并非是对清统治者有多深的感情，在当时的背景下，清政府虽然腐败，但毕竟是一个代表国家的政府。不管这个政府是何等的不称职，在种族面临灭亡的关头，总要把御外侮作为首务，而以扶助政府作为一种爱国与民族主义的象征。所以"扶清灭洋"不是封建口号，而是一个民族主义的口号。尽管对义和团的

---

① ［美］周锡瑞：《义和团运动的起源》，张俊义、王栋译，江苏人民出版社，1995年，第92—93页。

② 《义和团揭帖》，见《拳匪纪事》卷二。

"灭洋"的后果要做具体分析，但义和团所造成的民族主义的高涨却是一个前所未有的事实。

从神话发展的角度看，义和团虽为坛拜神，以神拳为号，崇拜着数不清的神灵，但它对神话的贡献却十分有限。它还依赖着原始的巫术，其神话本身根本无法与洋教决战，所谓"灭洋"是武力灭洋，而不是文化灭洋。义和团的拜神只是使得神话更加杂乱无章，使民间神话在更低层次上运转。天地会也一样，它采用原始的结盟方式，崇拜着纷繁的神灵，从事秘密活动，这种帮会组织方式尚带有宗教色彩。在即将进入 20 世纪的年代，这种落后的团体尚不具备现代因素，它们最终为历史所抛弃便在所难免了。

以上我们对白莲教、天地会与义和团三个具有鲜明民族主义色彩的宗教与会党做了一番初步考察。它们是反元、反清、反洋的主流。它们的反抗，引发了民族主义风潮。白莲教和天地会的神话，是以异端对抗正统，以杂乱对抗整一，使得民间神话纷繁难以把握。白莲教的神话建立起初步规范，大抵以无生老母、弥勒佛为尊，号称弥勒下世，以新佛代替旧佛为基本立足点。但是因为派系纷繁，发展中的白莲教各自为战，使得各自的神话无法定于一尊，于是在分解正统佛教神话的同时也分解了自己。天地会的神灵其实更加原始，起初以拜天地自然神为宗旨，继而又杂取种种神灵为其结盟团体的监护，其杂可谓前所未有。义和团先是承袭白莲教一系的神话与巫术，继而因为排洋，收起了新佛代替旧佛的口号，新佛旧佛一同上阵，神仙鬼怪协同努力，扶助拳勇杀洋人。这种宗教冲突是近代中外文化冲突的核心内容。由于放弃了白莲教尚可追寻的神系，义和团的神谱实际上是一团乱麻。

白莲教、天地会与义和团都不能算纯粹的宗教组织，因为反抗民族压迫，它们实际上是武装团体，因而其神话杂乱便在所难免。但这些神话依然有其特殊的意义。入主中原的民族放弃了自己的神话主干而袭用了中华民族的传统神话，本是汉民族成员的民众，由于遭受异族使用传统神话作为正统所带来的文化压迫，所以他们也奋起反抗自己的神话传统，而这种反抗实际上也带有反抗阶级压迫的性质。结果是非汉民族的统治者掌握了文化主导权并成为传统神话的继承者，而文化传统下的成员却又为了反民族压迫、阶级压迫而反正统，起来破坏自己的神话。这样一种变局实际上强化了主流文化的统一性。

而当整个中华民族遭到外来侵袭时，主流文化与异端文化统一起来，整个中华民族的文化达成了一次上下统一的共识，这就是义和团产生的背景。当然像义和团那样的民族主义情绪有颇多不妥之处，但是，外来势力造成内部文化的自我调整是普遍规律。民族文化的冲突最终导致了民族文化的统一，是这一时期神话的显著特点。

第二节　工商业者的神话

传统社会是农业社会，因而社稷神是皇家祀典中的主角。当时的社会财富主要是通过土地以农业生产方式创造的，故而江山实际上是社稷，社稷成为皇位的象征，土地神则是地方的象征。作为一个"行业神"，社、稷这两个神是何等荣耀！

相形之下，在先秦以至隋唐这段漫长的时期，社稷神以外的其他行业神则寥若晨星，其间的原因主要归结于中国封建社会漫长的重农抑商政策。这一政策发端于战国诸国内，而秦行之最力，至汉代，行崇本抑末之策，几为历代统治者奉行的不二法门。隋唐以后，虽然统治政策依然不变，但随着城市经济的发展，商品经济开始活跃起来。一批工商业者开始成长壮大，成为一支分裂农业社会的重要力量，尽管当时的力量还相当微弱，但他们的发展势头是不可忽视的。

新兴的市民工商阶层需要自己的精神价值体系，社稷神统显然无法笼罩这一新的群体，市民与工商业者不能祈求社稷农神来庇护自己，因而建立起市民工商业者的神灵体系已刻不容缓。于是，一批新的神话、一批新的神灵出现了，神的队伍骤然壮大。

这些市民工商业者的神话不同于白莲教及天地会的神话，它不与统治者直接对抗，而是冷静地经营自己的神灵天地，不谋求冲突，而实际上却形成了一种与正统势力分庭抗礼的态势。工商业在自己的神话怀抱中发展自己的精神世界，成为一个自足独立的体系，这是真正的新神话，是一个新的阶层在新的历史时期里构建的新的神灵大厦。

新神话的启动是以财神的出现为标志的，因为市民与工商业阶层的一个显著特点就是对财利的追逐，他们需要通过自己的生产与销售来获得利润，这样便打破了传统的"君子喻于义，小人喻于利"的价值观念。当这一切尚没有一个神灵保障时，就意味着对财利的追逐尚未被普遍认同，整个社会尚未形成一种新的气候。财神出现了，这是追逐钱财的神灵保障，它有效地推动了社会物质生产的飞速发展。

隋唐前的传统神话里没有专职的财神，只有某些神灵兼管一些商贾的事务，如观世音菩萨。《妙法莲华经·观世音菩萨普门品》里有这样一段经文：

若三千大千国土满中怨贼，有一商主将诸商人赍持重宝经过险路，其中一人作是唱言：诸善男子勿得恐怖，汝等应当一心称观世音菩萨名号，是菩萨能以无畏施于众生。汝等若称名者，于此怨贼当得解脱。

众商人闻，俱发声言南无观世音菩萨，称其名故，即得解脱。

这里的观世音菩萨作为大慈大悲普度一切苦厄的救星，拯救商人于危难只是其众多职责中的一种。他不是专职的财神，且他对商人救助的目的是要众生皈依佛门，与一个专门保障民众财产的财神是有区别的。

宋人笔记里开始记录了专门的财神信仰活动，但尚未出现财神的名字。《东京梦华录》卷十称：

近岁节市井皆印卖门神、钟馗、桃板、桃符及财门钝驴、回头鹿马……

北宋的京城十分繁荣，文化氛围十分浓厚，年节时有大量的年画印售，财门是其中之一，但究竟财门是何形态，财门中有无财神还是一个谜。南宋时已出现了财神纸马，吴自牧《梦粱录》卷六载：

岁旦在途，席铺百货，画门神桃符、迎春牌儿，纸马铺印钟馗、财马、回头马等，馈与主顾。

临安年节传统大约是自汴梁移植过来的，印售的年画大体相似，只是特别强调了"财马"，这就是后世年节时所印制的神像画。相传财神上下于天都要骑神马，故称财马，由于所谓的财马是用纸印制的，故又称纸马。财马的出现说明至少在南宋时期财神已经出现了。

这财神可谓千呼万唤始出来，然而一旦出世，即以强大的再生能量在中国文化的土壤中繁殖起来，演化成一个强大的财神系列。有所谓文财神比干、范蠡，武财神赵公明、关羽，偏财神五路神、五通神及其他形形色色的财神。中国神话队伍中陡然成长起一个新的神类。[1]

财神的出现，是中国社会经济发展的产物。从神话发生学的角度看，它既是对传统义利观的一大冲击，又是向传统义利观的一种妥协，它是文化由冲突走向和谐的结果。作为财神，他坐上神位本身就是一种对道义独尊的挑战，但是，人们不能放弃道义而将财利置于道义之上，遂形成一种以义取财、和气生财的文化模式。财神系列中手持金元宝者并非一枝独秀，而手捧《春秋》的关公却更受欢迎。所以财神的发展还是受到了传统义利观的制约，见利忘义的行为不能在财神崇拜中生下根来。财神崇拜一方面保障民众的财利，一方面又规范着财利追逐中的行为，真实地体现了神话的矛盾法则。

---

① 吕威：《财神信仰》，学苑出版社，1994年。

尽管财神俯就了传统规范，但依然是中国神话史的一场革命。财神出现后，一大批影响深远的神灵都归入了财神的阵营，有些是本已盛行的大神，如关羽、观音，他们都进入了财神殿，这是他们在新时期焕发的新功能。神灵保佑财利的生聚，这实际上是对个人财产的一种保障，从中我们能看到社会进步的轨迹。而传统神灵具有的忠义、公平与慈悲救难等价值元素又使得聚财走向了一条规范的理性之路。儒、道、佛的观念几乎浸染着民间流行的一切神话，财神染上伦理道德的规范，有效地遏制了贪得无厌行为的泛滥。中国商人中的"儒商"，不仅仅是指读书人经商，而且指商人一种特有的道义与公平素质，其出现与成长，与财神的价值指向是存在着内在联系的。

与财神及众行业神灵相关的神话传说在唐代多已流传，宋代以后，经济因素才大为强化。试以关公为例，我们便能看出这种演进的脉络。

关公的神话在唐代就开始流传了，《北梦琐言》称："唐咸通乱离后，坊巷讹言关三郎鬼兵入城，家家恐悚，罹其患者令人热寒战栗，亦无大苦。弘农杨玭挈家自骆谷路入洋源，行及秦岭，回望京师，乃曰：'此处应免关三郎相随也。'语未终，一时股栗。"① 唐时关羽似为厉鬼，令人恐惧。又，《云溪友议》载："荆州玉泉祠曰三郎神，即关三郎也。允敬者，则仿佛似睹之；缁侣居者，外户不闭，财帛纵横，莫敢盗者；厨中或先尝食者，顷刻大掌痕出其面，历旬愈明；侮慢者，则长蛇毒兽随其后。所以惧神之灵，如履冰谷。"② 从这些传说看，敬关公也有些保障财物的功能了，但核心问题却不在此，即关公是一可怕的神灵，只有敬之才能避祸。关公最初的形象是一凶神。

关公地位的提高出现在宋代。宋真宗大中祥符年间曾饬修关庙。宋哲宗绍圣三年（1096）赐玉泉祠额曰"显烈王"③，这是关羽自后主刘禅封其为壮缪侯后得到的又一次赐号。在宋代的第一次加封是一则神话所致，其本出自《宣和遗事·前集》：

> 崇宁五年夏，解州有蛟，在盐池作祟，布氛十余里。人畜在氛中者，辄皆嚼啮，伤人甚众。诏命嗣汉三十代天师张继先治之，不旬日间，蛟祟已平。继先入见，帝抚劳再三，且问曰："卿此剪除是何妖魅？"继先答曰："昔轩辕斩蚩尤，后人立祠于池侧以祀焉。今其祠宇顿弊，故变为蛟，以妖是境，欲求祀典。臣赖圣威，幸已除灭。"帝

---

① 转引自俞樾：《茶香室丛钞》卷十五。
② 转引自俞樾：《茶香室丛钞》卷十五。
③《古今图书集成·神异典》卷三十七。

曰：“卿用何神？愿获一见，少劳神麻。”继先曰：“神即当起居圣驾。”忽有二神，现于殿庭。一神绛衣，金甲，青巾，美须髯；一神乃介胄之士。继先指示金甲者曰：“此即蜀将关羽也。”又指介胄者曰：“此乃信上自鸣山神石氏也。”言讫不见。帝遂褒加封赠。

此次封号为“崇宁真君”，后世关公不间断地被封开始了。① 就这次受封的原因看，关公实际上成为盐业的保护神。关公是因为整治了盐池妖孽而受封的，所以一开始他就是一个行业神。《解州全志》载：“（宋仁宗天圣）七年，池水渐涸，盐花不生。有司具奏，上闻，遣使往觇之。报曰蚩尤作祟。召龙虎山张真人，请关圣讨之。池水如故，盐花复生，命有司修葺祠宇，岁时致祭。”② 解州的盐业率先奉关羽为保护神。尽管关公降妖并为道人所遣很明显为道教徒所编造，但由于是保护某行业的正义行为，所以关公便逐渐在诸行业中成为保护神，为众多行业所供奉。

关公在三个方面受到重视。一是统治者，所重在忠孝。自宋徽宗首封崇宁真君后，至元代关公上升到关帝高位。元人有诗云：“张侯生冀北，关帝出河东。”明万历十八年（1590），封协天护国忠义帝，③ 于是，在皇家眼中关公的忠义定位已经基本确定。关公在明代享有殊荣，故神话中有关圣帝不忍助清入关之说。《明季北略》卷一载：

康熙三年孟夏四日，先君子曰：“予壮年时有华道士云，江右张真人北都建醮，伏坛久之，见天上诸神俱不在，惟关圣一人守天门而已。真人问诸神安在？圣曰：‘今新天子出世，诸神下界拥护矣。’真人曰：‘圣何不往？’圣曰：‘我受明朝厚恩，故不去。’”

这是明天下大势已去的写照，也说明了明代的皇帝确实对关公的崇拜热情甚高。清代由于有关圣受明厚恩而不忍下界拥护之说，故对关帝的崇奉达到无以复加之地步。其核心问题还是他的忠义。顺治封关帝为忠义神武关圣大帝，为清代的关帝崇拜定下了极高的基调。

第二是道教徒推崇关公，他们所重在关羽的降魔法。

第三便是民间崇拜关公，人们所重的是关羽的义气。恰恰是这义气使他成为财神，这正是独特的东方伦理价值观念所致。传说是乾隆帝将关公封为财神，民众便在关帝庙额上贴了“汉为文武将，清封福禄神”的对联。关公本已成为

---

① 俞樾：《茶香室丛钞》卷十五。

② 转引自梅铮铮：《忠义春秋——关公崇拜与民族文化心理》，四川人民出版社，1994 年，第 69 页。

③ 俞樾：《茶香室丛钞》卷十九。

财神，乾隆之封赐强化了这种地位。关公成为诸多行会及不少地方商会会馆所奉之神。

工商业者崇拜关公虽远不是关公崇拜的全部内容，但他因兼为财神才获得如此大的能量是毫无疑问的。我们可以将关公和孔子在民间的地位进行比较。孔子宣扬忠孝节义，其影响远大于关公，在朝廷得到礼遇崇拜的历史要比关公早近千年，至唐时，孔子的地位已经非常高了，但到了明、清，他与关公的地位却呈此消彼长的态势。

明代徐文长有如此感慨：

> 蜀汉前将军关侯之神，与孔子之道，并行于天下。然祠孔子者止郡县而已，而侯则居九州之广，上自都城，下至墟落……虽妇女儿童，犹欢忻踊跃，惟恐或后，以比于事孔子者，殆若过之。[①]

这绝不是在追求忠孝节义，恰恰相反，人们看重的是关公的驱邪能力及生财功能。明清以来，商品经济发展，追逐物质利益成为新的风尚，故而疏远重义轻利的孔子，而亲近重义生财的关公，这是时代风气使然。明清时不少文人弃儒从商，这些儒商不肯完全崇尚赵公元帅的金元宝，但又不肯再去拜孔子，因为他们可能没有勇气直面孔夫子，所以就选择了关公。因为是财神的缘故，关公崇拜才有如此大的影响力。

再拿岳飞与关羽做一比较。岳飞之精忠报国，其忠义近乎愚，程度远较关羽为甚，虽然也有统治者追封，但并不曾受到民众像对关公那样的热情礼遇。同样是忠义，一个冷，一个热，其中的原因只能从关公兼有财神一职中去找。

从以上分析中我们可以看出关羽在民间获欢迎跟统治者的提倡没有完全的对应关系，统治者和民众对关公的崇拜具有不同的价值取向。宋元以来社会经济发展所造成的商品意识，使民众选择了与传统观念完全不同的神灵，归根结底，并不是神本身在变化，而是崇拜者的身份在变化。这是一批新起的市民和工商业者，他们的神话极富创造性，他们创造了中国神话史上崭新的神灵及其队伍。

中国古代有多少个行业没有精确的统计数字，只有概略地称三百六十行或者三教九流。行业组织即行会是行业神存在的基础，没有行业组织就没有行业神存在，而行业神又成为行业组织成立的宗教保障，一方面他是行会成立的根据，另一方面，行业维系的种种规范都因神而立，行业神的崇拜及其禁忌便成为行业组织必须关注的核心问题。从这一角度看，行业组织是在神话的统一下的准宗教组织，它有自己的主神及在神管束下的种种律令，并有定期的宗教仪

[①]《徐文长逸稿·蜀汉关侯祠记》。

式。行会成为宋元以来中国社会的特殊组织。

"行"的组织在隋代就有了，但不知其详。唐代已有行业组织的雏形，如肉行、农行、铁行、马行、钉行、丝行等，其中已有工行和商行之分。然而这些组织怎样运作，因史载有阙，我们难以考求。到了宋代，这种"行"的组织发展起来了。吴自牧《梦粱录》卷十三之《团行》将南宋的行会描绘得十分生动。当时的工商业者组织成行的目的有二，一是应付官府的科差，二是官府把工商业者组织起来，便于管理控制与盘剥。[1] 工商业者加入组织，即所谓投行，是一种无奈，但为了应付官府的科差，工商业者却要主动参加。宋代的行会组织可考知的有这样一些特点：有一行头负责某行当的组织工作，各行都有较固定的交易场所，各行都有一定的标志，如服装，各行都要组织敬神赛会等活动。

关于敬神赛会，我们从《梦粱录》中所见到的一些记载看，工商各行对组织迎神会兴趣浓厚，但他们所奉之神多是公共神灵，尚不为行业独专。如霍山路神、东岳天齐仁圣帝、北极佑圣真君等，大抵是一些世俗化的佛道神灵，为某一时期、某一地区的人们所广泛崇拜，他们不是行业神。这说明宋代行业神尚未发育成熟。行业神的不成熟实际上也昭示着行业组织不够成熟。

元代是一个特殊的朝代，由于蒙古统治者摧残工业，元代行会实际上处于停滞状态。明、清时行会和行业神开始真正繁荣起来。纪昀《阅微草堂笔记》称"百工技艺，各祠一神为祖"。除按行业组织的行会外，地区性商业组织——会馆也建立起来了。明清至近代行会与会馆组织形式的档案材料显示，神在工商组织中占有举足轻重的地位。现举数例如下：

渝城胰染绸绫布匹头绳红坊众艺师友等公议章程（嘉庆元年八月初八日）

予等匠艺一业，历来已有章程。今经日久，是以邀集同人等重整行规。染造一切并无其二，红坊手艺，紊乱行规之人，今同众公议成规数条，各宜遵守，以免后日之累。如有前项无耻之徒不遵公议者，永远革出会外，今将规列于后：

一议造染绸绫、布匹、头绳各色棉线脚带，并无有两行手艺师友。历来每年会期以〔已〕到，祀神演戏整理行规，凭众公派，每人抽取厘金钱五百文，不得推诿。……

一议我等红坊同行做艺师友，公请各铺老板，至禹王庙公议演戏治酒叙咨。……

…………

---

① 傅筑夫：《中国经济史论丛》（下），生活·读书·新知三联书店，1980 年。

一议每年祭庙会届之期，原为肃静，敬神演戏，禁止狂言浪语，觞声撒泼。如违者，罚银一两入会。

渝城广扣帮公议章程（道光二十一年二月初一日）

近有射利之徒，伪造假货，冒充我等名色，四乡发售，及使鱼目混珠，碱砆乱至，非诚信之道。若不议定行规，杜除弊窦，将见欺诈相尚，靡无底止。爰集同人演戏，永定章程，殊不致紊乱。……倘有不遵者，执此行单，鸣出究治。永垂后例，是以为序。集同人之祀祝献神座锡福无量矣。

今将以〔已〕议规程开列于后：

一议每年二月十五日敬演大戏一部，恭祝太上老君千秋。

一议发货铺栈价要照时〔价〕，不得滥卖，任客投店，毋许登门讨买，查出者罚大戏一部。①

以上二例颇具代表性，工商行会厘定行规总是在祀神活动中进行的，而行规大多将祀神列于行规首位，对于违规的处罚一般是罚戏，即通过大戏娱神以向神谢罪。各会所祀神灵不同，重庆胰染绸绫布匹头绳行在禹王庙敬神，而广扣帮则祀太上老君。演戏成为娱神的重要方式，也是信奉者与神的沟通途径。戏曲表演的祀神特征，在行会中得到充分的表现。

《吴门表隐》所记之苏州各行公所的神灵各不相同，一个显著特点是公所行会办公处实际上是个神殿。如该书卷五载：

十庙　明初建于东西两营，卫官祀河神之所，非僧道修斋之处。又云，宋时各城门皆有之。系粮船公所，供奉龙神。……

机圣庙　名轩辕宫，在祥符寺巷。宋元丰初建，甚小。明万历初，里绅章焕、王天爵、顾豫重建，久废。国朝乾隆三十七年，里人孙辅成、王瑞生等重建。……道光二年，纤接同业公建，门庑台房，祀黄帝并祀先蚕圣母西陵氏，东后方累氏（去苎造服），西后彤鱼氏（作丝线磨针刺成章作服），祔以云机仙圣伯余（始作机杼，见《淮南子》）、胡曹（始制衣服，见《吕氏春秋》），见马头圣母，寓氏公主，天驷星君，菀窳夫人，蚕花娘娘，发茧仙姑，佐染仙姑，纺炼仙姑，造织仙姑，助福大姑，滋福二姑，崇福三姑，马明菩萨汉（皆蚕丝之神，参

---

① 以上为重庆工商业行规档案，转引自彭泽益主编：《中国工商行会史料集》，中华书局，1995年，第536—538、548页。

488

礼仪志通考）。染色花缸仙师葛仙翁，或云即天仙织女，照应局神有驸马称神姓欧阳。机神褚河南父子，张平子，葵花仙圣，黄道仙婆（始作振掉综线、挈花、踏棉、弹棉，见《松江府志》），接头方仙。庙门，相国潘世恩书，为章于天。另祀大桡氏等（始作甲子，黄帝臣，称时运福圣）。吴郡机业公所，一在园妙观内，元元贞元年建。一在花桥阁上，乾隆八年里绅蒋文源等建，一在田基巷，一在顾亭桥南，一在吴山岭。吴栋录

卷六有绣祖庙、照应庙等：

绣祖庙 在水仙庙侧，神姓顾名名世（明官明州知州）。一在周孝子庙侧，神姓顾名寀（按神，国初守庙人，马卒也。笃孝其母，母死，触柱死，俗称顾太太。民间小儿迷失，虔告必获显应，能寻），为绣缲之神。俞大猷记

照应庙 在南北局。神姓欧阳名伦，张士诚婿。北局谓其府第，架木皆古楠，故称驸马府。公主好畜猫，今案上有泥猫。为机杼财帛局神机匠崇奉香火。又在黄石桥左，为土谷神。①

该书所记苏州一带的行业神难以计数，将以上案例及其他行业神崇拜的历史进行综合考察，我们可以看到以下特征：

第一，行业公所与神庙往往是二而合一的，如粮船公所即是龙神庙。这种公所与行业神庙合一的现象对于我们理解行会的性质有重要帮助，它说明：行会在一定程度上是一个准宗教组织，神是行业的纽带，"商人藉神会以联商团"②。行规虽为行业所立，但形式上是行业神的律令，在神前立规，是一种神督的行业戒律。违背行规要向神谢罪，而每年有定期的祭神娱神礼仪，这些都说明行会有宗教特性。③ 此一传统一直延续到近现代，所谓公所实际上是神庙。民国期间的上海各公所仍然保持这种遗风，如：

义德堂面粉公所在吾园路，清同治初建，奉关壮穆侯像；

漆商公所在火神庙东，清光绪十九年（1893）建，奉关壮穆侯、朱文公、罗大真人神位；

铜锡公所于清光绪三十年（1904）建，大厅奉关壮穆像，民国四年（1915）

① 转引自彭泽益主编：《中国工商行会史料集》，中华书局，1995 年，第 172—173、173 页。
② 张亮采：《中国风俗史》，上海文艺出版社，1988 年，序例第 3 页。
③ 李乔：《中国行业神崇拜》，中国华侨出版公司，1990 年，第 42—44 页。

改建，并奉老君像，左右奉发起人神龛；

三会馆湄州天后像，殿前为戏台；这对戏台是多数公所所有的演戏酬神敬神娱神的场地。①

这些充分说明行会实为一准宗教组织。

第二，行会成为神话的最大制造机构。有多少行会就有多少行业神，而一行又有多神，如机圣庙中的机神就有黄帝及其以下十余神。据李乔的搜集，仅盐神就达二三十个，行业神的名目有五六百种。② 但要达到完备的程度，这数目恐怕还有较大差距。神与神话被行会大量制造出来。

各地会馆都供奉着不同的神灵，如山西及不少省的会馆供奉关公，闽粤会馆则供天后，湖北会馆供大禹，广东会馆祀六祖慧能，各省各地会馆祀神各有不同。地域性的差异进一步拓展了神话空间，神灵创造进入了一个空前的活跃时期。

行业神的制造有将大神据为己有者，如龙神、黄帝、关公、观音、老君等显赫的大神，他们都成为某一行业的总管。同时，一些鲜为人知甚至来路不明的神灵突然地位飙升，成为某一行业的神灵主宰。如同天地会、义和团一样，传统神话世界的秩序全部打乱了，神界的权力进行了一次再分配。尽管封建专制统治在宋元以后日益强化，但民众中一股强大的民主力量正日益增长。一批名不见经传的在野神灵登上行业神的大堂，与显赫的大神并驾齐驱。神界的尊卑界限被打破，预示着一个巨大的社会变迁正在到来。

与此同时，中国的城市于宋元后蓬勃发展起来，催生了城隍信仰的发展。城隍信仰发生很早，到了明代，朱元璋大规模封赐城隍神，城隍遂遍布天下。对此，郑土有等有系统的整理研究。城隍庙的建设，有时成为城市的地标，城隍神的故事往往成为一个城市精神的体现。如上海的城隍有多位，一是霍光，二是秦裕伯，三是陈化成。霍光是汉代重臣，官民选择他是借以自重；秦裕伯为朱元璋所封，为地方精英，封赐秦裕伯为城隍是为了地方的稳定，也有利于传承地方文化；陈化成是抗击外敌的英雄。因此，城隍的信仰与神话，成为城市精神的来源之一。

农业虽然依然是当时社会的主流，工商业者戴着沉重的"重农抑商"的传统枷锁艰难地跋涉着，但他们却在奋力冲破罗网，走向壮大之路。他们建立起

---

① 《民国上海县志》卷六。
② 李乔：《中国行业神崇拜》，中国华侨出版公司，1990年，第5页。

强大的行业神阵营正是他们向农业社会挑战的一项重大举措，它表明工商业者不愿受制于农业社会的传统神灵。近代以来兴起于都市的会馆神灵群像已显露出他们欲与传统社会分庭抗礼的强烈愿望。那么多尊贵的神灵都倾心扶助工商"末业"，说明传统的价值观念已经破产，一个新的世界正露出曙光。

第三节　海神神话与妈祖信仰

中国古代的海神神话也很发达，庄子谈到海神若，有其胸怀博大的自白。秦汉时期的蓬莱神话系列，描绘了海上仙山的瑰丽图景，是中国人的理想寄托。魏晋以来的四海龙王传说，带给人们新奇的海洋世界与海底景观。海洋是一个迷人的神话话题。宋元以来，随着帝国海洋事业的开拓，中国海神神话及海神信仰走向了一个新的世界。妈祖就是其中的杰出代表。

妈祖本是福建莆田的地方海神，在当地备受尊崇，民间流传的妈祖神话很多：

> 季春，有商三宝者满装异货要通外国，舟泊洲前。临发椗胶弗起，舟人入水，见一怪坐椗不动。急报客，大惊登岸，询洲人："此方何神最灵？"或曰："本山灵女极称显应。"遂诣祠拜祷，恍见神女优游椗上，鬼怪辟易，其椗立起。乃插香一瓣于祠前石间，祝曰："神有灵，此香为证，愿示征应，俾水道安康，大获赀利；归即大立规模，以答神功。"迨泛舟海上，或遇风涛危急，拈香仰祝，咸昭然获庇。越三载，回航全安，复造祠，见所插瓣香悉盘根萌芽，化成三树。正值三月二十三日神诞，枝叶丛茂，香气郁郁缤纷。商人奇其感应，捐金创建庙宇，焕乎改观。[①]

此神话中提到的灵女就是北宋时期被当地民众供奉于莆田湄洲岛通贤灵女庙中的妈祖。这一神话说明妈祖信仰已经开始向海商三宝这样的外来人口传播，在传播过程中，妈祖还逐渐赢得了一部分中上层官员的信赖。宋徽宗宣和五年（1123），给事中路允迪从明州出发出使高丽，在黄水洋中遇到大风暴，八条船中的七条被毁，只有路允迪感觉到妈祖在桅杆上，所以向妈祖叩求庇佑，大风暴骤然停止，路允迪所乘之船平安到达。后来，路允迪将这件事情上奏宋徽宗，徽宗赐了"顺济"二字作为通贤灵女庙的庙额，又下诏"妈祖专司海岳"。路允迪得妈

---

①《天妃显圣录》。

祖护佑的神话在廖鹏飞《圣墩祖庙重建顺济庙记》、丁伯桂《顺济圣妃庙记》、《莆田县志》及周煌《琉球国志略》等书中都有记录。这次受封是有记录的妈祖首次受封，直接原因是妈祖信仰在路允迪这样的官员中得到了传播，并经由官员而获得了皇帝的认可。路允迪出使高丽最便捷的途径并非海路，而是陆路，但当时的北方处于少数民族政权的控制之下，宋使无奈绕道而行，但也得到了神灵庇佑而顺利往返，皇帝赐庙额而将此神话宣扬出去，无疑是为内忧外患的北宋朝廷造了一场不错的舆论，也许在当时起过安抚民心的作用。

宣和五年（1123）以后，北宋朝廷陷入了战争中，先是与金联合打辽，然后又抵抗金的入侵。几十年之后，宋廷丢弃了大片北方领土，南渡杭州建立南宋。暂时稳定后，南宋政权开始恢复北宋时期的许多制度，包括皇帝出巡京都四郊，祭拜四方山川诸神的"郊典"。在绍兴二十六年（1156）的郊典中，通贤灵女被列入祭祀范畴。宋高宗还给她送上"灵惠夫人"的封号。① 高宗此举是希望新政权能获得诸神的保护。这次获封神号的神灵众多，湄洲灵女只是其中之一。南宋给妈祖最高的封号是妃。宋光宗绍熙年间某地大旱，妈祖托梦给地方官提示下雨的时间，这日果然下雨，地方官上奏妈祖救民奇勋，光宗于是颁诏晋封妈祖为"灵惠妃"。周煌《琉球国志略》、徐葆光《中山传信录》、《古今图书集成·神异典》都记载了此事。

随着两宋不断的敕封，妈祖神话的扩散速度加快，信众群体也不断扩大。到南宋后期，甚至连都城杭州的民众也信奉妈祖，《梦粱录》就记载："顺济圣妃庙，在艮山门外。又行祠在城南萧公松桥及候潮门外、瓶场河下、市舶司侧。按，庙记姓林，莆田人氏，数著灵异，立祠莆之圣堆，宣和间赐庙额。……其妃之灵者，多于海洋之中佑护船舶，其功甚大，民之疾苦悉赖栟榡。"当时的杭州已经有了艮山门外、萧公松桥、候潮门外、瓶场河下、市舶司侧等五座妈祖行祠，妈祖已经成为长江以南海疆诸地民众共同信仰的海神，其中官方敕封的作用不容忽视。

每一次改朝换代的影响都很大，甚至波及神灵世界。元为了标榜与宋的不同，对前朝的民间神灵进行了一番整顿，特别重视对妈祖的封赐，这与元代发达的海运业密切相关。元初专门管辖海运的机构行泉府司所统海船达到一万五千艘，"自泉州至杭州立海站十五，站置船五艘、水军二百，专运番夷贡物及商

---

① 徐松辑：《宋会要辑稿》礼一〇之六一。

贩奇货"①。当时的水手、舵工及海上旅人都信奉天妃。天妃的神话在他们中间口耳相传，为了航运发展，安抚这些信众，元朝廷敕封了妈祖。

妈祖在元朝的首次受封发生在至元十五年（1278），"凡名山大川、忠臣义士在祀典者，所在有司主之。惟南海女神灵惠夫人，至元中，以护海运有奇应，加封天妃神号，积至十字，庙曰灵慈。直沽、平江、周泾、泉、福、兴化等处，皆有庙"②。妈祖受封的直接原因是朝廷派蒲师文出使海外，招揽安抚海外诸国。蒲所率领的船队中有许多信仰妈祖的水手，为了安抚众人，蒲向朝廷要求敕封妈祖。但更深层的原因则是要缓解元政权与汉族民众之间的对立关系。元作为异族统治者统一中原是几千年来所罕见的，元政权与汉族民众之间关系的疏远可以想见。敕封一位不会引起民众族群对立情感且信众广泛的神灵无疑能拉近上层元政权与下层汉族民众之间的关系。元政权敕封妈祖而旨在缓解民族矛盾的深层原因可以从细节中表现出来：给了妈祖比前朝的"妃"更高的"天妃"的封号。天妃的封号比圣妃的封号更高一个等级，而且专属神灵世界。将妈祖加封为天妃是元政权对汉族传统信仰的遵从和对民意的顺从。早在南宋，民间就对妈祖"妃"的封号不十分满意了。不少妈祖行祠都将妈祖称为"圣妃"。如上文提到的南宋都城临安的"艮山圣妃庙"，又如福建惠安县龙宫山的妈祖庙就叫"圣妃庙"③。元政权加封妈祖为"天妃"无疑是深得民心的。

基于客观的海运业的发达和争取民心、缓解民族矛盾的需要，元皇帝不仅敕封妈祖为天妃，还经常赐号，且常常派遣大臣前往天妃庙祭祀。元代对天妃的祭祀比较隆重，一般是一年两次。一次是春祭，在漕运开始之前，由当地官员祭祀。另一次是在夏秋之交，当所有漕运的船抵达直沽后，朝廷派官员代表皇帝前去祭祀，以答谢天妃的保佑。"皇庆以来，岁遣使赍香遍祭，金幡一合，银一铤，付平江官漕司及本府官，用柔毛酒醴，便服行事。祝文云：'维年月日，皇帝特遣某官等，致祭于护国庇民广济福惠明著天妃。'"④

明初，朱元璋也曾整顿过神灵世界，对待淫祀相当严厉，许多庙宇因而撤毁，不少在元代还受封的神灵也被撤销了封号。明代在整顿元代神灵世界时做出了一种姿态：明代是元代的造反者。但元代受封的妈祖却因为对海师及漕运的重要作用而保留下来。

---

① 《元史·世祖本纪》。
② 《元史·祭祀志》。
③ 真德秀：《西山先生真文忠公文集》卷五十《惠安县管下圣妃宫祈雨祝文》。
④ 《元史·祭祀志》。

明初，经常有大规模的海事活动，比如为平定倭寇而组成水师，比如为征集粮食组织海上漕运粮船。这些海上活动都促进了妈祖神话的传播，此时期叙述妈祖海上救护的神话随处可见：

洪武初，海运风作，漂泊粮米数百万石于落漈，万人号泣待死矣，大叫"天妃"，则风回舟转，遂济直沽。①

为了安抚漕运水师，明代朝廷以"神功显灵"为由，敕封妈祖为"昭孝纯正孚济感应圣妃"。明初的这次封赐，将元代已封的"天妃"封号降了一级。这与元初将妈祖在宋代"妃"的封号降为"夫人"一般，用意在于贬去该神在前朝的封号而洗净前朝的痕迹。"圣妃"的封号让人很容易联想到宋，这也是明朝廷笼络民心的手段，让民众认为他们是宋朝的继承者，是带给民众苦难的元朝的反对者。但天妃的神话及信仰显然深入人心，民众能接受元代升一级的封号，却不愿接受明代降一级的封号。对于"圣妃"的封号，民众显然不买账，他们照旧把妈祖称为天妃。"何年敕赐天妃号，宫观岧峣入紫冥。龙女来朝多显异，鲛人作市暗闻腥。黄姑渚阔天通海，丹凤楼高昼隐星。近得瑶池王母约，蓬莱有路到珠庭。"该诗作于洪武年间，反映了民众对妈祖的看法。

永乐七年（1409），朱棣敕封妈祖为"护国庇民妙灵昭应弘仁普济天妃"，妈祖的封号终于又回升了，其祭祀制度也沿袭了元代的春秋两祭。"天妃，永乐七年封为护国庇民妙灵昭应弘仁普济天妃，以正月十五日、三月二十三日，南京太常寺官祭。"② 妈祖这次受封的直接原因是明使几次出使海外诸国都得到了妈祖的护佑：

成祖永乐七年，钦差太监郑和往西洋，水途适遇狂飙，祷神求庇遂得全安归。奏上，奉旨差官致祭，赏其族孙宝钞各五百贯。本年又差内官张悦、贺庆送勃泥国王回，舟中危急，祷神无恙。归奏，奉旨差官致祭。本年又差内官尹璋往榜葛剌国公干，水道多虞，祝祷各有显应。回朝具奏，圣上以神功浩大，重神国家，遣太监郑和、太常寺卿朱焯驰传诣湄山致祭，加封"护国庇民妙灵昭应弘仁普济天妃"。③

明成祖朱棣的皇位来之不正，为了扩大海外影响，他曾多次派使者出访。永乐元年（1403），朱棣就曾四度派使者进入东南亚的暹罗国。④ 永乐二年

① 郎瑛：《七修类稿》卷五十，上海书店出版社，2001 年，第 530 页。
② 《明史·礼志》。
③ 《天妃显圣录》。
④ 《明史·暹罗传》。

（1404），明使还到访过日本。从永乐三年（1405）开始，成祖命郑和与王景弘等人共同出使西洋。这些出使行为使不少国家认可了朱棣的地位从而向明朝进贡称臣。在出使海外诸国的过程中，使节船队遭遇过多次危险，但因为妈祖的保护大都化险为夷。郑和屡次上报，促使成祖敕封妈祖为天妃。因为民间一直将妈祖称为天妃，所以成祖的敕封迎合了民众的需求，赢得了民心。另一方面，明使屡受妈祖护佑的神话的传播也暗含着朱棣的皇位是正当的，是神灵所认可的意义，是朱棣为自己所造的一种舆论。到明代中后期，随着儒学的力量越来越强大，很多诞生于民间的神灵都被儒者称为淫祀，妈祖就是其中之一。不少地方官往往采取撤毁妈祖庙的措施。① 妈祖神话的传播受到影响。

儒者将祭祀妈祖当作淫祀的主要原则是：民众不得随意祭祀神灵，否则会亵渎神灵。这种原则在早期儒家中就存在。儒者因此将民间信仰称为淫祀。将祭祀妈祖作为淫祀的言论早在宋代就有，当时福建漳州的大儒陈淳就曾说过："况其他所谓圣妃者，莆鬼也，于此邦乎何关？"② 显然对于将妈祖纳入国家祀典很不满意。这种意见到明代更甚。在明代批评妈祖信仰最激烈的人物之一是妈祖的同乡朱渶，他说："宋元间，吾莆海上黄螺港林氏之女，及笄蹈海而卒。俚语好怪，传以为神，讹以传讹，谁从辨诘。……夫上天至尊无对，谁为媒妁，以海滨村氓弱息作配于天？其无理不经，谬恣舛逆，与邺人为河伯娶妇之事尤为怪诞也。"③ 朱渶指出滨海女鬼不应配给上天作为配偶，"天妃"封号是错误的。明代没有将妈祖驱除出国家祀典，没有大规模拆毁妈祖庙，说明如朱渶这般只论是非的考虑并没有受到当权者的重视。当权者所看重的是政权的长治久安，他们对待妈祖神话与妈祖信仰的态度完全取决于其是否有利于维护统治。所以虽然儒者反对的声音持续到了清朝，但丝毫没有影响妈祖成为清代受封最多的神灵的事实。

清初，福建水师在平定东南、统一台湾的军事行动中发挥了重大作用。他们对天妃的信仰影响了清朝统治者，使天妃信仰成为国家正祀。《天妃显圣录》就记载了这样一个神话：

> 康熙庚申年二月十九日，舟师征剿，驻崇武与敌对垒。夜梦天妃告之曰："吾佐一航北汛，上风取捷，随使其远遁。"次日，果得北风

---

① 徐晓望：《论明清以来儒者关于妈祖神性的定位》，载《福州大学学报》（哲学社会科学版）2007年第2期。

② 陈淳：《北溪大全集》卷四十三《上赵寺丞论淫祀》，文渊阁《四库全书》本，第14—16页。

③ 朱渶：《天马山房遗稿》卷六《天妃辩》。

骤起，敌遂披靡大败而退，至廿六日，舍厦门，入台湾，内地海宇自
是清宁。

该神话发生于明郑与福建水师之间的关键性战役——金门水战中。此战后，明郑水师主力受挫，数万人投降，数千人退入台湾。福建水师提督万正色认为福建水师的成功是靠妈祖保佑，"奏上，钦差礼部员外郎辛保等赍香帛诏诰加封致祭"，《清圣祖实录》记载，康熙十九年（1680）六月，皇帝"遣官赍敕往福建，封天妃为护国庇民妙灵昭应宏仁普济天妃"①。康熙年间的这次受封起到了多重作用：首先，明郑水师与福建水师共同信仰妈祖，而妈祖显灵帮助福建水师，正说明明郑水师"失道寡助"，为日后收复台湾造舆论。其次，福建水师信仰妈祖其实在此次受封之前是非法的。妈祖此前并非清廷承认的神灵。但此次受封为妈祖正名，也将福建水师的祭祀合法化。最后，封天妃还有助于清廷争取民心。清朝是继元朝之后又一个异族统一中原的王朝，同样也面临着族群认同的问题。明朝中后期儒者贬低天妃，不少官员将祭祀天妃当作淫祀，但同时妈祖在民间的影响又很大。清建国后，为了争取信仰妈祖的这部分民众，清朝承认了妈祖的合法地位。

妈祖在清代甚至获得了比"天妃"更高的"天后"的封号，是清朝试图赢取广大信仰妈祖的汉族信众支持的一种努力。（图4-1-1）"天后"的封号最早出现在雍正朝，但在此之前，民间已经有天后的私谥。雍正三年（1725）九月初九，巡台御史禅济布、给事中景考祥上了一道《为海神效灵恳颁宸翰以昭崇报折》，此折受民间传说的影响，称康熙二十三年（1684）因助战收复台湾而加封过天后。雍正朱批"国家崇德报功，人神一理，该部查议具奏"②。奏折中所说之事在《大清会典》中没有找到根据，但妈祖的天后称呼由此获得法律根据。雍正皇帝崇尚道教，而早在宋元之交民间就有了将妈祖拉入道教体系的神话，"按旧记，妃族林氏，湄洲故家有祠，即姑射神人之处子也"③。"姑射神人"正出自道教典籍《庄子》："藐姑射之山有神人居焉，肌肤若冰雪，绰约若处子"。个人信仰加之政治、军事上的实际作用使雍正比康熙更看重妈祖。这里有两个例子：

---

① 《清圣祖实录》卷九十，第1139页。

② 《台湾文献史料丛刊》第300种《雍正朱批奏折选辑》一五八《巡台御史禅济布、给事中景考祥为海神效灵恳颁宸翰以昭崇报折》，台湾大通书局，1984年，第193页。

③ 黄仲元：《黄四如集》卷二《圣墩顺济祖庙新建蕃厘殿记》。

图 4-1-1 　清代天后圣像图画

第一，雍正朝时曾拨出巨款建造钱塘江堤，其中有一笔十万两白银的经费是专门用于修建海宁海神庙的，海神庙中建有天妃阁，请求建海神庙的奏疏说："再南省所称海洋灵神，惟天妃为最，历朝俱有褒崇，康熙十九年曾加封号。闽浙土人称为妈祖，在洋遇险祈求，随声而应。故海船出入之口岸，莫不建庙奉祀……今奉特旨启建大工，钱粮又多，自必更加壮丽，以肃观瞻。拟于正殿之东另建天妃阁，西筑风云雷雨坛之后，再用水仙楼以配之。"①

第二，在杭州有一座天主堂，本为神父德玛诺所有。神父年老返回澳门后，天主堂便空了下来。浙江总督李卫想将其改为中国庙宇，奏请说"臣意将天主堂改为天后宫字样。诸凡合式不用更造，只须装塑神像，择德行羽流供奉香火，并不露曾经奏请改正之处。则祀典既清而异端亦得靖其萌蘖矣"②。雍正批示"甚好"。

在雍正朝，妈祖成为春秋二祀的官祀神灵之一，妈祖的官方祭祀制度还普及各个地方。雍正十一年（1733）六月二十七日，福建总督郝玉麟等上了一道奏折《为请颁闽省南台匾额并立祀典事》，请求皇帝下令江海各省会地方，如曾建有祠宇而未设祀典之处，都应实行祭祀制度。③ 雍正于是命礼部议奏。礼部制定了新的制度，规定各省城地方凡有天后宫的都要春秋二次祭祀天后，而且要由地方最高行政长官总督与巡抚亲自祭祀，其祭祀规格应比照祭祀龙神的典礼。这一政令对普及天后信仰有重要意义。为了遵照朝廷的祭祀指示，沿海和南方诸省都建立了一座以上的天后宫庙，云南、贵州、湖南、湖北、江西、广西、广东、福建、浙江、江南、山东、直隶、奉天诸省都有天妃宫、天后宫、天妃庙、天后庙。大约是雍正在位不久，事务繁忙的原因，他并未给妈祖正式敕封，直到乾隆二年（1737）妈祖才有了正式的"天后"封号，"乾隆二年加封天妃为护国庇民妙灵昭应弘仁普济福佑群生天后"④。

从宋元到明清，官方的妈祖神话内容大都是助战、助漕运与护佑使者三种。后两者与民间的妈祖神话内容差异不大，基本还是在妈祖最初的海神保护神的神职范围内，而助战的妈祖神话则是官方对妈祖神话利用后新产生的内容。较

① 中国第一历史档案馆、湄洲妈祖祖庙董事会等合编：《清代妈祖档案史料汇编》，中国档案出版社，2003 年，第 31 页。

② 中国第一历史档案馆、湄洲妈祖祖庙董事会等合编：《清代妈祖档案史料汇编》，中国档案出版社，2003 年，第 37—38 页。

③ 中国第一历史档案馆、湄洲妈祖祖庙董事会等合编：《清代妈祖档案史料汇编》，中国档案出版社，2003 年，第 44—45 页。

④《钦定大清会典则例》卷八十四。

早的妈祖助战的神话产生于南宋绍兴三十年（1160）：

> 三十年，流寇刘巨兴等啸聚，直抵江口。居民虔祷于庙，忽狂风
> 大震，烟浪滔天，晦冥不见，神灵现出空中。贼惧而退。既而复犯海
> 口，神又示灵威，贼遂为官军所获。奏闻，天子诏加封"灵惠昭应夫
> 人"。①

此后，妈祖助战神话一发而不可收，几乎历代都产生过大量的妈祖海上助
战神话。助战、助漕运与护佑使者的神话大都是官方利用妈祖神话为自己所造
的舆论，功利色彩较浓厚而神话内容单一。但民间的妈祖神话的内容则是多姿
多彩的，在民间神话中，妈祖是多元保护神灵，她能送子、护婴、救灾、御敌，
能占卜吉凶，能排解各种灾难，造福百姓。民间有妈祖送子的神话：

> 俗有天姥（天后娘娘，即妈祖）送生子说。……有童某行八，梦
> 一老妪与一仆人抱一小娃而来，年若数岁者，面目极修整，手执数朵
> 牡丹，问郝姓何住。童八梦中云，此家好几门，你送到谁家去？因指
> 明龙友姪乳名，乃实告予家之居址。慈忽得重孙，喜甚。清早往娘娘
> 庙焚香，路遇童八之母。伊曰三太太准得一重孙，因白其子之梦。云
> 予次子十儿降生，内人所梦仿佛似之。②

嘉庆《台湾县志》还载录有妈祖看孩子的神话："今莆田林氏族中，妇人饲
子者，将往田园或采捕，以其儿置庙中，祝曰：'姑好看儿。'去。竟日儿不啼，
不饥，不出阈。暮，各负以归。盖神之笃厚宗人又如此。"

妇人把孩子毫不客气地放在妈祖庙中，只说了句"姑奶奶，看好孩子"就
去劳动了。而妈祖竟然也不嫌看孩子这样的事情烦琐，很好地完成了族人的嘱
托。这样亲切犹如邻家女的形象与官方神话中威严的神灵形象大相径庭。赵翼
《陔余丛考》载："（泛海者）倘遇风危急之时则呼妈祖，神即披发而来，其效
立应。若呼天妃，神即披冠而至，恐稽时刻。云妈祖，盖闽人在母家之称。"妈
祖是海上救护之神，如果在海上遇到危险，可以呼唤神名：呼唤"妈祖"这一
闺名时，女神很快披散着头发到来，似乎就是在家中日常生活的样子；呼唤其
封号"天妃"时，女神赶来时则是戴着头冠，显然是按照天妃的封号装扮了一
番，因此可能要比不梳妆时来得慢。这则神话正反映了妈祖的官方形象与民间
形象的区别。官方利用并且改造民间神话，提升了妈祖的地位，这是民间信众

---

① 《天妃显圣录》。
② 郝福森：《津门闻见录》卷二。

所乐见的。所以尽管妈祖的官方形象与民间形象差别很大，也丝毫不影响妈祖神话在民间的传播，某些官方创造的助战等神话也为民众所津津乐道。在民众的意识中，两个都是正面的形象，是可以并存的。

妈祖从被福建莆田湄洲岛民众信仰开始，一步步走向全国，成为官方和民间都认可的地位崇高的神灵，此过程中虽然也遭遇过明代中后期被儒者当作淫祀的波折，但基本上一路顺畅地逐级升上了被纳入国家祀典的"天后"高位。比较其他地方的海神，就会发现这样顺利的晋升足够让人感到惊讶。实际上，各地民众都创造了不少海神，如南海的伏波将军、浙江的伍子胥，仅福建一地就有不少海神，著名的如因路允迪出使而同时获封的福州演屿神。这些神灵起初大都比妈祖声名显赫，其封号也比妈祖的早期封号"夫人"高许多，但最终都没有取得妈祖的成就，这是值得深思的。

以妈祖的同乡——演屿神为例，演屿神的主神是唐代福建观察使陈岩的长子陈延晦，其人乡居有德。黄巢起义时，陈延晦对唐室的衰微感到不满，说："吾生不鼎食以济朝廷之急，死当庙食以慰生人之望。"他死后祀于连江县演屿，被称为演屿神。与路允迪同时出使高丽的徐兢曾写有《宣和奉使高丽图经》，此书中并未提到妈祖，只说获得了演屿神的保佑。"比者，使事之行，第二舟至黄水洋中，三舵并折。而臣适在其中，与同舟之人，断发哀恳，祥光示现。然福州演屿神亦前期显异，故是日舟虽危，犹能易他舵。"[1] 因为演屿神的功绩，朝廷敕封了一批海神，妈祖只是其中之一，说明当时的演屿神是比妈祖更重要的海神。演屿神在宋代得到多次敕封，到南宋已经得到了"王"的称号，地位比妈祖高。但南宋中后期以后，演屿神得到新封号只有三次，而同时期的妈祖则有十余次。说明到南宋中后期，妈祖的影响已经大大超过了演屿神。为什么南宋政府选择了妈祖而放弃了演屿神，这里有两个猜想。第一，妈祖出身普通，没有任何政治背景，民众不会因信仰妈祖而参与到反对政府的政治斗争中去。演屿神不同，他出身仕宦家庭，自身颇具政治抱负而对当时的政府不满。南宋国力疲弱，内政不清明，过分推崇演屿神容易被人利用演屿神而掀起反抗斗争。南宋以后的元、清是异族统治，更不可能敕封有政治倾向的汉族神灵。明朝皇帝虽是汉人，但儒者的力量非常强大，一般把地方性神灵归为淫祀。而且，对任何朝代来说，敕封有政治倾向的神灵都不是明智之举。所以，妈祖一步步获得历朝的官方认可，可以说是各王朝从政治角度出发考量的一种结果。第二，

---

① 徐兢：《宣和奉使高丽图经》卷三十九《海道六》。

妈祖是女性神灵，女性神灵的政治号召性不强但感染力巨大。女性天生具有的较强的同情怜悯之心在女性神灵身上所体现的就是慈悲为怀的神格，由此她更容易发展为多元神灵从而吸引更多的信众。因此，敕封女性神灵容易争取到更多民众的认同。这一点在族群认同困难的朝代更容易被利用。

妈祖是具有世界影响的海神，它的出现，在重视农耕文化的中国，对帝国的事业开拓，对民众的视野开阔，都是非常重要的。

宋元以来，新的神话还有很多，以上仅举出数例，已足以见出，中国神话在宋元以后，还在大幅度开拓自己的空间，以满足帝国的需求，以满足民众的事业发展及精神需求。

第二章　民族神话的新拓展

隋唐以来，中华民族的发展进入了又一次民族大融合的时期，传统意义上的汉族在中华民族的后期发展过程中已不占主导地位。五代有三代的开国皇帝是沙陀人，北宋只统治着国家的部分地区，东北地区的契丹族与西北地区的党项族都建立有自己的政权，并压迫得北宋抬不起头来。至于南宋则更是偏安一隅，在历史舞台上唱主角的渐渐转为北方民族。先是女真族的金雄起，相继灭辽、灭北宋，成为北方的主要统治者，并对南宋虎视眈眈，南宋只有招架之功而无还手之力。12 世纪末至 13 世纪初，蒙古于北方迅速强大起来，蒙古军队的铁骑横穿欧亚，以不可阻遏的气势登上了统治中国的舞台。在经历了一个多世纪的统治后，元朝灭于风起云涌的农民战争的风暴之中。继起的明朝是一个汉族的政权，其统治时期为公元 1368—1644 年，不足三百年。满族人建立的清政府是中国历史上最后一个封建王朝，也是统治时期最长的一个非汉族政权。如果我们从 907 年李存勖建立后唐开始算起，到 1911 年辛亥革命推翻清政权，这期间一千年，汉民族的直接统治不足三百年，五代与两宋，汉族与各少数民族分治三百余年，元统治九十八年，清以 1636 年皇太极改国号为清始至清亡也近三百年。多元民族是隋唐以后历史发展无可争议的统治主流，忽视这一重要现象就不能真正理解后期的中国文化。因而，神话研究若不从民族发展的相互间的巨大影响中去考察，就不可能把握住中国神话发展的真正脉搏。

各民族的交融使这一时期的神话发展呈现出多元的局面，与南北朝时期南北对峙时的北方民族不一样，中国后期的少数民族的独立性相对较强。由于历史较长，这些民族有了较深的文化积淀，且大多拥有自己的文字，如西夏文，所谓"蕃书"，辽的契丹文字、金的女真文、元的蒙古文、清的满文，这些文字的创制和采用，对于各民族文化的发展都有不可估量的影响。通过它们记录下来的民族发展历程，是我们研究古代文化的宝贵资料。许多神话就是赖这些文字的记载得以保存的。由于他们有文字保存自己的文化历史，各族同胞并不像北朝时期的北方民族一样，急于向汉族求血缘正宗正位。一个显著的特点是，如北朝时的各族将五帝神话作为文化归宗的心态在这些朝代和民族中不明显，血缘种族色彩的神话已退居第二位，而在整个民族精神生活中占统治地位的民族宗教——儒、道、佛三教的神话已无可争议地坐上了第一把交椅，各族的精神皈依有了新的坐标。

这一转变时期发生在唐代。李氏唐朝是一个融合了各族文化的新汉政权，它的出现，是南北朝漫长时期里的民族文化交流的总结。贞观四年（630），"诸蕃君长诸阙，请太宗为天可汗"①。唐代的建立使中华民族真正出现了一个"胡汉一家"的局面。由于李氏明显的鲜卑与原汉族的杂交血统，他们很难跟五帝系统直接发生关联。他们已经统一了神州，无论是何种血统，他们已是政权的主人。中国文化的主流已由独尊的儒术演为儒、道、佛三教鼎立，没有一个朝代完全抛弃了儒教，对于道教、佛教或兼崇不偏，或有所选择。总之，将三教视为社会的精神统治思想的大趋势不变。李氏统治选择老子为其祖，这是中国神话史上具有划时代意义的一次巨变。而武则天将佛祖供进明堂，则使传统的神典受到了前所未有的冲击，它标志着佛、道之神已从在野的异端步入了正统的行列。这一过程始自汉，完成于隋唐。自成统系的三教神话已经形成，成为隋唐以后文化统一的蓝本。

儒、道、佛三教文化并不能视为纯汉文化的代表，它是中华民族各族人民共同发展的结晶。佛教发展以北方民族的贡献尤大，而道教离开了北魏统治集团的扶持则很难步入主流社会。正是因为三教文化为不同民族共同创造发展，因而也能为不同民族所接受。三教文化成为适宜于中国文化生态的主流文化。

当三教文化自成体系的神话系统一形成，一股强大的摧毁原始神话的力量便发生作用了，就像繁荣的希腊罗马神话一遇到基督教的神话便土崩瓦解一样。三教神话使得原来较为原始的各少数民族神话受到影响。体系性宗教神话形成的力量是任何神话都难以比拟的，它不像政治神话那样靠强制宣传，而是水浸气流般渗透到民众的心灵，造成一种心灵的皈依。散漫无主的原始宗教与神话面对体系宗教就显得无能为力。当然他们在接受三教神话时会做一些改动，但这种改动不会影响神话的基本构架，这就是为什么唐以后那么多的民族，在接受三教神话之前，神话曾丰富多彩，而一旦跟三教神话接触，便渐失自家本色的原因。当然，这种改变并不是整体的完全的崩溃，民族文化还保留着它的基因。

隋唐以后的民族神话发展过程是一个原始神话向三教神话归依的过程，这种归依，除部分地保留了一些少数民族神话的元素外，各族统治者和人民以他

---

①《唐会要》卷一百《杂录》。

们对新神话的认同加入了民族共同体。三教神话成了新一轮民族大融合的精神纽带。

下面我们将对宋元以来主要少数民族神话的发展进行分析，以见各族原始神话的基本形态以及它们在三教神话后的发展。至于南方各民族的神话，本书很少提及，但不能说它们没有影响，或者神话形态不丰富，由于本书主要以主流神话为中心进行考察，这些神话以后将以专题展开分析。由于南方各族相对远离政治中心，所以他们的神话反倒保持了更多的自我元素。

北方民族神话信仰在民间的存留，主要表现在北方萨满教。它在三教神话冲击下顽强地生存下来是一大奇迹，因而也在后期民族神话中甚有光彩。

第一节　契丹神话：从青牛白马到白衣观音

契丹民族见于北魏、唐、五代史书，为东胡一系，长期生活于辽河上游的西拉木伦河流域。唐初受册封，赐李姓，有为官于唐者，著名者如李光弼。契丹叛服无常，至五代时强大，助晋灭唐。907 年，耶律阿保机被举为可汗，即破坏传统的部落首领选举制，霸在可汗的位置上不下来。916 年，他用其妻之策，杀害各部首领，即皇帝位，建立契丹国，以皇位世袭取代了可汗选举制。阿保机去世后，耶律德光继位，947 年，改国号为辽。

由于辽的统治主要限于东北地区、部分西北地区，南向仅及山西、河北一带，辽政权仅为一地方政权，故其皇家祀典中保留了较多的辽河流域的原始神灵，在辽初尤其明显。

契丹的先祖，相传为骑白马青牛的神人天女。《辽史·地理志》称：

> 相传有神人乘白马，自马盂山浮土河而东，有天女驾青牛车由平地松林泛潢河而下。至木叶山，二水合流，相遇为配偶，生八子。其后族属渐盛，分为八部。每行军及春秋时祭，必用白马青牛，示不忘本云。

关于白马青牛，蔡美彪等认为是不同氏族的象征[①]。因为辽祭天时常杀青牛白马，以敬天法祖，这一风习大抵同于儒家的宗教礼仪。汉史籍谓契丹为炎帝之后，未知所本。据《辽史·地理志》所载，契丹祖先乃为天神，似与炎帝无涉。辽太祖阿保机将木叶山定为圣地，动辄以青牛白马祀天，则是天神与祖先一同祀之，祖先就是天神。契丹建国初期的最高神为天神与祖先的统一体。阿

---

① 蔡美彪、周清澍、朱瑞熙等：《中国通史》第 6 册，人民出版社，1979 年，第 3 页。

保机死后，耶律德光尊其为太祖，建太祖庙，谒祠甚勤。又建祖陵，常祠之。有辽一代，祠木叶山及各先帝祖庙在皇家宗教生活中占据重要地位。自907年阿保机继汗位到1125年天祚帝为金人所俘，传九帝二百余年，祠木叶山，谒太祖庙的热情始终没有衰绝，而昊天上帝、社稷神位却始终没有建立起来，在皇家祀典里，辽与先秦祀典及秦汉以来的祀典明显不同。

太宗灭晋以后，稍用汉礼，但天地神灵礼仪民族特色鲜明：

> 设天神、地祇位于木叶山，东向；中立君树，前植群树，以像朝班；又偶植二树，以为神门。[①]

天地神不在南北郊，而置于木叶山这个契丹族的圣地，故虽有天神地祇之位，但与昊天上帝、社稷神位殊科。作为皇家祀典的儒家神系没有在辽国建立起来，他们所引进的儒家神话只是关于教主孔子的仪典，而且未涉及儒典中的神系。

在辽的宗教活动中，巫术性的行为甚多，较突出的如射柳、射鬼箭，前者为祈雨所行仪式，后者乃为厌禳。终辽一代，射柳频频，可见巫风之重。至于求雨为何定要射柳，则疑而难明。或许柳为女阴象征，射之以祈雨也未可知。

射鬼箭于辽初多有行施。太祖阿保机登汗位，诸弟不服，反。阿保机不思加诛，乃与诸弟登山刑牲，告天地为誓而赦其罪。但诸弟仍存反心，面木叶山射鬼箭厌禳，太祖闻之，"乃执叛人解里向彼，亦以其法厌之"[②]。关于射鬼箭，《辽史》末附《国语解》云："凡帝亲征，服介胄，祭诸先帝，出则取死囚一人，置所向之方，乱矢射之，名射鬼箭，以祓不祥。及班师，则射所俘。后因为刑法之用。"解里在这里就做了这样一个牺牲品，以对抗诸弟为厌禳。这样，阿保机与诸弟的矛盾起初是以巫术性的射鬼箭来展开的。后其养子涅里思附诸弟叛，被阿保机以鬼箭射杀之。太宗耶律德光也有射鬼箭之举。辽代的宗教神话保持着浓厚的地方特色，就其本质看，实是北方萨满宗教系统，只是那时人们尚未以萨满称之。

辽代祭天地多以青牛白马，但青牛白马并不是唯一的选择，考于《辽史》诸本纪，祭天地之牲尚有黑白羊、黑兔等物，似乎色彩较牲畜本身更为重要。白色象征天，黑色象征地，是一种较为原始的自然崇拜形式，其推动力则是神人天女结合的祖先神话。自然崇拜、祖先崇拜的传统在整个辽代都绵延不绝，这就是北方萨满教的神话与礼仪，它在北方各族中长久流传，是在儒、道、佛

---

①《辽史·礼志》。
②《辽史·太祖本纪》。

三教神话之外加入中国神话系统的一支新的力量。

但是，这种原始的民族宗教神话并没有成为唯一的宗教神话。儒、道、佛的神话传入，渐成文化主流。辽太祖神册三年（918）五月乙亥，"诏建孔子庙、佛寺、道观"①。这是与青牛白马所祭的天地完全不同的神统。《辽史·耶律倍传》：

> 太祖问侍臣曰："受命之君，当事天敬神。有大功德者，朕欲祀之，何先？"皆以佛对。太祖曰："佛非中国教。"倍曰："孔子大圣，万世所尊，宜先。"太祖大悦，即建孔子庙，诏皇太子春秋释奠。

这时的孔子在辽是被当作一个神对待的，孔子被列在三教之神的首位。辽太宗耶律德光时，亲谒孔子庙，而令皇后、皇太子分谒寺观，是三教不废，而独尊孔子。《辽史稿》认为："契丹族奴隶主贵族引进儒学，绝不是作为一种学术来引进，而几乎是作为一种宗教来引进的。"② 他们供奉教主孔子，也提倡忠孝之道。辽圣宗《诸任戒》说："汝勿以材能凌物，勿以富贵骄人，惟忠惟孝，保家保身。"这其间浸透着儒家伦理，非深谙孔孟之道不能言之如此。圣宗幼喜书翰，十岁能诗，既长，好音乐绘画，是辽代帝王中文化水平较高的一位。辽于北方成一文化中心，北方诸部对华夏传统文化的汲取多求之于辽。圣宗开泰元年（1012），铁骊那沙乞赐佛像、儒书。圣宗即赐护国仁王佛像一，《易》《诗》《书》《春秋》《礼记》各一，儒佛之道之大行于辽可知。

辽代虽崇儒，但后来最有影响的宗教神话势力还是佛教，阿保机问祀神以何为先时，"皆以佛对"就是证明。辽太宗时，奉观音为家神，佛教的地位进一步提高。辽代的拜山仪即于木叶山祭天神地祇仪，为最高宗教仪式，自太宗将白衣观音像迁于木叶山庙，尊为家神后，便增加"诸菩萨堂仪"，然后拜山，观音之礼已高于天神地祇礼。兴宗继位，先有事于菩萨堂及木叶山辽河神，然后行拜山仪，后因循无变。总之，太宗时，白衣观音已升为众神之首。

耶律德光如此重视观音，是有一定的政治图谋的，他是借助佛教神话的力量来干预中原政治，为西进南下寻找借口。《洛中纪异》记载了一则观音授令的神话：

> 契丹主德光尝昼寝，梦一神人花冠美姿容，辒辌甚盛，自天而下，衣白衣，佩金带，执金骨朵，有异兽十二随其后，内一黑色兔入德光怀而失之。神人语德光曰："石郎使人唤汝，汝须去。"觉，告其母，

① 《辽史·太祖本纪》。
② 舒焚：《辽史稿》，湖北人民出版社，1984年，第289页。

忽之不以为异。后复梦，即前神人也，衣冠仪貌，宛然如故。曰："石郎已使人来唤汝。"即觉而惊，复以告母。母曰："可令筮之。"乃召胡巫筮，言："太祖从西楼来，言中国将立天王，要尔为助，尔须去。"未浃旬，石敬瑭反于河东，为后唐张敬达所败，巫遣赵莹持表重赂，许割燕、云，求兵为援。契丹帝曰："我非为石郎兴师，乃奉天帝敕使也。"率兵十万，直至太原，唐师遂衄，立石敬瑭为晋帝。后至幽州城中，见大悲菩萨佛相，惊告其母曰："此即向来神人。冠冕如故，但服色不同耳。"因立祠木叶山，名菩萨堂。德光生于癸卯年，黑色入怀，此其兆也。[①]

显然这是军事干预中原的舆论，耶律德光宣称："我非为石郎兴师，乃奉天帝敕使也。"也就是替天行道。究其实质，不过是他想得到幽云十六州的土地，又要冠冕堂皇罢了。而自称"儿皇帝"的石敬瑭的后晋，不过是辽进入中原的一块跳板。当然，辽进入幽云十六州却使契丹族日益汉化了。

在辽的四时节气中，有关佛的纪念日最得关注，如二月八日传为悉达太子生辰。"京府及诸州雕木为像，仪仗百戏导从，循城为乐。"[②] 这是一特殊礼遇，老子、孔子均不能得此殊荣。辽又有以四月八日为佛生日者。庆祝仪式也十分隆重。《全辽文》中《重修范阳白带山云居寺碑》中这样描绘道：

> 风俗以四月八日共庆佛生，凡水之滨、山之下，不远百里，仅有万家，预馈供粮，号为义食。是时也，香车宝马，藻野缛川；灵木神草，艳赫芊绵。从平地至于绝巅，杂沓架肩；自天子达于庶人，归依福田。

这种盛大场面反映出辽国举国上下的崇佛热潮，正是这种宗教风习，使契丹与中原有了更多的心灵相通之处。白衣观音实际上成为辽与宋及夏、金文化交流的桥梁。尽管契丹族的木叶山宗教信仰的地方色彩是那样的厚重，可自打白衣观音进入木叶山菩萨堂，整个神话都发生了变化，木叶山、辽河神礼仪及天神地祇沦为一种象征性仪式，而佛教崇拜却是"自天子达于庶人"的实质性的信仰。

辽代的道教神话也颇有光彩，据传刘海蟾为辽进士，则辽出一道家大仙，在各族人民的民间神话与习俗中影响很大。《坚瓠集》引刘海蟾故事云：海蟾姓刘，名矗，渤海人。十六岁登甲科，仕金，五十至相位。退朝，有二异人坐道旁，延入谈修真之术，二人默然，但索金钱一文，鸡卵一枚，掷于案，以鸡卵累金钱上。

---

① 转引自《辽史拾遗》卷二。
②《辽史·礼志》。

嘉傍睨曰："危哉！"二人曰："君身尤危，何啻此卵！"刘嘉因悟，挂印入终南山，学道得仙。《金史》无刘嘉其人位至宰相的记载，故以辽进士说为胜。明都卬《三余赘笔》云：道家有南北二宗。南宗自东华少阳君得老聃之道，以授汉钟离权，权授唐进士吕岩，岩授辽进士刘操，刘操授宋张伯端，伯端授石泰，泰授薛道光，道光授陈相，相授白玉蟾，玉蟾授彭栢。① 可见刘操在道教的传承谱系里是不可或缺的链环，他是辽代道家神话中的重要人物。全真道封其为"北五祖"之一，元世祖忽必烈封其为"明悟弘道真君"，元武宗时，还加封其为帝君。海蟾子不过是刘操（或哲）的道号，后讹为刘海戏蟾的传说。刘海戏蟾作为一种吉祥图案，自明代以来已广行于民间。后金蟾又讹为金钱，则刘海戏金蟾变为刘海戏金钱，刘海成了财神。刘海蟾的神话不是完成在辽代，但辽进士的传说得到全民族的喜爱，更见出宗教神话在民族文化交流中的重要地位。至于刘海蟾演为刘海戏金钱则是这一时期普遍的神灵世俗化的体现。

辽代神话起初是一种多神多中心的神话，而以青牛白马神话影响最大。三教神话进入契丹后，原始神话的势力在一定程度上被削弱。三教神话中以佛教神话流行最广，白衣观音被奉为家神，成为进兵中原的神话依据所在，是流播朝野的影响最大的神话。儒教为统治者所重视，一度列为群神上首。在辽的宗教圣地木叶山上没有孔子的庙堂，似乎孔子还只是被尊为圣人，没有被视为尊神，加上儒典中的皇家祀典系统没有植入，所以儒家神话的影响十分有限。道教神话则除刘海蟾外，我们所知甚少。辽代的神话，是契丹族人民生活于北方时期的精神食粮。当契丹族与各族人民共享三教神话时，他们也就加入了共同体，共同来创造民族文化。辽亡后，契丹族作为一个独立的民族已不复存在，它的神话则融入中华民族的神话之中。

第二节　西夏神话：从白仙鹤、太阳腿姑娘到伦理神话

西夏为我国西北党项族所建立的政权，由于没有专史，故文献记载不如辽、金等政权的事迹详细。近代以来，西夏文书的发现与破译，对于研究西夏的历史与社会提供了崭新的材料。

党项自汉时即闻于中国，南北朝时与中原方有较多接触。《北史·党项传》称党项为党项羌，是三苗之后，自称猕猴种，每姓为一部落，尚武力，无法令，养牦牛羊猪以供食，不知稼穑。"其俗淫秽蒸报，于诸夷中为甚。无文字，但候

---

① 俞樾：《茶香室丛钞》卷十四。

508

草木以记岁时。三年一聚会，杀牛羊以祭天。人年八十以上死者，以为令终，亲戚不哭；少死者，则云夭枉，共悲哭之。"党项于南北朝时明显处于原始部落时期，原始宗教气氛浓烈，神话必当甚为流行。唐时党项附降，因吐蕃所逼而内迁，唐赐李姓，宋时则赐赵姓。唐宋时，党项与内地的关系日趋密切，文化交流更为广泛，党项也逐渐强大。

公元 1038 年，元昊称帝，建都兴庆（今宁夏银川），国号大夏，统治区域大抵在今宁夏、陕西、甘肃、内蒙古一带，这也是一个地方民族政权。从元昊称帝到蒙古灭西夏，共历十代皇帝，一百九十年。在这一时期，党项族发生了深刻变化，文化上有突飞猛进的发展。

西夏除仿唐宋官制建立了一套行政机构外，更重大的事是文字的创制，它是党项文化的载体，对于其文化发展与传播具有不可估量的影响。关于西夏文，古史多称为元昊所创。《辽史·西夏传》说元昊晓佛书、通法律，尝观《太乙金鉴诀》《野战歌》，制蕃书十二卷，又制文字符篆。《宋史·夏国传》记载与此同。二史为元时脱脱等所著，早于脱脱的宋人著述里也称蕃书为元昊所制，如北宋沈括的《梦溪笔谈》与曾巩的《隆平集》都有记载。看来，元昊作西夏文大抵为事实。西夏文在西夏得到了广泛运用，许多西夏神话赖西夏文得以保存。西夏灭亡后，西夏文也逐渐失传，幸有埋于地下者得以保存。

自清朝史地学家张澍于 19 世纪初在西北发现西夏文《重修凉州护国寺感应塔碑》后的一百多年时间里，西夏文重见天日后的破译也取得了长足的进展。经过中外几代学者的努力，人们终于能把许多淹没的材料破译后重新公之于世，西夏的神话也得以重现尊容。

在西夏文的类书《文海》里，有许多关于鬼神的条目。鬼主恶，谓之"损害"，神主善，谓之"守护"。鬼有饿鬼、虚鬼、孤鬼、厉鬼、杀死鬼等。神有天神、地神、富神、战神、守护神、大神、护羊神、山神、水神、龙神、树神等。这部西夏文的类书中如此多的鬼神名目说明，在西夏建国后相当长的时期内，多神崇拜是宗教活动的主流。

西夏的原始神话十分丰富，汉典所载十分有限，但在西夏文里，那些色彩斑斓的神话故事却十分庞杂地呈现在人们面前，就西夏文典《大诗》《夏圣根赞歌》《圣立义海》等文献进行归纳分析，可得知西夏原始神话的大致内容：

在原始的空虚中生出来的一个具有生育能力的石头，它可能生出了一座山，也许是自己变成了一座山，山具有生长壮大的能力，它的顶峰成了神仙居住的地方。后来，不知从哪里冒出了两个代表阴极和阳极的生物，接着有了空气、风、鸟、白仙鹤以及同月亮和西方有关的奠定了宇宙开端的面如满月的英雄。

白仙鹤是西夏古神话里一个影响很大的神灵，他跟太阳腿姑娘嬉戏，这也是一场阴极和阳极的嬉戏，与创造世界有关。太阳腿姑娘企图制服不知从什么地方冒出来的大象。天穹是白仙鹤创造的，而后来又说是黑头造天，似乎黑白有矛盾，但有文献说白仙鹤是黑的，这两者就统一起来了。创造大地的则是"红脸"，这红脸恐怕就是那太阳腿姑娘，因为太阳是红脸。由白仙鹤和太阳腿姑娘创造天地的神话转为黑头红脸的神话，于是，始祖的神话也就诞生了。请看《大诗》中的描述：

> 黑头像旋风一样在造天，
>
> 红脸在雾气弥漫的红色土地上大踏步行进，
>
> 红脸在修地，在铺设云道，
>
> 红脸喜欢通宵达旦地嬉戏，
>
> 红脸大白天也在嬉戏，
>
> 大脸盘的子孙们一代代地不请自来，
>
> 大脸盘子孙的队伍络绎不绝！
>
> 他们是人类产生的开端，一支门第高贵的中流砥柱。

黑头与红脸所产生的大脸盘的子孙从此繁衍生息。

这些神话跟汉族的传统神话很少有相同的地方，只是其中的如石头的创生及山顶居神与汉神话的模式有些相似。至于白仙鹤与太阳腿姑娘、黑头与红脸，都是奇特新颖的神话。《大诗》的歌唱，大概就是萨满的神歌，它保存着纯粹的西夏党项人的神话。

这些民族特色和地域特色十分鲜明的神话没有越过西夏的统治区域而主要在本民族范围内流行，西夏灭亡后它们就不传于口头了，幸亏被记录在案而幸存下来，至今日才重见天日。史称西夏人好鬼神，从这些西夏文的遗典里能清楚地看出。

这种多神崇拜因佛教与儒教的传入受到影响，史称西夏开国主元昊"晓浮图学，通蕃汉文"，他于继位后第三年（宋景祐元年，即1034年）向宋求赐佛经一藏，这些汉文佛经进入西夏后即被译为西夏文，在党项族中流行，各类佛寺在西夏雨后春笋般地建立起来。其中，承天寺是当时最大的佛教工程，宋皇所赐的大藏经即藏于此。

西夏的佛教，形成了以寺庙为主的几个中心：其一，兴庆府中心，这里有著名的承天寺，是西夏佛教的中枢；其二，贺兰山中心，贺兰山是西夏的三大神山之一，佛教名刹多建于此；其三，凉州中心，有凉州感应塔及护国寺、圣容寺、崇圣寺等建于此；其四，甘州中心，有卧佛寺、崇庆寺、诱生寺和十字寺等建于此，甘州还是西夏重要的译经所；其五，瓜、沙中心，此即敦煌一带，亦西夏的一大佛教中心；其六，黑水城中心，这是西夏北部重镇，城内有许多寺庙遗址。[①] 这遍布西夏大地的佛寺，也就将佛教的神话散布到了西夏大地，哪里有寺庙，哪里就有佛菩萨，因而哪里就有关于佛菩萨的神话传说。在西夏我们无法找到如辽的以白衣观音为家神的这种神话发展的具体样式，但佛教鬼神信仰普遍模式在西夏传扬已毫无疑问，它成为变革西夏原始宗教神话的重要外来力量。白仙鹤与太阳腿姑娘、黑头与红脸的神话就是在佛教神话的打击下逐步退出神话主流的。

儒学在西夏的地位也很高，尤其是在仁宗时期，人庆元年（1144）始建学校于中国，立小学于禁中，仁宗"亲为训道"，各地生员达三千人，第二年，建大汉太学。仁宗亲自祭奠先圣孔子，又"尊孔子为文宣帝"。[②] 仁宗时期，儒学在西夏的发展达到了高潮，有名儒主持内学，行科举制，礼乐文章遂大行于西夏。

西夏的祀典，史载有阙，对孔子的祭祀成为我们所知的最重要的祀神活动。孔子在西夏被称为"帝"，这是在以往任何朝代都没有得到过的殊荣，《宋史·夏国传》赞颂曰："乾顺建国学，设弟子员三百，立养贤务；仁孝增至三千，尊孔子为帝，设科取士，又置宫学，自为训导。观其陈经立纪，传曰：不有君子，其能国乎？"可见古来对西夏的儒学都有充分肯定。我们把西夏的崇儒与辽的崇儒加以比较，发现夏重学而辽重教，夏的儒学水平高于辽，而辽的宗教崇拜活动则多于学理探索。儒学经典中的天地祀礼部分似未为西夏皇帝所重，他们重视的只是对孔子本人的祭祀。《圣立义海》有时令行事的记载，在这个西夏的"月令"里，除一处提到黄帝以外，儒经四季神典的帝与神皆未出现。这说明儒典中的宗教体系未得到西夏人的重视。

但是，西夏人却发展了儒学的道德神话。《孝经》是较早传入西夏的一部儒家经典，它被译成西夏文后很快成为西夏统治者大力宣传的精神产品。西夏对于孝道的宣传，并不仅仅是实行伦理说教，而是采用了神话故事。在这些故事里，天理与孝道融为一体，也就是说，神话与伦理二者是水乳交融的。这些故事不少来自汉典，只是在西夏文里，它的神话色彩更重一些。

在《圣立义海》中，有很多的篇幅谈论孝道。作者在举出一个孝道的理念后，便引出故事来加以阐述。这种故事的开头总是冠以"往昔"二字，它们是为了宣传孝道而创作的神话作品，试举数例如下：

---

① 史金波：《西夏文化》，吉林教育出版社，1986 年，第 90—92 页。
②《宋史·夏国传》。

511

母畏天雷　往昔一人，母在时畏天雷，母亡守陵。夏季，天雷震，孝子抱母坟而哭，天慈雷息。其后帝闻，迎赏赐，天下扬孝名。

孝女护父　往昔，父女二人相偕行于道，宿山中。恶虎欲伤父，孝女骤骑执耳，求天助。依德伏虎，父莫被伤。

因孝为帝　往昔，一人至孝，先母亡，后母妒其才艺，欲害。孝子因德，莫能杀戮。行郊，象豕耕地，诸鸟运种贮粮。天荒旱，孝养父母，父瞽□□，帝闻，以二女妻之为后，因德袭位为帝。

卖身奉母　往昔一人，奉先父丧，后无财贷。母丧，未能孝顺，卖身为母奉孝。归趋途中，得遇智妇，相偕为夫妻。夫言："织绢五百匹则可回。"智妇半日织绢五百匹足。其妇曰："因汝孝，前来助汝也。今返天宫。"言讫，驾云往天。[1]

这类故事，多不胜举。很多是汉民族的传统故事，如二十四孝之类，如"因孝为帝"显然是关于舜的传说的演绎，而"卖身奉母"则是董永故事的改写。传统故事的主题并不完全着眼于孝，而《圣立义海》却完全是在孝上做文章。并且，这些故事把孝道与天道结合起来，便成了典型的伦理神话，它不仅在规范社会行为上起到了独特的作用，而且由于神的属性带上了厚重的伦理道德色彩，对原始神话也形成瓦解之势。儒家的伦理神话在西夏广为流传，从文化心理上加深了党项族与民族文化传统的联系，为民族间的理解与融合奠定了基础。

西夏神话是一种多元构成体，党项族的原始神话在佛教和儒教尚未传入时占统治地位，即使在佛教和儒教已广泛流行时，西夏原始神话跟佛儒神话交织在一起，也并未完全消失。西夏建国以后所编撰的《圣立义海》这部西夏文化百科全书，第一卷至第七卷解释天地日月四季万物等自然现象，其中多数残缺，在所存的部分内容里，这些自然神有西夏的民族神，如先祖吴浪住在太阳那里，谷神叫波女，这些都是汉典及汉民族未曾有过的神话。但同时也有"中央黄帝""十月属亥、五行属水、牧白鹤季、北方寒降""北极黑帝"等等说法存乎其间，显然已带有阴阳五行色彩的儒家神系的内涵。第十三、十四两卷保存着丰富的儒家伦理神话，第十卷已缺失，从目录看，是介绍佛法、佛殿、法物、济法殿等内容的篇章，其中必有佛教神话。

西夏原始神话、儒教伦理神话和佛教神话的三足鼎立是西夏神话的基本结

---

① 克恰诺夫、李范文、罗矛昆：《圣立义海研究》西夏文汉译本卷十四，宁夏人民出版社，1995 年，第 69—83 页。

构，儒教神话、佛教神话逐渐上升则是西夏神话发展的趋势。

第三节　金神话：萨满礼仪归依皇家祀典

金为女真族政权。与契丹和党项比，女真显然属于后进民族，唐时称黑水靺鞨，居住于混同江南北。居江之南者臣服于契丹，谓之熟女真，居江之北者谓之生女真，其中也有臣服于契丹者。① 起初，女真一直处在辽统治之下。1114年，在女真首领阿骨打的率领下，女真以少胜多击败辽军。第二年，阿骨打称帝，建国号金。东北地区原辽的地盘迅速为金占领。1125年，辽亡。金兵大举南下，于1127年灭北宋，宋政权南迁。一个新的民族政权迅速崛起。

金虽为后进，可发展十分迅速，与汉民族的文化交融既深且广。当金攻取燕云及中原地区后，曾把大量的汉人迁往东北，以实"内地"，如太祖天辅六年（1122），　"既定山西诸州，以上京为内地，则移其民实之"②。天辅七年（1123），取燕京路，"尽徙六州氏族富强工技之民于内地"③，同年，"命习古乃、婆卢火监护长胜军，及燕京豪族工匠，由松亭关徙之内地"④。太宗天会元年（1123），"以旧徙润、隰等四州之民于沈州之境"⑤。天会五年（1127），金兵撤出汴京，"华人男女，驱而北者，无虑十余万"⑥。这些被迫北迁的汉人虽然多数是去做奴隶，但他们带去了工艺技术与农耕技术，也带去了汉文化的传统。大量的豪族多数是有文化的阶层，他们被掳往东北，客观上造成了一次大规模的文化输血，使得东北各族人民的文化更加贴近。

金统治者在建国后出于一种文化饥渴，往往对汉使强行留之，委以官职，对于搜求图籍极为热心，破辽后，　"所得礼乐仪仗图书文籍，并先次津发赴阙"⑦。攻克汴京后，"取图籍文书与其镂板偕行"⑧。这些汉典的大量运取，对于金朝文化的建设具有重大影响。

在大量往"内地"掳掠汉人的同时，大量的女真军人进入中原，并有三百九十余万猛安谋克民众迁往中原屯田，这是空前的南北人口大对流，加深了女

① 《大金国志·金国初兴本末》。
② 《金史·食货志》。
③ 《金史·食货志》。
④ 《金史·太祖本纪》。
⑤ 《金史·食货志》。
⑥ 李心传：《建炎以来系年要录》卷四。
⑦ 《金史·太祖本纪》。
⑧ 《三朝北盟会编》靖康中帙七十三。

真与中原人民的联系。金统治者曾对汉人实行女真化政策，结果女真受汉文化影响更大。一是"金源内地"的汉语广为流行，女真语反被忘却，许多女真人都不会讲女真语了，汉人的风俗习惯在女真文化大本营内扎下了根，女真故地已全盘汉化。至于那些屯田而迁至中原的女真人更是融入汉文化之中了。金世宗看到女真尚武精神及旧俗被日渐忘却，感慨万分，表示："甚欲一至会宁，使子孙得见旧俗，庶几习效之"①，并指责子孙的"忘本"。女真的歌曲已无人咏唱，世宗悲哀地自己开喉而歌。

汉人与女真人实现了真正的文化融合和种族融合，金世宗时唐括安礼这样说："猛安人与汉户，今皆一家，彼耕此种，皆是国人"②。汉与女真之间旧的文化界线已经消失。至元统一中国，元好问赋诗以表达亡国之痛时把金称为"中国"，而将元称为夷狄，充分说明女真人与汉人已经融合为一体。元人也将契丹、高丽、女真等八种人都列为汉人。女真族迅速将其文化融入整个中华民族集体之中，这是中华民族发展史上的一件大事。

金神话的发展存在着一个由原始萨满神话流行转向与传统神话融合的过程，其中，统治者的神话与传统皇家祀典的契合远较西夏与辽为深。比较辽、夏、金三个少数民族政权，金的实力明显强于前二者，它与宋的关系也较前二者为复杂，因而，其皇家祀典明显地是在遵从汉典旧制。金政权的皇家宗教对汉典的认同，是女真族成为汉人的重要标志之一。

《金史·礼志》载："金之郊祀，本于其俗有拜天之礼。其后，太宗即位，乃告祀天地，盖设位而祭也。天德以后，始有南北郊之制。大定、明昌其礼浸备。"原先的拜天之礼，乃是北方萨满礼俗，沿袭自辽。北方久有萨满教流传，只有金人的萨满教才见诸文献记载。徐梦莘《三朝北盟会编》卷三写道："珊蛮者，女真语巫妪也，以其变通如神，粘罕之下皆莫能及。"这种巫术传统为蒙古帝国和后金政权所继承，在中国北部产生了长久的影响。但金政权本身并没有将萨满及其神话作为占统治地位的神话，而是摆出一统江山之主的身份，以华夏正典为宗，逐渐改变以往的祭天旧俗。汉化已大势所趋，特别是章宗继位，厉行儒道，广集唐宋文集，复兴社稷文宣庙、风伯雨师等民间神庙，提倡儒学，抑制佛道，是金代一个文化发达的重要时期。金统治者在不完全废弃传统神话的基础上接受了儒典的皇家祀典仪式。

金世宗大定十一年（1171），金廷开展了郊祀礼的讨论。左丞石琚据《礼

---

①《金史·世宗本纪》。
②《金史·唐括安礼传》。

记》"万物本乎天，人本乎祖"的信条阐述了敬天法祖之礼，谓不当以多祖配天，而宜行古礼。世宗表示："本国拜天之礼甚重。今汝等言依古制筑坛，亦宜。我国家绌辽、宋主，据天下之正，郊祀之礼岂可不行。"① 本来很留恋旧有的祭天之礼，但考虑到行古礼乃是江山一统的象征，世宗毫不犹豫地择用了汉典旧礼，标志着金政权对汉神典的全盘袭用。

在金代的祀典里，从昊天上帝、皇地祇、五方帝、日月山川诸神、高禖以至于孔宣圣庙、历代帝王神位，凡旧典所有，金祀典大都保存下来了。传统的华夏古神罗列于金朝的神殿，这种情况是西夏和辽政权所没有过的。

金代异于汉族政权的祭神礼主要有二：

一是长白山神。长白山如辽之木叶山，是女真族的发祥地，被视为圣地。大定十五年（1175），金世宗祭长白山，并作文曰：

> 厥惟长白，载我金德，仰止其高，实惟我旧邦之镇。混同流光，源所从出。……今遣某官某，持节备物，册命兹山之神为兴国灵应王，仍敕有司岁时奉祀。於戏！庙食之享，亘万亿年，维金之祯，与山无极，岂不伟欤！②

后又册封长白山神为"开天弘圣帝"，长白山成了女真族的神仙。大定时期，它被视为金朝的命运所系之处，故在金朝的宗教生活中地位甚高。

二是混同江神。混同江是女真族的母亲河。《金志》称女真"世居混同江之东，长白山下"。可见长白山、混同江崇拜是有悠久历史的。至世宗时，金统治地域已从长白山扩展到中原地区，但对民族的发祥地还是念念不忘。传说金太祖征辽，混同江显灵助军渡江攻辽，神迹昭著。大定二十五年（1185），世宗封混同江神为"兴国应圣公"，致祭礼如长白山。

其他山水之神尚有若干，但不及二者地位尊崇。在东北地区独特的山水中，还保存了不曾被儒家神话完全吞噬的萨满神话。

金的萨满神话承接了辽的传统。在辽的统治时期，女真族人的文化受契丹文化的影响很深，如其俗"尚巫祝"，喜"射柳祭天"，③ 而这种礼仪正是辽统治者曾狂热为之的重要活动。《金史·礼志》明确地把拜天仪说成是"因辽旧俗"。这种对天的崇尚，在元、清等来自北方民族的政权及其民间长盛不衰，这就是宫廷及民间广泛盛行的萨满祭仪。至于射柳仪则更是辽的射柳习俗的传承，

---

① 《金史·礼志》。
② 《金史·礼志》。
③ 《大金国志·初兴风土》。

《金史·礼志》载：

> 射柳、击毬之戏，亦辽俗也，金因尚之。凡重五日拜天礼毕，插柳毬场为两行，当射者以尊卑序，各以帕识其枝，去地约数寸，削其皮而白之。先以一人驰马前导，后驰马以无羽横镞箭射之，既断柳，又以手接而驰去者，为上。断而不能接去者，次之。或断其青处，及中而不能断，与不能中者，为负。每射，必伐鼓以助其气。

这种宗教与游戏表现出金人承辽俗对柳枝的特有的情愫，与满人视柳枝为神圣之物存在着内在联系。满人是女真的后人，满人的萨满教源于女真是不争的事实，满人对柳的情感则必然来自女真人。女真人关于柳的神话已难以考察，但满人遗留下来的萨满神歌及东北地区的民间故事里存在着大量的关于柳树的神话，它的源头当来自辽。金统治者在接受佛教和儒教后渐渐冷落萨满教，萨满教遂广行于民间，而不具备主流文化性质。

金人对于华夏神话及北方契丹诸民族神话的继承和发展都做出了重要贡献。

第四节　元神话：三教神话主宰天下

13 世纪雄起于北方的蒙古族的族源十分复杂。作为游牧民族，他们不定的生活区域给我们的考察带来了困难，加之北方民族众多，相互间交流频繁，种族与文化都在不断发生变化，这种复杂交织的民族关系使我们难以捕捉一个民族单一的发展线索。事实上，我们也没有必要去孤立理清一个单一民族的源流，因为中国古代民族从来就是在交融中发展的。关于蒙古族源于室韦、靺鞨、突厥等说法都存在一定的合理性，然而都是不全面的。

如同西夏、辽、金等民族一样，元朝的历史除了汉典，还有蒙古语的史籍。其中关于蒙古族的族源神话，主要记载在蒙古文的《元朝秘史》中。该书卷一这样说：

> 当初元朝的人祖，是天生一个苍色的狼，与一个惨白色的鹿相配了，同渡过腾吉思名字的水，来到斡难名字的河源头，不儿罕名字的山前住着，产了一个人，名字唤作巴塔赤罕。

这则神话跟突厥先祖的神话颇多接近处，近人有疑为"恐是蒙古袭突厥唾余以自述先德"[1]。此言无据，元人修史时，突厥已无熏天气势，实已奄奄一息，没有必要奉承巴结。这是真实地记述了先祖来源：他们是 7 世纪或 8 世纪时在北

---

[1] 林惠祥：《中国民族史》（下），商务印书馆，1993 年，第 53 页。

方显赫一时的狼种族的后裔。

《新元史》为说明这种神话的产生及荒唐时说："乞颜之后有孛儿帖赤那，译义为苍狼，其妻曰豁埃马兰勒，译义为惨白牝鹿，皆取物为名，世俗附会乃谓狼妻牝鹿诬莫甚矣。"① 这种指责即使属实，姓名为苍狼、惨白牝鹿也是图腾崇拜的体现，它标志着一种古老的部落联姻。只是明宋濂等撰《元史》未述此等神话，影响未有大的展开。

苍狼白鹿的神话并不是全蒙古族人民的起源神话。它只是巴塔赤罕部的起源神话，因为在蒙古族的民间文学中，还流传着多种起源神话，如蒙古族的《布里亚特博的起源》，称最初有一只大鹰，受善神的派遣，与布里亚特的女子婚配后生一子，这便是最初的萨满。② 蒙古族多样性的动物崇拜正是北方萨满的重要特征，也证实了蒙古族族源的多元性。

元代文化虽多从蒙古旧俗，但统一中国后广泛接受各族的文化遗产。如乐，起初太祖征用西夏旧乐，太宗又征金太常遗乐于燕市，其制日备，祭祀乐章因而周致，其音乐发达的盛况为史家所赞叹。而礼仪则征儒生周铎、刘允中、尚文等及亡金遗老乌古伦居贞、完颜复昭、完颜从愈等。"稽诸古典，参以时宜，沿情定制。"③ 故神位各得其所。因而元代的神话也就在吸收金、宋、西夏等国神话的基础上发展起来，而又保持了自家的传统。

《元史·礼乐志》保存了大量的祭神乐歌，就其内容言，完全遵循了秦汉以来的传统，所颂昊天上帝、社稷、先农、宣圣及先祖等神，标志着儒教神系在皇家祀典中得到了贯彻。现引数曲，以见其对儒教神系的认同：

（1）酌献昊天上帝位之《明成之曲》：

于昭昊天，临有下赫。陶甄荐诚，馨闻在德。酌言献之，上灵是格。降福孔偕，时万时亿。

（2）酌献皇地祇位词：

至哉坤元，与天同德。函育群生，玄功莫测。合飨圜坛，旧典时式。申锡无疆，聿宁皇国。

（3）酌献元太祖位词：

礼大报本，郊定天位。皇皇神祖，反始克配。至德难名，玄功宏

---

① 转引自林惠祥：《中国民族史》（下），商务印书馆，1993 年，第 58 页。

② 马学良、梁庭望、张公瑾主编：《中国少数民族文学史》，中央民族大学出版社，2001 年，第 66 页。

③《元史·礼乐志》。

济。帝典式敷，率育攸墍。

（4）迎宣圣孔子词（选一）：

大哉宣圣，道尊德崇。维持王化，斯文是宗。典祀有常，精纯并
隆。神其来格，于昭盛容。

蒙古民族入主华夏大地后，在皇家宗教里接受了汉典籍中作为统治正宗的
宗教礼仪与神话。孔子的灵位在皇家祀礼中占据重要位置，成为天子致祭的三
大神灵（社稷、先农、宣圣）之一，这反映了儒教在元统治者的思想文化中依
然占统治地位的思想。就元代的祭典观察，他们的礼祀似乎比前代更合古礼。
《元史·祭祀志》：

《周礼》所祀天神，正言昊天上帝。郑氏以星经推之，乃谓即天皇
大帝。然汉、魏以来，名号亦复不一。汉初曰上帝，曰太一，曰皇天
上帝。魏曰皇皇帝天。梁曰天皇大帝。惟西晋曰昊天上帝，与《周礼》
合。唐、宋以来，坛上既设昊天上帝，第一等复有天皇大帝，其五天
帝与太一、天一等，皆不经见。本朝大德九年，中书圆议，止依《周
礼》，祀昊天上帝。至大三年圆议，五帝从享，依前代通祭。

事实上，少数民族建立的政权比汉族政权更注重古礼，如北魏、元等，这
说明儒教神典是中华民族的共同财富，不为汉族独专。

但应该看到的是，元统治者对皇家的天地祭祀并不热心，他们只是把这些
当作一个政权存在的标志作为摆设。神权的领域已开拓到佛教和道教方面去了，
以至皇家祭祀表面礼仪正宗，皇帝却对此较为冷淡，其心思全在佛道上。《元
史·祭祀志》称：

自世祖以来，每难于亲其事。英宗始有意亲郊，而志弗克遂。久
之，其礼乃成于文宗。至大间，大臣议立北郊而中辍，遂废不讲。然
武宗亲享于庙者三，英宗亲享五。晋王在帝位四年矣，未尝一庙见。
文宗以后，乃复亲享。岂以道释祷祠荐禳之盛，竭生民之力以营寺宇
者，前代所未有，有所重则有所轻欤。

可见，元朝的统治思想并非仅儒学专之，佛与道大行于元朝，它们同儒教
一起，构成了统一的民族文化要素。

在早期蒙古族贵族中，成吉思汗和窝阔台信仰萨满教，故而他们对萨满祭
天活动兴趣浓厚，但另外一些人信仰景教，如窝阔台的妻子、阔端、忽必烈之
母等人。阔端是窝阔台的第三子，蒙古灭西夏和金以后，原西夏及藏族部分地
区由阔端统治。阔端于1239年派大将多达那波进攻西藏，烧了热振寺和杰拉康
寺，杀了五百多藏人僧众，但是达垅寺和止贡寺等未曾被毁。藏文《青史》及

《西藏王臣记》记载了这样的传说：多达那波的军队到了位于热振寺和杰拉康寺之间的达垅寺时，达垅寺上笼罩了一层迷雾，所以没能攻打；而多达那波打到拉萨河上游的止贡寺时，寺主有法术，弄得天空突然飞来碎石，蒙古军队遂不能破坏止贡寺。[1] 以上的传说体现出蒙古族与藏族间的宗教矛盾。

多达那波第二年停止了对西藏的军事行动，阔端再次派往西藏的不是军队，而是给西藏佛教领袖之一萨班的热情洋溢的信件和礼物，邀请萨班到蒙古传教。西藏各部看到西夏与金的灭亡，主动归顺。萨班出于传教和对藏民生命安全的考虑，不顾高龄从西藏奔往凉州。跟他一起到凉州的，还有他的两个侄子——十岁的八思巴和六岁的恰那多吉。萨班以其渊博的佛学知识征服了阔端。原先的阔端信奉萨满教，尊奉萨满教巫师，举行祈愿法会时蒙古萨满教的巫师坐在僧众之上。听了萨班的布道，阔端加深了对佛教的理解，以后的祈愿法会，萨满巫师便从首位退下来了，萨满教遭到了一个重大打击。

阔端优待萨班，一方面是对佛教的真心信奉，另一方面还包含着团结藏族宗教领袖，期望以和平方式统一西藏的意图。阔端和萨班经过商议，由萨班写了一封《萨迦班智达致蕃人书》的公开信，号召西藏各地僧俗领主归附元朝，承认藏地为元属国，接受元朝的管理并承担义务。萨班既将佛教输入蒙古族，又将藏地归入统一的多民族的国家之中，为民族团结做出了巨大贡献。

萨班的到来，使佛教替代了萨满教，噶玛拔希的到来，则让蒙哥由信仰景教转为信仰佛教。噶玛拔希是西藏佛教与萨班不同的又一系统的宗教领袖，蒙哥不仅封噶玛拔希为国师，还赐给他金印以及一顶金边黑色僧帽，西藏的佛教被元朝最高统治者广泛敬奉。[2]

长大的八思巴继承了萨班的事业，他在忽必烈那里得到了更高的荣誉，被尊为国师，授以玉印，后尊为帝师，忽必烈皈依了佛教，于宗教上听从帝师指令。忽必烈又授命八思巴制蒙古新字，八思巴对元朝文化贡献殊大，升号曰"大宝法王"。八思巴死后，赐号"皇天之下一人之上（开教）宣文辅治大圣至德普觉真智佑国如意大宝法王""西天佛子""大元帝师"。至治年间，特诏郡县建庙通祀。泰定元年（1324），又以绘像十一，颁各行省，为之塑像。[3] 八思巴在元的事业，把藏传佛教推行到一个新阶段，藏、蒙两族因此找到文化交融的联络点。

---

① 王辅仁、陈庆英：《蒙藏民族关系史略》，中国社会科学出版社，1985 年。
② 王辅仁、陈庆英：《蒙藏民族关系史略》，中国社会科学出版社，1985 年。
③《元史·释老传》。

自忽必烈始，元朝的每位皇帝都封帝师，此制直到元朝灭亡，其间帝师计十余位，地位为"皇天之下一人之上"，佛教领袖受此殊荣，使元朝带上了较为浓厚的宗教国家的色彩。到元英宗时，八思巴的殿堂造到各郡，英宗诏各郡建帝师八思巴殿，"其制视孔子庙有加"①，元代的佛教实际上已高崇无比。佛教的流行，不仅加强了蒙藏各族人民的联系，同时极大地遏制了萨满教及景教等区域性宗教及外来宗教，成为统一的思想武器。

帝师是全国佛教的领袖，更是统领西藏的宗教与政治首领。《元史·释老传》这样写道：

> 元起朔方，固已崇尚释教。及得西域，世祖以其地广而险远，民犷而好斗，思有以因其俗而柔其人，乃郡县土番之地，设官分职，而领之于帝师。乃立宣政院，其为使位居第二者，必以僧为之，出帝师所辟举，而总其政于内外者，帅臣以下，亦必僧俗并用，而军民通摄。于是帝师之命，与诏敕并行于西土。百年之间，朝廷所以敬礼而尊信之者，无所不用其至。虽帝后妃主，皆因受戒而为之膜拜。

通过佛教行使了对西藏的主权和统治，这是元代政治生活中的一件大事，也是整个中国文化发展中的一件大事。这一统治的成功，显示出宗教在国家统一过程中的巨大作用。

元统治者重视佛教，对于道教也兴趣浓厚。道教徒主动出击，是元统治者与道教联姻的重要原因。杰出的全真教领袖丘处机西游，如同萨班东行一样，是元代文化史上的大事。成吉思汗遣使召见丘处机，年迈的丘处机毅然前往。他看到成吉思汗嗜杀成性，"拳拳以止杀为劝"。当成吉思汗再次召见，丘处机翻越雪山，历尽艰辛，见到成吉思汗，成吉思汗大悦，赐食，设庐帐甚饬。成吉思汗正忙于攻杀，丘处机竭力劝止，《元史·释老传》载：

> 处机每言欲一天下者，必在乎不嗜杀人。及问为治之方，则对以敬天爱民为本。问长生久视之道，则告以清心寡欲为要。太祖深契其言，曰："天锡仙翁，以寤朕志。"命左右书之，且以训诸子焉。于是锡之虎符，副以玺书，不斥其名，惟曰"神仙"。一日雷震，太祖以问，处机对曰："雷，天威也。人罪莫大于不孝，不孝则不顺乎天，故天威震动以警之。似闻境内不孝者多，陛下应明天威，以导有众。"太祖从之。

这里宣扬的不嗜杀、敬天爱民、孝道，为儒、道、佛共奉的信条，这是其

① 《元史·英宗本纪》。

祖王喆所开教派融合三教的传统。丘处机将此以天道统之，这种神话似乎成了儒教的神话。尽管蒙古有祭天之俗，但那个"天"跟这个"天"的属性有很大不同，丘处机的天是道德之天，它是个有意志的存在，常示警于人，必须顺乎天理，爱民如子，否则将遭惩处，这是周公的"天"的传统。

全真道所行长生久视之道，不热心仙佛神鬼，不贵延年益寿之术，无疑否定了许多不经的神仙神话。全真道抛弃了传统道教的肉体飞升说，倡导证求"真理"，实际上使历代方士宣扬的神仙学说破产了，这对于神仙神话无疑是一种致命打击。丘处机以简练的"天威"的神话取代了繁缛的神仙故事，在元朝统治中产生了重大影响。丘处机通过艰苦努力，在一定程度上遏制了成吉思汗嗜杀的野性，曾使数万垂死的人奴得生，深得民众敬仰。全真教也在北方获得了空前的发展，"千年以来，道门开辟，未有如今日之盛"①。

忽必烈敬重佛教领袖，也敬重道教领袖，其目的是为了政治统治。敬重佛教是为了西北地区的安宁，敬重道教则是为了北方与江南的统治稳定。对于全真道，忽必烈诏封东华帝君、钟离权、吕洞宾、刘海蟾、王喆五祖为"真君"，这些人物后来成为民间神话的重要角色。对于江南正一道，忽必烈同样很看重。第三十八代传人张与材曾以法术治潮患，得成宗召见，授正一教主，主领三山符箓。"武宗即位，来觐，特授金紫光禄大夫，封留国公，锡金印。仁宗即位，特赐宝冠、组织文金之服。"② 有道士张留孙于朝中为皇后祈祷灵验，也得宠信，并为筑崇真宫。

元代的道、佛矛盾尖锐，世祖至元年间，佛、道间展开了一场论战，论题还是由老子化胡这些老问题引起的，结果道徒大败，十七名道士被迫落发为僧，全真教所占佛寺二百余所不得不交还佛教徒。但是三教合一的趋势日渐形成气候。在全真教大盛时，道徒尊奉老子，但不废儒、佛，明王世贞《弇州续稿》说："丘处机之徒未必尽贤，往往侵占寺刹以为宫观，或改塑三教像，以老子居中，孔子居左，释迦居右，或皆侍立。"尽管抬高了己方教主的地位，但融合儒佛二教的用心已显露无遗。我们从丘处机向成吉思汗所进的那一番行孝去杀、敬天爱民的言论看，那主要是儒学的信条。全真道多袭用了禅学理论与修持方式，授佛入道，对传统道教进行重大改革，加速了佛道融合的进程。

宋元间，三教的神话融为一体的本子在民间广传，所谓《三教源流搜神大全》，所谓道藏本《搜神记》，都将三教神灵及民间神汇为一编。元秦子晋撰《新编连相搜神广记》以孔、老、释为三尊，并配以神仙画像的木刻，成一图文

---

①《北游语录》卷一。
②《元史·释老传》。

并茂之作，三教神话的融合已进入稳定发展阶段。（图 4 - 2 - 1）

图 4 - 2 - 1　元刊本《新编连相搜神广记》之三教教主图

（上为孔子，左下为佛祖，右下为老子）

元代的远祖神话在儒、道、佛三教神话的冲击下色彩十分暗淡，他们一度奉行的萨满教与景教都先后遭到排斥，只是后来成吉思汗广受崇拜，这也见出蒙古族的真正开创者乃是成吉思汗。隋唐以来发育成熟的儒、道、佛三教神话使得任何原始神话都不能占据社会统治者的主流文化的位置，统治者虽然留恋自己的先祖及本民族的文化传统，但出于一种高度的现实理性精神，他们不得不选择三教文化作为社会的主流文化。因为他们知道，自己一族的文化不可能加于整个中华民族的文化主流之上，所以，他们放弃了自己的宗教传统，只留下些遗痕在民间传扬。对三教文化的皈依，使蒙古族成为中国文化的真正主宰者。

元统治者执三教神话成为神州主宰与中国文化的主人，为文化的统一做出了巨大贡献。

第五节　清神话：崇信萨满到集大成

明朝是唐以后唯一统一全国的汉族政权。明朝的皇家祀典，群儒集议，沿袭周礼旧章而损益之，成为一统的礼仪模式，与前代没有根本区别。作为一个以汉族为主体的政权，它的祀典没有什么独特之处，我们存而不论。因为它不像其他民族对这一祀典的采用那样有特别的意义。当然他们对于文化传统的继承和发展的贡献是很大的。

隋唐以前，北方民族以纯正的古典祭祀典礼表明他们是中华民族的主脉所在，故而可在文化上与南方对峙。隋唐以后，北方民族也以实施传统的皇家祀典表示对中原的统治权力。西夏偏于一隅，只是名义上臣服于宋，因而皇家祀典未备，辽则未弃木叶山神系，祀典中只有微弱的《周礼》系统的神灵出现。然而，这两大民族并不因此背离中华传统，他们同样属于中华民族的文化体系，是共同体的成员，其间原因是：唐以后，儒家神系已不是代表中国神话唯一传统的神系，佛、道的神灵上升到同样可作为民族神话代表的地位。金向中原挺进较深，故袭用了《周礼》的祀典，于佛、道也多采用，而弃去了萨满的成分。元则在形式上袭用了《周礼》以来的祀典，但只是当了一个外壳，它的文化统一更借助了佛、道的力量，皇家祀典越来越流于外在形式，这是因为它带着明显的自然宗教色彩，不如佛、道的神系严密且跟民众贴近。所以，后期神话三教并行成为一个显著特征。

隋唐北方民族入主中原后的皇家祀典尽管以儒家主干为之，但是自家的传统也加进去不少，这实质上是壮大了皇家神典的内涵，但这些内容有许多都已遗落，只有北方的萨满神话传统顽强地流传下来，成为中国神话的宝贵遗产。

北方萨满传统可远溯到匈奴的祭天。北朝时的突厥祭天、辽代的巫术、女真金政权的巫术均可以萨满称之。女真族进入中原者已汉化，女真后裔在东北者还保持着故俗。明时的女真于东北有建州、海西、东海三大部。建州女真发展迅速。1583年，爱新觉罗家族的努尔哈赤被推选为建州首领，逐渐统一女真各部，自称大汗，改国号为大金。爱新觉罗氏从此崛起。爱新觉罗氏的起源神话，成为北方萨满教的神话基础。这种神话是对北方历史悠久的传统神话的继承。萨满教神话的真实面目一直时隐时现，此时得以见到真实面目。爱新觉罗氏的起源神话，是清皇家萨满教与民间萨满教的神学基础，至今还在东北少数民族中部分存活。

《满州源流考》称：

> 恭考发祥世纪，长白山之东，有布库哩山，其下有池，曰布勒瑚里。相传三天女浴于池，有神鹊衔朱果置季女衣，季女含口中，忽已入腹，遂有身。寻产一男，生而能言，体貌奇异。及长，天女告以吞朱果之故，因锡之姓曰爱新觉罗，名之曰布库哩雍顺。与之小舠，且曰："天生汝以定乱国，其往治之。"天女遂凌空去。于是乘舠顺流至河步，折柳枝及野蒿为坐具，端坐以待。时长白山东南鄂谟辉之地，有三姓争为雄长，日构兵相仇杀。适一人取水河步，归语众曰："汝等勿争，吾取水河步，见一男子，察其貌，非常人也。天不虚生此人。"众皆趋问。答曰："我天女所生，以定汝等之乱者。"且告以姓名，众曰："此天生圣人也，不可使之徒行。"遂交手为异，迎至家。三姓者议推为主，遂妻以女，奉为贝勒，居长白山东鄂多理城，建号满洲，是为国家开基之始。[①]

这个神话显然同历史不符，满洲是皇太极称皇改国号为大清才同时改建州女真为满洲的。满人为神化自己的先世，割断了与女真族的渊源，而直接将族源同天神接轨，将北方萨满的天神崇拜与满族祖先崇拜叠合起来，将北方少数民族的图腾崇拜与满族的祖先崇拜结合起来。满族天女生子的神话与辽的天女神话十分近似，显然这一神话与契丹族的起源神话密切相关。

---

① 阿桂等撰：《满洲源流考》卷一，部族一"满洲"。文渊阁四库全书影印本，第0499册，第0469d－0470a页。

清朝的神话一开始就具有强烈的政治色彩。关于天的神话及礼仪与清朝的统一事业息息相关。努尔哈赤统一女真各部后开始统一战争之际的宗教与神话，既无关乎《周礼》之类的皇家祀典，也没有佛、道诸神在那里主宰一切，有的只是萨满教的诸神在为爱新觉罗氏撑腰打气。爱新觉罗氏的远祖既被说成天女所生，天神复又成为爱新觉罗氏统一的神权支柱，萨满之神在清朝统治的初期是统治一切的最大的神权力量。

据满文档案记载，在努尔哈赤称汗时，他曾这样说："因我国没有汗，生活非常困苦，所以天为使国人安居乐业而生汗，应当给抚育全国贫苦黎民、恩养贤才士、应天命而生的汗上尊号。"[①] 这便是君权神授论，许多民族的统治者在其势力发展到一定的程度时都要抛出类似的神话。这些神话都经过精心构思，将本民族通行的神话母题移植到扩张称王的事业中去。努尔哈赤进军明朝，曾以七大恨告天，言明朝统治者有七大不可饶恕之罪，皆背天意，"上拜天毕，焚其书"[②]。这样，征伐便是行天之允，师出有名。时朝鲜为明盟国，努尔哈赤为断其辅翼，致书朝鲜王："天以非为非，以是为是……天以我为是，以尼堪（汉人）为非……那大国的尼堪皇帝，同样在天的法度下生存。但尼堪皇帝却改变天的法度，违背天理，诸国苦之。"[③] 他对明帝的控诉颇同于商汤王、周武王对夏桀王、商纣王的指责，都是指责对方违背天意，而自己是在替天行道。《满洲老档秘录》上篇论明兵之败时说："（明）自恃国大兵众，违抗天意，欺压良懦，宜其上干天怒，而其二十七万之雄兵不出三日，尽遭夷戮也。至若我军转战三日，人马不疲，将士无损，擒杀明兵至二十万之多，而策勋按籍我士卒仅损二百人而弱。是知天道无亲，常亲善人。以小胜大，以寡胜众，此中盖有天意存焉。不务修德，惟力是逞，其败之不待蓍龟决矣。"[④] 这不就跟周王骂商王违背天意一个腔调吗？这种指责有个前提条件：双方得站在同一天神的庇护之下，双方须认同一个神灵作为共同的主宰，否则这种指责没有约束力。其实明的昊天上帝与北方萨满的天神性质原本有很大不同。努尔哈赤显然把两个天神合在一起了，虽然他是以萨满之天为号，但这个天的实质已经有如昊天上帝的道德之天了。满

① 转引自乌丙安：《神秘的萨满世界——中国原始文化根基》，生活·读书·新知三联书店上海分店，1989年，第11页。

②《清实录·太宗实录》。

③ 金梁编译：《满洲老档秘录》上篇，见存萃学社编集：《清史论丛》第2集，大东图书公司，1977年。

④ 金梁编译：《满洲老档秘录》上篇，见存萃学社编集：《清史论丛》第2集，大东图书公司，1977年。

人在向明朝进攻时先以神话进击，在这一过程中，清朝逐渐接受了明所传下来的祀典，提升了自己的萨满教的等级，将一个原始性的自然神上升为一个普遍的主宰。清朝萨满教档次的提高跟满人的实力上升存在着密切的对应关系。

清朝有堂子祭天俗，设杆祭天，此为清朝萨满旧俗，清朝统一全国，已行郊祀大礼，但还是不忍放弃这种祭礼。乾隆十四年（1749）下诏称："考经训祭天，有郊，有类，有祈谷、祈年，礼本不一。兵戎国之大事，命将先礼堂子，正类祭遗意，礼纛即袚也。"[1] 这样便把萨满的祭天礼嫁接到传统的皇家祀典里去了，萨满的最高神神话因而得以留存下来。杆子祭至今仍流行于东北少数民族中。"杆子"在满语中称"索莫"（somo），祭杆是为了祭天神，同时还为祭乌鹊，因为乌鹊救过努尔哈赤的命。民间没有因为皇家放弃而不用，故萨满杆子祭行于民间。

《满洲源流考》提到的柳枝在北方萨满神话里更是朝野流行，其直接源头来自辽代的射柳仪。清朝对柳枝特别崇拜，从皇宫至于民间，没有不将柳枝视为神圣物的。柳枝称为"佛多妈妈"，"佛多"意为"求福跳神竖立的柳枝"[2]，"佛多妈妈"是满人女神崇拜的体现。"佛多妈妈"又与"鄂谟锡玛玛"并称，二神互通。《清史稿》称："求福祀神所称佛立佛多鄂谟锡玛玛。""鄂谟锡玛玛"现在多写作"奥莫西妈妈"。满族民间神话称：

> 最早的时候，奥莫西妈妈住在长白山天池旁的一棵大柳树上，那是长白山上最高最粗的一棵，几十个人才能围抱过来。奥莫西妈妈长得不像现在的人，脑袋象柳叶，两头尖尖，中间宽，绿色的脸上，长着如同金鱼眼一样的眼睛。尤其是她长着两个大乳房，多少孩子也吃不完她的乳汁。另一位叫乌克伸恩都立的神，每年交给奥莫西妈妈一个石罐。她拿着这石罐，在每一片柳叶上浇一滴水，就在这些柳叶上生长了满族子孙。子孙们就是吃奥莫西妈妈的奶水长大成人。他们都很强壮，上山能打猎，下河能捕鱼。在奥莫西妈妈的后脑勺上长着一个长长的管子，这管子另一头平时插进大柳树上，若子孙们有病，奥莫西妈妈就把管子拔下来，滴几滴水给他们，他们就会好。所以满族人强壮不生病，就是因为有了奥莫西妈妈。[3]

---

① 《清史稿·礼志四》。

② 宋和平译注：《满族萨满神歌译注》，社会科学文献出版社，1993 年，前言第 15 页。

③ 傅英仁讲述，见宋和平译注：《满族萨满神歌译注》，社会科学文献出版社，1993 年，前言第 16 页注②。

这个奥莫西妈妈也就是佛多妈妈即柳枝妈妈，因为奥莫西妈妈跟柳枝连在一起难以分开。

行祭柳仪时，满洲九家先取棉丝绸片捻索，所取柳枝高九尺，径三寸，置于坤宁宫廊下，宫内悬神像，并于桌上设酒米等物，皆九数。这种对九数的看重也许是因为萨满神话认为天有九重，也许是因为合于九家之数。"稍北植神箭，悬线索其上，用三色绸片夹系之，令穿出户，系之柳枝。"① 皇帝亲临祭祀，如朝祭仪。萨满在乐器伴奏下诵神歌曰："聚九家之彩线，树柳枝以牵绳，举扬神箭，以祈福佑，以致敬诚。"祷毕，司香萨满举线索、神箭授司祝萨满，司香搬出香案，列柳枝前，司祝左执神刀，右执神箭，立案前，皇帝立于正中。司祝对柳枝举扬神箭以练麻拭其枝，诵祷，然后举箭奉练麻进，帝洒酒于柳枝后，帝与后皆跪，司祝以箭上线索二分奉帝、后，然后致辞。②

这本是为帝王、帝后祈福的仪式，满族民间萨满也普遍行此祭仪。乾隆年间颁行的《满洲祭神祭天典礼》将满洲萨满教的规范统一起来，成为举国上下的祀典。满族各姓民众都可行如帝王的杆子祭、柳枝祭。这与汉统治者的神权垄断有很大不同，汉典规定的昊天上帝只能由皇家祭祀，泰山只能由皇帝封禅。显然，清朝的原始神话尚没有完全遭到儒教文化的浸染，民族团体的原始平等色彩还难能可贵地保留着。

流传至今的石姓萨满神歌保留着原始萨满神话的神韵，神歌中唱道：

在家神神坛前，

乞请从白山山林降临的，

千年英明，

万年神通的，

石姓始祖母神灵佛多妈妈。

今已是：

以新柳枝，

更换旧柳枝之季。

石姓……

…………

---

① 《清史稿·礼志四》。
② 《清史稿·礼志四》。

如木之繁荣。[1]

无论是神话还是仪式，宫廷与民间的萨满都有一脉相通之处。清廷将民众普遍敬奉的萨满神灵引入皇家祀典中，扩大了皇家祀典的阵容，但同时，萨满教也在逐渐改变自身，像石姓神能这样流传下来已属罕见，但其间也夹杂了道教的神灵，如玉皇帝君、北斗星君、五斗星官、二十八宿星官。当然这可能是晚近的事，因为清廷对道教实行抑制政策，玉皇大帝不可能在清朝全盛日进入萨满神话。

满洲俗尚跳神，民间的祭祀颇有淫祀之嫌，其神位上供七仙女、长白山神、远祖始祖位。其中舒穆禄氏供昊天上帝、如来菩萨诸像，并有貂神供于其侧。[2]昊天上帝这种原皇家专属的天神民间可以祭祀而不为僭越，佛教神灵进入萨满神系中，长此以往，清朝的传统神话也难以避免与西夏、辽、金、元等民族神话相似的命运，逐渐为儒、佛或道的神话所吞噬。《满洲祭神祭天典礼》颁行后，在朝廷中很少施行，康熙以后，皇帝很少再行萨满仪，至光绪年间，人们已淡忘堂子祭，满族人贵族已不知堂子祭为何物。[3]天坛与社稷坛才是清统治者的神坛，满族已经汉化，跟这种萨满祭礼的抛弃存在着对应关系。

作为中国历史上的最后一个封建王朝，清是一个非汉族政权，它将部分有生命力的满族文化带入了汉文化传统。中国北方萨满教神话历数百年不至于完全消失，与清统治者对其固有文化传统的坚守与弘扬有密切关系。清统治者在尊奉传统的皇家祀典和信奉佛教方面，继承了隋唐以来各民族入主中原后的传统，只是在引萨满教神话与仪式入皇家祀典方面较元与金做得多些，这是自秦汉以来，作为一个统一政权，皇家祀典中加入地方民族特色最多的一个朝代。因此，大量的萨满神话得以流传，这是清代神话最突出的特征。这种传统神话与清神话的双向对流，丰富了我国的神话宝库。

清政府虽力图保存一些萨满旧仪，但实际上已很难实现，萨满教不可能成为华夏文化的主流，因而未能南渐发展，只是在东北一隅存留于民间。它不单纯是清萨满的遗产，而应视为北方古老萨满的存留。清统治者无法滋养它，因而也像他们的前任一样，眼巴巴看着自己的传统遗落，虽不情愿，但这是无可奈何的选择。

---

① 宋和平译注：《满族萨满神歌译注》，社会科学文献出版社，1993 年，第 263 页。
② 富育光、孟慧英：《满族萨满教研究》，北京大学出版社，1991 年。
③ 富育光、孟慧英：《满族萨满教研究》，北京大学出版社，1991 年。

后期中国各民族的神话，以改变自身的原始性而追从儒、道、佛三教神话为主要流向。作为民族神话，在秦汉时完成了儒教神典，而至唐时完成了佛道神典，宋元时，三教神话建立完备。秦汉以后的民族发展都以归向这个神话系统为融合象征。由于秦汉以后的各民族都承认这种主流神话而又丰富之，因而铸就了多元一体的中华民族神话发展的雄伟乐章。

第三章　玉帝神话与中国神话的全新体系

　　白莲教、天地会、义和团是宗教旗帜下的武装团体，虽然白莲教的成分较复杂，一些教派没有武装反叛的企图，甚至有向当局妥协的倾向，但总的反抗民族压迫的性质不变，或反元复宋，或反清复明，或扶清灭洋，具有强烈的民族主义色彩。但这时的神话由于伴随着武装斗争，具有强烈的现实和功利色彩。由于其目的是武装斗争，故神话的创制甚为粗糙，往往在一时一地有影响，但在另一个时空里就变化了，其杂乱的状态难以构成一个完整的体系。它给人的一个突出印象是对抗性、芜杂性。

　　工商行会的行业神话没有直接喊出新佛出世、革除旧佛的口号，那里没有武装斗争的硝烟。他们惨淡经营的庞大的行业神话群像领数百年风骚，在中国神话史上异军突起，给中国社会带来了前所未有的冲击力。以德聚财、以义取财，神灵从保障国家基业到为生聚财利效力，这不仅仅是一个神的职能变化问题，而是一个社会分化、社会经济转型的重大问题，它的意义显得更加非同寻常。但这些在野的小神不能主宰神统，力量尚弱。

　　白莲教、天地会的反抗主要针对实行民族压迫和阶级压迫的国家机器，或者部分地针对统治者的佛教势力，以新佛替代旧佛。新佛并不能代表统治者的最高神话，而仅仅是其统治神灵系列中的一员，财神、行业神则更难充当主神。

　　宋元以来，昊天上帝虽然名义上还是最高天神，但由于其厚重抽象的自然神色彩，他不能在神话世界里获得发展，加上统治者对其祭祀权的垄断，使得昊天上帝很少能影响民间。面对儒、道、佛三教神话神统各异及最高神话难以下达的问题，统治者开始着手统一三教神话，于三教中挑一神灵主宰，力求使统治神话定于一尊。他们这样做了，在一定程度上重新整理了中国神话，并且使其下达民间，产生了广泛影响，但它同时遭到民间神话的抵制与亵渎。亵渎和对抗皇家新神话，成为宋元以来民间神话的又一重要内容。与前者的为了武装反抗民族压迫和扩大工商业势力而编造神话不同，对抗皇家新神话的民间神话侧重于文化对象，其行为本身不直接与武装斗争和阶级势力壮大相联系，它酝酿出一种反抗意识与民主观念，表现出专制主义文化与民主主义文化的激烈冲突。

第一节 玉皇大帝及其产生

在传统神话里，过去一直是儒典所记的昊天上帝为最高主宰，这一切在宋元以后发生了变化，从道教神系中成长的主神逐步成为万神之主。这一转化与唐宋时期狂热的道教崇拜存在着直接联系。

唐代奉老子为其祖，举国上下的道教热潮自不待论。在宋代，道教在朝廷里仍然极得宠爱，到宋真宗时道教崇拜逐渐走向高潮。尤其是宋真宗宣称神人托梦与神降天书的把戏，尽管那样拙劣，却让道教的神话沸沸扬扬。

本来，道教的主神当是太上老君。《老子想尔注》称"道"为"一"，"一散形为气，聚形为太上老君"。① 当元始天尊尚未出世时，太上老君是道教第一神，然而道教的主神处于游移状态，变化颇多，大约在晋葛洪时期，元始天王就出现了。《枕中书》称："昔二仪未分，溟滓鸿蒙，未有成形，天地日月未具，状如鸡子，混沌玄黄，已有盘古真人，天地之精，自号元始天王，游乎其中。"陶弘景《真灵位业图》将元始天王列在玉清三元宫上第一中位，名曰合虚皇道君，应号元始天尊，道教的最高神重新树立了。

然而元始天尊的地位并不是恒定的，《道教本始部》：

> 三代天尊者，过去元始天尊，见（现）在太上玉皇天尊，未来金阙玉晨天尊。然太上即是元始天尊弟子，从上皇半劫以来，元始天尊禅位。三代天尊亦有十号：第一曰自然，二曰无极，三曰大道，四曰至真，五曰太上，六曰道君，七曰高皇，八曰天尊，九曰玉帝，十曰陛下。②

宋代的道教类书《云笈七签》对道教神话做了整理，将主神间的联系打通：一是太上老君即是元始天尊，一直混沌不明的老子与元始天尊的关系现在明了了，二者得到统一；二是元始天尊并非一统主宰，犹如佛祖有三世，天尊也有三世，它也存在着新天尊出世，革除旧天尊的问题，当玉皇天尊成为新主宰时，实际上已把玉皇推向第一把交椅，元始天尊事实上已经易位；三是为了不割断元始天尊与玉皇天尊的联系，道教徒通过元始天尊历代的不同尊号，把玉帝跟元始天尊又联系起来，玉帝也就是元始天尊，因而一个新神的出现跟旧体系的矛盾消除了。在《真灵位业图》里排第十一位的玉皇道君和第十九位的高上玉帝这些不起眼的神灵的地位扶摇直上，迅速成为道教第一神。

---

① 饶宗颐：《老子想尔注校证》，上海古籍出版社，1991年，第12页。
② 转引自《云笈七签》卷三。

面对着新起的道教第一神，宋朝的皇帝也要将自己的江山跟这位大神接上关系，如同唐朝皇帝把自己说成是老子的后人一样。《宋史·礼志》：

　　　　帝（真宗）于大中祥符五年十月，语辅臣曰："朕梦先降神人传玉皇之命云：'先令汝祖赵某授汝天书，令再见汝，如唐朝恭奉玄元皇帝。'翼日，复梦神人传天尊言：'吾坐西，斜设六位以候。'是日，即于延恩殿设道场。五鼓一筹，先闻异香，顷之，黄光满殿，蔽灯烛，睹灵仙仪卫天尊至……命朕前，曰：'吾人皇九人中一人也，是赵之始祖，再降，乃轩辕皇帝，凡世所知少典之子，非也。母感电梦天人，生于寿丘。后唐时，奉玉帝命，七月一日下降，总治下方，主赵氏之族，今已百年。皇帝善为抚育苍生，无怠前志。'即离坐，乘云而去。"

　　虽然这个"主赵氏之族"的神人不是玉帝本身，而是奉玉帝之命的僚属，但玉帝是赵宋天下的总后台。就因为真宗这通梦话，玉帝的信仰在宋代的朝廷空前热火起来。大中祥符七年（1014）九月，于滋福殿设玉皇像。次年，皇帝驾诣玉清昭应宫奉表奏告，上玉皇大帝圣号曰"太上开天执符御历含真体道玉皇大天帝。"

　　玉皇大帝的出现，使得原先神圣无比的昊天上帝的神坛空前地寂寞起来。宋徽宗时进行了一项大刀阔斧的改革，即将昊天上帝和玉皇大帝进行了合并。徽宗政和六年（1116）九月朔，上玉帝尊号曰"太上开天执符御历含真体道昊天玉皇上帝"，二者统一为一体，这就意味着一贯抽象且带自然色彩的最高神昊天上帝成为一个活生生的人格神。关于最高神的神话从此才真正被大量炮制出来，而在此之前，它不过是一个受人膜拜的牌位，只是郊天礼仪中一个虚幻的影子。由于没有实体和人格化，关于昊天上帝的神话不能发挥出来。

　　玉皇大帝跟昊天上帝的合并是体系宗教与自然宗教的统一，是宗教神话与政治神话的统一，也是民间神话与皇家神话在中国主神上的认同。中国神话历史上第一次各派系各阶层都认同了这一主神。玉皇大帝不像以往的昊天上帝为皇家独专，遍布神州的玉皇神庙及流行于穷乡僻壤的玉帝神话一时使得中国神话得到了新的统一，这是自秦汉实现以黄帝为中心的古神话秩序后的再统一。尽管后来统治者将昊天上帝与玉皇大帝剥离，但在神话领域里，玉皇大帝就待在主神位置上不走了。

　　宋元以来，尽管佛教势力不小，但在神话界里，佛教的神正被收编，纳入了道教神话的系统。当然，所谓道教神话已不是纯正的宗教神话，世俗神话的成分已经很重了。宋徽宗时崇道，曾有以道统佛之举，如宣和二年（1120）三月，诏改佛号为大觉金仙，称自己为仙人、大士，[1] 后来又信道士林灵素之言，认为佛氏之教非我中华之人，乃是西方胡鬼，佛教最为害道，今纵不可遽灭，合与改正，将佛寺改为宫观，释迦改为天尊，菩萨改为大士。这规模盛大的兴道抑佛运动在神话中留下了深深的烙印，佛教的神从此都带上了大士、真人的雅号，如观世音大士、普贤真人。这到底是佛教的神还是道教的神？恐怕都不是了，他们进入了世俗神话，成了以玉帝为核心的大神话系统里的一员。

元代统治者兴佛抑道。宪宗时曾令道士削发为僧，明成化年间撤了皇家的玉帝祠，可是这些都无法改变玉帝管佛爷的神话现状，在世俗神话里，玉皇大帝高坐天宫第一把交椅，如来佛不过是西天一大神，不过就是一区域性神，受玉帝统治。明清小说，尤其是《西游记》，把玉皇大帝的主宰地位确定下来，佛祖的从属地位也随之确定。《西游记》中孙悟空搅得玉皇大帝不得安宁，玉皇大帝差使请如来前去降魔，二圣向如来说明原委后，书中写道："如来闻诏，即对众菩萨道：'汝等在此稳坐法堂，休得乱了禅位，待我炼魔救驾去来。'"后如来领众神做一"安天大会"，佛道诸神都成了玉皇大帝的僚臣。[2]

至此，玉皇大帝成为朝野均认同的最高神。崇拜玉帝的习俗在民间影响极大，如正月初九之"玉皇诞"可谓一狂欢节，人们载歌载舞庆祝玉帝的"诞辰日"，而腊月二十四最令人不安，因为这一天灶神要上天汇报各家的善恶品行，故对灶神特别尊敬，而敬灶神的实质却是畏玉帝，腊月二十五则是玉帝下凡巡察的日子，各家各户要摆香案"接玉皇"，以便来年吉利。腊月二十八、三十都有与玉帝相关的祀礼。[3] 可以说，现存的传统节日礼俗中玉帝的信仰居于核心地位，所以，我们应该把玉帝定为皇家与民众共同拥有的主神，它是社会主流神话的主角。

玉皇大帝的出现是对中国神话的又一次大规模的再造，一个新的神话体系的建立，为新的时代的民族文化的发展开拓了空间。

第二节　玉帝神话的内在矛盾

由于民众并不能从对玉帝的祀礼中获得真正的益处，且根本上玉帝还是护着皇家的，于是民众开始了对玉帝的怨恨与攻击。玉帝的形象实际上就是皇帝

---

①《宣和遗事》前集。
②《西游记》第七回，人民文学出版社，1993 年。
③ 陈建宪：《玉皇大帝信仰》，学苑出版社，1994 年，第 100—105 页。

的形象，一般说来，老百姓是喜欢好皇帝的，碰到了坏皇帝就要揭竿而起。皇帝身上具备善恶两重属性，人们把它转移到玉帝身上。玉帝同皇帝一样有至高无上的权力，他可以给民众带来福祉，也可以给民众带来灾难，因而民众对他的态度是矛盾的。他们一方面崇拜祭祀玉帝，祈望他能降福人间；一方面又怨恨玉帝，通过神话故事来奚落他、鞭笞他的丑行，更树立起神话英雄与之对抗，从精神上战胜他。

《西游记》第七回里的孙悟空是反玉帝最勇猛的英雄，他有一段铿锵有力的宣言：

> 常言道：玉帝轮流做，明年到我家。只教他搬出去，将天宫让与我，便罢了；若还不让，定要搅攘，永不清平。

这反天宫的英雄固然可敬，但被另外一种力量征服了，这就是如来的手掌。这也许是对人类孩提奔放之心的约束，更是历代反抗者悲惨命运的写照；这也不是佛教显示自己的法力无边，因为佛祖五指所化的是道教崇尚的"五行"，而不是佛教世界中的"四大"。如来作为玉帝的臣属，成为正统势力的一个部分，这是宋元以来，佛道成为统治思想的组成部分在民间神话中的真实反映，它反映出统治者的势力对异端力量的联合打压。孙悟空由反抗到归顺，也真正体现了民众反抗斗争的最后归宿。

《西游记》并不是富有民主精神的理想主义作品，它是带着神异色彩的真实历史。这种神话是反映型的神话，而不是理想的神话，它是人们反抗过的结论，而不是对反抗的期许。尽管如此，孙悟空却是玉皇大帝所遇到的最勇猛的挑战者，《西游记》神话记录着曾经发生了的文化冲突。

与孙悟空的皈依不同，民间塑造出的土地爷形象则含有较多的理想色彩，郑振铎先生在《中国俗文学史》里为我们记下了罕见的《土地宝卷》的主要内容。《土地宝卷》"写的是天与地的斗争；写的是'大地'化身的土地神如何的大闹天宫，与诸佛、诸神斗法。他屡困天兵天将，成为齐天大圣孙悟空以来最顽强的'天'的敌人"①。事实上，民众对齐天大圣孙悟空的归顺投降不满，在人们心中，孙悟空成了帮凶，是变节者，人们通过土地爷的神话否定了《西游记》中的孙悟空形象，土地爷成了一个真正的反抗到底的英雄形象。《土地宝卷》"地摇物动品第十"这样写道：

> 夫却说，天兵大败，齐奏玉帝："那土地神通变化，身化山林。天

① 郑振铎：《中国俗文学史》（下），上海书店，1987年，第334页。

兵伐树，四面火起，个个着伤，无能可敌。奏上圣定夺。"上帝曰："领我敕旨，传与南极令众群仙来拿土地。"话说旨传南极，领众群仙，通天大圣，齐天大圣，率领群仙，齐来交战。那土地散者成风，聚而成形。天兵到此，不见土地。高声大叫："土地，你在那里？出来受死！"那土地从地里钻将出来。齐天大圣一见土地："就是你撒野。"行者举棒，娄头就打。那土地拐杖相还，练战一处。后有通天大圣来掠阵。土地发威，使开拐杖，把通天大圣一拐戳倒，拐杖一拉，把齐天大圣拉了一跤。南极着忙，领众群仙，一勇齐来围着。土地将拐戳在地下，手搬拐杖，晃了两晃，地动山摇，一切神仙，站立不住，平地跌仙（倒）。众仙着忙各驾祥云，起在空中。土地将拐望空一举，晃了几晃，那神仙空中东倒西歪，站立不住。那土地一拐化了万万根拐，起在虚空，打的那神仙各人散去。①

这场精彩的大战中最令人瞩目的是齐天大圣孙行者，他原本是个顶天立地的造反者，现在却充当玉帝的马前卒，镇压起土地爷来，大有宋江投降打方腊的作风。这充分说明，民众对孙悟空变节的行径深为不满，他们理想中的英雄是一种血战到底的角色。土地爷反玉帝的神话是对孙悟空闹天宫神话的拨正，它树立起了一个真正的平民英雄的神话形象。

后来，土地爷也像孙悟空一样被佛祖收服掳往灵山，投入炉中焚烧而毙。但土地爷的肉体虽死，灵魂却永在，佛祖无从压制这不屈的灵魂，遂遣使者遍游天下，使穷乡僻壤都建起了土地祠和土地神位，土地爷最终的结局是死为鬼雄，得到人们的广泛敬仰。

《土地宝卷》是明清间的刊本，它体现出一种真正的文化对抗。玉帝信仰是文化主体，民众从总体上看是玉帝的信奉者，因为他是无可替代的第一神，但是这并不意味着盲从。当人们清醒地认识到自身的地位，百姓与皇帝不能居于同一神灵下，便毅然与最高神斗争。孙悟空的反抗标志着玉帝一开始就面临着强大的挑战，只可惜他的变节使其"革命"的色彩减弱。土地爷血战到底的气概正表现出不可妥协的斗争精神，他是民众反正统势力的最强大最彻底的异端文化势力。

无论是孙悟空闹天宫还是土地爷大闹天宫，这些神话都不是立即配合武装斗争，而只是一种文化势力，从心理上瓦解一统的信仰，从而动摇专制主义的

---

① 郑振铎：《中国俗文学史》（下），上海书店，1987年，第341页。

文化基础。离开了宗教组织的努力，很难站立起一个为人们广为接受的正面神灵，宋元以来的民间宗教势力由于过多的武装斗争，使尚未成熟的宗教与神话在刀光剑影里丧失了生存时机。非宗教的神话是老百姓对强加到头上来的神话系统的一种本能抵抗。人们塑造的反抗英雄不是主神，而是要毁掉这神话大厦，以图新建一座理想之宫。然而，在既存神话无从毁灭，并且雄劲挺立着的时期，新的神话体系尚无力建立起来，人们只是在做一些破坏性的努力。这种破坏，实际上强化了主神的结构，稳定了这个系统。

玉帝以其至高无上的权威在神国独占风光，集诸大神的威严于一身。这样，玉帝在神话里稳坐第一把交椅实际上是依赖了外在的力量，而不是本身的基质。民众在抵制这种神话时主要从两个方面入手：第一是创造像孙悟空、土地爷那样的直接反抗者，通过反抗者的胜利来抒发被压迫的郁闷；第二则是破坏玉帝的形象，揭示其丑陋以瓦解信仰的根基。所以，在民间关于玉帝的另一类神话里，玉帝本人成为一个荒淫无耻的角色，而其家族则男盗女娼。这是现实统治网络的真实投影，它毁灭玉帝神话的合理性，为从根本上消除统治做出努力。

玉帝神话体现了中国神话中的悖论：一方面是那样一个邪恶角色，处于该打倒的地位；另一方面玉帝又是那样难以取代，人们在数落他的昏庸时又伏拜在他的殿前。我们可以从中国人的不屈而又怯弱善忍的心理中去索解，但这种心理不是天生就形成的，它是强权统治下的产物。权力统治不以人的意志为转移，它的力量是既定的，并不完全跟公共道德相联系，实际上是谁拥有权力谁就拥有道德解说权，以对自己的行为进行合理的解释。神话里的统治权力也是这样，当一种足以取代旧势力的力量尚未出现时，反抗权力的行为无效，现存权力便依然运行。中国民间神话不能产生足以取代玉皇大帝的神话，说明中国民间文化尚笼罩在统治者的文化之下，尽管有激烈的冲突和反叛，但不足以从根本上动摇以玉帝神话为核心的统治。反抗玉帝的民间神话只是在主流神话统治下的内部震荡，作为一种异端文化，就像孙悟空逃脱不了如来的掌心一样，它的力量尚有限。同时，玉皇大帝的神话不倒，也说明他的合理性及其不可替代的优势。在一个信仰散漫的国度，没有了强有力的神话主角，对于一个社会来说不是一件好事。

玉帝的神话就这样成为中国历史后期主流神话的集中代表，它所存在的内在矛盾，正是中国社会不可调和的社会矛盾的缩影，蕴含着神话矛盾法则的全部内容。

中国封建社会后期，占统治地位的神话是由统治者所把持的儒、道、佛三教的神话，玉帝的出现，使三教神话获得统一。统治者将自己的神话列于正统位置，对民众实施政治统治和精神统治。民众制造出的神话是不同于统治神话的新神话，它的突出特点是神灵众多。白莲教各支派，各会党的神灵，工商行会的神灵，新生的不与统治者合作的神灵及其他新出神灵数以千计，其阵容已远比皇家神坛浩大，民众可以在自己的神灵的庇护下栖息，这也是社会安定的基础。

于是，中国社会有了两个上帝，一个是占据在天坛上的皇家的昊天上帝，一个是民间的玉皇大帝。民间的玉皇大帝有逐渐向昊天上帝靠拢的趋势，是民间民众可以接触祭拜的神灵，而祭拜昊天上帝从来都没有老百姓的份。无论有多少问题，玉皇大帝都是中国信仰民主化的产物，无论如何评价都不会过高。历史上人们反对的也许不是玉皇大帝，而是借玉皇大帝反抗当局。至于玉皇大帝神话带来的文化认同，更是无法取代的民族文化资源，我们应该珍惜这份文化遗产。

结　　语

当匆匆结束中国神话发展历史之旅时，再回首这数千年的历程，就会发现，任何一种书写方式，对于博大的中国神话形态，都会是苍白无力的。

我们抓住了主流神话这个话语，这就肯定是围绕着王权周边进行探索，围绕着掌握社会话语权的人进行讨论，围绕着经典的、影响深远的典籍进行讨论。这当然在一定程度上有其合理性。我们对神话的文化价值持相对主义的态度，对神话的真实影响力持客观的态度。一个地方的关于某一座小桥的神话传说与太阳月亮的神话传说的影响力，真不是一个级别，我们必须承认这样一个事实。

对于地方的神话，我们采用举例的办法来讨论，至于这个例子是不是有代表性，则据已知的材料，认为它可以代表某一方面，这离真正的科学性肯定还有距离。我们没有办法穷尽地方性的资料，所以很多神话没有进入论述范围之中。这个遗憾，可能要一部更大的中国神话全史来弥补。

对于中国各民族的神话，我们主要关注了那些参与主宰过某一王朝政权的民族的神话，并且对于他们的神话，也是主要讨论他们拿什么样的神话与文化来管理国家。这肯定要讨论共同的文化资源，因为任何单一的民族要把自己的文化强加到整个民族之上，都是办不到的。汉语典籍的神话，不等于汉族的神话，而汉族不能和一般的单一民族相比，它是一个文化共同体，汉语记载的是整个中华民族的神话。而对于少数民族神话，我们需要先做好每一个民族自身的神话史，然后再做民族神话的关系史与共同神话的历史，这需要一个更大的工程来实现。

于是，我们发现，我们其实是在讨论共同神话，在共同神话的目标下来讨论主流神话，主流神话一定是共同神话。这样，我们获得了书写的合法性，否则，课题将无法进行。课题立项后长时间的困惑，因为共同神话的思路，一下子便豁然开朗。

日月神话是共同神话，图腾神话起初不是共同的，但是在发展过程中，逐渐共同化了，如四灵（青龙、白虎、朱雀、玄武）就是，后来简化为龙凤，更是。关于共同神话的建立过程，当然就进入我们的研究视野之中了。这样，我们的叙述就找到了逻辑性，这就是我们在本书中强调的认同性、建构性。神话就是一种认同性的建构。这样的神话发展的历史，就是神话的认同性建构的历史。

随着我们对于神话的多元构成的形态的认识不断深入，我们把物象、仪式行为纳入神话的结构范畴，对于中国神话的属性的认识进一步加深了。比如昊天上帝，关于他的故事形态是有限的，但是围绕着他的仪式安排以及认同态度却是可以探求的。几千年来，中国最盛大的国家仪式就是围绕着昊天上帝展开的，这个神话还小吗？祭祀昊天上帝是一种政权合法的标志性的依据，也是民族认同的依据，更是一种权力。这样，我们就会感到，仪式是一种扩展性的叙事，它在热烈地、庄严地展示其神话属性。

图像叙事，已经不是新话题，古已有之。不要说岩画壁画，就是纸质图书，如《山海经图》，都给了人们最直观的展示。图像叙事，除了扩展叙事，更是与仪式合璧，参与神话的展演。中国神话史在一定程度上也是神圣的图像的演进历史。在这方面，我们还有很长的路要走。

神话的最经典的形式当然是语言的叙事，包括口头的叙事与书面文字的叙事。对于绝大多数古代神话，我们没有使用口头叙事材料的条件，因为当事人早已不在，我们只能使用文字记录的典籍来讨论。中国的神话古籍十分丰富，学界进行了一定程度的整理，但是要全面了解中国神话史，在典籍挖掘方面还有很多工作要做。本书不是讨论神话学典籍的专书，只是以问题为中心来讨论，因此只是列举了相关典籍的部分内容而已。我们尝试着把《楚辞》和《荆楚岁时记》这样的专书列出来讨论，是因为它们涉及重大的神话问题。就是对这些典籍，也是围绕着某一问题来讨论，而不是典籍的专门研究。我们是在做与神话发展相关的问题的研究，而不是专门的典籍研究，这是我们对于典籍的态度。我们认为，对于中国神话的典籍，也需要一个很大的文化工程来进行收集、整理和研究。

从远古到西周，我们有了共同的昊天上帝、社稷、日月山川的神话，还有祖先的神话，只是这个祖先还不是全民族的祖先。所以西周时期是中国神话的第一次大整合。

这些神话经过了几千年的发展，凝聚在西周的神话系统里，影响直至今天。而东周开始扩展的神话，经过春秋战国秦汉，除了昊天上帝、社稷、日月山川风云雷电，又有了共同的祖先——三皇五帝，共同的神话进一步扩展，而秦之时间吉凶的习俗、楚地九歌十神、齐地八神，在地域性层面托起了帝国神话的整体格局，已经发轫的佛祖金人、太一与太上老君、天地水之神，正启动着新一轮的发展，所以东周秦汉走向了二次整合。

魏晋以后，出于异端的或者在野的佛道神话，自相冲突，或与主流冲突融合，完成了正统化的过程，于是在原有的基础上，儒、道、佛三教神话成为新一轮的民族与国家神话认同的要件，而节日神话的叙事已经开启，成为文化价值的新的展演形式。所以到隋唐时期，中国神话发展出了新的认同模式。

承接隋唐的三教神话模式，宋元以来神话再次扩展，底层的神话、工商业者的神话、海洋的神话，尤其是最高神玉皇大帝的出现，都呈现出前所未有的新的景观。它们在国家与社会之间架起了桥梁，无论是一种冲突还是一种合作，新神话在民间具有不可替代的作用。此时的中华民族，是多民族主宰天下，各民族一方面坚持自我，一方面追崇共同神话，呈现出民族交融的活跃局面。共同神话的认同，促进了多元一体的文化共同体的进一步扩展，中华民族因此更具核心竞争力。

中国神话历史的研究还在起步阶段，很多的不足有待修订提高。中国神话历史的研究必须为神话学的发展、为文学的探究、为社会与民族文化的建构贡献更多的资源。这一目标任重道远，期待学界的批评，期待同行的同心协力，一起完成中国神话历史研究的大业。

参 考 文 献

［1］司马迁. 史记［M］. 2版. 北京：中华书局，1982.

［2］班固. 汉书［M］. 北京：中华书局，1962.

［3］房玄龄，等. 晋书［M］. 北京：中华书局，1974.

［4］张廷玉，等. 明史［M］. 北京：中华书局，1974.

［5］十三经注疏［M］. 阮元，校刻. 清嘉庆刊本. 北京：中华书局，2009.

［6］山海经：外二十六种［M］. 郭璞，注. 上海：上海古籍出版社，1991.

［7］袁珂. 山海经校注［M］. 成都：巴蜀书社，1992.

［8］沈海波.《山海经》考［M］. 上海：文汇出版社，2004.

［9］陈连山.《山海经》学术史考论［M］. 北京：北京大学出版社，2012.

［10］杨宽. 战国史［M］. 增订本. 上海：上海人民出版社，1998.

［11］常玉芝. 商代宗教祭祀［M］. 北京：中国社会科学出版社，2010.

［12］董作宾. 殷历谱［M］. 台北：艺文印书馆，1977.

［13］徐中舒. 甲骨文字典［M］. 成都：四川辞书出版社，1989.

［14］俞伟超. 古史的考古学探索［M］. 北京：文物出版社，2002.

［15］陈梦家. 殷墟卜辞综述［M］. 北京：中华书局，1988.

［16］陈斯鹏. 战国楚帛书甲篇文字新释［M］//中国古文字研究会，华南师范大学文学院. 古文字研究：第26辑. 北京：中华书局，2006.

［17］饶宗颐，曾献通. 楚帛书［M］. 香港：中华书局香港分局，1985.

［18］李零. 简帛古书与学术源流［M］. 北京：生活·读书·新知三联书店，2004.

［19］杨华. 新出简帛与礼制研究［M］. 台北：台湾古籍出版有限公司，2007.

［20］浙江省文物局，浙江省文物考古研究所，河姆渡遗址博物馆. 河姆渡文化研究［M］. 杭州：杭州大学出版社，1998.

［21］屈小强，李殿元，段渝．三星堆文化［M］．成都：四川人民出版社，1993.

［22］张森水．中国旧石器文化［M］．天津：天津科学技术出版社，1987.

［23］严文明．仰韶文化研究［M］．北京：文物出版社，1989.

［24］童恩正．古代的巴蜀［M］．成都：四川人民出版社，1979.

［25］中国社会科学院考古研究所．偃师二里头：1959 年～1978 年考古发掘报告［M］．北京：中国大百科全书出版社，1999.

［26］邹衡．夏商周考古学论文集［M］．北京：文物出版社，1980.

［27］李洪甫，武可荣．海州石刻：将军崖岩画与孔望山摩崖造像［M］．北京：文物出版社，1990.

［28］梁晋高，牛惠军．炎帝史料掇拾［M］．山西：高平市炎帝故里开发管理处，2002.

［29］吴小强．秦简日书集释［M］．长沙：岳麓书社，2000.

［30］童书业．春秋左传研究［M］．童教英，校订．校订本．北京：中华书局，2006.

［31］王仲殊．汉代考古学概说［M］．北京：中华书局，1984.

［32］张光直．古代中国考古学［M］．印群，译．沈阳：辽宁教育出版社，2002.

［33］何介钧，张维明．马王堆汉墓［M］．北京：文物出版社，1982.

［34］李零．考古发现与神话传说［M］//王守常，汪晖，陈平原．学人：第 5 辑．南京：江苏文艺出版社，1994.

［35］苏秉琦．苏秉琦考古学论述选集［M］．北京：文物出版社，1984.

［36］赵诚．甲骨文与商代文化［M］．沈阳：辽宁人民出版社，2000.

［37］蔡俊生．人类社会的形成和原始社会形态［M］．北京：中国社会科学出版社，1988.

［38］宋兆麟，黎家芳，杜耀西．中国原始社会史［M］．北京：文物出版社，1983.

［39］朱狄．原始文化研究：对审美发生问题的思考［M］．北京：生活·读书·新知三联书店，1988.

［40］蔡美彪，周清澍，朱瑞熙，等．中国通史：第 6 册［M］．北京：人民出版社，1979.

［41］范文澜．中国通史简编［M］．北京：人民出版社，1953.

［42］吴泽. 中国历史简编［M］. 重庆：峨嵋出版社，1947.

［43］吴泽. 中国原始社会史［M］. 桂林：文化供应社，1943.

［44］吴泽. 中国历史大系·古代史［M］. 上海：棠棣出版社，1949.

［45］卫聚贤. 古史研究［M］. 上海：上海文艺出版社，1990.

［46］夏曾佑. 中国历史教科书：第 1 册［M］. 上海：商务印书馆，1909.

［47］顾颉刚. 古史辨：第 1 册［M］. 上海：上海古籍出版社，1982.

［48］罗根泽. 古史辨：第 4 册［M］. 上海：上海古籍出版社，1982.

［49］顾颉刚. 古史辨：第 5 册［M］. 上海：上海古籍出版社，1982.

［50］吕思勉、童书业. 古史辨：第 7 册［M］. 上海：上海古籍出版社，1982.

［51］廖名春. 试论古史辨运动兴起的思想来源［M］//陈明. 原道：文化建设论集. 上海：学林出版社，1998.

［52］刘起钎. 古史续辨［M］. 北京：中国社会科学出版社，1991.

［53］刘家和. 古代中国与世界：一个古史研究者的思考［M］. 武汉：武汉出版社，1995.

［54］郭沫若. 中国古代社会研究［M］. 3 版. 上海：上海新新书店，1930.

［55］萧一山. 近代秘密社会史料［M］. 长沙：岳麓书社，1986.

［56］张星德. 红山文化研究［M］. 北京：中国社会科学出版社，2005.

［57］林惠祥. 中国民族史：上下册［M］. 北京：商务印书馆，1993.

［58］任邱，王桐龄. 订正增补中国民族史［M］. 北平：北平文化学社，1934.

［59］李济. 中国民族的形成［M］. 南京：江苏教育出版社，2005.

［60］中国先秦史学会，洛阳市第二文物工作队. 夏文化研究论集［M］. 北京：中华书局，1996.

［61］元朝秘史［M］. 陈彬和，选注. 上海：商务印书馆，1929.

［62］马学良，梁庭望，张公瑾. 彝族文化史［M］. 上海：上海人民出版社，1989.

［63］王辅仁，陈庆英. 蒙藏民族关系史略［M］. 北京：中国社会科学出版社，1985.

［64］孟森. 满洲开国史讲义［M］. 北京：中华书局，2006.

［65］林剑鸣. 秦史稿［M］. 上海：上海人民出版社，1981.

［66］唐长孺. 魏晋南北朝史论拾遗［M］. 北京：中华书局，1983.

［67］舒焚. 辽史稿［M］. 武汉：湖北人民出版社，1984.

［68］林幹. 匈奴通史［M］. 北京：人民出版社，1986.

［69］孟森. 汉译老档［M］//存萃学社. 清史论丛：第3集. 香港：大东图书公司，1977.

［70］中国人民大学历史系，中国第一历史档案馆. 清代农民战争史资料选编：第3册［M］. 北京：中国人民大学出版社，1991.

［71］路遥，程歗. 义和团运动史研究［M］. 济南：齐鲁书社，1988.

［72］周锡瑞. 义和团运动的起源［M］. 张俊义，王栋，译. 南京：江苏人民出版社，1995.

［73］汤勤福，王志跃. 宋史礼志辨证：上下册［M］. 上海：上海三联书店，2011.

［74］张正明. 楚文化史［M］. 上海：上海人民出版社，1987.

［75］游国恩. 天问纂义［M］. 北京：中华书局，1982.

［76］闻一多. 天问疏证［M］. 北京：生活·读书·新知三联书店，1980.

［77］方杰. 越国文化［M］. 上海：上海社会科学院出版社，1998.

［78］绍兴市社会科学院. 大禹研究［M］. 杭州：浙江人民出版社，1995.

［79］牟钟鉴，张践. 中国宗教通史：上下册［M］. 北京：社会科学文献出版社，2000.

［80］朱天顺. 中国古代宗教初探［M］. 上海：上海人民出版社，1982.

［81］覃光广，李民胜，马飙，等. 中国少数民族宗教概览［M］. 北京：中央民族学院出版社，1988.

［82］梁启超. 中国佛教研究史［M］. 上海：生活·读书·新知三联书店上海分店，1988.

［83］王明. 道家和道教思想研究［M］. 北京：中国社会科学出版社，1984.

［84］任继愈. 中国道教史［M］. 上海：上海人民出版社，1990.

［85］马书田. 中国佛教诸神［M］. 北京：团结出版社，1994.

［86］梁启超. 中国历史研究法补编［M］. 上海：上海中华书局，1936.

［87］李玄伯. 中国古代社会新研［M］. 上海：开明书店，1949.

［88］马克思古代社会史笔记［M］. 中共中央马克思、恩格斯、列宁、斯大林著作编译局，译. 北京：人民出版社，1996.

［89］郭沫若. 中国古代社会研究［M］. 北京：人民出版社，1977.

［90］苏秉琦. 中国文明起源新探［M］. 北京：生活·读书·新知三联书店，1999.

［91］王友三. 中国无神论史纲［M］. 上海：上海人民出版社，1982.

［92］袁珂. 古神话选释［M］. 北京：人民文学出版社，1982.

［93］袁珂. 中国神话传说：上下册［M］. 北京：中国民间文艺出版社，1984.

［94］袁珂. 中国神话通论［M］. 成都：巴蜀书社，1993.

［95］袁珂. 中国神话史［M］. 上海：上海文艺出版社，1988.

［96］黄石. 神话研究［M］. 上海：上海文艺出版社，1988.

［97］茅盾. 神话研究［M］. 天津：百花文艺出版社，1982.

［98］张振犁. 中原神话研究［M］. 上海：上海社会科学院出版社，2009.

［99］刘魁立，马昌仪，程蔷. 神话新论［M］. 上海：上海文艺出版社，1987.

［100］刘城淮. 中国上古神话［M］. 上海：上海文艺出版社，1988.

［101］马昌仪. 中国神话学文论选萃：上编［M］. 北京：中国广播电视出版社，1994.

［102］何新. 诸神的起源：中国远古神话与历史［M］. 北京：生活·读书·新知三联书店，1986.

［103］王小盾. 原始信仰和中国古神［M］. 上海：上海古籍出版社，1991.

［104］王钟陵. 20 世纪中国文学史论文精粹：神话卷［M］. 石家庄：河北教育出版社，2000.

［105］谢六逸. 神话学 ABC［M］. 上海：世界书局，1928.

［106］玄珠. 中国神话研究 ABC：上下册［M］. 上海：世界书局，1929.

［107］杨利慧. 神话与神话学［M］. 北京：北京师范大学出版社，2009.

［108］陈建宪. 神祇与英雄：中国古代神话的母题［M］. 北京：生活·读书·新知三联书店，1994.

［109］王宪昭. 中国民族神话母题研究［M］. 北京：民族出版社，2006.

［110］吕微. 神话何为：神圣叙事的传承与阐释［M］. 北京：社会科学文献出版社，2001.

［111］孙正国. 中华先祖英雄故事［M］. 重庆：重庆出版社，2002.

[112] 潜明兹. 中国神话学 ［M］. 银川：宁夏人民出版社，1994.

[113] 刘城淮. 中国上古神话通论 ［M］. 昆明：云南人民出版社，1992.

[114] 钟宗宪. 中国神话的基础研究 ［M］. 台北：洪叶文化事业有限公司，2006.

[115] 米尼克·希珀，尹虎彬. 中国少数民族文化中的史诗与英雄 ［M］. 桂林：广西师范大学出版社，2004.

[116] 尹虎彬. 古代经典与口头传统 ［M］. 北京：中国社会科学出版社，2002.

[117] 李立. 文化嬗变与汉代自然神话演变 ［M］. 汕头：汕头大学出版社，2002.

[118] 李亦园. 宗教与神话 ［M］. 桂林：广西师范大学出版社，2004.

[119] 王孝廉. 中国的神话与传说 ［M］. 台北：联经出版事业公司，1977.

[120] 白庚胜. 东巴神话象征论 ［M］. 昆明：云南人民出版社，1998.

[121] 张岩. 图腾制与原始文明 ［M］. 上海：上海文艺出版社，1995.

[122] 何星亮. 图腾文化与人类诸文化的起源 ［M］. 北京：中国文联出版公司，1991.

[123] 玄珠，谢六逸，林惠祥. 神话三家论 ［M］. 上海：上海文艺出版社，1989.

[124] 赵沛霖. 先秦神话思想史论 ［M］. 北京：学苑出版社，2006.

[125] 杨复竣. 史话太昊伏羲陵 ［M］. 郑州：中州古籍出版社，1995.

[126] 岑家梧，李则纲. 图腾艺术史：始祖的诞生与图腾 ［M］. 上海：上海文艺出版社，1988.

[127] 霍进善. 三皇之首太昊伏羲 ［M］. 郑州：河南美术出版社，1998.

[128] 孙留平. 盘古圣地论盘古 ［M］. 北京：中国文史出版社，2006.

[129] 宝鸡市社科联. 炎帝论 ［M］. 西安：陕西人民出版社，1996.

[130] 黄悦. 神话叙事与集体记忆：《淮南子》的文化阐释 ［M］. 广州：南方日报出版社，2010.

[131] 罗永麟. 中国仙话研究 ［M］. 上海：上海文艺出版社，1993.

[132] 叶舒宪. 神话—原型批评 ［M］. 西安：陕西师范大学出版社，1987.

[133] 叶舒宪，唐启翠. 儒家神话 ［M］. 广州：南方日报出版社，2011.

[134] 叶舒宪. 结构主义神话学 ［M］. 西安：陕西师范大学出版总社有限公

司，2011.

[135] 叶舒宪. 神话意象［M］. 北京：北京大学出版社，2007.

[136] 高利芬. 蓬莱神话：神山、海洋与洲岛的神圣叙事［M］. 台北：里仁书局，2008.

[137] 陈建宪. 玉皇大帝信仰［M］. 北京：学苑出版社，1994.

[138] 王青. 魏晋南北朝时期的佛教信仰与神话［M］. 北京：中国社会科学出版社，2001.

[139] 胡厚宣. 殷人之天神崇拜［M］//胡厚宣. 甲骨学商史论丛初集. ［成都：齐鲁大学国学研究所专刊之一］，1944.

[140] 乌丙安. 神秘的萨满世界：中国原始文化根基［M］. 上海：生活·读书·新知三联书店上海分店，1989.

[141] 金梁. 满洲老档秘录：上篇［M］//存萃学社. 清史论丛：第2集. 香港：大东图书公司，1977.

[142] 富育光. 萨满教与神话［M］. 沈阳：辽宁大学出版社，1990.

[143] 富育光，孟慧英. 满族萨满教研究［M］. 北京：北京大学出版社，1991.

[144] 姜相顺. 神秘的清宫萨满祭祀［M］. 沈阳：辽宁人民出版社，1995.

[145] 宋和平. 满族萨满神歌译注［M］. 北京：社会科学文献出版社，1993.

[146] 钟仕民. 彝族母石崇拜及其神话传说［M］. 昆明：云南人民出版社，1993.

[147] 黄任远. 通古斯—满语族神话研究［M］. 哈尔滨：黑龙江人民出版社，1999.

[148] 石兴邦. 我国东方沿海和东南地区古代文化中鸟类图像与鸟祖崇拜的有关问题［M］//田昌五，石兴邦. 中国原始文化论集：纪念尹达八十诞辰. 北京：文物出版社，1989.

[149] 叶舒宪. 熊图腾：中华祖先神话探源［M］. 上海：上海锦绣文章出版社，2007.

[150] 陈勤建. 中国鸟信仰：关于鸟化宇宙观的思考［M］. 北京：学苑出版社，2003.

[151] 顾方松. 凤鸟图案研究［M］. 杭州：浙江人民美术出版社，1984.

[152] 龚维英. 女神的失落［M］. 开封：河南大学出版社，1993.

[153] 宋兆麟. 巫与民间信仰［M］. 北京：中国华侨出版公司，1990.

[154] 王静. 祠堂中的宗亲神主［M］. 重庆：重庆出版社，2008.

［155］钟敬文. 民俗学概论［M］. 上海：上海文艺出版社，1998.

［156］山东省博物馆，山东省文物考古研究所. 邹县野店［M］. 北京：文物出版社，1985.

［157］张自修. 骊山女娲风俗及其渊源［M］//中国民间文艺研究会陕西分会. 陕西民俗学研究资料：第 1 集. 西安：中国民间文艺研究会陕西分会，1982.

［158］张振犁. 中原古典神话流变论考［M］. 上海：上海文艺出版社，1991.

［159］刘尧汉. 中国文明源头新探：道家与彝族虎宇宙观［M］. 昆明：云南人民出版社，1985.

［160］郭沫若. 先秦天道观之进展［M］//郭沫若著作编辑出版委员会. 郭沫若全集·历史编：第 1 卷. 北京：人民出版社，1982.

［161］傅斯年. 夷夏东西说［M］//历史语言研究所研究员外国通信员编辑员助理员. 庆祝蔡元培先生六十五岁论文集. 北平：国立中央研究院，1933.

［162］金景芳. 商文化起源于我国北方说［M］//朱东润. 中华文史论丛：第 7 辑. 上海：上海古籍出版社，1978.

［163］王国维. 观堂集林［M］. 北京：中华书局，1959.

［164］杜金鹏，许宏. 二里头遗址与二里头文化研究：中国·二里头遗址与二里头文化国际学术研讨会论文集［C］. 北京：科学出版社，2006.

［165］张亮采. 中国风俗史［M］. 上海：上海文艺出版社，1988.

［166］饶宗颐. 老子想尔注校证［M］. 上海：上海古籍出版社，1991.

［167］郑振铎. 中国俗文学史：下册［M］. 上海：上海书店，1987.

［168］江绍原. 发须爪：关于它们的风俗［M］. 上海：上海文艺出版社，1987.

［169］王静悦，张玉春. 中国古代民俗：第 1 册［M］. 哈尔滨：黑龙江人民出版社，2004.

［170］刘坤，赵宗乙. 中国古代民俗：第 2 册［M］. 哈尔滨：黑龙江人民出版社，2006.

［171］周作人. 民俗学论集［M］. 上海：上海文艺出版社，1999.

［172］王晓葵，何彬. 现代日本民俗学的理论与方法［M］. 北京：学苑出版社，2010.

［173］祁连休，程蔷，吕微. 中国民间文学史［M］. 石家庄：河北教育出

版社，2008.

［174］张紫晨. 中国民俗与民俗学［M］. 杭州：浙江人民出版社，1985.

［175］王文宝. 中国民俗研究史［M］. 哈尔滨：黑龙江人民出版社，2003.

［176］张紫晨. 民俗学讲演集［M］. 北京：书目文献出版社，1986.

［177］杨堃. 社会学与民俗学［M］. 成都：四川民族出版社，1997.

［178］陈平原. 现代学术史上的俗文学［M］. 武汉：湖北教育出版社，2004.

［179］刘锡诚. 20 世纪中国民间文学学术史［M］. 开封：河南大学出版社，2006.

［180］刘锡诚. 民间文学：理论与方法［M］. 北京：中国文联出版社，2007.

［181］吕微，安德明. 民间叙事的多样性［M］. 北京：学苑出版社，2006.

［182］马西沙，韩秉方. 中国民间宗教史［M］. 上海：上海人民出版社，1992.

［183］欧大年. 中国民间宗教教派研究［M］. 刘心勇，严耀中，邢丙彦，等译. 上海：上海古籍出版社，1993.

［184］李立. 神话视阈下的文学解读：以汉唐文学类型化演变为中心［M］. 北京：中国社会科学出版社，2008.

［185］刘文三. 台湾神像艺术［M］. 台北：艺术家出版社，1995.

［186］丁乃通. 中国民间故事类型索引［M］. 郑建成，李倞，商孟可，等译. 北京：中国民间文艺出版社，1986.

［187］顾颉刚，钟敬文，等. 孟姜女故事论文集［M］. 北京：中国民间文艺出版社，1983.

［188］刘守华. 中国民间故事史［M］. 武汉：湖北教育出版社，1999.

［189］马昌仪. 中国灵魂信仰［M］. 上海：上海文艺出版社，1998.

［190］周洁. 中日祖先崇拜研究［M］. 北京：世界知识出版社，2004.

［191］钟宗宪. 炎帝神农信仰［M］. 北京：学苑出版社，1994.

［192］李乔. 中国行业神崇拜［M］. 北京：中国华侨出版公司，1990.

［193］郑土有. 关公信仰［M］. 北京：学苑出版社，1994.

［194］张劲松. 中国鬼信仰［M］. 北京：中国华侨出版公司，1991.

［195］ 徐华龙. 中国鬼文化［M］. 上海：上海文艺出版社，1991.

［196］ 中国社会科学院文学研究所. 不怕鬼的故事［M］. 北京：人民文学出版社，1982.

［197］ 乌丙安. 中国民间信仰［M］. 上海：上海人民出版社，1995.

［198］ 王甲辉，过伟. 台湾民间文学［M］. 上海：上海文艺出版社，2005.

［199］ 林美容. 台湾人的社会与信仰［M］. 台北：自立晚报社文化出版部，1993.

［200］ 洪淑苓. 民间文学的女性研究［M］. 台北：里仁书局，2004.

［201］ 林庆昌. 妈祖真迹［M］. 广州：中山大学出版社，2003.

［202］ 罗春荣. 妈祖传说研究：一个海洋大国的神话［M］. 天津：天津古籍出版社，2009.

［203］ 上海民间文艺家协会，上海民俗学会. 中国民间文化：吴越地区民间艺术［M］. 上海：学林出版社，1994.

［204］ 徐炳昶. 中国古史的传说时代［M］. 上海：中国文化服务社，1946.

［205］ 徐旭生. 中国古史的传说时代［M］. 桂林：广西师范大学出版社，2003.

［206］ 刘锡诚. 灶王爷的传说［M］. 石家庄：花山文艺出版社，1995.

［207］ 曹书杰. 后稷传说与稷祀文化［M］. 北京：社会科学文献出版社，2006.

［208］ 王文章. 非物质文化遗产概论［M］. 北京：文化艺术出版社，2006.

［209］ 蒋孔阳. 二十世纪西方美学名著选：下册［M］. 上海：复旦大学出版社，1988.

［210］ 林少雄. 人文晨曦：中国彩陶的文化读解［M］. 上海：上海文化出版社，2001.

［211］ 郑为. 中国彩陶艺术［M］. 上海：上海人民出版社，1985.

［212］ 彭兆荣. 文学与仪式：文学人类学的一个文化视野：酒神及其祭祀仪式的发生学原理［M］. 北京：北京大学出版社，2004.

［213］ 孙作云. 孙作云文集［M］. 开封：河南大学出版社，2003.

［214］ 陈兆复. 中国岩画发现史［M］. 上海：上海人民出版社，1991.

［215］ 王克荣，邱钟仑，陈远璋. 广西左江岩画［M］. 北京：文物出版

社，1988.

［216］张朋川. 中国彩陶图谱［M］. 北京：文物出版社，1990.

［217］罗二虎. 汉代画像石棺［M］. 成都：巴蜀书社，2002.

［218］张光直. 中国青铜时代：二集［M］. 北京：生活·读书·新知三联书店，1990.

［219］赵国华. 生殖崇拜文化论［M］. 北京：中国社会科学出版社，1996.

［220］陈来. 古代思想文化的世界：春秋时代的宗教、伦理与社会思想［M］. 北京：生活·读书·新知三联书店，2002.

［221］王克芬. 中国舞蹈发展史［M］. 上海：上海人民出版社，1991.

［222］葛晓音. 汉魏六朝文学与宗教［M］. 上海：上海古籍出版社，2005.

［223］朱一玄，刘毓忱. 西游记资料汇编［M］. 天津：南开大学出版社，2002.

［224］叶舒宪. 高唐神女与维纳斯：中西文化中的爱与美主题［M］. 北京：中国社会科学出版社，1997.

［225］王少华. 吴越文化论：东夷文化之光［M］. 南京：南京出版社，1995.

［226］吴泽霖. 吴泽霖民族研究文集［M］. 北京：民族出版社，1991.

［227］高明. 古文字类编［M］. 北京：中华书局，1980.

［228］刘兆元. 中国龟文化［M］. 上海：上海文艺出版社，1992.

［229］王田葵，何红斌. 舜文化传统与现代精神［M］. 上海：上海三联书店，2005.

［230］严文明. 史前考古论集［M］. 北京：科学出版社，1998.

［231］唐启翠. 礼制文明与神话编码：《礼记》的文化阐释［M］. 广州：南方日报出版社，2010.

［232］叶舒宪，田大宪. 中国古代神秘数字［M］. 西安：陕西人民出版社，2011.

［233］李元庆. 三晋古文化源流［M］. 太原：山西古籍出版社，1997.

［234］张乃清. 秦裕伯研究［M］. 上海：上海人民出版社，2010.

［235］王孝廉. 岭云关雪：民族神话学论集［M］. 北京：学苑出版社，2002.

［236］宝鸡市社科联. 姜炎文化论［M］. 西安：三秦出版社，2001.

［237］汤炳正. 屈赋新探［M］. 济南：齐鲁书社，1984.

［238］玄奘. 大唐西域记［M］. 章巽，校点. 上海：上海人民出版社，1977.

［239］金泽. 宗教人类学学说史纲要［M］. 北京：中国社会科学出版社，2010.

［240］曾继全. 黄帝正妃嫘祖［M］. 武汉：湖北人民出版社，1992.

［241］周生春. 吴越春秋辑校汇考［M］. 上海：上海古籍出版社，1997.

［242］余英时. 东汉生死观［M］. 侯旭东，等译. 上海：上海古籍出版社，2005.

［243］简涛. 立春风俗考［M］. 上海：上海文艺出版社，1998.

［244］梁启超. 中国历史研究法［M］. 上海：上海古籍出版社，1998.

［245］闻一多全集：1［M］. 北京：生活·读书·新知三联书店，1982.

［246］吕振羽. 史前期中国社会研究［M］. 北平：北平人文书店，1934.

［247］鲁迅. 集外集拾遗补编［M］. 北京：人民文学出版社，2005.

［248］鲁迅. 致梁绳祎［M］∥鲁迅. 鲁迅全集：第11卷. 北京：人民文学出版社，2005.

［249］鲁迅. 中国小说史略［M］. 上海：北新书局，1925.

［250］鲁迅. 鲁迅全集：第9卷［M］. 北京：人民文学出版社，2005.

［251］何平立. 巡狩与封禅：封建政治的文化轨迹［M］. 济南：齐鲁书社，2003.

［252］姜亮夫. 楚辞学论文集［M］. 昆明：云南人民出版社，2002.

［253］彭泽益. 中国工商行会史料集［M］. 北京：中华书局，1995.

［254］田兆元. 神话与中国社会［M］. 上海：上海人民出版社，1998.

［255］田兆元. 神国漫游［M］. 上海：上海人民出版社，1999.

［256］田兆元. 盟誓史［M］. 上海：上海文艺出版社，南宁：广西民族出版社，2000.

［257］闻一多. 伏羲考［M］. 田兆元，导读. 上海：上海古籍出版社，2006.

［258］田兆元. 神话学与美学论集［M］. 上海：上海文艺出版社，2007.

［259］维柯. 新科学［M］. 朱光潜，译. 北京：商务印书馆，1989.

［260］恩斯特·卡西尔. 神话思维［M］. 黄龙保，周振选，译. 北京：中国社会科学出版社，1992.

［261］荣格. 心理学与文学［M］. 冯川，苏克，译. 北京：生活·读书·新知三联书店，1987.

［262］迪迪耶·埃里邦. 神话与史诗：乔治·杜梅齐尔传［M］. 孟华，译. 北京：北京大学出版社，2005.

［263］恩斯特·卡西尔. 国家的神话［M］. 范进，杨君游，译. 北京：华夏出版社，1990.

［264］理查德·鲍曼. 作为表演的口头艺术［M］. 杨利慧，安德明，译. 桂林：广西师范大学出版社，2008.

［265］西格蒙德·弗洛伊德. 图腾与禁忌［M］. 赵立玮，译. 上海：上海人民出版社，2005.

［266］米尔恰·伊利亚德. 宗教思想史［M］. 晏可佳，吴晓群，姚蓓琴，译. 上海：上海社会科学院出版社，2004.

［267］摩尔根. 古代社会：上册［M］. 杨东莼，张栗原，冯汉骥，译. 北京：商务印书馆，1992.

［268］白川静. 中国神话［M］. 王孝廉，译. 北京：长安出版社，1991.

［269］凯伦·阿姆斯特朗. 神话简史［M］. 胡亚豳，译. 重庆：重庆出版社，2005.

［270］马克斯·韦伯. 儒教与道教［M］. 洪天富，译. 南京：江苏人民出版社，2008.

［271］麦克斯·缪勒. 比较神话学［M］. 金泽，译. 上海：上海文艺出版社，1989.

［272］唐纳德·L·哈迪斯蒂. 生态人类学［M］. 郭凡，邹和，译. 北京：文物出版社，2002.

［273］谭达先. 论中华民间文学［M］. 哈尔滨：黑龙江人民出版社，2009.

［274］吴持哲. 诺思洛普·弗莱文论选集［M］. 北京：中国社会科学出版社，1997.

［275］韩明士. 道与庶道：宋代以来的道教、民间信仰和神灵模式［M］. 皮庆生，译. 南京：江苏人民出版社，2007.

［276］福井康顺，等. 道教［M］. 朱越利，徐远和，等译. 上海：上海古籍出版社，1990—1992.

［277］斯蒂·汤普森. 世界民间故事分类学［M］. 郑海，等译. 上海：上

海文艺出版社，1991.

[278] R. D. 詹姆森. 一个外国人眼中的中国民俗［M］. 田小杭，阎苹，译. 上海：上海文艺出版社，1995.

[279] 艾兰. 龟之迷：商代神话、祭祀、艺术和宇宙观研究［M］. 增订版. 汪涛，译. 北京：商务印书馆，2010.

[280] 李福清. 神话与鬼话：台湾原住民神话故事比较研究［M］. 增订本. 北京：社会科学文献出版社，2001.

[281] 小南一郎. 中国的神话传说与古小说［M］. 孙昌武，译. 北京：中华书局，1993.

[282] 马林诺夫斯基. 巫术科学宗教与神话［M］. 李安宅，编译. 上海：上海文艺出版社，1987.

[283] W·施密特. 原始宗教与神话［M］. 萧师毅，陈祥春，译. 上海：上海文艺出版社，1987.

[284] 爱弥尔·涂尔干. 乱伦禁忌及其起源［M］. 汲喆，付德根，渠东，译. 上海：上海人民出版社，2006.

[285] 阿瑟·阿萨·伯格. 通俗文化、媒介和日常生活中的叙事［M］. 姚媛，译. 南京：南京大学出版社，2006.

[286] 金白莉·帕顿，本杰明·雷伊. 巫术的踪影：后现代时期的比较宗教研究［M］. 戴远方，钱雪松，李林，等译. 北京：中国人民大学出版社，2005.

[287] 大林太良. 神话学入门［M］. 林相泰，贾福水，译. 北京：中国民间文艺出版社，1989.

[288] 白河次郎，国府种德. 支那文明史［M］. 上海竞化书局，译. 上海：上海竞化书局，1903.

[289] 李福清. 中国神话故事论集［M］. 马昌仪，编. 北京：中国民间文艺出版社，1988.

[290] 鲁惟一. 汉代的信仰、神话和理性［M］. 王浩，译. 北京：北京大学出版社，2009.

[291] 阿兰·邓迪斯. 西方神话学论文选［M］. 朝戈金，尹伊，金泽，等译. 上海：上海文艺出版社，1994.

[292] 沃尔特·李普曼. 舆论学［M］. 林珊，译. 北京：华夏出版社，1989.

［293］M・艾瑟・哈婷. 月亮神话：女性的神话［M］. 蒙子，龙天，芝子，译. 上海：上海文艺出版社，1992.

［294］列维－斯特劳斯. 野性的思维［M］. 李幼蒸，译. 北京：商务印书馆，1987.

［295］克洛德・列维－斯特劳斯. 神话学：生食和熟食［M］. 周昌忠，译. 北京：中国人民大学出版社，2007.

［296］麦克斯・缪勒. 宗教学导论［M］. 陈观胜，李培茱，译. 上海：上海人民出版社，1989.

［297］爱德华・泰勒. 原始文化［M］. 连树声，译. 上海：上海文艺出版社，1992.

［298］恩斯特・卡西尔. 符号・神话・文化［M］. 李小兵，译. 北京：东方出版社，1988.

［299］保尔・霍尔巴赫. 袖珍神学［M］. 单志澄，周以宁，译. 北京：商务印书馆，1991.

［300］雷・韦勒克，奥・沃伦. 文学理论［M］. 刘象愚，邢培明，陈圣生，等译. 北京：生活・读书・新知三联书店，1984.

［301］马凌诺斯基. 文化论［M］. 费孝通，译. 北京：华夏出版社，2002.

［302］马克思. 1844 年经济学—哲学手稿［M］. 刘丕坤，译. 北京：人民出版社，1979.

［303］E. 杜尔干. 宗教生活的初级形式［M］. 林宗锦，彭守义，译. 北京：中央民族大学出版社，1999.

［304］列维・斯特劳斯. 图腾制度［M］. 渠东，译. 上海：上海人民出版社，2005.

［305］甄克思. 社会通诠［M］. 严复，译. 上海：商务印书馆，1903.

［306］中共中央马克思恩格斯列宁斯大林著作编译局. 马克思恩格斯选集：四卷本［M］. 北京：人民出版社，1972.

［307］马歇尔・萨林斯. "土著"如何思考：以库克船长为例［M］. 张宏明，译. 上海：上海人民出版社，2003.

［308］弗朗兹・博厄斯. 原始艺术［M］. 金辉，译. 上海：上海文艺出版社，1989.

［309］黑格尔. 美学：第 2 卷［M］. 朱光潜，译. 北京：商务印书馆，1979.

［310］帕林德. 非洲传统宗教［M］. 张治强，译. 北京：商务印书馆，1992.

［311］谢苗诺夫. 婚姻和家庭的起源［M］. 蔡俊生，译. 北京：中国社会科学出版社，1983.

［312］拉法格. 思想起源论［M］. 王子野，译. 北京：生活·读书·新知三联书店，1963.

［313］摩奴法典［M］. 迭朗善，译；马香雪，转译. 北京：商务印书馆，1996.

［314］岛邦男. 殷墟卜辞研究［M］. 濮茅左，顾伟良，译. 上海：上海古籍出版社，2006.

［315］克劳德·列维－斯特劳斯. 结构人类学：巫术·宗教·艺术·神话［M］. 陆晓禾，黄锡光，等译. 北京：文化艺术出版社，1989.

［316］威廉·H. 麦克尼尔. 神话－历史：真理、神话、历史和历史学家［M］//中国美国史研究会. 现代史学的挑战：美国历史协会主席演说集（1961—1988）. 王建华，等译. 上海：上海人民出版社，1990.

［317］格雷戈里·纳吉. 荷马诸问题［M］. 巴莫曲布嫫，译. 桂林：广西师范大学出版社，2008.

［318］井上徹. 中国的宗族与国家礼制：从宗法主义角度所作的分析［M］. 钱杭，译. 上海：上海书店出版社，2008.

［319］具圣姬. 汉代人的死亡观［M］. 北京：民族出版社，2003.

［320］井上聪. 先秦阴阳五行［M］. 武汉：湖北教育出版社，1997.

［321］夏瑞春. 德国思想家论中国［M］. 陈爱政，等译. 南京：江苏人民出版社，1995.

［322］中国民俗学会，北京民俗博物馆. 节日文化论文集［M］. 北京：学苑出版社，2006.

［323］顾颉刚. 东岳庙的七十二司［J］. 歌谣周刊，1924（50）.

［324］黄石. 从母系到父权："产翁"的习俗［J］. 妇女杂志，1931，17（9）.

［325］安志敏. 我国新石器时代的仰韶文化和龙山文化［J］. 历史教学，1960（8）.

［326］石兴邦. 有关马家窑文化的一些问题［J］. 考古，1962（6）.

［327］竺可桢. 中国近五千年来气候变迁的初步研究［J］. 考古学报，1972（1）.

［328］陈斯鹏. 楚帛书甲篇的神话构成、性质及其神话学意义［J］. 文史哲, 2006（6）.

［329］袁珂. 从狭义的神话到广义的神话:《中国神话传说词典》序（节选）［J］. 社会科学战线, 1982（4）.

［330］孙守道, 郭大顺. 论辽河流域的原始文明与龙的起源［J］. 文物, 1984（6）.

［331］郭大顺, 张克举. 辽宁省喀左县东山嘴红山文化建筑群址发掘简报［J］. 文物, 1984（11）.

［332］张正明. 屈原赋的民族学考察［J］. 民族研究, 1986（2）.

［333］陶思炎. 鱼考［J］. 民间文学论坛, 1985（6）.

［334］中国社会科学院考古研究所山东队. 山东省长岛县砣矶岛大口遗址［J］. 考古, 1985（12）.

［335］吴泽. 两周时代的社神崇拜和社祀制度研究:读王国维《殷卜辞中所见先公先王考》［J］. 华东师范大学学报（哲学社会科学版）, 1986（4）.

［336］辽宁省文物考古研究所. 辽宁牛河梁红山文化"女神庙"与积石冢群发掘简报［J］. 文物, 1986（8）.

［337］龚维英. 一曲太阳家族的悲歌:对《离骚》整体的新考察［J］. 求索, 1987（5）.

［338］浙江省文物考古研究所. 余杭瑶山良渚文化祭坛遗址发掘简报［J］. 文物, 1988（1）.

［339］乌丙安. 日本神话学三个里程碑的主要代表人物［J］. 日本研究, 1988（3）.

［340］濮阳西水坡遗址考古队. 1988 年河南濮阳西水坡遗址发掘简报［J］. 考古, 1989（12）.

［341］田兆元. 论太阳神话对《楚辞》创作的影响［J］. 华东师范大学学报（哲学社会科学版）, 1990（4）.

［342］周世荣. 马王堆汉墓的"神祇图"帛画［J］. 考古, 1990（10）.

［343］林巳奈夫. 良渚文化和大汶口文化中的图像记号［J］. 东南文化, 1991（Z1）.

［344］马昌仪. 中国神话学发展的一个轮廓:《中国神话学文论选萃》序言［J］. 民间文学论坛, 1992（6）.

［345］田兆元. 从龙凤的相斥相容看中国古代民族的冲突融合［J］. 学术

月刊，1993（4）.

[346] 田兆元. 中国先秦鬼神崇拜的演进大势［J］. 华东师范大学学报（哲学社会科学版），1993（5）.

[347] 田兆元. 论神话的矛盾法则［J］. 文艺理论研究，1994（2）.

[348] 田兆元. 图腾神话与祖先神话的传承流变［J］. 上海社会科学院学术季刊，1995（3）.

[349] 傅光宇. 诸葛亮南征传说及其在缅甸的流播［J］. 民族艺术研究，1995（5）.

[350] 田兆元. 论主流神话与神话史的要素［J］. 文艺理论研究，1995（5）.

[351] 田兆元. 云中君凤神考［J］. 学术月刊，1995（11）.

[352] 中国社会科学院考古研究所内蒙古工作队. 内蒙古敖汉旗兴隆洼聚落遗址 1992 年发掘简报［J］. 考古，1997（1）.

[353] 潜明兹. 百年神话研究略论［J］. 铁道师院学报，1997（6）.

[354] 陈建宪. 精神还乡的引魂之幡：20 世纪中国神话学回眸［J］. 河北师范大学学报（哲学社会科学版），1998（3）.

[355] 高有鹏. 中国神话研究的世纪回眸［J］. 中国文化研究，1998（4）.

[356] 贺学君. 中国神话研究百年［J］. 社会科学研究，2000（5）.

[357] 李学勤. 论金沙长琮的符号［J］. 四川文物，2002（5）.

[358] 孙正国. 全球性与全球化："人类灾难"神话的母题阐释［J］. 民族艺术，2003（1）.

[359] 常兴照. 少昊、帝舜与大汶口文化：上、下［J］. 文物春秋，2003（6）；2004（1）.

[360] 朱章义，王方. 成都金沙遗址出土玉琮初步研究［J］. 文物，2004（4）.

[361] 成都市文物考古研究所. 成都金沙遗址 I 区"梅苑"地点发掘一期简报［J］. 文物，2004（4）.

[362] 黄厚明. 中国东南沿海地区史前文化中的鸟形象研究［D］. 南京：南京艺术学院，2004.

[363] 叶舒宪. 中国神话学百年回眸［J］. 学术交流，2005（1）.

[364] 邓贤瑛. 现代中国神话学研究（1918—1937）［D］. 台北：台湾政治大学，2006.

[365] 刘宗迪. 从节气到节日：从历法史的角度看中国节日系统的形成和变迁［J］. 江西社会科学，2006（2）.

［366］王安安.《夏小正》历法考释［J］. 兰州学刊，2006（5）.

［367］田兆元，明亮. 论炎帝称谓的诸种模式与两汉文化逻辑［J］. 华东师范大学学报（哲学社会科学版），2007（3）.

［368］倪平英. 相似外表下的不同内核：白鸟库吉与顾颉刚就"尧、舜、禹"问题研究比较［D/OL］. 上海：华东师范大学，2006. http：//www. cnki. net/kcms/detail/detail. aspx？dbname＝CMFD2006&filename＝2006124028. nh.

［369］叶舒宪."轩辕"和"有熊"：兼论人类学的中国话语及四重证据阐释［J］. 广西民族大学学报（哲学社会科学版），2008（5）.

［370］辽宁省文物考古研究所. 牛河梁第十六地点红山文化积石冢中心大墓发掘简报［J］. 文物，2008（10）.

［371］叶舒宪. 中国圣人神话原型新考：兼论作为国教的玉宗教［J］. 武汉大学学报（人文科学版），2010（3）.

［372］叶舒宪. 物的叙事：中华文明探源的四重证据法［J］. 兰州大学学报（社会科学版），2010（6）.

［373］田兆元. 神话的构成系统与民俗行为叙事［J］. 湖北民族学院学报（哲学社会科学版），2011（6）.

［374］王禹浪. 辽河流域与辽东半岛新石器遗迹及其稻作、贝丘、积石冢、大石棚文化［J］. 哈尔滨学院学报，2012（5）.